참동계 강의 하

我說參同契

참동계 강의 하

2019년 12월 31일 초판 1쇄 펴냄 | 2022년 8월 26일 초판 3쇄 펴냄

지은이 남회근 | 옮긴이 최일범 | 펴낸곳 부키(주) | 펴낸이 박윤우 | 등록일 2012년 9월 27일 | 등록번호 제
312-2012-000045호 | 주소 03785 서울 서대문구 신촌로 3길 15 산성빌딩 6층 | 전화 02. 325. 0846 팩스 02.
3141. 4066 | 홈페이지 www.bookie.co.kr | 이메일 webmaster@bookie.co.kr | 제작대행 올인피앤비
bobys1@nate.com

ISBN 978-89-6051-768-4 04150 978-89-6051-039-5 (세트)

잘못된 책은 구입하신 서점에서 바꿔 드립니다. | 책값은 뒤표지에 있습니다.

이 도서의 국립중앙도서관 출판예정도서목록(CIP)은 서지정보유통지원시스템 홈페이지(http://seoji.nl.go.kr)
와 국가자료종합목록 구축시스템(http://kolis-net.nl.go.kr)에서 이용하실 수 있습니다.
(CIP제어번호: CIP2019048672)

남회근 저작선 18

참동계 강의 하

남회근 지음 최일범 옮김

일러두기

1. 이 책은 대만 노고문화공사에서 나온 『아설참동계(我說參同契)』(상중하, 2009년 초판 1쇄)를 번역 저본으로 하였다. 원서는 상중하 세 권이나 한국어판은 상하 두 권으로 하였다.

2. 원서 『아설참동계』 강의 과정에서 채택한 『참동계(參同契)』 주해서는 청대 주운양이 지은 『참동계천유(參同契闡幽)』로, 판본은 대만 자유출판사(自由出版社)에서 나온 것이다.

3. 한국어판 번역 과정에서 참고한 판본도 대만 자유출판사에서 민국 89년(서기 2000년)에 출판한 도장정화(道藏精華) 제삼집(第三集)의 삼(三)에 속한 『참동계천유』이다. 이 한국어판 각주에는 저본으로 한 『참동계천유』 면수를 표시하여 독자들이 참고할 수 있도록 하였다.

4. 본문의 각주는 옮긴이 주이고, 원서에 있는 편자 주는 해당 주석에 표시하였다.

5. 이 책에는 『참동계』와 『참동계천유』 원문이 실려 있다. 두 원문은 상하 선으로 표시하였는데, 『참동계』 원문은 서체를 달리하였고 『천유』 원문은 따옴표와 괄호를 넣었다.

6. 원서의 약자, 속자, 간체자 등은 대부분 우리나라에서 쓰는 한자로 바꾸었다. 다만 어조사 於의 약자인 于는 바꾸지 않고 원서 표기에 따랐다. 원서에는 於와 于의 쓰임을 명확히 구분하지 않았는데 이 번역서에는 원서를 따라 정정하지 않고 그대로 두었다.

7. 본문에는 氣와 炁의 차이를 언급한 내용이 있으나 원서에는 그 쓰임을 엄격히 구분하지 않았다. 한국어판 번역서는 원서의 표기를 따랐으며 엄격하게 일관성을 유지하지 않았다.

8. 원서의 '修道'는 대부분 '수도 공부'로 번역하였다.

9. 한국어판에는 원서에 없는 찾아보기를 넣었다. 도가 불가 유가의 수도 공부와 관련한 용어의 개념이 다수 등장하고, 수도 관련 인물과 중요 서적에 대한 언급이 많아서 독자들이 참고하도록 하기 위해서이다. 용어 선정 기준은 찾아보기에 밝혀 두었다.

차례

제13 조술삼성장祖述三聖章 제14 환단법상장 還丹法象章 ─────────

제15 환단명의장還丹名義章 ─────────

제21 이기감화장二炁感化章

제22 관건삼보장關鍵三寶章

제40강

음과 양과 진의

다음 제11장[1]의 중점은 "복식(伏食)"입니다. 즉 어떻게 먹는가의 문제이지요. 사실 진짜로 무엇을 먹는 것이 아니라 자기 내면에 있는 성명(性命)의 약을 복용하는 것입니다. 제11장은 바로 이 원리를 말하고 있는데 이름하여 "진토조화장(眞土造化章)"입니다. 이 토(土)는 오행의 토를 가리킵니다. 먼저 이것에 대해 알아보겠습니다.

이 토는 정통 도가에서는 '의토(意土)'라고 합니다. 말하자면 나의 의(意)가 곧 토(土)라는 것입니다. 의(意)는 여러 가지 뜻으로 쓰이는데, 우리는 의식(意識) 의지(意志) 등으로 이해합니다. 중국인은 늘 "你是什麽意思"라는 말을 씁니다. "너 무슨 뜻이냐?" 하는 말입니다. 의(意)가 사상(思

---

1 여기에서 제11장은 주운양 조사의 『참동계천유』 제11장인 진토조화장(眞土造化章)을 가리킨다. 주운양 조사는 『참동계』를 상편 중편 하편으로 나누고, 다시 상편을 상 중 하로 나누어 각각 어정(禦政), 양성(養性), 복식(伏食)으로 구분하였다. 상은 제1장부터 제5장까지, 중은 제6장부터 제8장까지, 하는 제9장부터 제15장까지이다. 따라서 이미 앞의 강의에서 다룬 제9장, 제10장도 복식에 속한다. 여기서 남회근 선생이 제11장에 와서야 복식이라고 하는 것은 착오이다.

想)이라고 하는 사(思)와 결합한 것이 의사(意思)라는 말입니다. 의(意)는 참으로 여러 가지 의미를 포함하는데 불가의 분석은 아주 명백합니다. 우리가 지금 어떤 생각을 하고 감정을 느끼는 것을 제육식(第六識)의 작용 또는 분별 의식(分別意識)이라고 합니다. 구별하는 작용이라고도 했습니다. 이것은 외면적 의식일 뿐 진짜가 아닙니다.

왜 우리의 마음은 안정되지 못할까요? 바로 제육식의 분별 작용이 배후에서 훼방을 놓기 때문입니다. 이 의식에는 근이 있는데 의근(意根)이라고 부릅니다. 불교 유식학에서 말하자면 제칠 말나식(末那識)으로 생명의 근원이자 아집(我執)이기도 합니다. 이것은 생명과 함께 오는 것으로 이숙(異熟)[2]이나 등류(等流)[3]의 작용을 포함합니다. 도가에서는 진토(眞土)라는 명칭을 진의(眞意)라고도 부르는데, 진의는 분별 망상이 아닙니다. 망상심(妄想心)에 의한 의식이 아니라는 말이지요.

음양 오행학에는 전통적으로 내려오는 두 구절이 있습니다. "사상 오행은 모두 토에 의거하고, 구궁과 팔괘는 임을 떠나지 않는다[四象五行皆藉土, 九宮八卦不離王]"는 말입니다. 명리(命理)나 풍수, 관상에도 이 원리가 적용됩니다. 이 말은 명리나 음양학을 공부하는 사람에게는 매우 중요합니다. 이 편에서는 복식에 대해 말하는데 그것은 진의(眞意)에 의거하는 것입니다. 도가의 결단(結丹)은 삼가(三家)가 회통해야 가능합니다. 이 삼가는 비유하자면 영아(嬰兒)와 여자 그리고 매파(媒婆, 黃婆)입니다. 동남(童男)과 동녀(童女)에 진의(眞意)가 더해져야 비로소 단(丹)을 맺을 수 있다는 것이지요.

사람들은 이 말이 무슨 뜻인지 몰라 채음보양(採陰補陽)으로 오해하는

---

2 과거나 현재의 업이 원인이 되어 미래에 과보가 생길 때 그 과보가 원인과 다른 형태로 나타나는 것을 말한다.
3 원인에서 결과가 유출될 때 그 원인과 결과가 서로 같은 것을 말한다.

경우가 많습니다. 사실 황파의 뜻은 "중황진토(中黃眞土)"로서 진의를 가리킵니다. 영아는 본성을 비유하는데, 말하자면 명심견성의 성(性)이지요. 여자는 명(命)을 비유합니다. 성(性)과 명(命), 하나는 음에 속하고 또 하나는 양에 속하지요. 성명쌍수는 이 두 가지가 결합한 것입니다. 이 둘은 어떻게 해야 결합할 수 있을까요? 진의를 통하면 이루어질 수 있습니다. 망상심으로 수규(守竅)를 하거나 의도적인 생각을 가지고 증명하려고 한다면 그것은 제육식의 작용이므로 소용이 없습니다.

진의(眞意)란 무엇일까요? 선종에서 말하는 일념도 일어나지 않으면 전체가 드러난다는 "일념불생전체현(一念不生全體現)"이 진의의 경지입니다. 움직이지 않고 불변하면 잡념 망상이 없어집니다. 일념도 일어나지 않는 사이에 영아와 여자 즉 음양이 결합합니다. 그러므로 삼가가 합해져야 단을 성취한다는 것은 바로 이 원리입니다.

여기까지 말하면 이 단락의 대요는 다 말한 셈입니다. 그런데 주운양 조사는 그렇게 말하지 않았습니다. 복잡한 설법으로 많은 원리와 방법을 말했기 때문에 우리에게 지혜가 없으면 이해할 수 없게 만들었지요. 제11 진토조화장의 원문은 참으로 복잡합니다. 그래서 도가를 공부하려면 먼저 『역경』의 팔괘와 음양오행, 천간지지, 기문둔갑 등을 모두 잘 알아야 합니다. 도가의 학설에는 모든 것이 종합되어 있습니다. 그러면 원문을 읽으면서 정식으로 공부해 보겠습니다.

제11 眞土造化章진토조화장

子午數合三자오수합삼, 戊己號稱五무기호칭오. 三五旣和諧삼오기화해, 八石正綱紀팔석정강기. 呼吸相含育호흡상함육, 停息爲夫婦정식위부부.

黃土金之父황토금지부, 流珠水之子유주수지자. 水以土爲鬼수이토위귀, 土鎭水不起토진수불기. 朱雀爲火精주작위화정, 執平調勝負집평조승부. 水勝火消滅수승화소멸, 俱死歸厚土구사귀후토. 三性旣合會삼성기합회, 本性共宗祖본성공종조.

巨勝尙延年거승상연년, 還丹可入口환단가입구. 金性不敗朽금성불패후, 故爲萬物寶고위만물보. 術士伏食之술사복식지, 壽命得長久수명득장구. 土遊于四季토유우사계, 守界定規矩수계정규구. 金砂入五內금사입오내, 霧散若風雨무산약풍우. 薰蒸達四肢훈증달사지, 顔色悅澤好안색열택호. 髮白皆變黑발백개변흑, 齒落還舊所치락환구소. 老翁復壯丁노옹복장정, 耆嫗成姹女기구성차녀. 改形免世厄개형면세액, 號之曰眞人호지왈진인.

자와 오의 수를 합하면 삼이 되고, 무와 기의 칭호는 오이다. 삼과 오가 이미 화해하니 팔석이 기강을 바르게 한다. 호흡으로 서로 기르고 숨을 멈추어 부부가 된다.

황토는 금의 아비요 유주는 수의 자식이다. 수는 토를 귀로 삼고 토는 수를 진압한다. 주작은 화정이다. 평형을 잡아서 강하고 모자람을 조절한다. 수가 왕성하면 화가 소멸하여 모두 후토로 돌아간다. 삼성이 회합하니 본성이 그 종조이다.

거승을 먹으면 수명을 늘일 수 있고, 환단은 입으로 들어갈 수 있다. 금의 성질은 영원히 변하지 않기 때문에 만물의 보배이다. 술사가 그것을 복식하면 수명을 오래 연장할 수 있다. 토는 사계절에 두루 미쳐서 경계를 지키고 법도를 정한다. 금사가 오장 내부로 들어가면 비바람처럼 안개가 흩어지고 마치 훈증하듯이 사지에 도달한다. 얼굴빛은 기쁜 듯 좋아지고 백발은 모두 흑색으로 변하고 빠졌던 치아도 다시 난다. 노인이 다시 청년이 되고 노파는 아가씨로 변한다. 형체도 바뀌고 세상의 액운도 면하니 이를 진인이라고 한다.

수와 화의 작용은 반드시 중앙 토로 돌아간다

먼저 『참동계』 제11장 원문을 보겠습니다.

자와 오의 수를 합하면 삼이 되고, 무와 기의 칭호는 오이다. 삼과 오가 이미 화해하니 팔석이 기강을 바르게 한다.

子午數合三, 戊己號稱五. 三五旣和諧, 八石正綱紀.

"자오수합삼(子午數合三)"의 자(子)는 천일(天一)이 낳은 것이고, 오(午)는 지이(地二)가 낳은 것으로서, 합하면 삼(三)이 됩니다. "무기호칭오(戊己號稱五)"의 무기(戊己)는 중앙에 위치한 무기토(戊己土)로서 천오(天五)가 낳은 것입니다. 자와 오는 지지이고, 무와 기는 천간이지요. "삼오기화해(三五旣和諧)"의 삼오(三五)를 더하면 팔(八)이 됩니다. 즉 팔괘(八卦)라는 말이지요. "팔석정강기(八石正綱紀)"의 팔석(八石)은 외단(外丹)을 단련하는 데 사용하는 것으로 모두 독약입니다. 황금, 수은, 연홍, 유황 등이 다 팔석에 속합니다.

그렇다면 도가의 외단 제련은 합리적일까요? 그렇습니다. 외단 제련은 합리적입니다. 그러나 일반 사람들은 쉽게 할 수 없고 사실 오늘날에는 거의 소용이 없지요. 서양의 약도 많은 경우 광물을 제련해서 만들기 때문입니다. 예를 들어 과거에 가장 살균력이 높았던 양약인 살바르산 606호는 비상(砒霜)으로 만들었습니다. 외단 연구에 관심 있는 사람들은 서양 의약의 발전에 주의하기 바랍니다. 새로운 약품이 개발되어 나오면 이전에 나온 약은 바로 도태되어 버립니다. 과학의 발전이 그만큼 빠르지요. 그런데 중약(中藥)이든 양약(洋藥)이든 관성이 생기면 효력이 없습니다. 거듭 쓰는 것은 질병 치료에 좋지 않습니다. 신약은 대체로 질병 치료에 효과가 좋습니다. 오금팔석 역시 화학 약품으로서 약효가 있습니다.

호흡으로 서로 기르고 숨을 멈추어 부부가 된다.

呼吸相含育, 停息爲夫婦

"호흡상함육(呼吸相含育), 정식위부부(停息爲夫婦)", 남녀의 결합에는 서로의 호흡도 배합됩니다. "함육(含育)"이란 몸속에서 기르는 것입니다. 여성이 배 속에 아기를 잉태해서 기르는 것처럼 말입니다. 이 비유에 얼마나 많은 의미가 내포되어 있는지 생각해 보세요. 도가는 이렇습니다. 복잡다단하지요. 저도 옛날에 도가 공부를 할 때는 좋기도 했지만 괴롭기도 했고, 호기심도 많았지만 무슨 말인지 알 수 없는 것도 많았습니다. 칠칠팔팔이니 삼삼오오니, 천간지지니 자오묘유니 등 보기만 해도 복잡해서 머리가 아플 지경이었지요. 나중에 알고 보니 다 일리 있는 것이었습니다. 다만 제가 이해하지 못했던 것뿐이지요.

자, 이제 원문에 이어서 주운양 조사의 주해입니다.

"이 절은 수화의 두 가지 작용이 반드시 중앙 토로 돌아간다는 것을 말한다."

(此節言水火二用, 必歸於中土也)

여기에서 "수(水)"는 몸의 원기(元氣)를 가리킵니다. 여러분이 진정으로 선정의 단계에 도달하면 입안에 수(水)가 생깁니다. 이것은 입안에서 나오는 것이 아니라 뇌의 중심으로부터 떨어지는 느낌입니다. 향긋하고 단맛이 나는 것이어서 '옥액환단(玉液還丹)'이라고 부릅니다. 이와 비슷하면서도 차원이 다른 것으로 '금액환단(金液還丹)'이 있습니다. 여러분에게 여러 차례 이야기했었지요. 옥액환단의 수액은 어디에서 올까요? "화(火)"로부

터 옵니다. 여러분의 몸 자체에서 하원(下元)의 진양(眞陽)의 기가 상승해서 탁기(濁氣)는 하강하고 청기(淸氣)가 올라와서 상부의 기맥을 통하면 뇌하수체에서 호르몬이 분비되어 옥액환단의 현상이 발생합니다. 그래서 정좌할 때는 머리를 바르게 해야 하지요. 머리가 바르지 못하면 뇌하수체의 기맥을 압박해서 책을 보면 어깨 부위에 통증이 올 수 있고, 눈도 근시가 될 수 있습니다. 책을 읽을 때는 절대 머리를 숙이고 보지 말라는 말입니다.

『삼국지』에 나오는 관운장은 독서를 할 때 반드시 책을 눈높이에 올려놓고 읽었다고 합니다. 책장을 넘기려면 손은 좀 수고를 했겠지만 말입니다. 책을 다 읽으면 쉬거나 잠을 청했습니다. 절대 침대에 모로 누운 채 눈을 옆으로 비스듬히 하고 책을 보지 않았지요. 모로 누운 채 책을 보면 사시(斜視)가 될 수 있습니다. 책을 읽을 때는 항상 손을 깨끗이 해야 합니다. 제가 늘 손수건을 가지고 다니는 것을 보시지요? 책상에 수건을 두고 책을 보기 전에 손을 닦습니다. 왜 그러는지 아세요? 어떤 책이라도 책을 쓴다는 것은 쉬운 일이 아닙니다. 그러므로 존중해야 하지요. 책을 다 읽은 후에는 깨끗하게 보관해야 합니다. 책을 들고 화장실에 가는 버릇은 정말 문제가 있습니다. 여러분 모두 주의해야 합니다. 이런 것이 문화 수준을 보여 주는 것이기 때문입니다.

인체의 호르몬은 종류가 많은데, 그중에 뇌하수체에서 나오는 것은 생명 유지에 매우 중요합니다. 이것이 바로 도가에서 말하는 정(精)이라는 것이지요. 정충과 난자도 정(精)이지만 뇌하수체의 정이 더 중요합니다. 도가의 연정(鍊精)을 정충이나 난소의 정을 단련하는 것으로 여긴다면 크게 잘못 아는 것입니다. 그러면 화(火)는 무엇일까요? 불가에서 말하는 사가행(四加行)[4] 중에서 '득난(得煖)'[5]입니다. 밀종에서는 이것을 '졸화(拙火)'라고 하지요.

수행 공부가 난(煖)의 경지에 도달하지 못하면 정수(精水)가 하강하지 않습니다. 밀종 수행을 하는 사람들은 졸화의 중요성만 강조할 뿐 수화기제(水火旣濟)[6]에 대해서는 별로 주의하지 않습니다. 이것은 문제가 심각하지요. 저는 이런 문제를 다루는 대학원이라도 하나 세우고 싶습니다만 애석하게도 방법이 없습니다. 여러분이 이 대학원에서 학위 논문을 쓴다면 책만 읽어서는 안 되겠지요? 반드시 수행 공부를 제대로 해야 논문을 쓸 수 있습니다. 자, 주운양 조사의 주해로 다시 돌아갑시다.

"차절언수화이용(此節言水火二用), 필귀어중토야(必歸於中土也)", 여기에서 수화이용(水火二用)이란 수기와 화기의 상호 작용을 말합니다. 물론 수(水)가 위에 있고 화(火)는 아래에 있는 것이 정상입니다. 수행 공부를 하는 사람이라면 반드시 머리는 시원해야 하기 때문이지요. 머리에 열이 나고 혼미하면서 얼굴에 붉은빛이 돌면 이미 문제가 생긴 것이니 매우 주의해야 합니다. 허화(虛火)가 일단 오르면 잘 내려가지 않고 얼굴에 도화색을 띱니다. 이것은 일종의 병이지요. 어떤 사람은 배가 크게 나오고 게다가 얼굴에 붉은색이 도는데 이것이야말로 큰 문제입니다. 이런 사람은 허화가 상승한 경우가 많습니다. 허화는 중의학에서는 상화(相火)라고 하는데, 상

---

4 유식학에서는 수행의 진보를 다섯 단계로 나누는데 이를 오위(五位)의 수행이라고 한다. 오위란 첫 번째 자량위(資糧位) 두 번째 가행위(加行位) 세 번째 통달위(通達位) 네 번째 수습위(修習位) 다섯 번째 구경위(究竟位)이다. 사가행은 이중 두 번째 가행위로 난(煖) 정(頂) 인(忍) 세제일법(世第一法)의 사위(四位)가 있는데 이를 사가행이라고 한다.

5 사가행 중 첫 번째 가행위인 난(煖)을 성취한 단계이다. 『성유식론(成唯識論)』에 의하면 난위(煖位)는 "의명득정(依明得定), 발하심사(發下尋思), 관무소취(觀無所取), 입위난위(立爲煖位)"라고 한다. 여기에서 "명득정"의 명(明)은 광명이며 지혜를 상징한다. 광명은 난성(煖性) 즉 빛나는 성질 혹은 따뜻한 특성을 갖기 때문에 난위(煖位)라고 한다. "발하심사"란 하품(下品)의 심사관(審思觀)을 발동한다는 뜻이다. 사가행위 중 두 번째 단계인 정(頂)이 상품의 심사관이다. "관무소취"는 우리의 인식에 포착된 모든 존재, 사물, 명칭 등이 모두 그 본성이 공무소취(空無所取)임을 깨닫는 것을 가리킨다. 『구사론(俱舍論)』에서는 "성도여화(聖道如火), 능소혹신(能燒惑薪), 성화여전(聖火如前), 고명위난(故名爲煖)"이라고 말한다. 즉 "성도는 불과 같아 능히 미

화는 진화(眞火)가 아닙니다. 진화는 양화(陽火)이고 상화는 음화(陰火)에 속합니다. 상화는 염증에서 발생하는 열로, 중의학에서 간장에 상화가 돈다고 할 때 이것은 간장에 염증이 생겼다는 뜻입니다.

"수화의 두 가지 작용이 반드시 중앙 토로 돌아간다"고 할 때 중앙토(中央土)는 바로 진의(眞意)를 가리킵니다. 한 생각도 일어나지 않게 되면 탁한 기운은 하강하고 청명한 기운은 상승해서 머리는 청량하게 되고 시원한 수액이 입으로 내려오는 느낌이 듭니다. 어느 정도 청량할까요? 마치 뜨거운 여름날 머리를 빡빡 깎은 후 더운 물로 머리를 감았을 때 시원한 바람이 불면 머리가 상쾌한 것과 같습니다. 불가에서는 이런 느낌을 경안(輕安) 이전의 현상이라고 합니다. 이렇게 머리가 청량한 것만으로는 아직 옥액환단이라고 할 수 없습니다. 득난(得煖)의 경지에 도달하면 전신의 골절이 부드럽게 되는데 이것이 옥액환단입니다. "반드시 중앙 토로 돌아간다[必歸於中土也]"는 말은 한 생각도 일어나지 않는 득난의 경지에 도달하는 것입니다. 그러니 도가의 수행 공부는 참으로 간단하지 않지요.

"단도의 오묘한 작용은 수화에 불과하며, 수화의 오묘한 작용은 무기를 떠나지 않는다."

혹의 나무 더미를 태울 수 있다. 성화는 앞과 같으므로 난이라고 이름한다"는 뜻이다. 이로써 보면 난(煖)이란 지혜로서 미혹, 제법이 자성을 가지고 있다고 고집하는 망상을 불태운다는 상징적 의미를 갖는다. 저자가 여기에서 유식학의 난위를 수화기제(水火旣濟), 즉 수기와 화기의 상호 작용의 단계로 설명하는 것은 엄밀히 말하면 적합하지 않다고 할 수 있다. 단, 남 선생의 주장은 유식학의 난위에 도달하는 것은 몸에서 발동하는 기기(氣機)의 문제와 떨어질 수 없다는 관점으로, 뒤에서 말한 바와 같이 기주맥정의 단계에 이르러야 진실한 의미의 난위에 도달할 수 있다는 말이다.

6 수화기제(水火旣濟)는 『역경』 육십사괘 중 63번째 괘의 명칭이다. 여기에서는 수기(水氣)와 화기(火氣)의 상호 교류 작용이 잘 이루어졌다는 뜻으로 쓰였다. 기제(旣濟)는 '이미 이루었다'는 말로 제(濟)는 물을 건너간다는 뜻이다. 이미 물을 건너갔다는 것은 일을 마쳤다, 일을 이루었다는 의미이다.

(蓋丹道妙用, 無過水火, 水火妙用, 不離戊己)

여기에서 무(戊)와 기(己)는 토에 속하고 또 중궁에 위치합니다. 유형의 무기는 인체의 중앙에 위치한 비위(脾胃)이고, 무형의 무기는 한 생각도 일어나지 않는 일념불생(一念不生)을 의미합니다. 수행 공부가 일정한 경지에 도달해서 중궁에 기(氣)가 충만할 때가 되면 밥을 안 먹어도 배고픈 줄 모르고, 밥을 먹어도 매우 빨리 소화됩니다. 그래도 밥을 먹고 소화시키는 것은 번잡한 일이므로 아예 안 먹어도 괜찮지요. 어쨌든 "불리무기 (不離戊己)"라는 말은 중궁의 중요성을 강조한 것입니다.

"크게 보면 하나를 들면 둘을 겸하고, 둘을 들면 셋을 겸하고, 셋은 하나로 돌아간다."

(大約擧一卽兼兩, 擧兩卽兼三, 會三乃歸一)

불가의 말로 하자면 일념불생처(一念不生處), 일정신심성명귀일(一定身心性命歸一)이지요. 한 생각도 일어나지 않는 선정의 경지에서는 반드시 몸과 마음의 성명(性命)이 하나로 돌아갑니다. 불가에서는 현교와 밀종이 다투는데, 밀종에서는 기맥이 통해야 도를 깨달을 수 있다고 합니다. 정토종이나 선종에서는 물론 기맥에 대해서 말하지 않지요. 사대가 가합한 신체에서 기맥이니 뭐니 얘기할 것도 없고, 기맥 어쩌고 하는 것은 모두 외도에 불과하다고 비난하는 것입니다. 소위 법사님들이 쓴 책을 보면 모두 기맥에 대해 비난합니다. 저같이 도를 깨닫지 못한 사람은 그냥 웃을 뿐이고요.

모두가 서로 비난만 하고 있으니 어쨌든 도는 깨닫지 못한 것입니다. 비난하는 도를 깨달아서 무슨 소용이 있겠습니까? 결과적으로 자신이 도를 공부했지만 질병에서 벗어나지도 못하는 사람이 많습니다. 또 책에서 다른 사람을 비난하는 것도 옳은 행위는 아닙니다. 모두 업을 짓는 것입니다. 적어도 자기 몸의 병은 해결할 정도는 되어야 하지 않을까요? 사실 현교와 밀종은 서로 통합니다. 참으로 일념불생의 경지에 도달하면 반드시 기주맥정이 가능합니다. 바꾸어 말하면 기주맥정 할 수 있다면 자연히 마음이 평안하고 기운도 화평해서 일념불생의 경지에 도달할 수 있습니다. 마음이 평안하지 못하고 기운도 화평하지 못하여 정신이 충만하지 못하면 어떻게 일념불생에 도달할 수 있겠습니까? 이것은 매우 간단한 논리입니다. 어쨌든 좀 더 깊이 들어가서 설명하겠습니다.

태극은 셋을 포함한다

"회삼내귀일(會三乃歸一)"의 원리는 유가, 불가, 도가에서 모두 인정하고 있습니다. 먼저 태극을 그리고 나서 그 가운데 세 개의 점(∴)을 그립니다. 이것이 태극이 셋을 포함한다는 태극함삼(太極函三)을 도상으로 표시한 것입니다. 예를 들어 불가에는 삼신(三身)이 있고, 도가에는 "일기화삼청(一氣化三淸)"이 있습니다. 도가는 하늘의 해[日], 달[月], 별[星]을 삼광(三光)이라고 합니다. 사람의 몸에서 삼광은 귀[耳], 눈[眼], 마음[心]이지요. 사람이 노년에 접어들면 눈빛이 약해집니다. 귀도 어두워지고 마음도 흐릿해집니다. 나이가 들면서 삼광이 계속 몸 밖으로 새어나가 점점 어둡게 되지요. 그러나 어둡게 되는 것은 사실 큰 문제가 아닙니다. 음이 극하면 양이 발생하니까요. 다시 생명을 얻어 인간으로 태어나는 것입니다. 불가에는 태극함삼의 원리에 대해 말을 할까요, 안 할까요? 선종의 어록을 보면 불가에서도 태극함삼의 원리를 말했음을 알 수 있습니다. 여러분이 위앙종의 어록 등 자료를 보면 앙산(仰山) 선사가 늘 이런 원리를 말했다는 것을 알 수 있지요. 범어에도 삼점(∴)이 있지만 그것을 둘러싼 원은 없습니다. 범어로는 '이(伊)'라고 발음합니다. 옛날 조사님들이 여러분에게 묻습니다. 이 '이(伊)' 자의 삼점∴은 어떤 의미를 상징할까요? 불가의 해석으로는 법신 보신 화신이고, 도가에서는 셋을 모아서 하나로 돌아가게 한다는 "회삼내 귀일"입니다. 그것을 주운양 조사는 다음과 같이 말했습니다.

"그러므로 수화기제의 작용은 전적으로 중앙 진토에 달려 있다."
(故水火既濟, 其功用, 全賴中央眞土)

그래서 오직 한 생각도 일어나지 않는 일념불생의 경지에 이르러야 비로소 수화기제의 작용이 완전히 이루어집니다.

"수는 방위로는 북방이고 간지로는 자에 속하며, 내 몸에서는 감무의 월정이다. 천일이 낳은 것이니 그 수는 일이다."
(水屬北方正子, 在吾身爲坎戊月精, 天一所生, 其數得一)

"수속북방정자(水屬北方正子)", 수(水)는 방위로는 북쪽에 속하고 지지로는 자(子)에 속합니다. 감괘는 달이라는 것을 알아야 하고 감(坎)은 수를 상징합니다. 그런데 중황(中黃)의 진기(眞氣)가 도달하면 중간에 기가 멈춥니다. 단, 그것이 밀종에서 말하는 기맥이 통한 것은 아닙니다. "감무월정(坎戊月精)"은 기가 멈춘 기주(氣住)입니다. 이것은 『능엄경』에서 부처님이 말한 "심정원명(心精圓明), 함과시방(含裹十方)"의 경계이지요. 이때 정수(精水)가 뇌하수체로부터 흘러내려 천천히 단(丹)을 뜨겁게 다리기 시작합니다. 물이 없다면 어떻게 다릴 수 있겠습니까? 그런데 불도 있어야겠지요? 불이 없다면 물을 끓이고 단을 뜨겁게 다릴 수 없지 않겠습니까. "감무월정"이라는 말은 참으로 이해하기가 쉽지 않습니다. 이런 간지나 음양오행에 대해 잘 모르면서 도가의 수행 공부를 이해한다는 것은 다음과 같이 비유할 수 있습니다.

시각 장애인 한 사람이 질문을 했습니다. "흰색은 어떤 것인가요?" 그러자 질문을 받은 사람이 이렇게 대답했답니다. "흰 눈과 같은 색입니다." 시각 장애인이 말했습니다. "저는 흰 눈을 본 적이 없는데요." 그러자 다시 대답했습니다. "거위의 흰색과 같은 색입니다." 시각 장애인이 다시 말했습니다. "아, 저는 거위가 꽥꽥거리면서 다니는 것을 본 적 있습니다. 그것이 흰색인가요?" 그렇습니다. 음양오행의 원리와 감리(坎離)나 무기(戊己)를 모르면서 도가의 수행 공부를 이해하려는 것은 시각 장애인이 흰색을 본 적이 없기 때문에 이해할 수 없는 것과 같습니다. 물론 이런 음양오행이나 간지, 감리 같은 괘의 상징을 버리고 직접 수행 공부에 대해 말할 수는 있습니다. 그렇다면 공부에 성공할 수 있을까요? 절대 성공할 수 없습니다. 그 상징 속에 공부의 원리가 담겨 있기 때문입니다. 상징 속에서 깨달아야 한다는 말입니다. 만약 직접 서술해서 신선이나 부처가 될 수 있다면 왜 여러분은 아직 신선이 되지 못했나요?

신을 응결하고 기를 모으다

이제 화(火)에 대해 설명하겠습니다.

"화는 방위로는 남방이고 간지로는 오에 속하며, 내 몸에서는 리기의 일광이다."
(火屬南方正午, 在吾身爲離己日光)

화(火)는 방위로는 남쪽에 속하고 지지로는 오(午)에 속합니다. 몸에서 화는 무엇일까요? 바로 생명 에너지입니다. 리(離)는 또 두 눈의 신광(神光)을 상징합니다. 그래서 정좌를 하면서 눈으로 앞을 보고 있으면 안 됩니다. 신광을 밖으로 노출하면 내면에서 단을 응결할 수 없지요. 그래서 수도 공부는 신(神)을 응결하고, 신광을 응결해야 한다는 것입니다.

제가 하는 이런 말은 여러분에게 많은 도움이 될 것입니다. 불교로 말하면 법공양이 되겠지요. 신광은 절대 밖으로 노출해서는 안 됩니다. 신을 응결하고[凝神] 기를 모아야[聚氣] 비로소 단을 완성할 수 있기 때문입니다. 여러분이 각종 경계를 보면 신(神)이 바깥을 향해 내달리고, 신이 바깥으로 내달려야 비로소 대상[境象]을 보게 됩니다. 그래서 초보 경지에서는 반드시 "응신취기(凝神聚氣)"를 해야 합니다. "리기월광(離己日光)"에서 리(離)는 우리의 본성[性]을 상징하며, 신(神)과 일광(日光)을 나타냅니다. 무(戊)와 기(己)는 모두 토에 속하고 또 진의(眞意)를 대표하지요. 감괘는 좀 전에 수(水)를 상징한다고 했습니다. 또 달을 상징하고 신체에서는 귀를 상징하지요. 귀는 기해혈(氣海穴)과 통하기 때문에 기(氣)를 나타내기도 합니다.

그러므로 우리같이 수도 공부를 하고 정좌를 하는 사람들이 만약 응신취기가 되지 않으면 겉으로 보기에는 입정(入定)한 것 같지만 기(氣)도 침잠하지 못하고, 감각도 수렴하지 못하며, 내면의 소리를 듣고 관하는 반청(返聽)도 할 수 없어 아무 소용이 없습니다. 진정으로 기가 운행을 멈추는 기주(氣住)의 경지에 이르면 원자탄이 터져도 그 소리를 듣지 못합니다. 이렇게 되어야 비로소 응신취기의 경지에 도달했다고 할 수 있지요.

"리(離)"는 일광(日光)을 상징하고 "감(坎)"은 월정(月精)을 상징한다고 했지요? 일광은 선천이고 월정은 후천입니다. 하나는 아래에서 위로 상행하고 또 하나는 위에서 아래로 하행합니다. 그래서 요가 밀종에서는 하행기(下行氣)니 상행기(上行氣)니 말하는 것이지요. 예를 들면 비와 같습니다. 날이 더워지면 지구의 열기가 위로 올라가서 찬 공기와 만나면 천둥이 치고 비가 내립니다. 찬 공기와 더운 공기가 만나면 이렇게 되는데 인체 내부에서도 똑같은 현상이 일어나지요.

"지이가 낳은 것이니 그 수가 이이다. 양자를 합일하면 곧 삼이 된다."

(地二所生, 其數得二, 兩者一合, 便成三數)

『하락이수』에는 "천일생수(天一生水), 지이생화(地二生火)"라고 했습니다. 천수(天數) 일(一)이 수를 발생하고, 지수(地數) 이(二)가 화를 발생한다는 뜻이지요. 이 천수와 지수를 합하면 삼이 됩니다. "양자일합(兩者一合), 변성삼수(便成三數)"가 바로 천수와 지수를 합하면 곧 삼이 된다는 말입니다. 사실 도가의 원리는 간단합니다. 그냥 여러분에게 "응신취기(凝神聚氣)"를 하라고 솔직히 말하는데 여러분은 무슨 뜻인지 이해할 수 있나요? 신(神)이 무엇입니까? 어떻게 응결합니까? 기(氣)는 어떻게 취합니까? 모두 쉬운 문제가 아니지요? 그런데 여러분은 이해하지 못합니다! 그렇다면 응신(凝神)과 취기(聚氣)는 어떻게 분별합니까? 무엇이 신을 응결하고 기를 모이게 할까요? 바로 진의(眞意)입니다. 망상(妄想)이 하는 것이 아닙니다. 그래서 응신과 취기 중간에 양자를 연결하는 매파인 '황파(黃婆)'가 있습니다. 이 황파가 바로 진의(眞意)입니다.

"감괘 중에는 무가 있으니 이것은 양토이다."

(坎中有戊, 是爲陽土)

"감중유무(坎中有戊), 시위양토(是爲陽土)", 감괘가 상징하는 수(水) 가

운데 있는 진양(眞陽)이 위로 올라가서 중궁에 도달하기 때문에 정신이 좋아집니다. 즉 신기(腎氣)가 상승해서 중궁에 도달하는 것이지요. 이것을 양토(陽土)라고 합니다. 마치 겨울에는 소화 기능이 특히 좋아져서 뜨거운 요리인 화과(火鍋)를 먹어도 소화가 잘 되는 것과 같습니다. 양기가 상승해서 그렇게 되는 것이지요. 겨울은 바깥은 차지만 진정한 내열(內熱)은 머리에 올라가 있습니다. 여름은 음화(陰火)라서 바깥은 너무 뜨겁지만 위장은 도리어 차갑습니다. 그래서 여름에는 위장 기능이 별로 좋지 않지요. 여러분 중에는 여름에 덥다고 찬물이나 얼음을 좋아하는 분이 많은데 건강에 해롭습니다. 저는 수십 년 동안 여름에는 늘 뜨거운 물을 마시고 오히려 겨울에 얼음을 먹을 때가 있지요. 여러분은 식사를 한 후에 과일을 먹지요? 절대로 해서는 안 될 일입니다. 뜨거운 식사를 한 후에 바로 찬 과일을 먹으면 만병의 근원이 될 수 있지요. 과일은 평소에 먹는 것이 좋습니다. 더운 식사를 한 후 바로 냉한 과일을 먹으면 속에서 덩어리가 생길 수 있고, 최악의 경우에는 암이 될 수도 있습니다. 하지만 몸에 진양(眞陽)의 기가 있다면 걱정할 필요가 없습니다. 암이든 혹이든 다 녹여 버릴 테니까요. 다만 몸에 한화(寒火)가 있으면 진양을 일으킬 수 없습니다.

"리괘 중에는 기가 있으니 이것은 음토이다."

(離中有己, 是爲陰土)

감괘 중의 무(戊)는 양토(陽土)이고, "리중유기(離中有己), 시위음토(是爲陰土)" 즉 리괘 중의 기(己)는 음토(陰土)로서 둘 다 토에 속합니다. 진의(眞意)는 도가에 의하면 일념불생으로, 망상과 의념이 발동하지 않는 고요한 경지이지요. 단, 그 속에서도 양토와 음토의 구분은 있습니다. 일념불생 가운데서 청정한 광명은 양토이고, 청정하기는 하지만 광명은 없는 것은

음토입니다. 이 두 경지 중에 어느 쪽이 좋고 어느 쪽이 안 좋을까요? 사실 어느 쪽이든 관계없습니다. 음이 극하면 양이 회복되고 양이 극하면 음이 돌아오기 때문입니다. 주운양 조사는 통틀어 다음과 같이 설명합니다.

"내 몸에서는 중황인 진의가 된다."
(在吾身爲中黃眞意)

"재오신위중황진의(在吾身爲中黃眞意)", 우리 몸의 한가운데인 무기(戊己)는 진의(眞意)를 상징한다는 말입니다. 여러분이 보고 있는 책에도 이곳에 동그라미로 표시를 해 두었지요? 중요하므로 특별히 주의해야 한다는 뜻입니다. 자, 우리의 진의는 어디에서 왔을까요? 불교 유식학에서는 제팔식인 아뢰야식(阿賴耶識)에서 왔다고 합니다. 진의의 배후에는 그것을 존재하게 하는 어떤 것이 있다는 뜻이지요.

『역경』이나 『하락이수』에서는 토(土)가 천수(天數) 오(五)에서 발생했다고 합니다. 그리고 『역경』에서는 천지의 수는 모두 55인데 쓰기는 49만 쓴다고 하지요. 그렇다면 육은 어디에 있을까요? 바로 『역경』의 괘를 형성하는 육효가 그것이라고 합니다. 이렇게 수리(數理)로 나타내는 것을 『역경』에서는 상수(象數)라고 합니다. 그래서 『참동계』 제11 진토조화장에서는 "자오수합삼(子午數合三), 무기호칭오(戊己號稱五), 합지이삼성구의(合之而三性具矣)"라고 말했습니다. "자(子)는 수를 상징하고 오(午)는 화를 상징하는데, 수는 일(一)이고 화는 이(二)이고 토는 오(五)이므로, 일과 이와 오가 바로 삼성(三性)을 상징한다"는 것이지요. 중요한 것은 수성(水性)과 화성(火性)은 서로 음과 양으로 대립하는데 토성(土性)이 이들을 중화한다는 것입니다.

수와 화는 어떻게 조화를 이루는가

주운양 조사는 수와 화에 대해서 다음과 같이 설명합니다.

"수와 화는 성질이 다르기 때문에 서로 용납할 수가 없다."

(水火異性, 各不相入)

"수화이성(水火異性)", 불과 물은 성질이 다릅니다. 그러므로 "불상입(不相入)" 즉 서로 들어갈 수 없습니다. 불은 물속에 들어가지 못하고, 물은 불 속에 들어가지 못한다는 말이지요. 불이 세면 물을 말리고, 물이 세면 불을 꺼 버립니다. 여러분, 정좌를 할 때 왜 쉽게 선정의 경지에 들어가지 못할까요? 마음으로는 고요한 경지로 들어가고 싶은데 그게 잘 안 되기 때문입니다. 어떤 때는 몸이 팽창하는 것 같은 느낌이 있고, 또 어떤 때는 다리가 저리고 통증이 심해져 앉을 수가 없습니다. 이것은 몸이 정좌를 방해하는 경우이지요. 어떤 때는 몸은 편안한데 심리적으로 불안해서 정좌를 할 수 없는 경우가 있습니다. 사실 몸과 마음은 수성과 화성이 대립하는 것과 같습니다. 수와 화가 잘 조화되고 균형을 이루면 선정의 경지에 잘 들 수 있고, 반 근 여덟 냥이 합해서 한 근이 됩니다.

이미 말한 것처럼 수와 화는 서로 성질이 정반대이기 때문에 균형이 맞아야 합니다. 한쪽이 많아서 균형이 깨지면 물이 불을 꺼 버리거나 반대로 불이 물을 건조하게 말려서 없애 버립니다. 심리와 생리도 마찬가지입니다. 서로 균형 잡히는 것이 중요하지요. 그런데 이게 쉽지 않은 것이 문제입니다. 자, 몸의 뿌리는 기(氣)이고 마음의 뿌리는 의념(意念)입니다. 이 두 가지가 서로 균형을 이루고 조화롭게 되는 것이 중요합니다.

심리와 생리를 어떻게 해야 서로 결합해서 균형을 이룰 수 있을까요? 주운양 조사는 다음과 같이 말합니다.

"오직 중앙 토의 덕에 의지해서 다양한 방면으로 수화를 조화롭게 다스려야
비로소 서로 상제의 작용을 이룰 수 있다."

(惟賴中央土德, 多方調燮, 方得相濟爲用)

"유뢰중앙토덕(惟賴中央土德)", 중앙토(中央土)의 작용에 의해 수와 화가
서로 대립하지 않고 상생할 수 있습니다. "상제(相濟)"란 서로 구제한다는
뜻입니다. 서로 배척하고 대립하지 않고 상생(相生)한다는 말이지요. 그러
므로 진정으로 수도 공부를 하는 사람이 어째서 검술을 배우고, 무공을 수
련하며, 단약(丹藥)을 만들고, 의학을 공부하고, 심지어 침구(鍼灸)까지 익
힐까요? 모두 수도 공부와 연결되어 있기 때문입니다. 오직 수도 공부를
하기 위해 이렇게 많은 것을 배웁니다. 왜냐하면 옛사람들은 수도 공부를
하려고 깊은 산에 혼자 살았는데, 산속에는 사나운 짐승도 있고 때로는 강
도나 도적도 있어서 무공을 익혀야 했지요. 동시에 음양오행, 풍수(風水),
약초 등도 잘 알아야 했습니다. 질병에 혼자 대처해야 하기 때문이지요.
또 천문학이나 풍수에도 통달해야 합니다. 자신이 살고 있는 곳에 언제 비
바람이 닥치거나 산사태 같은 것이 일어날지 알아야 했지요.

여러분 중에는 다른 것은 배울 필요가 없고 오직 수규(守竅)를 하거나
정좌를 하는 것만 수도 공부라고 생각하는 사람이 많은데, 그렇다면 저는
수십 년을 헛수고만 한 셈이겠네요. 수도 공부도 다방면을 다스려야 하고
각종 방법에 대해서도 잘 알아야 합니다. 어떤 때는 도가의 방법을 사용하
다가 잘 안 맞으면 밀종을 쓸 수 있어야 하고, 선종의 방법을 쓰기도 해야
합니다. 그것마저 안 되면 아미타불을 염불하면서 서방정토 극락에 왕생
하기를 기도해야겠지요. 반나절을 아미타불을 염불해도 여전히 서방 극락

에 왕생하지 못하고 동방세계에 있다면 약사여래께 기도해야겠지요. 이렇게 하는 것이 "다방조섭(多方調燮)"의 뜻입니다. 다방면으로 조섭(調燮)해야 한다는 말입니다. 도가는 물론 제자백가의 학문도 모두 포괄해야 합니다. 기효람(紀曉嵐)은 도를 닦지 않은 문인이었지만 도가에 대해서 여덟 글자로 평하는 말을 남겼습니다. 바로 "종라백대(綜羅百代), 광박정미(廣博精微)"입니다. 백대(白代)의 시간을 종합해서 망라하고 광범위하면서도 정밀하다는 뜻입니다. 정말 대단히 훌륭한 평가입니다. 도가는 참으로 그렇습니다. 다시 수, 화의 문제를 살펴보겠습니다.

"수의 수는 일이고, 화의 수는 이이다. 이것이 중앙 토를 얻으면 사상이 배열된다."

(由是水一火二, 得中央之土, 列爲四象)

태극이 나뉘면 양의(兩儀)가 되는데, 양의는 음과 양입니다. 음양에는 노음(老陰)과 노양(老陽), 소양(少陽)과 소음(少陰)이 있는데 이것을 사상(四象)이라고 합니다. 이어지는 주운양 조사의 설명입니다.

"사상을 거듭하면 팔괘가 된다. 동서남북 사방과 그 모퉁이 팔방으로 둥글게 분포하여 곧 팔괘의 상을 이룬다."

(重爲八卦, 四正四隅, 分佈環拱, 便成八石之象)

"팔괘(八卦)"는 "사정사우(四正四隅)" 즉 동서남북 네 개의 정 방위에 네 개의 모퉁이를 더한 것입니다. "분포환공(分佈環拱)"이란 사방, 팔방을 둥그렇게 다 둘렀다는 뜻이지요. 그렇게 해서 "변성팔석지상(便成八石之象)" 곧 팔석의 상을 이루었다는 것인데, 팔석(八石)은 팔괘와 같은 뜻입니다.

"어찌 삼과 오가 화해하여 팔괘가 기강을 올바르게 잡은 것이 아니겠는가."

(豈非三五旣和諧, 八石正綱紀乎)

"팔석(八石)"은 또 외단(外丹) 수련을 뜻하기도 합니다. 즉 단약을 복용하는 것이지요. 외단에는 어떤 의미가 있을까요? 저도 수없이 생각해 봤고 시험해 보기도 했습니다. 그러나 팔석을 전부 제련하는 데는 성공하지 못했지요. 저는 사실 외단에 대해서는 깊은 공부가 없습니다. 더욱이 외단에 그다지 관심을 두고 있지 않습니다.

요즘 어떤 사람들은 채음보양(採陰補陽)을 하니 채양보음(採陽補陰)을 하니 온통 난리입니다. 그러나 이런 것은 절대 믿어서는 안 됩니다. 세상에는 엉뚱하고 어리석은 사람들이 많습니다. 오늘날 의학은 이미 많은 호르몬제를 개발해서 소위 정력을 높인다는 기공보다 훨씬 효과가 좋습니다. 의사들도 신중히 사용하는 호르몬제를 여러분이 함부로 사용한다면 득보다 실이 많겠지요.

제41강

외단의 번거로움

앞에서 단약에 대해 이야기했는데, 도가에서 외단(外丹)이라고 부르는 것입니다. 요즘 말로 하면 화학 약품으로 제조한 것인데, 고대의 외단은 모두 오금과 팔석 같은 극독(劇毒)을 배합해서 법제했습니다. 극독의 약물을 법제해서 독성이 제거되면 복용할 수 있는 단약이 되지요. 도가의 전기(傳記)를 보면 외단을 복용하고 신선이 된 사람이 적지 않지만 역사에 나타난 수많은 명인(名人)과 황제도 외단을 복용했으나 일찍 사망했습니다. 명청 시대의 황제 두세 명과 소동파, 한유 등도 모두 중독으로 사망했지요. 한유는 평소 불가와 도가를 몹시 비판했는데 정작 자신은 단약을 복용하고 장생불로를 추구했습니다. 일설에는 명나라 유학자인 왕양명(王陽明)도 외단을 복용하고 중독사했다고 합니다. 시신이 온통 푸른빛이었다고 하는데, 이는 비상(砒霜)에 중독된 증상이지요.[7] 청대의 함풍(咸豐) 황

---

7 이는 정사(正史)에서 밝혀진 사실이 아니라 야사(野史)에서 전해 오는 설화이다.

제는 매독으로 죽었다고 하기도 하고, 도가의 단약으로 인해 사망했다고도 합니다. 현대에 고증한 바에 따르면 옹정(雍正) 황제 역시 단약을 복용하고 사망했다고 하는데, 전하는 바로는 옹정제가 도가를 매우 좋아해서 이런 의혹이 제기된 것입니다.

『능엄경(楞嚴經)』을 보면 부처님이 십 종의 선인(仙人)에 대해 말씀한 것이 있습니다. 그중에는 외단을 복용해서 선인이 된 경우가 있는데, 이렇게 해서 선인이 되면 수명이 천만 년이나 그 이상이 될 수도 있다고 합니다. 부처님은 또 오십 종 음마(陰魔)에 대해서도 말씀하셨습니다. 부처님은 음마에 대해서는 가혹하게 비판했습니다만 십 종 선인에 대해서는 별다른 문제를 말하지 않았습니다. 단지 올바른 깨달음인 정각(正覺)을 얻지 못했기 때문에 선도(仙道)로 들어가게 되었다고만 말씀하셨지요. 저는 늘 부처님은 절반만 말씀했다고 생각합니다. 선인도 선도(仙道)를 이루고 나서 정각을 얻으면 부처님이 될 수 있지 않겠습니까? 부처님이 말씀하지 않으신 선도를 얻은 후 정각에 이르는 방법은 여러분이 직접 연구해야 합니다.

자, 이제 앞에서 강의한 주운양 조사의 주해를 계속 읽어 보겠습니다.

"외부를 단련하는 법술은 오금을 오행에 배합하고 팔석은 팔괘에 배합하는 것이다. 단두가 도래하여 오금과 팔석에 점을 찍으면 모두 진금으로 변화한다."
(外鍊之術, 以五金配五行, 以八石配八卦. 丹頭一到, 五金八石, 皆點化而成眞金.)[8]

중국 문화에는 단두가 오면 돌이 금이 된다는 "단두일도(丹頭一到), 점석성금(點石成金)"이라는 유명한 말이 있습니다. 이것이 바로 "점석성금

8 『참동계천유』. 114면.

(點石成金)"이라는 네 글자인데 이 철석(鐵石) 한 점이 금이 됩니다. 이 구절은 제가 어려서 공부할 때만 해도 흔히 쓰던 말입니다. 우리가 쓴 문장은 유치한데 선생님이 조금 손을 대면 좋은 문장이 되었을 때 "점석성금"이라고 찬탄하곤 했지요.

또 여러분도 잘 알고 있는 고사가 있습니다. 여순양 조사가 도를 전할 인재를 구하려고 천하를 돌아다녔는데, 몇 년이 지나도 인재를 구할 수 없었습니다. 그때 이런 명구를 남겼다고 하지요. "망망한 바다처럼 넓은 세상에 사람이 많기도 하지만 어떤 남자가 참으로 대장부인가[茫茫四海人無數, 哪個男兒是丈夫]." 세상에는 사람이 수도 없이 많지만 선도(仙道)를 전수하기에 적합한 인재는 한 사람도 없다고 탄식한 것입니다.

그 후에 여순양 조사는 저자거리에서 떡을 파는 노파를 만났습니다. 그는 어린아이로 변해서 떡을 먹고는 돈을 내지 않았습니다. 그런데 그 노파는 아이로 변한 여순양 조사에게 돈을 내라고 다그치지도 않았고 싫어하는 기색도 전혀 보이지 않았습니다. 여순양 조사가 이리저리 시험해 보니 그 노파는 참으로 착한 마음을 가진 사람이었지요. 마침내 여순양 조사가 손가락 끝으로 노파의 쇠로 만든 냄비를 슬쩍 만지자 놀랍게도 쇠 냄비가 황금으로 변했습니다. 그러나 노파는 쇠 냄비가 황금으로 변하는 것을 보고도 마음이 흔들리지 않고 여전히 시장에서 떡을 팔았습니다. 여순양 조사는 보면 볼수록 이 노파가 좋은 사람이라는 것을 알게 되었습니다. 그래서 생각했지요. '이런 사람을 어디 가서 찾을 수 있겠는가? 이런 사람에게 도를 전하지 않으면 누구에게 도를 전하겠는가?'

마침내 여순양 조사는 정체를 드러내고 노파에게 도를 전해 주겠다고 했습니다. 그런데 뜻밖에도 노파는 이렇게 말하는 것이었습니다. "선도를 공부하는 것은 너무 힘들고 어렵다고 들었습니다. 그렇게 오랫동안 수련해야 철을 금으로 만들 수 있다면 너무 힘들지 않겠습니까. 차라리 당신의 손가락을 나에게 주시는 게 좋지 않겠습니까." 뜻밖에 이런 말을 들은 여순양 조사는 장탄식을 했습니다. "참으로 사람을 제도하기는 어렵구나. 차라리 축생을 제도할지언정 사람은 제도하지 않겠다"고 하고는 떠났습니다.

내단은 어떻게 수련하는가

"그래서 신선은 외상을 빌려 내공을 비유했으니, 절대 상이나 문자에 집착하고 빠져서는 안 된다."

(故仙翁假外象以喩內功, 切不可泥相執文)

"고선옹가외상이유내공(故仙翁假外象以喩內功)", 외단(外丹)은 단지 내공을 설명하는 비유일 뿐입니다. 그래서 위백양 진인은 외단 수련을 빌려서 내공(內功)이 자기 자신을 단련하는 것임을 설명합니다. 도가에서는 이것을 내단(內丹) 또는 금단(金丹)이라고 합니다. 내단은 바로 자기 자신이 본래 가지고 있는 상약삼품(上藥三品)인 정기신(精氣神)을 가리키지요.

위백양 진인은 우리에게 핵심적 사실 하나를 알려 주고 있습니다. 단서(丹書)를 연구하고 연단(煉丹)을 실천할 때 절대 상이나 문자에 집착하고 빠져서는 안 된다는 "절불가니상집문(切不可泥相執文)"이라는 것입니다. 상징적 표현이나 문자에 집착하지 말아야 합니다. 이런 사실을 모르고 진짜 광석으로 외단을 법제해서 먹으면 결석이나 위암으로 변해서 수술해야 하는 상황이 생길 수도 있습니다. 여러분, 단(丹)이란 무엇인가요? 바로 법상(法相)을 빌리는 것입니다. 고문(古文)에서 단(丹)이라는 글자는 둥근 원 속에 점 하나를 찍은 형상입니다. 일(日) 자와 같은 형태이지요. 이런 글자의 형태는 텅 빈 공간에, 마치 무언가 있는 것 같기도 하고 없는 것 같기도 한 태허 중에, 어떤 하나의 작용이 존재하는 것을 상징적으로 표현합니다. 불가에서는 이것을 비공비유(非空非有) 혹은 즉공즉유(即空即有)라고 합니다. "텅 빈 것도 아니고 있는 것도 아니고" 또 "텅 비었으면서도 무언가 존재한다"는 표현입니다. 무(無)라고 하자니 어떤 작용이 분명히 존재하고, 유(有)라고 하자니 실재하는 사물로 존재하는 것은 아니라는 뜻이지요.

우리는 지금 이런 오묘한 원리를 문자로 이해하고 있습니다. 여러분 모두 정좌하면서 신선이 되는 길을 배우려 노력하고 있고, 실제로 신선이 될 수 있다고 믿기도 합니다. 또 정좌를 하면 곧 내단을 단련할 수 있다고 믿어 의심하지 않지요. 그러나 여러분이 반드시 알아야 할 사실이 하나 있습니다. 정좌는 결코 내단을 단련하는 것이 아니라는 것입니다. 그렇다면 무엇이 내단을 단련하는 것일까요? 분명히 말해 봅시다.『참동계』에서는 여러분에게 복식(伏食)을 하라고 했습니다. 그런데 복식이란 무엇일까요? 간단히 말하면 불법의 선정 공부가 사선정(四禪定)의 경지에 이르면 기주맥정하게 되고, 이때 비로소 내단 한 점이 생깁니다.

여기에서 기가 멈추는 '기주(氣住)'는 코로 하는 호흡이 정지하여 숨을 들이쉬지도 내쉬지도 않는 상태입니다. 바로 달마 조사가 말씀하신 "외식제연(外息諸緣), 내심무천(內心無喘)"이지요. 밖으로는 모든 인연을 쉬고 안으로는 마음에 헐떡임이 없는 것으로, 마음이 흔들리지 않는 무념의 경지에 도달하는 것입니다. 이때는 공기에 의지하는 후천의 호흡이 필요 없습니다. 몸 자체에 기(炁)가 충만하기 때문입니다. 맥이 정지하는 '맥정(脈停)'은 마음의 경지를 나타냅니다. 사상(思想), 심념(心念)이 모두 공의 경지에 이르는 것입니다.

이런 공의 경지에 도달했을 때 있는 것도 같고 없는 것도 같은 어떤 작용이 있는데, 이것이 바로 내단의 경지입니다. 그렇다고 해서 이것이 신선이 된 경지는 아닙니다. 기본적인 수도일 뿐입니다. 단두가 도래하여 쇠가 변해서 금이 되는 복식(伏食)의 경지에 이르기까지는 아직도 한참 멀었습니다. 정좌 공부를 해서 기맥이 통하고 밀종에서 말하는 삼맥칠륜이 통하는 경지는, 모두 신선이 되거나 부처를 이루는 과정의 예비 작업에 불과합니다. 아직 득정(得定)의 경지에는 이르지 못했지요. 주해를 계속해서 보겠습니다.

"수와 화가 이미 서로 상제하니 그 속에서 한 번 열리면 한 번 닫혀서 호흡이 왕래한다."

(水火旣已相濟, 其中一闔一闢, 便有呼吸往來)

기주맥정 같은 상태를 억지로 조작하는 것은 아무런 소용이 없습니다. 억지로 숨을 참는 폐기법(閉氣法) 같은 것은 진정한 기주맥정과는 아무 관계도 없지요. 진정한 기주맥정의 경지에 도달해서 내단이 응결하면 이른바 '내호흡(內呼吸)'이라는 것이 진행됩니다.

진정한 내호흡은 코로 공기를 호흡하는 것이 아닙니다. 또 배꼽 아래 단전으로 호흡하는 것도 아닙니다. 이런 것은 내호흡이라고 하지 않지요. 내호흡은 이런 것과는 전혀 다른 경지입니다. 진정한 내호흡의 경지에 이르면 "수화기이상제(水火旣已相濟)" 즉 몸속에서 수기(水氣)와 화기(火氣)가 서로 융합하여 기주맥정의 현상이 발생합니다. "기중일합일벽(其中一闔一闢)"에서 그 속(其中)이라는 말에 주의해야 합니다. 그 속이란 반드시 심와 내부나 중궁이라고는 할 수 없습니다. 또 반드시 배꼽을 가리킨다고 할 수도 없습니다. 바로 신체 내부에서 자연스럽게 한 번 열리고 한 번 닫히는 현상이 발생하게 된다는 것입니다. 이때는 외부의 공기는 쓰지 않을까요? 그렇지는 않습니다. 아주 가끔 한 번씩은 공기를 호흡합니다. 보통 우리가 하듯이 코로 호흡하는 것이 아니라 콧부리 안쪽에서 아주 가볍게 들이마시는 것입니다.

내호흡은 코로 하는 호흡이 아니다

"날숨은 뿌리에 이르고 들숨은 꼭지에 이른다."

(呼至於根, 吸至於蔕)

"호지어근(呼至於根), 흡지어체(吸至於蔕)"에서 뿌리[根]와 꼭지[蔕]는 어디를 말할까요? 단전이나 배꼽을 가리키는 것은 아닙니다. 이어서 다음 문장을 보지요.

"전체로 중궁 진토에 의지하여 안고 감추어 길러 준다."

(總賴中宮眞土, 含藏而停育之)

"총뢰중궁진토(總賴中宮眞土)", 이때는 전체적으로 중궁 진토에 의지해야 합니다. 이 중궁도 반드시 위장이라고는 할 수 없지만 그렇다고 위장 부위에서 벗어난 다른 곳을 가리키는 것은 아니지요. 중궁 진토는 진의(眞意), 진실한 뜻, 진정성 있는 의지를 가리킵니다. 다시 말하면 한 생각도 일어나지 않는 청정한 경지, 청정심(淸淨心)의 경지입니다. 도가 십삼경(十三經) 중에는 『청정경』이 있습니다. 이 경은 여러분에게 이미 소개한 적이 있지요? 마치 불가의 『반야심경(般若心經)』 같은 경전인데 정말 좋은 내용을 담고 있습니다. 바로 진정으로 청정한 마음에 대한 내용이지요. 이때는 제육식의 잡념 망상이 완전히 정지하고 의근(意根)이 청정해져서 영

원한 시간이 곧 일념입니다. 마치 불가에서 말하는 일념만년(一念萬年), 만년일념(萬年一念)입니다. "한 생각이 만년이고, 만년이 한 생각"인 것처럼 잡념이 일어나지 않고 생각이 움직이지 않습니다. 이런 경지에 도달하면 이 마음속에 안고 감추어 기르는 "함장이정육지(含藏而停育之)"의 경지에 이르게 됩니다. 이 경지는 신선의 경지를 완성한 것은 결코 아닙니다. 단지 한 알의 금단을 복용하여 천천히 기르는 복식(伏食)의 초기 과정일 뿐입니다.

"이것은 입과 코로 공기를 호흡하는 것이 아니라 진식이다. 진식이 왕래하는 것은 처음부터 끊어짐이 없이 중토에서 스스로 열리고 닫힌다."

(此呼吸非口鼻之氣, 乃眞息也, 眞息往來, 初無間斷, 自相闔闢於中土)

참된 호흡인 "진식(眞息)"은 입과 코로 하는 호흡이 아니며, 끊임없이 몸속에서 열리고 닫히는 듯이 작용하는 것입니다. 이럴 때는 어떤 현상이 일어날까요?

"부부 관계와 같은 현상이 진태에서도 발생한다."

(不啻夫婦之相配偶, 乃眞胎也)

"부시부부지상배우(不啻夫婦之相配偶), 내진태야(乃眞胎也)"는 마치 남녀 간의 성관계와 같은 현상이 몸속에서 일어날 수 있다는 말입니다. 밀종에서는 열락(悅樂), 명(明), 무념(無念)으로부터 이 경지에 이를 수 있다고 합니다. 여기에서 말하는 부부 관계는 하나의 비유이므로 실제로 그런 것으로 오해해서는 안 됩니다. 이때가 바로 부처님이 말한 도를 깨달아 얻은 증도(證道) 경지에 해당합니다. 그러므로 불가와 도가는 공부 방법에서 명

칭은 다르지만 그 내용과 노선은 같습니다.

"중궁의 진태가 움직임이 없으면서도 수기와 화기가 번갈아 그 속에서 자연히 호흡 작용을 하는 것이, 태허의 진태가 움직임이 없으면서도 태양과 달이 번갈아 운행하는 것처럼 그 속에서 자연히 호흡을 이룬다. 어찌 호흡함으로 서로 기르고 멈춤으로 부부가 되는 것이 아니겠는가."

(中宮之眞胎不動, 而一水一火自然呼吸其中, 猶太虛之眞胎不動. 而一日一月, 自然呼吸其中, 豈非呼吸相含育, 伫息爲夫婦乎)

"중궁지진태부동(中宮之眞胎不動), 이일수일화자연호흡기중(而一水一火自然呼吸其中), 유태허지진태부동(猶太虛之眞胎不動)", 우주는 움직이지 않는 것 같지만 그곳에서는 전체적으로 끊임없이 생명 작용이 일어나고 있습니다. "이일일일월(而一日一月), 자연호흡기중(自然呼吸其中)", 태양과 달이 서로 번갈아 움직여서 태양이 뜨면 달이 지고, 달이 뜨면 태양이 지는 것처럼 자연의 운행을 지속하고 있지요. 인체의 진식(眞息)도 이와 같이 고요한 가운데서 끊임없이 생명의 호흡 작용을 일으킵니다. "기비호흡상함육(豈非呼吸相含育), 저식위부부호(伫息爲夫婦乎)", 그러니 이런 대우주의 법칙과 호응하면 자연히 인체 소우주의 법칙도 알게 됩니다.

"이 단락은 단도직입적으로 진의야말로 금단의 모태라고 하였다. 남화경에 말하기를, '진인은 발바닥 중심으로 숨을 쉰다'고 하였고, 심인경은 '호흡으로 청정을 기른다'고 하였고, 황정경은 '뒤에는 비밀한 문이 있고 앞에는 생문이 있어 해가 뜨고 달이 지며 호흡을 보존한다'라고 하였다. 말하는 것이 모두 진식이다."

(此段, 直指眞意爲金丹之母. 南華經云, 眞人之息以踵. 心印經云, 呼吸育淸.

黃庭經云, 後有密戶前生門, 出日入月呼吸存, 皆言眞息也)

"차단(此段), 직지진의(直指眞意)", 그러므로 복식의 이 절[9]은 우리에게 신선을 수련하는 방법이 바로 한 생각도 일어나지 않는 진의(眞意)를 드러내는 데 있음을 솔직하게 알려 주었는데, 이것이 바로 "위금단지모(爲金丹之母)" 즉 금단의 모태가 된다고 했습니다. 도가의 삼대 경전은 『노자』, 『장자』, 『열자』입니다. 노자는 『도덕경(道德經)』이라고 하고, 장자는 『남화경(南華經)』, 열자는 『청허경(淸虛經)』이라고 합니다.

"남화경운(南華經云), 진인지식이종(眞人之息以踵)", 『남화경』에서는 진인(眞人)은 발꿈치로 호흡한다는 말이 나옵니다. 장자가 말하기를 진정한 도를 얻은 진인은 호흡이 발바닥 중심에 도달한다고 했지요. 장자는 또 "보통 사람들은 목구멍으로 호흡한다〔衆人之息以喉〕"는 말도 합니다. 보통 사람들은 숨을 쉬면 목구멍에서 폐까지만 도달할 뿐이라는 것이지요. 『심인경(心印經)』은 도가의 『옥황심인경(玉皇心印經)』입니다. "호흡육청(呼吸育淸)"은 호흡으로 청정을 기른다는 말로 이때는 내호흡이 일어난다는 뜻이지요. 내호흡은 일체 모든 것이 청허(淸虛)한 경지로, 마음도 청허하고 몸도 청허한 경지를 육성한다는 뜻입니다.

"황정경운(黃庭經云)", 도가의 이 『황정경』은 거의 모두가 일곱 글자로, 후인들의 학술적 고증으로 비추어 보면 위진(魏晉) 시대에 위조한 경전입니다. 『황정경』에서 "후유밀호전생문(後有密戶前生門)" 즉 뒤에는 비밀스러운 문〔密戶〕이 있고 앞에는 생문(生門)이 있다는 말은 진정한 내호흡을 표현한 것입니다. 옛날에는 모든 것이 비밀에 붙여져 신비화되었지만 오

---

9 『참동계천유』의 목차로 보면, "복식"은 『참동계』 상편 열다섯 개 장 중에서 제9장부터 제15장까지를 가리킨다. "복식(伏食)의 이 절"이란 제11 진토조화장 첫 구절에 대한 주운양 조사의 설명을 가리킨다.

늘날에는 학술이 모두 공개되어 있습니다. 지금 우리는 밀종, 유가(瑜珈) 혹은 도가를 배우고 있는데, 해저(海底)니 밀처(密處)니 하는 말에 대해 모두 이해하고 있습니다. 그러나 진정한 해저나 밀처가 어디인지 이해한다는 것은 어려운 일입니다. 다만 생명이 태동하여 출입하는 가장 깊은 어떤 곳을 가리킨다는 것만 이해할 뿐입니다. 태양처럼 나온다고 할 때 태양은 어디에서 떠오르나요? 태양은 해저(海底)의 깊은 곳에서 떠오릅니다. 이 것은 호흡을 형용한 말로 황정경에서 말하는 "출일입월호흡존(出日入月呼吸存)" 즉 태양이 떠오르고 달이 지듯이 호흡이 이어지는 것입니다. 도서(道書)에서의 원칙을 말하면 "출일입월호흡존"은 내호흡의 경지인데, 이 것은 『황정경』의 말로 주운양 조사는 도가의 세 경전을 인용하여 내호흡을 설명합니다. 태양과 달의 운행으로 호흡을 상징했는데, 태양이 떠오르는 것은 내쉬는 숨을, 달이 뜨는 것은 들이쉬는 숨으로 나타냈지요.

그러므로 단두가 이르면 쇠를 금으로 만든다는 이치가 바로 "개언진식야(皆言眞息也)" 즉 모두 진식(眞息)을 말하는 것입니다. 도가 용어로 말하면 진식은 바로 진의(眞意)이지요. 도가 경전에서 아주 분명히 말하고 있지만 일반인들은 공부를 안 해서 진식(眞息)이 바로 진의(眞意)라는 이치를 모를 뿐이지요. 어떤 도가 경전에 나오는 말은 더 재미있습니다. 그러나 경전이라고 해서 다 맞지는 않습니다. 어떤 것은 엉뚱한 말도 있습니다. 도가 저작은 매우 어지럽습니다. 어떤 것은 한두 구절만 맞고 나머지는 다 틀린 경우도 있고, 어떤 것은 거의 맞는 말이고 일부만 잘못된 것도 있습니다. 그 때문에 단경(丹經)을 이해하기는 매우 어렵습니다. 비유하자면 파자법(破字法)으로 설명할 수도 있습니다. 즉 식(息)이라는 글자는 위에는 스스로 자(自)가 있고, 아래에는 마음 심(心) 자가 있지요. 바로 자신의 마음〔自心〕입니다. 그러므로 진식(眞息)은 호흡이 아닙니다. 스스로의 진실한 마음〔眞心〕, 진의(眞意)를 가리킵니다.

전도법의 운용

"이곳은 북방의 정자로서 수를 가리키고 남방의 정오는 화를 가리킨다. 본체로써 말하면 후면은 리괘 중간의 유주를 가리키는데 수가 되고 감괘 중간의 금정은 화가 된다. 이것은 서로 뒤바꿔 쓰는 법을 말한 것이다."
(此處, 指北方正子爲水, 南方正午爲火, 以本體而言, 後面, 指離中流珠爲水, 坎中金精爲火, 又以顚倒互用而言矣)

주운양 조사는 이 장에서 역경의 『하락이수』, 천문과 음양오행의 원리를 사용합니다. 남방과 북방, 수(水)와 화(火)는 서로 바꿔 씁니다. 도가에서는 늘 전도법(顚倒法) 즉 뒤바꾸는 법을 씁니다. 도가에는 "자신의 속에서 뒤집고 바꾼다[自在中間顚倒顚]"는 유명한 구절이 있지요. 금단(金丹) 대도(大道)의 방법은 자기 자신에게 본래 금단이 존재하니 따로 신선을 찾을 필요가 없다는 말입니다. 여러분이 자기 스스로 할 수 있다는 것을 깨닫고, 자신의 생명 속에 모든 것이 존재한다는 것을 알면 그것을 뒤집어서 바꿔 쓸 수 있습니다. 지금 우리는 모든 작용이 바깥에서 발생합니다. 눈으로는 밖에 존재하는 사물을 보고, 귀로는 밖에서 들리는 소리를 듣지요. 그것을 뒤집어서 바꿔 쓰면 됩니다. 밖을 보는 것을 뒤집어 내면을 주시하고, 밖에서 들리는 소리가 아닌 내면의 소리에 귀를 기울이는 것이지요. 이렇게 밖을 향하지 않고 자기 본래의 태허(太虛) 청정한 곳으로 되돌아가는 것이 첫 번째 전도(顚倒)입니다.

마음이 텅 비고 청정함이 극점에 이른 후에 두 번째 전도가 일어납니다. 바로 불가에서 말하는 진공에서 묘유가 발생한다는 진공묘유(眞空妙有)입니다. 태허 속에 한 점 영광(靈光)이 존재하여 단두(丹頭)가 도달하면 쇠가 금으로 변하는 것입니다. 유(有)는 묘유이니, 유 속에 공(空)이 있고 공 속에 또한 유가 존재합니다. 뒤바꾸어 쓰는 전도법은 어떤 때 나타나는 현상은 파악해야 하고, 어떤 때 나타나는 현상은 파악할 필요가 없습니다. 이것이 화후(火候) 속의 전도법입니다. 이 장에서 말하는 의미는 대략 이런 것이지만 제 말이 반드시 옳다고 할 수는 없습니다. 단지 여러분이 연구하도록 자료를 제공할 뿐이지요.

자, 여기에서 주해를 잠시 멈추고 『참동계』 본문을 보겠습니다.

황토는 금의 아비요 유주는 수의 자식이다.

黃土金之父, 流珠水之子.

고대의 신선과 조사는 자신들이 발견한 수련의 비법을 후대의 인재들이 학습하고 수련해서 모두 신선이 되기를 기대하면서 문자로 남겼습니다. 『참동계』는 한대(漢代)의 문자인데, 이런 한대의 고문은 이제 잘 통하지 않습니다. 도대체 황토가 황금의 아비라는 둥, 유주(流珠)가 무슨 수(水)의 자식이라는 말은 도대체 무엇을 의미하는지 알 수가 없지요. 현대의 젊은 이들이 이런 말을 이해하기는 정말 어렵습니다. 그렇지만 여러분은 알아야 합니다. 이것이 바로 중국 문화입니다. 이를 모르면서 어떻게 중국 문화를 말할 수 있겠습니까? 어떤 사람은 이것을 미신이라고 합니다. 전혀 알지도 못하면서 어떻게 미신이라고 할 수 있습니까? 옛사람들이 남긴 문화는 매우 많은 의미를 내포하고 있습니다.

황금, 유주, 주작

"황토금지부(黃土金之父)"라는 말은 음양오행의 원리로, 중앙의 무기토

(戊己土)는 중토(中土)를 대표합니다. 우리가 사는 지구는 흙으로 만들어 져 있습니다. 앞에서도 말한 바 있지만 인류의 생명은 물론 문화도 지구를 떠날 수 없습니다. 식물이나 동물뿐 아니라 광물도 마찬가지입니다. 만약 대지를 떠나 허공으로 올라간다면 이미 지구의 일이 아니고, 또 다른 우주 문화가 되겠지요. 중앙의 무기토는 천간의 기호로서, 무토(戊土)는 토의 원소요 무형의 토라고 한다면 기토(己土)는 유형의 토를 나타냅니다.

바꾸어 말하면 무토(戊土)는 토의 물리적 작용과 에너지를 상징하고, 기 토(己土)는 물질의 형성과 관련 있습니다. 토가 변화해서 다른 형질이나 형태로 변하는 것은 모두 기토와 관련 있지요. 즉 토가 변하면 진흙이 되 기도 하고 단단한 돌이 되는 것과 같습니다. 오행의 원리에 따르면 토는 금을 생하고, 금은 수를 생하고, 수는 목을 생하고, 목은 화를 생하고, 화 는 다시 토를 생합니다. 이렇게 서로 고리처럼 이어져 끊임없이 생성 변화 하는 것이 오행의 원리이지요. 그러므로 "황토는 금의 아비"라는 말은 오 행 상생의 원리에서 토생금(土生金) 즉 토가 금을 생하는 원리입니다.

"유주수지자(流珠水之子)"에서 "유주(流珠)"는 무엇인가요? 바로 우리 몸에서 유동하는 호르몬이나 정액이나 혈액으로서 수(水)가 변화한 것입 니다. 그래서 "유주는 수의 자식"이 됩니다. 천일생수(天一生水), 금생수 (金生水)의 원리에 따르면 수는 천일(天一)의 수에서 발생하고 또 금(金)에 서 발생합니다. 물론 그 과정에는 복잡한 변화가 있지만 통틀어 보면 상생 (相生)과 상극(相克)의 변화 원리로 귀결됩니다.

수는 토를 귀로 삼는다.

水以土爲鬼.

여러분 중에 명리학(命理學)을 공부한 분은 알겠지만 오행 상극(相克)의

원리에서 나를 극(克)하는 것을 귀(鬼)라고 합니다. 토극수(土克水)의 원리에서 보면 토는 수의 귀가 되는 것이지요. 제가 가끔 여러분에게 명리학을 공부하라는 말을 하지요? 공부해서 통한 후에는 그것으로 남의 명리나 보면서 돈을 벌지 말고, 고대의 자연 법칙을 오늘날의 인문 과학, 물리 과학으로 발전시켜 나가라고 말입니다. 명리도 본래 일종의 과학입니다. 그런데 위진 시대에 국가에서 과학의 발전을 금지했기 때문에 어쩔 수 없이 세상에 알려져서 오늘날 이런 모습으로 보존되어 왔습니다.

그 당시에는 왜 과학의 발전을 금지했을까요? 과학이 지나치게 인위적이고 기술적이어서 기묘한 것을 생산한다고 여겼기 때문입니다. 사람들의 머리를 지나치게 쓰게 만들고 기술에 치우친다고 보았지요. 진무제(晉武帝) 때 어떤 사람이 나무로 새를 만들었는데, 그 새가 하늘을 날았습니다. 그것을 본 진무제 사마염(司馬炎)은 바로 명을 내려 그 기술을 금지했다고 합니다. 왜 과학 기술의 발달을 금지했는지 더 생각해 볼까요? 어째서 금지했을까요? 그 이유는 물질문명이 발전하면 할수록 인류의 욕망도 끊임없이 확대되기 때문입니다. 그래서 국가도 과학 기술의 발전을 허용할 수 없었던 것이지요. 여러분도 오늘날 과학과 물질문명이 발전하면 할수록 더욱더 자연으로부터 멀어지고 고통스러워지는 것을 실감할 것입니다.

왜 "수이토위귀(水以土爲鬼)"라고 말할까요? 명리에 대해 좀 더 이야기해 보겠습니다. 명리에 있는 몇 가지 상징은 매우 흥미롭습니다. 이런 말이 있습니다. "처와 재는 같은 궁에 있지만 위치가 다르다〔妻才同宮而異位〕." 동일한 간지이지만 효과가 다르다는 말입니다. 이것은 명리의 술어인데, 재(才)란 바로 돈을 버는 운을 가리킵니다. 학문의 운도 재(才)로 표현되고 좋은 배우자를 맞는 운인 처운도 재(才)로 표현됩니다. 세 가지 운이 재(才)라는 한 글자로 표현되는 것이지요.

어떤 학생이 이런 질문을 했습니다. "선생님, 어떤 분이 저의 명리를 봐

주셨는데 별로 잘 보는 것 같지 않습니다. 그분은 제가 금년에 돈을 많이 벌 수 있는 운이라고 했는데 돈을 벌지 못했거든요." 그래서 제가 이렇게 답했습니다. "자네가 말하는 명리는 명리 철학에 대해 잘 이해하지 못하고 미신을 말하는군. 명리에서 말하는 것은 상대적인 것일세. 자네는 본래 집안이 가난해서 자네 부친이 한 달에 겨우 천 원밖에 주지를 않네. 그러니 하루에 겨우 이십 원밖에는 쓸 돈이 없지. 그러나 자네가 오늘 나가서 일을 해 보게. 하루에 오백 원을 벌 거야. 하루에 오백 원을 번다면 자네의 지금 처지에서는 돈이 들어오는 것 아닌가? 상대적으로 생각해 보게. 자네는 지난달 일을 해서 이천 원을 벌었는데, 여자 친구와 몇 번 영화관에 가고 커피 마시러 가니 한 푼도 안 남았네. 자네에게 그렇게 예쁜 여자 친구가 있는 것은 명리에서 보면 재(才)가 온 것이지. 그 재(才)가 오니까 돈〔財〕이 사라졌네. 이건 모두 자네 스스로 한 것이지 다른 사람이 한 일이 아닐세."

그래서 "관과 귀는 궁은 같고 위치가 다르다〔官鬼同宮異位〕"고 했습니다. 관(官)과 귀(鬼)[10]는 모두 나를 극하는 것이지만, 나와 음양이 같은 것은 귀(鬼)이고 음양이 다른 것은 관(官)입니다. 그러니 여러분이 관을 보는 것은 곧 귀를 보는 것이지요. 관리가 되면 무척 바쁩니다. 운이 좋은 것이지

---

10 관(官)과 귀(鬼)는 복서(卜筮)의 술어이다. 지금은 중국 전통 산명술(算命術)의 용어로 쓰이는데 개인의 관운(官運), 복록(福祿)을 가리킨다. 우리나라에서 유행하는 명리학에서는 십신(十神) 중에서 관성(官星)을 가리킨다. 십신이란 비겁(比劫) 식상(食傷) 재성(財星) 관성(官星) 인성(印星)을 가리킨다. 예를 들면 관성은 일간(日干)을 극(克)하는 오행으로서 일간과 음양이 다른 것은 정관(正官), 음양이 같은 것은 편관(偏官)이라고 한다. 더 설명하면 일간이 목(木)일 경우, 금이 목을 극하므로 금이 관성이 된다. 그런데 목에는 양목(陽木)이 있고 음목(陰木)이 있다. 십이지 중에서 갑은 양목이고 을은 음목이다. 금에도 음양이 있다. 경(庚)이 양금(陽金)이면 신(辛)은 음금(陰金)이다. 나의 일간이 양목이면 양금은 편관이 되고 음금은 정관이 된다. 여기에서는 음양이 같은 것은 귀(鬼), 다른 것은 관(官)이라고 했으므로, 관은 정관이고 귀는 편관에 해당한다.

요. 그러나 운이 없으면 한가해집니다. 잘 보세요. 여러분은 바쁘기를 원합니까, 아니면 한가하기를 원합니까? 경찰에게 사건을 수사하라고 해 보세요. 얼마나 바쁘겠습니까? 매일 이리 뛰고 저리 뛰느라 정신없이 바쁘겠지요. 그런데도 여러분은 관리가 되고 싶어 합니다. 그러니 관(官)이든 귀(鬼)든 모두 여러분이 초래하는 것입니다.

옛날에 팔자(八字)를 볼 때 여자가 팔자에 관(官)이 어떠니 인(印)이 어떠니 했고, 정관(正官)과 정인(正印)이 있으면 좋은 신랑한테 시집간다고 했습니다. 그런데 그 신랑이 아무리 좋은 사람이더라도 당연히 신부를 통제하지요. 그러니 여자 쪽에서 보면 좋은 자리에 시집갔다 하더라도 귀(鬼)를 만난 셈입니다. 여러분이 취미 차원에서 명리 철학을 공부한다면 인생살이에 대해 많은 것을 알려 줄 것입니다. 명리를 알면서 써먹지 않으면 쓸데없겠지요. 그러니 복괘(卜卦) 즉 괘를 뽑아 점을 치고 명리를 보는데, 무엇을 점치나요? 왜 점을 치나요? 사실 밖에 나가면 좋을까 나쁠까 생각하는 자체가 이미 복괘가 된 것입니다. 좋지 않으면 나쁠 텐데 또 무엇을 점친다는 것인가요? 이어지는 원문입니다.

토는 수를 진압한다.

土鎭水不起.

"토진수불기(土鎭水不起)", 수(水)는 흐르고 움직이는 것이고 토(土)는 수를 제압하는 것입니다. 비유하자면 우리 몸속에서 흐르는 혈액은 수와 같습니다. 만약 잡념이 계속 일어나고 생각이 멈추지 않아 마음이 고요하지 않다면 이것도 수가 유동하는 것에 해당합니다. 그런데 수(水)의 귀(鬼)는 토(土)라고 했지요. 귀는 곧 관(官)이므로 수를 장악하겠지요. 토는 바로 진의(眞意), 진실한 뜻입니다. 한 생각이 청정해지면 우리의 감각과 마

음이 즉시 고요해지고 진의가 망념을 제압합니다. 그래서 토가 수의 귀라는 것이고, 토가 수를 제압한다는 것은 곧 진의가 망념을 제압한다는 것입니다.

주작은 화정이다.

朱雀爲火精.

"주작위화정(朱雀爲火精)", 오행 중에서 화(火)의 정(精)과 신(神)이 어디에 있는지 가리키는 말입니다. 천문에는 몇 가지 기호가 있는데, 정북에서 정남으로 향하는 것은 자오선(子午線)을 표준으로 합니다. 좌측의 청룡(靑龍)은 동방이고 우측의 백호(白虎)는 서방이지요. 앞의 주작(朱雀)은 남방이고 뒤의 현무(玄武)는 북방입니다. 즉 주작은 남방을 상징합니다. 우주의 남방에는 성좌(星座)가 하나 있는데, 그 형상이 마치 새처럼 별들이 한 줄로 쭉 늘어섰습니다. 남방은 화(火)에 속하고, 화의 빛깔은 붉기 때문에 붉을 주(朱) 자를 붙여서 주작(朱雀)이라고 한 것이지요.

"주작위화정"에서 주작은 남방의 화를 상징하며 또 광명을 나타냅니다. 비록 한 생각도 없는 무념이라고 하지만 결코 혼미함이 아니며, 비록 깨어 있어서 청성(淸醒)하지만 결코 잡념 망상에 물들지 않습니다.

평형을 잡아서 강하고 모자람을 조절한다.

執平調勝負.

"집평조승부(執平調勝負)", 몸과 마음 양면의 평형을 유지한다는 것입니다. 『참동계』에서는 이어서 다음과 같이 말합니다.

> 수가 왕성하면 화가 소멸하여 모두 후토로 돌아간다.
>
> 水盛火消滅, 俱死歸厚土

정좌를 할 때 어째서 마음이 선정 상태에 들지 못하는지 아십니까? 마음이 지나치게 산란하기 때문입니다. 화(火)가 너무 왕성하여 마음이 안정되지 못하는 것입니다. "수성화소멸(水盛火消滅)", 화는 망상을 상징하는데, 수로 다스려야 합니다. 그래야 화를 소멸할 수 있지요. 수가 왕성한 것은 기혈(氣血)과 정기(精氣)가 충만해서 일어나는 현상인데, 화를 수로 다스려서 심화(心火)가 안정한 상태로 되는 것을 "구사귀후토(俱死歸厚土)"라고 합니다. 마침내 수와 화가 상제(相濟) 즉 서로 도와서 중앙의 무기토(戊己土)로 돌아간다는 뜻입니다. 불가 선종에 은산(隱山)이라는 스님의 시 한 편이 있습니다. 수로 심화를 다스리는 수행의 경지에 대해 쓴 것입니다.

작은 초가집 내가 사는 곳	三間茅屋從來住
한 줄기 빛이 비추니 온갖 시름 사라져	一道神光萬境閑
세속의 시비로 나를 어지럽히지 마소	莫把是非來辨我
뜬구름 같은 세상 흘러가는 대로 살 뿐	浮生穿鑿不相干

이 시야말로 은산 화상의 공부 경지로, 바로 수와 화가 모두 후토로 돌아간 것입니다.

> 삼성이 회합하니 본성이 그 조종이다.
>
> 三性旣合會, 本性共宗祖

"삼성(三性)"이란 수, 화, 중앙 토 즉 진의(眞意)입니다. 수와 화가 서로 도와 중앙토(中央土)에서 중화한 후에야 성명(性命)의 본래 경지에 도달하는 것이 "공종조(共宗祖)" 즉 조종과 같다는 뜻입니다. 여러분에게 제가 여순양 조사가 지은 〈백자명(百字銘)〉을 드린 적이 있지요. 그 속에도 이런 공부의 실제 경지가 들어 있습니다.

제42장

중황 진토가 금정의 근원

　사실 제가 강의하는 것보다는 주운양 조사의 주해를 보는 것이 훨씬 좋습니다. 앞에서 우리가 읽은 원문에 대한 주해는 다음과 같습니다.

　"이 절이 말하는 것은 진토의 묘한 작용이 삼가를 하나로 귀결시킬 수 있다는 것이다. 무토와 기토는 각각 수와 화에 분속되는데, 수와 화 속에는 금목이 감추어져 있어서 처음부터 끝까지 토를 떠나지 않는다. 생명이 태어날 때부터 중황 진토가 존재하는 것이다."

　(此節, 言眞土妙用能使三家歸一也. 戊己二土, 分屬水火, 水火之中, 便藏金木, 而終始不離於土. 蓋生身受之初, 卽有中黃眞土)

　우리는 진토(眞土)라는 기호가 바로 진의(眞意)를 가리킨다는 것을 알고 있습니다. "무기이토(戊己二土), 분속수화(分屬水火)", 무토와 기토는 수와 화에 분속된다는 것은 도가의 관념을 기호로 말하면 수와 화는 모두 토라

는 뜻입니다. "수화지중(水火之中), 변장금목(便藏金木), 이종시불리어토(而終始不離於土)", 수화 속에는 금목이 감추어져 있어서 처음부터 끝까지 토를 떠나지 않는다는 뜻으로, 오행의 원리로써 토를 파악하고 또한 토가 진의라는 것입니다. 그다음에는 음양 오행의 언어로 직접 우리에게 알려 주고 있습니다. 한 사람이 그 몸을 받아 태어나는 처음에 바로 중황 진토가 있게 된다[蓋生身受之初, 卽有中黃眞土]"는 것입니다. 즉 우리가 생명을 받고 태어날 때 이미 천지의 일기(一炁)를 얻어 중황 진토(眞土) 즉 진의(眞意)가 우리에게 내재한다는 말이지요. 여러분이 불교의 유식학을 공부해 보면 갓난아이에게는 제육식이 없고 단지 중황 진토만 있다는 것을 알게 됩니다. 이른바 중황 진토는 의근(意根)인 제칠 말나식(末那識)입니다. 주운양 조사는 이 중황 진토가 바로 금정(金精)이 나오는 곳이라며 다음과 같이 말합니다.

"(중황 진토는) 금정이 나오는 곳이다. 이 금은 본래 건가의 조성으로서 중궁의 확고한 원신이다."

(爲金精之所自出, 此金本是乾家祖性, 中宮不動元神)

"위금정지소자출(爲金精之所自出)", 금정(金精)이 나오는 곳이 바로 중황 진토라는 말입니다. 도가의 기호에서 중황 진토는 정(精)에 속하며, 진정한 정신(精神)이 있는 곳입니다. "차금본시건가조성(此金本是乾家祖性)", 이 금(金)은 본래 건괘의 근원적 본성 즉 조성(祖性)입니다. 금방 태어난 아이에게는 잡념이 전혀 없고 오직 인간의 본성 즉 한 점 영명(靈明)만 존재할 뿐입니다. 그런데 이 한 점 영명한 본성은 어디에서 올까요? 바로 형이상의 기호인 "건(乾)" 즉 본체로부터 오는 것입니다. 건(乾) 즉 본체는 우주 만유의 공동의 본체[共體]입니다. 우주의 본체인 건이 우리 몸에 내

재하면 바로 "중궁부동원신(中宮不動元神)" 즉 중궁의 확고한 원신(元神)이 되는 것이지요.

주운양 조사는 우주의 본체인 건(乾)이 우리의 중궁에 금정으로 내재하는 과정을 다음과 같이 설명합니다.

"오직 건금이 깨짐으로써 곤 속으로 들어가니 (곤의 가운데가) 채워져 감괘가 된다. 그러니 감괘 가운데의 금정이 곧 무토에 속하니 소위 금화이다."

(只因乾金一破, 流入坤中, 實而爲坎, 坎中金精, 便屬戊土, 卽所謂金華也)

"오직 건금이 깨짐으로써〔只因乾金一破〕" 선천이 후천으로 변하고, 우리의 생명이 "곤 속으로 들어갑니다〔流入坤中〕." 곤괘는 음을 대표합니다. 배는 곤이고 머리는 건이지요. "(곤괘 가운데가) 채워져 감괘가 된다〔實而爲坎〕"는 것은 건(乾 ☰)이 곤(坤 ☷) 가운데로 들어가서 감(坎 ☵)이 되는 것을 말합니다. 감괘는 인체에서 명문(命門) 신기(腎氣)의 기호로서 양쪽 허리를 포함합니다. 중의학에서는 우리 몸에서 허리의 좌측은 신장, 우측은 명문이라고 합니다. "감괘 가운데의 금정〔坎中金精〕"이라는 말은, 감괘는 곧 수인데 수 가운데는 금이 있어서 금생수 즉 금이 수를 낳는다는 것입니다. 그것이 "곧 무토에 속하니 소위 금화입니다〔便屬戊土, 卽所謂金華也〕." 그래서 주운양 조사는 다음과 같이 설명합니다.

"감괘 중의 진금은 건부에서 나왔다. 그러므로 (참동계에서) '황토가 금의 아비'라고 하였다."

(惟坎中眞金, 從乾父而生, 故曰, 黃土金之父)

이것이 이른바 전도(顚倒)입니다. 우리의 생명의 근원은 "유감중진금(惟

坎中眞金)" 바로 감괘의 중간에 있는 양효로 상징되지요. 비유하자면 청년은 정력이 왕성하기 때문에 성적 충동도 매우 강합니다. 바로 감괘의 수기(水氣)가 발동하는 것이지요. 노인들은 이런 현상이 없는데 감괘의 수기가 말라 버렸기 때문입니다. 그러나 수도 공부를 한 사람은 그렇지 않습니다. 수도 공부를 한 사람은 건괘의 금(金)으로 돌아갈 수 있습니다. 감괘의 수기가 마르기 전에 건괘로 돌아가는 것입니다. 이것이 바로 전도(顚倒)라는 말입니다. 감괘 중의 진금(眞金)은 어디로부터 올까요. "종건부이생(從乾父而生)", 아버지인 건[乾父]으로부터 나왔는데 건부야말로 선천(先天)의 생명 본체이기 때문입니다. 위백양 조사의 『참동계』 본문에 "황토금지부(黃土金之父)"라는 한 구절을 설명하기 위해 주운양 조사는 주해를 길게 달았습니다만, 우리가 오늘날의 말로 또 설명한다면 더 긴 설명이 필요하겠지요. 장편의 논문이 될 것입니다.

수, 화, 토의 상호 관계

"건괘의 일양이 감괘 속에 들어가서 건괘의 세 양효 가운데 일양이 일음으로 바뀌면 일양이 파괴되어 리괘가 된다."
(乾之一陽, 旣入坎中, 中間換入一陰, 破而爲離)

앞에서도 말했지만 건괘는 형이상의 생명의 진체(眞諦)를 나타냅니다. "건괘의 일양이 감괘 속에 들어가서[乾之一陽, 旣入坎中]" 우리의 생명으로 변화한 이후 "건괘의 세 양효 가운데 일양이 일음으로 바뀌면 일양이 파괴되면서 리괘가 된다[中間換入一陰, 破而爲離]" 즉 리중허(離中虛)가 됩니다. 우리 후천의 생명은 선천인 건괘가 후천인 리괘로 변한 것입니다. 그래서 인간의 두뇌나 생각이 아무리 명석하더라도 실제로는 이미 본래의 것이 아닙니다. 중간의 한 점 진양(眞陽)이 파괴되어 진음으로 변해서 리괘가 되었기 때문이지요. 리괘는 태양을 상징합니다.

"바로 곤궁 속의 진수가 변화해서 리괘 중의 목액을 나오게 하여 기토에 속하니 소위 태양의 유주이다. 리괘 중의 유주는 곤모에서 나오므로 (참동계에서) '유주는 수의 자식'이라고 하였다. 이는 삼성이 순하게 상생하는 과정을 말한다."
(正是坤宮眞水, 化出離中木液, 便屬己土, 卽所謂太陽流珠也, 惟離中流珠, 從坤母而出, 故曰, 流珠水之子, 此言, 三性之順而相生者也)

앞에서 건괘 가운데 일양이 일음으로 바뀌어 리괘가 된다고 했습니다. "정시곤궁진수(正是坤宮眞水), 화출리중목액(化出離中木液), 변속기토(便屬己土)", 이때 곤궁의 진수가 리괘의 목액을 나오게 하여 기토에 속한다고 했습니다. 그렇다면 목액(木液)이란 무엇일까요? 바로 간장입니다. 우리는 간장의 기능을 혈액을 생성하는 것이라고 알고 있습니다. 이 간장은 오행 중에서 목(木)에 속하기 때문에 여러분이 목기(木氣)를 잘 다스리면 혈액은 좋아집니다. 중완(中脘)도 좋아지고 자연히 비위도 건강해지지요. "즉소위태양유주야(卽所謂太陽流珠也)", 이른바 태양의 유주(流珠)라고 했는데, 이것은 사람의 정신이 건강하고 왕성한 것을 나타냅니다. "리괘 중의 유주는 곤모에서 나오기 때문에 유주는 수의 자식〔惟離中流珠, 從坤母而出, 故曰, 流珠水之子〕"이라고 했습니다. 우리 후천의 정신은 어디에서 오나요? 곤모(坤母)로부터 나옵니다. 신기(腎氣)가 건강하여 기혈이 왕성하면 곧 정신이 도래합니다. "이것이 삼성이 자연히 상생하는〔此言, 三性之順而相生者也〕"것입니다. 삼성(三性)은 수, 화, 토로서 이것이 서로를 생하게 한다는 말이지요.

"감괘 중의 금정은 태양의 진화이고, 리괘 중의 목액은 태음의 진수이다. 리괘 중의 음수는 쉽게 범람해서 감괘 중의 양화를 공격한다. 그래서 감괘 중의 화는 중앙의 진토를 생성해서 진수의 범람을 제어한다."

(坎中金精, 是爲太陽眞火 離中木液, 是爲太陰眞水 離中陰水, 易至泛濫來剋
坎中陽火, 坎中之火, 乃生中央眞土以制之)

"감괘 중의 금정은 태양의 진화이다[坎中金精, 是爲太陽眞火]"라고 했는데, 여기서 금정(金精)은 우리 몸속의 체액(體液)을 가리킵니다. 즉 호르몬이나 정액, 혈액 등이 바로 태양의 진화(眞火)입니다. 태양은 상징적 기호이고 화도 생명 에너지를 가리키는 상징입니다. 그래서 사람이 늙으면 입이 마르는데 이것은 감괘 가운데 금정이 없어지기 때문입니다. "리괘 중의 목액은 태음의 진수입니다[離中木液, 是爲太陰眞水]." 그래서 간장은 혈액을 저장할 수 있는 것이지요. "리괘 중의 음수는 쉽게 범람해서 감괘 중의 양화를 공격한다. 그래서 감괘 중의 화는 중앙의 진토를 생성해서 진수의 범람을 제어한다[離中陰水, 易至泛濫來剋坎中陽火, 坎中之火, 乃生中央眞土以制之]"고 했습니다. 수도 공부를 하려면 언제 해야 할까요? 젊어서 정(精)과 신(神)이 충만할 때 해야 합니다. 그러나 젊은 사람들이 그렇게 할까요? 젊은 사람은 절대 하지 않습니다. 사실 우리처럼 젊어서 수도 공부를 한 사람은 늙어서 큰소리를 칠 수 있지요. 그런데 보통 사람들은 그렇지 않습니다. 젊어서는 큰소리를 치며 바쁜 일에 휘둘려서 수도 공부를 하라고 해도 하지 않다가 늙은이가 되어서 정신이 다 소모된 후에야 수도 공부를 해 보겠다고 합니다. 그것은 수도 공부가 아니라 양로(養老)일 뿐이지요.

여러분은 하루 중에 언제 정좌를 하나요? 낮에는 일 때문에 바쁘니까 일이 다 끝난 후 저녁이 되어서 집에 돌아오면 세수 하고 잠자리에 들 때가 되어서야 정좌를 시작하지요? 그것은 정좌가 아닙니다. 잠자리에 들기 전 휴식을 취하는 것이지요. 그런 때 정좌를 해서 무슨 소용이 있겠습니까? 그런 식으로는 석 달을 정좌해도 아무 효과가 없습니다. 왜 효과가 없을까요? 수도 공부는 정신이 왕성할 때 해야 하기 때문입니다. 그래서 여러분에게 먼저 잠을 자고 나서 정신이 왕성할 때 정좌를 하라고 말하는 것입니다. 태양의 유주가 밖으로 쉽게 흐르지 않을 때 정좌를 해야 쉽게 제압할 수 있고 고요해질 수 있습니다. 그렇게 하는 것을 정좌라고 하고 수도 공부라고 합니다. 피곤할 때 정좌를 하는 것은 휴식이지 공부가 아닙니다. 물론 피곤할 때나 몸에 병이 생겼을 때 정좌를 하면 몸 상태를 호전시키고 질병을 치료하는 효과가 있을 수 있습니다. 늙어서 정좌를 하면 늙는 것도 좀 방지하고 수명도 조금 연장할 수 있지요. 그것만 해도 효과가 있다고 할 수는 있지만 수도 공부라고 할 수는 없습니다.

어떤 사람은 이런 말을 합니다. 운이 안 좋으면 불학을 배우거나 수도 공부를 한다고 합니다. 그러면 저는 운이 나쁜 사람이 불교나 선도를 닦아서는 절대 성공할 수 없다고 말합니다. 불교와 선도는 최고로 운 좋은 사람이 닦아야 성공할 수 있습니다. 부처님도 본래 석가족의 왕자였는데 왕의 지위를 버리고 출가해서 부처님이 될 수 있었습니다. 여순양 진인도 부귀공명을 다 버리고 도사로 출가하여 비로소 신선이 될 수 있었습니다. 여러분 중에 자신의 팔자가 별로 안 좋아서 불학을 배우고 도를 닦는다고 생각하는 사람이 있다고 합시다. 미안하지만 그런 사람은 불학이나 수도를 해도 성공할 운이 없습니다. 여러분은 이 원리를 잘 알아야 합니다. 이것은 여러분에게 진심으로 하는 말입니다. 여러분은 운이 가장 좋을 때 수도 공부를 해야 합니다. 그래야 성공할 수 있습니다.

그런데 운이 좋을 때는 엄청 바쁜데 수도 공부를 말할 수 있을까요? 아이구머니나! 조금만 기다리세요. 이 일 마치고 나서 정좌 공부를 하겠습니다. 주식 팔아서 돈 좀 벌고 나서 말이지요. 그런데 주식 팔아서 돈 벌 때까지 기다리자면 수명도 다하고 맙니다. 그렇게 되면 무슨 소용이 있겠습니까? 그러니 우리는 운이 좋을 때 수도 공부에 전념해야 합니다.

"그러므로 (참동계에서) '수는 토를 귀로 삼고 토는 수를 제압한다'고 하였다. 리괘 중의 수는 능히 감괘 중의 진화를 제압할 수 있고, 중앙의 토는 리 중의 진수를 능히 제압할 수 있다."

(故曰, 水以土爲鬼, 土鎭水不起. 離中之水, 能剋坎中眞火. 中央之土, 能制離中眞水)

자, 이 문장은 그냥 지나가도 무슨 뜻인지 다 알겠지요. 다음 문장은 이렇게 이어집니다.

"그런데 감괘 중의 화는 또한 중앙의 진토를 낳을 수 있다. 그래서 수와 화는 서로 제압하고 서로 교전할 수 있다."

(而坎中之火, 又能生中央眞土, 所以水火相剋, 兩下交戰)

수도 공부의 과정에서는 이렇게 수화(水火)가 서로 제압하고 다투는 상황이 발생하기도 합니다. 이때는 정좌를 해도 정신이 쇠약하고 기운도 없어서 수도 공부를 그만두고 싶은 생각만 듭니다. 이럴 때 신심(信心)이 부족한 사람은 포기하고 말지요. 서양에는 "새벽이 오기 직전이 가장 어둡다"는 말이 있습니다. 그러니 이런 때가 오면 꾸준히 공부를 밀고 나아가야 합니다. 그러면 다시 기운도 돌아오고 정신도 충만하게 되지요. 이것을 주운양 조사는 이렇게 말했습니다.

> "화후를 조정하고 수와 화 중 어느 한편이 이기지 않고 서로 평형을 이루게
> 하는 것은 전적으로 중앙 진토에 달렸다."
>
> (全賴中央眞土, 調停火候, 不使兩家偏勝, 庶幾各得其平.)

이 원리는 결코 공허한 것이 아닌데 여러분 모두 제대로 연구하지 않는 것이 안타깝습니다. 깊이 연구하지 않으면 여러분도 힘들지만 강의를 하는 저 역시 힘듭니다.

단도 수련은 전적으로 진의에 달려 있다

자, 이어서 주운양 조사의 주해를 보겠습니다.

> "그러므로 단도의 작용은 온전히 진의에 있다. 생각이 일어나는 곳에 인간의
> 생사의 뿌리가 달려 있다."
>
> (所以丹道作用, 全在眞意, 念頭起處, 係人生死之根)

그러므로 "단도의 작용[丹道作用]" 즉 연단의 도를 수행하는 것은 "전재진의[全在眞意]" 즉 온전히 진의에 달려 있습니다. 이 진의(眞意)는 잡념 가득한 의(意)가 아니라 바로 청정한 심념(心念)입니다. 그래서 "생각이 일어나는 곳에 인간의 생사의 뿌리가 달려 있다[念頭起處, 係人生死之根]"고 했습니다. 여러분은 주의해야 합니다. 도가와 불가는 똑같이 수도 공부의 핵심이 청정한 마음, 청정한 생각에 있다고 합니다. 이 생각, 이 마음은 어디에서 오는 것일까요?

우리가 잠에서 깨면 아직 눈도 뜨기 전에 이미 생각이 일어납니다. 이 생각은 과연 어디에서 오는 것일까요? 주운양 조사는 그것에 대해 "계인 생사지근(係人生死之根)" 즉 "(생각이 일어나는 곳에) 생사의 뿌리가 달려 있다"고 했습니다. 선종의 조사가 "부모가 너를 낳기 전 너의 본래면목은 무엇인가" 물은 공안과 같습니다. 선종의 조사가 말하는 부모는 우리의 생물학적 부모를 가리키는 것이 아닙니다. 우리의 생명이 처음 시작된 근원이 무엇인가를 묻는 것이지요. 이것은 신이 어디에서 왔는지를 묻는 것과 같습니다. 주의해야 합니다. 우리의 생각이 일어나는 곳이 바로 생사의 뿌리입니다! 이것을 분명히 알아야 합니다.

"그것을 따라가면 끊임없이 유전하게 되고, 그것을 거스르면 윤회가 즉시 끊어진다."

(順之則流轉不窮, 逆之則輪迴頓息.)

"순지즉유전불궁(順之則流轉不窮)", 그 생각을 따라가면 끊임없이 유전하게 됩니다. 우리는 매일 잠에서 깨자마자 곧 생각이 일어납니다. 여러분이 날마다 정좌를 하지만 정좌할 때 생각이 일어납니까, 아니면 생각이 일어나지 않습니까? 정좌하는 중에도 생각은 반드시 일어납니다. 그것이 바로 유전(流轉, 윤회)입니다. 여러분은 그 생각을 따라서돌고 쉴 새 없이 떠돌게 되는데 그것이 바로 생사윤회입니다. 그런데 "역지즉윤회돈식(逆之則輪迴頓息.)" 즉 이 생각이 일어나는 것을 거스르면 그 순간 윤회는 끊어집니다. 이런저런 온갖 생각이 일어나는 것을 거꾸로 끊어서 마음이 청정해지면, 즉 진의로 돌아간다면 바로 그 순간 생사윤회로부터 벗어나는 것이지요. 그렇기 때문에 선종에서는 일념불생이니, 무념이니, 생각이 공(空)하면 곧 깨달음을 얻는다느니 하는 것입니다. 그러나 이 또한 시작일 뿐입니다.

> "여기에서 시작하는 것이 곧 여기에서 뿌리로 돌아가는 것임을 알지 못하면 안 된다."
>
> (于此起手, 卽于此歸根, 不可不知)

"우차기수(于此起手)", 여기에서 여러분이 비로소 수도 공부에 입문할 수 있습니다. 그렇기 때문에 여러분이 정좌해서 수도 공부를 할 때 수규(守竅) 공부를 하고 기맥(氣脈) 공부를 해야 하는 것이지요. 그런데 왜 기맥을 닦아야 할까요? 여러분이 기맥을 닦아서 생리가 잘 통하여 여기저기 아프고 쑤시는 곳이 없어서 마음이 청정하고 고요한 경지에 이르면 그것이 바로 수도 공부의 출발이기 때문입니다. 이 공부를 단지 출발점이라고만 생각해서는 안 됩니다. 왜 그럴까요? 출발점이야말로 곧 종착점이기 때문입니다. 바로 생명의 뿌리로 돌아가는 것이라는 말입니다. 그래서 "즉우차귀근(卽于此歸根)" 즉 여기에서 뿌리로 돌아간다고 말한 것입니다. "불가부지(不可不知)", 그러므로 이 점을 알지 못하면 안 됩니다. 이것을 잘 모르면 정통 도가라 할 수 없습니다. 아래에서 또 기호를 써서 말합니다.

> "리괘 중의 진수를 일성이라고 부르고, 감괘 중의 진화도 일성이라고 부르고, 중앙의 진토 역시 일성이라고 부른다. 아직 뿌리로 돌아가지 못했을 때는 이렇게 억지로 삼성으로 나누지만, 돌아간 후에는 삼성이 본래 일성이라는 것을 안다. 최초에는 태극이 셋을 포함하여 혼연한 천지의 마음을 이루니 삼성은 하나의 전체라서 나눌 수 없는 것이다."
>
> (離中眞水稱一性, 坎中眞火稱一性. 中央眞土獨稱一性, 方其未歸之前, 强分三性, 旣歸之後, 方知三性, 本來只是一性. 最初, 太極函三, 渾然天地之心, 整體合一不可剖析)

"리괘 중의 진수를 일성이라고 부르고, 감괘 중의 진화도 일성이라고 부르고, 중앙의 진토 역시 일성이라고 부른다〔離中眞水稱一性, 坎中眞火稱一性. 中央眞土獨稱一性〕"고 할 때, 여기서 성(性)은 본성이 아니라 성능, 성질의 의미입니다. 이 성은 "방기미귀지전(方其未歸之前)" 즉 본래의 청정함으로 돌아가기 전에는, "강분삼성(强分三性)" 즉 억지로 세 가지 성질로 구분됩니다. 수(水)는 혈액으로, 기와 정신의 작용과는 다른 것입니다. 그러나 이 세 가지가 하나로 돌아가야 비로소 일념이 청정해지는데 이것이 진의입니다. "기귀지후(旣歸之後), 방지삼성(方知三性), 본래지시일성(本來只是一性)", 이렇게 돌아간 후에야 비로소 세 가지 성질이 본래 하나의 성질이라는 것을 알 수 있습니다. 그래서 『역경』의 원리는 "최초에는 태극이 셋을 포함하여 혼연한 천지의 마음을 이루니 삼성은 하나의 전체라서 나눌 수 없는 것〔最初, 太極函三, 渾然天地之心, 不可剖析〕"이라고 했습니다. "태극함삼(太極函三)"은 옛날 조사가 둥근 원 하나로 일음일양을 나타낸 것과 같습니다. 선종에서는 원 속에 세 개의 점을 찍었는데, 이것으로 "태극함삼"을 표현했습니다. 이 본체는 이런 것을 포괄하므로 우주 천체의 현상은 태양 달 별 세 가지가 있고, 인체 내부에는 정기신이 있고, 외부에는 눈 귀 코의 감각 작용이 있는 것입니다.

그러므로 최초의 세 가지는 한 몸〔一體〕입니다. 여기서 "혼연천지지심(渾然天地之心)"의 혼(渾)이라는 글자에 주의해야 합니다. 이 글자는 장자가 '혼돈(渾沌)'이라고 부른 것이지요. 당연히 우리가 먹는 훈뚠(餛飩)[11]이라는 음식을 말하는 것은 아닙니다. 혼돈(混沌)이란 음양이 혼합되어 결렬된 곳이 전혀 없이 전체적으로 한 몸이라는 것입니다. 불학으로 비유하면

---

11 훈뚠(餛飩)은 중국인이 먹는 음식의 일종으로 채소나 고기가 들어가며 만두와 비슷하다. 다만 만두는 껍질이 두꺼운 반면 훈뚠은 껍질이 얇아 투명하게 보인다.

무루지과(無漏之果)라는 말과 유사합니다. 무루(無漏)는 흘림이나 새는 곳이 없다는 뜻이니 혼돈과 의미가 상통하지요. 정기신은 온전한 하나로서 나누어서는 안 된다는 뜻입니다. 완전 무루의 천지의 마음은 "정체합일불가부석(整體合一不可剖析)" 즉 하나의 전체라서 나눌 수 없으니 그 중간에 부스러기 한 점도 없다는 것입니다. 이어서 주운양 조사는 설명합니다.

"혼돈이 일단 갈라지면서 수와 화가 분리된다. 상현과 하현이 중토와 어울려 삼가를 이루니, 이는 합으로부터 분리된 것이다. 후에 상현과 하현이 분화로부터 다시 합하여 무토와 기토가 중앙으로 돌아가니 의연히 본래의 조종이 된다."

(因混沌一剖, 水火遂分, 上下兩弦, 併中土而成三家, 此由合而分也. 後來兩弦之, 由分而合, 戊己二土, 銷歸中央, 依然一箇宗祖)

"인혼돈일부(因混沌一剖), 수화수분(水火遂分)", 하나의 전체인 혼돈이 분리되어 수와 화로 나뉘는 것으로 곧 음과 양의 분리입니다. "상하양현(上下兩弦)", 상현은 보름달이 되기 전의 반달이고 하현은 보름달 이후의 반달입니다. "병중토이성삼가(併中土而成三家), 차유합이분야(此由合而分也)", 상현과 하현이 중토와 어울려 삼가를 이루니 이것은 합해진 것으로부터 분리된 것입니다. 이는 지금 우리가 정(精)과 신(神)이 나누어지고, 성(性)과 명(命)이 분리되고, 기(氣)와 혈(血)이 갈라져 하나로 응결되지 못하는 것을 상징합니다. 이것이 응결되어 돌아오면 바로 결단(結丹)입니다. 그래서 주운양 조사는 "후에 상현과 하현이 분화로부터 다시 합하여 무토와 기토가 중앙으로 돌아가니 의연히 본래의 소종이 된다(後來兩弦之, 由分而合, 戊己二土, 銷歸中央, 依然一箇宗祖)"고 했습니다. 분리된 음과 양, 수와 화를 본래의 온전한 한 몸인 혼돈으로 되돌리는 것입니다. 간단하지요.

"장자양 진인은 이것을 음양 이기를 황도에서 추적하고, 삼성이 원궁에서 만난다고 하였다. 그러므로 (참동계에서) '삼성이 회합하니 본성이 그 조종이다'라고 하였다. 처음에 부부라고 한 것은 양성의 배합으로 말한 것이고, 이어서 부자라고 한 것은 양성이 나온 곳을 말한 것이고, 궁극적으로 조종이라고 한 것은 모두 하나의 본성이 되는 것을 말한다."

(張紫陽所謂, 追二炁于黃道, 會三性于元宮是也, 故曰, 三性旣合會, 本性共宗祖, 初云夫婦, 以兩性相配而言也, 繼云父子, 言兩性之所自出也. 究云宗祖, 乃倂爲一性矣)

장자양 진인이 말한 "음양 이기를 황도에서 추적한다〔追二炁于黃道〕"거나 "삼성이 원궁에서 만난다〔會三性于元宮是也〕"는 것은 위에서 수기(水炁)와 화기(火炁)가 결합하여 단을 맺는 결단(結丹)을 말합니다. "그러므로 삼성이 회합하니 본성이 곧 조종(故曰, 三性旣會合, 本性共宗祖)"이라고 한 것입니다. 또 단경이나 도서에서 결단(結丹)을 부부의 결합으로 설명하는 경우가 많은데 그것은 기호일 뿐입니다. "처음에 부부라고 한 것은 양성의 배합으로 말한〔初云夫婦, 以兩性相配而言也〕" 비유라는 것입니다. "이어서 부자라고 한〔繼云父子〕" 것도 일종의 비유로서, 굳이 남녀가 결합해서 아이를 낳지 않아도 수도 공부를 한 사람은 자기 자신에게서 또 하나의 생명을 낳는 것과 같음을 나타냅니다. "양성이 나온 곳을 말한 것이고, 궁극적으로 조종이라고 한 것은 모두 하나의 본성이 되는 것을 말한다〔言兩性之所自出也, 究云宗祖, 乃倂爲一性矣〕"는 것은 결국에는 명심견성이라는 일성으로 돌아간다는 것입니다. 부부(夫婦)는 비유입니다. 연단(煉丹)을 잘못받아들여서는 안 됩니다. 이것을 방중술로 오해해서는 안 됩니다. 방중술은 요망한 술법이기 때문입니다.

"부부는 감괘와 리괘를 비유하고, 부모는 건괘와 곤괘를 비유한다. 이것이 양의와 사상이다. 조종은 중앙의 조토를 비유하니 곧 태극으로 귀환하는 곳이다. 뿌리로 돌아오고 명을 회복하는 오묘한 원리를 여기에서 볼 수 있다."
(夫婦喩坎離, 父母喩乾坤, 是爲兩儀四象, 宗祖喩中央祖土, 便是返太極處, 歸根復命之妙, 於此可見)

"부부유감리(夫婦喩坎離)", 부부는 감괘와 리괘를 비유한 말로 수와 화의 작용을 나타냅니다. "부모유건곤(父母喩乾坤)", 철학적으로 말하면 부모의 비유는 형이상적인 도체(道體)의 음양 작용이고 부부의 비유는 형이하적인 음양 작용이지요. "시위양의사상(是爲兩儀四象)", 여기에서 양의(兩儀)는 음양이며 음양이 사상(四象)을 낳습니다. "종조유중앙조토(宗祖喩中央祖土)"에서 조종(祖宗)의 의미는 중앙의 원리를 비유합니다. "변시반태극처(便是返太極處), 귀근복명지묘(歸根復命之妙), 어차가견(於此可見)", 중앙 토의 작용으로 생명의 근원으로 돌아오는 것, 즉 근본으로 환원하고 근원으로 귀환하는 것〔返本還原〕을 설명합니다. 그러므로 뿌리로 돌아오고 명을 회복하는 오묘한 원리를 여기에서 볼 수 있다고 했습니다.

제43강

진토가 변화해서 복식의 경지에 이른다

　단도에서　복식(伏食)은　수지(修持)의　방법으로서　어떻게　결단(結丹)할 수　있느냐　하는　것입니다.　현재　운행하는　이　생명　즉　끊임없이　낳고　낳는 생명　작용을　이용하여　새로운　생명을　낳는　것을 '단(丹)'이라고　합니다.　도 가에서는　이　단을　맺는　것을 "선천일기가　허무　속에서　나와서〔先天一炁從 虛無中來〕"　자연히　우리　신체로　돌아가는　것이라고　합니다. "복식"이란 "한 알의　금단을　복용하는〔一粒金丹呑入腹〕"　이치이지요.

　도가의　복식은　불가의　사선(四禪)의　경지에　속하는　것으로서,　이른바 '기주(氣住)'　즉　호흡의　기가　멈추고　더　나아가　온몸의　십만　팔천　개　모공 에서　일어나는　호흡도　비상하게　응집되는　것입니다.　여기에서　진일보한 현상은　혈액의　흐름이　고요해지는 '맥정(脈停)'입니다.　생명의　기능이　다 하여　사망에　이르게　되었을　때는　몸이　완전히　궤멸되어　기주맥정의　현상 이　일어납니다.　하지만　이와　반대로　도를　깨닫고　복식하는　사람이　생명의 기능이　충실해져서　극에　도달할　때에도　마찬가지로　기주맥정　현상이　발생합니다. 음양의 기호로 말하면 죽음에 이른 것은 음(陰)이 극에 도달한 것이고, 수도 공부가 경지에 도달한 것은 양(陽)이 극에 이른 것인데, 이때에도 똑같은 현상이 일어난다는 것입니다. 이것은 물리의 작용을 말하는 것과 같습니다. 우주의 어떠한 힘도 서로 상반되는 양면 작용이 있으니 이른바 원심력과 구심력이라는 양극 작용입니다.

지금 공부하고 있는 『참동계』의 "진토조화장"[12]은 오행의 원리로 설명하고 있습니다. 이미 음양오행에 대해 여러 차례 이야기한 바와 같이 토(土)라는 것은, "사상과 오행은 토에 근거하고 구궁과 팔괘는 임을 떠나지 않는다[四象五行皆藉土, 九宮八卦不離壬]"는 원리입니다. 앞에서 말했듯이 이토(土)가 상징하는 것이 바로 진의(眞意)이지요. 이 진의는 불가에서 말하는 망상(妄想)이 아니라 진정한 의(意)입니다. 진의는 오행의 토에 속하지만, 이 진의나 토는 인류 문화에 비유하자면 만물이 이 땅[土地]에 의지해 생장한다는 것입니다.

우리가 지금 살아 있는 것은 바로 생명이라는 이 진의에 의지하는데, 보통 의지(意志)나 지향(志向)이라고 하는 것은 모두 제육식에 속합니다. 제육식은 우리의 생각 작용으로서 오행에서는 토에 해당하지만, 이 토가 진토(眞土)는 아닙니다. 도가에서는 토를 네 종류로 구분합니다. 음양오행을 공부한 사람은 모두 알겠지만 십이지지에서 "진(辰), 술(戌), 축(丑), 미(未)"는 토에 속하고, 다른 지지는 모두 이 네 가지 토에 귀속되지요.

지금 우리가 공부하고 있는 이 "진토조화장"에서는 토를 강조합니다. 즉진의의 중요성을 부각하는 것이지요. 여러분이 장생불로(長生不老), 반로환동(反老還童), 연년불사(延年不死)의 법을 이루려면 진의(眞意)를 어떻게 해야 복식의 경지에 도달할 수 있는지에 중점을 두어야 합니다. 그래서 진

---

12 『참동계천유』. 상편 제11장. 112~122면.

토조화장이라는 명칭이 붙었습니다. 즉 복식의 경지는 진토(眞土)가 변화해서 나타나는 것이라는 뜻이지요.

환단과 정기신

앞의 강의에서는 주운양 조사의 설명을 보았는데 이제『참동계』원문으로 돌아가겠습니다.

거승을 먹으면 수명을 늘일 수 있고, 환단은 입으로 들어갈 수 있다.
巨勝尙延年, 還丹可入口.[13]

"거승상연년(巨勝尙延年)"에서 "거승(巨勝)"은 약초의 이름으로 호마(胡麻)라고도 하는데, 그 종류가 매우 많습니다. 옛사람들은 수많은 약 이름을 책에 실어 놓았습니다. 예를 들어 운모(雲母), 송지(松枝), 복령(茯笭), 천문동(天門冬) 같은 것이지요. 이 약을 복용하는 방법도 각기 다릅니다. 황정(黃精)이라는 약은 효능이 뛰어나다고 하는데, 뿌리를 약으로 쓰고 강서 지역의 산에 자생합니다. 허운(虛雲) 노화상[14]이 전시에 부상을 당해서 거의 죽을 뻔했는데, 만년에는 강서 운거산(雲居山)에 기거했습니다. 그곳

---

13 『참동계천유』, 119면.

14 1840-1959. 허운 대사는 19세에 출가하여 56세에 깨달은 뒤 120세에 입적할 때까지 전쟁과 혁명으로 가득한 환란 속에서도 선의 중흥과 불교 전통의 회복, 중생 구제를 위해 노력하였다. 또 머무는 사찰마다 불교 대학을 설립하여 출가자와 재가자를 막론하고 불교 교육에 힘썼으며 많은 사찰을 중건하였다. 중국 선종 오가 중 임제종과 소동종의 법맥을 이어받고 운문종, 위앙종, 법안종의 종지를 되살린 선사이며, 계율을 철저하게 지킨 율사요 경전을 손에서 놓지 않는 강사였다. 근현대 중국에서 가장 존경받는 고승인 허운 대사의 이러한 노력에 의해 사회주의 국가인 중국에 지금까지 참선의 전통이 이어지고 있다.

은 황정의 산지로 유명했지요. 허운 노화상은 백이십 세까지 장수했는데, 사람들은 그가 황정을 먹었기 때문이라고 했습니다. 저도 황정을 먹어본 적이 있습니다. 찌면 고구마 같았는데, 소화하기가 좀 어려워서 먹으면 배가 쉽게 꺼지지 않습니다.

역사 기록을 보면 한나라 때 산에서 온몸이 털투성이고 날기도 하는, 사람인 것 같기도 하고 아닌 것 같기도 한 것을 잡고 보니 여자였다고 합니다. 문초해 보니 그 여자는 진시황 시절 세상이 크게 어지러울 때 온 가족과 함께 피난을 했는데 결국 여자 혼자 산으로 도망하게 되었답니다. 먹을 것도 없고 입을 것도 없어서 나뭇잎이나 풀잎, 뿌리를 먹고 살았는데 털이 점점 자라서 마침내 날 수도 있게 되었고 수백 년을 살았다고 합니다. 지금 우리가 읽는 『참동계』 원문에 나오는 "거승"은 호마나 황정 같은 약초로서 사람이 먹으면 장수할 수 있다고 합니다.

사실 가장 좋은 장생불로의 약은 우리에게 있는 정기신(精炁神)입니다. 우리는 평소에 정기신을 있는 대로 밖으로 소모하다가 다 쓰고 나면 결국 죽게 됩니다. 정기신을 밖으로 소모하지 않고 돌려서 내면에서 응집하는 것을 환단(還丹)이라고 합니다. 원문에서 말한 "환단가입구(還丹可入口)"의 "입구(入口)"는 입 안에 들어간다는 뜻이 아닙니다. 앞에서 공부한 것처럼 정수리 한가운데는 원래 구멍이 있었는데 지금은 닫혀 있지요. 어린 아기일 때는 이 구멍이 열려 있다가 어른이 되면서 서서히 닫히는데, 이 구멍이 바로 천지와 통하는 곳입니다. 어린 아기의 정수리 입구가 닫히면 비로소 말을 할 수 있게 됩니다. 천지와 소통이 멈추고 후천의 의식이 발생하지요. 자신의 의식에 의해 자기만의 세계, 자기 생명이 성립되는 것입니다. 옛사람들은 막힌 정수리의 구멍을 열어서 다시 천지의 정신과 소통하고 왕래하게 되는 것이 수도 공부라고 했습니다.

도가에서는 단(丹)을 세 종류로 나눕니다. 천원단(天元丹), 지원단(地元

丹), 인원단(人元丹)이라는 것입니다. 지원단이란 오금(五金)과 팔석(八石)으로 만든 약물입니다. 도가에는 지원단으로 신선이 되려는 일파가 있는데 이들이 바로 의학의 선구자입니다. 이렇게 약물로 생명을 연장하고 불사의 선인이 되려는 것을 외단(外丹)이라고 합니다. 외단은 거의 대부분 식물이나 광물을 단련하고 법제해서 이루어지는데, 동물을 사용하는 경우는 드물지만 있습니다. 예를 들어 중국에는 자하거(紫河車)라는 것을 약으로 쓰는데, 이것은 사람의 태반을 말합니다.

옛날 도가의 일파에서는 태반을 얻기 위해 심지어 여성을 죽이는 일까지 있었다고 합니다. 단법이 변해서 외도(外道), 사문(邪門)이 된 것이지요. 그러니 여러분이 중의학의 약물을 연구해 보면 신체의 머리카락부터 대변, 소변, 손톱까지 어느 하나 약이 아닌 것이 없습니다. 이를테면 소변은 인중백(人中白)이라고 합니다. 당시에는 변소에 나무통을 연결해서 소변을 받았는데, 오래 되면 나무통 주변에 서리가 낀 것처럼 됩니다. 그것을 긁어내어 인중백이라고 불렀지요. 또 대변은 인중황(人中黃)이라고 불렀습니다. 이런 약을 쓰지 않으면 절대 낫지 않는 병이 있습니다. 또 우황(牛黃)이나 마보(馬寶) 같은 것도 있습니다. 소나 말에서 자라는 종양이지요. 소와 말에 이런 종양이 생기면 나날이 말라서 결국 매우 고통스럽게 죽습니다. 소가 죽은 후 배를 갈라 보면 큼직한 돌이 들어 있는데, 이것이 우황이고 매우 고가에 거래됩니다. 중국인은 이 우황으로 살균도 하고 소염(消炎)도 합니다. 이 세상에는 이상한 것도 많고 독성이 강한 것도 많은데 그 중에 인간의 생명을 구하는 약이 되는 것도 있지요. 그러나 소나 말은 이것 때문에 생명을 잃습니다.

천원단과 인원단

인원단(人元丹)이란 무엇일까요? 바로 우리 신체에 존재하는 정기신입니다. 천원단은 어렵습니다. 그러니 지원단이나 인원단으로 수도 공부에 성공한 사람들은 정수리가 열려 천지의 정신과 서로 왕래할 수 있지요. 이것은 수많은 선행으로 공덕이 쌓인 사람만이 성공할 수 있습니다. 그래서 청년이 제게 와서 불가나 도가의 수도 공부를 물을 때가 가장 힘듭니다. 저는 그들에게 항상 수도 공부보다 인간의 도리를 실천해서 먼저 훌륭한 사람이 되는 데 힘쓰라고 하지요. 사람의 도리는 하지 않으면서 부처나 신선이 되려고 한다면 잘못입니다.

신선과 부처가 되는 공부는 인간의 도리에서 출발하지 않는 것이 없습니다. 신선이나 부처를 성취하면 자연히 하늘에서 천원단이 옵니다. 천원단은 불교의 밀종에서 말하는 관정(灌頂)이지요. 이것은 불보살이 불도나 선도를 성취한 사람의 정수리에 내려주는 것으로, 천지의 정신과 서로 왕래하여 하나가 되는 것입니다.

수도 공부에 성공하기 전에 말하는 "환단가입구"의 구(口)는 얼굴에 있는 입이 아니라, 바로 심(心)을 가리킵니다. 옛사람들은 심장 부위, 심와 부위를 기준으로 해서 이곳으로 들어가는 것도 "입구(入口)" 즉 입으로 들어간다고 표현했습니다. 다시 원문을 보겠습니다.

금의 성질은 영원히 변하지 않기 때문에 만물의 보배이다.

金性不敗朽, 故爲萬物寶.

"금성불패후(金性不敗朽), 고위만물보(故爲萬物寶)", 금은 본성(本性)을 상징합니다. 스스로 빛나고 영원히 존재하며 결코 변하거나 훼손되지 않

기 때문이지요. 세상 사람들은 모두 금을 귀하게 여깁니다. 화폐도 금 본위로 이루어지고 상품 가치를 대표하기 때문입니다. 실제로 금은 도가에서 법제를 통해 금단을 만드는 것을 제외하면 먹을 수 없습니다. 금을 먹으면 사망할 수도 있는데, 중독사는 아니지만 금이 무거워서 위벽이나 장벽을 뚫을 수 있기 때문입니다.

『참동계』에서는 인원단인 내단(內丹)을 매우 중시합니다. 내단이란 신체 내부의 생명 에너지를 회복하는 작용입니다. 외단(外丹)은 매우 위험해서 별로 중시되지 못했습니다. 황금을 먹는 것은 어려워서 분말로 만들기도 합니다. 오늘날의 과학은 황금을 액체로 만드는 기법을 개발했습니다만 옛날에도 그런 기술이 있었습니다. 식물을 이용해서 황금을 액체로 만들고 차를 마실 때 같이 마셨으니, 현대 화학과 물리의 원천이라고 할 수 있지요. 수은과 비상 같은 독극물도 연단하는 데 사용했습니다. 저도 시험 삼아 해 보았지만 여러분은 절대 해서는 안 됩니다. 정말 생명이 위험할 수 있습니다.

외단과 삼시충

도가에서는 왜 독약을 먹으려고 할까요? 도가에서는 인체에 삼시충(三尸蟲)이 있다고 합니다. 삼시충에 이름까지 붙여 주었는데 성이 팽(彭)입니다. 이 삼시충을 죽일 수 있다면 장생불사할 수 있다고 믿었습니다. 실제로 우리의 몸에는 기생충이 기생하고 있습니다. 모공 속에 있을 뿐 아니라 우리의 심장, 신장, 간상 같은 장기에도 기생충과 세균이 살고 있지요. 우리가 하루에 먹는 음식이 세 공기 분량이라면, 사람이 살기에 필요한 열량은 겨우 반 공기밖에 안 되고, 나머지 두 공기 반은 우리 몸에 같이 살고 있는 여러 세균이나 기생충에게 필요한 것이라고 합니다. 그래서 세균이나 기생충이 커지는 만큼 우리는 더 늙어가는 것이랍니다. 이런 의미에서 보면 우리 몸은 하나의 큰 세계를 형성하고 있습니다. 불가에서 수행하는 백골관과 부정관에서는 이 세균과 기생충을 머리와 입이 여러 개 달려서 사람의 혈을 빨아 먹는 귀신으로 묘사하지요.

도가의 관점에서는 이런 독약을 먹으면 삼시충을 죽일 수 있습니다. 그러나 지나치면 도리어 자신을 죽일 수도 있지요. 몸속에서 우리에게 의지해서 살고 있는 기생충을 모두 죽인다면 참으로 대학살이 일어나는 것입니다. 그러니 살생을 하지 않는다는 계율 같은 것은 쉽게 말하기 어렵습니다. 소염제 한 알을 먹으면 자신도 모르는 사이에 수많은 생명을 죽이는 결과를 낳습니다.

예를 들어 매운 고추 한 개를 먹으면 몸속에 있는 여러 생명을 매운 맛으로 죽게 만들 수 있습니다. 이것도 살생 아닌가요? 몸속에 살고 있는 것들은 결코 적은 수가 아닙니다. 우리는 동포라는 말을 쓰는데, 우리 세포 속에 살고 있는 그들이야말로 진정한 동포라고 할 수 있지요. 그러나 도가의 입장에서 말하면 외단을 굳이 반대할 이유는 없습니다. 다만 일반인들이 함부로 외단을 시험하다가는 자칫 생명을 잃을 수 있음을 명심해야 합니다.

우리 몸속의 오장육부를 보양하는 것은 어느 하나에 치우치면 문제가 생깁니다. 신장을 보양하거나 폐를 보양하거나 어느 하나의 장기를 지나치게 보양하면 다른 장기는 손상을 받습니다. 장기는 골고루 균형 있게 보양되어야 하므로 함부로 보약을 먹어서는 안 됩니다.

다시 『참동계』 본문으로 돌아갑시다. 앞에서 본 내용과 합쳐서 보면 다음과 같습니다.

"술사복식지(術士伏食之), 수명득장구(壽命得長久)", 참동계의 저자 위백양 진인은 외단을 별로 중시하지 않았습니다. 그는 외단을 먹는 사람을 술사(術士)라고 하였는데, 사실 과거의 중국 문화에서 술사는 그렇게 나쁜 의미는 없었습니다. 역사서에는 모두 방기전(方伎傳)을 두어 이런 인물들의 전기(傳記)를 실었지요.

방기(方伎)라는 것은 무엇일까요? 방(方)은 방법으로서, 신선이 되기 위해 약물을 제련하는 방법은 모두 방기에 속합니다. 현대에서 말하는 공업 기술이나 화학, 정밀 기술 분야와 같지요. 정통 도가에서는 외단 약물을 제조해서 복용하는 방기의 전문가를 술사라고 부릅니다. 그들은 황금 같은 물질을 법제해서 먹으면 장생불사할 수 있다고 주장해 왔습니다.

비토, 간뇌, 신통

『참동계』원문이 이어집니다.

"토유우사계(土遊于四季), 수계정규구(守界定規矩)", 『참동계』에는 "토(土)"가 사(士)로 잘못 되어 있는데 여기에서는 토로 수정합니다. 토가 사계절에 두루 미친다는 것은 우리의 정신이 생명 활동에 두루 영향을 미치는 것을 상징합니다. 왜냐하면 토는 진의, 진토이기 때문입니다. 사실 춘하추동 기후의 변화는 모두 지구의 "토"의 변화이며 이 허공과는 관계가 없습니다. 지구의 사계절 변화는 각기 다르고 지질이 일으키는 작용도 같지 않습니다. 우리 생명에서 토는 비위를 상징하는데, 중의학의 일파인 금원(金元) 학파에서는 어떤 질병이든 먼저 비위를 다스려야 한다고 주장했지요. 금원 시대에는 유학자로서 의학을 공부한 사람들이 특히 많았습니다. 전쟁이 계속되고 질병과 사망자도 많은 난세였기 때문입니다.[15] 금원 학파는 북방에서 발생했는데 그들은 비위가 좋아지면 인체의 다른 장기도 모두 좋아진다고 했습니다.

예를 들어 감기에 걸린 사람은 반드시 위장에도 문제가 있습니다. 위장이 안 좋으면 감기에 걸리기 쉽다는 말입니다. 위장이 정말 좋으면 감기의 병원균이 침투해도 소화 과정에서 자연히 배출되지요. 중의학 책에는 태양의 병이 태음경, 소양경 등으로 '전(傳)'해진다고 했습니다. 여기서 전(傳)이 무엇일까요? 감염이 진일보하면서 점점 심해진다는 뜻입니다. 감기가 시작되면 세균이 코로 들어와서 서서히 호흡기 계통에 진입합니다. 제때 치료하지 않으면 점점 깊이 들어가서 폐에까지 침투하게 되지요. 이것을 전(傳)한다고 합니다. 이럴 때 비위가 특히 강하다면, 마치 용광로의 화력이 강력한 것처럼 비위에 도달한 세균을 일거에 없애 버립니다. 감기도 당연히 치료가 되지요.

수도 공부에서 비토(脾土)는 "중궁(中宮)"이라고 합니다. 어떤 학파에서는 수규(守竅) 공부에서 상규(上竅)를 지키지 않고 중궁을 지킵니다. 사실

---

15 중국 금·원 시대에 유완소(劉完素), 장종정(張從正), 이고(李杲), 주진형(朱震亨) 등 네 명의 대가가 사대 학파를 이루었다. 동양 의학의 발전에서 이 시대에 이르러 의학 쟁명의 풍조가 생겼으며 이들의 학설은 당시와 후세의 동양 의학에 지대한 영향을 미쳤다.

상규는 누구나 반드시 지킬 필요는 없습니다. 지금 대만 사회에서 수도 공부를 지도하는 불가나 도가 또는 일관도(一貫道) 같은 종교 단체에서는 사람들에게 미간을 지키는 수련을 하라고 합니다. 미간에는 무엇이 있습니까? 두개골이지요? 이런 수련법은 불교 선종에서 말하는 백골관의 삼십몇 종의 수련법 중에서 하나의 방법에 불과합니다. 그런데 그들은 이것을 가져다가 보배처럼 떠받들고 있지요.

나이가 많고 고혈압 증세가 있는 사람이 상규를 지키면 매우 위험합니다. 더군다나 상규의 위치는 미간이 아닙니다. 미간으로부터 안으로 들어가고, 또 반대쪽의 후뇌로부터 역시 안으로 들어가서 서로 만나는 중간 지점이 정확한 상규 자리입니다. 현대 의학에서 간뇌(間腦)라고 부르는 곳이지요. 간뇌의 작용은 현대 의학에서도 정확히 알지 못합니다. 종교에서 말하는 신통력이나 영감(靈感) 같은 것이 간뇌의 작용이라고 하는데 현재 연구가 진행 중입니다.

간뇌는 매우 신비로운 부위입니다. 도가에서 말하는 '금진옥액(金津玉液)'이니 불가에서 말하는 '제호관정(醍醐灌頂)'이니 하는 것이 바로 간뇌 아래에 있는 뇌하수체 호르몬입니다. 인간의 뇌는 열두 쌍의 신경이 레이더처럼 밖으로 뻗어 있는데, 간뇌는 이 레이더의 중심과 같습니다. 그래서 사람이 신통력을 갖게 되는 것은 이 간뇌와 연관이 크지요.

일반적으로 중궁은 위를 가리킨다고 하는데 사실은 위가 아니라 심장과 횡격막 사이를 가리킵니다. 도가나 불가를 연구하고 수도 공부를 하는 여러분께 저는 늘 현대 과학은 물론이고 중국 전통 의학과 과학 역시 경시하지 말고 공부하라고 권합니다. 어떤 사람은 걸핏하면 그건 과학이 아니라고 하는데, 그런 사람은 필시 과학 교육을 받지 못했거나 과학에 대해 문외한입니다. 과학을 공부한 사람은 객관적 관점을 견지하고, 또 그래야 과학이라고 할 수 있습니다. 여러분은 특히 현대 의학에 많은 관심을 가져야 합니다. 의학 지식은 여러분이 도를 닦거나 불학을 공부하는 데 특히 도움이 되지요. 여러분은 대개 하단전이 배꼽 아래를 가리킨다고 알고 있는데 이 것은 사실이 아닙니다. 의학 지식이 있으면 이런 것은 쉽게 알 수 있지요.

제44강

앞의 제43강에서는 "토는 사계절에 두루 미쳐서 경계를 지키고 법도를 정한다〔土遊于四季, 守界定規矩〕"를 읽었습니다. 여기에서 말하는 사계절은 신체에서 심장, 간장, 비장, 폐장을 가리키는데 각 장기마다 기능과 작용이 있습니다. 그다음에 이어지는 내용입니다.

금사가 오장 내부로 들어가면 비바람처럼 안개가 흩어지고 마치 훈증하듯이 사지에 도달한다. 얼굴빛은 기쁜 듯 좋아지고 백발은 모두 흑색으로 변하고 빠졌던 치아도 다시 난다. 노인이 다시 청년이 되고 노파는 아가씨로 변한다. 형체도 바뀌고 세상의 액운도 면하니 이를 진인이라고 한다.

金砂入五內, 霧散若風雨, 薰蒸達四肢, 顔色悅澤好, 髮白皆變黑, 齒落還舊所 老翁復壯丁, 耆嫗成女, 改形免世厄, 號之曰眞人.

"금사입오내(金砂入五內)", 즉 금사(金砂)가 오장 내부로 들어간다는 말입니다. 여기에서 금사의 금(金)은 금단(金丹)을 가리킵니다. 참으로 금단을 복식하는 경지에 도달했다면 몸속에서 그것을 느낄 수 있는 변화가 생

깁니다. "무산약풍우(霧散若風雨)", 비바람이 흩뿌리듯 운무(雲霧) 같은 것이 머리로부터 온몸으로 전달되고 신체의 기능이 전부 회복됩니다. "훈증달사지(薫蒸達四肢), 안색열택호(顔色悅澤好), 발백개변흑(髮白皆變黑), 치락환구소(齒落還舊所)", 진정으로 이 단계에 이르면 반로환동의 경지에 도달합니다. 안색이 기쁜 듯 좋아지고, 흰머리가 검게 변하고, 빠졌던 치아가 다시 나고, 침침하던 눈도 밝아집니다. "노옹복장정(老翁復壯丁), 기구성녀(耆嫗成女)", 금단을 복용한 효과를 말합니다. 노인은 청년으로 변하고 노파는 소녀로 변하지요. "개형면세액(改形免世厄), 호지왈진인(號之日眞人)", 세상의 액운으로부터 침범당하지 않는 진인(眞人)이 된다는 것입니다.

어떻게 선천일기를 얻는가

이상 『참동계』 원문에 대한 주운양 조사의 주해는 매우 좋습니다. 여러분은 하나도 건너뛰지 말고 다 읽어야 합니다. 다음 내용을 같이 읽어 보겠습니다.

"이 절은 복식의 신묘한 증험에 대해 말한다. 삼성이 회합하여 금단을 이루니 그것을 입 속에 놓는 것을 복식이라고 한다. 이것은 절대 방문의 복식의 술법이 아니다. 세상의 거승 같은 약초도 사람의 수명을 연장할 수 있는데, 하물며 금과 같이 강하고 영원히 변하지 않는 것이 어찌 만물 중의 지극한 보배가 되지 않겠는가. 도가의 술사가 이 선천일기를 복식할 수 있다면 수명이 장구하지 않을 사람이 있겠는가."

(此節, 言伏食之神驗也 三性會合, 便成金丹, 呑入口中, 便稱伏食, 迥非旁門

服食之術也. 世間藥草, 如巨勝之類, 尙可延年益算. 金性堅剛, 萬劫不朽. 豈
不爲萬物中至寶, 道術之士, 象倘能伏此先天一炁, 壽命有不長久者乎.)

"차절(此節), 언복식지신험야(言伏食之神驗也)", 단을 맺는 결단(結丹)의
공부가 앞의 원문에서 말하는 경지에 도달하면 신묘한 체험을 할 수 있습
니다. "삼성회합(三性會合), 변성금단(便成金丹)", 삼성이 회합한다는 것은
정기신이 하나가 되어 이른바 수화기제(水火旣濟)가 이루어진다는 뜻입니
다. 수화기제는 무슨 뜻일까요? 수와 화가 잘 섞였다는 말로, 몸속의 진액
(津液)이 적절히 조절되고 배합된다는 것입니다. "탄입구중(呑入口中), 변
칭복식(便稱伏食), 형비방문복식지술야(逈非旁門服食之術也)", 이른바 방문
(旁門)은 그들이 옳지 않다고 매도하는 말이 아닙니다. 단지 치우친 문인
편문(偏門)으로 달려갔기 때문에 결과적으로 치우치지 않은 공평한 곳으
로 다시 돌아와야 한다는 것이오. "세간약초(世間藥草), 여거승지류(如巨
勝之類), 상가연년익산(尙可延年益算)", 약초도 수명을 늘립니다. "금성견
강(金性堅剛), 만겁불후(萬劫不朽)", 물질세계에서는 황금이 가장 견고합
니다. "기불위만물중지보(豈不爲萬物中至寶)", 금이 보배가 된다는 것은 세
속에서 가장 귀하다는 금을 통해 수도 공부가 가장 중요함을 상징적으로
표현했습니다. "도술지사(道術之士), 당능복차선천일기(倘能伏此先天一
炁), 수명유부장구자호(壽命有不長久者乎)", 도가의 술사가 선천일기를 복
식한다는 말은 우리가 연구할 과제입니다. 제가 알기로 최근 십 수 년 이
래 도가 서적이 매우 많이 출간되는데, 여러분도 밀종이나 도가 등 이것저
것 많이 읽고 있을 것입니다. 그런데 "선천일기가 허무 속에서 나온다[先天
一炁從虛無中來]"는 말이 무슨 뜻인지 잘 이해하지 못합니다. 이렇게 허무
속에서 나온다는 것인지, 어째서 선천이라고 하는지, 허무는 어디에서 오
는지 등입니다.

선천(先天)이라는 두 글자는 『역경』 건괘 「문언전(文言傳)」에 나옵니다. "선천이라도 하늘이 어기지 않고 후천이라도 천시를 받든다〔先天而天弗違, 後天而奉天時〕"고 했지요. 선천은 우주가 형성되기 전, 만물의 생명이 발생하기 이전을 가리킵니다. 우주에 생명이 창조되는 기능은 어디에서 올까요? 바로 선천에서 옵니다. 그래서 우주의 모든 생명은 이것을 거스르고 위배할 수 없지요. 다시 말해 우주의 생명은 모두 선천의 범위 안에 존재하는 것입니다. 생명이 발생한 이후는 후천(後天)이라고 합니다. 이 후천의 생명은 천시(天時)를 받들어야 합니다. 후천의 생명은 선천의 생명 법칙, 규율을 어길 수 없다는 것이지요. 비유하자면 인간은 태어나서 한 살, 두 살 시간이 지남에 따라 성장해서 서른 살이 됩니다. 태어나자마자 서른 살이 되는 것은 불가능하지요. 즉 후천의 생명은 선천의 생명 근원의 법칙을 따라서 성장한다는 것입니다.

자연계를 보면 법칙이 없는 것 같습니다. 들에 핀 풀과 나무를 보면 제 멋대로 자라는 것처럼 보이지만 그 속에는 법칙이 있습니다. 이른바 무질서 속의 질서로 그것이 후천입니다. 중국 선종의 유명한 조사인 부대사(傳大士)는 미륵보살의 화신이라는 전설이 있는데, 유불도 삼가에 두루 통했고 양무제의 국사(國師)였습니다. 그는 "천지에 앞선 어떤 것이 있으니 형체도 없고 본래 고요하고 텅 비었네. 능히 만물의 주인 되어 사시를 따라 늙지 않네〔有物先天地, 無形本寂寥, 能爲萬象主, 不逐四時凋〕"라는 유명한 시를 지었는데, 이 시가 바로 선천을 노래한 것입니다. 우주의 천지 만물이 생기기 전에 선천은 이미 존재하고, 형상은 없지만 우주 만물은 그에 의해서 생명을 얻는다는 뜻입니다.

현존하는 후천의 생명은 코로 호흡을 하고, 입으로 다른 생명을 먹고, 다른 사람을 해치면서 자신의 생명을 유지합니다. 채소에도 생명이 있으니 채식 또한 살생이지요. 현대 과학은 이미 풀, 꽃, 채소에도 감응이 있다는 것을 발견했습니다. 그러니 수도 공부를 통해 선천일기(先天一炁)를 얻은 후에야 후천의 호흡과 입으로 먹는 것에 의지하지 않게 됩니다. 여러분은 호흡법을 닦는 것이 중요하다고 생각하는데, 저는 모두 헛수고를 한다고 봅니다. 코로 하는 호흡은 생멸법(生滅法)입니다. 생성이 있으면 소멸이 있고 감이 있으면 옴이 있으니 영원히 존재할 수는 없습니다. 이렇게 생멸이 있는 생멸법으로 불생불멸의 장생법을 얻으려고 한다면 되겠습니까? 생각도 잘못되었고 방법도 틀렸습니다. 도가에서는 여러분에게 선천일기의 일기(一炁)는 코로 호흡하는 공기가 아니라고 알려 줍니다.

어떤 사람은 기공을 해서 기를 단전에 모은다고 합니다. 아랫배가 불룩하면 그것이 기공의 효과라고 착각을 하지요. 그것은 기가 아니라 사실은 내장 비만입니다. 빨리 복부의 지방을 제거해야 합니다. 이런 곳에 기를 불어넣어 모은다는 것은 말도 안 됩니다. 여러분이 풍선에 공기를 불어넣고 부풀린 후 어느 한곳에 공기를 머물게 할 수 있습니까? 인체는 풍선과 같습니다. 기가 몸속에 들어가면 몸 전체에 충만하게 되는 것이지 어느 한곳에 응결해서 머물러 있을 수 없습니다. 만약 머물러 있다면 종양이나 덩어리 같은 것이 되겠지요. 이른바 기를 단전에 내린다[氣沈丹田]고 할 때의 진정한 단전은 형체도 형상도 없습니다. 기가 전신에 충만하면 정신이 매우 상쾌해지고 정기신이 오는데, 이것이 바로 선천일기입니다. 그러므로 수도 공부를 하는 것은 코로 호흡하는 공기를 가리키는 것이 아니라 바로 우리가 태어날 때 몸속에 선천적으로 가지고 온 근원의 "화(火)"입니다.

선천일기는 호흡에 의한 작용이 아닙니다. 후천의 호흡이 고요해져서 몸과 마음, 성과 명이 모두 공(空)하여 어떤 느낌도 없을 때 발동하는 생명 기능이 바로 선천일기이고, 이것을 "선천일기는 허무 속에서 나온다"고 말합니다. 후천의 생명 기능이 완전히 공적한, 청정한 경지에 이르렀을 때 비로소 선천일기가 발생합니다. 선천일기가 허무한 어떤 외부에서 여러분에게 떨어지는 것이 아닙니다. 여러분이 공적한 경지에 있는데 또 무엇이 떨어지기를 바랍니까? 이 유형의 호흡 또한 허무의 경지에 있습니다. 그러므로 여러분의 몸과 마음, 생각이 허무한 경지에 도달한 정도에 따라 선천일기도 그만큼 발생합니다. 바로 진공묘유(眞空妙有)이지요. 진정한 공의 경지에서 오묘한 유가 발생하는 것입니다. 공의 경지에 이르지 못했으면서 묘유를 바라는 것은 이루어질 수 없습니다. 이 선천일기는 불생불멸하는 것으로, 부대사가 지은 시처럼 "사시를 따라 늙지 않는" 것입니다. 영원히 불생불멸이지요. 따라서 복식은 진기(眞氣)를 복식하는 것이며, 선천일기를 복식하는 것입니다. 진기를 불가 천태종에서는 진식(眞息)이라고 합니다. 식(息)은 호흡 작용이 아닙니다. 충만함, 고요함, 멈춤 같은 것을 진식이라고 합니다.

토는 사계를 조화시키고 저장한다

지금 우리는 주운양 조사가 토가 무엇인지 설명한 내용을 『참동계천유』에서 보고 있습니다. 이것을 주의해서 보기 바랍니다.

> "무토와 기토는 본래 정해진 위치가 없이 사계절을 두루 유행한다. 동방에서는 진토가 되고, 남방에서는 미토가 되고, 서방에서는 술토가 되고, 북방에서는 축토가 된다."
> (戊己二土, 本無定位, 周流四季, 在東則爲辰土, 在南則爲未土, 在西則爲戌土, 在北則爲丑土)[16]

앞에서 말한 바와 같이 십이지지에서 진술축미(辰戌丑未)는 토에 해당합니다. 여러분이 음양학, 풍수, 기문둔갑 등을 배웠다면 도가의 이론을 더 분명히 이해하고 분석할 수 있습니다. 음양오행에서 동방 목(木)은 인체에서 간장에 해당하고 진토(辰土)에 속합니다. 남방은 심장이고 화(火)에 속하므로 미토(未土)입니다. 폐장은 서방으로 술토(戌土)요, 북방 임계수(壬癸水)는 신장이며 축토(丑土)에 속합니다. 그러므로 진술축미가 모두 토이며 방위만 다릅니다. 또 이 네 가지 지지가 의미하는 것도 서로 다릅니다. 중의학을 공부하는 사람은 더 주의해야 하는데, 중의학 이론은 도가의 철학적 기초 위에 수립되었다는 사실입니다. 서양 의학 이론은 물리 실험을 기초로 수립되었으니 동서양의 의학 이론은 기초가 다르지요. 다시 말해 중국 의학은 유심(唯心)의 문화에서 왔고, 서양 의학은 유물(唯物)의 문화에서 유래했습니다. 중국 의학은 철학 계통에서 왔고, 서양 의학은 과학 계통에서 왔지요. 사실 서양 의학과 중국 의학은 각기 장점이 있기 때문에 어느 한편에 치우칠 필요는 없습니다. 어떤 병증을 검사하는 것은 서양 의학의 기계가 더 정확할 수 있습니다. 중의학에서 세 손가락을 사용해서 진단하는 맥진(脈診)은 고명한 의사도 있기는 하지만 미숙한 의사들은 믿을 수가 없습니다.

그래서 중국에는 이런 속담이 있습니다. "폐부가 말한다면 의사들 얼굴은 흙빛이 되고, 산천이 말한다면 지관은 모두 밥을 굶는다(肺腑而能語, 醫師面如土, 山川而能言, 葬師食無所]." 오장육부가 말을 할 수 있다면 의사가 오진한 것을 말하겠지요? 의사가 간장이 문제가 있다고 하면 간장은 이렇게 말할 것입니다. "의사 양반 나는 문제가 없고 폐장이 문제일세"라고 말이지요. 그 말을 들으면 의사는 얼굴이 흙빛이 될 것입니다. 마찬가지로 산천이 말을 할 수 있다면 지관은 밥벌이를 하기 어렵게 되겠지요.

16 『참동계천유』. 120면.

다시 토에 대해 이야기하겠습니다. 토는 심장, 간장, 신장, 폐장과 무슨 관계가 있을까요? 토는 비위이기 때문에 어떤 장부와도 관련이 있습니다. 어느 장기에 병이 생겼다는 것은 그 부위의 생명 기능이 약화되거나 문제가 발생했다는 것인데 그것은 모두 비위와 모종의 관련이 있습니다. 진토(眞土)는 육체 생명의 한 기능으로서 보이지도 잡히지도 않지만 젊은이는 왕성하고 늙은이는 쇠약하게 되는 기능이지요. 또 심리 정신 부분에서도 진토는 진의(眞意), 의지를 의미합니다. 진술축미(辰戌丑未) 네 가지 토는 사계절에 따라 다르고 부위에 따라서도 다릅니다.

앞에서 토는 "주류사계(周流四季)" 한다고 했는데, 이것은 우리의 진의가 어느 한곳에 고정되지 않는다는 뜻입니다. 예를 들어 이 자리에 있는 분들 중에는 정좌를 공부하거나 불가, 도가, 밀종, 현교 등을 공부하는 분들이 많은데, 여러분이 공부할 때 머리가 무겁고 혼미해서 기운이 내려오지 않을 때가 있지요? 왜 그런지 알고 있나요? 이럴 때 바로 "우주에 두루 유행하여 고정되지 않고 끊임없이 변화한다[周流六虛, 變動不居]"는 원리를 활용해야 합니다. 이것은 공자가 「계사전」 하에서 말한 것입니다.

그래서 도가에는 활자시(活子時)라는 말이 있습니다. 활자시가 무엇인가요? 뒤의 주석에는 "십이시의소도개가위(十二時意所到皆可爲)"라는 말이 있습니다. "십이시(十二時)"는 밤과 낮의 각각 여섯 개 시진을 말합니다. 우주의 자시(子時)는 한밤중 자정 영시를 가리킵니다. 그러나 인체 생명은 하나의 소우주로서 그것은 별도로 하나의 세계를 이루고 있습니다. 또 사람마다 시간관념이 다릅니다. 그러므로 십이시진 중에서 "의가 도달하는 때[意所到]"가 진의(眞意)이고, 진의를 제대로 알면 수도 공부를 할 수 있습니다.

"목, 화, 금, 수는 모두 토의 범위가 아닌 것이 없다. 단을 만들 때 이 토에 의

지함으로써 중궁의 기틀을 세운다."

(木火金水無非土之疆界, 作丹之時, 賴此土以立中宮之基)

여기에서 토는 진의(眞意)입니다. 그렇다면 "중궁지기(中宮之基)"는 무엇일까요? 간단히 유가의 개념으로 설명하면 성의(誠意) 정심(正心)입니다. 이 자리에 있는 여러분은 모두 도를 닦고 불학을 하는 데 십 수 년의 경험을 쌓은 분들입니다. 어떤 경우에는 소가 뒷걸음질하다가 쥐 잡는 식으로 수도 공부는 아직 미치지 못하는데, 우연히 깊은 경지를 체험하는 수가 있습니다. 이런 경우를, 내가 공부를 만난 것이 아니라, 공부가 나를 만났다고 하지요. 돌연 마음이 청정해지고 몸도 단정해지며 지극히 평안하면서 고요한 경지에 들어갑니다. 이때가 바로 중궁 토가 제자리로 돌아간 때로서 진의(眞意)의 경지, 잡념 망상이 사라진 상태입니다. 애석한 것은 공부가 우연히 나를 찾아왔을 뿐 내가 직접 공부를 해서 체험한 것은 아니라는 사실입니다. 여러분이 공부를 해서 이런 경지를 체험할 수 있다면 그 후로는 매우 빠르게 공부에 진척이 있을 것입니다. 다음을 읽어 보겠습니다.

"금단을 복식할 때 이 토에 의지해서 사방의 경계를 안정시킨다. 그러므로 (참동계에서) '토는 사계절에 두루 미쳐서 경계를 지키고 법도를 정한다'고 하였다."

(伏丹之時, 仍賴此土以定四方之界. 故曰, 土遊于四季, 守界定規矩)

앞에서도 말한 것처럼 복식(伏食)은 금단을 복식하는 것입니다. 외단을 실제로 먹는 것이 아니라 진의(眞意), 진토(眞土)에 의해서 깊고 고요한 경지에 도달하는 것이지요. 그러므로 금단의 복식은 오직 토(土)에 의지한다고 했습니다. "복단지시(伏丹之時)"란 기주맥정(氣住脈停)의 경지에 들어가는 것입니다. "잉뢰차토이정사방지계(仍賴此土以定四方之界)", 이때 토

에 의지해서 각기 본래 자리로 돌아갑니다. 토에 의지해 나머지 장기가 제 기능을 올바르게 한다는 뜻도 됩니다. "고왈(故曰), 토유우사계(土遊于四季), 수계정규구(守界定規矩)", 그러므로 토는 사계절을 유행하며 경계를 지키고 규구를 안정한다고 말합니다.

황당한 채음보양

여기에서는 금단이 무엇인지 좀 더 살펴보겠습니다. 주운양 조사는 이렇게 말했습니다.

"금사가 곧 환단이니 두 가지 사물이 결합되어 이루어진 것이다. '오장 내부로 들어간다'는 것은 바로 입으로 들어가는 것이다. 그런데 이것은 방촌을 가리키는 것이지 복식의 사설이 아니다."

(金砂, 卽還丹也. 蓋兩物所結就者, 入五內, 卽是入口, 蓋指方寸而言, 非服食之邪說也)

"금사(金砂), 즉환단야(卽還丹也)", 금사가 곧 환단이라는 이 글자에 주의해야 합니다. 수도 공부가 성공하면 구전환단(九轉還丹)이 됩니다. 그렇다면 "환단(還丹)"이란 무엇일까요? 우리 몸속에는 본래 장생불사의 단약이 있지만 스스로 그것을 소모시켜 버리는데, 수도 공부를 해서 원래 자신의 모습으로 회복하는 것을 환단이라고 합니다. 수행하지 않고 수련하지 않으면 단약은 후천 생명과 함께 서둘러 사라져 버립니다. 그래서 주운양 조사는 "금사가 곧 환단"이라고 말한 것이지요. "개양물소결취자(蓋兩物所結就者)"에서 "두 가지 사물(兩物)"이란 우리의 신(神)과 기(氣)를 가리킵

니다. 주운양 조사는 "입구(入口)"를 "입오내(入五內), 즉시입구(卽是入口), 개지방촌이언(蓋指方寸而言)"이라고 설명합니다. 입으로 어떤 것을 먹어 오장육부에 도달하는 것이 아니라, 방금 말한 것처럼 진정한 성의(誠意) 정심(正心)에 이르는 것이라고 했습니다. 그래서 "비복식지사설야(非服食之邪說也)"라고 하여 이것은 복식(服食)의 사설(邪說)이 아니라고 강조한 것입니다.

"사설(邪說)"에 속하는 것은 매우 많습니다. 도가에서 유행하는 채보(採補)라는 일파에는 채음보양(採陰補陽)도 있고 채양보음(採陽補陰)도 있습니다. 음기를 수집하여 양기를 보충하고, 양기를 수집하여 음기를 보충하는 법을 말하지요. 오늘날에는 이런 이야기는 별로 듣지 못하지만 제가 어릴 때는 들었을 뿐 아니라 실제로 보기도 했습니다. 명나라 때 홍환안(紅丸案)이라는 사건이 일어났습니다. 황제가 수도 공부를 하면서 홍환(紅丸)을 먹고 사망한 사건이지요. 홍환은 도사가 궁녀의 월경으로 법제해서 만든 것인데, 이것을 먹은 황제는 일곱 개 구멍〔七孔〕에서 피를 쏟고 죽었다고 합니다. 그렇다면 이런 것은 약일까요, 아닐까요? 사실 중국의 방문(旁門)에는 남자의 정(精)과 여성의 혈(血)을 채집하거나 흡수해서 장생불로의 약으로 법제하는 기괴한 문파들이 여러 곳 있습니다. 그래서 중국 문화는 참 대단하다고 하는 것이지요. 하지만 그만큼 많은 문제를 안고 있기도 합니다.

홍환을 만들어 황제에게 바쳤던 그 도사도 결국은 죽임을 당했습니다. 도를 닦아서 신선이 되겠다는 사람이 왜 하필이면 황제 앞에 나아가서 이런 황당한 일을 했을까요? 그리고 이미 황제가 된 사람이 또 신선이 될 수 있을까요? 세상 어디에 그렇게 쉬운 일이 있겠습니까? 수도(修道)는 본래 황제가 되는 것보다 수준 높은 것입니다.

이런 약은 본래 몇 가지 원칙을 지켜야 복용할 수 있습니다. 욕망과 감정을 절제하고 끊어야 하며 남녀 관계도 절대 해서는 안 됩니다. 더욱이 오곡을 먹어서도 안 되고 오직 복기(服氣)만 할 수 있지요. 이런 약을 우연히 얻어서 한 알 먹었다면 그것으로 족합니다. 신체 내부가 벌써 변화하기 때문에 두 번 다시 약을 먹을 필요가 없지요. 그들은 황제나 재상이 되어 이미 부귀공명을 누렸는데, 단약을 한 알 먹은 후 정신이 왕성해지면 음식과 남녀를 실컷 즐겼으니 일곱 구멍에서 피를 흘린 것만 해도 다행입니다. 십만 팔천 모공에서 모두 피를 흘리고 죽어야 마땅하지요. 그러므로 정통 도가에서는 이런 방기(方伎)에서 단약을 제조한 것을 매우 안타깝게 여깁니다. 사실 외단의 방제(方劑)는 중의약의 일종으로서 질병을 치료할 수 있습니다. 우연히 먹어서 질병을 치료했다면 병이 나은 후에는 먹지 말아야 합니다. 계속해서 먹으면 문제가 발생할 수 있지요. 진정한 신선의 장생불로의 약 역시 자기 내부를 단련해야 합니다.

단약을 복용한 후의 변화

"(참동계 제11장의) '무산약풍우' 이하는 금단을 복식한 후의 자연적 증험이다. 금단을 입 안에 삼킨 후에는 신령스러운 변화가 헤아릴 수 없어, 전신의 팔만사천 모공에서 구름이 일어나고 안개가 흩어지는 듯하고 비바람이 몰아치는 상태가 되어 온몸은 자연히 훈증하는 것 같다."

(霧散若風雨, 以下俱是伏丹後, 自然之驗. 丹旣呑入口中, 靈變不測, 周身八萬四千毛孔, 若雲騰霧散, 風雨暴至之狀, 四肢自然薰蒸)

주운양 조사는 "'비바람처럼 안개가 흩어진다'는 말 이하는 모두 금단을 복식한 후의 자연적 증험이다(霧散若風雨, 以下俱是伏丹後, 自然之驗)"라고 했습니다. 여기에서 바람이 불고 비가 내린다는 말은 모두 환단 이후의 자연적 효과를 상징적으로 표현한 말입니다. "단기탄입구중(丹旣呑入口中), 영변불측(靈變不測)", 금단을 입 안에 삼킨 후에는 신령스러운 변화가 이루 헤아릴 수 없다는 말로, 진정으로 기주맥정의 경지에 도달해서 진단(眞丹)이 돌아온 후에는 참으로 엄청난 변화가 일어난다는 것입니다. 몸속에서 일어나는 변화는 대단합니다! "전신 팔만사천 모공〔周身八萬四千毛孔〕"이라는 말에서 보이듯 주운양 조사는 팔만사천이라는 숫자를 썼습니다. 불가에서는 십만 팔천이라는 숫자를 많이 쓰는데 아마도 체질에 따라 모공의 수도 차이가 있겠지요. "약운등무산(若雲騰霧散)", 전신의 모든 세포에서 변화가 일어나는데 마치 구름이 일어나고 안개가 흩어지는 듯합니다. "풍우폭지지상(風雨暴至之狀)", 폭풍우가 일어나는 것 같다는 뜻으로, 기가 몸 내부에서 발동할 때는 정말 사람을 놀라게 합니다.

그래서 무협 소설에서는 흔히 주화입마(走火入魔)라는 표현을 쓰는데, 사실은 자기 생명 기능이 변화하는 현상의 일종이지요. 게다가 자신의 심리에 어떤 마귀가 들어오는 것과 같은 환상이 일어납니다. 이런 주화입마 같은 현상은 마음이 올바르고 단정하다면 아무런 문제가 없습니다. 단지 몸 내부에서 어떤 변화가 일어나는지 자세히 관찰할 뿐이지요. 몸이 변한다고 하면 잘못될 경우 기껏해야 죽기밖에 더하겠습니까? 죽음이 두렵지 않다면 다른 무엇이 두렵겠습니까?

이렇게 전신의 모공에서 마치 폭풍우가 몰아치듯 격렬한 기의 발동이 일어난 후에는 비할 수 없는 고요함이 찾아옵니다. 이때 "사지자연훈증(四肢自然薰蒸)" 즉 온몸은 저절로 훈증하는 것 같은 상태가 되는데, 이 단계를 반드시 거쳐야 합니다. 여러분은 지금 제가 하는 말을 내내 듣고만 있지요. 이렇게 듣고 나면 수도 공부에 대해 뭔가 알 수 있다고 생각하지만, 천만의 말씀입니다. 미안하지만 그렇지는 않습니다. 여러분이 참으로 이런 경지에 이르러서 앞에서 말했던 현상이 일어났을 때 놀라지 않는다면 신선이 될 수 있습니다. 『금강경』에도 이런 말이 있지요. 부처님의 말씀을 들은 제자들은 모두 공(空)의 경지에 도달하고 싶어 하는데, 참으로 공의 경지에 이르렀다면 공포를 느끼지 않아야 한다는 것입니다.

불교 공부를 하는 사람들 중에 상당수가 공의 경지에 도달했다고 생각하고 제게 이런 말을 합니다. "선생님, 정말 놀랐습니다. 어제 불경을 읽고 좌선을 하는데 제가 홀연히 사라지는 것 같은 느낌인 거예요. 정말 놀라서 죽을 뻔했습니다." 여러분은 어떤 불교를 공부한 건가요? 여러분이 본래 추구한 것이 공의 경지인데, 공이 왔을 때 놀라서 죽을 것 같다면 무슨 소용이 있겠습니까? 그래서 "구름이 일고 안개가 흩어지고 비바람이 몰아치는 상태[雲騰霧散, 風雨暴至之狀]"라고 말한 것이지요. 이런 현상이 일어나면 참으로 견디기 어렵습니다. 마치 머리 위로 태풍이 몰아치는 것 같지요. 이런 상황에서도 놀라지 않는다면 바로 신선이라고 할 수 있습니다. 이런 것이 수행 공부의 한 단계입니다. 이 단계를 지나면 태풍은 잠잠하고 바다는 평온해지면서 "사지자연훈증"의 상태에 도달합니다. 온몸이 마치 찜통 위에서 쪄진 것처럼 세포마다 기운이 충만하고 부드럽게 변화합니다.

"안색은 자연히 기쁜 듯 물이 오르고, 흰머리는 다시 검게 되고, 빠졌던 치아는 다시 나오고, 늙은이는 다시 젊은이가 되며, 노파는 다시 처녀가 된다. 겁운의 시간도 그를 제어할 수 없고, 조물주도 그에게 액운을 내릴 수 없고, 푸른 바다가 밭이 되는 엄청난 변화가 있어도 나는 소요 자재하니 진인이라고 부르는 것이 마땅하지 않은가."

(顏色自然悅澤, 髮白還黑, 齒落轉生, 老翁復成壯男, 老嫗變成姹女. 劫運所不能制 造物所不能厄 任他滄海成田, 由我逍遙還自在, 號之曰眞人 不亦宜乎)

"안색자연열택(顏色自然悅澤), 백발환흑(髮白還黑), 치락전생(齒落轉生),

노옹부성장남(老翁復成壯男), 노구변성차녀(老嫗變成姹女)", 금단을 복식한 후에 그 효과로 얼굴에서는 자연히 윤기가 나고 백발은 검게 변하고 빠졌던 치아는 다시 나고 노인은 건장한 남자가 되고 노파는 처녀처럼 된다는 것입니다.

이때는 아직 삼계(三界) 밖으로 벗어난 것은 아닙니다. 단지 오행(五行) 속에 있는 것은 아니라고 말할 수 있을 뿐입니다. 이 두 구절의 말에는 층차가 있습니다. "겁운소불능제(劫運所不能制)"라는 말은 시간도 금단을 복식한 사람은 제재할 수 없다는 뜻입니다. "겁운(劫運)"이란 한마디로 말해 시간 또는 액운을 의미합니다. 따라서 겁운이 제재할 수 없다는 말은 시간이나 운명의 한계를 벗어났다는 뜻입니다. 도가에서는 이것을 "생사의 현관(玄關)을 초월했다"고 말합니다. 인체의 부위에서도 생사의 현관이 열릴 수 있습니다. 그렇게 되면 겁운이 제재할 수 없는 경지에 도달할 수 있어서 오래 살고 싶으면 오래 살 수 있는 것이지요. 그래서 "조물소불능액(造物所不能厄)" 즉 이런 경지에 도달한 사람은 조물주도 액운을 내릴 수 없고 했습니다. 상제, 옥황상제, 우주 자연도 여러분을 괴롭힐 방법이 없다는 것입니다. 따라서 "임타창해성전(任他滄海成田), 유아소요환자재(由我消遙還自在), 호지왈진인(號之曰眞人), 불역의호(不亦宜乎)"라고 했습니다. 조물주나 창조주는 바다를 밭으로 만드는 엄청난 변화를 일으키지만 나는 소요 자재할 수 있다는 것이지요. 그러니 이런 사람을 "진인(眞人)"이라고 부르는 것은 마땅하지 않느냐는 말입니다. 이것이 득도(得道) 즉 도를 얻은 것입니다.

제45강

제12 同類相從章동류상종장[17]

胡粉投火中호분투화중, 色壞還爲鉛색괴환위연. 冰雪得溫湯빙설득온탕, 解釋成太玄해석성태현. 金以砂爲主금이사위주, 稟和于水銀품화우수은. 變化由其眞변화유기진, 終始自相因종시자상인.

欲作伏食仙욕작복식선, 宜以同類者의이동류자. 植禾當以穀식화당이곡, 覆雞用其卵복계용기란. 以類輔自然이류보자연, 物成易陶冶물성이도야. 魚目豈爲珠어목기위주, 蓬蒿不成檟봉호불성가. 類同者相從유동자상종, 事乖不成寶사괴불성보. 燕雀不生鳳연작불생봉, 狐兔不乳馬호토불유마, 水流不炎上수류불염상, 火動不潤下화동불윤하.

世間多學士세간다학사, 高妙負良材고묘부량재. 邂逅不遭遇해후부조우, 耗火亡資財모화망자재. 據按依文說거안의문설, 妄以意爲之망이의위지. 端緒無因緣단서무인연, 度量失操持도량실조지. 擣冶羌石膽도야강석담, 雲母及

17 『참동계천유』. 122면.

礬磁운모급반자. 硫黃燒豫章유황소예장, 泥汞相鍊飛니홍상련비. 鼓鑄五石銅고주오석동, 以之爲輔樞이지위보추. 雜性不同類잡성부동류, 安肯合體居안긍합체거. 千擧必萬敗천거필만패, 欲黠反成癡욕힐반성치. 稚年至白首치년지백수, 中道生狐疑중도생호의. 背道守迷路배도수미로, 出正入邪蹊출정입사혜. 管窺不廣見관규불광견, 難以揆方來난이규방래. 僥倖訖不遇요행흘불우, 聖人獨知之성인독지지.

호분을 불 속에 투여하면 색이 변하여 납이 된다. 빙설이 온탕을 얻으면(빙설을 끓이면) 녹아서 태현이 된다. 금은 주사를 위주로 하니 수은에 융화된다. 변화는 그 진실한 본성에서 이루어지고 처음부터 끝까지 서로 원인이 된다.

복식을 통해서 신선이 되려고 한다면 당연히 동류를 복식해야 한다. 벼를 심으려면 당연히 곡으로써 해야 한다. 닭은 달걀을 품어야 한다. 동류로써 해야 자연히 같은 것을 쉽게 생성한다. 물고기의 눈이 어떻게 진주가 되겠는가. 봉호는 오동나무가 될 수 없다. 같은 종류라야 서로 어울릴 수 있지 그렇지 않으면 보물이 이루어지지 않는다. 제비나 참새는 봉황을 낳을 수 없고 여우나 토끼는 말을 기를 수 없다. 물은 흐를 뿐 타오를 수 없고 불은 타오를 뿐 아래로 흐를 수 없다.

세상에 많은 선비들이 스스로 고명함을 자부하지만 올바른 법 만나지 못하고 쓸데없이 재산만 잃는다. 단순히 글에만 의지해서 함부로 자신의 생각대로 헤아린다. 단서에 근거가 없고 도량도 표준을 잃었다. 석담, 운모 및 명반과 자석을 굳세게 두드리고 단련한다. 유황은 예장을 태우고 니홍과 오금, 팔석, 동을 서로 제련하여 가루로 만들고, 두드리고 불려 그것으로써 도움을 주는 관건으로 삼는다. 본성이 같지 않으니 어찌 몸을 합할 수 있으랴. 천 번 시도해도 만 번 실패할 것이니 똑똑해지려고 한 것이 도리어 바보가 된다. 어려서부터 머리가 백발이 될 때까지 배웠지만 중도에는 의심만 많았다. 정도를 등지고 미로로 들어가니 바른 길을 벗어나 삿된 좁은 길로 들어간다. 관견으로는 넓게 볼 수 없고 방향을 헤아리기도 어렵다. 요행을 바라나 만나지 못하니 성인만 홀로 안다.

수화가 서로 작용하여 단을 이룬다

지금부터는 『참동계』 상편 제12 "동류상종장(同類相從章)"을 강의합니다.

호분을 불 속에 투여하면 색이 변하여 납이 된다. 빙설이 온탕을 얻으면(빙설을 끓이면) 녹아서 태현이 된다. 금은 주사를 위주로 하니 수은에 융화된다. 변화는 그 진실한 본성에서 이루어지고 처음부터 끝까지 서로 원인이 된다.

胡粉投火中, 色壞還爲鉛. 冰雪得溫湯, 解釋成太玄. 金以砂爲主, 稟和于水銀. 變化由其眞, 終始自相因.

이 문장은 전부 광물질의 화학 변화 원리를 말한 것입니다. 특히 주의할 점은 위백양 진인이 외단을 결코 신뢰할 수 없다고 비판한다는 점입니다. 외단을 활용해서 생명을 변화시키려고 하는 것은 매우 문제가 있다는 것이지요. 여러분도 다 알고 있듯이 위백양 진인의 『참동계』는 외단이 아니라 내단을 중시합니다. 내단이란 우리 몸에 본래 존재하는 정기신(精氣神)을 가리킵니다. 우리 모두 알고 있듯이 정기신 수련에 성공한다면 생명은 영원할 수 있습니다. 정기신을 어떻게 변화시키고 응결하느냐를 이론적으

로 말하기는 어렵지 않지만, 실제로 실천해서 성공하는 것은 결코 쉽지 않습니다. 그러므로 위백양 진인이 외단을 정법이 아니라고 말하더라도 외단을 전적으로 부정할 필요는 없습니다. 『참동계』는 도가의 수많은 외단가도 중요한 경전으로 받들어 왔습니다. 도가의 약물 화학적 법제는 바로 이 책의 이론에 근거해서 발전해 왔습니다.

『참동계』 원문을 보기 전에 주해를 보겠습니다. 주운양 조사는 먼저 제12장의 제목을 다음과 같이 설명했습니다.

"이 절은 수와 화 동류가 서로 변화하여 단을 이루는 것을 말한다."

(此節, 正言水火同類, 相變化而成丹也)

주운양 조사는 먼저 우리 몸에 수(水)와 화(火)의 작용이 있다는 것을 알려 줍니다. 수는 우리 몸에 흐르는 액체인 호르몬을 가리킵니다. 우리 몸에서 호르몬의 작용은 정말 중요한데 특히 수도 공부를 하는 사람들에게는 더욱 그렇습니다. 호르몬은 내분비를 말합니다. 이것이 몸에서 어떤 작용을 하는지는 현대 의학에서도 정확히 다 밝히지는 못하고 있지요. 요컨대 젊은이들은 정신이 매우 좋고 신체 기능도 활발하고 생기가 넘칩니다. 그러나 나이가 들어 늙으면 전체 기능이 쇠퇴합니다. 남녀 모두 그렇지요. 이것이 바로 생명 활력의 변화 즉 수와 화의 변화입니다.

현재 외견상 밀종이 매우 유행하는데, 밀종에서는 졸화(拙火)를 수련한 사람들이 있습니다. 최근에 오는 라마승들은 티베트가 아니라 그 주변에서 왔는데, 사람들은 그들을 활불(活佛), 라마라고 부릅니다. 중국인은 과거 원대부터 티베트 승려를 라마, 활불이라고 불렀는데, 사실 정말 살아 있는 부처인 활불이라고 할 수 있는 승려는 거의 없습니다. 파스파(八思巴) 대사는 열다섯 살 때 원 제국의 세조인 쿠빌라이 칸(칭기즈칸의 손자, 1215-

1294)의 국사(國師)가 되었고, 서른한 살 때 대보법왕(大寶法王)에 봉해졌습니다. 대보법왕이란 티베트 밀교의 갈거파(噶擧派, 白敎, 일명 카규파)의 수장으로 그로부터 후대로 이어졌습니다. 오늘날에는 17대 대보법왕이 있습니다. 정말 대보(大寶)인지 아닌지는 잘 알 수 없지만 말입니다.

요즘 오는 밀종의 승려는 린포체(rinpoche)라고 부르는데, 린포체란 활불(活佛)이라는 뜻입니다. 어제 어떤 분이 와서 말하기를, 제가 한 린포체가 왔을 때 그에게 가서 큰절을 하고 배우기를 구했다는 소문이 있다고 했습니다. 저는 아래층에도 안 내려가는데 무슨 린포체에게 절을 했겠습니까. 하하! 그냥 우스갯소리로 들었습니다.

어떤 사람은 정좌해서 자기 몸에 열이 난다고 관상하면서 졸화(拙火)가 발동한 것이라 여깁니다만, 실제로 그것은 발열이라고 하지 졸화가 발동한 것은 아닙니다. 참으로 졸화가 발동하는 사람은 발열 현상이 없고 화광(火光) 현상도 없지요. 진짜 졸화가 발동하면 한여름에도 더운 줄 모르고 땀도 안 나고, 한겨울에 옷을 안 입어도 추위를 전혀 느끼지 않는 정도가 되어야 합니다. 졸화라는 말은 형용하는 이름으로, 만약 온몸에 열이 나는 느낌이 정말 든다면 부디 주의해야 합니다. 염증이 있는 증상이기 때문입니다. 그러나 이런 염증은 병원에서 검사하면 발견이 안 됩니다. 서양 의학의 병리에서는 이런 증상이 없기 때문이지요. 중의학에서는 이것을 '골증(骨蒸)'이라고 합니다. 골(骨)은 몸속 깊은 곳을 가리키는 말로 골수(骨髓)를 가리키는 말이기도 합니다. 골증은 스스로 몸에서 열이 나는 것을 느끼지만 막상 체온은 올라가지 않습니다. 그러나 몹시 아프기는 하지요.

예전에 도가와 밀종을 닦은 어느 위원이 자신이 졸화정을 얻고 신통도 생겼다고 여겼습니다. 그 사람은 몇 차례 저와 이야기를 나누러 왔지요. 그때 제가 말했습니다. 미안하지만 당신은 득도한 것도 아니고 졸화가 발동한 것도 아니니 빨리 진찰을 받으러 가라고 했지요. 그 사람이 바로 골증이라는 병에 걸렸습니다. 골증에는 여러 가지 원인이 있는데 유전적 요인도 있고 후천적 요인도 있습니다. 그 사람은 본래 이 병이 있었는데 정좌를 하다 보니 밖으로 드러난 것이지 정좌를 해서 병이 생긴 것은 아닙니다. 정좌를 할 때도 의약의 도움을 받아야 하는데, 질병의 증세가 드러난 것은 결코 나쁜 일만은 아닙니다. 의학의 이치를 알고 잘 조절한다면 공부가 진일보할 수 있지요. 하지만 의학의 이치를 모르면 조정하는 것이 힘이 듭니다.

우리는 지금 수(水)와 화(火)의 작용에 대해 말하고 있는데, 이때 상(相)에 집착하지 않는 것이 중요합니다. 도가나 불가를 막론하고 상에 집착하는 것은 금물입니다. 지금 우리는 수와 화가 동류라는 말을 보고 있는데, 읽을 때는 무심코 지나가는데 사실 "수화동류(水火同類)"라는 말은 이해하기 어렵습니다. 첫째 수와 화는 절대 같은 종류가 아니지요. 둘째 그렇다면 수의 동류란 무엇이고, 화의 동류란 무엇일까요? 글자를 안다고 이해할 수 있다고 생각해서는 안 됩니다. 옛사람들은 독서는 정수리에 나 있는 한 쌍의 눈으로 하라고 했습니다. 육안으로 보지 말고 지혜로 읽으라는 뜻이지요. 주해를 다시 한 번 읽어 보겠습니다.

"수화동류(水火同類), 상변화이성단야(相變化而成丹也)", 우리가 보통 생각하는 수와 화의 변화는, 불이 더 세면 물이 마르고 물이 많으면 불이 꺼진다는 것입니다. 이런 수와 화는 무엇일까요? 정좌한 채 스스로의 몸에 불을 일으키는 것입니다. 스스로 불을 일으켜서 어떻게 한다는 것일까요? 자기 자신을 태워 버리는 것입니다. 이런 일은 실제로 있습니다. 바로 아라한의 경지에 도달한 사람은 죽을 때 다른 사람에게 자신이 떠난다고 하고 정좌를 한 채 스스로 불을 일으켜 자신을 화장합니다. 외부의 불이 필요가 없지요. 이런 불을 옛사람은 '삼매진화(三昧眞火)'라고 했습니다. 이것은 평범한 불이 아닙니다. 주 박사가 이 년 전에 미국에서 돌아와 제게 이런 말을 했습니다. 외국에는 사람이 스스로 불타서 죽은 사건에 대한 기록이 있다고 했습니다. 주 박사는 제게 이런 현상은 어떤 병이냐고 물었습니다. 저는 이런 현상은 연구할 만한 가치가 있고 이 같은 자료는 많다고 말해 주었지요.

어제 한 친구가 이런 이야기를 했습니다. 미국인이 차를 몰다가 잠시 정차하고 잠을 잤는데 깨어나서 보니 자신의 두 팔이 불에 탄 흔적이 있었다는 것입니다. 물론 어디에도 불이 났던 흔적은 전혀 없었고요. 피부 속은 시커멓게 탔는데 피부의 털은 전혀 문제가 없었다고 합니다. 이것을 보면 도가에서 말하는 것처럼 몸 안에 물과 불이 진짜 있다는 것을 알 수 있습니다.

유형의 불은 어떤 것일까요? 비유하면 욕망이 유독 강렬한 사람을 중국에서는 욕화(欲火)가 속에서 불타오른다고 표현합니다. 이것은 예부터 의학에서 큰 문제였습니다. 욕념이 강렬하면 스스로 절제해야 하는데, 화가 나서 절제를 못할 때 자신의 욕화에 의해 스스로 불타 버리는 것입니다. 이 같은 현상으로 우리는 자신의 몸에서 생명 에너지의 변화가 이렇게 크다는 것을 알 수 있습니다. 자, 다시 한 번 읽어 볼까요. "수화동류, 상변화이성단야"라는 말이 무엇을 의미하는지 자세히 연구할 필요가 있습니다. 수도 공부를 하기 전에 먼저 원리를 생각해야 합니다. 원리를 잘 모르면 공부해도 소용이 없지요.

일양이 오면 어떻게 해야 하는가

주운양 조사는 이어서 동류(同類)에 대해서 다음과 같이 설명합니다.

"무엇을 동류라고 하는가. 사람들은 단지 감괘를 수라고만 알지 감괘 중의 일

양이 본래 건가로부터 온 태양의 진화라는 것은 알지 못한다. (감괘 중의) 양과 (건괘의) 양은 동류이므로 감괘 중의 진화는 타올라서 건괘로 돌아가려고 한다."

(何爲同類, 人但知坎爲水, 不知坎中一陽, 本從乾家來, 正是太陽眞火, 陽與陽爲同類. 故坎中眞火, 欲炎上以還乾)

사람들은 보통 감괘(☵)는 수(水)를 대표한다고 알고 있지만, 감괘는 『역경』과 인체의 생리에서 두 가지를 상징합니다. 첫째, 감괘는 귀를 상징하는데 귀는 기해혈과 통합니다. 여러분이 침구학을 공부했다면 배꼽 아래 있는 혈도(穴道)가 바로 관원(關元)과 기해(氣海)라는 것을 알 것입니다. 둘째, 감괘는 신장을 상징합니다. 중의학에서 신장은 허리 전체를 포함하는 개념인데, 오른편은 명문으로서 생명의 근원을 상징하며 생명 기능의 작용을 주관하고, 왼편은 신장으로서 수액을 담당합니다.

중의학에서는 뇌하수체부터 부신까지 연결되는 일련의 계통을 모두 신(腎)에 속한다고 합니다. 오늘날 중의학을 연구하는 젊은 사람들은 신장을 허리 양쪽으로만 봅니다. 그래서 신장의 질병은 허리만 치료하면 된다고 알고 있지요. 질병의 근원을 잘 알기는 정말 쉽지 않습니다. 방금 저녁 식사를 할 때 어떤 사람이 위궤양에 대해 이야기했는데, 저는 위궤양이 질병의 증상이라면 그 질병의 근원이 무엇인지, 어디가 근원인지가 중요하다고 했습니다. 중의학은 질병의 근원을 치료하는 의학입니다.

방금 감괘는 수(水)를 상징한다고 했습니다. 여러분 모두 그렇게 알고 있는데, 감괘의 괘상을 보면 중간이 양효이고 상하 양쪽은 음효입니다. 감괘와 곤괘는 모두 여성을 상징하고, 건괘와 리괘는 모두 남성을 상징합니다. 감괘는 수로서 북방을 대표하고 신장 아래 부분도 모두 여기에 속합니다. 예를 들어 여성의 월경을 중의학에서는 천계(天癸)라고 부르지요. 십

간에서 임(壬)과 계(癸)는 모두 수를 상징합니다. 임은 천수(天水)로서 형이상의 것이고 계는 형이하의 것입니다. 수는 남녀를 막론하고 생명력의 강함을 나타냅니다. 호르몬이 충만하고 생식선이 특히 발달한 것은 감괘의 수 기능이 강한 것이지요. 여성은 본래 감괘(☵)로서 음에 속하지만 감괘 중간에는 일양이 있습니다. 남성은 겉으로는 양으로 리괘(☲)인데 그 생명의 중심에는 음효가 있습니다. 그래서 감괘와 리괘의 외부와 내부에서 각각 후천과 선천의 변화 작용이 발생하는 것입니다. 주운양 조사는 이것을 "감위수(坎爲水), 부지감중일양(不知坎中一陽), 본종건가래(本從乾家來)"라고 했습니다. 사람들은 단지 "감괘를 수라고만 알지 감괘 중의 일양이 본래 건가로부터 온" 것임을 알지 못한다는 말입니다.

감괘의 중효인 일양은 건괘에서 온 것으로서 양기를 대표합니다. 예를 들어 도가 오류파에서는 활자시에 단약을 채취하라고 가르칩니다. 남녀를 막론하고 잠을 충분히 자고 나면 깨는 것처럼, 남성은 특히 새벽에 양기가 발동해서 발기가 됩니다. 오류파는 이럴 때야말로 양기의 근원이 매우 맑고 깨끗해 욕념이 없을 때이므로 빨리 일어나 정좌를 해서 용호(龍虎)를 항복받아야 한다고 합니다. 이 호랑이는 얼른 산을 내려가서 사람을 잡아먹으려 하기 때문에 빨리 정좌를 해서 호랑이를 변화시키고 항복받아야 한다는 것이지요. 이때는 일어나서 소변을 보러 갈 것이 아니라 양기가 도망가기 전에 정좌를 해서 그 양기를 채집해야 하는데, 이것을 채약(採藥)이라고 합니다. 그러므로 약은 자기 몸속의 물인 자가수(自家水)이며, 이는 여성도 마찬가지입니다. 이렇게 말하는 것은 옳을까요? 어느 정도는 맞습니다. 완전히 틀린 말은 아니라는 뜻입니다. 더욱이 나이 든 사람은 이런 식으로 백여 일이나 반 년 정도 실천하면 반드시 건강이 좋아질 수 있습니다. 다만 그 중간에 절대 욕념이 일어나서는 안 됩니다. 일단 남녀 간의 욕념이 일어나면 수(水)가 탁해집니다. 탁하게 된 수는 절대 채취해서 회수하면 안 됩니다. 차라리 나가서 소변을 보거나 권법(拳法)을 연마하는 편이 낫지요.

오늘날 권법을 하는 사람들은 이렇게 배우지 못했는데, 제가 젊었을 때는 참된 권법을 수련하려면 어떻게 해야 할지 고민이 많았습니다. 그것은 참으로 힘들고 고된 과정이었지요. 침대에서 제대로 잠을 자지도 않았습니다. 근골을 견고하게 단련하느라 시골에서 합판을 주워 모으고 그 위에서 잠을 잤지요. 새벽에 잠에서 깨어 양기가 발동하면 소변을 보러 가지 않았습니다. 양기가 한 줄기 소변으로 사라질까 봐 그랬던 것이지요. 대신에 한바탕 수련을 해서 온몸에서 땀을 흘리고 나면 소변은 어디로 갔는지 사라지고 없었습니다. 이런 것을 공부라고 생각했습니다.

권법 수련을 하기 위해서는 소변도 함부로 보지 못했고 방귀도 함부로 뀌지 못했습니다. 모두 원기(元氣)이기 때문에 방귀를 뀌면 원기가 새어 나간다고 본 것이지요. 소변을 보는 것도 마치 황금을 잃는 것처럼 아까워했습니다. 그러다가 나중에야 새벽에 소변을 보러 가지 않고 권법을 수련하는 것은 수명을 재촉하는 일임을 알았습니다. 화장실에 가지도 않고 온몸에 땀이 나게 삼 개월 정도 권법을 수련하고 나니 사람들 얼굴빛이 누렇게 변했습니다. 예전에 스승들은 이런 것이 수련이라고 믿었습니다. 그러나 저는 한나절을 해 보고는 이것이 병이라고 생각했습니다만 다만 그것이 황달이라는 것은 몰랐지요.

비슷한 수련 공부로 동자공(童子功)이라는 것이 있습니다. 동자공을 연마한 남자는 수련 후에는 결혼을 하지 못합니다. 결혼을 하면 동자공이 되지 못하기 때문이지요. 동자공은 대단합니다. 정말 한방에 황소도 죽일 수 있으니까요. 그러나 이 공부는 죽기 살기로 단련해야 합니다. 양기가 발동하는 새벽의 활자시가 오면 바로 일어나서 정좌를 함으로써 양기를 채집하는 것은 같은 방법인데 효과가 다릅니다. 새벽에 일어나면 소변을 보기 전에 먼저 정좌해서 양기를 채집하고 그 후에 소변을 보러 가는 것이지요. 이것을 도가에서는 문화(文火) 팽련(烹煉)이라고 합니다. 무술을 수련하는 것 즉 권법 수련을 해서 소변을 땀으로 배출하는 것은 무화(武火) 팽련(烹煉)이라고 하지요. 이것은 모두 제가 어려서 직접 경험했던 사실입니다. 저도 이런 것을 수련하기는 했지만 두어 달 정도 하고는 그만두었습니다. 이 수련은 올바른 방법이 아님을 간파했지요.

양화, 음화, 진화

우리는 감괘 중의 일양이 건괘에서 왔다는 것을 말했습니다. 새벽에 잠에서 깨면 정신이 충만하고 양기도 충실해서 발기가 되지요. 이것이 바로 감괘 중의 일양입니다. 그것은 어디에서 오는 것일까요? 당연히 건괘에서 옵니다. 건괘는 무엇인가요? 잠을 충분히 자고 나면 정신이 충만한 것처럼 순수하고 원만한 에너지입니다. 이것이 새벽에 발동하는 양기입니다. 그런데 노인이 되어 정신이 쇠퇴하면 성욕도 감퇴하고 청춘의 불꽃이 이미 식어 버립니다. 이것은 수양이 높아서도 아니고 부동심(不動心)의 경지는 더욱 아닙니다. 단지 동심(動心)을 할 에너지 자체가 부족한 것이지요. 그러니 무슨 계(戒)를 말할 필요가 있겠습니까?

에너지가 충만할 때 부동심을 이루어야 합니다. 욕념이 일어나는 것을 승화시켜야 계(戒)를 지킨다고 할 수 있지요. 양기가 다 소모되어 바싹 마른 나무나 마른 우물처럼 되면 계율이 무슨 소용 있겠습니까. 이로써 우리는 감괘 중의 일양이 본래 건괘에서 온다는 원리를 알 수 있습니다. 게다가 음이 극하면 양이 발생하고 고요함이 극점에 이르면 양기가 발동한다는 것, 충분히 수면을 취해서 정신을 잘 기르면 잠에서 깨자마자 바로 진양(眞陽)의 기(氣)가 도래한다는 것도 알았습니다. 그러니 우리의 일념을 잘 붙잡는 것이야말로 채약입니다.

주운양 조사는 이것이 바로 태양의 진화(眞火)라고 했습니다. 여러분, 이 진화는 뜨거울까요? 밀종을 닦는 사람이나 도가를 닦는 사람이 몸에서 뜨거운 기운이 일어난다면 그것은 발열이지 진화가 아닙니다. 감괘 중의 일양이 회복하여, 다시 말해 음이 극하여 양이 발생한 것이 태양의 진화입니다. 이것을 후천의 양기라고 하는데, 선천의 양기와는 동류로서 같은 것이지만 변화는 다릅니다. 그래서 주운양 조사는 "감괘 중의 진화가 불타올라서 건괘로 돌아가려고 한다〔坎中眞火, 欲炎上以還乾〕"고 말했습니다.

감괘는 수인데, 수(水) 중의 화(火)가 위를 향해 폭발하는 것입니다. 물리 세계와 마찬가지이지요. 우리가 지금 사용하는 에너지인 가스나 석유 같은 것은 음화(陰火)입니다. 예를 들어 제가 사천의 자류정(自流井)에 갔을 때 소금을 끓이는 불이 모두 가스였습니다. 기와로 가스를 덮었다가 기와를 열면 불이 솟구쳐 소금을 끓이는 것이지요. 이런 땅 속의 음화는 지금 우리가 사용하는 가스와 같습니다. 이런 가스는 연소하지 않은 상태일 때는 손으로 만지면 얼음처럼 차서 손이 얼얼하게 마비될 지경입니다. 음화는 양화와 다릅니다. 나무를 태워서 발생하는 화는 양화이고 태양의 화도 양화입니다. 그 밖의 모든 것은 음화입니다. 우리가 유리 렌즈를 이용해서 태양의 열을 모으면 불을 일으킬 수 있지요. 이렇게 해서 발생하는 불은 음화입니다. 말하자면 태양은 양화인데 양화를 다시 반사해서 일으킨 불은 음화입니다. 이른바 양 속의 음이니 음 속의 양이니 하는 원리가 바로 이것입니다. 그래서 "감중진화(坎中眞火), 욕염상이환건(欲炎上以還乾)"이라고 했습니다. 감괘 가운데의 진화가 불타올라서 건괘로 돌아가려고 한다는 말입니다. 하늘은 뜨거운데 어째서 비가 올까요? 지면에 태양열이 내려오면 증기가 위로 향하는데 하늘 높은 곳에서 찬 공기를 만나면 비가 되어 내려옵니다. 우리 몸속에서도 똑같은 현상이 일어납니다. 이러한 기후 변화의 원리를 알면 수도 공부의 원리도 알 수 있고 몸을 잘 조절할 수 있습니다.

다만 인간은 자연 기후와 다른 점이 있습니다. 감괘 중의 진화는 인간으로 말하면 양기(陽氣)와 같아서 잠을 잘 자서 정신이 충만하면 일양이 회복하고, 일양은 위로 솟구치려고 합니다. 단지 불이 연소하는 현상은 없지요. 그러나 정신이 충만하니까 여러 가지 생각이나 욕구가 일어납니다. 첫 번째로는 남녀 간의 성욕이 불처럼 솟구칩니다. 수도 공부를 하는 사람은 이럴 때가 중요합니다. 마음을 청정하게 하면 서서히 기가 통하게 되어 심화가 아래로 내려와서 뇌가 청명해집니다. 이것이 도가에서 정(精)을 돌려서 뇌를 보양한다고 하는 환정보뇌(還精補惱)로 불로장생의 비법입니다. 안타깝게도 사람들은 이렇게 환정보뇌를 하지 못하고, 감괘 중의 진양이 위로 타오르면서 명문혈에 도달해 부신 호르몬을 자극하면 바로 성욕이 일어납니다. 그래서 일양의 진화를 보존하지 못하고 소모하게 되지요. 마음을 청정하게 해서 진화를 보존하는 것은 결코 쉽지 않습니다.

태음 진수의 묘한 작용

이제 주해는 리괘 진수(眞水)에 대해 설명합니다.

"사람들은 단지 리괘를 화라고만 알지 리괘 중의 일음이 본래 곤궁으로부터 온 태음의 진수라는 것은 알지 못한다."

(人但知離爲火, 不知離中一陰, 本從坤宮來 正是太陰眞水)

"인단지리위화(人但知離爲火)", 리괘(☲)는 화(火)를 대표하며 눈과 마

음을 상징하기도 합니다. 우리의 생각이나 관념은 모두 리괘에 속하지요. 리괘 중의 일음(一陰)은 바로 불학에서 말하는 무명(無明)입니다. 우리는 생각이나 관념이 어디에서 발생해서 어떻게 흘러가는지 그 오묘한 작용을 분명히 알지 못합니다. 이것을 "부지리중일음(不知離中一陰), 본종곤궁래(本從坤宮來)"라고 했습니다. 리괘 가운데의 일음이 본래 곤괘에서 온 것은 잘 모른다는 말이지요. 곤괘(≡≡)는 순음(純陰) 즉 태음(太陰)입니다. 리괘 중의 일음을 "정시태음진수(正是太陰眞水)"라고 합니다. 따라서 잡념이나 망상을 없애고 오래 정좌하면 입 속에 침이 고여서 아래로 흘러내립니다. 수도 공부를 하려면 먼저 정좌를 배워야 합니다. 정좌할 때 고요함을 얻지 못하면 공부라고 할 수 없지요. 장자는 우리를 비웃으며 공부하는 사람들의 정좌를 '좌치(坐馳)'[18]라고 했습니다. 정좌한다고 앉아서 운동회를 열고 있다는 말이지요. 모두들 정좌를 한다면서 한편으로는 관세음보살을 찾고 다른 한편으로는 아미타불을 생각하고, 또 하거(河車)도 돌리고 상하로 전도(顚倒)를 하느라 바쁘기가 한이 없습니다. 그래서 장자는 진정한 정좌는 '좌망(坐忘)'[19]이라고 했습니다. 정좌를 하면 나를 잊고 내 몸도 잊어야 합니다. 이렇게 해야만 진정한 수도 공부라고 할 수 있지요. 정좌할 때 참으로 잡념과 망상을 잊었다면 이것이 바로 진음(眞陰)이며, 음이 극하면 다시 양이 발생합니다. 『노자』는 이것을 "치허극(致虛極), 수정독(守靜篤)"(제16장)이라고 했습니다. "텅 비움을 지극히 하고 고요함을 독실하게 지킨다"는 뜻이지요.

　이것이 정좌의 기본 원칙입니다. 이것은 어떤 경지일까요? 바로 진음(眞

---

18 앉아서 치달린다는 뜻이다. 정좌한다고 앉아서 마음이 이리저리 치달리고 흔들리는 것을 좌치라고 한다. 『장자』 「인간세」 편에 보이는 좌망(坐忘)의 반대 개념이다.

19 『장자』 「대종사」 편에 나오는 말이다. 좌망은 좌치와 반대되는 개념이다. 「제물론」에서 장자는 사물의 본질에 대해 "사물은 저것 아님이 없고 또 이것 아님이 없다" "저것은 이것에서 나오

陰)의 경지입니다. 실제로 음의 경지를 두려워할 필요가 없습니다. 음이 극하면 양이 발생하기 때문입니다. 예를 들어 몹시 피로할 때는 잠을 자야 하는 것과 같습니다. 잘 자야 정신이 충만하게 회복됩니다. 그러니 쉬는 것은 나쁜 일이 아닙니다. 당연히 음의 경지도 나쁜 것이 아니지요. 주운 양 조사는 이렇게 설명합니다.

"음과 음은 동류이므로 리괘 중의 진수는 내려가서 곤괘로 돌아가려고 한다. 이것이 역에서 말하는 물은 습한 데로 흐르고 불은 마른 곳으로 타오른다. 하늘에 근본한 자는 위를 친하고 땅에 근본한 자는 아래를 친한다. 각각 그 동류를 따른다는 뜻이다."

(陰與陰同類, 故離中眞水, 欲就下以還坤. 此卽大易, 水流濕, 火就燥. 本乎天者親上, 本乎地者親下, 各從其類之義也)

"음여음동류(陰與陰同類), 고리중진수(故離中眞水), 욕취하이환곤(欲就下以還坤)," 음과 음은 동류이므로 리괘 중의 진수는 내려가서 곤괘로 돌아가려고 한다는 이 말에 비추어 우리 뇌에서 어떻게 생각이 일어나는지를 살펴보면, 아래에 있는 기가 상승해서 뇌하수체를 자극하면 생각이 발생한다

고 이것 역시 저것에서 나오니 이것이 이것과 저것이 서로 인대하여 생긴다는 설이다"라고 말했다. 이렇게 사물이 이것과 저것으로 구분되지 않고, 다시 말해 형식 논리적으로 구별되지 않고 이것과 저것이 동시에 긍정되고 부정된다. 그러므로 이것만이 옳다거나 저것만이 옳다는 주장은 의미가 없다. 이것을 장자는 천균(天鈞), 천예(天倪), 양행(兩行)이라고 표현했다. 따라서 인간은 어느 한편에 서서 그것만 옳다고 주장할 것이 아니라 양쪽을 다 잊어야 한다. 그렇게 되도록 공부하는 것을 좌망이라고 한다. 마치 좌선과 같은 공부법이다. 공부를 통해 깨달음을 얻는 것을 조철(朝徹)이라 했고, 그 후에 견독(見獨)의 초월적 경지에 도달한다고 했고, 그 경지를 또 영녕(攖寧)이라고 했다. 공자와 안회의 대화로 엮은 좌망의 경지에 대한 이야기에서 장자는 좌망의 경지를 "몸의 존재를 잊고 정신의 총명을 버리며 육체를 떠나고 앎을 버려서 대통(大通)의 경지에 이르는 것"이라고 했다. 좌망과 유사한 개념으로 심재(心齋)가 있다. 장자는 「인간세」 편에서 마음을 텅 비우는 허(虛)의 경지를 심재라고 했다.

고 볼 수 있습니다. 정신이 왕성해서 생각이 발생하면 정신은 아래로 내려 가기를 좋아하지요. 그래서 정신이 왕성하면 나쁜 일을 할 기회가 많아집니다. 나쁜 일을 하면 대개 아래로 흐르고 아래로 가면 "차즉대역(此卽大易), 수류습(水流濕), 화취조(火就燥)"라고 합니다. 『역경』의 이 말은 물은 습한 곳으로 흐르고 불은 건조한 곳으로 내달린다는 것을 보여 줍니다.

그래서 "본호천자친상(本乎天者親上), 본호지자친하(本乎地者親下), 각 종기류지의야(各從其類之義也)"라고 했습니다. "하늘에 근본한 자는 위를 친하고 땅에 근본한 자는 아래를 친한다"는 뜻입니다. 우리가 어렸을 때 읽었던 『유학경림(幼學瓊林)』이라는 책의 천문편(天門篇)에는 "혼돈한 우 주가 처음 열려 비로소 건과 곤이 존숭되었다[混沌初開, 乾坤始奠]"라는 말 이 나옵니다. 우주는 이렇게 개벽된 것이지, 하느님이 만드신 것도 아니고 보살이 개벽한 것도 아닙니다. 중국의 우주관으로 보면 그렇습니다. 이어 서 "가볍고 맑은 기는 위로 올라가 하늘이 되고, 무겁고 탁한 기는 아래로 내려가 땅이 된다[氣之輕淸上浮者爲天, 氣之重濁下凝者爲地]"는 말이 나옵니 다. 이것은 명명백백한 과학입니다. 무겁고 탁한 기가 뭉쳐서 덩어리가 된 것이 땅이고 물질세계이지요. 어려서 읽은 이 책의 내용은 평생을 써도 다 쓰지 못합니다. 실제로 고명한 학문이지요.

솔직히 말하면 우리가 정좌를 하면서 아무것도 지각하지 못할 때가 있 는데, 이것은 음(陰)으로서 무겁고 탁한 기의 경계입니다. 가볍고 맑은 기 가 위로 올라갈 때가 진정한 공부를 하는 경지인데, 이때는 수면에 취해서 도 안 되고 망상도 없어야 합니다. 이렇게 해야 환정보뇌의 경지에 이를 수 있고, 육근 대정(大定)이라 부를 수 있습니다. 안이비설신의(眼耳鼻舌身 意)라는 다섯 가지 감각과 사유 기관인 육근이 크게 안정된 경지라고 할 수 있다는 말이지요. 이때 육근은 모두 맑게 깨어 있습니다. 밤낮을 모두 깨어 있고 심지어 일주일이라도 잠을 잘 필요가 없습니다. 결코 불면증이 아닙니다. 이때는 원대의 구처기(丘處機) 장춘(長春) 진인이 지은 〈청천가(靑天歌)〉를 참고해 보기 바랍니다.

"푸른 하늘에 뜬구름 일으켜 막지 마라. 구름 일면 푸른 하늘이 만상을 가리리니〔靑天莫起浮雲障, 雲起靑天遮萬象〕." 여기에서 "청천막기부운장(靑天莫起浮雲障)"은 한 생각도 일어나지 않는 경지를 노래합니다. 한 생각도 일어나지 않는다는 것은 아무것도 인식하지 못한다는 말이 아닙니다. 만상을 모두 인식해도 마음이 움직이지 않는다는 것입니다. 그다음 구절인 "운기청천차만상(雲起靑天遮萬象)"은 한 생각이라도 움직이면 청천에 한 조각 부운(浮雲)이 떠서 푸른 하늘을 막아 버리는 것처럼 된다는 말입니다.

도가에는 몇 편의 중요한 것이 있습니다. 이미 여러분에게 말했던 것인데 다시 한 번 소개하겠습니다. 첫 번째는 도가 십삼경(十三經) 중에서 『청정경』입니다. 이것은 반드시 외워야 하고 그 의미를 올바르게 이해해야 합니다. 두 번째는 여순양 진인의 〈백자명〉입니다. 세 번째는 송대의 여선고(女仙姑)인 조문일의 『영원대도가』입니다. 이분은 송나라 때 장군인 조빈의 손녀이지요. 조빈은 매우 뛰어난 장군이었습니다. 당나라 때의 곽자의(郭子儀)보다 더 훌륭하다고 할 수 있지요. 조정에서는 문관으로 높은 벼슬을 했고 전장에 나가서는 장군이었지만 살인을 좋아하지 않아서 작전을 펼 때도 대단히 인자했습니다. 그는 교육도 잘 시켰고 그 자손들도 매우 잘 되었습니다. 한 손녀는 황후가 되었는데 아주 훌륭한 황태후였지요. 네 번째로 꼭 읽어야 할 것이 구장춘 진인의 〈청천가〉입니다.

사실 이런 것은 불학을 공부하는 사람들도 꼭 참고할 만합니다. 이 시대에는 이미 삼교가 합일되었기 때문입니다. 불가와 도가가 서로 하나가 되어 이미 나누어질 수 없는 가르침을 형성했습니다. 물론 대만에서 유행하는 일관도의 삼교합일이 아닌 것은 말하지 않아도 알겠지요.

제46강

앞 강의에서는 수와 화가 우리 몸의 작용이라는 것을 말했습니다. 정좌가 극히 고요한 때에 이른 것이 수(水)의 경지이고, 우리 정신이 충만해지고 양기가 상승할 때가 화(火)의 경지입니다. 정신이 충만해서 양기가 극에 달할 때가 가장 어렵습니다. 보통 사람들은 정신이 왕성해서 양기가 극에 달할 때 생각이 공(空)할 수 없기 때문입니다. 양기가 쇠퇴해야 생각이 자연 청정해지는데 이것은 음의 경지로서 화(火)가 없는 순수한 수(水)의 상태입니다.

수도 공부는 수와 화를 조절하고 조합하는 것입니다. 보통 사람들이 정좌 공부를 할 때는 볼일을 서둘러 다 끝내고 정신적으로 피로해서 거의 죽을 지경인 상태에서 정좌를 합니다. 제가 여러 번 말했지만 이런 정좌는 소용없습니다. 이것은 휴식일 뿐이지요. 진정한 수도 공부는 정신이 아주 왕성할 때 정좌를 하는 것으로, 이것을 수도(修道)라고 합니다. 개인의 운명으로 말하면 한 사람의 운이 가장 좋을 때 부귀와 공명이 오는데, 사실 이때 다 내려놓고 도를 닦는 것을 진짜 수도라고 합니다. 퇴직을 하고, 운도 없고, 병에 걸리고 나서야 결가부좌를 하고 정좌하는 것은 수도 공부라고 할 수 없습니다. 이것은 참으로 중요한 말입니다. 수도의 길을 가는 수행자는 이 말을 새겨들어야 합니다.

호분과 유황의 작용

"위공은 먼저 세간법으로 비유하였다. 호분은 본래 흑연을 태운 것이다."

(魏公, 先以世間法喩之, 如胡粉, 本是黑鉛燒就)

여기에서 "위공(魏公)"은 『참동계』 저자인 화룡 진인 위백양 조사를 가리킵니다. "선이세간법유지(先以世間法喩之)", 먼저 세간법으로 비유하였다는 말은, 책 속에서 호분을 불 속에 넣는 세간법으로 표현했다는 뜻입니다. "여호분(如胡粉), 본시흑연소취(本是黑鉛燒就)", 호분은 본래 흑연을 태워서 만든 것입니다. "호분"은 독성이 있는 한약재인데 흑연을 태워서 법제하여 가루로 만듭니다. 중국 약물 사전은 『본초강목(本草綱目)』이라고 하지만, 중약방을 열고 중의학을 배우려는 사람은 반드시 『뇌공포제약성부(雷公炮製藥性賦)』를 읽어야 합니다. 포제(炮製)라는 것은 화학적으로 조제하는 것을 말하지요. 약재에 따라 조제 방법이 다른데, 어떤 약재는 물로 끓여서 조제하고 어떤 약재는 볶아서 조제하는 것을 포제라고 합니다. 포제는 폭죽을 터뜨린다는 뜻이 아니라 항아리에 약재를 넣어서 화로 위에서 법제하는 것입니다. 뇌공(雷公)은 황제(黃帝) 시대 사람으로 중의약에 정통했다는 전설적 인물이지요.[20]

또 다른 예를 들면 유황이라는 약재가 있는데, 구급약으로 먹는 유황환

---

20 『황제외경(黃帝外經)』이라는 책에 뇌공과 기백(岐伯)의 대화가 나온다.

(硫黃丸)이라는 약이 있습니다. 유황은 도가에서 대단히 효험이 있는 약으로 알려져 있지요. 저도 예전에 백일 동안 유황을 먹어 본 적이 있습니다. 시험 삼아 먹었지만 위험한 시도였지요. 이 약은 수도 공부를 하는 사람에게는 매우 좋은 약입니다만 많이 먹는 것은 위험합니다. 유황은 기름으로 볶아서 조제해야 하는데 돼지기름을 유황과 섞으면 화학 작용이 일어나서 독이 사라집니다. 그런데 조제된 유황을 먹고 체내에서 흡수되기 전에 동물의 피, 특히 돼지의 피를 먹으면 독성이 폭발해서 사람을 태워 죽일 수 있다고 합니다.

유황을 먹으면 무엇이 좋을까요? 저는 생명을 걸고 시험해 봤는데, 유황을 먹은 후에는 몸 전체 특히 관절이 유연해진 것을 느낄 수 있었습니다. 나중에 『세원록(洗冤錄)』이라는 책을 보고 유황에 확실히 그런 효과가 있다는 사실을 확인할 수 있었지요. 이 책은 오늘날의 법의학 내용을 담고 있는데, 고대에 의사가 시신을 검시한 기록을 담고 있습니다. 시체를 묘에서 발굴해 검시하는데 손가락뼈가 가루가 되어 있다면 유황을 많이 먹고 죽은 것으로 판단했지요. 저는 책에서 그런 내용을 읽고 비로소 알게 되었습니다. 아, 유황을 먹으니까 확실히 몸이 부드러워지는구나 하고 말이지요. 도가에서 유황을 먹는 이유는 근육과 골격을 바꾸기 위해서였습니다. 도사들은 정좌를 통해서 신체가 공(空)의 경지에 도달하고자 했는데, 그것이 쉬운 일이 아니었지요. 그런데 유황을 먹으면 신체가 유연해져서 공의 경지에 도달한 것 같은 느낌을 주었습니다. 물론 너무 많이 먹으면 좋지 않지요. 도사들이 먹었던 납, 수은, 유황 같은 것은 모두 독약입니다. 단약을 법제했던 오금(五金)과 팔석(八石)은 다 독약이었지요. 이런 독약을 독특한 방법으로 법제한 후 한 알을 녹두알만 한 크기로 만들어 올바르게 먹으면 만병통치가 되지만, 잘못 먹으면 그야말로 일곱 개 구멍에서 피를 쏟으면서 죽습니다. 이어서 주해를 보겠습니다.

> "일단 화를 만나면 즉시 다시 납으로 되돌아간다. 눈은 본래 수가 얼어서 된
> 것이니 한번 끓이면 즉시 녹아서 수가 되는 것과 같다."
>
> (一見火, 則當下還復爲鉛. 冰雪, 本是寒水結成, 一見湯, 則立刻解釋成水)

호분은 본래 흑연을 불로 태워서 만든 것인데, 다시 불 처리를 하면 원
래의 납으로 돌아갑니다. 마치 물이 눈으로 변했다가 끓이면 다시 물이 되
는 것과 같은 이치이지요. 인체 내부도 이렇게 변하고, 수도 공부도 마찬
가지입니다. 이런 원리를 깨달아서 응용해 나가면 반드시 효과를 볼 수 있
습니다.

> "화는 다시 화로 돌아가고 수는 다시 수로 돌아가는 것을 볼 수 있으니 본성
> 은 결코 어길 수 없다."
>
> (可見火還歸火, 水還歸水, 本性斷不可違矣)

물질은 그 본성을 어길 수 없습니다. 물은 끓여서 차를 만들어도 물이고
발효시켜서 술을 만들어도 물입니다. 독약을 만들어도 역시 물이고 갈비
탕을 끓여도 역시 물이지요. 맛은 변해도 물은 물입니다.

다시 수화와 기를 말하다

> "금단을 수련하는 사람은 오직 한결같이 '수 가운데의 금' 하나만을 취한다.
> '수 가운데의 금'이야말로 생명의 꼭지(근본)이다. 그것은 본래 건성에서 왔
> 다. 건괘가 파괴되어 리괘가 되는데, 리괘는 본성의 뿌리로서 그 가운데에 진

음이 있다."

(鍊金丹者只取一味水中之金, 水中之金卽命蒂也 本來原出于乾性 自乾破爲
離, 離爲性根, 中有眞陰)

주운양 조사는 먼저 "금단을 수련하는 사람은 오직 한결같이 '수 가운데의 금' 하나만을 취한다. '수 가운데의 금'이야말로 생명의 꼭지(근본)이다〔鍊金丹者只取一味水中之金, 水中之金卽命蒂也〕"라고 했습니다. 그러므로 생명의 근본은 일양래복(一陽來復)으로서, 보이지도 않은 이 일양의 회복이야말로 가장 중요합니다. 제가 수도 없이 말했지만 잠을 달게 오래 자는 것은 음이 극하는 현상으로서, 잠을 잘 자고 나서 깨면 정신이 아주 상쾌하고 좋습니다. 이렇게 정신이 맑고 충만할 때 그것 즉 일양을 붙잡으면 생명의 근본이 여러분 손에 있으니, 이것이 바로 주운양 조사가 말한 생명의 꼭지〔命蒂〕입니다. 우리는 병이 나면 중의든 양의든 병원을 찾는데, 약은 어디까지나 질병의 회복을 돕는 기능뿐입니다. 약이 여러분의 질병을 낫게 하는 것은 아니라는 뜻이지요. 질병을 치료하는 것은 사실 여러분 자신입니다. 그러므로 병이 생기면 일단 푹 자면서 쉬어야 합니다. 수면이 곧 휴식이지요. 정신이고 육체고 모든 것을 완전히 내려놓아야 합니다. 휴식을 취하면 음(陰)의 경지로 들어가는 것이고, 음이 극에 이르면 양이 발생하고 질병이 낫습니다. 그리고 나면 나가서 또다시 생명을 소모하고 결국 다시 병이 생기지요. 이것이 보통 사람의 인생입니다.

"수중지금(水中之金)"은 도가의 비유인데, 실제로는 생명의 참된 근원인 일양래복입니다. 이 수(水)는 "본래원출우건성(本來原出于乾性)" 즉 본래 건괘에서 왔는데, 건괘는 인간 생명의 본성을 상징합니다. "자건파위리(自乾破爲離), 리위성근(離爲性根), 중유진음(中有眞陰)" 즉 이 건괘가 파괴되어 리괘(☲)가 되는데, 리괘는 본성의 뿌리요 그 속에 진음(眞陰)을 가지고 있습니다. 건괘는 완전한 시원의 본성을 상징합니다. 건괘의 상효와 하효가 변해서 음효가 되면 감괘(☵)가 되지요. 그리고 건괘의 중효 하나가 변해서 음효가 되면 리괘(離卦)가 되는 것입니다.

리괘는 인체에서 마음과 눈을 상징합니다. 석가모니 부처님은 단지 형이상적 도체(道體)로만 말했습니다. 즉 『능엄경』을 보면 부처님은 '칠처징심(七處徵心)'[21] '팔환변견(八還辨見)'[22] 등 인식 원리에 대해 아난과 문답 토론을 하면서 마음이 어디에 있는지를 논증합니다. 그러고는 "마음과 눈이 허물이 된다[心目爲咎]"고 합니다. 중생이 생사윤회를 하는 것은 마음과 눈 등 감각 기관의 문제라는 것이지요. 도가로 말하면 불교의 명심견성은 건괘로 설명할 수 있고 눈, 두뇌 등은 리괘로 상징할 수 있습니다. 본래 완전하고 문제가 없는 마음을 건괘로 표시한다면, 건괘가 파괴되어 문제가 발생하는 것은 리괘로 상징한다는 것입니다. 따라서 "건파위리(乾破爲離)" 즉 건괘가 파괴되어 리괘가 된다는 것은 마음과 눈이 문제가 된다는 것이지요. "중유진음(中有眞陰)"은 우리 마음속에 진음이 존재한다는 뜻입니다. 주운양 조사의 설명이 계속됩니다.

"남방의 화기를 얻으니 주사의 현상이다. 수도 공부하는 사람이 명종을 통달하려면 반드시 성을 위주로 해야 한다."

---

21 칠처징심(七處徵心)은 『능엄경』 제1권의 주제이다. 부처님이 마음을 어느 곳에서 찾을 수 있는지를 아난과 문답을 통해 밝히는데, 마음은 몸 안[在內], 몸 밖[在外], 감각 기관[潛根], 어둠으로 감춰진 곳[藏暗], 생각이 미치는 곳[隨合], 감각 기관과 감각 대상의 중간 지점[中間], 집착하지 않는 곳[無着], 그 어디에서도 발견되지 않음을 밝혔다.

22 팔환변견(八還辨見)은 『능엄경』 제2권에 보인다. 여덟 가지 인식 대상은 각각 그 원인처로 환원할 수 있지만 인식 주체인 심(心)은 환원할 수 없음을 변별하는 인식 원리를 말한다. 예를 들어 밝음[明]은 태양에 의해 존재하므로 태양으로 환원할 수 있지만, 보는 주체인 마음은 어느 것에도 의지하지 않으므로 환원할 수 없다는 것이다.

(得南方火, 砂之象也 學人欲了命宗, 必須以性爲主)

"득남방화기(得南方火炁), 사지상야(砂之象也)", 남방의 불기운을 만나면 주사의 성질처럼 된다는 말로, 남방의 양명한 화를 만나면 정신이 왕성해져서 생각이 들뜨는 것을 말합니다. 이렇게 생각이 들뜨게 하는 화는 남방의 양명(陽明)한 화(火)인데, 그것을 붙잡아 아래로 내려가게 하는 것은 북방 진음(眞陰)의 수(水)입니다. "학인욕료명종(學人欲了命宗), 필수이성위주(必須以性爲主)", 우리처럼 후천의 생명을 장생불사하려는 사람은 반드시 성(性)을 위주로 수도 공부를 해야 합니다. 반드시 명심견성에 도달해야 하며, 심념이 청정하여 한 생각도 일어나지 않게 한다는 것이지요.

"그러므로 (참동계에서) '금은 주사를 위주로 한다'고 하였으니, 리괘 중의 주사의 성질은 화를 만나면 흩어져 날아가니 항복시키기 쉽지 않다. 따라서 북방의 수 가운데의 금으로써 제재해야 한다."
(故曰, 金以砂爲主, 而此離中砂性, 得火則飛, 未易降伏, 仍賴北方水中之金以制之)

"고왈(故曰), 금이사위주(金以砂爲主), 이차리중사성(而此離中砂性), 득화즉비(得火則飛)", 그래서 금은 주사를 주로 하는데 리괘 중의 주사의 성질은 불을 만나면 날아간다고 하는 것입니다. 여기에서 리괘(離卦)는 후천의 생명을 가리킵니다. 우리의 정신이 돌아왔을 때 심화(心火)가 왕성하면 흩어져 날아가서 그야말로 "항복시키기 쉽지 않습니다[未易降伏]." 다시 말하면 정좌해서 공부할 때 생각이 고요하기 어렵다는 것입니다. 양기가 돌아와서 마음이 들뜨기 때문입니다. 어떻게 해야 들뜨는 마음을 가라앉힐 수 있을까요? 바로 "북방의 수 가운데의 금으로써 제재하는[賴北方水中

之金以制之」것입니다. 주운양 조사의 설명은 매우 분명합니다. 제가 더 확실히 말한다면 진정으로 기주맥정(氣住脈停), 심기귀원(心氣歸元)의 경지에 도달하면 노자가 "그 마음은 텅 비우되 그 배는 채운다〔虛其心, 實其腹〕"고 말한 것처럼 몸 전체가 깊은 정(定)의 상태에 들어가서 호흡도 정지된 듯한 육근대정(六根大定)한 경지에 들어갑니다. 이때는 생각이나 망념, 번뇌 같은 것도 일어나지 않습니다.

도가에서는 남방의 리괘 중의 진화(眞火)가 함부로 날뛰는 것을 용으로 상징했습니다. 용을 항복시키고 호랑이를 엎드리게 한다는 '항룡복호(降龍伏虎)'라는 상징적 표현은 바로 기(氣)를 안정시킨다는 뜻이지요. 마음이 움직이면 기도 움직이고 기가 움직이면 마음도 움직이기 때문입니다.

여러분이 부동심의 경지에 이르는 것은 극히 어렵습니다. 단 한 가지 방법이 있는데, 기(氣)를 고요하게 하면 마음도 고요하게 할 수 있습니다. 기의 난동을 항복받지 못하고도 부동심의 경지에 도달한다는 것은 절대 불가능합니다. 우연히 청정한 마음 상태를 이룰 수는 있지만 이것은 일시적입니다. 이런 원리를 주운양 조사는 다음과 같이 설명했습니다.

"수도 공부를 하는 사람이 성종을 통달하려고 한다면 반드시 명을 기반으로 삼아야 한다."

(學人欲了性宗, 又必須以命爲基)

"학인욕료성종(學人欲了性宗), 우필수이명위기(又必須以命爲基)", 명(命)을 닦는 것이 기초이며, 진정한 기주(氣住)야말로 명(命)의 뿌리라는 것입니다. 오늘 한 친구가 제게 자신의 수련이 이미 태식(胎息)의 경지에 도달했다고 합니다. 그래서 저는 함부로 말하지 말라고 했습니다. 태식이 무엇인지 그 친구는 전혀 모르고 있었으니까요. 태식의 경시는 진식(眞息)이며

기주맥정의 경지입니다. 참으로 기주맥정의 경지에 도달하면 장자가 말한 좌망(坐忘)의 경지를 이루는 것입니다.

장자가 말한 좌망의 경지는 곧 나 자신이 없는 느낌이며, 신체가 존재하지 않는 느낌으로서 내가 허공과 하나가 되는 경지입니다. 그래서 "푸른 하늘을 뜬구름을 일으켜 가리지 말라"는 표현도 있지요. 이런 경지마저 첫걸음일 뿐입니다. 여기에서 한 걸음 더 나아간 경지에 대해서는 설혹 저의 수련이 이미 이 경지에 도달했더라도 여러분에게 말할 수 없습니다. 말한들 소용이 없기 때문입니다. 아직 첫걸음도 떼지 못했는데 그 이후의 경지를 말하는 것은 여러분의 수도 공부를 방해하는 것입니다. 공연히 쓸데없는 환상이나 추측만 일으킬 수 있지요. 수도 공부의 성공을 조급해 하지 말아야 합니다. 자칫 정신이 분열하게 될 위험까지 있습니다. 한 걸음 한 걸음 착실하게 공부해서 참으로 이 경지에 이르면 내기(內氣)가 충만하고 충실하게 됩니다. 이것이야말로 기주맥정의 경지입니다. 주운양 조사는 이 수도 공부의 과정을 다음과 같이 비유합니다.

"그러므로 (참동계에서) '수은에 융화된다'고 하였다. 주사와 수은은 본래 한 몸으로서 같이 나왔으나 이름이 다르다는 것을 알아야 한다."

(故曰, 稟和于水銀, 要知砂與水銀, 原是一體, 同出而異名者也)

"고왈(故曰), 품화우수은(稟和于水銀)", 그러므로 『참동계』에서 말한 "수은에 화합하라"라는 비유는 "주사와 수은은 본래 한 몸으로서 같이 나왔으나 이름이 다르다는 것을 알아야 한다[要知砂與水銀, 原是一體, 同出而異名者也]"는 것입니다. 예를 들어 중의학에서 소아병을 치료하는 데 주사(朱砂)를 많이 사용합니다. 도가에서도 부적을 쓰고 그릴 때 늘 주사를 사용하지요. 주사와 수은은 광물을 제련한 후에 만들어집니다. 정신병이 있는

사람을 치료하는 데 주사를 쓰기도 하지요. 의약서에는 주사가 삿된 것을 물리친다고 하는데, 그래서 요괴나 마귀들이 주사를 두려워한다는 것입니다. 실제로 주사는 진정 효과가 있어서 진정제로 쓰입니다. 수은이 날뛰는 것을 주사로 진정시킨다는 의미가 있습니다. 그러나 함부로 주사를 먹어서는 안 됩니다. 매우 조심해서 사용해야 하는 약이지요.

외단의 고사

여기까지 말하고 나니 고사가 하나 생각납니다. 불교에는 약사여래가 있어서 전문적으로 약을 공부해도 부처가 될 수 있다고 합니다. 물론 이 길이 결코 쉽지는 않습니다. 정말 어려운 공부이지요. 문수보살이 선재동자에게 약을 캐라고 했을 때 선재동자는 땅에서 아무 잡초나 캐서는, "여기 있습니다. 이 세상에 어느 풀도 약 아닌 것이 없습니다"라고 했습니다. 이 말은 사실이지요. 어떤 풀도 약이 되어 사람을 구할 수 있고, 또 독이 되어 인명을 해칠 수도 있습니다.

예를 들어 방금 말했던 주사(朱砂) 같은 약재가 그렇습니다. 제가 아는 한 스님은 불가는 물론 도가에도 달통했기 때문에 저도 깊이 감복하고 있었습니다. 젊었을 때 저는 그 스님의 절에서 공부를 했지요. 그런데 스님의 서고에 가면 책을 넣어둔 서궤(書櫃)가 두 개 있었는데 자물쇠로 굳게 잠겨 있었습니다. 스님이 굳게 감추면 감출수록 점점 호기심이 생겼습니다. 꼭 그 자물쇠를 열게 하고 싶었지요. 그런 저에게 스님은 도가의 천기는 함부로 누설할 수 없다고 했습니다. 마침내 스님은 제게 서궤를 열어보여 주셨습니다. 모두 손으로 쓴 비서(秘書)였고, 참으로 귀한 책들이었습니다.

이 스님은 참으로 수도 공부가 훌륭했습니다. 사천성의 한 사원에서 돌아가셨다는 말을 듣고 저는 사천성 남쪽에 있는 의빈(宜賓)이라는 곳에서 보름을 걸어 그분 묘에 도착해 예를 올렸습니다. 참 훌륭한 스님이었지요. 스님은 출가 제자를 한 명 두었습니다. 저는 그 제자를 꾸짖었습니다. "당신의 스승은 돌아가신 것이 아니었소. 그대들이 살아계신 채로 매장한 것이었단 말이오." 그러자 그 출가 제자와 몇 명의 다른 제자들이 대단히 화가 나서는 대나무로 저를 칠 기세였습니다. 제가 말했지요. "자네들은 모르는군. 자네 스승님과 헤어지기 전에 그분을 보니 아침 공양을 드실 때 단약(丹藥)을 같이 밥에 넣어서 드시더군. 나는 그게 어떤 단약인지 한눈에 알았네. 나는 스승께서 그 단약을 복용하시는 것에 반대했었지. 그분이 넣으신 것은 일종의 식물인데 뭔지는 말하지 않겠네. 자네들도 먹을까 봐 말일세. 만약 자네들이 먹고 죽으면 내 죄가 얼마나 크겠나. 당시 스승께서는 내게도 먹어 보라고 권하셨지만 나는 먹지 않았네. 외약(外藥)에는 의지하지 않겠다고 말씀드렸지. 수행 공부는 자기 자신의 본분(本分)이 아닌가? 자네들 스승은 나보다 스무 살 이상 많으셨지. 그런데 그분은 내게 시간이 없다고 하시더군. 자신의 힘만으로 수행 공부를 하실 시간 말일세. 시간이 없어서 할 수 없이 약을 드신다는 것이었지. 나는 왜 그러신지 물었네. 그러자 말씀하셨지. 망념을 끊을 수 없었는데 이 약을 먹은 후로는 망념이 점차 줄어들어 거의 없어지는 상태가 됐다고 말일세. 사실 자네들의 스승은 의학에 대해 잘 아시는 것은 아니었네. 그 약은 일주일 동안 먹은 후 사흘은 중단해야 했지. 그런데 스승께서는 계속 드셨네. 이 약은 사실 진정제로서 탁월한 효능이 있지. 하지만 지나치게 먹으면 마치 사망한 것 같은 상태가 된다네. 그러다가 약성이 사라지면 부활하듯이 다시 살아날 수가 있지." 그 스님의 제자들은 이런 사실을 알 리가 없었습니다. 스승이 돌아가신 것으로 보고 바로 장례를 치러 버렸지요. 이것은 제가 직접 경험했던 외단약과 관련된 일입니다.

약물에 대해 말하자니 한 친구의 일이 생각납니다. 물론 수도 공부에 대한 경험이지요. 도가에서는 법(法), 재(財), 여(侶), 지(地)를 말합니다.[23] 여(侶)는 도우(道友), 도반(道伴)을 가리키는데, 좋은 도반과 함께하는 것은 정말 어렵습니다. 여러분이 입정에 들었을 때 함께 있는 도반이 적절하게 행동하지 않으면 크게 위험할 수 있습니다. 그러니 수도 공부에서 훌륭한 도반을 얻는 것만큼 어렵고 중요한 일은 없다고 해도 과언이 아닙니다.

예전에 사천성과 호북성이 만나는 경계에 가본 적이 있는데, 그곳에서 거대한 사찰의 부란(扶鸞)을 보았습니다. 부란은 부계(扶乩)[24]가 아닙니다. 그 사찰의 대웅전에 들어가면 허공에 붓이 한 자루 매달려 있습니다. 그 붓에 신(神)이 들리면 붓이 저절로 움직여서 글씨를 씁니다. 그것을 부란이라고 하는데, 허공에 매달린 붓이 저절로 근처에 있는 먹물을 찍고 글씨를 쓰는 것입니다. 참으로 희한하고 신기합니다. 사람들이 어떤 일에 대해 물으면 붓이 저절로 글씨를 써서 답하는데 정말 신비한 일이지요.

그곳에는 보살의(菩薩醫)도 있었는데, 어린 계동(乩童)의 몸에 보살이 빙의했다는 것입니다. 그때 사람들이 한 정신병자를 꽁꽁 묶어서 데리고 왔는데, 그 병자는 얼마나 힘이 셌는지 일고여덟 명이 붙잡아야 했습니다. 그런데 그 어린 계동이 혼자 와서 그 병자의 몸을 잡자 꼼짝도 못하는 것이었습니다. 계동은 그 병자를 묶어서 보살상 앞에 있는 대들보 위에 두었습니다. 그러고는 그 위로 뛰어 올라가서 그 병자를 이렇게 끌더니 몇 바

---

23 수도 공부에 성공하려면 법, 재, 여, 지가 갖추어져야 한다는 뜻이다. 법(法)은 올바른 수행법, 재(財)는 수행하는 동안 충분한 재력, 여(侶)는 공부를 잘 보좌해 줄 도반, 지(地)는 수행 공부에 적절한 땅을 가리킨다.

24 길흉을 점치는 점술의 일종이다. 나무로 된 틀에 목필을 매달고 그 아래 모래판을 두고 두 사람이 틀 양쪽을 잡아, 신이 내려 목필이 움직이면 모래판에 쓰이는 글자나 기호를 읽어 길흉을 점치는 것이다.

퀴를 돌리는 것이었습니다. 그러다가 머리가 어질어질하다 싶으면 다시 반대 방향으로 돌렸습니다. 그렇게 돌리니 병자가 토하기 시작했습니다. 주변이 엉망이 되었지요. 결국은 노란 물까지 다 토해 냈습니다. 저는 그 옆에서 지켜보고 있었는데 참으로 감탄했습니다. 정신병에 가장 좋은 치료법이라는 생각이 들었기 때문이지요. 돌리기를 마치자 묶었던 줄을 풀어 주었고, 그 정신병자는 잠시 후 정신이 들었습니다.

어째서 이런 효과가 있을까요? 담미심규(痰迷心竅)라는 정신질병이 있는데, 담(痰)이나 가래 등으로 인해 정신의 장애나 혼란이 온 것입니다. 이 질병에 대한 중의학의 치료법은 땀을 내거나 토하게 하거나 설사를 하게 하는 세 가지 방법뿐입니다. 땀을 내게 하는 발한(發汗)을 중의학에서는 해표(解表)라고 하지요. 이런 담미심규 증상이 있을 때 어떤 약을 먹어야 토하게 할 수 있을까요? 백반(白礬)이나 사람의 대변을 먹여야 토할 수 있습니다. 그런데 이 병이 매우 심한 사람은 먹지도 토하지도 못하는데 이 보살의가 그런 사람을 이리저리 빙빙 돌려서 결국은 다 토하게 만들었으니 당연히 효과가 있었습니다. 그래서 저도 깊이 탄복했지요. 이런 사람은 약신(藥神)이고 참으로 보살입니다. 이것이 그 사람의 힘일까요, 아니면 신의 힘일까요?

다시 수은과 모래에 대해 말하면 "본래 한 몸으로서 같이 나왔는데 이름만 다릅니다〔原是一體, 同出而異名者也〕." "동출이이명(同出而異名)"은 노자의 『도덕경』 제1장에 나오는 말입니다. 어떤 것을 같이 나왔다고 할까요. 예를 들어 망념(妄念), 망상(妄想), 번뇌(煩惱) 등은 본래 청정한 마음이 변해서 생깁니다. 그러니까 망념, 망상, 번뇌는 같이 나왔는데 이름만 다른 것이지요. 불가에서는 망념을 청정하게 하는 수도 공부를 하는데, 망념을 청정하게 해서 다시 본래의 상태로 돌아가게 하는 것입니다. 도가에도 이런 원리가 있습니다. 수은과 주사 역시 같은 데에서 변화해 나온 것이지요.

망상으로부터 수도 공부를 일으킨다

"처음에는 본래 한 몸인데 변화해서 두 가지 사물이 되었으나 결국에는 두 가지 사물에서 변화하여 다시 한 몸으로 돌아온다."

(其初, 原從一體變化而成兩物, 其究, 還須從兩物變化而歸一體.)

사실 우리가 호흡하는 기(氣)는 본래 심념과 일체입니다. 우리의 심념과 정(精) 또한 일체이지요. 그러므로 정기신(精氣神)이 모두 일체입니다. 이렇게 정기신이 일체가 되어야 비로소 수도 공부에 성공할 수 있고 진기(眞氣)도 본래 상태로 돌아옵니다.

"오직 이 진음과 진양의 동류가 교감하여 서로 원인이 되어 작용하는 것일 뿐이다."

(只此眞陰眞陽, 同類交感, 相因爲用而已)

그렇다면 이렇게 일체가 되도록 하는 수도 공부는 어디에서 시작할까요? 망상으로부터 시작합니다. 불가의 수도 공부도 마찬가지입니다. 망상이 없다면 여러분이 어떻게 수도 공부를 하겠습니까? 여러분은 모두 나무아미타불을 염송하면서 망상에 빠지지 않기를 바라는데, 여기에 이렇게 앉아서 서방 극락세계에 나를 데려가 달라고 바라는 것은 큰 망상이 아닌가요? 그런데 이런 망상이 바로 본성에서 나온 것입니다.

"그러므로 '변화는 그 진실한 본성에서 이루어지고 처음부터 끝까지 서로 원인이 된다'고 하였다. 변화의 법은 무를 흘려 기로 나아가게 하는 것뿐이다. 즉 주객을 전도하여 후천 감리로 하여금 선천 건곤으로 돌아가게 하는 것뿐

이다. 장자양이 말하기를, '음양의 동류가 서로 교감하여 이와 팔이 스스로 서로 합하게 한다'고 한 것이 이것을 말한다."

(故曰, 變化由其眞, 終始自相因. 變化之法, 不過流戊就己, 顚倒主賓. 使後天坎離, 還復先天乾坤耳. 張紫陽云, 陰陽得類方交感, 二八相當自合親, 此之謂也.)

"고왈(故曰), 변화유기진(變化由其眞), 종시자상인(終始自相因). 변화지법(變化之法), 불과류무취기(不過流戊就己), 전도주빈(顚倒主賓)." 무토(戊土)는 흐르고 움직이는 것입니다. 우리의 망상이 바로 무토가 흐르고 움직이는 것과 같습니다. 그런데 기토(己土)는 고정된 것이요, 안정을 이룬 것입니다. 임제종에서는 빈주(賓主)를 말하고 조동종에서는 군신(君臣)을 말했는데, 바로 이런 원리를 상징적으로 설명한 것입니다. 도가에서도 마찬가지입니다. 하나는 주(主)요 다른 하나는 빈(賓)입니다. 여러분이 진정으로 선종의 공부를 깨달으려면 임제종에서 어떤 때는 "빈(賓) 중의 빈(賓)"이라 말하고, 또 어떤 때는 "주(主) 중의 주(主)"라고 말하는 의미를 이해해야 합니다. 어떤 때는 기가 발동하면 기를 따라가서 망념을 상관하지 말아야 합니다. 또 어떤 때는 심념이 발동하면 심념을 따라가고, 어떤 때는 심념도 발동하지 않고 기 또한 발동하지 않습니다. 임제종에서는 이런 것을 사료간(四料簡)이라고 합니다. 마치 요리를 하듯이 어떻게 배합하느냐 하는 것이지요.

"사후천감리(使後天坎離), 환복선천건곤이(還復先天乾坤耳)", 그러므로 수도 공부는 후천 감리로 하여금 선천 건곤으로 돌아가게 하는 것뿐입니다. 이렇게 간단합니다. "장자양운(張紫陽云), 음양득류방교감(陰陽得類方交感), 이팔상당자합친(二八相當自合親), 차지위야(此之謂也)", 주운양 조사는 장자양의 『오진편』을 인용하여 수도 공부의 원리는 음양 교구(交媾)

의 이치라는 것을 밝힙니다. 단, 음양이 동류라야 교감할 수 있다고 합니다. 후천과 선천은 본래 같은 것이기 때문에 후천이 선천으로 돌아갈 수 있습니다. 어떤 사람은 이 구절을 채음보양, 채양보음의 원리를 설명한 것이라고 해석하는데, 그것은 전혀 맞지 않습니다. "이팔상당자합친"에서 "이팔(二八)"이라는 말은 한 근의 무게는 열여섯 냥인데 이것을 반으로 나누면 여덟 냥이 되고, 여덟 냥 두 개를 다시 합치면 한 근이 된다는 비유를 통해 후천이 선천으로 돌아가는 것을 나타냅니다. 그러므로 진정한 수도 공부는 성공(性功) 반 근과 명공(命功) 반 근을 합하는 것입니다. 다시 말해 심념(心念)이 청정한 것과 신기(神氣)가 영정(寧定)한 것을 각각 합치는 공부를 성명쌍수(性命雙修)라고 합니다. 이렇게 해야 도를 이룰 수 있습니다.

제47강

지금까지 우리가 이야기한 이론은 수도 공부와 실제로 관련이 있습니다. 하지만 일반인에게는 공허하고 관념적으로 보일 수도 있지요. 저는 본래 다음에 나오는『참동계』원문 일부는 읽지 않고 지나가려고 했는데, 여기에 참석한 한 학생이 고서(古書)를 독해하는 데 도움이 된다고 꼭 읽어 달라고 해서 읽기로 했습니다. 이런 입장에서 보면『참동계』는 동한 시대의 문자로, 아주 오래되었지만 대부분의 역대 문장들처럼 간단명료한 글입니다. 중국의 문자는 입체적입니다. 글자 하나에 여러 의미가 층층이 들어 있지요. 이제 우리는『참동계』원문을 읽을 텐데, 필요한 부분은 해석하고 가겠습니다. 물론 의문이 나면 바로 질문하세요.

생명 속의 동류

먼저『참동계』제12장 두 번째 단락을 보겠습니다.

> 복식을 통해서 신선이 되려고 한다면 당연히 동류를 복식해야 한다.
>
> 欲作伏食仙, 宜以同類者.[25]

"욕작복식선(欲作伏食仙), 의이동류자(宜以同類者)", 수도 공부의 복식은 장생불로의 단약을 먹는 것이며, 복식의 방법으로 신선이 되려고 하는 사람은 동류를 복식해야 한다는 뜻입니다. "동류(同類)"는 매우 많고 그래서 문제가 있지요. 예를 들어 도가 남종의 단도파(丹道派)에서는, 특히 남녀 쌍수를 주장하는 사람들은 이것을 아주 엉망진창으로 해석합니다. 남녀쌍수를 주장하는 도가 서적은 적지 않습니다. 해외에도 있고 홍콩에도 많지만 모두 정파(正派)가 아니지요. 여기에서 말하는 동류란 하나의 원리를 뜻합니다.

> 벼를 심으려면 당연히 곡으로써 해야 한다. 닭은 달걀을 품어야 한다.
>
> 植禾當以穀, 覆雞用其卵.

"식화당이곡(植禾當以穀)", 벼를 심어서 쌀을 생산하려면 당연히 볍씨를 심어야 합니다. 그다음 문장인 "복계용기란(覆雞用其卵)"도 같은 비유입니다. 어미닭이 당연히 달걀을 품어야 닭을 낳겠지요.

> 동류로써 해야 자연히 같은 것을 쉽게 생성한다.
>
> 以類輔自然, 物成易陶冶.

---

25 『참동계천유』. 124면.

"이류보자연(以類輔自然), 물성이도야(物成易陶冶)", 볍씨를 심어야 벼가 생산되고, 달걀을 품어야 닭을 낳듯이 동류를 통해서 생성 작용을 이루는 것은 자연의 법칙입니다. 그렇다면 수도 공부 역시 마찬가지 원리가 적용 되겠지요. 복식 공부를 한다면 동류를 복식해야 합니다. 우리 생명과 동류는 무엇일까요? 이 문제는 좀 기다렸다가 토론합시다. 이어지는 『참동계』 원문은 다음과 같습니다.

물고기의 눈이 어떻게 진주가 되겠는가. 봉호는 오동나무가 될 수 없다.
魚目豈爲珠, 蓬蒿不成檟.

"어목기위주(魚目豈爲珠)", 지금 우리가 알고 있는 수많은 경전은 비유하자면 모두 물고기의 눈이지 진주가 아닙니다. 최근에 부처님 사리(舍利)라고 알려진 것 중에 가짜가 많다는 것을 발견했습니다. 물고기의 눈을 갈아서 가루를 압축한 후에 색을 입혀 가짜 사리를 대량 생산했다고 합니다. 원래 인도나 네팔에서는 가짜 사리를 대량으로 만든 사람이 있었다고 하지요. 이 시대에는 무엇이든 가짜였습니다.

"봉호불성가(蓬蒿不成檟)", "봉호(蓬蒿)"는 쑥으로 풀의 일종이고 "가(檟)"는 오동나무로, 쑥을 심어서 기른다고 나무로 성장할 수는 없다는 말입니다. 이어지는 원문은 모두 이런 사실을 비유한 것입니다.

같은 종류라야 서로 어울릴 수 있지 그렇지 않으면 보물이 이루어지지 않는다. 제비나 참새는 봉황을 낳을 수 없고 여우나 토끼는 말을 기를 수 없다. 물은 흐를 뿐 타오를 수 없고 불은 타오를 뿐 아래로 흐를 수 없다.
類同者相從, 事乖不成寶. 燕雀不生鳳, 狐兔不乳馬, 水流不炎上, 火動不潤下.

"유동자상종(類同者相從), 사괴불성보(事乖不成寶)", 우리가 복식으로 수도 공부를 한다면 콩 심은 데 콩 난다는 속담처럼 같은 종류로 복식을 해야 결단(結丹)에 성공할 수 있다는 비유입니다. "연작불생봉(燕雀不生鳳), 호토불유마(狐兔不乳馬)", 여우나 토끼는 말에게 젖을 먹일 수 없습니다. "수류불염상(水流不炎上), 화동불윤하(火動不潤下)", 물은 아래로 흐르지 위로 향하지는 않고 불은 위로 타오르지 아래로 내려가지 않습니다. 이것은 모두 우리가 수도 공부를 하는 데 있어서 동류의 것을 닦음을 비유합니다.

원문이 매우 분명하지만 이 문제는 토론해야 합니다. 궁극적으로 우리 생명의 동류는 어떤 것일까요? 예를 들면 우리의 마음이나 생각은 호흡과 별 차이가 없는 동류에 속합니다. 마음이나 생각은 호흡을 따릅니다. 우리는 보통 습관적으로 생각을 마음이라고 부릅니다.

제가 젊었을 때 선배들이 이렇게 물었습니다. "생각[念]이 먼저일까, 기(氣)가 먼저일까?" 우리의 생각이 먼저 발동할까, 아니면 호흡의 기가 먼저 발동할까 하는 문제이지요. 저는 생각이 먼저 발동하고 기가 따라온다고 대답했습니다. 사실 저는 별 생각 없이 불쑥 말했습니다. 그러자 선배는 아무 말 없이 웃기만 할 뿐이었습니다. 저는 공손히 물러나왔고 그 후에는 감히 물어보지 못했지요. 그 선배는 바로 정좌에 들었습니다. 허운 노스님처럼 그 선배는 온종일 정좌만 했고 이렇게 몇 마디 하지도 않고 다시 눈을 감고 정좌에 들어갔습니다. 저는 물러나온 후에 스승님께 방금 있었던 일을 이야기했습니다. 그러자 스승님은 제 대답이 좋았다고 말하셨습니다. 다만 그 선배는 저와 견해가 달라서 기(氣)가 생각보다 먼저 발동하기 때문에 수도 공부에서도 기 수련이 중요하다고 보았을 것이라고 하셨지요. 아, 그랬구나! 저의 대답은 사실 그 선배의 아픈 곳에 일격을 가했습니다. 스승님의 말씀에는 이런 뜻이 들어 있었던 것이지요. 스승님은 제게 다시 물었습니다. "너는 대답할 때 무슨 뜻인지 알고 했느냐?" 사실 저는 알고 대답했던 것이 아니었습니다. 그냥 입에서 나오는 대로 깊이 생각해 보지도 않고 불쑥 그렇게 대답했지요. 스승님은 계속 말씀하셨습니다. "며칠간이라도 깊이 생각해 보아라. 생각이 먼저 발동하는지 아니면 기가 먼저 발동하는지." 며칠 후 스승님은 다시 물으셨습니다. "그동안 생각해 보았느냐? 생각이 먼저 발동하느냐, 기가 먼저 발동하느냐?" 저는 생각이 먼저 발동한다고 대답했습니다. 그러자 스승께서 말씀하셨지요. "맞다! 좋아, 그게 중점이다."

동류를 수도하니 마음이 자유롭네

이 몇 문장은 생각과 기는 동류라는 것을 말합니다. 불가로 말하자면 우리의 신체는 지수화풍 사대가 모두 공합니다. 실제로 이 육체적 생명은 지수화풍공 오대인 셈인데, 모두 신체의 물리적 성질에 속하는 것이지요. 뼈나 근육은 지(地)의 성질로서 고체이고, 수(水)는 액체이고, 화(火)는 열에너지이고, 풍(風)은 신체 안에서 흐르는 기운입니다. 또 하나인 공(空)은 세포 속의 공간으로서 기가 흐르는 도로와 같습니다. 이렇게 기가 흐르고 유통할 수 있는 길이 막힌다면 병이 생겨서 죽을 수도 있습니다. 사대가 모두 공하다는 것을 닦으면 이 육체를 변화시킬 수 있습니다. 첫 번째 단계는 '나'라는 존재가 없는 것 같은 감각을 느낍니다. 여기에서 진일보하면 다른 사람이 여러분을 봐도 안 보이게 됩니다. 사대가 모두 공한 경지에 도달하는 것은 도가에서 말하는 "흩어지면 기가 되고 모이면 형체를 이루는〔散而爲氣, 聚而成形〕" 것입니다. 여기에서 말하는 기는 공기의 기가 아니라 생각이 한 번 움직이면 그것이 뭉쳐져서 보이거나 보이지 않거나 모두 해내는 것입니다. 비단 도가에서만 이런 경지를 이룰 수 있는 것이 아니라 불가에서도 이룰 수 있습니다. 단, 이것은 도(道)의 경지는 아니고 수도 공부일 뿐입니다. 물론 이런 수도 공부를 하는 것은 매우 어렵습니다. 지극히 높은 정력(定力)이 없으면 불가능하지요. 그 원동력은 바로 우리의 한 생각입니다. 심물일원의 형이상학에 이르는 것은 완전히 마음과 생각을 따라가는 것입니다. 우리가 여기에 앉아서 입정(入定)할 때 지각이 있나요, 없나요? 바로 이것이 문제입니다.

지금 우리는 '정(定)'에 대해 말하고 있는데, 도가든 불가든 정에는 여러 가지가 있습니다. 입정 상태에 있을 때 지각이 있습니까, 아니면 없습니까? 만약 입정 상태에서 지각이 없다면 이런 정(定)은 소용이 없습니다. 그렇다면 정 가운데 있을 때 지각은 보통 상태의 지각과 어떤 차이가 있나요? 당연히 이렇게 말해야 합니다. 입정에 들어갔을 때의 지각은 이 호흡, 다시 말해 사대 중의 풍대(風大)에 의지하지 않는다고요.

옛사람은 풍대와 관련된 일은 큰 비밀로 여겼습니다. 소위 "흩어지면 기가 되고 모이면 형체를 이룬다"는 말이 그것인데, 이런 신통 변화는 어떻게 이루어지는 것일까요? 불가에 이런 말이 있습니다. 단, 현교에는 없고 밀종에만 있지요. 바로 "심풍이 자재를 얻는다〔心風得自在〕"는 말입니다. 도가는 나중에 불가의 이 말을 바꾸어서 최고의 경지에서 한 말이 심(心)과 식(息)은 서로 의지한다는 '심식상의(心息相依)'입니다. 이 말은 무슨 뜻일까요? 우리가 호흡으로 하는 기(氣)는 매우 거친 것입니다. 여기에서 한 걸음 더 나아가서 보면 심폐에서 이루어지는 호흡이 있고, 더 나아가면 단전호흡 즉 태식(胎息)이 있습니다. 즉 배꼽 아래에서 이루어지는 호흡이지요. 여기에서 더 나아가 식(息)이 발꿈치에 도달하면 완전히 기(氣)가 멈추어 호흡이 필요하지 않게 되고, 맥(脈)도 극히 미세하게 뜁니다. 이런 상태에 이르러야 "심풍이 자재를 얻었다"고 말할 수 있습니다. 이것이 바로 심식상의(心息相依)로, 심과 식이 서로 의지하는 초보적 경지입니다. 겨우 호흡을 세고 있는 수식(數息)과는 차원이 다르지요. 기주맥정에 도달하지 못하면 심풍자재를 얻을 수 없습니다. 또 심식상의도 불가능합니다. 심식상의는 심풍자재로 인한 작용으로, 이 정도가 되어야 동류 현상이 발생합니다.

이것이 생명 동류의 이치인데, 이것을 배합해서 작용을 일으키면 음양의 배합이라고 합니다. 심념이나 생각은 보이지 않는 것으로, 지각 부분에 속합니다. 호흡은 비교적 감각적입니다. 그래서 늘 여러분에게 말하기를, 수도 공부는 정말 간단하다, 인간 생명의 두 부분인 감각 부분과 지각 부분만 공부하면 된다고 합니다. 어떤 사람이 '나는 수도 공부를 하여 기맥이 통했다, 빛이 보인다, 귀신이 보인다' 등 뭐가 보인다는 말을 한다면, 이것은 모두 뭔가를 보는 경지로 감각 부분에서 발생하는 느낌에 불과합니다. 지각 부분과 감각 부분을 완전히 수련해서 공(空), 자재의 경지에 도달한다면 선정을 닦아도 좋고 도가를 닦아도 좋습니다. 공부의 초보적 기초가 이루어졌기 때문입니다. 자재의 경지를 얻은 후에는 어떻게 해야 할까요? 여러분이 기초를 충실히 닦은 후에 다시 이야기합시다. 여기까지 동류에 대한 이야기를 마치겠습니다.

스스로 도통했다고 여기는 수도

『참동계』 제12장 세 번째 단락입니다.

세상에 많은 선비들이 스스로 고명함을 자부하지만 올바른 법 만나지 못하고 쓸데없이 재산만 잃는다. 단순히 글에만 의지해서 함부로 자신의 생각대로 헤아린다.

世間多學士, 高妙負良材. 邂逅不遭遇, 耗火亡資財. 據按依文說, 妄以意爲之.

"세상다학사(世間多學士)", 세상에는 학문이 깊고 해박한 사람이 많습니다. "고묘부량재(高妙負良材)", 학문이 깊은 사람들은 스스로 고명하고 훌륭하다고 여기며 자부심을 가지고 자신이 천하제일의 탁월한 인재라고 생각합니다. "해후부조우(邂逅不遭遇)", 하지만 역사의 기록을 보면 수없이 많은 사람이 속아서 황금으로 단약을 만들어 먹고 불로장생하려고 했지만 결국은 훌륭한 스승은 만나지도 못합니다. "모화망자재(耗火亡資財)", 헛되게 재물만 낭비한 일이 허다한 것은 물론 단약도 만들지 못했습니다. "거안의문설(據按依文說), 망이의위지(妄以意爲之)", 세상 사람들은 모두 스스로 총명하고 학식이 있다고 자부하며, 옛사람의 단경(丹經)이나 불경(佛經)을 보면서도 문자에만 치우쳐 자기 마음대로 해석합니다. 진짜 이해한 것일까요? 아닙니다. 정말 올바르게 이해한 사람은 극히 드물지요. 모두 "망이의위지(妄以意爲之)" 즉 자기 마음대로 해석하는 것일 뿐입니다.

그래서 선종의 조사들이 말했습니다. "글에만 의지해서 의미를 해석하는 것은 삼세의 부처님이 원망한다[依文解義, 三世佛冤]"고요. 그렇습니다. 문자에만 치우쳐 스스로 함부로 해석하고 알았다고 자랑하는 것은 과거불, 현재불, 미래불 모두가 함께 원망하는 일입니다. 서양인들이 하는 말처럼, 아마 예수님이 다시 오셔서 오늘날 우리가 읽는 성경을 본다면 틀림없이 화를 내면서 십자가에 못 박히며 나는 이렇게 말하지 않았다고 할 것이라는 비유와 같습니다. 불가나 도가 역시 마찬가지입니다. 심지어 공자 맹자의 말씀도 후세 사람이 함부로 주석한 것이 너무 많습니다.

단서에 근거가 없고 도량도 표준을 잃었다.

端緒無因緣, 度量失操持.

단경과 도서(道書)를 보면서 스스로 모든 것을 알았다고 자부하고, 더욱이 요즘 사람 중에는 불학을 배우거나 도를 닦은 지 얼마 만에 책을 써내고는 자기 자랑을 하는 사람이 있습니다. 현재는 교주, 큰 스승, 새로 일어난 젊은 세대가 너무 많은데, 이런 것이 모두 "단서무인연(端緒無因緣), 도량실조지(度量失操持)" 즉 근거도 없고 기준도 없는 잘못을 범합니다. 진정한 수도 공부의 이치는 그 단서조차 찾지 못했다는 말입니다. "단(端)"은 시작, 첫머리라는 뜻이고, "서(緒)"는 순서를 정하는 절차입니다. "무인연(無因緣)"이란 영문을 알 수 없는 것을 말합니다. 수도 공부에는 한 걸음마다 그 한 걸음의 공부가 있고, 한 점마다 그 한 점의 경지가 있습니다. 그리고 한 층에는 그 한 층의 효율이 있는 법이지요. 인간의 육신은 소우주입니다. 태양이 하늘에서 운행하는 것처럼 일 분 일 초의 단계적 전진이 있을 뿐입니다. 절대 그것을 뛰어넘을 수 없습니다. 그러므로 도량형에서도 정도와 한계가 분명합니다. 분량을 재어보면 한 되는 한 되, 한 말은 한 말입니다. 여러분이 한 걸음 공부하면 한 걸음만큼 효과가 있습니다. 그러니 자신을 잘 돌아보고 성찰해야 합니다.

석담, 운모 및 명반과 자석을 굳세게 두드리고 단련한다.

擣冶羗石膽, 雲母及礬磁.

"도야강석담(擣冶羗石膽), 운모급반자(雲母及礬磁)", 이 말은 외단 수련을 가리킵니다. 어떤 사람은 석담(石膽)을 단련하고 어떤 사람은 전문적으로 운모(雲母)를 단련하고 어떤 사람은 오로지 자석(磁石)만 단련하여 단약을 만들려고 합니다. 진짜 자석은 약으로 쓰이기도 합니다. 자, 제가 농담 한마디 할 테니 여러분은 함부로 쓰지 마세요.

한 친구가 혈압이 몹시 높았습니다. 서양 의학이나 중의학이나 소용이 없었지요. 그래서 그 친구에게 물건 한 개를 보냈습니다. 그것을 띠에 꿰매서 배꼽 위와 허벅지에 붙이게 했지요. 그러자 혈압이 쑥 내려갔습니다. 왜 그렇게 되었을까요? 당시 그 친구에게 제가 육십 년 공부 끝에 발견한 것이라고 했습니다. 친구가 그 물건을 보배처럼 귀하게 사용한 것은 말할 것도 없지요. 그 후에 저는 사실대로 이야기해 주었습니다. 겨우 백 원짜리 선단(仙丹)이었으니 바로 자석이었습니다. 자석을 잘 사용하면 약이 될 수 있습니다. 통증을 가라앉힐 수도 있지요. 단, 여러분이 사용하려면 분량을 잘 맞추어야 합니다. 조금 아픈 정도인데 자석을 큰 덩어리로 붙이면 매우 해로울 수 있으니 절대 해서는 안 됩니다.

인체에도 남극과 북극이 있고 자장(磁場)이 있습니다. 그래서 자석도 쓰기에 따라서는 신선의 단약처럼 효과를 볼 수 있지요. 옛날에는 바느질하다가 바늘이 부러지면서 바늘 끝이 몸속에 들어가 혈관을 타고 도는 일이 있을 때 자석을 이용해서 뽑아냈습니다. 이 밖에도 자석가루를 써서 진정 효과를 보는 경우도 있었지요.

중국에는 상고 시대의 물리 자료가 매우 많습니다. 그러나 일반인은 그런 자료를 보지도 않고 알지도 못합니다. 석담이니 운모니 명반(明礬)이니 자석이니 하는 것은 모두 약입니다. 명대의 이시진(李時珍)은 탁월한 의사였습니다. 약물과 약리(藥理)에도 매우 뛰어났지요. 삼십 년 세월을 오로지 약물 연구에 몰두하여 중국 전역을 직접 답사하면서 목본(木本), 초본(草本), 광물질 등을 모두 채취하고 조사했습니다. 그가 저술한 『본초강목』이라는 책은 세계가 공인하는 명저입니다. 여러분도 잘 읽으면 도움 받을 것이 많지요. 어떤 식물 어떤 약도 모두 배합하면 질병 치료에 뛰어난 효과를 볼 수 있습니다. 이시진 선생은 일생 동안 책을 써서 인명을 구하려고 전력을 다했습니다. 이 책에는 도가의 좋은 처방도 대부분 수록되어 있습니다.

외단은 진단이 아니다

유황은 예장을 태우고 니홍과 오금, 팔석, 동을 서로 제련하여 가루로 만들고, 두드리고 불려 그것으로써 도움을 주는 관건으로 삼는다.

硫黃燒豫章, 泥汞相鍊飛, 鼓鑄五石銅, 以之爲輔樞.

"유황소예장(硫黃燒豫章)", 유황은 약이자 독약입니다. "예장(豫章)"은 바로 장목(樟木)으로서 중국 강서성 예장에서는 유황이 많이 생산됩니다. 그런데 장목은 더 많이 생산되지요. "니홍상련비(泥汞相鍊飛), 고주오석동(鼓鑄五石銅), 이지위보추(以之爲輔樞)", 여기서 니홍은 수은을 가리킵니다. 거기에다 동(銅)과 오금(五金), 팔석(八石) 같은 광물을 용광로 속에 넣고 제련하여 가루로 만들고, 다시 그 가루를 제련하여 단약을 만든다는 것입니다.

중의학에는 이런 법제 방법과 과정을 야련(冶煉)이라고 하는데, 야련은 비(飛)라고도 합니다. 덩어리로 된 것을 제련하여 가루로 만든다는 뜻이지요. 대단히 고와서 형상조차 보이지 않는데, 이런 것을 천천히 제련하여 단약을 만듭니다. 아쉽게도 중국에는 외단(外丹)이 전해지지 않습니다. 그 방법을 모두 잃어 버렸지요. 외단은 사실 내단보다 더 어렵습니다. 진실로 외단을 만드는 데 성공한다면 조금만 먹어도 됩니다. 지금 여러분처럼 정좌할 필요가 없습니다. 그냥 신선이 됩니다. 만약 실패하면 신선이 안 될 뿐 아니라 전(癲)이 됩니다. 전(癲)이란 풍(瘋)입니다. 바로 미치광이가 된다는 뜻이지요. 이런 말은 모두 외단이 옳지 않다고 비판하는 말입니다.

본성이 같지 않으니 어찌 몸을 합할 수 있으랴.

性不同類, 安肯合體居.

"성부동류(性不同類)", 이런 약물들은 그 성질이 때로 상반되고 모순되어서 설령 오금 팔석으로 제련해서 단약을 완성했다고 해도 여전히 광물질임에는 변함이 없습니다. 우리의 생명은 이런 외부 물질에 전적으로 의존하지는 않기 때문에 "안긍합체거(安肯合體居)" 즉 배 속에 들어가도 소용이 없습니다. 먹고 소화가 되었더라도 우리 몸과 약물이 서로 동류가 아니므로 쓸모가 없다는 것이지요.

천 번 시도해도 만 번 실패할 것이니 똑똑해지려고 한 것이 도리어 바보가 된다. 어려서부터 머리가 백발이 될 때까지 배웠지만 중도에는 의심만 많았다. 정도를 등지고 미로로 들어가니 바른 길을 벗어나 삿된 좁은 길로 들어간다.

千擧必萬敗, 欲黠反成癡. 稚年至白首, 中道生狐疑, 背道守迷路, 出正入邪蹊.

여러 대가들이 외단을 연구했지만 "천거필만패(千擧必萬敗), 욕힐반성치(欲黠反成癡)" 즉 천 번 시도하면 만 번 실패했으니 영리해지려고 한 것이 도리어 바보가 됩니다. 역대로 수많은 황제가 외단을 만들려고 시도했지만 모두 성공하지 못하고 신선이 되지도 못했습니다. "치년지백수(稚年至白首), 중도생호의(中道生狐疑)", 외단은 어려서부터 배우기 시작해 백발이 될 때까지 배워도 시종 얻은 것이 없고 실패만 할 것이며, 단련하는 중도에도 자신이 없어서 스스로 의심만 하게 됩니다. "배도수미로(背道守迷路), 출정입사혜(出正入邪蹊)", 이것은 정도(正道)에 어긋난 배도(背道)이고, 외단은 미로(迷路)로 들어가서 스스로 삿된 길을 걷는 것이라는 말입니다.

관견으로는 넓게 볼 수 없고 방향을 헤아리기도 어렵다. 요행을 바라나 만나지 못하니 성인만 홀로 안다.

管窺不廣見, 難以揆方來. 僥倖訖不遇, 聖人獨知之.

"관견불광견(管窺不廣見), 난이규방래(難以揆方來)", 위백양 진인이 보기에 외단에 빠진 무리는 안목이 없어서 마치 대나무 구멍으로 세상을 보는 것처럼 식견도 짧고 금단(金丹)이 무엇인지 결국 알지 못한다는 것입니다. 그러면서도 "요행흘불우(僥倖訖不遇), 성인독지지(聖人獨知之)" 즉 요행히 금단을 만나기를 바라지만 결국 뜻을 이루지 못합니다. 그래서 선종 조사들은 이런 사람들에게 꾸짖었지요. "네가 도를 깨닫고 싶다면 먼저 훔치려는 마음을 버려라(你想悟道, 先去掉偸心)." 무엇을 훔치려는 마음이라고 할까요? 거짓되고 교묘하며 속이는 마음입니다. 사실 불가와 도가의 수도 공부를 하는 사람들은 하나같이 훔치려는 마음이 있습니다. 누구나 "스승님, 제게 알려 주십시오" 하고 말합니다. 마치 듣기만 하면 다 알고 다 실천할 것처럼 말이지요. 그러나 정말 알려 준다고 해도 할 수 없습니다. 소용이 없다는 말이지요.

『참동계』는 여기까지 읽고 지금부터는 원문에 대한 주해를 보겠습니다.

"이 절은 오로지 화로의 오류를 논파하여 일체의 형이 있고 질이 있는 것은 모두 진실한 동류가 아니라고 말한다."

(此節, 耑破爐火之謬, 言一切有形有質者, 皆非同類之眞也)[26]

---

26 『참동계천유』, 127면.

진단(眞丹)은 무형(無形) 무상(無相)으로 이 점을 주의해야 합니다. 일반적으로 도가의 신선 단약을 공부하는 사람들은 유형의 단약을 진정한 단(丹)으로 알고 팔괘단이니 비타민이니 하며 한 알만 먹으면 되는 것으로 여깁니다. 그러나 진정한 단은 무형 무상의 것입니다.

"환단을 단련하려면 반드시 약물을 채취해야 한다. 하나의 성과 하나의 명을 닦는 것은 본래 선천 무형의 묘함이다."

(欲鍊還丹, 必須採取藥物, 一性一命, 本先天無形之妙)

"욕련환단(欲鍊還丹)", 진정한 단(丹)은 우리의 본래 생명인 생명의 근원으로 돌아가는 것입니다. 그것을 환단(還丹)이라고 합니다. 그래서 주운양 조사는 환단을 하려면 "필수채취약물(必須採取藥物)" 즉 장생불로의 약물을 꼭 채취해야 한다고 설명합니다. 이 불로의 약이 바로 우리 생명 속의 "일성일명(一性一命), 본선천무형지묘(本先天無形之妙)"입니다. 하나의 성(性), 하나의 명(命)을 닦는 것은 본래 선천 무형의 묘함으로서 이것이 바로 성과 명이라는 말입니다. 솔직히 반나절 동안 성과 명을 말했는데 선종에서는 명심견성을 목표로 합니다. 그렇다면 심(心)이란 무엇일까요? 또 성(性)은 무엇일까요? 보이지도 않고 만질 수도 없습니다. 도가의 수도 공부는 명(命)을 닦아 성(性)으로 들어가는 수명입성(修命入性)에 편중되어 있지만 명(命)이 무엇인지는 아무도 찾지 못합니다.

여러분은 단전을 명(命)이라고 합니다. 그러나 신장 두 개 중에 하나를 없애도 생명에는 지장이 없으므로 명(命)은 오로지 유형의 생명에 있는 것이 아닙니다. 수술에 대해 말하자면, 많은 사람이 수술을 두려워하는데 저는 해야 할 필요가 있다면 수술해야 한다고 말합니다. 성공적으로 수술해서 몇 년이라도 더 편하게 살 수 있다면 좋은 일이지요.

하지만 수술을 잘못하면 생명이 위험할 수 있습니다. 정말 죽을 수밖에 없는 상태라면 서양 의학이나 중의학이나 모두 방법이 없지요. 그래서 저는 의학을 공부하는 분들에게 이렇게 묻습니다. 의약이 사람의 생명을 구할 수 있다고 생각합니까? 의사와 의약이 참으로 질병을 치료할 수 있다면 죽는 사람은 없겠지요. 의약이 아무리 발달해도 사람은 결국 죽을 수밖에 없습니다. 궁극적으로 생명은 약물로 구할 수 있는 것이 아닙니다. 죽을 상황이 되면 의학으로도 방법이 없지요. 주운양 조사의 주해는 다음과 같이 이어집니다.

팽련, 온양, 변화

"납과 수은으로 비유하지만 납과 수은과는 아주 다르다. 환단을 수련하려면 반드시 화로와 솥을 준비하고 약물을 화로에 넣어서 선천의 진화로써 단련한다. 화로로 비유하지만 결코 나무를 때서 불을 지피는 화로가 아니다. 환단의 과정은 오로지 화후에 의한다."

(喩爲鉛汞, 逈非凡砂水銀, 欲鍊還丹, 必是安爐立鼎, 藥物入爐, 用先天眞火鍊, 喩爲爐火, 逈非燒茅弄火. 還丹工用全資火候)

일성일명(一性一命)은 "유위연홍(喩爲鉛汞), 형비범사수은(逈非凡砂水銀)"입니다. 도가에서는 성과 명을 각각 납과 수은에 비유하지만 납과 수은은 비유일 뿐 유형의 물질이 아닙니다. "욕련환단(欲鍊還丹), 필시안로립정(必是安爐立鼎)", 환단 수련을 하려면 먼저 화로를 설치해야 하는데 이 과정을 납과 수은을 솥에 넣고 화로에 얹어 단련하는 것으로 비유합니다. 그러므로 솥과 화로는 실제로는 우리 신체를 가리킵니다. "약물입로(藥物

入爐)" 즉 솥에 약물을 넣고, "용선천진화련(用先天眞火鍊)" 즉 선천의 진화로 단련합니다. 화로에 얹어서 단련한다는 것은 정좌 수련의 비유이지요. "유위로화(喩爲爐火), 형비소모롱화(逈非燒茅弄火). 환단공용전자화후(還丹工用全資火候)", 화후는 나무로 불을 지펴서 발생하는 것은 아니지만 어쨌든 우리가 도를 닦고 장생불로의 정좌 공부를 하는 동안 가장 중요한 것입니다.

그렇다면 화후(火候)란 무엇일까요? 비유하자면 요리를 할 때 누구나 비슷한 방식으로 하지만 맛이 다른 것은 바로 화후 때문입니다. 즉 요리사의 요리 비법은 화후를 어떻게 다루는가에 달렸지요. 언젠가 서양 식당에 가서 소갈비 스테이크를 먹은 적이 있는데 세계적으로 유명한 요리사가 요리한 것이라고 했습니다. 갈비는 매우 얇았는데 먹어 보니 정말 훌륭했습니다. 그것이 바로 화후입니다.

수도 공부에서 화후는 정말 어렵습니다. 고요해야 할 때는 고요해야 하고, 움직여야 할 때는 움직여야 합니다. 여러분은 항상 앉아서 염불도 하고 정좌도 하고 졸기도 하는데 신선이 될 수 있겠습니까? 생각지도 않게 졸려서 참기 어려울 때도 있습니다. 수마(睡魔)가 온 것이지요. 그럴 때는 움직이는 공부인 동공(動工)이 있어야 합니다. 반대로 기공 운동만 해서도 안 됩니다. 그래서 화후가 중요하다는 것입니다. 주운양 조사는 화후에 대해 다음과 같이 설명했습니다.

"처음에는 센 불로 끓이다가 잠시 후에 따뜻하게 보온해 주면 마침내 변화한다. 한 알을 둥글게 만들어 입에 넣으면 환골탈태할 수 있는 것을 복식으로 비유하였으니 금석을 먹는 것은 전혀 아니다."

(始而烹煉, 旣而溫養, 終而變化, 一粒圓成, 脫胎入口, 喩爲伏食, 逈非服餌金石)

"시이팽련(始而烹煉), 기이온양(旣而溫養)", 수도 공부를 시작할 때는 맹렬하게 해야 하는데, 마치 밥을 지을 때 처음에는 센 불로 쌀을 끓이는 것과 같습니다. 그러다가 쌀이 익었다 싶으면 중간불로 조절해서 온양(溫養)을 해 주지요. "종이변화(終而變化)", 그렇게 하면 끝에 가서는 변화하게 됩니다. 중간불로 따뜻하게 온양을 해 주면 입정(入定)하기가 쉽습니다. 그러나 끝에 가서 변화하는 것은 쉽지 않습니다. 이 세 단계의 성패가 오직 화후에 달려 있습니다. 그만큼 화후를 매우 주의해야 환단 공부에 성공할 수 있지요. 다시 말해 처음 시작할 때는 센 불로 하고, 한참 후 다음 단계에 도달하면 약한 불로 서서히 온양합니다. 이상 두 가지 단계에 성공했다고 해도 세 번째 단계는 잘 알 수 없습니다. 어떻게 해야 변화할 수 있느냐는 문제이지요. 변화는 어렵습니다. 요리에 비유하면 본래는 반 근의 고기가 필요한데 변화의 비법을 알면 단지 석 냥만 갖고도 성공할 수 있는 것과 같습니다. 한 친구가 요리를 참 잘했습니다. 어떤 요리도 냄비에서 두어 번 끓여 내면 참으로 맛있었지요. 요리에서 이런 중간 과정이 변화하는 오묘함은 수도 공부에서도 같습니다.

이렇게 세 단계의 공부를 완성하는 것이 환단의 수도 공부입니다. "일립원성(一粒圓成), 탈태입구(脫胎入口), 유위복식(喩爲伏食)", 우리 신체에서 수련 공부를 해서 응결할 수 있으면 바로 성공합니다. 응결한다는 것은 도가에서 말하는 결단(結丹)입니다. 불가에서는 득정(得定)이라고 하지요. 이른바 정정(正定) 삼매로서 이것이야말로 진정한 득정입니다. 그냥 앉아서 눈만 감고 있다고 해서 입정(入定)은 아닙니다. 진정으로 이 단계를 완성했다면 바로 한 알의 단(丹)을 만들어 입에 넣는 것입니다. 이것을 복식(伏食)이라고 하지요. 이것은 말로 설명할 수 없습니다. 복식을 하면 바로 탈태환골할 수 있습니다. 그러나 복식이란 "금석을 먹는 것은 전혀 아닙니다[逈非服餌金石]." 다시 말하면 약을 만들어 먹는 외단이 아니라는 뜻입니다. 그래서 주운양 조사는 다음과 같이 결론을 내립니다.

"그러니 금단의 대도는 만겁이 지나야 한 번 전해지는 것이요, 세상 사람들은 복이 적어 진정한 스승을 만나기 어려우니 종종 거짓된 술법으로 흐르는 경우가 많다."

(然而金丹大道, 萬劫一傳, 兼且世人福薄, 難逢眞師, 往往多流于僞術)

금단은 실제로 성공하기가 참으로 어렵습니다. 도가에서는 선천적으로 신선이 될 수 있는 자질을 타고 나지 않으면 환단에 성공할 수 없다고 합니다. 수련하다가 죽으면 소용없는 일입니다. 그러니 한평생 착한 일을 많이 해서 선한 종자를 심어 놓으면 다시 새 생명으로 태어났을 때 비로소 신선이 될 수 있는 골격과 자질을 배양할 수 있습니다.

제48강

어리석은 사람이 외단에 빠진다

이번 강의도 계속해서 주운양 조사의 주해를 읽겠습니다.

"경솔한 사람들이 있어서 재주가 탁월하고 학식이 넓다고 자부하여 진정한 스승의 지도를 구하지 않고 망령되게 자기 생각으로 단경을 견강부회한다. 마침내 보통 납과 수은을 단약의 재료라고 여겨 화로에 얹어 불로 태우고 단련함으로써 복이(服餌)를 복식(伏食)으로 삼으니 환단의 단서도 모르고 도량도 알지 못한다. 그래서 오금과 팔석을 널리 구하고 삼황과 사신을 쓰니 본래 동류가 아닌 사물이 어떻게 합체해서 금단을 이룰 수 있겠는가. 이것은 단지 물고기 눈을 진주라고 여기고 여우와 토끼가 말을 낳기를 기다리는 것이니 이런 거짓된 사술은 만 번 시도해도 만 번 실패할 것이다. 늙어서도 아무것도 이룬 것 없으니, 적게는 재물을 낭비하고 크게는 자신의 생명을 잃을 것이다."

(有等狂夫, 自負高材博學, 不求眞師指授, 妄認己意, 傅會丹經, 遂以凡藥爲鉛汞, 以燒煉爲爐火, 以服餌爲伏食, 旣不識端緒, 又不知度量. 于是廣求五金八石, 用三黃四神, 旣非本來同類之物, 安肯合體成丹? 是猶認魚目以爲珠, 望狐兔以生馬也. 此等僞術, 勢必萬擧萬敗, 白首無成, 小則耗損資財, 大則喪身失命)[27]

"유등광부(有等狂夫), 자부고재박학(自負高材博學), 불구진사지수(不求眞師指授), 망인기의(妄認己意), 부회단경(傅會丹經)." 스스로 식견이 높다고 여기는 오만한 이들은 밝은 스승의 가르침을 구하지 않습니다. 또 함부로 도서와 단경의 뜻을 견강부회하여 잘못 해석합니다. "수이범약위연홍(遂以凡藥爲鉛汞), 이소련위로화(以燒煉爲爐火), 이복이위복식(以服餌爲伏食), 기불식단서(旣不識端緒), 우부지도량(又不知度量). 우시광구오금팔석(于是廣求五金八石), 용삼황사신(用三黃四神)." 요즘 사람들은 사신탕(四神湯)을 잘 먹는데 삼황(三黃)은 황련(黃連) 대황(大黃) 황금(黃芩)이라는 한약재로 열을 내리고 설사를 시키는 약입니다. "기비본래동류지물(旣非本來同類之物), 안긍합체성단(安肯合體成丹). 시유인어목이위주(是猶認魚目以爲珠), 망호토이생마야(望狐兔以生馬也). 차등위술(此等僞術), 세필만거만패(勢必萬擧萬敗), 백수무성(白首無成)." 이런 약물은 동류가 아니기 때문에 아무리 먹어도 환단을 이룰 수 없습니다. "소즉모손자재(小則耗損資財), 대즉상신실명(大則喪身失命)", 그뿐 아니라 작게는 재물을 잃을 수 있고 크게는 생명도 잃을 수 있습니다.

"영리한 것 같지만 실제로는 어리석고, 당연히 의심할 것을 도리어 신뢰한다. 이것은 미혹됨을 지키고 정도를 등지게 되며 정도에서 나와 사도로 들어가는 것인데, 자신의 오류를 인정하지 않고 사람들에게 잘못된 길을 가리키는 것

---

27 『참동계천유』, 128면.

이다. 마침내 좁은 견해와 천박한 소견으로 책을 쓰고 말을 해서 장차 잘못을 끼치고 후인들의 길을 막고 후인들의 눈을 멀게 한다."

(似點而實癡, 當疑而反信. 此爲守迷背道, 出正入邪, 不肯自己認錯, 轉將錯路指人, 遂以管窺蠡測之見, 著書立言, 貽誤方來. 塞後來途徑, 瞎後人眼目)

"사힐이실치(似點而實癡), 당의이반신(當疑而反信). 차위수미배도(此爲守迷背道), 출정입사(出正入邪), 불긍자기인착(不肯自己認錯), 전장착로지인(轉將錯路指人), 수이관규려측지견(遂以管窺蠡測之見), 저서립언(著書立言), 이오방래(貽誤方來)." 여기에서 주운양 조사는 정도(正道)가 아닌 것을 책으로 써서 사람들을 오도하는 일에 대해 경고하고 있습니다. 특히 불가와 도가에서는 책 쓰기를 신중히 해야 하며, 함부로 책을 쓰면 여러 사람을 잘못 인도한 죄가 결코 가볍지 않다고 했습니다. "새후래도경(塞後來途徑), 할후인안목(瞎後人眼目)", 오늘날은 교육도 발전하고 인쇄술도 발달하여 수많은 학설과 책이 범람하는데 사실 두려운 일입니다. 저는 평생 함부로 책을 쓰지 않았습니다. 제가 직접 집필한 책은 몇 권 안 되지요. 한 글자의 차이가 매우 심하기 때문입니다. 그래서 종종 농담으로 이런 말을 합니다. 오늘날에도 진시황이 출현해서 세상을 오염시키고 쓸데없는 책은 모두 불태워 버렸으면 좋겠다고 말이지요.

"지인이 법안으로 보면 올바른 것은 조금도 없는데도 이런 사람들은 아직 자신의 잘못을 각성하지 못하고 여전히 만 번에 한 번이라도 성공할 요행을 바라니 어찌 잘못이 아니겠는가."

(以至人法眼觀之, 無半點是處, 此輩尚不覺悟, 方且欲僥倖于萬一, 豈不謬哉)

깨달은 사람의 눈으로 보면 다 잘못된 것인데도, 이런 사람은 자신의 오

류를 인정하지 않고 스스로 득도했다고 착각합니다. 그래서 함부로 책도 쓰고 말도 해서 다른 사람들을 오염시키고 잘못된 길로 인도하지요. 그러니 그 과보는 생각도 못할 만큼 무겁습니다.

이제 여기서 주운양 조사는 제9 양현합체장, 제10 금반귀성장, 제11 진토조화장, 제12 동류상종장까지의 내용을 요약해서 말하고 있습니다.[28]

"첫 장에서는[29] 양현의 진기를 가리켰고, 다음 장에서는 선천의 금성을 드러냈고, 세 번째 장에서는 삼성의 회합을 말하고 나서 곧바로 환단의 입구에 이르러 차례로 진인을 증명하니 복식의 뜻이 남김없이 밝혀졌다. 그러나 세상 사람은 방문의 소련술에 미혹되어 왕왕 복식에 가탁하나 사실 진짜 동류가 아니기 때문에 환단을 이룰 수 없다. 그러므로 이 장에서 그 사실에 대해 거듭 말하여 그 미혹됨을 혁파한다. 여순양 진인도 경세시에서 말하였다. '불가사의한 환단은 본래 형질이 없네. 도리어 금석을 먹으니 얼마나 어리석은가.' (여순양 진인은 사실) 단서만 인용했을 뿐 전체를 말하지 않았으니, 이것이 선인이 미혹됨을 혁파하는 뜻이다."

(首章指出兩弦眞氣, 次章獨揭先天金性, 三章纔說三性會合, 直到還丹入口, 位證眞人, 伏食之旨, 已無餘蘊矣. 但世人惑於旁門燒煉之術, 往往假託伏食, 而實非同類之眞, 故此章重言以破其迷, 呂公警世詩云: 不思還丹本無質, 翻餌金石何太愚, 引而不發, 其卽仙翁破迷之意乎)

"수장지출양현진기(首章指出兩弦眞氣)", 양현의 진기가 이 절의 결론입니다. "차장독게선천금성(次章獨揭先天金性), 삼장재설삼성회합(三章纔說

---

28 제9, 10, 11, 12장은 『참동계』 상편 하권 7개 장 중에서 전반부 4개 장에 해당한다. 『참동계천유』 99-129면이다.
29 전체로는 『참동계』 상편 제9장인데, 상편의 하권에서는 첫 장이다.

三性會合), 직도환단입구(直到還丹入口), 위증진인(位證眞人), 복식지지(伏食之旨), 이무여온의(已無餘蘊矣)." 주운양 조사는 『참동계』에 의해 방문좌도의 오류와 문제가 다 밝혀지는 한편 도가 환단의 비결이 온전히 우리에게 전수되었다고 말합니다. "단세인혹어방문소련지술(但世人惑於旁門燒煉之術), 왕왕가탁복식(往往假託伏食), 이실비동류지진(而實非同類之眞), 고차장중언이파기미(故此章重言以破其迷), 여공경세시운(呂公警世詩云), 불사환단본무질(不思還丹本無質), 번이금석하태우(翻餌金石何太愚), 인이불발(引而不發)." 그리고 끝에는 여순양 진인의 경세시를 인용하여 우리에게 신선 환단을 수련하는 대도(大道)는 무형 무상한 것이라고 경계하는 한편 일반인이 그것을 모르고 외단을 좋아하는 것은 지나치게 어리석다고 비판했습니다. 주운양 조사는 사람을 가르칠 때는 스스로 그 이치를 깨닫도록 해야지 모든 것을 다 알려 주지는 않는 것이라고 하며 여순양 조사가 전부 다 말하지는 않았다고 했습니다. "기즉선옹파미지의호(其卽仙翁破迷之意乎)", 이것이 바로 선인(仙人)이 미혹됨을 혁파하는 뜻입니다.

제13 祖述三聖章조술삼성장[30]

若夫三聖약부삼성, 不過伏義불과복희. 始畫八卦시획팔괘, 效法天地법천지. 文王帝之宗문왕제지종, 結體演爻辭결체연효사. 夫子庶聖雄부자서성웅, 十翼以輔之십익이보지. 三君天所挺삼군천소정, 迭興更禦時질흥경어시. 優劣有步驟우열유보취, 功德不相殊공덕불상수. 制作有所踵제작유소종, 推度審分銖추도심분수. 有形易忖量유형이촌량, 無兆難慮謀무조난려모. 作事令可法작

30 『참동계천유』. 130면.

사령가법, 爲世定此書위세정차서.

素無前識資소무전식자, 因師覺悟之인사각오지. 晧若褰帷帳호약건유장, 瞋目登高臺진목등고대. 火記六百篇화기육백편, 所趣等不殊소취등불수. 文字鄭重說문자정중설, 世人不熟思세인불숙사. 尋度其源流심도기원류, 幽明本共居유명본공거. 竊爲賢者談절위현자담, 曷敢輕爲書갈감경위서. 若遂結舌瘖약수결설음, 絶道獲罪誅절도획죄주. 寫情著竹帛사정저죽백, 又恐泄天符우공설천부. 猶豫增歎息유예증탄식, 俛仰綴斯愚면앙철사우. 陶冶有法度도야유법도, 安能悉陳敷안능실진부. 略述其綱紀약술기강기, 枝條見扶疏지조견부소.

삼성이란 복희씨가 처음으로 팔괘를 그어 천지의 법도를 본받고, 문왕이 육십사괘의 효사를 짓고, 공자가 십익을 지어 육십사괘의 괘사와 효사의 뜻을 설명한 것을 말한다. 삼성은 하늘이 내셨으니 차례로 세상에 나오셔서 시대를 이끄셨다. 시운에는 우열이 있었으나 공덕은 다르지 않다. 계승하여 역을 저작하시고 도수를 헤아림이 정밀하시니 유형인 것은 헤아리기 쉬우나 조짐이 없는 것은 생각하기 어렵다. 사람들이 본받을 수 있는 일을 하고자 세상을 위해 이 책을 지었다.

이전에는 의거할 만한 지식이 없었는데 스승으로 인해 깨달음을 얻으니 눈앞을 가린 장막을 제거한 듯, 눈을 크게 뜨고 높은 누대에 오른 듯 눈앞이 환해졌다. 화기는 육백 편이나 취향은 다르지 않다. 문자는 정중한데 세상 사람들은 깊이 생각하지 않으려 한다. 그 원류를 찾아보면 유와 명은 본래 같이 있다. 가만히 현자를 위해 말할 뿐 어찌 감히 가볍게 책을 쓰겠는가. 그렇다고 말을 하지 않으면 도를 끊은 죄를 얻을 것이다. 죽백에 사실을 남기니 천부를 누설할까 두렵다. 그러니 머뭇거리며 탄식만 늘어갈 뿐, 우러러 하늘을 보고 굽어서 땅을 보아도 어리석을 뿐이다. 공부에는 법도가 있으나 어찌 다 말할 수 있겠는가. 그 곁가지와 줄거리만 대략 진술할 뿐이다.

역경의 생생불이 원리

이제 『참동계』 제13장으로 돌아갑시다.[31] 이 장을 후인들은 "조술삼성장(祖述三聖章)"이라고 하는데, 삼성(三聖)을 조술(祖述)한다는 것은 세 분 성인의 가르침을 그대로 따를 뿐 자신의 생각은 주장하지 않는다는 뜻입니다. 삼성의 가르침은 『역경』을 가리키는데, 역(易)의 원리는 우주가 끊임없이 생생(生生)한다는 것입니다. 이것을 생명이 생겨나고 생겨나서 끊임없이 이어진다는 뜻으로 "생생불이(生生不已)"라고 하지요. 주운양 진인은 그것을 "이 장은 세 분 성인의 역을 조술하여 대도를 천명한다〔此章言祖述三聖之易, 以闡明大道也〕"고 말합니다. 즉 수도 공부는 반드시 세 분 성인의 『역경』을 통해야 한다는 말이지요. 삼성이란 복희(伏羲), 문왕(文王), 공자(孔子)를 말합니다. 『참동계』 제13장의 본문을 보겠습니다.

삼성이란 복희씨가 처음으로 팔괘를 그어 천지의 법도를 본받고, 문왕이 육십사괘의 효사를 짓고, 공자가 십익을 지어 육십사괘의 괘사와 효사의 뜻을 설명한 것을 말한다. 삼성은 하늘이 내셨으니 차례로 세상에 나오셔서 시대를 이끄셨다. 시운에는 우열이 있었으나 공덕은 다르지 않다. 계승하여 역을 저작하시고 도수를 헤아림이 정밀하시니 유형인 것은 헤아리기 쉬우나 조짐이 없는 것은 생각하기 어렵다.

若夫三聖, 不過伏羲. 始畫八卦, 效法天地. 文王帝之宗, 結體演爻辭. 夫子庶聖雄, 十翼以輔之. 三君天所挺, 迭興更禦時. 優劣有步驟, 功德不相殊. 制作有所踵, 推度審分銖. 有形易忖量, 無兆難慮謀.

---

31 『참동계천유』. 130면.

"약부삼성(若夫三聖), 불과복희(不過伏羲). 시획팔괘(始畫八卦), 효법천지(效法天地)", 『역경』의 이치는 우주는 다함이 없고 항상 존재한다는 것으로, 이것을 생생불이(生生不已)라고 합니다. 역(易)의 시조인 복희씨는 도를 얻었는데, 우주의 생생불이한 이 법칙을 본받아 우리가 그것을 인식하도록 하나의 형식으로 만든 것이 『역경』의 법칙입니다. "문왕제지종(文王帝之宗), 결체연효사(結體演爻辭)", 문왕은 복희씨가 그은 팔괘에 괘사를 붙였고, 문왕의 아들인 주공은 효사를 지었으나 그는 부친인 문왕에게 공로를 돌렸습니다.

"부자서성웅(夫子庶聖雄), 십익이보지(十翼以輔之)", 그리고 공자는 십익(十翼)[32]을 저술했습니다. 익(翼)은 날개로서 보조한다는 뜻이지요. 따라서 십익이란 『역경』 육십사괘의 의미를 잘 이해하도록 돕는 열 가지 저작입니다. "삼군천소정(三君天所挺), 질흥경어시(迭興更禦時). 우열유보취(優劣有步驟), 공덕불상수(功德不相殊)", 이렇게 복희씨로부터 문왕을 거쳐 공자에 이르기까지 세 분 성인이 이해의 깊이는 다른 점이 있지만 후세에 전해져 내려온 공덕은 같습니다. "제작유소종(制作有所踵), 추도심분수(推度審分銖)", 『역경』 육십사괘의 순서와 구성 및 설명에는 조금의 착오도 없습니다. 우리가 『역경』의 법칙을 배우는 것은 비교적 쉽습니다. "유형이촌량(有形易忖量)" 즉 형상이 있는 팔괘의 이치는 알기 쉬운 편이지만, "무조난려모(無兆難慮謀)" 즉 조짐도 없는 무형의 원리, 형이상의 도를 깨우치는 것은 알기 어렵다는 것입니다.

---

32 『역경』을 설명한 글로 「단전(彖傳)」 상하, 「상전(象傳)」 상하, 「계사전(繫辭傳)」 상하, 「문언전(文言傳)」, 「서괘전(序卦傳)」, 「설괘전(說卦傳)」, 「잡괘전(雜卦傳)」 등이다.

화룡 진인이 책을 지은 배경

여기에서 위백양 진인은 자신이 『참동계』를 저술한 이유를 다음과 같이 밝힙니다.

사람들이 본받을 수 있는 일을 하고자 세상을 위해 이 책을 지었다.

作事令可法, 爲世定此書.

단경의 비조인 위백양 진인은 함부로 책을 쓰지 않았는데, 어째서 『참동계』라는 책을 썼을까요? "작사령가법(作事令可法), 위세정차서(爲世定此書)", 바로 후세 사람들로 하여금 잘못된 수도 공부의 길로 가지 않도록 하기 위해서이지 결코 자신의 명성을 높이려고 책을 쓴 것이 아니라는 말입니다. 위백양 진인이 쓴 이 책 『참동계』는 정말 위대한 책입니다. 저는 이 자리에서 위백양 진인에게 머리 숙여 절하며 존경의 뜻을 표합니다. 이 책은 그야말로 전무후무한 대단히 위대한 저서입니다. 위백양 진인 이후에 또 다른 단경과 도서가 세상에 적지 않게 나왔지만 『참동계』를 뛰어넘는 책은 없습니다. 위백양 진인은 자신이 이 책을 쓰게 된 배경을 다음과 같이 말합니다.

이전에는 의거할 만한 지식이 없었는데 스승으로 인해 깨달음을 얻으니 눈앞을 가린 장막을 제거한 듯, 눈을 크게 뜨고 높은 누대에 오른 듯 눈앞이 환해졌다.

素無前識資, 因師覺悟之, 皓若襃帷帳, 瞋目登高臺.

위백양 진인은 『참동계』를 써서 우리로 하여금 물질세계의 한계를 초월하여 장생불로의 도를 깨닫도록 했습니다. "소무전식자(素無前識資), 인사

각오지(因師覺悟之)", 그가 『참동계』를 쓰기 이전에는 이러한 장생불로의 도를 올바르게 전수한 일이 없었습니다. 위백양 진인이 참고할 만한 선지식(善知識)이 없었다는 말이지요. 그런 상황에서 위백양 진인은 뛰어난 스승의 전수를 받게 되었지만 그 스승이 누군지는 말하지 않았습니다. 도가는 불가와 달리 스승을 존숭해서 그 성명을 말하지 않는 전통이 있지요. 위백양 진인은 그 스승의 가르침을 받고 깨달음을 얻었습니다. "호약건유장(皓若褰帷帳), 진목등고대(瞋目登高臺)", 스승의 가르침을 받아서 도를 깨달으니 마치 눈앞을 가리던 장막을 제거한 듯, 높은 누대에 올라 눈을 크게 뜬 듯이 모든 것이 명백하게 보이기 시작했다는 말입니다.

화기는 육백 편이나 취향은 다르지 않다. 문자는 정중한데 세상 사람들은 깊이 생각하지 않으려 한다.

火記六百篇, 所趣等不殊. 文字鄭重說, 世人不熟思.

"화기육백편(火記六百篇)", 화룡 진인 위백양이 지은 이 책은 화기(火記)라고도 불리는데, 사실 육백 편이 되지는 않아서 여기서 육백 편이라고 하는 것은 문제가 있습니다.[33] "소취등불수(所趣等不殊)", "취(趣)"는 취향으로, 우리 모두에게 수도 공부의 정도(正道)를 알게 하려는 의도, 취지라는 말입니다. 화기가 육백 편이나 되지만 그 의도는 우리로 하여금 수도 공부의 길은 내단(內丹) 하나뿐이라는 것을 알게 하는 데 있다는 뜻이지요. "문자정중설(文字鄭重說), 세인불숙사(世人不熟思)", 예로부터 부처와 신선이 되는 길을 알려 주는 경전은 있었고 그 법칙도 있지만, 일반인은 그것을

---

33 남 선생은 『참동계』가 육백 편이 안 되므로 여기서 "화기육백편"이라고 하는 것은 문제가 있다고 하였으나, 주운양 조사는 『참동계천유』에서 육백이라는 숫자를 한 달을 육십괘로 보아 일 년의 화기 변화를 육백으로 표현할 수 있다고 했다.

믿지 않거나 자신의 총명을 과신하여 깊이 생각하지 않고 자만합니다. 하지만 겨우 문자만 이해한 정도일 뿐 깊은 경지에는 이르지 못했습니다. 그러므로 우리는 도서(道書)나 경전을 읽을 때는 수없이 읽고 또 읽어야 합니다. 제 경험에 따르면 읽을 때마다 이해가 다릅니다. 옛사람이 "독서를 할 때는 싫증 내지 말고 백 번을 읽어야 한다[好書不厭百回讀]"고 말한 이유가 여기에 있지요.

지금의 글은 모두 단명(短命)한 글입니다. 특히 신문에 난 글은 그 수명이 오 분이면 다하고 잘못된 곳이 너무 많지요. 요즘 사람들은 유가에서 말하는 "박학지(博學之), 심문지(審問之), 신사지(愼思之), 명변지(明辨之)" (『중용』 제20장)를 제대로 알지 못합니다. 박학지(博學之)는 모든 자료를 널리 수집하는 것이고, 심문지(審問之)는 깊고 상세하게 연구하는 것이고, 신사지(愼思之)는 신중하게 생각하는 것이고, 명변지(明辨之)는 어떤 것이 옳고 그른지를 명석하게 판단하는 것입니다. 이것은 유가에서 학문의 사대 과정으로서 매우 명료한 말입니다. 제 생각에는 현대 사회는 비록 교육은 널리 보급되었다고 해도 학문의 풍토는 점점 사라지고 있습니다. 대학원쯤 진학하면 머리가 텅 비어 있는 것처럼 보이지요. 중국에서 공부했든 외국에서 공부하고 돌아왔든 대다수가 거의 쓸모가 없습니다. 저는 여러분이 보다시피 이미 늙었습니다. 젊은 사람들과 세대차는 바다처럼 벌어졌지요. 계속해서 원문을 보겠습니다.

그 원류를 찾아보면 유와 명은 본래 같이 있다. 가만히 현자를 위해 말할 뿐 어찌 감히 가볍게 책을 쓰겠는가. 그렇다고 말을 하지 않으면 도를 끊은 죄를 얻을 것이다. 죽백에 사실을 남기니 천부를 누설할까 두렵다.

尋度其源流, 幽明本共居. 竊爲賢者談, 曷敢輕爲書. 若遂結舌瘖, 絶道獲罪誅. 寫情著竹帛, 又恐泄天符.

"심도기원류(尋度其源流), 유명본공거(幽明本共居)", 위백양 진인은 수도 공부를 하려면 그 원리를 분명히 알아야 공부하기 좋다고 말하고 나서 그 원류를 찾으려면 유(幽)와 명(明)을 분명히 해야 한다고 했습니다. 유는 보이지 않는 경계이고 명은 광명으로서, 유명(幽明)은 음양을 가리킵니다. 그런데 이 음과 양은 그 뿌리가 같아서 본래 하나입니다. "절위현자담(竊爲賢者談), 갈감경위서(曷敢輕爲書)", 위백양 진인은 겸허하게도 자신이 『참동계』를 지은 것은 도덕과 학문이 있는 고명한 선비, 현자들에게 수도 공부에 대해 알려 주려는 것일 뿐, 감히 입언(立言)을 하려는 의도는 없었다고 말합니다. 입언이란 세 가지 영원히 전해지는 명예인 삼불후(三不朽) 중 세 번째로, 첫 번째는 입덕(立德) 두 번째는 입공(立功)이지요. 즉 세상에 자신의 이름을 날리려고 한 것이 아니라는 뜻입니다.

　"약수결설음(若遂結舌瘖), 절도획죄주(絶道獲罪誅)", 위백양 진인은 만약 자신이 범인의 영역을 벗어나 성인의 경지로 들어가는 도법(道法)의 법칙을 쓰지 않아서 자기 손에서 끊어진 죄를 진다면 하늘도 대답해 주지 않을 것이라고 했습니다. "사정저죽백(寫情著竹帛), 우공설천부(又恐泄天符)", 그래서 하는 수없이 죽백에 수도 공부의 법칙과 원리를 전하면서도 함부로 천기를 누설할까 봐 전전긍긍하는 자신의 두려운 마음을 나타내고 있습니다.

그러니 머뭇거리며 탄식만 늘어갈 뿐, 우러러 하늘을 보고 굽어서 땅을 보아도 어리석을 뿐이다. 공부에는 법도가 있으나 어찌 다 말할 수 있겠는가. 그 결가지와 줄거리만 대략 진술할 뿐이다.

猶豫增歎息, 俛仰綴斯愚. 陶冶有法度, 安能悉陳敷. 略述其綱紀, 枝條見扶疏.

　"유예증탄식(猶豫增歎息), 면앙철사우(俛仰綴斯愚)", 그는 이 『참동계』를

쓸 때 신선이 되는 단결(丹訣)과 구결(口訣)을 남길 것인지 오랜 시간 숙고를 하다가 깊이 탄식도 했습니다. 쓰는 것도 맞지 않고 쓰지 않는 것도 맞지 않고, 쓰는 것도 죄이고 쓰지 않는 것도 죄여서 정말 힘들었다는 고백입니다. "면앙(俛仰)"은 고개 들어 하늘을 쳐다보고 고개 숙여 땅을 보며 어떻게 해야 하나 생각한 것이지요.

"도야유법도(陶冶有法度), 안능실진부(安能悉陳敷)", 지금 자신이 가까스로 쓰기는 했는데, 이 수련은 마치 질그릇을 빚고 쇠를 불려 두드리는 것과 같다고 신선 수련의 원칙을 말해 줍니다. 천고의 신선은 오직 구결만 알려 줄 뿐 화후를 직접 전해 줄 수는 없습니다. 수도 공부의 비법은 결코 책으로 다 전할 수는 없다는 뜻이지요. "약술기강기(略述其綱紀), 지조견부소(枝條見扶疏)", 대략적인 원칙과 요점을 대강 말해 줄 수밖에 없고 공부하는 사람 스스로 자세히 찾아서 완성해야 합니다! 옛사람들이 책을 쓰는 것은 오늘날 같지 않았습니다. 위백양 진인은 이 책의 서문에 해당하는 내용을 이렇게 책의 중간에 삽입해 놓았습니다.

제14 還丹法象章환단법상장

以金爲隄防이금위제방, 水入乃優游수입내우유. 金數十有五금수십유오, 水數亦如之수수역여지. 臨爐定銖兩임로정수량, 五分水有餘오푼수유여. 二者以爲眞이자이위진, 金重如本初금중여본초. 其土遂不離기토수불리, 二者與之俱이자여지구.

三物相含受삼물상함수, 變化狀若神변화상약신. 下有太陽炁하유태양기, 伏蒸須臾間복증수유간. 先液而後凝선액이후응, 號曰黃輿焉호왈황여언. 歲月將欲訖세월장욕흘, 毀性傷壽年훼성상수년. 形體爲灰土형체위회토, 狀若明

窓塵상약명창진.

擣冶幷合之도야병합지, 持入赤色門지입적색문. 固塞其際會고색기제회, 務令致完堅무령치완견. 炎火張于下염화장우하, 龍虎聲正勤용호성정근. 始文使可修시문사가수, 終竟武乃成종경무내성. 候視加謹密후시가근밀, 審察調寒溫심찰조한온. 周旋十二節주선십이절, 節盡更須親절진갱수친. 氣索命將絶기색명장절, 體死亡魂魄체사망혼백. 色轉更爲紫색전갱위자, 赫然稱還丹혁연칭환단. 粉提以一丸분제이일환, 刀圭最爲神도규최위신.

금으로써 제방을 삼으니 수가 들어와 자유롭게 흐른다. 금의 숫자는 십오이고 수의 숫자도 같은 십오이다. 화로에 임해서 수량을 정하니 오 푼의 수로 넉넉하다. 두 가지로써 진단을 이루니 금의 무게는 처음과 같다. 토는 떠나지 않으니 금과 수가 그것과 함께한다.

세 가지 물건이 서로 포함하고 수용하니 변화가 신령스럽다. 아래에 태양의 기가 있어 순간 증기로 찌니 처음에는 액체였던 것이 나중에는 응결되어 이름을 황여라고 한다. 세월이 흘러 수명이 다하면 형체는 재가 되고 모습은 창틈에 비치는 먼지와 같다.

단련하고 닦고 합쳐서 적색문에 넣는다. 그 만나는 곳을 빈틈없이 막아 완전히 견고하게 만든다. 불기운이 아래에서 치솟으니 용과 호랑이의 울음소리가 요란하다. 처음에는 문화로 닦을 수 있지만 끝에는 마침내 무화로 성취한다. 화후를 더욱 근밀하게 보고 깊이 살펴서 온도를 조절한다. 십이절기를 두루 돌아 절기가 다하면 다시 시작하니 기가 다하면 곧 명이 끊어지고 몸이 죽으면 혼백도 사라진다. 색이 전변하여 더욱 붉어지니 붉게 타오르는 것을 환단이라고 한다. 가루를 내어 환을 만드니 도규가 가장 신묘하다.

어떻게 해야 환단이 가능한가

지금 위백양 진인은 제14 "환단법상장(還丹法象章)"에서 우리에게 가장 긴요한 구결(口訣)인 환단의 법상에 대해 알려 주고 있습니다. 어떻게 수도 공부를 해야 환단(還丹)에 성공할 수 있느냐 하는 것이지요. 수도 공부에 성공하기 위해 우리는 고대의 음양오행 및 『역경』의 팔괘에 대해 모두 잘 알아야 합니다. 『노자』와 『장자』에 대해서도 잘 알아야 하지요. 그런 후에야 수행을 말할 수 있습니다. 위백양 진인이 『참동계』를 저술할 때는 아직 불교가 중국에 전래되기 전이어서 불경이 없었습니다. 그래서 이 책의 내용은 오로지 중국의 음양오행 원리에 의해 저술되었지요. 그런데도 『참동계』의 수련 방법은 후에 전래된 불가의 수행법과 같습니다. 단지 표현만 달랐을 뿐이지요.

불가에서는 구차제정으로 선정을 설명합니다. 사선(四禪)과 사공정(四空定)에다가 멸진정(滅盡定)을 더하면 구차제정이 되지요. 멸진정은 도가의 분쇄허공(粉碎虛空)과 같은 개념입니다. 오류파의 용어로 말하면 "연정화기(煉精化炁), 연기화신(煉炁化神), 연신환허(煉神還虛)"라고 합니다. 그런데 환허(還虛)만으로는 부족합니다. 공(空)을 증득하면 소아라한(小阿羅漢)이 될 뿐이지요. 여기에서 진일보하여 대라금선(大羅金仙)이 되어야 대아라한이 될 수 있습니다. 대아라한이란 무엇일까요? 바로 부처님과 같은 경지입니다. 허공을 분쇄해서 공을 증득하고, 다시 공 또한 부정해서 버려야 비로소 멸진정에 도달합니다.

불가는 사선팔정(四禪八定)[34]의 차례로 공부의 과정을 설명했습니다. 대

---

34 사선은 색계의 네 가지 선정(禪定), 팔정은 색계의 네 가지 선정과 무색계의 네 가지 무색정(無色定)을 합한 것이다.

승이든 소승이든 막론하고 이 원칙을 벗어날 수 없지요. 이 사선팔정을 수천 년 동안 몇 명의 수행자가 진정으로 닦아서 성공했을까요? 초선의 경지를 달성하는 것도 어렵습니다. 혹 초선에 이르렀다고 해도 환단의 경지는 멀었습니다. 주운양 진인은 주해 서론에서 불학도 거론했습니다. 중국은 도가와 불가의 수행 공부가 같은 원리였기에 나중에 양교가 혼합될 수 있었지요.

이제 제14 환단법상장 첫 번째 단락을 보겠습니다. 해석이 쉽지 않은데, 그 가운데서도 이 단락이 중요합니다.

금으로써 제방을 삼으니 수가 들어와 자유롭게 흐른다. 금의 숫자는 십오이고 수의 숫자도 같은 십오이다.

以金爲隄防, 水入乃優游. 金數十有五, 水數亦如之.[35]

"이금위제방(以金爲隄防), 수입내우유(水入乃優游)", 오행에서 금(金)으로 제방을 쌓아서 수(水)를 그 안에 보호하면 범람하거나 유실되지 않습니다. "금수십유오(金數十有五), 수수역여지(水數亦如之)", 금(金)은 현상으로 숫자로 나타내면 십오이고 수(水)의 숫자 역시 십오입니다. 이 둘을 합하면 삼십이고, 삼십은 한 달의 숫자입니다.

대만의 대학은 참 초라합니다. 고천문학이나 중국 전통 역법을 제대로 아는 곳이 없지요. 고천문학은 거의 실전되다시피 했습니다. 고대의 천문, 역법, 역률(曆律), 율려(律呂), 기상(氣象)은 모두 개별 학문으로, 중국 천문학에서 유래했습니다. 중국의 고대 천문학은 세계에서 가장 발달했습니다. 그런데 그것은 조상들이 이룬 것이지 오늘날 우리 것이 아니지요. 오늘

---

35 『참동계천유』, 139면.

날의 중국인은 참으로 아는 것이 없습니다. 시험 보는 것으로 비유하자면 그냥 백지를 내는 격이지요. 미래에도 이런 세대는 보기 어려울 것입니다.

화로에 임해서 수량을 정하니 오 푼의 수로 넉넉하다. 두 가지로써 진단을 이루니 금의 무게는 처음과 같다. 토는 떠나지 않으니 금과 수가 그것과 함께한다.

臨爐定銖兩, 五分水有餘. 二者以爲眞, 金重如本初. 其土遂不離, 二者與之俱.

"임로정수량(臨爐定銖兩)", 화로에 임한다는 "임로(臨爐)"는 화학 실험에서 시험관을 불 위에서 끓이는 것과 같습니다. 수와 금을 시험관에 넣고 끓일 때 금과 수의 분량을 일정하게 맞추어 넣어야 하지요. 이것이 수량을 정한다는 "정수량(定銖兩)"입니다. "오푼수유여(五分水有餘)", 왜 오 푼의 수(水)를 쓸까요? 금과 수를 절반씩 넣어야 하기 때문입니다. "이자이위진(二者以爲眞)", 두 가지로써 진단(眞丹)을 이룬다는 뜻으로 두 가지는 바로 금과 수입니다. 이 두 가지를 잘 배합하면 금단을 만들 수 있지요. "금중여본초(金重如本初)", 마지막으로 금단에 성공했을 때 금의 무게는 원래 금의 무게와 같습니다. "기토수불리(其土遂不離)", 토는 떠나지 않는다는 말은 사상과 오행이 모두 중앙의 무기토(戊己土)를 벗어나지 않음을 뜻합니다. "이자여지구(二者與之俱)", 토는 금과 수와 함께 있습니다.

금단의 진실한 종자

여기까지 『참동계』 원문을 보았는데 이어서 주운양 조사의 주해를 보겠습니다. 그 후에 다시 원문으로 돌아가지요.

"이 절은 금과 수 이기가 금단의 진실한 종자라는 것을 말한다."

(此節言金水二炁, 爲金丹之眞種也)

"차절(此節)"이라는 것은 앞에서 읽은 『참동계』 제14장의 첫 번째 단락을 가리킵니다. 주운양 조사는 이 장 첫 번째 구절에서 위백양 진인이 우리의 후천 생명인 신체가 오행과 함께 변화한다는 것을 말했다고 알려 줍니다. "금수이기(金水二炁)", 금과 수 이기(二炁)가 무엇인지 잘 알아야 하는데, 제가 이미 여러분에게 말했던 것이지요. 폐장은 금이고, 신장은 수, 간장은 목, 심장은 화, 비장은 토에 속한다는 것입니다. 물론 이것은 모두 유형의 장기(臟器)들입니다. 그렇다면 무형의 것은 무엇일까요? 바로 성(性)입니다. 불가에서는 심(心)으로 상징하기도 하지요. 명(命)은 수(水)로써 나타냅니다.

침구학이나 의학을 공부하는 사람들은 이런 점을 잘 알아야 합니다. 예를 들어 변비가 심한 사람은 기를 쓰고 설사약만 찾는데, 저는 절대 약을 먹지 말라고 합니다. 그런 분은 제가 가르쳐 주는 대로 몇 번 하면 바로 통합니다. 만약 통하지 않으면 설사약을 먹지 말고 폐를 맑게 하고 기를 다스리는 약을 먹으면 틀림없이 통합니다. 무슨 이치일까요? 잘 들으세요. 호흡 계통은 기(氣)와 관련이 깊습니다. 폐는 대장과 서로 표리의 관계이지요. 대변이 막히는 것은 폐기(肺氣)에 문제가 있는 것입니다.

심장은 소장과 연관되어 있습니다. 그리고 간장은 담(膽)과 관련 있다는 것은 이미 알고 있지요. 그런데 간에 병이 생기면 어떤 때는 간을 치료하지 않을 수도 있습니다. 의학 원리를 잘 아는 의사라면 담을 치료합니다. 그러면 간이 좋아지지요. 담에 결석이 생기면 서양 의학에서는 수술을 하지만 중의학의 원리를 아는 의사는 담은 상관하지 않고 먼저 간 기능을 회

복시킵니다. 간과 담은 서로 표리 관계이기 때문입니다. 이런 장부의 관계를 잘 알아야 합니다

이와 같이 "금수이기"도 그렇습니다. 신장은 폐의 자식이고 폐는 신장의 어미입니다. 바꾸어 말하면 여러분이 원기가 부족하면 신수(腎水)가 바로 손상을 입습니다. 일부 중의사들은 이럴 때 신장이 다 망가졌다고 겁을 주는 말을 하는데, 이런 것은 모두 구업(口業)을 짓는 일입니다. 언뜻 듣기에는 방사를 과도하게 해서 신장이 손상된 것처럼 말이지요. 사실 중의학에서 말하는 신장은 뇌를 주관합니다. 뇌하수체 호르몬이 부족한 것은 신장의 문제입니다.

호르몬은 이백여 가지가 있습니다. 보통 호르몬이라는 말을 들으면 꼭 남녀관계의 그것으로만 생각합니다. 그러나 사실 책을 지나치게 읽거나 뇌신경이 쇠약한 경우에도 신장에 손상을 줄 수 있으니 신장이 망가졌다는 말을 들어도 너무 놀랄 필요는 없습니다. 어쩌면 두뇌를 너무 사용한 결과일 수도 있으니까요. 이 경우 경험이 풍부한 의사는 바로 뇌를 보양하라고 합니다. 그러니 어떤 때는 공부를 지나치게 한다든가 근심이 심하면 위에 탈이 날 수 있습니다. 이것은 뇌신경과 관련된 위장병입니다. 또 성생활이 지나칠 때도 위에 문제가 생깁니다. 중의는 환자를 보고 말을 듣고 증상을 묻고 맥을 짚어 진찰을 하는데 딱 봐도 한눈에 무슨 질병인지 알 수 있습니다. 그러니 수도 공부는 결코 간단하지 않지요.

제49강

환단은 금이 반, 수가 반이다

이 장은 대단히 중요한 이른바 "환단법상(還丹法象)"입니다. '단(丹)'이란 장생불로의 영약이며 환골탈태할 수 있는 명약입니다. 하지만 이 약은 외부에 있는 것이 아니라 우리가 본래 가지고 있는 것이지요. '환(還)'은 되돌아온다는 뜻으로 우리 자신에게 본래 있던 장생불사의 약이 외부로 누설되고 있는 것을 찾아내어 다시 자신에게 돌려보낸다는 말입니다.

앞에서 『참동계』 원문을 이미 읽었는데 그 핵심만 찾아서 다시 읽어 보겠습니다. 이 두 절의 해석은 매우 중요합니다. 이 단락은 수도(修道) 즉 신선 단법(丹法) 및 오늘날 유행하는 임독이맥(任督二脈), 기경팔맥(奇經八脈) 또는 밀종의 삼맥칠륜(三脈七輪)이 무엇인지, 그리고 어떻게 해야 진정으로 기맥을 통할 수 있는지에 대해 핵심을 말하고 있기 때문입니다.

그럼 앞 강의에서 읽었던 제14 환단법상장 첫 번째 단락을 다시 볼까요?

먼저 "금으로써 제방을 삼으니 수가 들어와 자유롭게 흐른다. 금의 숫자는 십오이고 수의 숫자도 같은 십오이다[以金爲隄防, 水入乃優游, 金數十有

五, 水數亦如之〕"라는 문장을 이해하려면 오행의 원리를 잘 알아야 합니다. 그러나 여러분 모두 오행에 대해서는 익숙하지 않으니 연구하기가 쉽지 않습니다. 황금의 숫자는 왜 십오이고 수의 숫자도 십오라는 것은 무슨 뜻일까요?

"화로에 임해서 수량을 정하니 오 푼의 수로 넉넉하다〔臨爐定銖兩, 五分水有餘〕"에서 "임로(臨爐)"는 밥을 짓거나 화학 실험에서 시험관을 불에 끓이는 것과 같은데, 이때 약과 물의 분량을 절반씩 맞추는 것이 가장 중요합니다. "오푼(五分)"이라는 것이 바로 절반을 뜻하지요. 『참동계』를 연구하려면 먼저 『역경』의 하도와 낙서를 잘 알아야 합니다. 이것이 『역경』의 상(象)과 수(數)입니다. 후천팔괘의 도상에서 서로 마주보고 있는 괘의 숫자를 합하면 십(十)이 됩니다. 불교나 인도에서는 양손을 합장하는 것이 예법인데, 양손을 합하면 손가락 개수가 십이 되지요. 중국에서도 어떤 일이 적합한지 아닌지를 상징적으로 표현할 때 십이 되는지, 십이 안 되는지로 표현합니다. 그래서 "오푼수유여(五分水有餘)"가 바로 합해서 십이 되는 것을 나타냅니다.

"두 가지로써 진단을 이루니 금의 무게는 처음과 같다〔二者以爲眞, 金重如本初〕"라는 말의 뜻은 금과 수가 합해서 십이 된다는 것입니다. 합해서 십이 되는 것이 바로 우리 생명의 금성(金性)으로서 생명의 진제(眞諦)이지요. 금성은 우주 만유의 생명의 자성을 대표하며 본래면목(本來面目), 본래 현상으로 돌아간 것입니다. 다음 원문 "토는 떠나지 않으니 금과 수가 그것과 함께한다〔其土遂不離, 二者與之俱〕"는 말은 더 이상 해석하지 말고 주운양 조사의 주해가 더 분명하니 주해를 보겠습니다. 앞 강의에서도 보았지만 시간이 부족해서 너무 간략하게 설명했으니 다시 살펴보지요. 주해의 내용은 다음과 같습니다.

"이 절은 금과 수 이기가 금단의 진실한 송자라는 것을 말한다〔此節言金

水二炁, 爲金丹之眞種也〕." 이 구절은 우리가 토론해야 하는 내용으로, 환단(還丹)의 공부 과정은 전부 금과 수 두 가지를 말하는 것입니다. 금과 수는 우리 생명의 수도 공부와 환단의 진정한 종자로서, 이 종자로 우리는 환골탈태할 수 있습니다.

먼저 금과 수에 대해 말해 봅시다. 금과 수는 오행을 대표하는데, 지난번에 인체에서 오행을 말하면서 폐기(肺氣)는 금에 속하고 신기(腎氣)는 수에 속한다고 했지요. 우리 코에서 들어오는 기에서 호흡 계통에 이르기까지 이 후천적 유형의 기는 금기(金氣)입니다. 신기는 수기(水氣)이고요. 현대 의학의 용어로 비유하면 반드시 그런 것은 아니지만, 몸의 액체인 수기는 정(精)을 생성합니다. 이 정기(精氣)가 충분하다는 것은 유형의 것입니다.

금(金)은 무형의 것을 상징합니다. 본래 견고하고 변하지 않는 청정하고 빛나는 인간의 본성을 상징하는 것이기 때문입니다. 불가에서 말하는 망상과 잡념이 없는 마음, 청정한 광명과 같은 것입니다. 자신의 본성을 회복하여 마치 어린아이 같은 순수하고 빛나는 마음이 되는 것은 금(金)으로 상징합니다. 그것이 금이라는 현상이고 무형의 것입니다. 이렇게 망상과 잡념이 없는 순수한 마음, 즉 본성을 회복하면 생명 기능과 모든 세포에 수기(水氣)가 상승하는 현상이 발생합니다. 다시 말해 마음이 변함없이 움직이지 않을 때 이런 작용이 일어나지요. "금수이기(金水二炁)"의 이런 작용은 바로 환단 과정에서 발생합니다. 코에서 일어나는 호흡 작용은 거친 상태에서 미세한 상태로 변하고, 미세한 것으로부터 미약하게 변하고, 마침내 호흡이 정지한 것 같은 상태에 도달합니다.『참동계』에서는 이것을 "금으로 제방을 만든〔以金爲隄防〕" 것으로 비유하지요. 호흡의 기가 부동의 상태에 이르고 잡념과 망상 또한 부동의 경지에 도달하여, 마치 제방을 쌓아 그 속이 고요하여 움직임이 없는 것 같은 상태입니다.

수도 공부가 일체 외연을 끊고 내호흡마저 고요하여 정지된 것 같은 경지에 도달하는 이때가 바로 제방을 쌓은 것입니다. 달마 조사는 제방이라고 하지 않고 장벽(牆壁)이라고 했는데, 장벽은 안팎을 단절시키는 것입니다. 마음이 장벽으로 둘러싸인 것처럼 안에서 밖으로 나가지도 않고, 밖에서 안으로 들어가지도 못하게 된 것과 같다는 비유이지요. 안팎이라는 이 비유는 육체를 기준으로 삼아 눈을 감으면 안이고 눈을 뜨면 밖이라는 생각은 잘못입니다. 마음이 기준이 되어야 합니다. 이른바 "밖이 없이 크고 안이 없이 작은[大而無外, 小而無內]"[36] 마음을 체득해야 합니다.

비록 이때 마음이 장벽 같다고 해도 달마 조사는 이것은 도(道)가 아니고 단지 "도에 들어갈 수 있는[可以入道]" 것이라고 했습니다. 즉 도에 들어갈 수 있는 자격이 있다는 뜻이지요. 이 경지가 도가에서 말하는 환단(還丹)으로 비로소 반환(返還)이 시작되었다는 것입니다. 이것이야말로 진정한 제방입니다. 도가에서는 이를 모두 비유로 설명하는데, 화로에 화력이 충분하면 물은 증기가 된다는 것입니다. 이 비유를 인체 내부에서 보면 물이 증기로 변하는 것이 바로 연정화기, 연기화신의 단계입니다. 이어지는 주운양 조사의 설명은 다음과 같습니다.

"환단의 오묘한 작용은 시작부터 끝까지 철저하게 오직 금과 수 두 가지뿐이다."
(蓋還丹妙用, 徹始徹終, 只此金水二物)

주운양 진인은 수도 공부를 해서 장생불로, 환골탈태할 수 있는 것은 오직 금과 수의 작용에 의해서만 이루어진다고 말합니다. 어떤 책에서는 "지차(只此)" 대신 '사(些)' 자 하나만 있는데, 사(些)는 사실 차이(此二)라는 뜻이지요. 즉 이[此] 두 가지[二]라는 말입니다.

---

36 『여씨춘추(呂氏春秋)』 「하현(下賢)」 편에 나온다. 원문은 "其大无外, 其小无內, 此之謂至貴"이다.

화로 설치, 약물 채집, 화후

"화로와 솥을 설치하고, 약물을 채집하고, 화후로 약물을 다린다."
(建之卽爲爐鼎, 採之卽爲藥物, 烹之卽爲火候)

"건지즉위로정(建之卽爲爐鼎), 채지즉위약물(採之卽爲藥物), 팽지즉위화후(烹之卽爲火候)", 이 세 단계 모두 각각의 변화가 있지만 그 명칭은 다릅니다. 금과 수가 회전하기 시작하면 환단이 진행됩니다. 우리 생명에는 본래 이렇게 회전하는 현상이 있는데 그것을 화로와 솥을 설치한다고 비유하지요. 화로 위에 솥을 얹는 것입니다. 정좌 공부를 해서 환단에 이르는 과정은 약물을 약탕기에 넣고 화로에서 다리는 것과 같습니다. 이 약물이 약물로서 작용할 수 있게 잘 다려야 단약으로 변화합니다. 또 그 단약을 먹어야 장생불사할 수 있습니다. 사실 먹는 것만으로는 부족합니다. 우리가 음식을 계속 먹는 것과 마찬가지로 위장에서 화학작용이 일어나야 하지요. 그러므로 약을 채집하고 복식(伏食)을 하여 천천히 한 단계 한 단계, 마치 약을 솥에 넣고 화로의 불을 조절해서 다리듯이 소화해야 합니다. 이 작용은 오로지 화후에 의해서 이루어집니다. 밥을 할 때 센 불과 약한 불로 조절하는 것처럼 수도 공부에도 센 불과 약한 불처럼 공부가 구별됩니다.

그래서 도가에서는 재삼 강조해서 말합니다. 오직 구결만 전할 수 있을 뿐 화후는 전할 방법이 없다는 것입니다. 이것을 모르고 스승에게만 의지한다면 영원히 환단의 경지를 이룰 수 없습니다. 화후는 오직 자기 스스로 깨닫는 것입니다. 경우에 따라서 화후를 조절하는 데 스승을 넘어서 더 진보할 수도 있지요. 이는 오로지 자기 자신에게 달렸습니다. 스승이 가르치지 않아서가 아니라 가르칠 방법이 없습니다. 선종에서는 이것을 "때를 알고 양을 안다(知時知量)"고 합니다. 밥을 먹을 때 몇 숟가락을 먹으면 배가 부른지는 오직 밥을 먹는 사람만 아는 것과 같습니다.

지금 우리는 금과 수 이기(二炁)의 환단에서 정로(鼎爐) 약물(藥物) 화후(火候)의 세 단계에 대해 말했는데, 가장 중요한 공부는 모두 이 세 단계의 과정에 있습니다. 단계마다 다른 현상이 나타나기 때문에 수준도 다르고 명칭도 다르고 작용도 다릅니다. 중요한 것은 이런 차이를 오직 자신이 직접 스스로의 지혜와 총명으로 이해해야 한다는 것이지요. 수도 공부는 일정한 틀에 갇혀 있지 않습니다. 성실한 실천 수행도 중요하지만 공부의 원리도 잘 알아야 합니다. 반대로 원리만 알고 실천이 부족하면 그 또한 성공할 수 없지요. 참으로 쉽지 않습니다.

앞에서 말한 정로, 약물, 화후 외에 추(抽)와 첨(添)의 운용이 매우 중요합니다. 그것을 주운양 조사는 다음과 같이 말했습니다.

"그리고 탈태 신화는 추와 첨의 운용에 달려 있다."

(乃至抽添運用, 脫胎神化, 無不在此)

"내지추첨운용(乃至抽添運用), 탈태신화(脫胎神化), 무불재차(無不在此)", 여기에서 "추(抽)"는 빼는 작용이고 "첨(添)"은 보태는 작용입니다. 환단의 세 단계에서 언제 빼고 언제 보탤지를 제대로 아는 것이 중요하다는 말이지요. 예를 들어 불가에서 참선 공부를 하는 사람이 정좌를 할 때 당연히 심념이 청정해야 하는데, 참으로 심념이 청정한 공(空)의 경지에 이르렀을 때에도 지나치면 문제가 생깁니다. 그래서 수행 공부에 지(止)와 관(觀)이 있습니다. 지(止)는 공의 경지에 도달하는 것인데, 만약 공의 경지에 이르렀다면 적절한 때 관(觀)의 공부를 해야 합니다. 공의 경지에 지나치게 머물지 말고 지혜로써 관찰하는 공부로 전환해야 한다는 것이지요.

이러한 추와 첨의 운용의 오묘함은 마치 악비(岳飛) 장군의 용병술과 같습니다. 즉 "운용의 오묘함은 일심에 달려 있습니다[運用之妙存乎一心]." 수도 공부의 운용은 오직 공부하는 그 사람 자신에 달려 있지 설령 신선이라 해도 도울 수 없습니다. 예를 들어 건강을 위해 운동을 할 때도 동공(動功)과 정공(靜功)을 적절하게 운용하는 것이 중요합니다. 오직 가부좌를 틀고 정좌만 한다고 해서 좋은 것도 아니고, 반대로 정좌는 하지 않고 권법만 수련한다고 해도 좋을 것이 없지요. 때로는 정좌해서 고요한 공부를 해야하고, 때로는 권법을 연마해서 움직이는 공부를 함으로써 중용을 찾아야 합니다. 여기에서 진일보하면 "탈태신화(脫胎神化)"를 말할 수 있습니다. 즉 환골탈태이지요. 우리의 육신은 거짓된 것입니다. 잠시 빌려 입는 옷과 같지요. 도가에는 "가짜를 빌려서 진짜를 수련한다[借假修眞]"는 말이 있습니다. 이 육신을 변화시킴으로써 수도 공부를 한다는 뜻입니다.

후대에 송명 이학가(理學家)들도 이것을 공부했습니다. 불가와 도가로부터 정좌하는 방법을 배워서 유학의 공부법을 만들었지요. 예를 들어 도가의 환골탈태를 기질변화(氣質變化)라는 이름으로 바꾸었습니다. 송명 이학 또한 공리공담은 아닙니다. 기질은 추상적인 것이 아니라 구체적인 것이고, 한 사람의 기질이 변화한다는 것은 정말 쉽지 않지요. 환골탈태 같은 어려움이 있어야 비로소 가능합니다. 말하기 좋아하고 수다스러운 사람이 과묵하고 조용한 사람으로 변하는 것, 생각이 많고 잡념으로 혼란스러운 사람이 고요하고 안정된 사람으로 변하는 것이 바로 기질변화입니다. 태어날 때 가지고 왔던 기질을 후천적 노력으로 변화하는 것이 바로 탈태(脫胎)이지요.

그러나 기질변화를 이룬 것만으로는 아직 신으로 변화하는 신화(神化)의 경지에 도달한 것은 아닙니다. 신화의 경지는 "삼계 밖으로 벗어나 오행 속에 있지 않는[跳出三界外, 不在五行中]" 것입니다. 저는 단지 학문적으로만 여러분에게 말하는 것이지만 제가 수십 년 연구한 바에 따르면 신화의 경지는 확실히 실제로 존재합니다. 천 명, 만 명이 수도 공부를 하지만 실제로 성공하는 것은 정말 어렵습니다. 그러나 어렵기도 하고 극히 소수이기는 하지만 없지는 않습니다. 이 세상에 이런 사람이 존재하는 것은 확실합니다. 이것은 속임수가 아니라 과학입니다.

그래서 우리는 이 공부를 생명 과학이라고 부릅니다. 다만 물질적 과학과는 다르지요. 이 공부는 쇠나 나무 같은 물질을 다루는 것처럼 쉽지가 않습니다. 외부 물질을 인식하는 시선을 안으로 돌려 나 자신을 연구하는 것입니다. 나 자신을 화학 약품 같은 물리적 도구처럼 연구하는 것이지요. 그러므로 이 공부를 하기가 더 어렵습니다. 제가 늘 말하듯이 세계를 정복할 수는 있어도 자기 자신을 정복하는 것은 거의 불가능합니다. 자기 자신을 정복하는 사람이 바로 성인(聖人)입니다. 즉 도를 성취한 사람이지요. 신선과 부처가 아니고는 자기 자신을 정복하는 것은 불가능합니다.

마음의 제방을 먼저 세워야 한다

"수도 공부를 하는 사람은 당연히 먼저 해야 할 것과 나중에 할 것을 알아야 한다. 제방이 세워지지 않고는 금과 수를 쓸 수 없다."
(學道之士, 當知所先後, 未有隄防不立, 而得金水之用者也)

그러므로 "학도지사(學道之士), 당지소선후(當知所先後), 미유제방불립(未有隄防不立), 이득금수지용자야(而得金水之用者也)" 즉 불도를 배우는 사람들을 포함해 수도 공부를 하는 사람은 생명의 진제(眞諦)는 하나이지 둘이 될 수 없음을 알아야 합니다. 서양 철학을 빌리면 진리는 하나이고 둘이라면 진리라고 하지 않지요. 그래서 불가에서는 둘이 아닌 진리의 문이라는 뜻으로 불이법문(不二法門)이라고 합니다. 각각의 교조(教祖), 지역, 시대, 대상에 따라 표현하는 이름이 다르고 말하는 것이 다를 뿐이지요. 그래서 수도 공부를 하는 사람은 먼저 할 것과 나중에 할 것의 순서를 잘 알아야 합니다. 『대학』에는 "먼저 해야 할 것과 나중에 해야 할 것을 알면 도에 가깝다〔知所先後則近道矣〕"는 말이 있습니다. 수도 공부가 어느 단계에 이르더라도 모두 화후와 관련이 있습니다. 어떤 것을 먼저 하고 어떤 것을 나중에 할 것인지와 관련 있다는 것이지요.

지금 우리는 어떻게 제방을 세워야 안팎을 단절할 수 있는지를 말하고 있습니다. 여러분은 정좌 공부든 염불 공부든 십 수 년 이상을 했지만 모두 제방이 세워지지 않았습니다. 정좌를 해서 몰입해 있어도 누군가 옆에서 말하거나 움직이면 바로 따라서 움직이게 되지요. 나와 남을 단절하는 제방이 존재하지 않습니다. 그래서 "마음이 장벽 같아야 도에 들어갈 수 있다〔心如牆壁, 可以入道〕"는 말을 실천하지 못합니다. 마치 솥에 구멍이 나서 물이 새는 것처럼 아무리 해도 단(丹)을 단련할 수 없습니다. 그래서 불가에서 "유루지인(有漏之因)"이라는 말이 있지요.

달마 조사가 중국에 이르러 양무제를 만났습니다. 당시 양무제는 신심이 깊어 거대한 사찰을 여러 곳에 건립했기 때문에 달마 조사에게 공덕이 크다고 인정받으리라 생각했지요. 그러나 달마 조사는 양무제에게 그런 것은 공덕이 적고 기껏해야 "유루지인"에 불과하다고 했습니다. 유루(有漏)라는 것은 아무리 천상에 태어난다고 해도 윤회를 면할 수는 없는 중생의 세계입니다. 인연이 다하면 다시 천상에서 인간으로 태어나고, 또는 축생으로 윤회할 수도 있습니다. 그러나 수도 공부는 무루(無漏)의 과보를 닦는 것입니다.

여기에 있는 우리를 포함해서 수많은 사람이 수도 공부를 좋아하면서도 평생 세속의 욕심을 버리지 못합니다. 어떤 사람은 황제도 하고 싶고, 높은 지위에 오르고 엄청난 재산도 갖고 싶어 합니다. 좋기로 말하면 아버지는 재상이고 자식은 제후가 되지만, 자신은 집 앞에서 다리 틀고 앉아 평생 하는 일 없이 놀면서 사는 것이지요. 수도 공부를 한다는 사람들 대부분이 이 모양입니다. 속으로는 세속의 욕심이 가득하면서도 말로만 중생을 구제한다고 하고 세상을 구한다고 하지요. 이런 사람은 평생 수도해도 성공하지 못합니다. 자신의 마음에 제방이 없기 때문입니다. 그래서 위백양 진인은 『참동계』에서 "쇠로 제방을 만든다[以金爲隄防]"고 했습니다. 이 말은 정말 중요합니다. 쇠가 무엇인지는 아래에서 살펴보겠습니다.

깊이 잠든 영사를 깨우다

"감괘 중의 금은 본래 안에 잠복해 있다. 그러나 안에 있는 것은 밖으로 나오지 않을 수 없다."

(坎中之金, 本伏處而在內, 然內者不可不出)

이것은 전부 음양오행과 팔괘의 원리로 설명합니다. 『역경』을 공부해 본 사람은 알 것입니다. "리중허(離中虛), 감중만(坎中滿)", 감괘(☵)는 상효와 하효가 음효이고 가운데 효가 양효인데, 중간이 차 있다는 뜻으로 감중만(坎中滿)이라고 합니다. 그렇다면 "감중지금(坎中之金)"은 무엇을 말할까요? 오행의 원리에 따르면 금생수(金生水) 즉 금은 수를 낳습니다. 그러므로 감괘 가운데의 금은 수중금(水中金) 즉 수 가운데의 금입니다. 명리학을 공부한 사람들은 납갑(納甲) 외에 납음(納音)이 있다는 사실을 알 것입니다. 갑자(甲子) 을축(乙丑)은 해중금(海中金) 즉 바다 속의 금입니다. 이런 것은 아무렇게나 만든 것이 아니라 과학입니다. 물리, 화학을 포함한 일종의 생명 과학이지요. 여러분이 이런 음양의 변화를 이해하면 명리(命理)도 잘 알게 됩니다.

이 세상에는 수금(水金)도 있고 사중금(砂中金)도 있고 광중금(礦中金)도 있습니다. 이 밖에 여러 가지 금이 있지요. 감중금(坎中金)은 어떤 이치일까요? 우리 신체에 있는 감중지금(坎中之金) 즉 수(水) 가운데의 금은 바로 허리 아래입니다. 하체의 생명이 바로 감괘에 속하기 때문이지요. 남녀 불문하고 다 하체에 금이 들어 있습니다. 이 금은 파괴되지 않는 견고한 것으로서 장생불사의 약입니다. 우리 인간은 욕계(欲界)의 생명이기 때문에 인체의 하부에서 태어납니다. 인체에서는 하체가 바다요 물에 해당하지요. 밀종과 요가에서도 우리 생명의 근원이 바로 해저(海底)에 있다고 말합니다. 보통 사람은 수련을 하지 않기 때문에 이 해중금(海中金)이 영원히 일어나지 않습니다. 다만 성적 욕망이나 성관계와 함께 아래로 흘러가 버리지요. 결국 음문(陰門)에 들어가고 죽음에 이르면 사라져 버립니다. 이 수 가운데의 금을 일으켜 양문(陽門)으로, 하늘로 진입하고 승화하지 못하는 것입니다. 이 금은 사람이 죽으면 없어집니다.

금을 설명하면서 "본복처이재내(本伏處而在內)"라고 했는데 여기서 "복(伏)"에 주의해야 합니다. 시종 잠복해 있기만 할 뿐 머리를 들고 일어나지 못한다는 말입니다. 그래서 인도 요가에서는 영사(靈蛇) 즉 쿤달리니라고 부르는 뱀을 그려 놓았습니다. 중국 도가에서도 검은 거북이〔烏龜〕나 뱀을 그리지요. 이 신령스러운 뱀인 영사(靈蛇)는 속에 잠복해서 감추어진 채 잠들어 있을 뿐 머리를 들고 일어나지 못합니다. 만약 머리를 들고 일어나면 우리의 생명이 바로 변하게 될 것인데 말입니다.

그러므로 감괘 가운데의 금은 "본래 안에 잠복해 있"지만 "안에 있는 것은 밖으로 나오지 않을 수 없습니다〔然內者不可不出〕." 수도 공부를 하면서 우리 신체에 본래 내재한 약물을 이끌어 내는 것을 환단(還丹)이라고 합니다. 그러나 애석하게도 불가에서 범부(凡夫)라고 하는 보통 사람들은 평범하게 살다가 평범하게 죽으니 한평생을 살아도 본래의 약물을 이끌어 내지 못합니다.

환단이란 바로 감(坎) 속에 잠복해 있는 금을 이끌어 내는 것입니다. 자신이 해저에 숨어 있는 이것을 낚시질해서 끌어 올려야 하지요. 이것이 바로 "연내자불가불출(然內者不可不出)"이라는 것입니다. 낚시질해서 끌어내는 방법은 많습니다. 도가는 도가대로, 밀종은 밀종대로 독특한 방법을 씁니다. 다만 평범한 사람은 저 바다 밑 해저에 잠복해 있도록 방치할 뿐이지요. 그것은 계속 잠들어 있기 때문에 한 번도 깬 적이 없습니다. 한 번이라도 깨어 일어난다면 바로 신선을 이루고 부처가 될 수 있을 텐데 말입니다.

밖으로 누설되는 것을 막는 제방

"금단의 작용은 반드시 먼저 방제를 세워야 한다. 육문을 굳게 잠가야 원기가 밖으로 누설되지 않는다."

(金丹作用, 必須先立隄防, 牢鎭六門, 元氣方不外泄)

"금단작용(金丹作用), 필수선립제방(必須先立隄防), 뇌진육문(牢鎭六門), 원기방불외설(元氣方不外泄)", 육문(六門)이란 감각 기관과 생각 작용을 말합니다. 불교에서는 육근(六根)이라고 해서 안이비설신의(眼耳鼻舌身意)를 가리키지요. 이 육근이 여섯 가지 대상인 육경(六境)을 만나면 육식(六識)이 이루어집니다. 예를 들어 안근(眼根)은 색(色)이라는 대상을 만나 안식(眼識)이 이루어집니다. 그러므로 육근과 육경을 단절해서 육식이 일어나지 않게 하는 것이 바로 달마 조사가 말한 "마음을 장벽처럼[心如牆壁]" 하는 것입니다. 또 "육문을 굳게 잠근다[牢鎖六門]"는 말 역시 마음에 장벽을 세워 외물의 유혹을 막는다는 뜻입니다. 진정으로 수도 공부를 하는 사람이라면 이렇게 외물의 유혹으로부터 완전히 벗어날 수 있어야 합니다. 원기를 누설하는지 아닌지는 오로지 육문을 잘 잠글 수 있는가에 달려 있지요.

어떤 사람은 무념(無念)이 불가능하다고 말합니다. 그러나 여러분이 그냥 무념의 상태에 도달하려고 한다면 어떤 공부도 다 소용이 없습니다. 바로 무념에 도달하려고 하는 생각이 활짝 열려 있기 때문이지요. 여러분은 항상 공(空)에 도달하려고 하고, 무념에 이르려고 하고, 어떤 경지를 이루려고 합니다. 그러나 이렇게 무엇을 이루려고 하는 마음이 바로 육문 중에서 의문(意門) 즉 의근을 활짝 열어놓는 것입니다. 이것은 신선이 되겠다, 부처가 되겠다, 도를 깨닫겠다, 입정에 들겠다, 지혜를 증득하겠다고 하는 마음이 있는 것도 해당됩니다. "금단(金丹)"을 이루겠다고 생각하는 만큼 마음에서는 밖으로 누설되고 있지요. 모두가 유루지인(有漏之因)이 될 뿐입니다. 제가 늘 여러분에게 정좌하려고 앉아 있다면 육근을 닫고 그냥 앉을 뿐이라고 말하는 것입니다.

"리괘 중의 수는 쉽게 넘쳐서 밖으로 흘러나올 수 있다. 그러나 밖에 있는 것은 안으로 들어가지 않을 수 없다. 제방이 세워지면 범람하지 않아서 진정이 다시는 누설되지 않고 자연스럽게 유영하듯 화로에 들어간다."
(離中之水, 易泛濫而在外, 然外者不可不入, 隄防旣立, 不許泛濫, 眞精無復走漏, 自然優游入爐)

"리중지수(離中之水), 이범람이재외(易泛濫而在外)", 앞에서는 감괘 가운데의 금을 말했는데, 그것은 곧 수(水) 가운데의 금이라고 했습니다. 먼저 수중지금(水中之金)에 대해 말하면 수는 유동성이 큰 것을 의미합니다. 마

치 감각 기관이나 사유 작용 같은 우리의 육근이 밖으로 흘러 내달리는 것과 마찬가지입니다. 그러므로 육근의 문을 막아 움직이지 않고 밖으로 흐르지 않는 가운데 적연부동(寂然不動)하도록 수 가운데의 금을 세워야 합니다. 즉 방제를 만들어야 하지요. 주운양 조사는 이렇게 먼저 수 가운데의 금에 대해 설명하고 이제 리괘 중의 수에 대해 말하고 있습니다. 바로 화(火) 가운데의 수입니다.

리괘는 태양을 상징하고 화(火)를 대표합니다. 우리 신체에서는 눈에 해당하지요. 리괘는 가운데가 텅 비어 중간이 공(空)입니다. 그러므로 신체 내부에서는 심장을 나타냅니다. 불 속의 물은 쉽게 범람합니다. 물이 불속에 있으면 증발하기도 하고 넘치기도 쉽지요. 그러나 이렇게 밖으로 넘치는 것을 다시 안으로 들어가게 해야 합니다. 그것을 "연외자불가불입(然外者不可不入)"이라고 했는데, "그러나 밖에 있는 것은 안으로 들어가야 한다"는 뜻이지요. 화(火) 가운데의 수(水)는 바로 우리의 생각입니다. 특히 욕념(欲念)은 쉽게 밖으로 흘러넘칩니다. 화는 생명의 불꽃을 상징합니다. 남녀를 막론하고 청춘기에는 욕념이 넘치는데, 정력이 왕성하고 발산하면 쾌감을 느끼지요. 그러니 더욱더 욕망을 분출하게 되어 있습니다. 수도 공부를 한다는 것은 결코 욕념을 억제하는 것이 아니라 바로 승화하는 것입니다. 만약 욕념을 승화할 수 있다면 욕망을 발산하는 것보다 훨씬 큰 쾌감을 느낄 수 있습니다. 그러니 외부로 흘러넘친 것을 다시 안으로 되돌려야 합니다. 그렇게 하지 않으면 어떻게 승화할 수 있겠습니까.

주운양 조사는 그것을 "제방기립(隄防旣立), 불허범람(不許泛濫)"이라고 했습니다. 즉 제방을 잘 세우면 밖으로 범람하지 않고 밖으로 흐르지 않습니다. 이때 외부에 누설되지 않는 것은 우리가 보통 말하는 정자나 호르몬이 아니라 바로 '진정(眞精)'입니다. 그런 경계에 이를 때 내면에 있는 찬란한 광명이 보입니다. "진정무부주루(眞精無復走漏)", 눈을 뜨나 감으나 신체 내부가 빛을 발하는 것을 알 수 있는데 해나 달, 전등의 빛이 아니라 스스로 빛난다는 것을 알게 됩니다. 이 진정(眞精)은 장엄하게 빛나니 자연히 새어나가지 않습니다.

"자연우유입로(自然優游入爐)", 자연스럽게 유영하듯이 화로에 들어갑니다. 말 그대로 자연스럽게 들어가지요. 외공이든 내공이든 단공(丹功)이든 심지어 합마공(蛤蟆功)이든 어떤 기공도 수련할 필요가 없습니다. 지금 세상에는 개나 소나 모두 무슨 공법(功法)을 들고 나와서 수련한다고 합니다. 그들 모두 책을 써서 보냅니다. 저도 받아 본 것이 적지 않은데 한결같이 자기 공법, 자기 기공이 독특하다고 선전합니다. 그러나 참으로 불사(不死)의 도를 얻는 것은 마치 물속을 유영하듯이 매우 자연스럽습니다. "우유입로(優游入爐)", 자연스럽게 그 경지를 증명합니다. 어떤 작위나 인위적 노력이 아니라 자연 그 자체로 되어야 합니다. 공(功)이니 기공(氣功)이니 하는 것이 무슨 소용 있습니까. 사람을 괴롭히기만 할 뿐입니다!

제50강

수, 화, 토는 서로 포함한다

앞에서 주운양 조사의 '감괘 중의 금'과 '리괘 중의 수'의 원리를 설명했는데 이것은 모두 형용하는 말입니다. 앞 강의에 이어서 설명하겠습니다.

"그러므로 (참동계에서) '금으로써 제방을 삼으니 수가 들어와 자유롭게 흐른다'고 하였다. 금과 수는 둘 다 본래 그 속에 무토와 기토를 저장하고 있다. 토의 생수는 오이고 성수는 십이다."

(故曰, 以金爲隄防, 水入乃優游, 金水兩物之中, 本藏戊己二土, 土之生數得五, 成數得十)

"고왈(故曰), 이금위제방(以金爲隄防)"에서 금(金)은 성(金) 즉 본성을 상징합니다. "수입내우유(水入乃優游)"는 수(金)가 들어와서 자유롭게 노닌다는 뜻으로, 이 두 구절의 원문은 주운양 조사가 모두 설명했는데 아직다 끝나지 않았습니다. 그는 "금수양물지중(金水兩物之中), 본장무기이토

(本藏戊己二土)" 즉 금과 수가 각각 무토와 기토를 저장하고 있다고 했습니다. 이것은 음양오행의 원리로, 금과 수 속에 모두 토를 저장하고 있다는 말이지요. 여러분 중에 음양오행의 명리학을 배운 사람이 있다면 이 원리를 잘 알 것입니다. 십이지지는 자, 축, 인, 묘, 진, 사, 오, 미, 신, 유, 술, 해인데 이 중에서 자(子)는 계수(癸水)뿐입니다. 지지의 한 글자에는 한 가지가 포함되기도 하고 때로는 두세 가지를 포함하기도 합니다. 명리학을 공부하면 단지 자(子)에는 계수만 있다는 것을 외울 뿐 왜 그렇게 되는지 원리를 연구하지 않습니다. 가령 축(丑)에는 수와 금과 토, 즉 계(癸) 신 (辛) 기(己)가 다 들어 있습니다. 이것은 어떤 원리일까요? 명리(命理)를 통해 사람의 운명을 보는 것은 함부로 말해서는 안 됩니다. 구업(口業)을 짓는 일이고, 사람에게 마음의 상처를 크게 줄 수도 있지요. 수십 년을 관찰해 보니 함부로 남의 운명을 본 사람은 대개 결과가 좋지 않았습니다.

"토지생수득오(土之生數得五), 성수득십(成數得十)", 토의 생수(生數)는 오이고 성수(成數)는 십이라는 말을 이해하려면 『하락이수』를 잘 알아야 합니다. 천일생수(天一生水), 지이생화(地二生火) 등의 원리를 알아야 한다는 말이지요. 토의 수는 오인데, 오라는 수는 중간 수에 해당합니다. 무토 (戊土)와 기토(己土)는 각각 오인데 합하면 십이 됩니다. 이런 것을 음양가에서는 납갑(納甲)이라고 하는데, 『역경』을 배우면 음양이 납갑의 이치라는 것을 알아야 합니다.

"감괘 중의 금은 무를 납하니 그 십 중에서 오를 얻고, 리괘 중의 수는 기를 납하여 역시 십 중에서 오를 얻는다. 그래서 두 개의 토를 합하면 규를 이룬다."
(坎中之金納戊, 是得其十數之五也, 離中之水納己, 是亦得其十數之五也, 二土合而成圭)

"감중지금납무(坎中之金納戊)", 앞에서 감괘는 수로서 감괘 속의 금은 곧 수의 금이라고 했습니다. 그런데 금은 무토(戊土)의 작용을 포함합니다. 이것은 중국의 원시적 사고방식으로, 세계에서 가장 오래된 일종의 물리학이며 화학입니다. 영국의 조지프 니덤이 쓴 『중국과학발전사(中國科學發展史)』[37]를 보면 중국의 고대 과학에 대해 매우 존중하고 있습니다. 정말 놀라운 과학이라는 것이지요. 하지만 오늘날에는 그 원리도 모르고 연구도 하지 않습니다. 단지 명리를 공부하는 사람들이 몇 가지 원리를 외워서 쓰고 있을 뿐이지요.

중국 고대의 납갑은 모두 과학적 원리로 이루어져 있습니다. 『화엄경』에서 보이는 중중무진(重重無盡) 법계의 이치와 통합니다. 『역경』으로 말하면 만물에는 각각 음양이 있고, 음양마다 그 속에 자연히 태극을 형성하고 있다는 것입니다. 만물이 각각 태극을 형성하고 있고 각각 하나의 천지를 이루고 있습니다. 즉 첩첩이 겹쳐진 가운데 서로 얽혀 있는 중중무진한 세상입니다. 그래서 "감괘 중의 금은 무를 납한다"는 것은 삼중의 관계입니다. "시득기십수지오야(是得其十數之五也)"는 그 십 중에서 오를 얻는다는 뜻으로, 십 수의 반을 얻는 것이라고도 하지요. "리중지수납기(離中之水納己)"는 리괘 중의 수(水)는 기(己)를 납한다는 뜻으로, 화(火) 중의 수(水)에 기기(己)가 있다는 말입니다. 무와 기는 모두 토에 속합니다. "시역득기십수지오야(是亦得其十數之五也)", 십 중에서 오를 얻습니다.

"이토합이성규(二土合而成圭)", 그러므로 두 개의 토인 무토와 기토를 합하면 "규(圭)"라는 글자가 이루어집니다. 토를 위 아래로 쌓아 놓으면 규(圭) 자가 된다는 말이지요. 규는 중국 고대의 가장 귀한 기물로 알려져 있

---

[37] 대만에서는 『中國科學技術史』(영어판 *Science and Civilization*)라는 이름으로 출판되었다. 국내에서는 을유문화사와 까치에서 『중국의 과학과 문명』으로 출판되었다.

는데, 한당(漢唐) 시대에는 조홀(朝笏)이라고 불렀습니다. 조홀은 규가 변해서 이루어졌는데, 보통 문학에서는 '규얼(圭臬)'이라고 하여 가장 신성하고 고귀한 법도(法度)를 상징합니다.

금수의 신과 기는 조화를 이루어야 한다

"양현의 기는 한 달을 충족하여 둥글다. 그러므로 (참동계에서) '금의 숫자는 십오이고 수의 숫자도 같은 십오이다'라고 하였다. 제방이 이루어지니 바야흐로 화로의 작용이 시작된다. 화로에서 배합하는 것은 여전히 금과 수이나 수량과 분수는 조금의 착오도 있어서는 안 된다. 진수와 진금은 반드시 균형이 맞아야 한다."

(兩弦之炁, 恰好圓足, 故曰, 金數十有五, 水數亦如之, 隄防旣立, 方及臨爐之用, 臨爐配合, 仍舊是金水二物, 但銖兩分數, 纖毫不可差錯, 眞水眞金, 二者須要適均)

"양현지기(兩弦之炁), 흡호원족(恰好圓足)", 여기에서 양현(兩弦)은 우리가 알고 있듯이 상현달과 하현달 즉 보름달 전 십오 일과 보름달 후 십오 일을 말합니다. "그래서 금의 숫자는 십오이고 수의 숫자도 십오이다. 제방이 이루어지니 바야흐로 화로의 작용이 시작된다(故曰, 金數十有五, 水數亦如之, 隄防旣立, 方及臨爐之用)"고 말했습니다. 십오 일 반달과 십오 일 반달이 형성되는 것은 몸과 마음이 세워져 심념이 완전히 청정해지고 호흡이 아무 제한 없이 순환하여 응지(凝止)하는 경지에 도달하는 것을 상징합니다.

호흡은 생리 현상에 속합니다. 사대(四大)의 합으로 이루어진 우리 몸의 생명은 무엇일까요? 바로 기(氣)입니다. 사대 중에서 풍대(風大)라고 하는 것이지요. 한 호흡의 기가 들어오지 않으면 사람의 생명은 끝나고 맙니다.

그러므로 이 육신의 생명은 기(氣)에 있습니다. 그런데 기는 호흡이 아닙니다. 이 호흡의 기는, 기의 삼중적 구조 중에서 세 번째에 해당하는 외형일 뿐, 기의 본래 모습이 아니라는 것이지요. 수도 공부는 반드시 이 생명의 기를 돌려야 하기 때문에 원기(元炁)라고 부릅니다. 이렇게 되면 생각이 청정해지고 망념이 없어져 청정한 경지로 돌아가는데 이것을 "원신(元神)"이라고 합니다. 신(神)과 기(氣)가 반으로 나뉘어 서로 결합하려고 하지만 아직 이루어지지 않았습니다. 하지만 이미 제방을 세웠지요. 이것을 "바야흐로 화로의 작용이 시작된다〔方及臨爐之用〕"고 말합니다.

"임로배합(臨爐配合), 잉구시금수이물(仍舊是金水二物)", 화로에서 배합하는 것은 여전히 금과 수 두 물질이라는 뜻입니다. 이렇게 해서 수도 공부가 원숙한 경지에 이르면 신(神)과 기(氣)의 결합이 완성됩니다. 마음과 호흡이 서로 의지하는 심식상의(心息相依)의 경지입니다. 다만 이 경지에 이르는 과정은 아주 세밀합니다. 그래서 "수량과 분수는 조금의 착오도 있어서는 안 된다〔但銖兩分數, 纖毫不可差錯〕"고 강조했지요. 정말 주의해야 합니다. 이 단계에서의 수도는 참으로 신중하고 조심해야 합니다. 천태종의 육묘문(六妙門) 공부가 수식관(數息觀)으로 시작하는 것과 같습니다. 한 번 숨을 내쉬고〔呼〕 한 번 숨을 들이쉴〔吸〕 때 숫자를 세는데, 그 과정에 많은 방법이 있습니다. 그들은 앉아서 호흡의 숫자를 세는데 숫자가 천 번에 이르면 기공 수련으로 변합니다. 호흡은 생멸법입니다. 들이쉬면 반드시 내쉬어야 하고 내쉬면 반드시 들이쉬어야 합니다. 수없이 많이 들이쉬고 내쉬는 것은 무슨 의미가 있을까요? 여전히 한 호흡의 왕복일 뿐입니다.

왜 수식관을 할까요? 수식관의 의미는 어디에 있을까요? 그것은 일종의 조정이고 임시로 사용하는 것입니다. 일반 학자들은 이해하지 못합니다. 송나라 때 육방옹(陸放翁)이라는 유명한 시인이 있었는데 그는 "한 번 앉으면 천을 세는 수식을 한다〔一坐數千息〕"고 했습니다. 이것은 무슨 소용이 있을까요? 육방옹은 일흔여덟까지 살았습니다. 어쨌든 장수한 셈이지요. 그러나 저는 이렇게 생각합니다. 그가 수식을 하지 않았더라도 그 수명을 누릴 수 있었을 것이라고요. 이것이 무슨 말이냐 하면 단지 기공만 수련할 뿐 마음을 도외시하는 공부는 소용이 없다는 뜻입니다. 어떤 사람은 염불을 하거나 관심법을 수련할 뿐 기공에는 전혀 관심이 없습니다. 이것도 잘못되었지요. 기공을 수련하지 않아서 몸을 잘 추스르지 못하는 것도 문제입니다. 일평생 수련 공부를 해도 소용이 없지요. 도가 용어를 빌려 말하면 단지 성(性)만 닦을 뿐 명(命)을 닦지 않으면 소용이 없습니다. 반대로 명만 닦고 성을 도외시하는 것 역시 소용이 없지요. 지금 주운양 조사는 성과 명을 신(神)과 기(氣)로 바꾸어 설명하고 있습니다.

"진수진금(眞水眞金), 이자수요적균(二者須要適均)", 진수와 진금은 반드시 균형이 맞아야 한다는 말은 금과 수가 조화를 얻어야 한다는 것으로 바로 화후를 말합니다. 많은 젊은이가 선종을 닦으려고 하면서 선종에는 공부가 없다고 합니다. 저는 이렇게 말하지요. 여러분이 선종의 어록을 보면 이해할 수 있나요? 중국어도 못 읽고 잘 쓰지도 못하면서 선종의 어록을 이해할 수 있을까요? 예를 들어 임제종의 임제 선사가 말한 사료간이나 조동종의 오위군신(五位君臣)[38]은 도가에서 말하는 "수량과 분수는 조금의 착오도 있어서는 안 된다"는 말과 같은 뜻입니다. 그래서 임제 선사는 어떤 때는 주인으로 손님을 삼고[讓主做賓], 어떤 때는 손님으로 주인을 삼는다[讓賓做主]고 했습니다. 손님과 주인은 서로 대립하는 두 가지 경계입니다. 모두 수도 공부의 경계이지요. 단순한 뜻이 아닙니다. 도가든 선종이든 곳곳에서 공부를 말했습니다만 일반인이 이해하지 못할 뿐이지요.

---

38 동산 양개(洞山良价)의 정편오위(正偏五位)를 그의 제자 조산 본적(曹山本寂)이 임금과 신하에 비유한 것이다. 정중래(正中來)를 군(君), 편중지(偏中至)를 신(臣), 편중정(偏中正)을 신향군(臣向君), 정중편(正中偏)을 군시신(君視臣), 겸중도(兼中到)를 군신도합(君臣道合)에 비유했다.

신과 기의 조화의 진실한 뜻

"지나쳐서도 안 되고 또한 모자라서도 안 된다. 그러므로 수는 오 푼에 그쳐서 남거나 넘치는 것을 막아야 하니 너무 지나쳐서는 안 된다. 금 또한 오 푼이 되어야 한다. 무게가 최초의 수량과 같아야 하니 미치지 못해서는 안 된다. 금과 수가 그 진실한 모습을 회복하면 스스로 진토가 발생하여 그 사이에서 조화롭게 한다."

(不可太過, 亦不可不及. 故水止于五分, 當防其有餘而泛濫, 不可太過也. 金亦須五分, 當重如原初之銖兩, 不可不及也. 金水二者, 旣得其眞, 自有眞土, 調和其間)

"불가태과(不可太過), 역불가불급(亦不可不及). 고수지우오푼(故水止于五分), 당방기유여이범람(當防其有餘而泛濫), 불가태과야(不可太過也)", 수(水)가 너무 많으면 안 되는데, 넘쳐흐르는 것은 지나치게 많은 태과(太過)이기 때문입니다. 어떤 사람이 자기가 내단공(內丹功)이니 합마공(蛤蟆功)이니 하는 기공을 수련했다고 자랑하면서 지금은 다른 기공을 한다고 했습니다. 그래서 제가 말했습니다. 당신은 너무 많은 기공을 배운 것이 문제여서 탈이 날 수도 있습니다. 왜 그럴까요? 너무 많이 배웠기 때문입니다. 태극권이든 소림권이든 너무 지나치면 문제가 생깁니다. 물론 충분히 배우지 못한 것도 문제이지요. 수도 공부 역시 마찬가지입니다. 진기(眞氣)가 넘쳐나는 것은 막아야 합니다. 단이 누설되고 범람하면 문제가 생길 수 있지요. 금(金)도 마찬가지입니다. 심념(心念)의 청정함이 지나쳐서 전혀 움직이지 않으면 백치가 되는 것이니 이것도 정상이 아닙니다.

그래서 주운양 조사는 "금역수오푼(金亦須五分), 당중여원초지수량(當重如原初之銖兩)"이라고 했습니다. "금 또한 오 푼이 되어야 한다. 무게가 최초의 수량과 같아야 하니 미치지 못해서는 안 된다"는 뜻입니다. 이렇게 해서 수와 금이 똑같은 분량으로 합쳐져 십(十)이 됩니다. "불가불급야(不可不及也), 금수이자(金水二者), 기득기진(旣得其眞)", 진실한 경지에 이르러야 합니다. "자유진토(自有眞土), 조화기간(調和其間)", 그 속에서 자연히 진토(眞土)가 발생합니다. 제가 말하는 진토는 진의(眞意)입니다. 진의는 망상도 아니고 집착도 아니고 생각도 아닙니다. 그냥 자연히 알게 되는 것이지요. 이 진의는 서양 철학의 직각(直覺, intuition)이 아니라는 것에 주의해야 합니다. 직각은 여전히 의식의 경계이기 때문입니다. 진토 즉 진의는 자연스럽게 아는 것입니다. 바로 『중용』에서 말하는 "불사이득(不思而得), 불면이중(不勉而中)"입니다. "의도적으로 생각하지 않아도 알 수 있고 애쓰지 않아도 저절로 적중한다"는 말입니다. "그 사이에서 조화롭게 한다〔調和其間〕"는 말은 바로 이런 원리이지요.

"리괘 중에 기를 납하니 그 오 푼의 수는 곧 기토요, 감괘 중에 무를 납하니 그 오 푼의 금은 곧 무토이다. 금과 수를 드니 그 가운데 진토가 있다. 무토와 기토를 중앙에 모으니 각각 오 푼의 무게가 적합하다. 삼가가 서로 모이니 삼과 오의 수로 둥근 원이 합쳐진다. 그러므로 (참동계에서) '토는 떠나지 않으니 금과 수가 그것과 함께한다'고 하였다."

(蓋離中納己, 其五分之水, 卽己土也, 坎中納戊, 其五分之金, 卽戊土也. 擧金水二物, 而眞土在其中矣. 及至戊己二土, 會入中央, 亦適得五分本數, 三家相會, 恰圓三五之數, 故曰, 其土遂不離, 二者與之俱)

"개리중납기(蓋離中納己), 기오푼지수(其五分之水), 즉기토야(卽己土也)", 리괘 중에 기(己)를 납한다는 것은 수(水) 가운데에 기토(己土)가 발생한다는 뜻으로 자기도 모르는 사이에 파악하는 것입니다. "감중납무(坎中

納戊)", 감괘 중에 무(戊)를 납한다는 뜻으로 금(金) 가운데에 무토가 발생한다는 것입니다. "기오푼지금(其五分之金), 즉무토야(卽戊土也). 거금수이물(擧金水二物), 이진토재기중의(而眞土在其中矣)", 이렇게 금과 수에 각각 기토와 무토가 생겨 둘이 합하는 것을 "급지무기이토(及至戊己二土), 회입중앙(會入中央)"이라고 합니다. "무토와 기토를 중앙에 모은다"는 뜻이지요. 이것은 유의(有意)와 무의(無意)의 사이, 유념(有念)과 무념(無念)의 사이로서 유라고 하면 유가 아니고, 무라고 하자니 무가 아닌 중도의 경지입니다. 불가의 방식으로 말하면 공이라고 하니 공이 아니고, 유라고 하니 유가 아닌 것이지요. 백장 선사는 이것을 "신령스러운 빛이 홀로 빛나니 근진을 멀리 해탈한다(靈光獨耀, 逈脫根塵)"고 말했습니다. 이것이 바로 "무토와 기토가 중앙에서 만난다"는 뜻으로, 여여부동(如如不動)의 경지이지요. 이때가 되면 여러분이 이 경지로부터 벗어나려고 해도 벗어날 수 없습니다. 바로 도가에서 말하는 "공부가 스스로 도래하여 그대를 찾는" 경지이지요.

이것이 "삼가상회(三家相會), 흡원삼오지수(恰圓三五之數)"의 경지로, 삼가(三家)가 서로 모이니 삼과 오의 수로 둥근 원이 합쳐진다는 말입니다. 삼가는 신(神) 기(氣) 의(意)를 말하는데, 후대에 와서 정(精) 기(氣) 신(神)이 되었습니다. 만약 삼가가 서로 모이지 않고 각각 움직인다면 공부에 성공할 수 없습니다. 호흡은 호흡대로 하고 생각은 생각대로 있다면, 이것은 신(神)과 기(氣)가 서로 어긋난 것입니다. 그렇지 않습니까? 이것을 서로 결합해서 만나게 해야 합니다. 그때 신과 기 사이에 남녀를 혼인시키는 매파와 같은 작용이 있어야 하는데 그것이 바로 진의(眞意)입니다. 실제로 남녀가 만나려면 그 중간에 연결하는 사람이나 매파가 있어야 하지요. 그래서 『참동계』 원문에서도 "토는 떠나지 않으니 금과 수(또는 신과 기)가 그것과 함께한다(故曰, 其土遂不離 二者與之俱)"고 했습니다. 진의(眞意)는 부동심(不動心)입니다. 이 진의는 비공비유(非空非有)인 동시에 즉

공즉유(卽空卽有)입니다. 공도 아니고 유도 아니며 공이면서 유입니다. 신(神)과 기(氣)가 진의(眞意)의 부동심과 함께할 때 이것을 득정(得定)이라고 합니다. 선정을 얻었다는 말입니다.

정과 신을 닦아서 회수해 온다

"삼과 오의 뜻은 하도에서 나왔다. 동쪽은 삼이고 남쪽은 이이며 목과 화가 반려가 된다. 북쪽은 일이고 서쪽은 사이니 금과 수가 벗이 된다. 그런데 여기에서 단지 금과 수만 거론하고 목과 화는 언급하지 않은 것은 금과 수는 정과 백이 되니 사람의 형체를 이루고, 목과 화는 신과 혼으로 인간의 그림자가 되기 때문이다. 형체가 움직이면 그림자가 따르며 촌보도 떨어지지 않는다. 금과 수에 대해서 목과 화도 마찬가지 관계여서 정과 백이 합해지면 변화를 일으킨다. 신과 혼 역시 그것과 함께 변화하는 오묘함이 있다. 이것이 금단의 조화의 오묘함이다."

(三五之義, 出于河圖, 東三南二, 木火爲侶, 北一西四, 金水爲朋, 此處但擧金水, 而不及木火者, 蓋以金水爲精魄, 如人之形. 木火爲神魂, 如人之影, 形動則影隨, 寸步不離, 木火之于金水亦然, 精魄旣合同而化. 神魂亦與之俱妙矣, 此金丹造化之妙也)

"삼오지의(三五之義), 출우하도(出于河圖)", 삼과 오의 뜻은 하도에서 나왔다는 말로 하도(河圖)는 『역경』의 하도입니다. 『역경』을 보면 하도 그림이 나오는데, 동서남북 사방에 흑점과 백점이 있는 그림이지요. "동삼남이(東三南二)", 동쪽에는 점이 세 개, 남쪽에는 점이 두 개가 있습니다. "목화위려(木火爲侶)", 동쪽은 목이고 남쪽은 화인데 목과 화는 서로 반려가 됩

니다. 이것은 마치 부부관계와 같습니다. 부부는 목과 화이니 결혼생활은 서로 다투고 싸우기 마련입니다. 다음은 "북일서사(北一西四), 금수위붕(金水爲朋)"으로, 북쪽은 일(一)이고 서쪽은 사(四)이니 금과 수가 벗이 된다는 뜻입니다. 북쪽은 숫자로는 일(一)이고 오행에서는 수(水)가 되며, 서쪽은 숫자로는 사(四)요 오행으로는 금(金)입니다. "차처단거금수(此處但擧金水), 이불급목화자(而不及木火者)", 여기에서 단지 금과 수만 거론하고 목과 화는 언급하지 않은 것은 "금과 수는 정과 백이 되니 사람의 형체를 이루고, 목과 화는 신과 혼으로 인간의 그림자가 되기〔蓋以金水爲精魄, 如人之形. 木火爲神魂, 如人之影〕" 때문입니다. 오행에서 목(木)은 간장에 속하고 화(火)는 심장에 속합니다. 목과 화가 인간의 신(神)과 혼(魂)이라면, 금과 수는 우리의 정(精)과 백(魄)이 되는 것입니다.

혼(魂)은 보이지 않는 것입니다. 우리의 생각은 잠을 잘 때는 변해서 혼이 되고, 죽은 후에도 변해서 혼이 됩니다. 작용은 있지만 형상이 없어서 육체가 없으면 보이지 않습니다. 그러나 백(魄)은 작용도 있고 형상도 있습니다. 젊을 때는 양기가 왕성하지만 노년에 이르면 정백(精魄)이 모두 흩어집니다. 안신(眼神)도 힘을 잃지요. 그러나 신혼(神魂)은 흩어지지 않습니다. 『역경』의 괘상을 보면 일곱 번째 변화를 유혼괘(遊魂卦)라고 합니다. 비록 몸은 아직 살아 있지만 신혼(神魂)이 허무한 곳을 떠돈다면 이 영혼은 곧 땅 속으로 돌아가지요. 신혼은 마치 사람의 그림자와 같습니다. 이 그림자는 불빛 아래에서 생기는 그림자가 아니라 생각에서의 영상입니다. 생명의 정백(精魄), 정(精)과 신(神)은 닦음으로써 돌이킬 수 있습니다. 도가 공부는 이 방면에서 놀라운 효능이 있지요. 이것은 도가 이외에서는 찾아볼 수 없습니다. 바로 중국 문화의 특수한 일면입니다.

"형동즉영수(形動則影隨), 촌보불리(寸步不離), 목화지우금수역연(木火之于金水亦然), 정백기합동이화(精魄旣合同而化). 신혼역여지구묘의(神魂亦

與之俱妙矣)", "형체가 움직이면 그림자가 따르며 촌보도 떨어지지 않는다. 금과 수에 대해서 목과 화도 마찬가지 관계여서 정과 백이 합해지면 변화를 일으킨다"는 뜻으로 여러분의 정신과 혼백이 일치하면 변화를 일으킨다는 것입니다. 그래서 "신과 혼 역시 그것과 함께 변화하는 오묘함이 있다(神魂亦與之俱妙矣)"고 말했습니다. 여러분이 신(神)과 기(氣)를 응집시키고 생각은 상관하지 않고 내버려두면, 망념이 자연히 사라지고 진여(眞如)의 정념(正念)이 돌아옵니다. 도가가 가는 길이 바로 이것입니다. 불가는 단지 생각에만 주의하기 때문에 한나절씩 앉아 있어도 입정에 이르지 못합니다. 기(氣)를 놓치기 때문이지요. 도가는 신과 기를 모두 붙잡습니다. 마치 사랑하는 사람을 꽉 잡아서 상대방이 돌아오지 않으면 안 되게 하는 것과 같습니다. 그래서 성공할 수 있지요. 불가, 도가, 현교, 밀종 모두 각각 장점이 있습니다만 응용하는 오묘함은 오직 일심(一心) 즉 화후에 달려 있습니다. 수도 공부의 어려움은 바로 화후에 있습니다. "차금단조화지묘야(此金丹造化之妙也)", 이것이 금단 조화의 오묘함이라는 말입니다.

공부 경계의 변화

다음은 공부의 경계에 대해 살펴봅시다. 앞에서는 주운양 조사의 주해를 읽었는데 지금부터는 『참동계』 제14장 두 번째 단락을 보겠습니다.

세 가지 물건이 서로 포함하고 수용하니 변화가 신령스럽다. 아래에 태양의 기가 있어 순간 증기로 찌니 처음에는 액체였던 것이 나중에는 응결되어 이름을 황여라고 한다.

三物相含受, 變化狀若神, 下有太陽炁, 伏蒸須臾間, 先液而後凝, 號曰黃輿焉[39]

"삼물상함수(三物相含受), 변화상약신(變化狀若神)", 세 가지 물건이 서로 어울려 변화하니 신묘하여 헤아릴 수가 없습니다. 아래에서는 수도 공부의 경계에 대해 말씀드리겠는데, 천고의 단경인 『참동계』에서 분명히 말한 것입니다. 여러분이 수도 공부를 하려면 지금 읽을 내용을 평생 천 번이고 만 번이고 수도 없이 읽어야 합니다. 그러면 천천히 깨달음이 있을 것입니다. "하유태양기(下有太陽炁), 복증수유간(伏蒸須臾間)", 이때가 되면 아침에 바다 아래에서 태양이 떠올라 대지에 광명이 비추면 지구 전체는 추위에서 따뜻하게 변화합니다. 수도 공부에서도 이와 같은 현상이 일어납니다. 이것을 불가에서는 사가행 중에서 득난(得煖)이라고 하고, 밀종에서는 졸화(拙火)라고 합니다. 이 졸화는 단전이나 해저 또는 창자에서 발열하는 것이 아니라 진정한 졸화를 가리킵니다. 이때의 득난의 경지는 찰나 사이에 도래합니다. 진액으로 변화해서 머리부터 흘러내려 오는데, 이것을 불가에서는 감로관정(甘露灌頂)이라고 하지요. 청량하고 달콤한 수액이 정수리로부터 끊임없이 흘러내려 오는 것입니다. 그래서 남송 시대의 유학자 주희가 지은 시구에는 "근원으로부터 샘물이 쉴 새 없이 흐르기 때문이네〔爲有源頭活水來〕"라고 했습니다. "선액이후응(先液而後凝)", 이때 처음에는 액체였다가 나중에는 응결됩니다. 그것을 "호왈황여언(號曰黃輿焉)" 즉 "황여(黃輿)"라고 부르는데, 황(黃)은 땅을 가리키고 여(輿)는 의지를 뜻합니다. 천지현황(天地玄黃)의 현상〔象〕, 대지황혼(大地黃昏)의 현상이 바로 이 경계입니다.

세월이 흘러 수명이 다하면 형체는 재가 되고 모습은 창틈에 비치는 먼지와 같다.

歲月將欲訖, 毀性傷壽年, 形體爲灰土, 狀若明窓塵

---

39 『참동계천유』, 142면.

"세월장욕흘(歲月將欲訖), 훼성상수년(毀性傷壽年)", 이것은 인체에서 생명 본래의 것이며, 수행을 모르는 사람은 태어나서 세월이 지나고 수명이 다하면 신체도 사라지고 정신도 홀연히 흩어지게 된다고 말합니다. 평생 영문도 모르고 살다가 수명이 다하면 죽는다는 것이지요. "형체위회토(形體爲灰土), 상약명창진(狀若明窗塵)", 형체는 재가 되어 사라지고 영혼도 결국 없어지고 맙니다. 그런 현상을 "창틈에 비치는 먼지[明窗塵]"와 같다고 비유합니다. 이 비유는 매우 절묘합니다. 태양이 창에 비치면 빛이 비치기 전에는 보이지 않던 방안의 먼지가 보입니다. 사람이 죽으면 영혼이 이렇게 보일 듯 말 듯 허공으로 흩어진다는 것을 아주 멋지게 표현했습니다.

이제 지금까지 읽은 원문에 대한 주운양 조사의 주해를 살펴보겠습니다.

"이 절은 감과 리의 만남으로서 금단의 법상을 말한다. 금과 수 양현의 기가 진토를 얻어서 포함하고 양육하니 삼물이 일가가 된다. 그중에 자연히 발생하는 변화의 상황은 신명도 헤아릴 수 없다. 전후의 제방이 완전히 굳어지면 터럭만큼의 누설도 허용하지 않아 화로 중에서 진기가 자연히 발생한다."

(此節言坎離交會, 金丹之法象也, 金水兩弦之炁, 得眞土以含育之, 是爲三物一家, 其中自生變化之狀, 而神明不測矣, 蓋前後隄防旣已完固, 不容絲毫走漏, 爐中眞炁, 自然發生)

"차절언감리교회(此節言坎離交會), 금단지법상야(金丹之法象也)", 주운양 조사의 설명에 따르면 이 절(節)[40]은 우리에게 진정한 수도 공부가 무엇인가에 대해 말합니다. 다른 도가 서적에서는 감(坎)과 리(離)의 만남을 남녀의 성적 결합으로 서술하지요. 이 때문에 많은 사람이 오해를 함으로써 도가를 외도로 만들었습니다. 사실 감은 수(水), 리는 화(火)를 의미하며, 감리의 만남은 수화(水火)의 만남을 가리킵니다. 화는 마음의 생각이

요 용으로 상징되며, 수는 호랑이로서 호랑이가 산 아래로 내려가서 사람을 잡아먹으려는 상황으로 남녀 성적 욕망의 위험함을 표현한 것이지요. 즉 우리의 마음을 상징하는 청룡이 욕망을 상징하는 호랑이를 장악하지 못하는 것으로, 우리가 육체적 욕망을 극복하지 못한 상태를 나타냅니다.

"금수양현지기(金水兩弦之炁), 득진토이함육지(得眞土以含育之), 시위삼물일가(是爲三物一家)", 금과 수 양현의 기(炁), 그리고 진토가 만나서 하나가 되는 것을 도가에서는 "삼물이 일가가 된다"고 표현합니다. 이렇게 삼물이 결합하면 단(丹)이 결성됩니다. 불가에서는 이것이 진정한 득정(得定)으로서 삼매에 들어갔다고 합니다. "기중자생변화지상(其中自生變化之狀)", 이렇게 깊은 경지에 도달하는 과정에 갖가지 변화가 발생합니다. "이신명불측의(而神明不測矣)", 몸에서도 변화가 일어나고 마음에서도 다양한 변화가 일어납니다. 그래서 많은 사람이 감히 정좌 공부를 하려고 하지 않습니다. 주화입마(走火入魔)의 경계에 빠질까 봐 두려운 것이지요. 여러분은 정말 주화입마에 들어갈 자격이 있나요? 여러분 자신이 본래 마(魔)가 아닌가요?

이때 여러분 모두 주의해야 합니다. "개전후제방기이완고(蓋前後隄防旣已完固), 불용사호주루(不容絲毫走漏)", 전후의 제방이 완전히 이루어지면 터럭만큼의 누설도 허용하지 않기 때문입니다. 그러나 두려워할 필요는 없습니다. 백일 동안 축기(築基) 공부를 해야 하는데, 감각과 사유의 육근이 유혹되지 않도록 하고 어떤 경계가 닥쳐도 전혀 상관하지 말아야 합니다. 보여도 보이지 않는 것처럼, 들려도 들리지 않는 것처럼 해야 합니다. 이렇게 해야 누설되지 않습니다. 무엇이 누설된다는 말일까요? 우리 같은 범부는 육근이 항상 누설되고 있습니다. 안신(眼神), 이신(耳神) 등 모두

---

40 제14 환단법상장(還丹法象章)의 두 번째 구절을 가리킨다.

누설되어 버리지요. 그러나 방제가 이미 완성되면 "터럭만큼도 누설되지 않습니다." 이것을 누설되지 않는 경지인 불루(不漏)라고 합니다. 이 경지를 온전히 여러분에게 전해 드리려고 하니 반복해서 읽어야 합니다.

"노중진기(爐中眞炁), 자연발생(自然發生)", 화로(火爐)는 우리 신체가 보일러 같은 상태가 되면 기경팔맥이니 삼맥칠륜이니 하는 것이 모두 자연히 통하고 단박에 소통됩니다. 기맥이 정말 통하면 골절이 어린아이처럼 유연해집니다. 또 몸이 낙엽처럼 가볍게 되지요. 그러므로 진기(眞炁)가 일어나야 비로소 모든 기맥이 완전히 통합니다. 여러분에게 비밀을 말씀드리면 이렇게 되어야 비로소 진정으로 기맥이 통하는 것입니다.

순양의 본체를 회복한 이후

"그런 후에 감괘 중의 양을 뽑아서 리괘 중의 음을 메우면 북해 중의 태양의 진화가 훈증하여 상승하니 잠깐 사이에 리궁의 진수가 응한다. 처음에는 변화하여 백액이 되는데 그 후에는 응집하여 견고해진다. 진화와 진수가 황방에서 교회하여 쉼 없이 운행하니 황여의 상이 있다. 소위 영아와 차녀가 나란히 나와 황파의 인도를 받아 방으로 들어가는 것이다."

(然後抽坎中之陽, 塡離中之陰, 北海中太陽眞火, 熏蒸上騰, 須臾之間, 離宮眞水應之, 先時化爲白液, 後乃凝而至堅, 兩者交會于黃房, 運旋不停, 有黃輿之象, 所謂嬰兒姹女齊齊出, 被黃婆引入室也.)

"연후추감중지양(然後抽坎中之陽), 전리중지음(塡離中之陰)", 리(離)는 화(火)이고 또한 심념(心念)을 상징합니다. 리괘(☲)는 중간이 비었으니 감괘 가운데의 한 섬 진양지기(眞陽之炁 ☵)를 취하여 리괘 중간의 한 점

진음을 메우니, 이로써 순양지체(純陽之體)인 건괘를 이루게 됩니다. 이것을 반본환원(返本還源) 즉 본래의 순양지체로 환원된 것이라고 합니다. 순양은 광명하고 청정하며 원만한 것입니다. 그러므로 이때에 이르면 진기(眞炁)가 발생합니다. 그런 후에 화후 공부를 마치는데 이 단계에서 스스로 깨닫게 됩니다. 화후가 너무 지나치면 소용이 없습니다. 기가 충돌하기 때문이지요. 반대로 만약 화후가 부족하면 "감괘 중의 양을 뽑아서 리괘 중의 음을 메워야 합니다[抽坎中之陽, 塡離中之陰]."

이때는 어떻게 해야 할까요? 위에서 "북해중태양진화(北海中太陽眞火), 훈증상등(熏蒸上騰), 수유지간(須臾之間), 리궁진수응지(離宮眞水應之)", 즉 "북해 중의 태양의 진화가 훈증하여 상승하니 잠깐 사이에 리궁의 진수가 응한다"는 뜻으로 단전 아래 해저(海底)의 태양 진화 즉 졸화(拙火)가 발동하는 것을 말합니다. 졸화가 발동한다는 것은 영열(靈熱) 즉 신령스러운 열기가 발동하는 것을 의미하지요. 동시에 위에 있는 진수(眞水)가 하강하여 감로수 같은 달콤한 수기(水氣)가 정수리로부터 아래로 흘러내리는 감로관정이 일어납니다. 이것은 매우 자연스러운 현상이므로 이런 것은 관상(觀想)할 필요도 없습니다. 오히려 한 생각도 일어나면 안 됩니다. 그러니 마음이 절대 움직이지 않도록 해야 합니다. 생명 기능은 자연히 오는 것입니다.

"선시화위백액(先時化爲白液)", 처음에는 변화하여 백액(白液)이 된다는 말로, 도가 용어로 보면 수장(水漿)의 빛깔로 변화한 것을 백액이라고 표현합니다. "후내응이지견(後乃凝而至堅)", 그 후에는 응집하여 견고해진다는 뜻으로 이른바 수화기제(水火旣濟)를 말합니다. 기제(旣濟)란 이미 마쳤다는 것으로 『역경』 예순세 번째 괘의 이름입니다. 수와 화의 변화가 이제 완성되었다는 것을 괘명으로 상징했지요. 밀종에서도 이런 변화를 설명한 것이 있습니다. 이 경지가 바로 단두(丹頭)가 형성되는 것이므로 마치 수와 화가 결합하여 어떤 것을 형성하는 것처럼 설명했습니다. 그러나 어떤 것이 실제로 이루어지는 것으로 보면 안 됩니다. 물론 실제적 현상인 것은 분명합니다.

　여러분은 이렇게 말할 수도 있습니다. 그렇게 설명하면 우리가 어떻게 이해할 수 있겠느냐고요. 사실 여러분은 본래 이해할 수 없습니다. 왜냐고 요? 여러분은 신선이 아닙니다. 신선의 경지에 도달해야만 알 수 있는 것 이기 때문입니다. "양자교회우황방(兩者交會于黃房)", 진수와 진화가 황방 에서 교회(交會)한다는 말로 수기와 화기가 중궁에서 만난다는 뜻입니다. 이때는 만남의 느낌과 함께 형용하기 힘든 대락(大樂)을 얻습니다. "운선 부정(運旋不停), 유황여지상(有黃興之象)", 쉼 없이 운행하니 황여(黃興)의 현상이 있다는 뜻으로, 진수와 진화가 만나서 결성된 단두가 매우 격렬하 게 몸속에서 움직이는 것입니다. 여러분이 이런 경우를 당하면 놀라서 죽 을 만큼 충격을 느끼게 됩니다. 천지가 뒤집어지듯이 격렬한 운행이 이루 어지니까요. 그래서 수도 공부는 죽음을 두려워하지 않아야 합니다. 어떤 사람은 담이 약해서 이런 경지를 체험하면 바로 정좌를 풀고 스승에게 어 떻게 해야 하느냐고 묻습니다. 그렇게 되면 공부는 끝난 것입니다. 수도 공부는 영원히 이루어질 수 없지요. 평상시에 이런 이치를 알고 이런 경지 가 닥치면 스스로 헤쳐 나가야 합니다.

　"소위영아차녀제제출(所謂嬰兒姹女齊齊出)", 방으로 들어가는 입실의 단 계가 매우 은밀하다는 것을 나타냅니다. 남녀 간의 은밀한 일이라는 뜻이 지요. 도가에서는 이런 상황을 황색으로 상징합니다. 어쨌든 이런 상황이 되면 마치 매파가 수레를 가지고 와서 신부를 접대해서 모시고 갈 때까지 기다려야 합니다. 옛날에는 가마를 메고 와서 신부를 맞이하고 신부가 가 마에 올라타면 신랑도 같이 입실하게 되지요. 그야말로 신방을 차리는 동 방화촉(洞房華燭)입니다. 이때 영아와 아름다운 여성이 서로 얼굴을 보고 만나니, 바로 신(神)과 기(氣)가 결합하는 것입니다. 마치 매파가 신랑 신부를 인도하듯이 진의(眞意)가 이렇게 결합되도록 한다는 것이지요. 이 경지에 이르면 새로운 생명이 전개됩니다. 여러분의 생명이 얼마나 오묘한지 알아야 합니다.

"그러나 진화와 진수가 만나기 전에는 마땅히 진의로 합해야 하고, 진화와 진수가 이미 만난 후에도 또한 마땅히 진의로 지켜야 한다. 한 점의 양기가 후토에 수렴되어 들어가면 생기가 살기로 바뀐다. 그러므로 (참동계에서) '세월이 흘러 수명이 다하면 형체는 재가 된다'고 하였다."

(然此兩物未交之前, 當以眞意合之, 兩物旣交之後, 又當以眞意守之, 一點陽炁, 歙入厚土中, 生機轉爲殺機, 故曰, 歲月將欲訖, 毁性傷壽年)[41]

"연차양물미교지전(然此兩物未交之前)", 진수인 기(氣)와 진화인 신(神)이 서로 교구(交媾)하기 전에 "당이진의합지(當以眞意合之)" 즉 마땅히 진의(眞意)로써 이 두 가지 것〔兩物〕을 합쳐야 합니다. 단, 진의는 있는 듯 없는 듯해야 하지요. 이미 알고 있는 본성으로 이 둘이 합쳐지도록 인도하면서 드러날 듯 말 듯한 약간의 뜻을 드러내는 것입니다. 이렇게 조심해서 뜻을 드러내는 것은, 수도 공부로 말한다면 화후 공부를 하는 것입니다. 어떤 사람이 이렇게 자신의 뜻을 붙잡아 둘 수 있겠습니까? 모두 하루 종일 잡념이 가득하니 뜻을 붙잡아 두기만 해도 거의 이루어진 것입니다.

"양물기교지후(兩物旣交之後)", 진수와 진화가 마치 부부처럼 이미 교접하고 결합한 후에도 "우당이진의수지(又當以眞意守之)", 또한 진의로써 그것을 지켜야 합니다. 이것을 선정(禪定)의 경지라고 합니다.

---

41 『참동계천유』. 143면.

"일점양기(一點陽炁), 험입후토중(歛入厚土中), 생기전위살기(生機轉爲殺機)", 양기가 후토(厚土)에 들어가는 경지에 도달했을 때 진의(眞意)로 지켜야 한다는 뜻입니다. 한 점의 진양(眞陽)의 기가 후토에 들어가면 응결되고 수렴됩니다. 이때는 설령 망상을 일으키려고 해도 한 생각도 일어나지 않습니다. "생기(生機)"는 본래 끊임없이 생겨나는 것입니다. 우리의 생각이 바로 그렇지요. 우리의 생각은 쉼 없이 일어납니다. 그러나 이때는 한 생각도 일어나지 않습니다. 그렇지만 생기(生機) 역시 오래되면 말살됩니다. 그래서 도가에서는 사람이 죽지 않으려면 먼저 죽어야 한다고 합니다. 물론 진짜로 죽으라는 것은 아닙니다. 관념으로 죽으라는 말입니다. 불가에서는 이것을 '타칠(打七)'이라고 합니다. 생각에서 죽으면 법신의 생명을 얻게 됩니다. 우리의 생명은 이때 "생기가 살기로 바뀝니다〔生機轉爲殺機〕." 즉 생각이 모두 죽는 것입니다. "예를 들어 한겨울에 만물이 쇠락해서 각각 그 뿌리로 돌아간 것과 같습니다〔譬若窮冬之際, 萬物剝落而歸根〕." 그래서 "세월장욕흘(歲月將欲訖), 훼성상수년(毁性傷壽年)"이라고 했습니다. "세월이 흘러 수명이 다하면 형체는 재가 된다"는 말입니다. 여기에서 주운양 조사는 중요한 환단의 수도 공부에 대해 매우 명료하게 말씀했습니다. 젊은 사람은 듣기는 하는데 들어도 소용이 없지요. 저 자신도 다 알지는 못합니다. 저는 단지 책으로 읽었을 뿐이지요. 여러분이 이 환단의 비결을 들었다고 해도 나가서 다른 사람에게 말해서는 안 됩니다. 함부로 말해서 남의 생명을 해친다면 장차 지옥에 떨어질 것입니다. 그러므로 남을 속여서는 안 됩니다. 수도 공부를 하는 사람 중에 깨달음을 얻지 못하고 깨달았다고 말하는 사람은 금계를 크게 범하는 것입니다. 도가에서는 이것을 하늘의 법을 어기는 것이라고 합니다. 매우 엄중하지요.

제51강

기맥이 참으로 통할 때의 현상

주운양 조사의 주해를 계속 보겠습니다. 이제 매우 중요한 설명이 나옵니다. 앞에서는 어떤 것이 진정한 "감리교회(坎離交會)"인지를 말했는데, 바로 도가에서 말하는 결단(結丹)입니다. 도가든 불가든 혹은 밀종이든 현교든 간에 우리가 인간의 생명을 연구하고 현상을 초월해서 영원히 자신의 생명을 장악하려 한다면 이 길 외에 다른 길은 없습니다. 물론 제 생각이 반드시 옳다고 할 수는 없지만, 여러분이 이 점을 다 같이 주의해 주기를 바랍니다.

표현 방식이 다르긴 하지만 예를 들어 불가는 득정(得定)이라고 하고 밀종에서는 각종 성취라고 하는데, 모두 각각의 논리가 있습니다. 그러나 형이상을 대표하는 성(性)과 형이하를 대표하는 명(命)이라는 두 범주가 진정으로 결합하여 하나가 되어 반본환원(返本還原) 하는 이 방식은 필연적입니다. 이것은 또 심신의 결합, 정신과 생리가 혼합되어 하나가 되는 수련 공부입니다. 진리는 오직 하나로서 차별이 없다는 말과 같지요. 다만 도가는 중국 문화의 언어 개념으로 그것을 표현하기를 "감리가 교회하여 단을 결성한다"고 하는 것입니다.

요즘 도가와 밀종의 영향으로 기맥에 대해 말하는 사람이 많습니다. 어떤 현상이 진정으로 기맥이 통한 것일까요? 바로 앞에서 말했던 삼가가 만나 합일하는 "삼가회합(三家會合)"이 그것입니다. 많은 사람이 몸에 어떤 감각을 느끼곤 합니다. 벌레가 기어오르듯 무언가가 움직이고 있다든가, 어떤 기운이 여기에서 저기로 왔다 갔다 한다든가, 열이 난다든가 하는 현상을 기맥이 통하는 것이라고 생각합니다. 하지만 이것은 진정으로 기맥이 통한 것이 아니라 단지 '범기통(凡氣通)'일 뿐입니다. 이 개념은 제가 만든 것인데, 감각 상태라는 뜻입니다. 보통의 감각보다는 조금 강하지만 진정으로 기맥이 통한 것은 아니지요. 이 단락은 기맥이 진정으로 통한 것을 말하고 있어서 중요합니다. 바로 이때 밀종에서 이른바 중맥이라고 하는 것도 통합니다. 주운양 조사는 이런 경지, 이런 공부의 과정을 모두 알려 주고 있습니다.

"처음에 신이 기 속에 들어오는 때는 마치 고목사회처럼 고요하여 움직임이 없다."

(初時神入炁中, 寂然不動, 似乎槁木死灰)

"초시신입기중(初時神入炁中)", 진정으로 득정(得定)하여 신(神)이 기(炁) 속으로 들어가는 경지를 표현한 것입니다. 마치 소시지에 고기를 채워 넣듯이 말이지요. 이 비유도 적절하지 않은 것 같은데, 어쨌든 두 가지가 서로 섞여 있는 것을 말합니다. 이 신(神)은 불학에서 말하는 심(心)을 대표하는데 생각이나 정신을 말합니다. 뭐라고 할까요? 이것은 호흡의 기는 아닙니다. 천태종에서 말하는 육묘문이라고 생각하지 마세요. 유가의

관념으로 말하자면 정좌해서 수식(數息)이나 수식(隨息)을 닦는 것은 "마음 다스림[治心]"이라고 할 수 있습니다. 바로 불가에서 말하는 조심(調心)이지요. 우리의 생각이 매우 어지럽다고 해서 어떤 것을 가져다가 여러분의 혼란한 생각을 붙잡아 매는 것은 "신이 기 속에 들어온[神入炁中]" 것이라고 할 수 없습니다. 참으로 "신입기중(神入炁中)"일 때는 외면의 호흡은 완전히 멈추고 기맥도 완전히 통합니다.

이때 나타나는 현상은 신체에 어떤 막힘도 없고 감각도 없습니다. 지금 우리는 모두 여기 앉아 있고 이 신체가 있다는 것을 느낍니다. 그런데 신체에 대한 감각이 없고 호흡도 완전히 고요하고 생각도 모두 적멸하고 정지하며 이 영명한 지각의 본성마저 청정하다면, 기(氣)가 응주(凝住)함으로써 신(神)과 기(炁)가 결합할 수 있습니다. 바로 이것이 "신입기중"입니다.

"적연부동(寂然不動)"은 불가에서 말하는 공(空)의 경지로 청정하고 고요하여 모든 생각이 청정해지고 안밖이 완전히 여여부동(如如不動)합니다. 바로 이것을 입정(入定)이라고 하지요. 불가의 관점에서 말하면 팔정도의 하나인 정정(正定)의 일종입니다. 이때 그 사람의 형체는 마치 "고목사회(枯木死灰)" 즉 마른 나무와 식은 재처럼 됩니다. 수행 공부가 이런 경지에 도달하지 못하면 모두 말할 필요가 없습니다. 공부가 부족한데 이런 경지에 대해 말하는 것은 서로 속이는 것과 같습니다.

그렇다면 이런 입정, 정정(正定)의 경지는 얼마나 오래 수행해야 도달할 수 있을까요? 알 수 없습니다. 여러분이 운이 좋다면, 다시 말해 평소에 선행과 공덕이 충분하다면 좌절이나 실패를 겪지 않고 순조롭게 도달할 수 있겠지요. 가령 여러분의 수행 공부는 이 정도 경지에 도달할 만한데 선행과 공덕이 부족하다면 여러 가지 마장(魔障)이나 문제가 발생하여 여러분을 곤경에 빠뜨릴 수 있습니다. 그래서 수도 공부를 하는 사람이 바로 이 경지에 도달해서 실패하는 경우가 빈번합니다.

일반적으로 이런 경지에 도달하는 것이 그리 어렵지는 않지만 한 번 실패하고 다시 할 때는 또다시 축기(築基)를 해서 새로 출발해야 합니다. 물론 다시 축기할 때는 처음보다는 비교적 빨리 할 수 있습니다. 단, 선행과 공덕이 부족하면 다시 마장을 만나서 실패하게 됩니다. 그리고 다시 시작할 기회를 얻는 것은 정말 어렵습니다. 이 점을 특별히 주의해야 합니다. 이 지점이야말로 수행 공부에서 실제적 경계입니다.

입정 후의 변화

여러분에게 특별히 알려 드릴 것은, 진정으로 득정(得定)해서 마치 고목사회(枯木死灰)처럼 된다면 이때 특히 주의할 것이 있습니다. 외형을 보면 이런 사람은 바짝 말라 마치 고목과 같습니다. 여러분이 장자나 열자를 읽어 보면 이런 일화가 나오지요. 열자가 어떤 사람을 만났는데, 그는 자신이 도를 얻었다고 하면서 누구든 한 번 보면 그 사람의 과거와 미래를 환히 알 수 있다고 했습니다. 신기하게 여긴 열자는 그를 데리고 자신의 스승 호자(壺子)를 찾아 갔습니다. 그 사람은 호자를 보자마자 바로 열자에게 이렇게 말했습니다. "자네 스승은 안 되겠네. 며칠 안에 죽을 걸세." 열자가 스승에게 이 사실을 알리자 호자는 미소를 지으며 말했습니다. "내가 한 가지 경계를 보인 것뿐이니 내일 다시 그를 데리고 오너라." 다음날 호자를 본 그는 이렇게 말했습니다. "오늘 자네 스승을 보니 생기가 돌고 있네. 목숨은 구하겠네." 호자는 다음날 또 그를 데리고 오라고 했습니다. 다음날 세 번째로 호자를 본 그는 아무 말도 못하고 몸을 돌려 도망가 버렸습니다. 호자가 그에게 우주의 태허 같은 텅 빈 경지를 나타내서 아무것도 알 수 없었기 때문이지요.[42]

여러분이 장자나 열자를 읽고서 그것이 모두 우화라고 생각하지만 사실 말하는 것이 다 진실이고 실제 경지가 들어 있습니다. 그러나 일반인은 그런 경지에 대한 공부가 없으니 단지 우화로만 알 수밖에 없지요. 입정의 경지에 이르면 외형으로 보기에는 금방 죽을 것 같은 "고목사회"와 같다는 사실을 알아야 합니다. 다음 설명을 특히 주의하세요.

"입정이 오래되면 생기가 다시 회복되어 한 점의 진기가 희미하면서도 은은하게 옹연히 솟아오른다."

(久之生機復轉, 一點眞炁, 希微隱約, 滃然上升)

"구지생기복전(久之生機復轉)", 입정을 얼마나 오래해야 하는지는 알 수 없지만 입정을 오래한 후에야 비로소 진정으로 기맥이 통합니다. '범기통(凡氣通)'이 아닌 "진기통(眞炁通)"이 되는 것입니다. 이것은 더 깊은 경지에 들어간 일양래복(一陽來復)이며 활자시(活子時)의 경지입니다. 이것이야말로 진정한 활자시입니다. 도가 용어로 말하면 생명의 기틀이 회복되어 운전하는 "생기복전(生機復轉)"[43]입니다. 새로운 생명이 전개되는 것이지요. 본래 입정이란 고목사회처럼 되는 것입니다. 고목사회 같은 그 속에 한 점의 진기만 있습니다. 그러므로 "희미은약(希微隱約)" 희미하고 은은하다고 형용합니다. 희미하고 은은하다는 것은 단지 말로 형용할 뿐이지 실제로 이런 현상이 눈에 보이게 일어나는 것은 아닙니다. 분명히 눈으로 포착되는 것도 아니고 감각으로 느껴지는 것도 아니지요. 있는 듯 없는 듯 약유약무(若有若無)라고 할 수밖에 말할 도리가 없습니다. 활자시, 일양래

---

42 『장자』 「응제왕」 편.

43 생기부전(生機復轉) 즉 "생기가 다시 운전된다"고 읽을 수도 있다.

복은 이렇게 알 수 없는 사이에 은밀히 다가옵니다. 그러니 수행 공부를 하는 본인 자신의 지혜에 의해서만 알 수 있습니다. 지혜가 있다면 그때를 자연히 알게 됩니다.

이때가 되면 한 점 진기가 샘솟듯이 솟구치는 것을 "옹연상승(瀴然上 升)"이라고 합니다. 어디에서 솟구칠까요? 지금 유행하는 말로 인도의 요 가, 밀종 등의 번역에 따르면 소위 해저(海底)라는 곳입니다. 도가의 고서 에서는 "한 점의 진양(眞陽)이 허무(虛無) 중에서 나온다"고 하였지요. 허 무는 이름 지을 수 없는 텅 빈 동굴 같은 곳입니다. 공(空)이 극점에 이르 고, 정(靜)이 극점에 도달할 때 그 밑바닥으로부터 진양이 솟아오르는 것 입니다.

여러분은 진양이 배꼽이나 단전 혹은 해저에서 솟아오른다고 생각할 수 있습니다. 그러나 다 틀린 생각입니다. 해저나 단전이 영향을 줄 수는 있 습니다만 진양의 근원은 아닙니다. 바로 극도의 고요함, 다시 말하면 정 (靜)이 극할 때 진양이 올라옵니다. 노자가 "텅 비움을 지극히 하고 고요함 을 독실하게 지키면 모든 생명의 기운이 솟아올라 각각 그 근원으로 돌아 간다[致虛極, 守靜篤, 夫物蕓蕓, 各復歸其根]"고 말한 것과 같습니다. 공(空) 이 극점에 이르고 정(靜)이 궁극에 도달할 때, 생명의 뿌리로 돌아가서 자 기 자신의 생명의 근원을 회복합니다. 노자는 이 생명을 회복하는 상세한 공부에 대해서는 말하지 않았고 단지 그 원리만 간단히 말했습니다.

오늘 여러분에게 노자의 말에 나타난 생명의 원리에 대한 상세한 수도 공부를 말하고 있습니다. 이렇게 고요함이 극에 도달할 때 생명이 뿌리로 돌아가는 것을 주운양 조사는 "한 점의 진기가 희미하면서 은은하게 옹연히 솟아오른다"고 설명합니다. 여러분 주의해야 합니다. 고전의 문장은 함부로 인용하는 것이 아닙니다. 주운양 조사가 "옹(瀴)"이라는 글자를 사용한 것 은 현대인들이 마음대로 글자를 쓰는 것과는 달리 매우 신중하게 사용했습니다. "옹연히 솟아오르는" 것은 수증기가 올라오는 것과 같습니다. 이렇게 수증기가 올라오듯이 솟아오르는 것을 밀종에서는 졸화(拙火)를 얻었다고 합니다. 기운이 자연스러우면서도 천천히 위로 솟아오르는 것이지요.

"아지랑이나 먼지의 형상과 같다. 그러므로 (참동계에서) '형체는 재가 되고 모습은 창틈에 비치는 먼지와 같다'고 하였다. 이것이 감괘와 리괘가 처음 교구하여 대약이 장차 생산될 법상이다."

(有如野馬塵埃之狀, 故曰, 形體爲灰土, 狀若明窗塵, 此爲坎離始媾, 大藥將産之法象)

"유여야마진애지상(有如野馬塵埃之狀)", 요즘 젊은이들은 아무리 학력이 높아도 중국 고문에 쓰인 글자의 진정한 의미를 잘 모릅니다. "야마(野馬)"는 한 필의 말을 가리키는 것이 아닙니다. 야마가 무엇인가요?『장자』「소요유」편에 나오는 명사인 "야마야(野馬也), 진애야(塵埃也)"의 야마입니다. "야마"는 불경에 나오는 양염(陽燄)과 같은 뜻입니다. 말하자면 태양의 빛 그림자입니다. 이때 양기가 상승하는데 만일 수도 공부가 이 경지에 도달한 사람이라면 빛 그림자가 상승하는 것을 볼 수 있습니다. 그러나 이것이 양기(陽氣)라고 생각해서는 안 됩니다. 이것은 양기가 투영된 그림자일 뿐이지요. 마치 눈이 불편해서 손으로 눈을 비빌 때 보이는 현상과 같습니다. 눈이 왜곡되어 보이는 환시 같은 것이지 실제로 보이는 것이 아닙니다. 그래서 "아지랑이나 먼지와 같다"고 한 것입니다.

"고왈(故曰), 형체위회토(形體爲灰土), 상약명창진(狀若明窗塵)", 그러므로 위백양 조사는 형체는 마른 재와 같고 형상은 창틈의 빛에 비치는 먼지와 같은 겉모습이 이때 정해졌다고 말했습니다. 이때는 형체가 고목사회처럼 어떤 광채도 발하지 않습니다. 이것이 바로 "차위감리시구(此爲坎離

始媾), 대약장산지법상(大藥將産之法象)" 즉 감괘와 리괘가 처음 서로 교구를 시작하여 장차 대약(大藥)이 생산되는 법상입니다. 그런데 이 점을 주의해야 합니다. "감리교구(坎離交媾)"라고 하는 것은 또한 동남(童男) 동녀(童女)가 음양을 교구하는 것을 형용하는데, 이것은 장차 대약이 생산될 현상이라는 것이지요. 대약은 금단으로서 우리 생명에 본래 구비하고 있습니다. 자기 자신의 생명을 단련하여 회복함으로써 장생불사의 대약을 얻을 수 있지요.

건괘와 곤괘의 교합, 대환단

다시 『참동계』 제14장 세 번째 단락을 읽어 보겠습니다.

단련하고 닦고 합쳐서 적색문에 넣는다. 그 만나는 곳을 빈틈없이 막아 완전히 견고하게 만든다. 불기운이 아래에서 치솟으니 용과 호랑이의 울음소리가 요란하다. 처음에는 문화로 닦을 수 있지만 끝에는 마침내 무화로 성취한다. 화후를 더욱 근밀하게 보고 깊이 살펴서 온도를 조절한다. 십이절기를 두루 돌아 절기가 다하면 다시 시작하니 기가 다하면 곧 명이 끊어지고 몸이 죽으면 혼백도 사라진다. 색이 전변하여 더욱 붉어지니 붉게 타오르는 것을 환단이라고 한다. 가루를 내어 환을 만드니 도규가 가장 신묘하다.

擣治幷合之, 持入赤色門. 固塞其際會, 務令致完堅. 炎火張于下, 龍虎聲正勤. 始文使可修, 終竟武乃成. 候視加謹密, 審察調寒溫. 周旋十二節, 節盡更須親. 氣索命將絶, 體死亡魄魂. 色轉更爲紫, 赫然稱還丹. 粉提以一丸, 刀圭最爲神[44]

이 원문을 보면 옛사람들이 참으로 설명을 탁월하게 해서 여기에 덧붙인다는 것은 군더더기일 뿐이라는 생각이 듭니다. 진정한 수도 공부의 체험 없이 공허한 이론만으로 설명한다는 것은 참으로 무의미한 일임을 알 수 있습니다. 거듭 말하지만 주운양 조사의 주해야말로 참으로 훌륭한 해석입니다. 원문의 뜻을 더없이 제대로 드러내고 있기 때문입니다.

"이 절은 건괘와 곤괘의 교구를 말하니 환단의 법상이다."

(此節言乾坤交媾, 還丹之法象也)

여러분 주의하세요. 앞의 제14장 첫 단락에서는 감괘와 리괘의 교구를 말했는데 이것은 대약이 장차 발생하는 현상을 설명한 것이었지요. 감괘와 리괘는 달과 해를 상징합니다. 그런데 리괘는 어디에서 왔을까요? 건괘에서 왔습니다. 건괘는 하늘을 상징하지요. 감괘는 곤괘에서 왔는데 곤괘는 땅을 대표합니다. 여기에서 말하는 천지는 유형의 천지가 아니라 무형의 추상적인 천지입니다. 건괘는 순양(純陽 ☰)으로서 가운데 효가 변해서 음효가 되면 리괘(☲)가 됩니다. 이렇게 양 속에 음이 들어 있기 때문에 리괘는 태양을 상징하지요.

리괘의 가운데 음효가 있는 것을 양 속에 음이 있다고 하는데, 이것은 태양 속에 흑점이 있는 것을 상징합니다. 곤괘는 순음(純陰 ☷)인데 가운데 효가 변해서 양효가 되면 감괘(☵)가 됩니다. 감괘는 달을 상징하는데 달은 자신이 빛을 내는 것이 아니라 태양의 빛을 받아서 반사합니다. 어쨌든 오늘날 인류가 지구상에 살면서 보는 천지 우주의 광명은 모두 태양과 달의 작용 및 우주의 광명입니다. 태양과 달은 어디에서 왔을까요? 우주

---

44 『참동계천유』, 144면, 『참동계』 원문.

자연의 법칙에서 자연히 온 것입니다. 이것을 천지라고 하고 『역경』에서는 그것을 괘로 상징하여 건괘와 곤괘라고 합니다. 지금 『참동계』에서는 이 우주 천지의 법칙으로 인체가 소우주라는 것을 설명하고 있습니다. 그러 므로 결단(結丹)의 현상이 시작되는 것은 감리교구(坎離交媾)라 하고, 이 감리교구의 현상을 초월한 것을 대환단(大還丹), 건곤교구(乾坤交媾)라고 합니다. 즉 감리교구에서 진일보한 경지라는 의미이지요.

"감괘와 리괘가 황방에서 교회하여 양물을 단련해서 하나로 합하여 곤로 속 에서 양성한다."

(坎離旣交會於黃房, 搏煉兩物, 倂合爲一, 養在坤爐之中)

앞에서 감리상교(坎離相交)에 대해 말했는데, 신이 기 속에 들어갈 때 생 각이 움직이면 절대 안 된다고 했습니다. 이것은 참으로 한 생각도 움직이 지 않는 일념불생(一念不生)을 온전히 체현한 것입니다. 선종에는 다음과 같은 깨달음의 게송이 있습니다. "일념불생을 온전히 체현해야 한다. 육근 이 움직이는 즉시 구름에 가린다〔一念不生全體現, 六根才動被雲遮〕." 육근은 앞에서도 설명한 것처럼 안이비설신의(眼耳鼻舌身意)의 감각, 사유 기능입 니다. 그런데 어떻게 해야 육근을 움직이지 않게 할 수 있을까요? 기주맥 정이 아니면 절대 불가능합니다. 기주맥정은 명공(命功)입니다. 그리고 일 념불생의 체현은 성공(性功)에 속하지요. 도가 입장에서 말하면 이 명공과 성공을 결합하여 하나로 하는 것을 "감리교회어황방(坎離交會於黃房)"이 라고 합니다. "황방(黃房)"이란 중궁(中宮)을 말하는데 인체로 말하면 비 장과 위장 사이이면서 심장과 배꼽의 가운데입니다. 인체의 중심에 해당 하는 이 위치에서 신(神)과 기(炁)가 자연히 응결하게 되면 중궁이 충만하 게 됩니다.

"단련양물(摶煉兩物)"의 "단(摶)"은 마치 밀가루를 뭉쳐서 한 덩어리를 만드는 것처럼 자기 신체 내부의 두 가지 기운을 뭉쳐서 하나로 만드는 것입니다. 예를 들어 태극도의 일음과 일양이 서로 엉겨서 하나가 된 것 같은 것이지요. 그렇다면 얼마나 많은 시간을 이렇게 단련해야 할까요? 얼마나 많은 경계와 과정을 거쳐야 할까요? 그것은 사람에 따라 다릅니다. 개인의 기연(機緣)과 신체와 선행 공덕에 따라 다르지요. 내부에서 "두 가지를 단련해서 하나로 합한다〔摶煉兩物, 倂合爲一〕"는 것은 신(神)과 기(炁)가 응결해서 무(無)에서 유(有)를 발생하는 것입니다. 단, 실제로 어떤 것을 만드는 것은 아니고 작용이 있다는 말입니다. 이렇게 해서 하나로 합한 후에 "양재곤로지중(養在坤爐之中)"합니다. 곤로(坤爐) 속에서 양성하는 것입니다.

　여순양 진인이 이런 경지에 도달하여 다음과 같은 시를 지었습니다. "하루 청정하고 한가하면 스스로 신선이라, 육신이 화합하니 과보가 평안하네. 단전에 보배 있어 도를 찾기를 멈추고, 대상 경계에 무심하니 선을 묻지 마소〔一日淸閒自在仙, 六神和合報平安. 丹田有寶休尋道, 對境無心莫問禪〕." 어디에 가면 신선을 찾을 수 있을까요? 누구라도 어느 날 마음이 청정하고 한가하면 스스로 신선입니다. "육신화합(六神和合)"은 안이비설신의가 화합하면 마음이 모두 평안하다는 것이지요. 그러므로 자신의 "단전에 있는 보배에서 도를 찾는" 것이지 밖에서 또 다른 도를 찾을 것이 아닙니다. 일체의 "대상 경계에 무심하다"는 것은 마음이 공(空)의 경지에 들었다는 것입니다. "곤로 속에서 양성한다"는 것은 여순양 진인의 시에 나타난 경지와 같습니다. 세상에는 정좌해서 수도 공부를 하는 사람은 적지 않지만 진정으로 이런 경지에 도달한 사람은 극히 적습니다.

불사의 약

주운양 조사의 설명은 다음과 같이 계속됩니다.

"시기가 도래하면 대약이 생산되니 수의 근원은 납으로서 수와 납은 같은 것이다."

(時節一到, 大藥便産, 所謂水鄕鉛, 只一味是也)

이때 꼭 오래 있어야 할까요? 대약(大藥)이 생산되는 시기는 언제일까요? 사람에 따라 다릅니다. 본신(本身)의 생명이 생산하는 대약은 장생불사의 약이지 불로장생의 약이 아닙니다. 도가의 『황정경』에 따르면 여기에서 말하는 대약은 외약(外藥)이 아니라 자신의 내약(內藥)으로서 내단(內丹)입니다. 도가에서 말하는 상약삼품인 정기신이 그것이지요. 정기신이 진정으로 결합하면 그것이 바로 장생불사의 약입니다. 우리가 어째서 죽음을 맞이하게 될까요? 정기신이 각각 분리되고 나뉘어 응결되지 않기 때문입니다. 이른바 응결된다는 것은 불가에서 말하는 정(定)입니다. 도가에서는 이것을 정(定)이라고 하지 않고 응(凝)이라고 합니다. 정(定)이라는 말은 원리로서 하는 말이고 응(凝)은 나타나는 현상을 말하는 것으로, 이 두 개의 글자가 각각 작용과 의미가 있지만 응(凝)이라는 말이 더 좋습니다.

이 대약은 우리 자신으로부터 옵니다. 이때는 이미 정기신이 응결하여 우리 이 신체라는 보일러 속에서 오랫동안 온양(蘊釀)이 되었습니다. 그래서 도가에서는 이 과정을 어머니가 회임하고 태에서 기르는 십 개월의 시간으로 상징합니다. 이른바 정(定)이라는 것은 회태(懷胎)하는 현상과 같아서 장차 생산하게 되는 것이지요. "수의 근원은 납〔水鄕鉛〕"이라는 말에서 "수향(水鄕)"은 비유입니다. 단경 도서는 비유가 많아서 보기가 매우 번

거룹습니다. 임계수(壬癸水)는 북방의 감괘에 속합니다. "연(鉛)"도 상징입니다. 본래 수은은 매우 산만하고 쉽게 흩어지는 성질인데, 납(鉛)이 그것을 움직이지 않게 고정시켜 주지요. 우리의 생각은 쉽게 산만해지고 망상이 일어나지만 일단 정기신이 응결하면 산만하려고 해도 그렇게 되지 않습니다. 이것은 결코 무념무상(無念無想)의 아무것도 모르는 상태가 아닙니다. 오히려 어떤 것도 다 알게 되는 상태입니다. 단지 잡념 망상만 없을 뿐입니다.

장자양 진인은 "내 마음에 번뇌는 다시 오지 않는다〔煩惱無由更上心〕"고 말했습니다. 고통스러웠던 어떤 일이나 화가 났던 일 혹은 번뇌 같은 것을 떠올리려고 해도 다시는 그런 마음이 일지 않는다는 것입니다. 어떤 사람이 따귀를 몇 번 때린다든가 아니면 얼굴에 침을 뱉는다든가 하면 당연히 화가 나겠지요. 그런데 전혀 화가 나지 않습니다.[45] 이럴 때에도 그냥 그렇지 하고 말지요. 바로 "수의 근원은 납으로서 수와 납은 같다〔水鄕鉛, 只一味是也〕"는 것입니다. 이렇게 움직이지 않는 마음이 바로 약(藥)입니다.

이런 약은 어떻게 해서 올까요? 여러분이 도가의 책을 다 읽고 연구해봐도 단지 그냥 때가 되면 약이 온다는 말뿐입니다. 실제로도 그때가 언제인지 말해 봐야 소용이 없습니다. 그냥 때가 되면 자연히 알게 된다고 말

[45] 마음에서 감정이 일어나지 않는 경지를 추구하는 것은 보조 지눌 선사의 「진심험공(眞心驗功)」(『진심직설眞心直說』:『한불전韓佛全』v.4 p.721c)에도 보인다. 이로써 우리는 불가와 도가가 모두 마음공부를 강조한다는 점에서 서로 통한다는 것을 알 수 있다. "만약 이 참마음을 징험하려고 할 때에는 먼저 평생에 미워하거나 사랑하던 경계를 가지고 때때로 눈앞에 있다고 생각해 보라. 여전히 미워하거나 사랑하는 마음이 일어나면 곧 도의 마음이 아직 성숙하지 못한 것이요, 미워하거나 사랑하는 마음이 생기지 않으면 그것은 도의 마음이 성숙한 것이다. 아무리 그렇지만 그렇게 성숙해졌다 하더라도 그것은 아직도 미워하거나 사랑하는 마음이 저절로 일어나지 않는 것이 아니다. 다시 마음을 징험해 보라. 만약 미워하거나 사랑하는 경계를 만났을 때에, 특별히 미워하거나 사랑하는 마음을 일으켜 그 미워하거나 사랑하는 경계를 취하게 해도 마음이 일어나지 않으면 그 마음은 걸림이 없어서, 마치 한데에 놓아둔 흰 소가 곡식을 해치지 않는 것과 같다."

할 수밖에 없지요. 저도 잘 모릅니다. 책에 나와 있는 내용을 여러분에게 알려 줄 뿐이지요. 절대 겸손한 것이 아닙니다. 만약 이런 약을 제가 이미 가졌다면 벌써 신선이 되었지 구태여 여기에서 이런 이야기를 하고 있겠습니까? 저는 학문적 원리에 근거해서 여러분에게 알려 드리는 것뿐입니다. 수도 공부가 경지에 이르면 여러분이 자연히 알게 됩니다. 이렇게 오는 것이 진정한 결단(結丹)의 경지입니다.

그러니 여러분도 더 이상 묻지 마세요. 물어도 소용이 없습니다. 여러분이 정좌를 한다고 하지만 일반적인 정(定)의 경지에도 이르지 못하는데 이렇게 깊은 경지에 대해 알아본들 무슨 소용이 있겠습니까? 체험과 깨달음이 없는데도 있는 척 큰소리를 치고 자기가 마치 무슨 위대한 스승이나 되는 양 과대포장하며 남들에게 정좌니 요결이니 하며 함부로 가르치고 다니는 것은 모두 업을 짓는 일입니다. 절대로 이렇게 해서는 안 됩니다. 여러분도 주의해야 합니다. 이 점이 큰 관건입니다. 단경과 도서에서 일부러 유보한 것이 아닙니다. 도가의 단경을 읽는 것은 사마천의 『사기(史記)』를 읽는 것처럼 어렵습니다. 『사기』의 내용 전체를 융회 관통(融會貫通)해야 비로소 어떤 문제는 어느 편에 있고, 그 안에 어떤 구절이 있다고 알 수 있지요. 도가의 단경 역시 전체를 융회 관통해야 알 수 있습니다. 장생불사의 약은 바로 "금단"입니다.

단약을 채취하는 방법

계속해서 주운양 조사의 주해를 보겠습니다.

"대약이 이미 생산되면 즉시 채취해야 하니, 당연히 진의를 매개로 해서 바람

을 돌려 혼합한다. 서서히 곤로로부터 올라가서 건정으로 들어가게 하면 바
야흐로 응결하여 단을 이룬다."

(大藥旣産, 卽忙採取. 當以眞意爲媒, 迴風混合, 徐徐從坤爐, 升入乾鼎, 方
得凝而成丹)[46]

이 설명은 매우 명료합니다. 그런데 여러분이 주의해야 할 것이 있습니
다. 여러분은 늘 기맥을 통한다, 중맥을 통한다고 말을 하는데 통하고 나
면 어떻게 합니까? 기맥을 통한다는 것은 마치 산길이 험할 때 길을 잘 통
하게 하고 좋은 길을 가는 것과 같습니다. 그러므로 기맥을 통한 이후에도
해야 할 수도 공부가 매우 많습니다. "대약기산(大藥旣産)", 대약이라는 것
은 오는 것입니다. "즉망채취(卽忙採取)", 대약이 생산되는 것을 즉시 포착
해서 재빨리 채취해야 합니다. 대약이 생산되는 것을 적시에 감지하지 못
하든가 혹은 파악하지 못하면 바로 우리 신체에서 분리되어 허공으로 사
라져 버립니다. 그런데 대약이 생산되기 전에 먼저 손을 쓰거나 생각으로
포착하려고 하면 바로 망상이 되어 아무 쓸모없게 됩니다. 병통이 발생하
고 주화입마하게 되지요. 생각으로 의도하는 것은 잘못이기 때문입니다.
만약 대약이 생산된 후에야 비로소 감지하고 채취하려고 한다면 어떨까
요? 그러면 대약은 이미 날아가 버린 후가 될 것입니다. 대약이 생산되는
그 순간을 포착하는 것이 무엇보다 중요합니다. "즉망채취"라는 말은 과일
이 익어서 땅에 떨어지는 것과 같아서 땅에 떨어지기 전에 바로 채취해야
하는데 이렇게 하는 것은 매우 어렵습니다.

이런 공부는 오류파에서 말한 '수원청탁(水源淸濁)'과 같습니다. 새벽에
남성의 양기가 발기하는 순간 즉시 깨닫고 일어나서 정좌를 해야 하고, 여

---

46 『참동계천유』. 145면.

성의 경우에는 유두가 팽창하면 바로 알아차려서 정좌하는 것입니다. 조금이라도 더 침대에 누워 있거나 정신을 차리지 못하고 늦으면 소용이 없게 됩니다. 이런 현상이 발생하는 그 순간 즉시 알아차리고 바로 정좌에 들어가야 합니다. 이렇게 한 번 두 번 계속하는 과정에서 몸은 날로 좋아집니다. 이것이 "즉망채취(卽忙採取)" 하는 것입니다. 제가 이렇게 말하는 것은 일종의 비유입니다. 절대 아침마다 대약이 생산된다고 생각하지는 마세요. 아침마다 여러분이 느끼는 것은 대약이 아니라 소약(小藥)에 불과합니다.

그러므로 "채취(採取)"라는 이 단계는 의도적으로 할 수 있는 것이 아닙니다. 의도적으로 미리 생각하거나 기대하고 하는 것은 망상일 뿐이지요. 그렇다면 누가 이런 식으로 채취하나요? 도가에는 방문좌도가 매우 많습니다. 예를 하나 들어서 여러분이 절대 이런 곳에 빠지지 않고 이런 식의 방문좌도는 타파하도록 주의를 드리지요. 자위를 하다가 사정하려고 할 때 즉시 행위를 멈추고 어느 혈도를 누르면 정액이 다시 몸으로 돌아가는데, 이것이 바로 단약을 채취하는 채약(採藥)의 비결이라고 어떤 사람들은 주장합니다. 제가 분명히 말하지만 만약 여러분이 이렇게 한다면 그것은 생명을 해치는 것만큼이나 해롭습니다. 이런 식으로 채약을 하면 할수록 생명이 위태로워집니다. 이런 사람은 보면 바로 알 수 있습니다. 얼굴에 검은 기운이 돌고, 이런 식의 수련을 하면 할수록 가슴이 답답하고 뒷골이 팽창하듯이 뻣뻣함을 느낍니다. 입술은 푸른색으로 변하지요. 이 같은 수련은 폐정(閉精)의 방법과 같습니다. 그들은 이 수련으로 무욕(無欲)의 경지에 도달할 수 있다고 하지만 그렇지 않습니다. 남자든 여자든 이런 방법은 절대 해서는 안 됩니다. 예를 들면 『성명법결명지(性命法訣明指)』라는 책이 이런 식의 수련 전문서인데 극히 위험합니다. 이렇게 수련한 사람은 간이나 폐에 병이 생겨서 죽거나 폐인이 됩니다. 채약은 이렇게 하는 것이 절대 아닙니다.

이런 식의 방문좌도 외에 비슷한 곳이 또 있습니다. 시작은 비슷한데 정액이 누설되려고 할 때 혈도를 누르지 않고 기공의 방법을 쓰는 것입니다. 정액의 누설을 참고 방사하지 않는 '인정불방(忍精不放)'입니다. 그러나 이 방법도 매우 문제가 많습니다. 경맥이 폐색될 수 있지요. 오래하면 얼굴이 누렇게 되고 몸이 바싹 마르며 기억력이 현저하게 감퇴합니다. 이 밖에도 문제가 많습니다. 비록 앞에서 말했던 방문좌도보다는 덜하지만 역시 문제가 심각합니다. 여러분은 이런 식의 방문좌도에 절대 현혹되어서는 안 됩니다.

조심하고 주의해야 할 사항

도가의 정파, 즉 정통 도가에서는 채약을 할 때 당연히 "진의위매(眞意爲媒)" 즉 진의를 매개로 하라고 말합니다. 이 "진의(眞意)"는 무슨 뜻일까요? 장생불로의 약을 얻기를 꿈꾸는 사람들의 뜻은 어떻습니까? 자기 자신을 속이나요? 간절하고 성실합니다. 그리고 자신을 위한 사욕이 많지요. 어느 쪽이나 모두 거짓입니다. 다시 말하면 어떤 생각이나 의도가 있다면 그것이 정성이든 사욕이든 모두 거짓입니다. 이른바 거짓된 생각은 허망한 것으로 불가에서는 망상(妄想)이라고 합니다. 망상이 바로 거짓된 생각이지요. 이름만 바꾸었을 뿐입니다. 만약 망념으로 수도 공부를 한다면 다 틀린 것입니다. 불교 유식학에서는 진의(眞意)를 제칠식이라고도 하고 의근(意根)이라고도 합니다만 형용하기가 어렵습니다.

불학에는 또 정념(淨念)이라는 용어가 있습니다. 여기서 말하는 염(念)은 정토종에서 극락왕생을 위해 아미타불을 염불할 때 "염하되 무념으로 하고, 무념으로 하되 염하라[念而無念, 無念而念]"고 하는 염(念)과 같습니다. 이런 염이야말로 진의(眞意)입니다. 그것은 비공비유(非空非有)이면서 즉공즉유(卽空卽有)입니다. 이것은 망상이 아니지요. 여러분이 대약이 발동할 때 급히 진의를 움직여서 채약한다고 하면 그것도 잘못입니다. 왜냐하면 그것도 망상이기 때문입니다. 진의는 "있는 듯 없는 듯하며〔若有若無〕", 미리 기대하지도 않고 또한 포기하지도 않습니다. 자연스러우며 고요하지요. 진의는 자연스럽게 이 두 가지를 응결하여 하나로 화합합니다. 여러분이 터럭 끝만큼이라도 의도적인 생각으로 이렇게 하겠다고 마음먹는 순간 곧 후천으로 변화하여 끝나고 맙니다. 그 결과 얼굴에 붉은빛이 돌고 정신은 백 배나 또렷하고 온몸에 기맥이 팽창하여 에너지를 발출하지 않으면 못 견디는 상태가 됩니다. 자신이 뭐든지 할 수 있는 능력을 가졌다고 착각하게 되지요. 손가락 끝이 모두 부풀고 온몸에 기가 충만하게 됩니다.

진의가 매개가 될 때에는 잠시도 쉬면 안 됩니다. 만약 한 번이라도 멈추면 진의는 바로 사라져 버립니다. 바람을 돌려 혼합시킨다는 "회풍혼합(迴風混合)"에서 "회풍"을 주의해 보기 바랍니다. 이때는 코로 하는 호흡이 정지됩니다. 피부 호흡도 끊어집니다. 신체 내부에서 기운이 도는 것이 진정한 태식(胎息)이며 내호흡(內呼吸)입니다. 아주 천천히 기운이 신체 내부에서 돌게 되지요. 『참동계』에서는 "서서종곤로(徐徐從坤爐), 승입건정(升入乾鼎)"이라고 했습니다. "서서히 곤로로부터 올라가서 건정으로 들어간다"는 말입니다. 아래로부터 상승해서 정수리가 열리는 것입니다. 그때 중맥이 통하여 "건정(乾鼎)"으로 올라가는 것이지요. 부처님의 정수리에 홍색이 도는 것이 바로 이것을 나타냅니다. "올라가서 건정에 들어가니 바야흐로 응결하여 단을 이루는〔升入乾鼎, 方得凝而成丹〕"것을 "건곤교(乾坤交)"라고 합니다. 몸 밖 우주의 음양과 교구하는 것으로 이것을 천원단(天元丹)이라고 합니다. 인원단(人元丹)으로부터 천원단에 도달하는 것은 우주와 교류해야 합니다. 제가 늘 말하듯이 이 경지가 되어야 비로소 밀종의 진정한 관정(灌頂)입니다. 응결하면 단을 이루게 되고 그것을 천원단이라고 합니다.

그러나 여러분 모두 주의할 것이 있습니다. 초학자는 어떤 경우 정수리가 팽창하는 느낌이 있고, 머리가 어지럽기도 하고 텅 빈 듯하기도 합니다. 이것은 고혈압 증세입니다. 수십 년 이래 불가나 도가를 수도 공부하는 사람들 중에 적지 않은 사람이 뇌일혈, 심장병, 정신분열 등으로 사망에 이르는 것을 보았습니다. 암으로 죽는 사람도 많지요. 나이가 많이 들면 머리에 덩어리 같은 것이 생기는데 더러는 암이 됩니다. 그러나 진정 결단(結丹)이 이루어지면 절대 고혈압이 생기지 않습니다. 물론 정신분열도 없습니다. 수많은 불가, 도가 수행자들이 스스로 자신을 망칩니다. 모두 방문좌도에 빠지기 때문이지요. 오직 진기(眞炁)가 상승할 때에만 기맥이 자연히 통합니다. 기맥이 통하게 된 후에는 마치 장자가 말한 것처럼 "천지의 정신과 서로 왕래하는〔與天地精神相往來〕"[47] 경지에 도달합니다. 여러분들이 평소에 천지와 서로 왕래한다고 하면 그것은 거짓말입니다. 천지는 근본적으로 여러분을 관여하지 않습니다. 우리가 천지와 왕래하려고 해도 할 수가 없지요. 그러나 기맥이 진정 통하게 되면 여러분이 천지와 왕래하지 않으려 해도 안 됩니다. 천지가 여러분과 왕래하려고 여러분을 찾아오기 때문입니다.

---

47 『장자』 「잡편(雜篇)」 천하(天下)에 나온다. "독여천지정신상왕래(獨與天地精神相往來), 이불오예어만물(而不敖倪於萬物), 불견시비이여세속처(不譴是非而與世俗處)"라는 말로, 홀로 천지의 정신과 서로 왕래하되 만물을 경시하지 않으며, 시비를 따지지 않되 세속에 처한다'는 뜻이다. 천지 우주와 인간이 하나가 된 천인합일의 경지를 말한다.

제52강

앞에서는 "건곤교구(乾坤交媾)"의 대환단(大還丹)에 대해 말했는데, 이어서 환단 이후의 과정을 알아보겠습니다.

환단 이후의 단련

주운양 조사의 주해를 계속 보겠습니다.

"그러므로 (참동계에서) '단련하고 닦고 합쳐서 적색문에 넣는다'고 하였다. 이두 구절에 흡, 지, 촬, 폐가 있어 무수한 작용이 내재한다."

(故曰, 擣治幷合之, 持入赤色門, 此二句, 有吸舐撮閉, 無數作用在內)

"고왈도야병합지(故曰擣治幷合之), 지입적색문(持入赤色門)"은 머리 위에서 천지의 정신과 서로 왕래하고, 천지와 교류하는 대환단(大還丹)의 경지를 말합니다. 이른바 천지가 대환(大還)한다는 것은 천지가 크게 회전하

는 것으로, 마치 한약방에서 한약재를 절구에 넣고 찧는 것과 같습니다. 그렇게 약재를 단련해서 하나로 합하는 것이지요. "적색문(赤色門)"이란 가슴을 가리킵니다. 천지의 정신과 나의 정신이 내려와서 적색문을 거쳐 심장 속으로 들어간다는 뜻입니다.

다음은 "차이구(此二句), 유흡지촬폐(有吸舐撮閉), 무수작용재내(無數作用在內)"입니다. 우리는 일반적으로 기공을 연마하고 요가를 하며 밀종을 배우는데, "흡(吸)"은 자연적으로 공기를 흡입하는 작용입니다. 우리의 코나 전신의 모공에 이런 작용이 있지요. 천지의 기운을 빨아들여 영원히 숨을 들이마시는 것 같습니다. 이것은 천지의 정화(精華)를 흡입하는 작용을 가리킵니다. "지(舐)"는 혀로 무엇을 핥는다는 뜻으로, 매우 오묘한 작용이 있습니다. 도가에서는 무상지밀(無上之密)이라 하여 이 지(舐)의 작용을 전하지 않고 절대 외부에 노출하지 않았습니다만 저는 모두 공개합니다.

제가 과거에 이것을 배울 때는 머리를 조아려 가면서 참으로 힘들게 배웠습니다만, 다 배우고 나니 그다지 대단한 것도 아님을 알게 되었지요. 우리가 정좌를 할 때 혀끝을 상악(上顎)에 붙이는데, 이때 혀를 바로 세우면 혀 뒤에 있는 목젖과 후관(喉管, 목구멍)을 막게 됩니다. 코도 직접 목젖과 목구멍을 막아 주니 자연히 견뎌 냅니다. 이것이 기맥이 통한 것입니다. 그래서 어떤 사람이 기맥이 통했는지 아닌지는 그 사람의 몸 형태를 보면 바로 알 수 있습니다. 여기 있는 젊은 사람들은 이런 것을 배우지 마세요. 공연히 배웠다가는 이건 옳네, 저건 그르네 비판하고 참견하다가 죄업만 쌓게 됩니다.

목의 결후(結喉) 즉 울대 아래를 밀종에서는 후륜(喉輪)이라고 하는데, 후륜 아래에 기맥이 통한 후에는 망상이 없어진다고 합니다. 도가에서는 이곳을 더 중요하게 여기지요. 이 결후가 남성들에게는 더 뚜렷하게 보입니다. 결후 외에도 우리 몸에는 몇 개의 결(結)이 더 있습니다. 심장(명치)

에도 하나 있고 그 아래에도 하나 있습니다. 더욱이 여성은 아이를 낳을 때 골반이 벌어지지요. 이 세 곳이 세 개의 결(結)입니다. 이 세 개의 결은 모두 열릴 수 있는데 이렇게 열린다고 해서 결후가 없어지는 것은 아닙니다. 결후는 여전히 있습니다만 그 속이 열리는 것이지요. 이렇게 결이 열리는 것을 도가에서는 생사현관(生死玄關)이 통하는 것이라고 합니다. 생사현관이 통한 사람은 발음을 할 때나 소리를 낼 때 음성이 다릅니다. 이런 사람은 이미 일반적 의미의 생사는 초월할 수 있고, 또 생사를 조절할 수도 있습니다. 정좌할 때 가끔 후륜(喉輪)이 팽창하거나 또는 담(痰, 가래)이 있는 것처럼 후륜 부분이 막혀 뱉어 내려 해도 잘 나오지 않을 때가 있는데, 이것은 생사현관이 통하지 않았기 때문입니다.

"촬(撮)"과 "폐(閉)"는 전음(前陰)과 후음(後陰)이 수축되어 정문(精門)을 막는 것입니다. 가령 아이를 낳은 적이 있는 여성이거나 혹은 나이가 많은 노인이라도 이때는 반로환동(反老還童)하고 소녀처럼 변하여 자연히 수축되고〔撮〕 막힙니다〔閉〕. 이 경지의 공부는 "무수한 작용이 내재하기〔無數作用在內〕" 때문에 말로 다 할 수 없지요. 보통 사람도 정좌 공부를 하다 보면 우연히 이런 현상을 어느 정도는 경험할 수 있는데, 그렇다고 해도 절대 자신이 도를 얻었다고 생각하지 말아야 합니다. 이것은 소가 뒷걸음질하다가 우연히 쥐를 잡은 격이어서 절대 믿을 것이 못 되지요. 이런 상황에서는 스스로 주관할 수 있어야 하기 때문입니다. "무수작용재내(無數作用在內)"라는 말에 동그라미를 표시하세요. 이 말이 내포하는 의미가 너무나 많아서 여러분에게 다 말할 수 없을 정도입니다. 이 경지에 도달한다는 것은 바로 외단인 천원단(天元丹)이 응결되어 돌아오는 것을 말합니다.

주운양 조사는 『참동계』에서 말한 "적색문(赤色門)"에 대해 다음과 같이 설명했습니다.

"적색문은 강궁 건정이다. 약이 이미 정으로 올라갔으면 점차 응결하고, 또 서서히 건정으로부터 내려가 황정으로 돌아간다."

(赤色門, 卽絳宮乾鼎是也, 藥旣升鼎, 漸凝漸結, 又徐徐從乾鼎引下, 送歸黃庭)

"적색문(赤色門), 즉강궁건정시야(卽絳宮乾鼎是也)", "강궁(絳宮)"은 명치입니다. 가슴 중앙 명치로부터 정수리에 이르는 기맥이 모두 통해 있습니다. "약기승정(藥旣升鼎), 점응점결(漸凝漸結), 우서서종건정인하(又徐徐從乾鼎引下), 송귀황정(送歸黃庭)", 약이 이미 정(鼎)으로 올라갔으면 점차 응결하고, 또 서서히 건정(乾鼎)으로 내려가 황정(黃庭)으로 돌아간다고 했습니다. 이때가 되면 곧 환단이 이루어질 만큼 진전된 것입니다. 다만 중간에 마장(魔障)을 만나면 끝장이 납니다. 범부가 되거나 혹은 보통 사람보다 더 비참해지지요. 이렇게 마장을 만나지 않고 무사히 성공한다면 "서서히 건정으로부터 내려갑니다[徐徐從乾鼎引下]." 위에서부터 아래로 내려가서 "황정으로 돌아가는[送歸黃庭]" 것입니다. 다시 황정이라는 중궁(中宮)으로 돌아가는 것입니다.

누설을 방지하는 방법

"이때는 마땅히 고제의 법을 써야 한다. 깊고 또 깊게, 은밀하고 또 은밀하게 해야 하는 것이다. 곧바로 텅 빔이 극에 이르고 고요함을 돈독히 하면 한 점 진양지기가 바야흐로 누설되지 않는다."

(此時當用固濟之法, 深之又深, 密之又密. 直到虛極靜篤, 一點眞陽之炁, 方不泄漏)

이 과정에 도달하는 것은 더 어렵습니다. 또 다시 새로 회전해서 상하로 오르고 내려야 하는 것이 마치 지구의 물리 현상과 같습니다. 지난 이틀 동안 곧 소나기라도 내릴 것같이 답답했던 날씨 같은 현상입니다. 옛 시에 "만 목이 소리 없으니(숲이 고요하니) 곧 비가 올 줄 안다[萬木無聲知雨來]"고 했지요. 한여름에 풀도 움직이지 않을 만큼 바람 한 점 없는 찜통 같은 무더운 날씨가 이틀 정도 지속되는 동안 땅에서 증기가 위로 올라가서 곧 소나기가 되어 내리는 것입니다. 그래서 "옹연상승(滃然上升)"이라고 했습니다. 구름이 뭉게뭉게 피어오르는 것 같다는 뜻이지요. 땅에서 수증기가 위로 올라가서 상층에 이르러 공기 중의 한랭 기단과 부딪쳐 응결하고 결합되면 비로 변해서 내리는데, 수도 공부도 이와 같습니다. 이렇게 해서 감로(甘露)가 내려올 때가 되면 스스로 자연히 "흡(吸), 지(舐), 촬(撮), 폐(閉)"의 작용이 일어납니다. 이것은 절대 의도적으로 하는 것이 아닙니다. 참으로 신기한 것은 이때가 되면 우리의 몸이 알아서 흡(吸)하고 알아서 자연히 지(舐)하는 것입니다. 입은 자연히 열려서 천지의 기운을 먹고, 아래에서 자연히 모이게 되면 앞에서는 저절로 관문을 닫습니다. 남녀 사이의 일도 마찬가지입니다. 자연스러운 것이지요. 생각하고 조절할 필요가 없습니다. 이것이 생명의 기능이요 본능입니다.

이렇게 "송귀황정(送歸黃庭)" 하면 중궁에 도달합니다. 이때가 가장 어렵습니다! 이때는 절대 진기를 누설해서는 안 되는데, 이것은 잠잘 때 하는 몽정을 가리키는 것이 아닙니다. "차시당용고제지법(此時當用固濟之法)", 이때가 되면 마땅히 고제의 법을 사용해야 합니다. 다만 주운양 조사는 어떤 방법인지는 말하지 않습니다만 어쨌든 방법을 써서 견고하게 하여 절대 누설하지 말고 육근을 고요하게 해서 대정(大定)의 상태를 유지해야 한다고 합니다. 예를 들어 누군가 와서 여러분이 갖고 있는 주식이 대폭락했다고 알려 주면 깜짝 놀라겠지요. 그러면 누설하게 됩니다. 그래서 "심지우심(深之又深), 밀지우밀(密之又密)" 즉 "깊고 또 깊게, 은밀하고 또 은밀하게" 육근을 봉쇄하여 요동하지 않게 해야 한다고 합니다. 그야말로 "곧바로 텅 빔이 극에 이르고 고요함을 돈독히 하면 한 점 진양지기가 바야흐로 누설되지 않는다〔直到虛極靜篤, 一點眞陽之炁, 方不泄漏〕"는 것이지요.

앞에서 이미 말했지만 이것은 또 두 번째 과정입니다. 그래서 구전환단(九轉還丹)이라고 하지요. 도가에서는 이렇게 윤전(輪轉)한다고 합니다. 여러분이 일반적으로 말하듯이 등 뒤 아래에서 시작해 몸 앞으로 도는 것을 몇 번 하면 기맥이 통했다고 하는 것은 제대로 하는 것이 아닙니다. 주운양 조사는 다음과 같이 설명을 계속합니다.

"그러므로 (참동계에서) '그 만나는 곳을 빈틈없이 막아 완전히 견고하게 만든다'고 하였다. 굳게 닫은 것이 극도에 이르면 일양이 구지의 밑에서 움직이니 그 형상이 열화와 같다."

(故曰, 固塞其際會, 務令致完堅, 固塞之極, 一陽動於九地之下, 形如烈火)

"고제(固濟)"는 바로 "고색기제회(固塞其際會)"입니다. 그 만나는 지점을 굳게 닫는다는 말로, 우리 신체가 외부와 서로 교감하지 않도록 견고하게 지킨다는 뜻입니다. 반드시 매우 견고해야 하는데, 이때는 폐관을 해야 합니다. 수도 공부하는 사람은 이렇게 하는 것이 진정한 폐관입니다. 일반인들이 폐관하는 것과는 전혀 다르지요. 일반적인 폐관은 폐관의 자격도 없습니다. 이렇게 폐관해서 "굳게 닫은 것이 극도에 이르면〔固塞之極〕" 육근이 새지 않는데, 이때 비로소 "일양동어구지지하(一陽動於九地之下)" 즉 구지(九地) 아래에서 일양의 진기(眞炁)가 발동하는데, "그 형상이 열화와 같습니다〔形如烈火〕."

이때가 되면 참으로 대단합니다. 밀종에서는 이것을 '졸화(拙火)'라고 하거나 '영력(靈力)'이라고 했습니다. 현교에서는 사가행(四加行)의 '난(煖)'을 얻은 것이라고 하지요. 사실 불교 수행법에는 이 경지에 대해 말하고 있습니다. 다만 여러분이 불경을 읽으면서도 알아차리지 못하는 것뿐입니다. 여기에서 "형여열화(形如烈火)"는 사가행의 난(煖)입니다. 즉 졸화가 발동하는 것이지요. 이런 에너지가 솟구쳐 오르면 막을 방법이 없습니다.

몸 안에서 용이 울부짖고 호랑이가 포효하다

"문을 박차고 나가니 정자시가 도래하면 급히 진화를 발동하여 응하니 삽시간에 건곤이 합벽하고 용호가 서로 싸워 용이 울부짖고 호랑이가 포효하는 소리가 가득하다. 그러므로 (참동계에서) '불기운이 아래에서 치솟으니 용과 호랑이의 울음소리가 요란하다'고 하였다."

(斬關而出, 正子時一到, 亟當發眞火以應之, 囊時乾坤闔闢, 龍虎交爭, 便有 龍吟虎嘯之聲, 故曰, 炎火張於下, 龍虎聲正勤)

"참관이출(斬關而出), 정자시일도(正子時一到), 극당발진화이응지(亟當發眞火以應之)", 여기에서 활자시(活子時)라고 하지 않고 정자시(正子時)라고 한 것은 의미가 깊습니다. 이 말은 진정으로 자신의 생명 속의 정자시라는 뜻으로, 일양이 돌아와서 회복하고 일양이 처음 움직이는 것을 가리킵니다. 이렇게 일양이 발동하면 "진화를 발동하여 응해야〔發眞火以應之〕" 하는데 이것이 쉽지 않습니다. 가화(假火)는 물질적인 불인데, 우리 몸에서 불은 어디에 있나요? 불가에서는 '삼매진화(三昧眞火)'라는 말을 합니다. 삼매는 입정(入定)의 경지인데 이때 진화가 발동한다는 것이지요. 밀종을 수련하는 사람 중에는 화광(火光)을 관상(觀想)해서 온몸이 뜨거워지면 졸화가 발동한 것이라고 여기는 사람이 있습니다만 이것은 절대 졸화가 아닙니다. 잘못된 것이고 병상(病相)이지요. 그렇다면 도대체 무엇이 진화일까요?

『능엄경』에는 "성화진공(性火眞空), 성공진화(性空眞火)"라는 말이 있는데, 바로 이것입니다. "성화는 진공이요 성공은 진화이다"라는 뜻이지요. 따라서 "진화(眞火)"는 곧 "진념(眞念)"입니다. 앞에서는 진의(眞意)라는 말을 썼지요? 여기서는 그것을 진화라고 부른 것입니다. 염이 있는 듯 없는 듯한, 즉 유념무념(有念無念)의 사이에서 나오는 화(火)의 에너지입니다. 이 화력은 열력(熱力)이라고 불러도 좋습니다. 화력은 어디에서 나올까요? 대장간에 가면 풀무를 왕래하여 바람을 불어넣어 화력을 높입니다. 이렇게 유형의 불을 왕래하는 것은 연기(煉氣)입니다.

"삽시건곤합벽(霎時乾坤闔闢), 용호교쟁(龍虎交爭)", 삽시간에 건곤이 합벽하고 용호가 교쟁한다는 말이 나타내는 경지는 매우 큽니다. 상체와 하체 온몸이 진동하는 현상이 나타납니다. 마치 산이 무너지고 땅이 갈라지는 것처럼 공포를 느낍니다. 담이 작은 사람은 이때 수도 공부를 포기합니다. 놀라서 다시는 정좌를 하지 않으려고 하는 사람도 있지요. "건곤합벽"의 "합벽(闔闢)"은 우주가 한 번 열리면 한 번 닫히는 운동입니다. "용호교쟁"은 용과 호랑이가 서로 싸운다는 뜻이지요.

"변유룡음호소지성(便有龍吟虎嘯之聲)", 정좌하는 사람의 몸에서 들리는 엄청난 소리를 말합니다. 용이 울부짖고 호랑이가 으르렁거리는 소리를 내는 것이지요. 그러나 옆 사람에게는 들리지 않습니다. 얼굴에는 우레와 같은 소리가 들리고, 때론 머리에 천둥이 치는 것 같습니다. 온몸이 진동해서 여러분을 놀라게 할 수도 있고 사람이 기절할 수도 있지요. 아래의 기운이 움직이고 위에는 다시 용이 울부짖는데 모두 실제 경계입니다. 어떤 사람은 정좌할 때 머리 뒤쪽에서 밥물이 끓어오를 때 나는 소리가 들리기도 하는데 그 정도는 아무것도 아닙니다. 어쨌든 이렇게 용과 호랑이로 비유될 만큼 큰 진동이 오는 것은 좋은 현상입니다.

도가의 오류파에도 '뇌후취명(腦後鷲鳴)'이라는 표현이 있습니다. 후뇌에서 독수리가 운다는 뜻으로, 사실 이 현상은 별로 대단하지는 않습니다. 기맥이 후뇌의 옥침혈을 통한 후에 더 통하지 못할 때 일어나는 현상입니다. 이것은 '용음호소(龍吟虎嘯)'와는 다릅니다. 용음호소가 훨씬 거대한 현상이지요. 이때 이른바 진화가 발동합니다. "고왈(故曰), 염화장어하(炎火張於下), 용호성정근(龍虎聲正勤)", 그러므로 불기운이 아래에서 치솟으면 용의 울부짖음과 호랑이의 포효가 요란하다고 말한 것입니다. 이것은 한 걸음 한 걸음 단계적으로 해 나가는 공부입니다. 그러나 주운양 조사는 더 이상 설명하지 않고 멈춥니다. 그래서 도가의 경서는 보기가 어렵습니다. 주운양 조사는 더 이상 알려 주지 않습니다. 알려 주지 않는 것이 아니라 여러분 스스로 해야 한다는 것입니다. 그래서 그다음은 말하지 않은 것입니다.

문화와 무화를 배합하여 단약을 달인다

다음은 문화(文火)와 무화(武火)에 대한 주운양 조사의 설명입니다.

"대약이 처음 발생할 때 문화를 써서 함육하면 바로 올라가서 화로를 나오고, 대약이 이미 발생했을 때 무화를 써서 단련하면 바야흐로 결실을 맺어 솥으로 돌아간다. 그러므로 (참동계에서) '처음에는 문화로 닦을 수 있지만 끝에는 마침내 무화로 성취한다'고 하였다. 이 과정에서 화후는 터럭 끝만큼도 착오가 있어서는 안 되니, 마땅히 문화를 써야 할 때 실수로 화후를 맹렬히 하면 화후가 지나치게 강하고, 마땅히 무화를 써야 할 때 너무 약하게 하면 화후가 너무 차게 식는다. 반드시 부드러움과 맹렬함의 마땅함을 돕고 차고 따뜻함의 정도를 조절해야 바야흐로 중용을 얻을 수 있다."

(大藥初生, 用文火以含育之, 方得升騰而出爐, 大藥旣生, 用武火以煉之, 方
得結實而歸鼎. 故曰, 始文使可修, 終竟武乃成, 此中火候, 不可毫髮差殊, 當
用文而失之于猛, 則火太炎矣, 當用武而失之于弱, 則火太冷矣. 必相其寬猛
之宜, 調其寒溫之節, 方能得中)

"대약초생(大藥初生), 용문화이함육지(用文火以含育之)", 대약이 처음 발
생할 때 문화(文火)를 써서 함육한다는 말은 마음을 청정하게 하라는 것입
니다. 이것이 문화의 뜻이지요. 처음에는 이렇게 문화로 차츰차츰 덥히는
것입니다. 우선 문화로 하다가 그다음에 무화로 합니다. "방득승등이출로
(方得升騰而出爐)", 바로 올라가서 화로를 나온다는 말로, 문화로 인해 아래
에서 위로 올라간다는 뜻입니다. 그런데 이 문화의 과정은 뭐라고 말하기가
참으로 어렵습니다. 옛 조사들도 설명한 것이 별로 없지요. 마치 설명하기
를 포기한 것처럼 말이지요. 그 이유는 형용하기가 어렵기 때문입니다.

왜 그럴까요? 말을 잘못하면 수도 공부하는 사람에게 엄청난 해를 끼치
기 때문입니다. 후세의 수도인들이 모두 이 경지에 집착하기 때문에 차라
리 간단히 말하고 말지언정 사람들을 잘못된 길로 인도하지는 않겠다는
뜻입니다. 요즘 사람들은 누구나 책을 써 내는 것과는 참으로 대조적이지
요. 이들은 자기 자신이 삼십 퍼센트 정도 성취가 있으면 백 퍼센트 성공
한 것처럼 부풀립니다. 모두 남을 속이는 일이지요. 그러나 옛사람들은 절
대 그렇게 하지 않았습니다. 더욱이 이렇게 천지의 정도(正道)를 전하는
일에 있어서는 절대 함부로 붓을 휘두르지 않았지요. 단, 여러분이 단서
(丹書)를 정말 진지하게 잘 읽어 보면 그 속에 참으로 비밀스러운 것에 대
해 옛사람들이 이미 밝혀 놓았음을 깨달을 것입니다.

"대약기생(大藥旣生), 용무화이련지(用武火以煉之), 방득결실이귀정(方

得結實而歸鼎). 고왈(故曰), 시문사가수(始文使可修)", 이 말은 시작할 때 문화로 팽련(烹煉)하라는 뜻입니다. "종경무내성(終竟武乃成)", 끝에는 마침내 무화로 이룬다는 말인데, 진양(眞陽)의 기가 일단 발동하면 무화로 팽련해야 성공할 수 있습니다. "차중화후(此中火候), 불가호발차수(不可毫髮差殊)", 이렇게 문화에서 무화로 변화하는 과정에서 화후는 조금의 실수가 있어서는 안 됩니다. 참으로 어렵고도 어려운 일이지요. "당용문이실지우맹(當用文而失之于猛), 즉화태염의(則火太炎矣)", 문화를 써야 할 때 무화를 쓰면 타 버립니다. "당용무이실지우약(當用武而失之于弱), 즉화태랭의(則火太冷矣)", 무화를 써야 할 때 문화를 쓰면 불이 너무 약하지요.

사실 이렇게까지 말할 필요는 없습니다. 보통 여러분들이 정좌 공부를 할 때는 문화와 무화를 아울러 씁니다. 어떤 때는 움직여야지 꼭 죽은 듯이 앉아 있어야만 하는 것은 아닙니다. 그래서 제가 여러분에게 운동을 하라고 권하는 것입니다. 태극권은 너무 문화에 치우쳐 있으니 때로는 소림권 같은 무화도 필요합니다. 때로 고요해야 할 때는 문화를 쓰고, 반대의 경우는 소림권이나 태극권 같은 것을 응용할 수도 있지요. 이렇게 동(動)과 정(靜)을 아울러 장악해야 좋습니다. 인광 법사는 평소에는 정토종의 염불을 말했습니다. 그러나 그가 후인들에게 경고한 것은 도리어 아주 적절합니다. "움직임으로 몸을 닦고 고요함으로 마음을 닦는다〔動以修身, 靜以修心〕"는 것입니다.

다음으로 "필상기관맹지의(必相其寬猛之宜), 조기한온지절(調其寒溫之節), 방능득중(方能得中)"을 보겠습니다. 여기서 "상(相)" 자는 동사로 봐야지 현상의 그 상(象)이 아닙니다. "상"은 보조라는 뜻으로, 이때 우리가 자신의 공부를 보조해야 한다는 것입니다. 부드러움과 맹렬함을 뜻하는 "관맹(寬猛)"을 정치로 비유하면, 어떤 때는 법을 엄정하게 관리하는 것을 "맹(猛)"이라고 하고 또 어떤 때는 관대하게 하는 것을 "관(寬)"이라고 합니다. "부드러움과 맹렬함의 마땅함"을 돕는다는 것은 힘을 뺄 때는 빼고 넣을 때는 넣는 것입니다. 그것은 "차고 따듯함의 정도를 조절한다[調其寒溫之節]"는 말과 같은 뜻이지요. 추울 때는 추워야 하고 더울 때는 더워야 합니다. 즉 냉기를 적절히 조절해야 한다는 것입니다. 조절을 못해서 냉기가 지나쳐 냉방병에 걸린다면 잘못된 것이지요. 잘 조절해서 "방능득중(方能得中)" 즉 바야흐로 중용을 얻을 수 있게 되면 그것을 바로 중절(中節)이라고 합니다.

"그러므로 (참동계에서) '화후를 더욱 근밀하게 보고 깊이 살펴서 온도를 조절한다'고 하였다. 자시에는 미려에서부터 화가 올라오니 지뢰복괘에 응한다. 일양이 처음 발동하니 이것이 천근이다. 곧바로 육효가 모두 양인 순양 건괘에 도달하니 움직임이 극에 달하면 다시 고요해진다."

(故曰, 視候加謹密, 審察調寒溫. 子時從尾閭起火, 應復卦, 一陽初動, 是爲天根. 直至六陽純乎乾, 動極而復靜矣)

왜 "자시(子時)"라고 할까요? 일양이 회복되는 일양래복(一陽來復)은 인체의 하부에서 시작됩니다. "종미려기화(從尾閭起火)", 미려에서부터 화가 일어난다고 했지만 실제로는 해저(海底), 미려(尾閭), 회음혈(會陰穴) 전체에서 발생합니다. "응복괘(應復卦)", 『역경』 육십사괘 중에서 일양이 하부에 회복된 상을 나타내는 지뢰복괘(地雷復卦)로 일양이 처음 활동하는 것을 상징적으로 표시합니다. 그리고 이렇게 "일양초동(一陽初動)"한 것을 아래에서 나온 "천근(天根)"이라고 합니다. 그러므로 수도 공부를 하는 사람들은 잘 알아야 합니다. 성명(性命)은 고요함이 극에 도달할 때 하부에서 일어납니다.

생각해 보면 이런 사실은 수도 공부에만 적용되는 것이 아닙니다. 모든 것이 마찬가지이지요. 병이 생기면 쉬어야 하는 것도 그런 이유입니다. 중의든 양의든 환자에게 쉬라고 하는 것은 똑같습니다. 가족 중에 환자가 생기는 경우 첫째로 주의하고 당부할 것이 바로 이것입니다. 병이 나서 병원에 가서 치료를 받고 어느 정도 몸이 회복되면 빨리 집에 돌아가고 싶지요. 병원에서 쉬고 치료를 받은 후에 정신이 좋아지니까 성적 욕구가 충동적으로 일어납니다. 그러니 더욱 집에 돌아가고 싶습니다. 이렇게 해서 집에 돌아온 사람들이 그만 잘못되는 경우가 많습니다. 성적 욕구를 절제하지 못하고 과도하게 사용해서입니다. 많은 사람이 이렇게 해서 병을 더 키웁니다. 쾌락에 집착하면 반드시 명을 재촉한다는 것을 알아야 합니다.

자신의 음양을 잘 조절하라

수도 공부도 마찬가지입니다. 보통 사람들은 정신이 왕성하면 성욕이 함께 커집니다. 설사 성욕이 일어나지 않더라도 누설되기 쉽지요. 그래서 만 명이 수도 공부를 해도 한 사람이 성취하기도 어렵다고 하는 것입니다. 이 첫 번째 관문 즉 성욕의 관문을 통과하지 못하는 것이지요. 일양은 한 번 회복하는 것이 아니라 계속해서 이루어집니다. 그때 이 관문을 넘지 못하는 사람은 일양이 회복되었을 때 바로 음(陰)을 생각하게 됩니다. 그러나 성욕이 반드시 잘못된 것은 아닙니다. 사실 이성 간에 서로 끌리는 것은 자연의 이치입니다. 이런 음양의 원리를 어떻게 조절하고 배합하느냐가 공부요 지혜입니다. 지혜와 공덕이 없으면 이 관문을 통과하기 어렵습니다.

가령 여러분이 철저히 계율을 지켰는데도 문제가 생긴다고 합시다. 그것은 "양만으로는 생명이 발생할 수 없고 음만으로는 성장할 수 없다〔孤陽不生, 孤陰不長〕"는 이치입니다. 이것은 결혼을 하라는 말이 아닙니다. 여러분 몸 자체에 존재하는 음양의 배합을 말하는 것입니다. 이런 배합에 대해 잘 알지 못하면 소용이 없습니다. 양만으로는 생명이 발생할 수 없고 음만으로는 성장할 수 없다는 이 원리를 이해하기는 매우 어렵지요.

주운양 조사는 "일양초동(一陽初動), 시위천근(是爲天根)"이라는 말만 했고, 그 이후는 말하지 않았습니다. 그래서 일반인들이 책을 보면 단지 일양초동(一陽初動), 활자시(活子時)만 생각하는데 그 이후에 축(丑), 인(寅), 묘(卯)가 줄줄이 나옵니다. 한 단계 한 단계 밟아 나아가야 하지요. 양은 여섯 개가 있고 음도 여섯 개가 있습니다. 음이 극하면 양이 발생하고 양이 극하면 음이 발생하지요.

지지를 말하면 자(子) 축(丑) 인(寅) 묘(卯) 진(辰) 사(巳)가 육절(六節)이고 『역경』에서는 양(陽) 육효입니다. 오시(午時)에 이르면 음(陰)이 돌아오니, 오시 이후도 육절이고 『역경』으로 말하면 음(陰) 육효입니다. 우리의 신체 역시 마찬가지입니다. 여러분들이 정좌 공부를 할 때 척추뼈 아래 부분부터 발동해서 가슴 부분에 이르기까지 서서히 허리와 등이 시큰거리면서 통증이 발생한다면, 이런 현상은 정좌 공부를 하기 때문에 어떤 질병이 생긴 것이 아닙니다. 이것은 여러분의 척추 쪽에 본래 질병이 잠재해 있었기 때문에 아직 이 부분의 관문을 기맥이 돌파하지 못해서, 두 번째 양이 움직이기 전에, 허리와 등이 시큰거리는 통증이 발생하는 것입니다.

일양이 하부에서 발생하여 점차 위로 올라오면 마침내 육효가 모두 양으로 이루어진 순양(純陽) 건괘가 됩니다. 이것을 주운양 조사는 "직지육양순호건(直至六陽純乎乾)"이라고 했습니다. 곧바로 육양에 이르면 순양 건괘가 된다는 뜻이지요. 양기가 충만하여 절정에 달했다는 것입니다. 그 후에 "동극이부정의(動極而復靜矣)" 즉 움직임이 극에 이르면 다시 고요해집니다. 양은 움직임이고 방사(放射)함이요, 음은 고요함이고 귀납하는 것입니다.

음은 양 속에, 양은 음 속에

"오시에 니환궁으로부터 화가 물러나니 구괘에 응한다. 일음이 처음 고요해지니 이것이 월굴이다. 곧 육효가 모두 음인 순음 곤괘에 도달하니 고요함이 극에 달하면 움직임이 다시 돌아온다. 그러므로 (참동계에서) '십이절기를 두루 돌아 절기가 다하면 다시 시작한다'고 하였다. 이것이 건곤이 크게 교구하는 법상이다."

(午時從泥丸退火, 應姤卦, 一陰初靜, 是爲月窟, 直至六陰純乎坤, 靜極而復動矣, 故曰, 周旋十二節, 節盡更須觀, 此乾坤大交的法象也)

"오시종니환퇴화(午時從泥丸退火)", 오시는 양기가 상승한 정점이므로 여기부터는 음기가 들어와서 고요해지기 시작합니다. "응구괘(應姤卦)", 『역경』 육십사괘 중에서 천풍구괘(天風姤卦 ䷫)는 초효에 음이 들어오는 형상이므로 화기가 퇴축하는 것이 『역경』에서는 구괘(姤卦)에 해당한다는 말입니다. 구괘에는 음이 초효에 하나 있습니다. 내괘(內卦 또는 하괘)는 손괘(巽卦)이고 외괘(外卦 또는 상괘)는 건괘(乾卦)이지요. 그러니 구괘의 상은 초효만 음이고 그 위는 모두 양효입니다. 위의 다섯 개 양이 모두 일음을 귀하게 여깁니다. 마치 지뢰복괘(地雷復卦)에서 일양을 오음이 귀하게 여기는 것과 같지요. 저는 항상 여러분에게 『역경』을 알기 어렵다고 하는데, 가령 음양은 무엇을 뜻하는 것일까요? 저 지뢰복괘는 오음일양이니 마치 무인도에 남자 하나와 여자 다섯이 함께 있는 것과 같습니다. 남자가 하나밖에 없으니 여자 다섯이 모두 남자 하나를 서로 차지하려고 하겠지요. 그러니 이 남자는 여자가 귀한 줄 모릅니다.

구괘는 복괘와 정반대입니다. 남자가 다섯이고 여자는 하나만 있습니다. 그러니 다섯 남자가 하나밖에 없는 여자를 얼마나 귀하게 여기겠습니까. 그러니 『역경』을 공부하려면 먼저 "양괘는 음이 많고 음괘는 양이 많다〔陽卦多陰, 陰卦多陽〕"는 이치를 알아야 합니다. 이 원리는 매우 의미심장합니다. 니환궁에서 하강하면 구괘에 응한다고 했지요. 이 구(姤)라는 글자는 송나라 때 바뀌었습니다. 원래는 구(媾) 자였지요. 이 글자는 남녀가 합궁한다는 교구(交媾)의 뜻입니다. 그래서 보기에 민망하다고 구(媾)를 구(姤)로 바꾸었습니다.

"일음초정(一陰初靜), 시위월굴(是爲月窟)"에서 "월굴(月窟)"은 위쪽이 공허하고 아래쪽이 충실한 모습으로 전도된 것입니다. 그에 비해 "천근(天根)"은 아래쪽이 공허합니다. 양기가 위로 올라갔기 때문이지요. 송대의 유명한 역학자인 소강절은 수도 공부의 시를 지었습니다. "천근과 월굴이 한가롭게 왕래하니 삼십육궁이 모두 봄이구나〔天根月窟閒來往, 三十六宮都是春〕." 사실 천근과 월굴은 한 몸이나 마찬가지입니다. 천근을 뒤집어 놓으면 월굴이지요. 즉 음은 양 속에 있고 양은 음 속에 있습니다. 그러니 "천근월굴한래왕"은 위아래의 기맥이 모두 통했다는 뜻입니다. 그러니 "삼십육궁이 모두 봄이 되는" 것이지요. "직지육음순호곤(直至六陰純乎坤), 정극이부동의(靜極而復動矣)", 음이 극에 도달한 순음의 경지에서 다시 양이 발생하게 됩니다. "그러므로 십이절기를 두루 돈다〔故曰, 周旋十二節〕"고 했습니다. "주선(周旋)"이라는 말은 둥글게 계속 돈다는 뜻입니다. "십이절(十二節)"은 열두 개 절이며 일 년은 이십사절기로 이루어져 있지요. 절기가 다하면 다시 새로운 절기가 시작된다는 "절진갱수친(節盡更須親)"은 수도 공부에서도 똑같이 쓰입니다. 한 단계 공부가 끝나면 또 새로운 단계의 공부를 실천해야 한다는 뜻이지요. 그 각 단계의 공부는 모두 서로 다릅니다.

끝으로 "차건곤대교적법상야(此乾坤大交的法象也)"라는 말은 건과 곤이 교류, 교구하는 큰 경지를 말합니다. 건곤의 교구 법상을 통해 수도 공부의 경계를 표현했습니다.

제53강

자연에 순응하는 단련

오늘 강의에서도 환단의 법상(法象)[48]을 살펴보겠습니다. 법상이란 상태나 상황을 뜻합니다. 수도 공부가 환단의 경지에 이르렀을 때 어떤 현상이 발생하는가에 대한 문제이지요.

"동과 정의 상생은 끊임없이 순환한다. 단련하고 또 단련하여 날마다 납을 뽑아 수은을 더한다. 오래되어 납이 다하고 수은이 마르면 음은 소진되고 양이 성장하니 바야흐로 종성이 변화하여 진성이 되고, 식신이 변화하여 원신이 된다."

(動靜相生, 循環不息, 鍊之又鍊, 日逐抽鉛添汞. 久之鉛盡汞乾, 陰消陽長, 方得變種性爲眞性, 化識神爲元神)[49]

48『참동계천유』. 제14 환단법상장. 139면.
49『참동계천유』. 147면.

지난번 강의에서 말했듯이 이런 건곤의 큰 교감[大交]이 결코 최고의 경지에 이른 것은 아닙니다. 어떤 분들은 정수리에서 방광(放光)하고 정문(頂門)이 열리는 것을 최고 경지에 도달한 것으로 보는데, 사실은 건곤이 교감하는 시작에 불과합니다. 아직 더 많은 변화가 남아 있지요. 이 변화를 주운양 조사는 "동정상생(動靜相生), 순환불식(循環不息)"이라는 말로 표현한 것입니다. 이때 어떤 경우는 몸과 마음에서 더 나아가 경맥과 골절 등 모든 세포가 다 진동하는 것을 느낍니다. 그런가 하면 어떤 때는 매우 고요해져서 몸과 마음이 더없이 고요합니다. 이렇게 한 번 진동하고 한 번 고요해지는 과정이 순환하는 것은, 오류파에서 말하는 것과 같이 등의 요추에서 올라와서 척추를 거쳐 머리를 지나 몸의 전면으로 내려가는 순환이 아닙니다. 오류파에서 말하는 순환은 가장 초보적이고도 흔한 느낌이지요. 반면에 건곤이 크게 교감하는 느낌은 "동정상생"의 순환입니다. 한 번 진동하고 한 번 고요한 것이 끊임없이 순환하는 것입니다. 얼마나 오랫동안 이렇게 순환할까요? 일정하지 않습니다. 그래서 주운양 조사는 단련하고 또 단련한다는 뜻에서 "연지우련(鍊之又鍊)"이라고 말했는데 어떻게 단련한다는 뜻일까요? 그것은 자연에 순응하는 단련입니다.

여러분이 앞으로 이런 경지에 이른다면 "도법자연(道法自然)"이라는 노자의 말을 기억하십시오. "도는 자연을 본받는다"는 뜻으로, 여러분이 의도적으로 교감의 흐름, 느낌을 주도하려고 하지 말고 자연에 순응하라는 말입니다. 『금강경』에서는 이것을 "범소유상개시허망(凡所有相皆是虛妄)"이라고 했습니다. "존재하는 모든 형상은 다 허망하다"는 뜻으로, 집착하지도 말고 주도하려고 하지도 말라는 것입니다. 어떻게 그렇게 할 수 있을까요? 그냥 바라볼 뿐 다투려고 하지 말아야 합니다.[50] 황제가 높은 자리에 앉아 조정의 수많은 문무백관이 각자 직분에 따라 움직이는 것을 바라보면서 고요히 있는 것과 같습니다. 선종의 관점으로 말하면 어떤 때는 주중지주(主中之主)처럼 하고, 어떤 상황에서는 빈중지빈(賓中之賓)처럼 한다는 것입니다.[51] 빈(賓)과 주(主)는 당연히 신분의 구별이 있지요.

이런 상황은 아직 외부에서 온 것이어서 그다지 대단하지는 않지만 그 과정의 변화는 매우 많습니다. 그래서 주운양 조사도 단련하고 또 단련하여 날마다 납을 뽑아 수은을 더한다는 뜻에서 "연지우련(鍊之又鍊), 일축추연첨홍(日逐抽鉛添汞)"이라고 했습니다. 수은은 계속 움직이는 성질이 있습니다. 여기서 납을 뽑는다는 "추연(抽鉛)"은 마음에 들어 있는 것을 비운다는 뜻입니다. 들어 있는 것을 비운다는 말은 무슨 뜻일까요? 우리의 몸이나 마음에 어떤 느낌이나 생각이 있다면 그것은 하나의 대상이요 경계입니다. 그것을 다 비워 버린다는 것입니다. 수은을 더한다는 "첨홍(添汞)"은 유동성을 뜻하는데, 마음을 한층 더 깊이 편하고 고요하게 이끌어 가는 것을 의미합니다. 이러한 일념의 지각 작용은 스스로 조금씩 더 가중해 가는 것입니다. 단, 여전히 정정(靜定) 속에 있어야 하지요. 마음이 청정한 상태를 유지하면서 조금씩 조금씩 더 깊은 단계로 들어가는 것입니다.

이런 경지에 도달하면 잠이 안 옵니다. 불면증이 생긴 것이 아니라 밤낮으로 정신이 환히 깨어 있습니다. 전혀 잡념도 망상도 없는 상태로 말이지요. 그러나 완전히 잠을 안 자는 것은 아닙니다. 그냥 보통 사람들처럼 일

---

50 위파사나 수행법 역시 "그냥 바라볼 뿐"이라고 말한다.〔불광출판사에서 펴낸 편역서『그냥 바라만 볼 뿐이다』(보리수총서 5. 위파사나 수행자 S.N.GOENKA의 가르침. 1997년 초판2쇄) 참조〕이 책의 저자 고엔카는『호모 데우스』의 저자 유발 하라리의 스승으로 알려져 있다. 유발 하라리는 저서『21세기를 위한 21가지 제언』에서 위파사나 명상이 앞으로 도래할 새로운 문명 시대에 인간에게 필요한 중요한 공부라고 했다.

51 당대의 선승 임제 의현(臨濟義玄, ?-867)이 스승과 학인(學人) 간의 기량을 네 가지로 나눈 것이다. 학인이 뛰어나서 스승의 기량을 간파하는 객간주(客看主), 스승이 학인의 기량을 간파하는 주간객(主看客), 스승과 학인의 기량이 모두 뛰어난 주간주(主看主), 스승과 학인의 기량이 모두 열등한 객간객(客看客)을 말한다. 임제종의 풍혈 연소(風穴延沼, 896-973)는 이 사빈주(四賓主)를 빈중주(賓中主), 주중빈(主中賓), 주중주(主中主), 빈중빈(賓中賓)으로 표현하여 그 뜻을 풀이했다.

정하게 자는 것이 아니라는 말이지요. 그러다가 며칠이 지나면 또 잠이 옵니다. 한번 자면 아주 오래 자기도 하고 짧게 자기도 합니다. 이렇게 잠이 들면 꿈도 꾸지 않고 매우 고요한 잠을 잡니다.

이런 경지에 이르는 것은 아직 초보에 불과합니다. 납이 다하고 수은이 마르는 "연진홍건(鉛盡汞乾)" 상태에 도달하면 신체 내부의 기기(氣機)의 변화에 대한 느낌이 전혀 없어집니다. 온몸이 고요하면서도 영묘한 상태가 되지요. "홍건(汞乾)"은 잡념과 망상이 완전히 사라진다는 뜻입니다. 이때 음이 소진되고 양이 성장하는 "음소양장(陰消陽長)"이 일어납니다. 몸과 마음에 음(陰)의 경계가 완전히 사라지는 것이지요. 여기서 음(陰)이라는 것은 불학의 오음(五陰)과 같습니다. 앞에서 이미 말한 적이 있지요? 오음이란 색(色) 수(受) 상(想) 행(行) 식(識)을 가리킵니다. '색(色)'은 신체의 지수화풍 사대입니다. '수상행식(受想行識)'은 감각이나 생각을 말합니다. "음소양장"은 선종에서 말하는 진정으로 청정한 무념(無念)의 경지에 도달해 가는 것입니다. 우리가 생리적으로 우연히 경험하는 일시적인 청정 무념의 경지와는 전혀 다릅니다. 진정한 청정 무념은 신체에 대한 느낌이 전혀 없습니다. 또 마음에 대한 느낌도 없습니다. 몸과 마음 전체가 원융하게 일체가 됩니다.

마음과 몸의 철저한 전변

"방득변종성위진성(方得變種性爲眞性)", 여기에서 "종성(種性)"이란 무엇일까요? 이것은 불학의 용어입니다. 예를 들어 물병이 유리로 만든 것이라면 물병에는 유리의 성질이 있고, 수건은 면으로 만든 것이니 면의 성질이 있지요. 사람도 저마다 서로 다른 개성이 있습니다. 이렇게 서로 다른 개성을 종성(種性)이라고 합니다. 그런데 수도 공부를 해서 명심견성한다면 종성을 변화시켜 진성(眞性)을 회복합니다. 종성을 완전히 정화시켜야 비로소 진성에 도달하게 됩니다. 진성은 본래의 청정한 자성(自性)입니다. 그러므로 주운양 조사는 "화식신위원신(化識神爲元神)"이라고 하여 식신이 변해 원신이 된다고 했습니다.

"식신(識神)"이라는 용어는 불학에서 온 것이고, "원신(元神)"은 도가의 명사입니다. 유식학에서는 마음이 여덟 개의 식(識)인 팔식(八識)으로 구성되어 있다고 합니다. 우리의 생각 작용은 제육 의식(意識), 보통 육식(六識)이라고 하지요. 우리가 후천의 생각을 완전히 청정하게 하려고 해도 안 되면 반드시 "납이 다하고 수은이 마른" 경지에 도달해야 합니다. 그래야 "종성이 변화하여 진성이 됩니다." 후천의 식신이 변하여 선천의 원신이 된다는 것입니다.

"음재가 모두 제거되면 시기가 소멸하고 명근이 모두 끊어진다. 양신이 형상을 이루면 범체가 죽고 혼백이 다 공하게 된다. 그러므로 (참동계에서) '기가 다하면 곧 명이 끊어지고 몸이 죽으면 혼백도 사라진다'고 하였다."

(陰滓盡除, 則尸氣滅而命根萃斷. 陽神成象, 則凡體死而魂魄俱空, 故曰, 氣索命將絶, 體死亡魄魂)

"음재진제(陰滓盡除), 즉시기멸이명근췌단(則尸氣滅而命根萃斷)", "음재가 모두 제거되면 시기(尸氣)가 소멸하고 명근(命根)이 모두 끊어진다"는 뜻으로, 이 경계에 이르러서는 설명이 분명해졌습니다. "음재진(陰滓盡)"은 "음재가 모두 제거된다"는 뜻으로, 오음(五陰)의 경계가 모두 제거되어 순양의 경계로 변화하는 것입니다. "시기멸(尸氣滅)"은 육체에서 시체의 기운(屍氣)이 없어졌다는 뜻입니다. 시체의 기운이란 사람이 내뿜는 땀과

입의 모든 냄새를 가리키는데, 그런 나쁜 기운이 모두 제거된 것입니다. 그러나 우리는 죽지도 않았는데 산송장이라고 불립니다. 가령 우리가 백 년을 산다면 그 백 년 동안 죽기를 기다리는 셈이지요. 시체가 정화되면 몸에 기생하는 삼시충도 없어집니다. 그래서 이때가 되면 몸과 마음의 오음의 찌꺼기가 깨끗해지는 것입니다. 그렇게 되면 후천의 명근(命根)이 "췌단(萃斷)" 즉 단번에 끊어집니다. 끊어진다는 것은 목숨이 사라진다는 말이 아니라, 후천적인 생사의 이 명근이 끊어진다는 것입니다.

"양신성상(陽神成象)", "양신이 형상을 이룬다"는 말로서 순양지체(純陽之體)가 된다는 뜻입니다. 이 양신(陽神)은 도가의 책에 나오는 그림처럼 수도자 머리 위에 있는 갓난아이가 아닙니다. 그것은 상상일 뿐 실제로는 독영(獨影)의 경계입니다. 여러분이 『능엄경』을 보면 이것을 '법진의 분별 그림자[法塵分別影事]"라고 합니다. 실제로 생각이 있는 것이 아니라 의식의 투영이라는 말이지요. 우리에게는 아상(我相), 아견(我見)이 있는데, 이 것은 청정한 법신의 투영인 그림자에 불과할 뿐 실재가 아니기 때문입니다. 이것을 음신(陰神)이라고 합니다.

그렇다면 "양신(陽神)"은 무엇일까요? 몸 밖에 있는 몸인가요? 있을 수 있습니다. 그러나 진정한 양신은 반드시 몸이 있는 것은 아닙니다. 이 단계의 공부는 도달해야 비로소 알 수 있습니다. 지금은 단지 이렇게 말할 수밖에 없습니다. 몸이 있을 수도 있고 없을 수도 있다고요. 도가에서는 "흩어지면 기가 되고 모이면 형체가 된다[散而爲炁, 聚而成形]"고 했습니다. 한 생각이 몸을 있으라고 하면 있고, 없으라고 하면 없다는 것입니다. 그래서 진공묘유(眞空妙有)요 묘유진공(妙有眞空)이라고 합니다. 이런 경지에 도달해야 비로소 "양신이 형상을 이룬다"고 할 수 있습니다. "즉범체 사(則凡體死), 혼백구공(魂魄俱空)", 그러면 범체가 죽고 혼백이 다 공합니다. 우리 같은 범부의 후천의 생명이 죽는다는 것이고, 범부의 생명으로서 혼백도 모두 공하다는 뜻입니다. 심리 정신의 영혼과 육체 사대의 정력인 백(魄)이 다 공하다는 것이지요.

"고왈(故曰), 기색명장절(氣索命將絶), 체사망백혼(體死亡魄魂)", 그래서 『참동계』 원문에서는 기(氣)가 다하면 목숨이 곧 끊어지고, 몸이 죽으면 혼백도 사라진다고 했습니다. 수도 공부가 이 경지에 도달했는데 아직 지혜가 부족하고 정력(定力)도 부족하며 백력(魄力)도 부족한 사람은 "기가 다하는〔氣索〕" 형상을 갖고 있습니다. 마치 스스로 기를 끊고 죽는 것 같은 모습이지요. 스스로 놀라는 것입니다. 만약 진정으로 도를 깨우친 사람이 아니라면 왕왕 이 단계에서 실패하고 맙니다. 이것이 "기가 다하면 목숨이 끊어지는" 것입니다. 그래서 어떤 때는 입정한 것 같은데 실은 혼침(昏沈)한 상태이거나 어떤 때는 공(空)을 깨달은 것 같고 또 어떤 때는 죽은 것 같은 상태가 됩니다. 그 사이의 경계, 음양의 차이는 오직 지혜롭게 결택(決擇)하는 데 달려 있습니다. "체사망백혼(體死亡魄魂)", 이 육체가 죽으면 혼백도 바뀝니다.

도가 올 때의 현상

주운양 조사가 설명합니다.

"관윤자가 '일식도 없으면 도가 장차 도래하여 계합한다'고 말한 것이 바로 이때이다."

(關尹子所謂一息不存, 道將來契, 正此時也.)

"관윤자소위일식부존(關尹子所謂一息不存), 도장래계(道將來契), 정차시

야(正此時也)", 관윤자(關尹子)는 노자의 첫 번째 제자입니다. 당시에 노자가 푸른 소를 타고 함곡관을 나가서 서역으로 갔다고 하는데 그 길이 오늘날 실크로드입니다. 노자는 몰래 떠나는 상황이어서 말을 타지도 못하고 푸른 소를 타고 나갔지요. 관윤자는 그때 함곡관을 지키는 관원이었습니다. 새벽에 일어나 동쪽을 보니 자줏빛 상서로운 기운이 동쪽에서 다가왔습니다. 그것을 보고 성인이 함곡관을 지나갈 것을 알았다고 합니다.

과연 얼마 후 흰 눈썹에 백발의 노인이 비쩍 마른 푸른 소를 타고 함곡관을 향해 다가오는 것이었습니다. 그가 보니 노인은 출경증도 없었습니다. 관윤자는 노인이 함곡관을 나가지 못하게 만류하고 가르침을 청했습니다. 그러자 노자는 그를 위해 『도덕경』한 권을 써 주었습니다. 책을 받자마자 관윤자는 미처 사직도 못하고 바로 떠나서 수도 공부를 했다고 합니다. 후에 그는 자신이 지은 책에서 "일식부존(一息不存), 도장래계(道將來契)"라고 했습니다. 한 번 들이쉬고 한 번 내쉬는 것을 일식(一息)이라고 합니다. 그러니 "일식부존"은 기(氣)가 끊어진다는 것과 같습니다. 관윤자는 이처럼 일식마저 끊어질 때 도(道)가 와서 계합한다고 했습니다. "계(契)"는 계합(契合) 즉 결합한다는 뜻입니다. 진공의 경계에 이르면 잡념이 자연히 사라집니다. 호흡도 정지해서 마치 죽은 모습과 같습니다. 이때 코끝에 닭털이나 얇은 종이를 대보면 전혀 흔들리지 않습니다. 주운양 조사는 "정차시야(正此時也)"라고 주해를 했습니다. "바로 이때다" 하는 말이지요. 관윤자가 말한 내용은 "도가 장차 도래하여 계합하는" 경지라는 것입니다.

앞에서는 감리교구(坎離交媾)의 단계를 말했고, 지금은 건곤대교(乾坤大交)의 단계입니다. 수도 공부가 이 경지에 이르렀다고 해도 아직 멀었습니다. 시작에 불과하지요. 그런데도 오늘날 수도 공부를 한다는 사람들은 조금의 성취만 있어도 금방 성인이라도 된 것처럼 요란스럽습니다. 저는 수도인이 되기 전에 먼저 사람이 되라고 당부합니다. 불가든 도가든 수도 공부를 하기 전에 유가를 기초로 삼으라고 하지요. 유가는 경(敬)을 중시합니다. 그런데 조금 얻은 것에 만족하고 자만하는 것은 불경(不敬)입니다. 불경한 사람은 겸허할 수가 없지요. 경(敬)과 겸(謙)은 연결됩니다.

"복련을 오래오래 하면 끊어진 후에 다시 소생한다. 심은 죽지만 신이 살아나서 솥 안의 단이 원만해지고 광명이 태허에 가득하다."

(至於伏鍊久久, 絶後再甦, 心死神活, 而鼎中之丹圓滿, 光明塞乎太虛矣)

이 단락은 불학을 공부하는 사람들이 관심을 집중해야 합니다. 도가와 불가는 서로 다른 것 같지만 사실은 하나입니다. 부처님은 『능엄경』에서, "육근의 집착에서 해탈하여 원진으로 복귀하면 본성의 밝음이 드러난다 [脫黏內伏 伏歸元眞 發本明耀]"고 했습니다. "탈점내복(脫黏內伏)"은 벗어던지는 것이요 해탈입니다. "복귀원진(伏歸元眞)"은 일체가 다 없어지고 고요해지는 데에 돌아갔습니다. "발본명요(發本明耀)"은 비로소 마음을 밝혀 본성을 깨달았다는 것입니다. 이것이 바로 선종에서 말하는 명심견성의 뜻입니다. 젊은이들 중에는 참선 공부를 좋아하는 분이 많은데, 선종은 쉽게 말할 수 있는 것이 아닙니다. 참으로 공부가 필요하지요. 명심견성의 경지에 도달하면 자성(自性)의 광명이 드러납니다. 그런데 도가 공부도 이와 같습니다.

사실 주운양 조사의 말에는 불가의 용어가 많이 인용되어 있습니다. "복련구구(伏鍊久久)"는 방금 읽은 『능엄경』의 "복귀원진" 즉 원진(元眞)을 복귀하는 단련을 오래 한다는 뜻입니다. 불가에서는 단련(鍛鍊)이라는 말을 수지(修持)라고 하지요. 이렇게 단련하고 수지하면 "절후재소(絶後再甦)" 즉 죽은 후에 다시 살아나게 됩니다. 계속 단련하면 어느 단계에서 마치 죽음에 이른 것과 같은 상태가 되는데, 이때는 폐관을 해야 합니다. 폐관이란 외부의 모든 인연과 단절하는 것입니다. 주운양 조사는 이것을 "심사신활(心死神活)"이라고 했습니다. 마음〔心〕은 죽고 신(神)이 살아난다는 말입니다. 중생 범부의 망상은 모두 버리고, 일체 욕망과 명리를 추구하는 욕심을 모두 없애는 것이지요. 음식남녀의 기본적 욕구도 모두 사라져야 합니다. 이때 선천의 원신(元神)이 활동하게 되는데, "심사신활"이란 바로 이런 단계의 공부를 말합니다.

이때 우리의 부모가 낳아준 육체가 죽는다는 말은 물론 아닙니다. 다만 모든 세포가 다 변화하여 전체가 환골탈태하게 되는 것이지요. 이때의 육체를 정(鼎) 즉 솥이라고 부릅니다. 그것을 주운양 조사는 "이정중지단원만(而鼎中之丹圓滿), 광명새호태허의(光明塞乎太虛矣)"라고 했습니다. "솥 안의 단이 원만해지고 광명이 태허에 가득하다"는 뜻이지요. 이것은 정기신(精氣神)이 모두 변화한 상태를 말합니다. 어쨌든 저는 신선이 아니니 책에 나오는 내용을 말씀드릴 뿐입니다.

여기서 말하는 "단(丹)"은 유형의 것이 아닙니다. 무형이지만 작용이 있습니다. 어떤 것이기는 한데 보이지 않고 만져지지도 않습니다. 공(空)하다고 하자니 분명히 유(有)이고, 그렇다고 유(有)라고 하자니 공(空)합니다. 이것이 참된 단의 정체입니다. 유와 무를 떠나면서도 아우르는 원만한 경계입니다. "광명새호태허의(光明塞乎太虛矣)"의 광명은 유상(有相)의 광명이 아닙니다. 그러나 무상(無相)의 광명이라고 할 수도 없지요. 공이라고 해도 안 되고 유라고 해도 안 됩니다. 노자도 분명히 말하지 못했고, 부처님도 마찬가지였습니다. 단지 "불가설(不可說), 불가설(不可說)"이라고 했습니다. 말로는 할 수 없다는 뜻이지요. "불가사의(不可思議)"라고도 했습니다. 생각으로 미칠 수 없다는 말이지요. 바로 진공묘유, 묘유진공이기 때문입니다. 어느 한쪽에 떨어져서는 안 됩니다. 중도(中道)라고 할 수 있겠지만 사실 중도라는 표현으로도 부족하지요. 그래서 주운양 조사는 다음에 이렇게 설명합니다.

"이것이 어찌 '색이 전변하여 더욱 붉어지니 붉게 타오르는 것을 환단이라고 한다'고 말한 것이 아니겠는가."

(豈非色轉更爲紫, 赫然稱還丹乎)

이 두 구절은 『참동계』 원문입니다. 주운양 조사의 설명은 『참동계』 원문을 강하게 긍정한 것입니다. "색전갱위자(色轉更爲紫)", 색이 전변하면 진짜 자색은 아닙니다. 색이 최고조에 이르면 자색이 되고, 자색이 지나면 흑색이 됩니다. 옅은 색부터 짙은 색을 나열해 보면 홍색(紅色), 등색(橙色, 오렌지색), 황색(黃色), 녹색(綠色), 남색(藍色), 전색(靛色, 짙은 쪽빛), 자색(紫色)입니다. 자색이 변하면 흑색(黑色)이 되고 마지막에 백색(白色)이 됩니다. 그래서 기문둔갑에서는 구궁(九宮)의 변화를 말할 때 첫째는 백색, 둘째는 흑색, 셋째는 벽색(碧色), 넷째는 녹색 등으로 표시하고, 자색으로 최고인 양구(陽九)의 숫자를 표시합니다.

"혁연칭환단호(赫然稱還丹乎)", 붉게 타오르는 것을 환단이라고 말합니다. "혁연(赫然)"은 양기(陽氣)를 형용하는 말입니다. 옛사람들은 "지양혁혁(至陽赫赫)"이라고 하여 강렬한 광명을 형용하는 말로 혁혁(赫赫)을 사용했습니다. 너무 강렬한 빛이기 때문에 누구나 두려워하는 대상이었지요. "지음숙숙(至陰肅肅)"이라는 말은 고문에서 음(陰)의 경계를 형용하는 말입니다. 진정한 음의 경계에 도달하면 매우 장엄한 기상을 느끼게 되지요. 그러니 지양(至陽)과 지음(至陰)은 비록 이 두 경계에 대한 느낌은 다르지만 모두 굉장한 것입니다. "혁연"이라는 말은 양기가 극에 도달한 환단(還丹)의 경지를 표현하는 말이지요.

"금단은 본래 건가에서 나온 것으로, 다시 건가로 돌아가므로 환단이라고 부른다. 색은 자색으로 전변하고 수기와 화기를 취하여 단련해서 완성한다."

(金丹本乾家所出, 還歸于乾, 故稱還丹. 色轉紫者, 取水火二炁, 煆鍊而成也)

이 구절은 『참동계』 원문을 주운양 조사가 설명한 것입니다. 도가에서는 왜 구전환단이라는 말을 쓸까요? 원명(元明) 이후의 도가에서는 구전환단을 단지 하나의 구(九)로 인식했습니다. 정좌해서 기(炁)를 등에서부터 몸 앞으로 아홉 번 돌리는 것으로 알았습니다. 『역경』을 배운 사람은 알겠지만 구(九)는 양수의 극입니다. 환단은 반드시 아홉 번을 돌려야 하는 것이 아닙니다. 양이 극하여 순양의 경지로 전변한 상태를 환단이라고 합니다. 양이 본래의 양으로 돌아온 것이지요.

여기서 주운양 조사는 왜 환단이라고 하는지 해석합니다. "금단본건가소출(金丹本乾家所出), 환귀우건(還歸于乾), 고칭환단(故稱還丹)" 즉 금단이 본래 건가에서 나온 것으로, 다시 건가로 돌아가므로 환단이라고 부른다는 것입니다. "건(乾)"이란 우주를 대표하고 성명(性命)의 본체를 나타냅니다. 우리가 도를 닦고 단련해서 드러내는 자성(自性)의 광명 즉 단(丹)은 사실 수련해서 얻을 수 있는 것이 아니라 우리 생명이 본래 갖고 있는 것입니다. 우리에게 본래 존재하던 것인데 후천의 욕망과 번뇌, 망상으로 인해 가려져 보이지 않았기 때문에 수도 공부를 해서 욕망과 망상을 없애는 것입니다. 후천적으로 오염된 것을 깨끗하게 없애면 본래 빛나는 자성의 광명이 다시 드러납니다. 이것을 환단이라고 합니다.

"색전자자(色轉紫者)", 색이 자색으로 전변한 것으로 색이 최고로 변화했습니다. "취수화이기(取水火二炁)", 이미 여러 번 말했지만 "수화"는 건곤을 대표하고 또 유형과 무형을 나타내기도 합니다. "이기"의 기(炁)는 공기나 호흡의 기(氣)가 아니라 생명 작용에서 상호 대립하는 두 가지 에너지입니다. 우리 신체에 기(氣)가 있으면 동시에 혈(血)이 있고, 적혈구가 있으면 백혈구가 있는 것과 같이 모든 것이 상호 대립의 형태로 존재한다는 것입니다. 이 수화이기를 "단련해서 완성하는[煆錬而成也]" 것이 단(丹)이라는 말입니다.

"환단은 기는 있지만 질은 없다. 한 알의 환약, 한 숟가락 분량의 도규에 불과해도 그 변화는 신묘하다."

(還丹有氣無質, 不啻如一丸之粉, 一匕之刀圭, 而其變化若神)

주운양 조사는 "환단유기무질(還丹有氣無質)"을 설명하는데, 그는 또 기(氣) 자를 사용했습니다. 후세에 인쇄할 때의 편리함 때문에 사용한 것인데 아무래도 좀 전의 기(炁) 자를 써야겠지요. 이 기(氣) 자는 유형의 기로 여기기 쉽기 때문입니다. 기(炁)는 중국 원시 문화에서 무화(无火)를 기(炁)라고 표현했습니다. 이 기(炁)는 일종의 생명 에너지로서 공기나 호흡의 기(氣)가 아닙니다. 환단이라는 작용은 기(炁)는 있지만 질(質)은 없습니다. 결코 어떤 실체가 있는 것은 아니지요. 그래서 주운양 조사는 "불시여일환지분(不啻如一丸之粉), 일비지도규(一匕之刀圭), 이기변화약신(而其變化若神)"이라고 했습니다. 한 알의 환약이나 한 숟가락 분량의 도규에 불과해도 그 변화가 신묘하다는 말입니다. 여기에서 "일비(一匕)"는 중약방에서 사용하는 대나무로 만든 작은 숟가락이고, "도규(刀圭)"는 중약방에서 쓰는 칼 모양 도구로 가루약의 분량을 재는 약숟가락입니다. 환단이란 마치 약을 복용하는 것과 같습니다. 일단 단을 복용하면 몸 전체에서 안팎으로 변화가 일어나지요. 그래서 "기변화약신(其變化若神)"이라고 했습니다. 이 변화는 참으로 신묘해서 어떻게 헤아릴 수 없다는 뜻입니다. 결코

상상에 의한 것이 아닙니다. 실제로 수도 공부를 해서 경지를 체험한 사람만 알 수 있지요.

환골탈태 이후

"이미 환단이 되면 이로부터 탈태환정하여 건곤을 다시 만든다. 아들이 또 손자를 낳으니 신묘한 변화가 헤아릴 수 없다. 이 이후는 알 수 없다."

(已如此, 從此脫胎換鼎, 再造乾坤, 子又生孫, 神化不測, 過此以往, 未之或知矣)

"이여차(已如此), 종차탈태환정(從此脫胎換鼎), 재조건곤(再造乾坤), 자우생손(子又生孫), 신화불측(神化不測)", 이 말은 수도 공부가 이런 환단의 경지에 도달하여 건곤이 크게 교환될 때는 몸 전체가 변화한다는 뜻입니다. 부모가 낳아준 몸이 아니라, 겉보기는 같지만 내부는 완전히 바뀐 새로운 몸이 된다는 말이지요. 그래서 "이미 환단이 되면 이로부터 탈태환정하여 건곤을 다시 만든다"고 했습니다. 이렇게 변화된 생명은 스스로 장악하고 조절할 수 있기 때문에 죽은 후에 다시 투태(投胎)할 필요가 없습니다. 다만 이런 생명을 얻기 위해서는 참으로 어려운 수련 과정을 겪어야 합니다. 이 경지에 이르면 우리의 육체는 신선의 경지로 승화되었다고 할 수 있습니다. 그러나 신선의 경지라고 해서 수련이 끝난 것은 아니지요. "아들이 또 손자를 낳는다[子又生孫]"는 말은, 생명과 생명이 거듭되어 끝이 없다는 것입니다. 이것은 신선이 결혼을 해서 아이를 낳는다는 말이 아닙니다. 자신의 생명이 양성(兩性) 관계를 거치지 않고도 부단하게 생명의 연속성을 이어갈 수 있다는 것이지요.

"과차이왕(過此以往), 미지혹지의(未之或知矣)", 수도 공부가 이 경지에 이르러 신선이 된 뒤에도 그다음 단계의 공부가 있지만 그것은 도달해 보지 않은 이상 알 수 없습니다. 사실 알 수 없다기보다는 주운양 조사로서는 말하고 싶지 않은지도 모릅니다. 혹시 안다고 말해도 그것은 상상에 불과하지요. 그러나 상상해서는 안 됩니다. "미지(未之)"의 지(之)는 도달한다 혹은 된다는 뜻입니다. 고문에서 지(之)와 도(到)는 서로 통용되었지요. 『역경』을 공부해 본 사람은 알 것입니다. 『역경』에는 '괘지(卦之)'[52]라는 용어가 있습니다. 이 말은 A괘가 변해서 B괘가 된다는 것을 의미합니다. 요즘 사람들도 『역경』을 배우면 곧 책을 씁니다. 그것도 아주 분량이 많지요. 그런데 대부분 괘지라는 말이 무슨 뜻인지 모르기 때문에 이 말이 잘못 쓰였다고 설명합니다. 괘지(卦之)는 명사입니다. 예를 들면 건괘가 변해서 감괘가 된다면 건지감(乾之坎)이라고 하는 것이지요. 고문에서 지(之)는 허자(虛字)가 아닌 경우가 있는데 바로 이 경우입니다. 그러므로 "미지혹지의(未之或知矣)"는 아직 도달하지 못했으니 함부로 추측해서 안다고 하지 말라는 뜻입니다.

"어찌 가루를 내어 한 알을 만드니 도규가 가장 신묘한 것이 아니랴. 도는 수중의 금이다."

(豈非粉提以一丸, 刀圭最爲神乎. 刀者水中之金也)

"기비분제이일환(豈非粉提以一丸), 도규최위신호(刀圭最爲神乎). 도자수중지금야(刀者水中之金也)", 여기에서 주운양 조사는 한약방에서 사용하는 도구로 도가의 개념을 비유했습니다. "도(刀)"는 무엇을 의미할까요? "수

---

52 '괘지(卦之)'가 아니라 '지괘(之卦)'이다.

중금(水中金)"입니다. 오행의 상생 법칙에 따르면 금(金)은 수(水)를 생성합니다. 바로 수 속에는 금이 있다는 것입니다. 이것은 지구의 물리 현상입니다. 수(水)는 흐르고 움직이는 것을 대표합니다. 이렇게 유동하는 우리의 마음[念頭]이 정지해서 맑아진 것을 수(水)라고 부릅니다. 금(金)은 본성을 나타내는데 마음이 맑아져서 자기 본성에 잡념이 일어나지 않는 것입니다.

"규는 무기 두 개의 토이다."

(圭者戊己二土也)

"규자무기이토야(圭者戊己二土也)", "규(圭)"는 옛사람들이 황제를 알현할 때 들고 가던 홀(笏)입니다. 이전에 말한 것이지요. 본래 흙으로 만들었는데 나중에는 옥(玉)으로 만들었습니다. 도가에서는 글자를 파자(破字)해서 쓰는 경우가 많습니다. 규(圭)는 토(土)가 위아래로 붙은 것이지요. 즉 무토(戊土)와 기토(己土)의 작용을 말합니다. 토는 불교 유식학에서 말하는 제육식인 의식(意識)을 가리키는데, 한 생각도 일어나지 않는 일념불생의 경지와 영명(靈明)하고 자재(自在)해서 모르는 것이 없는 경지 역시토에서 이루어집니다. 이것을 주운양 조사는 다음과 같이 말했습니다.

"시작부터 끝까지 철저하게 오직 금, 수, 토를 취해서 이 세 가지를 변화시켜 환단을 완성할 뿐임을 알 수 있다."

(可見徹始徹終, 只取金水土, 三物變化, 而成還丹耳)

주운양 조사는 수도 공부의 궁극적 경지는 오직 금(金), 수(水), 토(土) 즉 정기신(精氣神) 또는 신기의(神氣意)를 스스로 단련해서 이루는 것임을

말하고 있습니다. 주운양 조사의 설명이 이어집니다.

"최공의 입약경에서는, '도규를 마시고 하늘의 비밀을 살핀다'고 하였다. 여순양 조사의 심원춘에서는, '때에 맞게 스스로 도규를 마시니 누가 무에서 아이를 낳는다고 말하였는가'라고 하였다."

(崔公入藥鏡云, 飮刀圭, 窺天巧. 呂祖沁園春云, 當時自飮刀圭, 又誰信, 無中産就兒)

"최공입약경운(崔公入藥鏡云)", 여기에서 말하는 최공(崔公)은 고대의 신선으로서, 그가 지은 단경(丹經)을 『입약경(入藥鏡)』이라고 합니다. 이 책은 도가에서 가장 유명한 단경의 하나로서 불로장생의 약을 어떻게 만들 수 있는지를 설명한 것이지요. 최공은 "음도규(飮刀圭), 규천교(窺天巧)"라고 했습니다. 도규(刀圭)를 얻는다면 천지의 비밀을 알 수 있다는 말이지요. "여조심원춘운(呂祖沁園春云)", 여순양 진인이 지은 『심원춘(沁園春)』에서 "당시자음도규(當時自飮刀圭), 우수신(又誰信), 무중산취아(無中産就兒)"라고 한 것은 수도 공부가 환단의 경지에 이르렀을 때 자신의 몸에서 단약을 얻어 삼키면 마침내 수도 공부를 성취하게 된다는 뜻입니다. "무에서 아이를 낳는다[無中産就兒]"는 뜻은, 성취했을 때 자신의 머리 위로 또 하나의 생명인 영아(嬰兒)가 출태한다는 말입니다. 이런 그림은 도가의 단경에 많이 나오지요. 이 영아는 부모로부터 생명을 받아 윤회하는 것이 아니라, 스스로 수도 공부를 통해 성취한 불로장생의 생명을 상징합니다. 자기 자신이 장악하고 조절할 수 있는 생명이라는 말이지요.

"이 장은 환단의 법상을 완전히 드러냈다. 복식의 권 중에서 가장 중요한 관건이 속한 곳이다. 처음에는 두 물건이 서로 교환하면 곤로에 잠복해서 약물

을 생산한다고 말하였고, 이어서 일양이 처음 동하면 건정에서 응신해서 단약을 이룬다고 말하였다. 앞의 두 절은 통틀어 금단의 작용이고, 그 뒤의 한절은 환단의 작용에 대해 말하였다. 입약경에서는, '생산은 곤로에서 하고 종자를 심는 것은 건정에서 한다'고 하였고, 오진편에서는 '곤위에 의해서 성체를 낳으니 그 종자는 건가의 교감궁이다'라고 하였다. 이 말은 모두 이 장에서 근원한 것이다."

(此章, 全露還丹法象, 係伏食卷中, 大關鍵處, 初言兩物相交, 則伏于坤爐而産藥. 繼言一陽初動, 則凝神于乾鼎而成丹. 前兩節, 總是金丹作用, 後一節, 方是還丹作用, 入藥鏡云, 産在坤, 種在乾. 悟眞篇云, 依他坤位生成體, 種在乾家交感宮, 皆本諸此章)

『참동계천유』 제14 환단법상장에 나오는 이 몇 구절은 수도 공부에서 가장 핵심이 되는 중요한 내용입니다. 모두 환단의 현상과 작용의 경지를 완전히 드러낸 것으로서, 도가는 직접 수도 공부의 경계를 말하고 있습니다.

제54강

제15 還丹名義章환단명의장[53]

推演五行數추연오행수, 較約而不繁교약이불번. 擧水以激火거수이격화, 奄
然減光明엄연멸광명. 日月相薄蝕일월상박식, 常在晦朔間상재회삭간. 水盛
坎侵陽수성감침양, 火衰離晝昏화쇠리주혼. 陰陽相飮食음양상음식, 交感道
自然교감도자연.

名者以定情명자이정정, 字者緣性言자자연성언. 金來歸性初금래귀성초, 乃
得稱還丹내득칭환단.

吾不敢虛說오불감허설, 倣傚聖人文방효성인문. 古記顯龍虎고기현룡호, 黃
帝美金華황제미금화. 淮南鍊秋石회남련추석, 玉陽加黃芽옥양가황아. 賢者
能持行현자능지행, 不肯毋與俱불초무여구. 古今道由一고금도유일, 對談吐
所謀대담토소모. 學者加勉力학자가면력, 留念深思維유념심사유. 至要言甚
露지요언심로, 昭昭不我欺소소불아기.

53 『참동계천유』. 149면.

오행의 수를 미루어 연역하면 간략하여 번잡하지 않다. 수를 일으켜 화를 공격함으로써 갑자기 광명이 소멸된다. 해와 달이 서로 박식하니 항상 그믐과 초하루 사이에 이루어진다. 수가 왕성하면 감괘가 양기를 침범하고 화가 쇠약하면 리괘가 대낮에도 빛을 잃는다. 음양이 서로를 음식하니 교감은 자연을 따른다. 명이라는 것으로 정을 규정하고, 자라는 것으로 성을 말한다. 금이 애초의 본성으로 돌아가니 환단이라고 일컫는다.

내가 감히 헛되이 말할 수 없어서 성인의 글을 본떠서 하는 것이다. 고기에 용호로 드러냈고 황제께서 금화를 찬양하셨다. 회남자는 추석을 갈았고 옥양은 황아를 더하였다. 현자는 능히 잡고 행하고 불초자는 더불어 함께 하지 못하였다. 고금에 도는 하나로 말미암으니 대담하듯이 모색한 것을 토하였다. 학자는 노력을 더하여 유념하여 깊이 생각할 것이다. 중요한 말이 매우 적나라하게 드러남에 이르러서 소소하게 빛나니 나를 속임이 아니다.

수화의 교감이 환단이다

이 장은 "환단명의장(還丹名義章)"입니다. 주운양 조사는 "이번 장에서는 환단이라는 명칭의 의미를 결론적으로 말한다[此章結言還丹名義]"고 설명했습니다. 즉 왜 환단이라고 부르느냐는 말입니다. 주운양 조사는 환단이라고 하는 이유에 대해 "수화의 성정을 벗어나지 않는다[不外水火之性情也]"고 했습니다. 후천적인 자신의 성정이라는 뜻이지요. 성정(性情)이라는 두 글자는 『예기(禮記)』에 나옵니다. 심성(心性)의 학설은 주로 불학에서 왔지만, 중국에서도 심(心)에 대해 말하지 않은 것은 아닙니다. 중국 고대 문화에서는 생명의 중심을 두 부분으로 나누어 설명했는데, 하나는 성(性)으로서 인성 또는 본성이라고 했습니다. 또 하나는 정(情)입니다. 이것은 불학에서 말하는 망상(妄想)의 심(心)과 유사한 개념입니다. 즉 정이란 칠정(七情) 육욕(六欲)이라는 뜻입니다. 칠정이란 희(喜) 노(怒) 애(哀) 락(樂) 애(愛) 오(惡) 욕(欲)인데, 다소 다른 견해도 있지요. 육욕은 불학에서 말하는 개념으로 『예기』에는 언급되지 않았습니다. 이른바 색(色) 성(聲) 향(香) 미(味) 촉(觸) 법(法)이라는 욕망을 말합니다. 고대 중국에서 말하는 성정(性情)은 이런 것을 모두 포함하는 개념이었습니다.

그러면 제15 환단명의장의 첫 번째 단락을 보겠습니다.

오행의 수를 미루어 연역하면 간략하여 번잡하지 않다. 수를 일으켜 화를 공격함으로써 갑자기 광명이 소멸된다. 해와 달이 서로 박식하니 항상 그믐과 초하루 사이에 이루어진다. 수가 왕성하면 감괘가 양기를 침범하고 화가 쇠약하면 리괘가 대낮에도 빛을 잃는다. 음양이 서로를 음식하니 교감은 자연을 따른다.

推演五行數, 較約而不繁. 擧水以激火, 奄然滅光明. 日月相薄蝕, 常在晦朔間. 水盛坎侵陽, 火衰離晝昏. 陰陽相飮食, 交感道自然.

앞에서도 말했지만 『참동계』 원문을 해석하는 것보다 주운양 조사의 설명을 읽는 것이 더 좋습니다. 그 설명 속에는 원문도 인용되기 때문입니다. 그러니 여기에서도 주운양 조사의 설명을 보면서 원문을 해석해 보겠습니다.

"이 절은 수화가 교감하여 비록 변화가 이루어지지만 그 일정한 법칙은 잃지 않음을 말한다."

(此節, 言水火交感. 雖變而不失其常也.)

"차절(此節), 언수화교감(言水火交感), 수변이부실기상야(雖變而不失其常也)." 수와 화의 교감은 이미 여러 차례 말한 적이 있습니다. 수와 화의 교감은 감괘와 리괘의 교감이지요. 수는 감괘, 화는 리괘를 상징하는데 수는 맑고 깨끗함을 뜻하고, 화는 건조하고 뜨거움을 나타냅니다. 앞에서도 말했지만 인체에서 수는 신장에 속하고 화는 심장을 가리킵니다. 중국 의학에서는 사람이 늙으면 잠자는 시간이 줄어드는데 그것은 심장과 신장의 교류가 원활하지 않기 때문이라고 합니다.

갓난아기는 대개 하루에 열여섯 시간은 푹 잡니다. 나이를 먹으면서 서서히 변해 하루에 열두 시간을 자고, 그 후에는 대략 열 시간에서 적어도 여덟아홉 시간은 잠을 잡니다. 그러다가 노년기에 접어들수록 수면 시간이 짧아지지요. 아주 늙으면 거의 잠을 안 잡니다. 제가 늘 하는 말이지만 나이가 들면 정반대의 현상이 몇 가지 있습니다. 하나는 울어도 눈물이 나지 않는데 웃으면 도리어 눈물이 납니다. 지금 일은 모두 기억을 못하는데 어렸을 때 일은 선명하게 기억합니다. 앉으면 조는데 막상 잠자리에 누우면 잠이 안 옵니다. 나이가 들면 이렇게 젊었을 때와는 정반대의 일이 벌어지지요.

의학적 원리로 보면 심장과 신장이 교류가 되지 않는 것은 수기와 화기가 소통하지 않는 것입니다. 도가에는 이런 증상에 대한 치료법이 있습니다. 노년이든 중년이든 소년이든 가리지 않고 불면증이 생기면 아이가 어머니 배 속에 들어 있을 때처럼 몸을 웅크린 자세로 잠을 청합니다. 두 손, 두 발 모두 가슴에 모으고 웅크리는 것이지요. 이 자세는 심장과 신장의 기운을 강제로 교류시켜 주는 효과가 있습니다. 교류가 되면 전기가 들어오듯이 반응이 있고 수면을 취할 수 있지요.

화기는 아래로 수기는 위로

　노인이 되면 기(氣)가 아래로 새어나가서 방귀가 잦습니다. 기가 많이 누설되는 현상이지요. 그 반대로 신(神)은 위로 올라갑니다. 그래서 나이가 들면 전립선에 탈이 나기 쉬운데, 소변을 보면 한 방울씩 떨어져 시원하게 나오지 않고 앞으로 뻗어 나오지도 않습니다. 이런 증상도 심장과 신장이 교류하지 않고 수기와 화기가 조절되지 않아서입니다. 심장과 신장이 교류하지 않으면 중기(中氣)가 사라집니다. 상하의 기운이 통하지 않아서 중기가 사라지고 위아래 양쪽으로 기가 빠져나가지요. 그래서 죽을 때가 되면 머리 위로 기가 나가고 발아래로도 기가 빠져나갑니다. 대소변도 함께 나오고 삽시간에 생명이 끝나 버립니다. 위와 아래가 열려서 흩어져 버리는 것이지요.

　그래서 이런 괘상(卦象)을 호괘(互卦)라고 합니다. 피차가 서로 갈고리가 얽히듯이 얽힌 상태라는 뜻이지요. 인체에서 수기와 화기는 신체 건강할 때는 화기가 아래에 있고 수기는 위에 있습니다. 그럴 때는 머리가 시원하면서 고요하게 됩니다. 혈압이 높은 것은 아래의 기가 허(虛)하기 때문입니다. 비유하자면 아기들에게 우유를 먹이는 젖병에 우유를 절반만 채운 상태에서 손에 힘을 주어 병 아래를 꽉 쥐어 보세요. 그러면 젖병의 아래에 공기가 빠지면서 우유가 모두 위로 올라가지요. 그리고 젖병 아래를 쥔 손에 힘을 풀면 우유가 바로 내려옵니다. 즉 하원(下元)에 기가 충실하면 혈압은 자연히 내려옵니다. 그러니 수기와 화기의 교감에서 화기가 아래에 있을 때 양기가 충실합니다. 따라서 머리도 가벼워지지요.

　수도 공부의 경지가 신체 하부에서 원기가 충실한 수준에 이르면 머리가 맑고 깨끗합니다. 불가나 도가를 막론하고 이 경지에 이른 사람은 누구나 머리에서 옥액환단하여 청량하면서 감미로운 침이 늘 입안에 그득합니다. 노인들은 늘 입이 말라서 마치 강아지처럼 입을 벌리고 텔레비전을 봅니다. 사물을 볼 때는 눈과 함께 입을 크게 벌립니다. 마치 꽃이 활짝 핀 것처럼 말이지요. 여러분이 보다시피 꽃은 지기 전에 활짝 핍니다. 이런 사실을 알면 자신의 몸에서 일어나는 일을 이해하고 몸과 마음을 수양하는 데 도움이 되겠지요.

그러니 중요한 것은 수기와 화기가 교감하는 일입니다. 교감한다는 것은 상하의 기운이 서로 바뀐다는 것이지요. 여러분 중에는 여름에도 더위를 별로 안 타고 겨울에도 추위를 잘 견디는 분들이 있습니다. 이런 사람은 자신의 수련이 대단한 경지라고 자부하는데, 비록 수기와 화기가 상하로 교류는 잘 되지만 아직 득도의 경지는 요원하다는 것을 알아야 합니다. 『역경』에서는 득도한 경지를 이렇게 표현했습니다. "대인은 천지와 덕이 합하고, 일월과 밝음이 합하고, 사시와 질서가 합하고, 귀신과 길흉이 합한다(夫大人者, 與天地合其德, 與日月合其明, 與四時合其序, 與鬼神合其吉凶). 득도의 경지는 이처럼 위대합니다.

젊은 시절에 저는 사천 지방에 있었는데 참으로 재미있는 일이 많았습니다. 그곳에는 『역경』에 통달한 노선생님이 한 분 계셨지요. 그분은 점을 치지 않고도 예지력이 뛰어났습니다. 수많은 학자, 유명인, 관리 등이 그분에게 『역경』을 배웠습니다. 당시 저는 사천의 유명한 오로칠현(五老七賢)[54] 같은 노선배들을 알고 있었는데, 그분들이 저에게 그 『역경』에 달통한 노선생님을 찾아가라고 권했습니다. 저는 그 노선생님을 찾아가 인사

---

54 약 백 년 전 사천 지역에서 유명했던 문화 인물을 가리키는 말로, 그들은 파촉(巴蜀) 지역 문화의 우수한 전통을 계승했다. 그들 중에는 청나라의 장원(壯元), 진사(進士), 거인(擧人), 지부(知府), 한림(翰林), 어사(禦史)가 있었고, 또 일생동안 관직에는 나아가지 않고 서생들을 가르친 교육가들도 있었다. 관리가 된 사람도 청렴하고 강직한 것으로 이름을 날렸으며, 교육자들은 성심을 다해 후학을 교육하여 영재들을 육성했다. 이들은 촉학(蜀學)을 중국 전역에 드날린 현자들이었다.

를 드렸지요. 그런데 결론은 그 선생님이 저를 가르치지 않는다는 것이었습니다. 왜 그랬냐고요? 선생님은 이렇게 말했습니다. "역학은 축(蜀, 사천의 옛 명칭)에 있어야 하네. 사천 지역 사람들이 모두 역학을 배운 후에야 자네 같은 사천 밖의 사람을 가르칠 수 있지." 그래서 저도 이렇게 답했습니다. "저는 선생님께 역학을 배우지 않겠습니다. 선생님의 말씀을 들어보니 선생께선 별 학문이 없다는 것을 알겠습니다. 선생님이 저를 가르치겠다고 해도 배우지 않겠습니다."

나중에 그분은 당시 제게 말한 것이 농담이었다고 하셨고 저와 계속 교류했습니다만 그분의 역학 강의는 듣지 않았습니다. 그런데 그분도 강의에서 제가 앞에서 말한 성인의 경지에 대해 말한 것이 있기에 제가 좀 허풍을 쳤습니다. 한번은 그 선생님께 이렇게 말했습니다. "선생님은 수도 공부에 대해서 아십니까? 『역경』에서는 '천지와 덕이 합한다, 일월과 밝음이 합한다'는 말이 있는데, 저는 그런 경지에 직접 도달했습니다"라고 말이지요. 그러자 그분은 놀라서 "자네가 그런 경지에 갔다고? 정말 대단하군"이라고 말했습니다. 제가 말했습니다. "저만 도달한 것이 아니라 선생님도 도달하셨습니다. 그리고 모든 사람이 다 도달했습니다. 사람은 모두 성인(聖人)이기 때문입니다." 제가 계속해서 말했습니다. "선생님의 말씀에는 문제가 있습니다. 저는 별로 대단할 것이 없습니다. 왜냐하면 성인도 사람이기 때문입니다. 요순(堯舜)도 사람입니다. 그러니 모든 사람이 요순이 될 수 있지요. 이것은 제가 허풍을 치는 것이 아니라 송명 이학자들이 말한 것입니다. 저는 『역경』의 이 대목을 사흘간 공부한 끝에 그 의미를 완전히 이해했습니다." 그러자 선생님이 이렇게 말했습니다. "자네가 이해한 것을 말해 주게." 저는 이렇게 말했습니다. "저는 지금까지 하늘을 땅이라고 한 적이 없고 땅을 하늘이라고 한 적이 없습니다. 그렇다면 이것이 천지와 덕이 합한 것이 아니겠습니까? 저는 낮을 밤이라고 생각하거나 밤을 낮이라고 생각한 적이 없습니다. 그래서 아침이 되면 자리에서 일어났고 밤에는 잠을 잤습니다. 이것은 일월과 밝음이 합한 것이 아니겠습니까? 저는 여름이 되면 두꺼운 솜옷은 안 입고 겨울이 되면 얇은 옷을 입지 않았습니다. 추우면 많이 입고 더우면 가볍게 입었지요. 이것이 사시와 질서가 합한 것이 아니겠습니까? 귀신이 있는 곳은 두려워하고 흉한 곳은 가지 않는 것은 '귀신과 길흉이 합하는' 것이 아닌가요? 지극히 평범한 일을 선생님은 왜 그렇게 엄청난 일로 말씀하시나요?"

사실 가장 위대한 것은 또한 가장 평범한 것입니다. 노자는 "도법자연(道法自然)"을 말했습니다. 자연을 거스르는 것은 모두 옳지 않습니다. 설령 자연을 위반할 수 있는 경지에 도달했다고 해도 보통 사람과 같은 평범하고 자연스러운 삶을 살아가는 것이 도(道)입니다. 여러분은 절대 평범한 자신을 변화시켜서 비범한 성인이 되겠다고 생각하지 마세요. 그렇게 생각하는 사람이 가장 어리석은 사람입니다.

교감과 변화

자, 다시 돌아가서 수화(水火)의 교감(交感)을 말씀드리겠습니다. 앞에서 화(火)는 반드시 아래에 있어야 한다고 했는데 그것은 뜨거워지거나 발열하는 것은 아닙니다. 손이 뜨거워져서 다른 사람의 병을 치료해 줄 수 있는 것도 아닙니다. 이런 속임수는 매우 많지요. 제가 아는 친구들도 처음에는 남의 병을 치료한다고 하더니 나중에는 자기가 도리어 병에 걸리더군요. 이것은 진짜 도(道)를 얻은 것이 아니기 때문입니다. 비유하자면 마치 충전 같은 현상입니다. 충전된 상태에서는 약간의 힘을 발휘하지만 전기가 떨어지면 아무 능력도 없지요. 작은 병에는 약간의 효험이 있기도 하지만 큰 병은 전혀 치료할 수 없습니다. 저는 이렇게 해서 남을 치료할 수 있는 사람은 본 적이 없습니다.

도(道)는 정상적이어야 합니다. 정상적인 것이 도요 평범한 것이 도라는 것을 반드시 알아야 합니다. 수와 화가 교감한다, 수와 화가 서로 교류한다, 화는 아래에 있고 수는 위에 있다는 것은 모두 비유일 뿐입니다. 도가에도 수많은 방법이 있지만 대개 방문(旁門)에 속합니다. 그러나 방문도 문입니다. 어떤 때에는 여러분이 이 문을 사용할 수 있지요. 거의 이십여 년 전에 일본인이 온구기(溫灸器)라는 것을 발명했습니다. 이것을 배꼽 위에 놓고 가만히 있으면 배가 따뜻해져서 위장병 같은 것을 치료할 수 있다고 했지요. 도가의 오랜 처방을 일본인이 돈 버는 데 이용한 것입니다. 도가에서는 이것을 구제법(灸臍法)이라고 합니다. 사실 이런 기계는 그다지 소용이 없습니다. 오히려 제가 지금 알려 드리는 방법이 더 낫습니다. 특히 나이가 많은 분에게는 쓸모가 있지요. 계원육(桂圓肉)[55] 한 개와 산초나무 열매인 화초(花椒) 예닐곱 개, 말린 쑥을 섞어서 찧은 후에 밤에 잘 때 손톱만 한 크기로 떼어 배꼽 위에 올려놓으면 됩니다. 여러분은 배꼽을 대수롭지 않게 여기면 안 됩니다. 배꼽은 기를 흡수할 수 있는 중요한 곳입니다.

당시 대륙에는 아편을 피우는 사람이 많았습니다. 정부에서는 아편 피우는 것을 금지하고 아편 하는 사람들은 체포해서 가두었지요. 그래서 감히 피우지는 못하고 배꼽 위에 올려놓았는데 효과가 비슷했습니다. 배꼽에는 미세한 구멍이 있습니다. 우리가 어머니 배 속에 있을 때 모두 배꼽을 통해 어머니로부터 음식을 공급 받고 호흡을 했습니다. 그러니 이 약을 배꼽 위에 올려놓고 접착제로 붙이고 잠을 자면 온구기 쓰는 것보다 효과

---

[55] 신선한 것은 용안(龍眼)이라 하고 말린 것은 계원(桂圓)이라고 한다.

가 좋습니다.

위장병에도 좋고 각종 질병에 모두 효과가 있습니다. 특히 노인들의 건강 유지에 아주 좋은데, 몸에 필요한 것은 흡수하고 필요 없는 것은 흡수하지 않지요. 이런 것이 바로 수화(水火)의 교감입니다. 사흘 정도 연속해서 하면 아침에 입에서 쓴맛이 사라지고 마른 증세도 없어집니다. 물론 위장도 좋아집니다. 이 방법은 참으로 비방입니다. 우리 모두 이 방법으로 사람들의 질병을 고쳐줄 수 있지요. 단, 절대 돈은 받지 말아야 합니다. 제가 여기에서 공개한 방법을 써서 돈벌이를 하는 것은 정말 나쁜 일입니다. 화(火)가 아래에 있는 것은 원기(元氣)가 아래에 있는 것이고, 수(水)가 위에 있는 것은 청량한 기운이 위에 있는 것입니다. 그러니 노인이 입에 타액이 많고 발바닥에 따뜻한 기운이 있어서 겨울에도 발이 얼 걱정이 없으면 반드시 장수합니다.

"수변이부실기상야(雖變而不失其常也)", 변화하는 과정에서도 변화를 추동하는 도체(道體)는 불변하여 일정하다는 뜻입니다. 즉 본성이 불변한다는 근본 원칙입니다. 이어서 주운양 조사는 이렇게 말합니다.

"단도의 요점은 일수일화를 벗어나지 않는다."

(蓋丹道之要, 不外一水一火)

"개단도지요(蓋丹道之要), 불외일수일화(不外一水一火)", 성명(性命)의 도를 닦는 요점은 수와 화의 교감, 교류입니다. 사람의 생명을 예로 들어 보면 우리의 생각 작용은 화(火)라고 할 수 있습니다. 인간의 생명은 생각과 감정의 끊임없는 작용으로 모두 불타 버립니다. 그렇다면 수(水)는 무엇일까요. 고요해서 생각이 일어나지 않고 기가 침잠하여 신이 응결하고 기가 모이는 것이 바로 수입니다. 맑고 고요한 것은 수이고, 쉬지 않고 움

직이는 것은 화입니다.

수화 교감의 원리에 대한 고사가 있습니다. 당나라 때 노스님이 있었습니다. 참으로 득도한 분이었는데 조과(鳥窠) 선사라고 불렸지요. 이분은 절에 살지 않고 나무 위에 새집처럼 둥지를 지어놓고 그 위에서 정좌도 하고 참선도 하고 잠도 잤습니다. 이 나무는 항주(杭州)에 있는 어느 산꼭대기에 있는데, 그렇게 높지는 않지만 아래는 절벽이어서 떨어지면 죽지는 않더라도 중상을 입을 위험한 곳이었지요. 이때 유명한 시인 백거이(白居易)가 항주 태수로 부임했습니다. 항주의 서호(西湖)에는 백제(白堤)라고 부르는 제방이 있었는데 백거이가 수리를 해서 붙은 이름입니다. 백거이는 조과 선사가 득도했다는 소문을 듣고 그를 찾아갔습니다. 그런데 선사가 위험하게도 나무 위에서 살고 있는 것을 보고 말했지요. "스님, 너무 위험한 곳에서 사십니다." 그러자 조과 선사가 말했습니다. "태수, 나는 조금도 위험하지 않소. 오히려 그대가 위험하게 보이는구려." 백거이가 물었습니다. "저는 조정의 관리인데 무슨 위험이 있다는 말씀인가요?" 그러자 조과 선사가 말했지요. "'땔나무와 불이 교섭하고 식성이 쉴 틈이 없으니 위험하지 않은가〔薪火相交, 識性不停, 得非險乎〕'라는 말을 못 들어 보셨소?"

조과 선사의 이 말은 무슨 뜻일까요? 백거이는 문장도 잘 짓고 시도 탁월한 데다 관리가 되어 날마다 머리를 쓰니 이것이야말로 심화(心火)가 서로 태우고 염식(念識)이 쉬지 않아 매우 위험하니 생명이 불타 버린다는 것입니다. 심념(心念)이 바로 화(火)이기 때문입니다. 백거이는 한 번 듣고 무슨 뜻인지 바로 깨달았습니다. 그래서 다시 물었습니다. "스님, 불법은 너무 복잡합니다. 좀 간단히 말씀해 주시겠습니까?" 하자 조과 선사는 "악을 짓지 말고 선을 행하시오〔諸惡莫作, 衆善奉行〕" 하고 말했습니다. 그러자 백거이는 대답했습니다. "스님, 그 말씀은 매우 쉬워서 세 살짜리 아이도 알아들을 수 있겠습니다." 그때 조과 선사가 말했지요. "세 살짜리 아이도 아는 것이지만 백 세 노인도 행하기는 어려운 것이라오〔三歲小孩都知道, 百歲老翁行不得〕." 이 고사는 수(水)는 심신이 청정한 경지를 상징하고 화(火)는 염식(念識)이 분주히 내달리는 것을 나타내는데, 바로 우리 마음 속 생각입니다.

수와 화는 본래 하나

"수와 화는 본래 하나에서 나왔는데 후에 둘로 나뉜다."
(水火本出一原, 後分兩物)

정(靜)과 동(動)의 근원은 하나입니다. 다만 우리 같은 보통 사람은 몸과 마음 모두 청정하지 못해 날마다 후천의 허화(虛火) 속에서 불타고 있을 뿐이지요. 그래서 "수화본출일원(水火本出一原), 후분양물(後分兩物)"이라고 하는 것입니다. 본래는 하나인데 고요함과 움직임으로 나뉘는 것이지요.

"건괘 가운데의 일양이 곤궁 속으로 들어가 감괘를 이루니 감괘 중에 태양의 진화가 있게 되었다. 곤괘 가운데의 일음이 건궁 속으로 들어가 리괘를 이루니 리괘 중에 태음의 진수가 있게 되었다."
(乾中一陽, 走入坤宮成坎, 坎中有太陽眞火. 坤中一陰, 轉入乾宮成離, 離中有太陰眞水)

이것은 중의학의 원리와도 관련 있습니다. "건중일양(乾中一陽)"에서 건괘는 우리 생명 자체를 가리키는데, 그 가운데 일양이 곤괘로 들어가 감괘가 됩니다. 우리 신체로 말하면 신체의 하복부 등 아랫부분이 곤괘로 상징되는데, 일양이 배 속으로 들어가서 감괘를 이룬다고 할 때의 감괘는 바로 중의학에서 말하는 신장에 해당합니다. 여기에서 말하는 신장은 단지 콩 팥 두 개만 가리키는 것이 아니라, 부신(副腎) 등 각종 호르몬 계통을 말합니다. 우리의 생명 구조를 보면 양기는 하부에서 발동합니다. 그런데 양기가 발동할 때 남녀 양성에 욕념이 일어나므로 불가에서는 욕계(欲界)라고 하지요. 사실 욕구 자체는 죄악이 아닙니다. 욕구는 건괘 중의 일양이 돌아오는 것입니다. 생명의 화력이 발동하는 것으로서 본래는 욕구가 없는 순수한 에너지일 뿐입니다. 비유하자면 어린아이들이 순수하게 에너지가 충만한 것과 같습니다.

"감중유태양진화(坎中有太陽眞火)", 감괘 중에 태양의 진화가 있다는 것은 바로 생명 에너지를 말합니다. 그러나 평범한 사람들은 태양의 진화가 발동할 때 남성은 발기를 하고 여성은 성적으로 충동적인 상태가 되어 습관적으로 성행위를 함으로써 태양의 진화를 누설하게 됩니다. 만약 태양의 진화를 누설하지 않고 축적할 수 있다면 바로 장생불사의 신묘한 약이 될 수 있는데, 이것은 바로 양(陽)을 말하는 것이고 이 양이 신묘한 약으로 변하게 되는 것입니다.

그렇다면 음(陰)은 어떤 것일까요? "곤중일음(坤中一陰)"은 바로 우리 신체 하부에서 양기가 발동한 후에 다시 고요한 상태로 회복되는 것을 가리킵니다. 이것은 지구의 기후 변화와 같습니다. 여름철에는 태양의 열기를 흡수하여 지구 중심에서 열기가 상승하면 대기 위에서 찬 기운을 만나 비가 되어 내리지요. 우리의 신체가 변화하는 것도 기후의 변화와 같습니다. 그래서 "곤중일음(坤中一陰), 전입건궁성리(轉入乾宮成離)"라는 것은 우리 신체로 말하면 하부에서 발생한 기운이 위에 있는 건괘로 올라가서 그 속으로 들어가면 리괘로 변한다는 뜻입니다. 리괘의 중간에는 일음이 있어서 "리중유태음진수(離中有太陰眞水)"라고 했습니다. 이것은 인체에서 보면 뇌하수체의 호르몬입니다. 인체를 유지하기 위해서 가장 중요한 것 중 하나이지요. 나이 들어서 수도 공부를 하는 사람이라도 입안에 침이 마르지 않고 계속 고이는 것이 바로 태음의 진수이며, 이것이야말로 옥액 환단의 장생불사의 약입니다.

"수와 화 두 기는 서로 그 뿌리를 감춘다. 끊임없이 변화하니 오행이 전부 그 속에 갖추어져 있다."

(水火二炁, 互藏其根. 化化不窮, 五行全具其中)

"수화이기(水火二炁), 호장기근(互藏其根)", 수와 화는 상극하는 관계로서 서로 만나면 둘 중 하나는 소멸하기 마련인데 그 뿌리를 서로 감추고 있다는 것은 어디에서도 볼 수 없는 현상입니다. 그러나 수도 공부가 경지에 오르면 자연히 이런 원리를 체득할 수 있습니다. "화화불궁(化化不窮), 오행전구기중(五行全具其中)", 끊임없이 변화하니 오행이 전부 그 속에 갖추어져 있습니다. 이는 생명 작용이 끊임없이 발생하는 것으로 두 번째 공부요, 두 번째 투영입니다. 또 수도 공부를 시작하는 기본 원리이기도 합니다. 그 변화 원리는 위에서 아래로, 아래에서 위로 흐르는 것입니다. 그래서 여러분이 정좌하는 것은 건강과 장수의 지름길이 되지요. 정좌하면서 고요한 적정의 경지를 체험하는 것입니다. 이것이야말로 진정한 휴식입니다.

사람들 특히 현대인들은 생명 에너지를 너무 빨리 너무 많이 한꺼번에 써 버립니다. 그래서는 생명도 버티기 어렵지요. 생명을 온전히 유지하기 위해서는 좀 쉬어야 합니다. 그것도 많이 쉬어야 하지요. 정좌의 효과는 바로 여기에 있습니다. 정좌할 때 여러분은 몸에서 기운이 움직이는 것을 느낄 것입니다. 그때 절대 그 기운의 움직임에 따라 흔들려서는 안 됩니다. 그렇게 흔들리는 것은 여러분의 잠재의식이 그 기운을 따라 움직이는 것입니다. 어떤 사람은 이런 상태에서 태극권을 하기도 합니다. 사람들은 그것을 신권(神拳)이라고도 하지요. 여러분은 그 기운을 따라서 움직이면 안 됩니다. 여러분이 따라서 움직이지 않으면 그런 기운의 움직임도 곧 사라집니다.

때로는 정좌를 하면서 수인(手印)을 맺는데, 수인을 맺은 손에서도 신경증 같은 느낌이 발동하기도 합니다. 그러나 마음이 고요하면 신체에 어떤 변화가 발생해도 일체 무관심하게 됩니다. 그것이 팔정도의 하나인 정정(正定)이지요. 마음이 텅 빈[空靈] 상태가 되든지 또는 어떤 움직임이 발생하든지 모두 상관하지 말고 내버려두어야 합니다. 그러면 자연히 마음이 진실로 고요한 경지로 돌아오게 되지요. 이것이 정상적인 것이고, "끊임없이 변화하는[化化不窮]" 것입니다.

그러므로 정(定)이 좋은 것이라고 해서 이끌어 오려고 하거나 일부러 외면하지 말아야 합니다. 결가부좌를 하고 눈을 감는 것이 본래 정(定)입니다. 여러분은 왜 억지로 그 위에 뭘 더해서 정을 만들려고 합니까? 불보살께서는 여러분에게 부증불감(不增不減)을 가르쳤습니다. 더하지도 덜하지도 않는다는[56] 가르침이지요. 그런데 여러분이 정좌를 한다고 앉아서 한편으로는 뭘 더해야 한다고 생각하고 다른 한편으로는 뭔가 덜어내야 한다고 생각한다면 진정한 의미의 정(定)은 이룰 수 없습니다. 기운의 움직임을 느낀다는 것은 진정한 정의 경지에 이르지 못했다는 것입니다. 여러분의 잠

---

56 용수 보살이 『중론(中論)』에서 말한 팔불중도(八不中道)의 하나이다. 책의 첫머리 귀경게(歸敬偈)에서 용수는 다음과 같이 말한다. "어떤 것도 소멸하지 않고[滅], 어떤 것도 생겨나지 않고[不生], 어떤 것도 단멸하지 않고[不斷], 어떤 것도 상주하지 않고[不常], 어떤 것도 그 자체와 같지 않고[不一], 어떤 것도 그 자체와 다른 것이지 않고[不二], 어떤 것도 오지 않고[不來], 어떤 것도 가지 않는다[不去]고 하여, 희론이 사라진 훌륭한 연기의 도리를 설하신 부처님을 모든 설법자 중에서도 가장 뛰어난 분으로서 경례한다." 용수는 이 팔불중도가 곧 연기즉공(緣起卽空)의 이치라고 하였다.

재의식 속에서는 어떤 상념이 있지만 스스로는 찾으려 해도 찾을 수 없습니다. 여러분이 정말 잠재의식을 뒤져서 찾아낼 수 있다면 성공입니다.

그러니 이 변화에 대해 알려고 한다면 잠재의식이 진정한 고요함, 궁극적인 영정(寧靜)의 경지에 이르러야 합니다. 그렇게 되면 수화(水火)의 변화가 자연히 도래할 것입니다. 도가 서적에서 그렇게 많이 이야기했지만 보고 나면 개의치 않습니다. 알고 나서는 그것으로 끝이고 내던져 버려야 합니다. 진정한 공부는 도가 공부든 불가 공부든 막론하고 단지 노자의 "도법자연(道法自然)"이라는 한 마디만 기억하면 됩니다. 이것은 생명에 본래 구비되어 있는 것이지 수도 공부를 해야 생겨나는 것이 아닙니다. 그래서 "끊임없이 변화하니 오행이 전부 그 속에 구비되어 있다[化化不窮, 五行全具其中]"고 말했습니다. 우리의 이 육체 생명에는 금목수화토 오행의 자연적 변화가 매 단계에 모두 들어 있습니다.

생극 변화와 공부 과정

"수는 목을 생하고, 목은 화를 생하고, 화는 토를 생하고, 토는 금을 생하고, 금은 다시 수를 생한다. 왼쪽으로 한 바퀴 돌며 상생하니 이것이 바로 하도의 순수이다."

(蓋水能生木, 木能生火, 火能生土, 土能生金, 金轉生水, 左旋一周而相生, 便是河圖順數)

오행이 서로 생하여 끊임없이 이어지는 원리를 좌선(左旋)이라고 합니다. 마치 천체와 같지요. 천도(天道)는 왼쪽으로 돌고 지도(地道)는 우선(右旋) 즉 오른쪽으로 돕니다. 이 둘의 회전이 반대이기 때문에 별과 별은

서로 충돌하지 않습니다. 옛사람들은 이미 천도는 좌선하고 지도는 우선한다는 사실을 알고 있었는데 현재의 과학도 그것이 옳다는 것을 증명하고 있습니다. 그러므로 이 "좌선일주이상생(左旋一周而相生)"은 『역경』의 하도(河圖)와 낙서(洛書)의 순서로서 "천일생수(天一生水), 지이생화(地二生火)" 등입니다.

옛사람들은 놀랍게도 천지간에 모든 것이 음양의 상대적 현상으로 인해 발생한다는 것을 알았습니다. 생(生)이 있으면 반드시 극(剋)이 있고 영원히 모순 속에 존재합니다. 태어남이 있으면 죽음이 있다는 것이지요. 오행의 상생 상극 원리를 보면 참으로 재미있습니다. 예를 들어 사람이 아들을 낳으면, 그 아들이 또 아들을 낳고, 또 그 아들이 아들을 낳아서 끊이지 않는 것을 순생(順生)이라고 합니다. 그런데 이 생(生) 속에 극(剋)이 있다는 것입니다. 아들이 손자를 낳아서 그 손자가 장성할 때쯤 되면 그 할아버지는 늙어서 죽게 되지요. 이렇게 한 대를 건너면 극이 이루어집니다. 즉 수생목(水生木), 목생화(木生火)의 오행 상생 과정에서 수가 낳은 목을 수의 아들이라고 하면 목이 낳은 화는 수의 손자가 됩니다. 그런데 수는 화를 극하게 되므로 한 대를 건너면 생이 아니라 극이 이루어진다는 것입니다.

세상에는 이런 일이 있지요. 오행의 상생 과정에서 자리를 하나 건넜다고 상극이 이루어지는 것입니다. 그것을 주해에서는 이렇게 말했습니다.

"화는 금을 극하고, 금은 목을 극하고, 목은 토를 극하고, 토는 수를 극하고, 수는 다시 화를 극한다. 오른쪽으로 한 번 돌며 상극하니 이것이 바로 낙서의 역수이다."

(火能剋金, 金能剋木, 木能剋土, 土能剋水, 水轉剋火, 右旋一周而相剋, 便是洛書逆數)

이것은 『역경』과 『하락이수(河洛理數)』에 나오는 오행 상극의 원리입니다. 또 문왕 팔괘도 낙서(洛書)의 원리를 담고 있습니다. 낙서는 후천의 작용 원리를 표현한 것이고, 복희(伏羲) 팔괘는 선천의 작용 원리를 담고 있습니다. 그래서 주운양 조사는 이렇게 말합니다.

"한 번 순행하면 한 번은 역행하고 한 번 생하면 한 번은 극하니, 오행의 천변만화가 모두 이 범위를 넘지 않는다."

(一順一逆, 一生一剋, 而五行之千變萬化, 總不出其範圍)

어떤 사람은 이렇게 말합니다. "수도 공부를 하는데 무슨 오행이니 하도니 낙서니 하는 복잡한 원리를 알아야 하나요? 저는 본래 우둔해서 이런 이론은 배우고 싶지 않습니다. 저는 책 읽는 것은 게을리 하지만 수도 공부는 잘하고 있습니다." 여러분에게 분명히 말합니다. 이 원리를 통하지 못하면 일생이 아니라 열 번을 죽었다 깨어나서 수도 공부를 해도 절대 성공할 수 없습니다. 궁극적으로 도(道)를 깨닫는다는 것은 원리를 아는 것이고 지혜를 가리킵니다. 죽어라고 수도 공부를 했는데 도달하고 보니 외도(外道)일 수도 있습니다. 그렇기 때문에 이치나 원리가 중요하다고 그렇게 강조하는 것입니다. 이 점은 참으로 중요하고 또 중요합니다. 여러분이 오행 상생 상극의 변화 원리를 이해한다면 공부가 현저하게 진보할 수 있습니다.

정좌 공부를 하는 분들 중에 정말 열심히 수련해서 오늘 좋은 경지에 도달했다고 합시다. 그런데 내일은 좋지 않은 상황이 올 수 있지요. 오늘은 정좌하는 과정에서 정신이 매우 명철했는데, 내일은 잠이 오고 정신이 흐리멍덩할 수도 있다는 말입니다. 사실 정신이 투철하나 흐리멍덩하나 모두 수도 공부의 경지입니다. 『역경』에 "일음일양지위도(一陰一陽之謂道)"

라는 말이 있습니다. 한 번 음(陰)하면 한 번 양(陽)하는 것이 도(道)라는 뜻이지요. 항상 양이거나 항상 음일 수는 없습니다. 한 번 생(生)하면 한 번은 극(剋)하는 것이 변화이지요. 그러나 변화의 도체(道體)는 불변으로서 움직임이 없습니다. 여러분의 수도 공부는 이런 변화를 따라 자연스럽게 전개됩니다. 그것이 이른바 구전환단(九轉還丹)입니다. 그 변화가 극점에 이르면 최후에는 불변의 경지에 도달하고 깨달음을 얻을 수 있습니다.

그러니 오늘 정좌가 잘 되기를 바라고 내일도 잘 되기를 바라고 모레도 역시 그렇게 되기를 바라는 것은 욕심입니다. 그런 이치는 없습니다. 좋은 것을 모두 여러분이 차지하면 나쁜 것은 누가 갖게 되나요? 제가 차지해야 하나요? 음이 있어야 양도 있습니다. 맑은 날이 있으면 흐린 날도 있지요. 흐린 날이라고 하늘이 아닌가요? 흐린 날은 흐린 날대로 의미가 있습니다. 여러분은 모두 맑은 날이 좋다고 하지만 사실 흐린 날이 더 좋습니다.

어제 고서(古書)에서 이런 내용을 읽었습니다. 어떤 사람이 말했습니다. "귀신이 되는 것은 좋은 것이다." 그러자 옆에 있던 사람이 물었지요. "귀신이 되는 게 뭐가 그렇게 좋습니까? 한 번 죽으면 돌아올 수도 없지 않나요?" 그러자 그 사람이 대답했습니다. "만약 귀신이 나쁘다면 다들 뛰어서 얼른 돌아왔을 텐데 아직 아무도 안 돌아왔잖아요?" 이것은 물론 웃자고 한 이야기이지만 매우 의미가 있습니다.

제55강

지난 강의에서 미처 끝내지 못한 부분이 있어서 계속하겠습니다. 바로 "고왈(故日), 추연오행수(推演五行數), 교약이불번(較約而不繁)"[57]입니다. 이것은 『참동계천유』의 문장이지요. 앞에서는 천지 우주의 자연 법칙인 오행의 원리가 환단의 이론으로 활용되고 있음을 말했습니다. 하도(河圖), 낙서(洛書)에 대해서는 여러분이 복잡하게 생각하고 있기 때문에 전문적으로 깊이 들어가지 못하고 그 대강만 말했습니다. 하도에는 여러 가지 흑점과 백점이 표시되어 있는데 백점은 양을, 흑점은 음을 상징합니다.

수가 마르면 본래의 무형으로 돌아간다

"천일생수(天一生水)"[58]는 천지가 형성되기 시작한 시점의 액체 상태를

---

57 『참동계천유』. 150면. 『참동계』 제15장인 환단명의장(還丹名義章) 제1절에 대한 주운양 조사의 설명이다.
58 이 책의 제54강 후반부 주운양 조사의 설명을 참조하라. 『참동계천유』 150면에 보인다.

뜻합니다. 액체로부터 서서히 고체로 변화하는데 나중에 서양 철학에서도 같은 이야기를 했지요. 옛 글자에서 하늘 천(天) 자는 천체만을 나타내지는 않았습니다. 천체 외에도 많은 자연 물리 현상을 대표합니다. 천일생수라는 말은 이 우주가 시작될 때는 단지 물의 상태였고 이것이 우주의 첫 번째 현상이라는 뜻이지, 하늘[天]이 곧 수(水)라는 말은 아닙니다. 다시 말해 하늘이 그 기능을 발동했을 때 처음에는 수(水)라는 액체의 현상으로 나타났다는 것입니다.

하늘의 기능이 처음 발동했을 때 즉 "천일(天一)"은 "생수(生水)" 즉 수(水)의 현상을 발생하게 되고, 이것은 "지육(地六)"에 의해서 실제 액체로 형성됩니다. 또 천일(天一)에 이은 땅의 두 번째 현상인 "지이(地二)"는 화(火)의 현상을 발생하고 "천칠(天七)"이 그것을 형성합니다. 이것을 "천일생수(天一生水), 지육성지(地六成之), 지이생화(地二生火), 천칠성지(天七成之)"라고 합니다. 이런 사유는 서양 철학과는 전혀 다릅니다. 한 가지 같은 것이 있다면 만물이 일(一)에서 발생했다는 것입니다. 노자도 일찍이 "도는 일을 낳고, 일은 이를 낳고, 이는 삼을 낳고, 삼은 만물을 낳는다[道生一, 一生二, 二生三, 三生萬物]"고 말했습니다.

만물이 일(一)에서 나왔다면 그 이전에는 무엇이었을까요? 일 이전은 영(零)입니다. 수학적으로 영은 없음을 뜻하고, 또 무한하고 무궁하며 알 수 없는 세계를 가리킵니다. 무한하고 무궁한 것은 수로 나타낼 수 없습니다. 그래서 영으로 표시하지요. 영은 무(無)라고 해도 되고 유(有)라고 해도 됩니다. 알 수 없는 숫자이기 때문입니다. 그러나 영에서 처음 시작하고 발동한 것은 일입니다. 이 일(一)이 있으면 이(二)가 있지요. 다시 말해 일은 이미 상대적으로 이를 내포하고 있습니다. 그리고 이가 있으면 자연히 삼(三)이 있습니다. 이러한 수리(數理) 철학은 상고시대부터 이미 발달해 있었습니다. 주운양 조사의 설명이 계속됩니다.

"수는 본래 진양인데 북방의 태음 속에 떨어져 있으므로 반대로 음에 속한다."

(水本眞陽, 落在北方太陰之中, 所以水反屬陰)

여러분, 수(水)는 어디에서 왔을까요? 이 우주의 첫 번째 물방울은 어디에서 왔을까? 유(有)는 애초에 어디에서 왔을까 하는 문제입니다. 먼저 닭이 있었을까 달걀이 있었을까 하는 문제이기도 하지요. 먼저 달걀이 있었다고 한다면 달걀은 어디에서 온 것일까요? 진공(眞空)이 묘유(妙有)로 변화했다면 어떻게 그럴 수 있을까요? 사실 이 수(水)는 본래 액체가 아니라 에너지입니다. 하지만 에너지가 곧 수(水)는 아니지요.

이른바 진공이 변해서 묘유를 형성한다고 할 때 진공의 원시적 에너지는 원(圓)이요 숫자 영(零)입니다. 그런데 동양의 고대 철학에서는 이것을 양(陽)이라는 기호로 나타내지요. 수(水)는 음에 속하고 형태가 있습니다. 후천적이고 형이하의 것은 음에 속합니다. 이와 달리 선천적인 것은 형이상의 것이고, 그것은 본래 무(無)에서 생겨난 유(有)입니다. 그래서 "수본진양(水本眞陽)"이라고 한 것입니다. 일(一)은 북방에 떨어지고, 북방은 음(陰)을 남방은 양(陽)을 나타냅니다. "낙재북방태음지중(落在北方太陰之中)"에서 태음이란 가장 음한 곳이라는 뜻입니다. 이렇게 가장 음한 곳에서 수(水)의 변화가 일어납니다. 즉 진공이 변화해서 묘유가 됩니다. 그래서 음양가들은 유형의 수(水)를 음에 속한다고 봅니다. 유형의 수가 형성되기 전에는 무(無) 또는 무형입니다. 따라서 수가 마르면 본래의 무형으로 돌아갑니다. 이렇게 진양으로 돌아가는 것을 환단(還丹)이라고 합니다.

이것은 비록 원리일 뿐이지만, 그렇다고 원리에 그친다고 생각하지는 마시기 바랍니다. 수도 공부에서 말하는 환단은 그 원리가 곧 사실로 드러납니다. 원리와 사실이 둘이 아니지요. 제가 늘 말하지만 이 세상에는 원리를 알 수 없는 일이 허다하게 많습니다. 때로 어떤 원리는 단지 원리적으로만 성립하고 사실로 실현되지 않기도 합니다. 그래서 어떤 사람은 원리는 원리이고 사실은 사실이라고 말하기도 하지만 그렇지 않습니다. 원리와 사실은 하나입니다.

예를 들어 뉴턴은 사과가 떨어지는 것을 보고 만유인력을 발견했다고 하는데, 사과는 그냥 떨어진 것이지 뉴턴을 위해 떨어진 것은 아닙니다. 그렇지만 뉴턴은 그것에서 영감을 얻어 만유인력을 발견했습니다. 수증기를 보고 증기차를 발명한 것도 마찬가지입니다. 수증기는 증기차를 발명하라고 있는 현상이 아닙니다. 그러니 어떤 사실이나 현상이 있는데 그 원리가 발견되지 않은 것은 우리의 학문이 부족하기 때문입니다. 또 반대로 원리는 있는데 사실이 발견되지 않은 것은 우리의 경험이 부족한 것입니다. 쉽게 이렇다 저렇다 단언할 것이 아니지요. 이것이 바로 과학 정신으로서 의심을 포기하지 않고 실증을 추구하는 태도입니다.

방금 하도와 낙서의 내용에 대해 말했는데, 바로 "천일생수, 지육성지, 지이생화, 천칠성지"라고 한 것입니다. 주운양 조사도 이렇게 말했습니다.

"지이가 화를 생하니 화는 본래 진음이나 남방의 태양의 위치에 올라가므로 화는 반대로 양에 속한다."

(地二生火, 火本眞陰, 升在南方太陽之位, 所以火反屬陽)

"지이생화(地二生火), 화본진음(火本眞陰)", 지이(地二)가 화를 생하니 화는 본래 진음입니다. 여기에서 이(二)는 음(陰)이고 상대적이라는 뜻이지요. 상대적인 것은 음이고 절대적인 것은 양입니다. 다시 말해 땅(地)은 음에 속하고 일종의 열에너지를 발동할 수 있다는 것입니다. 땅이 어떻게 열에너지를 발생할 수 있을까요? 우리는 지금 땅이 태양 에너지를 흡수해

서 열에너지를 발생한다고 이해하고 있습니다. 이중의 과정이 있는 것이지요. "지이생화(地二生火)"의 화는 『역경』의 수리로는 진음에 속하지 양에 속하지 않습니다. 왜냐하면 "지이생화"는 후천의 화이기 때문입니다.

"승재남방태양지위(升在南方太陽之位), 소이화반속양(所以火反屬陽)", 남방의 태양의 자리에 올라가므로 화는 반대로 양에 속하게 됩니다. 물질을 형성하기 이전은 에너지이고, 이 에너지가 물질로 변화한 후에는 양에 속한다는 것입니다. 그것을 진양(眞陽)이라고 합니다.

천일생수와 인체

이런 문제가 우리가 수도 공부를 하는 것과 무슨 관계가 있을까요? 문제는 바로 여기에 있습니다. 우리가 환단이라고 하는 것은 실은 후천의 생명인 육체를 닦아서 "천일생수(天一生水)"의 본래로 환원하는 데 있습니다. 먼저 여러분에게 알려 드릴 것은, 저는 오늘날의 과학이 절대적 진리라고 생각하지 않습니다만 단정적으로 말하지는 않겠습니다. 과학은 계속해서 발전하고 있기 때문입니다. 사실 과학이라는 것은 오늘까지는 불변의 진리라고 주장하다가도 내일이면 바뀔 수 있습니다. 과학이 바로 진리라고 단정할 수 없다는 것이지요.

그래서 오늘날의 과학 지식을 빌려서 말할 뿐입니다. 생명의 활력에 가장 중요한 것은 뇌하수체입니다. 뇌하수체를 자극하면 호르몬이 발생합니다. 뇌하수체는 호르몬의 근원으로, 이것이 줄어들면 늙게 됩니다. 그러므로 도가에서 옥액환단을 수련하는데 진정으로 제대로 수련했을 때에는 입안에서 청량한 샘물 같은 침이 그득히 고이게 됩니다. 옥액환단이라는 것이 실은 뇌하수체의 호르몬 분비 현상입니다. 뇌하수체에서 분비된 호르몬이 곧장 전신에 퍼져 몸의 하부를 자극합니다. 이른바 부신, 생식선이란 천일생수(天一生水)가 흐르는 것입니다. 사람이 노쇠해지면 이 천일생수의 발생이 줄어들고 마침내 멈추게 됩니다.

예를 들어 『황제내경』에는 "여자가 십사 세가 되면 천계가 이른다〔女子二七天癸至〕"[59]는 말이 있습니다. 임계(壬癸)는 수(水)인데, 임수(壬水)는 수의 원소로서 아직 물질의 수(水)가 형성되기 전을 가리킵니다. 그래서 에너지라고 부르지요. 반면에 계수(癸水)는 물질로 형성된 수입니다. 그래서 임수와 계수는 같은 수이지만 다릅니다. 천일(天一)의 수(水)는 뇌하수체 호르몬이고 후천적인 것입니다. 이것이 인체 하부로 내려오면서 변화해 남녀의 정액이 되는데, 이것을 계수라고 하지요. 그래서 천일생수는 인체의 상부에서는 아직 양수(陽水)에 속합니다. 그 진양(眞陽)의 수(水)가 하부에 내려와서 물질로 변화하는 것을 "북방의 태음 속에 떨어진다"고 한 것입니다. 인체에서 북방은 위장 아래 복부를 가리킵니다. "북방태음(北方太陰)"은 인체로 보면 요가나 밀종에서 말하는 해저에 속합니다. 회음혈이라고도 하는데 여기가 바로 태음이 있는 곳입니다. 비유하자면 비가 하늘에서 내리는 것과 같은 현상입니다. 지기(地氣)가 상승해서 하늘의 찬 공기를 만나면 비가 되지요. 천일생수란 바로 비가 내리는 것과 같습니다. 비가 내려서 지면에 이르면 대해로 흘러갑니다. 그래서 물은 음으로 변화하게 되지요.

"지이생화(地二生火)"는 유형의 후천 생명인 진양(眞陽)의 기라고 했습니다. 양기는 어디에서 올까요? 인체의 하부에서 발생합니다. 음이 극하면 양을 발생하게 되지요. 이 열에너지는 지구의 변화와 같습니다. 열에너지가 극점에 이르면 양기가 천천히 상승하게 됩니다. 그래서 여름에는 우

---

[59] 『황제내경』 「소문(素問)」 상고천진대론(上古天眞大論)에 나온다.

물물이 매우 찹니다. 지구 속도 상대적으로 차게 되지요. 지하의 양기가 외부로 발산되기 때문에 그렇습니다. 여름에는 대부분 위가 좋지 않아서 소화 불량 상태가 됩니다. 감히 휘궈(火鍋)는 먹을 생각도 못하지요. 소화력이 별로 왕성하지 않기 때문입니다. 그러나 겨울이 되면 우물물은 따뜻하게 느껴집니다. 겉은 차지만 속은 상대적으로 따뜻한 느낌이지요. 우리 몸도 마찬가지입니다. 겨울에는 소화력이 비교적 좋습니다. 비록 외부 온도는 차게 느껴지지만 반대로 속은 따뜻하다는 말입니다. 기후에 영향을 주는 것은 온도입니다. 가령 같은 도시라도 방향에 따라 기온이 다릅니다. 가장 중요한 것은 우리가 체감하는 온도입니다. 사람마다 다르고, 나이나 건강 상태에 따라 체감 온도가 달라집니다.

예를 들어 어떤 사람이 "오늘 날씨가 이렇게 더운데 선생님은 왜 그렇게 두꺼운 옷을 입고 계세요?"라고 물으면 "내가 느끼기에는 아직 썰렁하네"라고 답할 수 있습니다. 오후가 되어서야 그들은 날씨가 썰렁하다고 느끼지만 이미 감기 기운이 들어왔습니다. 저는 온도에 민감했고 그 사람들은 반응이 너무 늦어서 일어난 일이지요.

겨울에는 신체가 추위에 견디는 힘이 상승해서 얼음도 먹을 수 있습니다. 그러나 여름에는 얼음 먹는 것을 피해야 합니다. 뜨거운 물을 마시는 것이 낫습니다. 또 식사 후에 과일 먹는 것을 저는 절대 반대합니다. 뜨거운 식사를 금방 하고 나서 바로 찬 과일을 먹는 것은 아주 좋지 않습니다. 이런 습관이 오래 되면 병이 나지 않는 것이 이상하지요. 물론 과일이나 얼음을 먹지 말라는 것은 아닙니다. 다만 가장 좋은 것은 식사 직후가 아니라 평소에 먹는 것이 좋다는 말입니다. 군이 식사 후에 먹을 필요가 없지요. 식사 후에 과일을 먹는 것은 그냥 습관입니다. 과학적인 것이 아니지요. 우리 신체는 "지이생화(地二生火)"입니다. 하부에서 화기가 올라오는데, 도가로 논리로 말하자면 진화(眞火)와 허화(虛火)가 있습니다. 허화는 일종의 염증에서 생깁니다. 예를 들어 촛불이 탈 때 피어오르는 연기가 일종의 허화이지요. 촛불의 연기는 뜨거울 것 같지만 도리어 찹니다. 바로 음 속에 있는 양, 양 속에 있는 음과 같은 현상입니다.

기혈은 조화되어야 한다

그래서 주운양 조사는, "지이가 화를 생하니 화는 본래 진음인데 남방의 태양의 위치에 올라가므로 화는 반대로 양에 속한다(地二生火, 火本眞陰, 升在南方太陽之位, 所以火反屬陽)"고 말한 것입니다. 어떤 사람은 툭하면 잠에 빠져서 몽롱한 상태로 있습니다. 도가에서는 이런 현상을 음곤(陰困)이라고 부르지요. 음곤이 무엇을 의미하는지 좀 더 구체적으로 알아볼까요? 습기가 지나치게 많아서 소화도 안 되고 정신도 흐릿하고 혈압이 너무 낮거나 혹은 너무 높거나 하는 여러 증상이 있습니다. 원인이 복잡하게 얽힌 상태이기도 한데 자세히 관찰해 보면 모두 허화(虛火)에 속하는 증세입니다. 그러니 화는 상승해야 합니다. 그것을 양(陽)이라는 말로 나타냅니다. 주운양 조사는 그 원리를 다음과 같이 설명합니다. 여러분이 의학 원리를 이해한다면 보다 쉽게 알 수 있겠지요.

"음이 왕성하면 양을 침범하니, 수가 왕성하면 화를 멸한다. 선천의 무형의 수와 화는 서로 살려 주는 작용을 하고, 후천의 유형의 수와 화는 서로 침범하여 원수가 된다."

(陰盛便來侵陽, 水盛便能減火, 蓋先天無形之水火, 主相濟爲用, 後天有形之水火, 便主相激爲仇)

"음성변래침양(陰盛便來侵陽), 수성변능멸화(水盛便能滅火)", 음(陰)이 지나치게 많으면 도리어 양(陽)을 침범하게 됩니다. 그러니 수(水)가 많으면 화(火)를 멸하게 되는 것이지요. 음이 극하면 양이 발생하고, 양이 극하면 음이 발생합니다. 음이든 양이든 지나치면 점차 쇠약해지고 그 과정에서 서로 반복하는 순환의 원리가 있습니다. 주운양 조사는 이것을 "개선천무형지수화(蓋先天無形之水火), 주상제위용(主相濟爲用), 후천유형지수화(後天有形之水火), 변주상격위구(便主相激爲仇)"라고 설명합니다. 선천의 무형의 수화는 서로 살려 주는 작용을 하고, 후천의 유형의 수화는 서로 침범하여 원수가 된다는 것입니다. 이 설명은 매우 중요하니 주의를 기울여야 하는데, 바로 오행의 상생 상극 원리입니다. 물질세계는 허공에서 지구와 만물을 형성하고, 이렇게 만물이 발생하는 과정을 상생이라고 합니다. 후천이란 우리의 생명이 존재하게 된 이후를 가리키는데, 이 육체가 생겨난 후에는 유형의 수와 화가 "상격위구(相激爲仇)" 즉 서로 침범하여 원수가 됩니다. 모순 관계를 낳는 것이지요. 그래서 주운양 조사는 위백양 진인이 『참동계』 원문에서 다음과 같이 말했다고 설명합니다.

"그러므로 (참동계에서) '수를 일으켜 화를 공격함으로써 갑자기 광명이 소멸된다'고 하였다. 천상의 해와 달은 곧 세상의 수와 화이다."
(故曰, 擧水以激火, 奄然滅光明. 天上之日月, 卽是世間之水火)

"고왈(故曰), 거수이격화(擧水以激火), 엄연멸광명(奄然滅光明)", 수를 일으켜 화를 공격함으로써 갑자기 광명이 소멸된다는 말은 수가 과다하고 화의 세력이 부족하면 불빛이 소멸하게 된다는 것입니다.

"천상지일월(天上之日月), 즉시세간지수화(卽是世間之水火)", 천상의 태양과 달은 곧 세상의 수와 화라는 말로, 이것은 『역경』의 이치입니다. 감괘와 리괘는 달과 태양을 상징하지요. 후천의 우리 신체에서도 수와 화는 많은 것을 상징합니다. 생리 기능으로 말하면 감괘와 리괘는 어떤 때는 기와 혈을 상징합니다. 중의학에서는 '영위(營衛)'라고 하지요. 사람이 죽으면 왜 피가 흐르지 않을까요? 위기(衛氣)의 힘이 없어지기 때문입니다. 추동하는 힘이 없어서 심장도 정지하게 되지요. 그래서 영(營)과 위(衛)는 혈(血)과 기(氣)가 병행합니다.

어제 친구들이 와서 동영상을 한편 보여 주었는데, 세상을 떠난 홍콩의 무술 영화배우의 일생에 대한 것이었습니다. 저는 이렇게 말했습니다. 저 배우와 같은 식으로 무술을 수련하면 죽지 않는 것이 이상하다고요. 그 배우가 수련한 것은 중국 무술이 아니었습니다. 중국 무술은 그렇게 수련하는 것이 아닙니다. 그 배우는 기(氣)의 운용을 잘 알지 못했습니다. 그래서 영위(營衛)가 조화롭지 못했고 결국은 돌연사할 수밖에 없었지요. 우리의 후천 생명은 혈액이 충분한지 아닌지는 차후 문제이고, 기가 충만한지 부족한지가 가장 중요합니다. 기가 부족하면 생명을 이어나갈 수 없기 때문이지요. 무공을 수련하는 것도 이와 같습니다. 무공 수련을 그 배우처럼 한다면 기가 끊어지게 됩니다. 그런 수련법은 절대 찬성할 수 없지요.

제 생각을 말하면 이런 영화는 방영해서는 안 됩니다. 아이들이 이해하지 못하기 때문입니다. 그 배우가 수련하는 방식을 따라 배울 가능성도 크고요. 만약 그렇다면 일찍 죽는 법을 배우는 것과 같지 않을까요? 중국에 그 배우처럼 딱딱하고 경직된 무공이 있습니까? 외가권(外家拳)인 소림권조차 그렇게 경직되지는 않습니다. 권법 수련의 원칙은 이런 것입니다. "안으로는 한 호흡의 기를 단련하고 밖으로는 근골과 피부를 단련한다[內練一口氣, 外練筋骨皮]." 내부의 기와 외부의 근골은 함께 단련해야 합니다.

수도 공부는 일월의 법칙과 일치한다

"해는 태양의 화정에 속하여 그 빛이 차고 이지러지는 현상이 없으며, 달은 태음의 수정에 속하여 태양을 빌려서 빛으로 삼는다. 그믐과 초하루가 교차할 때 해와 달이 황도에서 만나니 이를 합삭이라고 한다."

(日屬太陽火精, 其光無盈無虧, 月屬太陰水精, 借太陽以爲光, 晦朔之交, 日與月竝會于黃道, 謂之合朔)

"일속태양화정(日屬太陽火精)" 즉 해는 태양 화정에 속하므로 영원히 "기광무영무휴(其光無盈無虧)" 즉 그 빛이 차고 이지러짐이 없습니다. 이 단락은 수도 공부와 관계가 있으니 주의해야 합니다. "월속태음수정(月屬太陰水精)" 즉 달은 수(水)의 정화, 정신에 속하여, "차태양이위광(借太陽以爲光)" 즉 태양 빛을 빌려 달빛이 됩니다. 따라서 여러분은 중국 고대의 과학이 낙후되었다고 말할 수 없습니다. 옛사람들은 벌써부터 달이 스스로 빛을 내지 않는다는 것을 알았거든요. 달은 태양 빛을 흡수하고 반사해야만 빛을 낼 수 있습니다. 그러므로 음력을 기준으로 하면 "그믐과 초하루가 교차할 때 해와 달이 황도에서 만나니 이를 합삭이라고 한다[晦朔之交, 日與月竝會于黃道, 謂之合朔]"고 했습니다. "회(晦)"는 그믐으로 음력 말일을 가리킵니다. 이십구 일이나 삼십 일 무렵인데 그날은 달빛이 전혀 없습니다. "삭(朔)"은 매월 음력 초하루, 초이틀, 초사흗날입니다. "회삭지교(晦朔之交)"는 매달 음력 월말에서 월초로 달빛이 전혀 없습니다. 왜 그럴까요? "병회우황도(竝會于黃道)", 해와 달이 황도에서 만나기 때문입니다. 황도니 적도니 하는 것은 천문학의 전문 용어로, 자세히 말하면 복잡하니 여기에서는 설명하지 않겠습니다.

중국 고대 천문학에서는 해와 달이 같은 궤도에 들어가기 때문에 그믐과 초하루 사이에는 달빛이 보이지 않는다고 했습니다. "위지합삭(謂之合朔)", 그런 현상을 "합삭(合朔)"이라고 합니다. 초하루 삭(朔)의 방위는 북방입니다. 그래서 옛 시문에서는 "삭풍이 매섭게 분다"고 했습니다. 삭풍(朔風)이란 바로 겨울에 부는 북풍 또는 북서풍을 말하는데 정말 매섭게 추운 바람이지요. 봄이 되면 바람이 변합니다. 봄바람은 동쪽에서 불어오는 온화한 바람인 동풍(東風)입니다. 여름에는 남풍이 불고, 가을에는 서쪽에서 금풍(金風)이 불어 옵니다. 그래서 삭(朔)이 북방을 상징하게 된 것입니다. 주운양 조사는 이어서 설명합니다.

"그러나 경은 같지만 위는 다르므로 비록 합삭이라도 해는 달에 가리지 않는다. 만약 경이 같고 위도 같다면 달은 햇빛을 피하지 못하고 도리어 달이 햇빛을 가려서 태양의 박식은 항상 삭일에 일어난다. 그러므로 (참동계에서) '해와 달이 서로 박식하니 항상 그믐과 초하루 사이에 이루어진다'고 하였다."

(然但同經而不同緯, 故雖合朔而日不食, 若同經而又同緯, 月不避日陽光, 便爲陰魄所掩, 所以太陽薄蝕, 長在朔日, 故曰, 日月相薄蝕, 常在晦朔間)

"연단동경이부동위(然但同經而不同緯)", 경도(經道)는 같은데 위도(緯度)는 다릅니다. "고수합삭이일불식(故雖合朔而日不食)", 그래서 비록 합삭이라도 태양 빛이 달을 가릴 수 없습니다. "약동경이우동위(若同經而又同緯)" 만약 경도와 위도가 같다면, "월불피일양광(月不避日陽光)" 즉 달은 태양 빛에 의해 가려지게 됩니다. "변위음백소엄(便爲陰魄所掩)" 즉 달이 오히려 태양 빛을 가리고, "소이태양박식(所以太陽薄蝕)" 그래서 일식이 일어납니다. 태양이 조금 결함이 있는데 사실 달이 그 궤도에서 태양을 조금 가리고 있을 뿐입니다. "장재삭일(長在朔日)", 태양의 일식은 늘 음력 월말에 일어나므로 해와 달의 이런 현상에 대한 이론이 단도(丹道)에서 활용됩니다.

"고왈(故曰), 일월상박식(日月相薄蝕), 상재회삭간(常在晦朔間)", 그러므로 『참동계』에서 일식과 월식은 늘 음력 말일에 일어난다고 합니다. 여러분 제가 지금 반나절을 강의했는데 계속 음력이 어떻고 일식이 어떻고 천문에 대한 이야기만 하고 있지요. 여러분 중 대다수는 이런 복잡한 이야기는 하지 말고 선도 수련에 필요한 비장의 구결을 알려 주면 얼른 수련해서 성공할 텐데 하고 생각하는 분들이 많을 것입니다. 그러나 그것은 욕심에 불과합니다. 이론을 알지 못하면 구결을 알려 준들 소용이 없지요. 반드시 이론을 명확하게 알아야 합니다. 그래서 옛사람들도 번거로움을 무릅쓰고 복잡한 이론을 설명했습니다. 다음에 주운양 조사는 천천히 수련 공부의 경계에 대해 말하고 있습니다.

"사람의 신체와 우주자연의 조화는 부절처럼 일치한다."
(人身與造化, 若合符節)

"인신여조화(人身與造化), 약합부절(若合符節)", 우리 신체의 생명 변화는 천체의 태양과 달과 지구가 형성하는 변화와 같습니다. 물론 그 속에 내재한 법칙도 같습니다. 다만 우리가 관찰을 제대로 하지 못하기 때문에 잘 모르는 것입니다. 인체와 우주의 변화가 같아서 도가에서는 인체는 소우주라는 말이 있습니다. 바꾸어 말하면 우주 자연은 거대한 인체와 같다는 것이지요. 도가에서는 우주 자연 전체를 하나의 생명으로 생각합니다. 그래서 중국 고대 사상에서는 자연을 개발하자고 주장하지 않지요. 땅 속에 저장된 광물을 파헤치는 것도 싫어합니다. 우리가 자연에서 석유라든가 광물을 채굴하는 것을 마치 인체의 골절에서 골수와 혈액을 뽑아내는 것처럼 생각하지요. 지금까지 훼손한 것만으로도 자연은 이미 치명상을 입었습니다.

미국의 어떤 학자가, 지구의 인구 문제는 어떻게 조절할 수 있겠느냐고 질문을 했습니다. 저는, 그런 질문은 당신들의 관념과 논리이다, 그런 식으로는 절대 인구 문제를 해결할 수 없다고 답했습니다. 도가의 원리를 예로 들어 말하면 이렇습니다. 여기 과일이 있다고 합시다. 깨끗하고 벌레도 먹지 않은 과일입니다. 과일의 속이 썩기 시작하면 비로소 과일 표면에 벌레가 생깁니다. 겉에서 벌레가 생겨서 과일이 썩는 것이 아니라 과일 속이 썩기 시작했기 때문에 겉에 벌레가 생긴다는 것이지요. 비유하자면 우리 인류는 지구 표면에 생긴 벌레와 같습니다. 지금 인류는 지구를 파괴하고 있습니다. 지금까지 너무나 많은 양의 광물이나 석유를 지구 속에서 파냈기 때문에, 마치 과일이 그런 것처럼 지구 속이 문드러지기 시작했고 인구도 점점 늘어나게 되었습니다. 장차 인간이 지구를 꽉 채우게 되면 지구도 마침내 멸망하겠지요.

　이것이 바로 우리 조상들이 도가를 통해 보여 준 과학 원리입니다. 그러니 인구를 조절한다는 것은 쓸데없는 일입니다. 이것은 농담이 아니라 자연 변화의 원리가 그렇다는 말입니다. 저는 이런 상황을 피부로 느끼고 있습니다. 오늘날 물질문명이 발달한 과학 세계에서 수도 공부를 하려면 이런 원리를 잘 알아야 할 뿐 아니라 새로운 방법을 도입하지 않으면 안 됩니다. 그러지 않으면 매우 어려운 상황에 봉착하게 될 것입니다. 과거에는 수련 공부를 통해 신선을 이루기가 비교적 쉬웠습니다. 그러나 오늘날에는 도리어 정신병에 걸리기가 더 쉽습니다.

제56강

인체에서 수화 일월의 변화

"세상 사람들은 단지 감수가 달이 되는 것만 알고 리괘 가운데 한 점 진수가

바로 월정이라는 것은 모른다."

(世人但知坎水爲月, 不知離中一點眞水, 正是月精)[60]

"세인단지감수위월(世人但知坎水爲月)", 여러분은 모두 감괘가 수(水)를

대표하고 또 달을 나타낸다는 것은 알고 있습니다. 리괘는 태양을 상징하

고 괘상은 가운데가 빈 "리허중(離虛中)"이지요. 그것이 태양 가운데의 흑

점(黑點)으로서 태양 속에 있는 지음(至陰)의 정(精)입니다. 바로 "리중일

점진수(離中一點眞水), 정시월정(正是月精)"입니다. 다시 말하면 달의 정화

(精華)로 변화한다는 것입니다. 달의 현상은 현대의 우주과학과는 다르므

로 같이 보아서는 안 됩니다. 인류는 이미 달에 착륙했지만 달이 어떤지는

---

60 『참동계천유』. 152면.

아직 탐사 중이고 정해진 것이 없습니다. 이 년 전에 미국인 한 분이 여기 왔었는데 그분 부친이 미국 항공우주국에서 근무한다고 했지요. 그에게 부친께 물어보라고 했습니다. 달이란 이런 것이다! 하고 단정할 수 있느냐 고요. 그러자 아버지에게 물을 필요도 없이 자기도 대답할 수 있다고 하더 군요. 그러면서 달은 결코 이것이라고 확정할 수 없다고 했습니다. 저는 그 말이 맞는다고 했습니다. 달에 생물이 없다고 어떻게 알 수 있겠습니 까? 인류가 달에 착륙했다고는 하지만, 만약 다른 별의 외계인이 히말라 야 꼭대기에 내렸다면 지구에 살고 있는 인류를 발견하지 못하는 것과 같 습니다. 그러니 달에 어떤 생명이 살고 있는지 우리는 알 도리가 없지요. 진정한 과학자라면 쉽게 결론 내리지 못합니다. 증명할 도리가 없기 때문 입니다.

"다만 리화가 해가 되는 것만 알고 감괘 중의 한 점 진화가 바로 일광이라는 것은 모른다. 그믐과 초하루가 교차할 때 해와 달이 합벽하고 선기가 바퀴를 멈춘다."

(但知離火爲日, 不知坎中一點眞火, 正是日光. 晦朔之交, 日月合璧, 璇機停輪)

"단지리화위일(但知離火爲日)", 리화(離火)는 태양입니다. "부지감중일 점진화(不知坎中一點眞火)", 그런데 일반인은 감괘(☵) 가운데 있는 양효 가 진양(眞陽)의 기로서 "정시일광(正是日光)" 즉 햇빛이라는 것을 모릅니 다. 감괘는 달을 상징하는데, 달이 햇빛을 반사하는 것이라는 사실을 감괘 가운데 양효로 나타낸다는 말입니다. 그래서 "회삭지교(晦朔之交)"인 그믐 과 초하루 사이 즉 음력 월말과 초사흘 사이에 "일월합벽(日月合璧)"한다 고 말합니다. 해와 달의 합벽에 대해서는 여러분에게 이미 말한 것과 같습 니다.

보통 사람이 수도할 때는, 오류파에서 임독 이맥을 통하기 위해 하거(河車)를 돌린다고 한 것처럼, 기맥을 끊임없이 돌려야 한다고 생각합니다. 그러나 진정으로 기맥을 통한 이후에는 "일월합벽(日月合璧), 선기정륜(璇璣停輪)" 즉 해와 달이 합쳐지고 도는 작용이 멈춘다는 것을 알아야 합니다. "선기(璇璣)"란 굴러 움직이는 것이고, "정륜(停輪)"이란 멈춘다는 뜻입니다. 절대적 고요함, 바로 정(定)입니다. 여러분이 기맥을 통했다면 그 후에는 본래의 고요함을 회복해서 움직임이 없게 됩니다. 이른바 본래 움직임이 없는 여여부동(如如不動)의 경지로, 여기에 이르러야 비로소 기맥이 통했다고 할 수 있습니다.

만약 여전히 돌고 있다면 이것을 '운두전향(暈頭轉向)'이라고 부릅니다. 머리가 혼란한 상태로 계속 돌기만 한다는 것으로서 대정(大定)을 얻지 못한 것입니다. 그렇다면 "일월합벽"은 어떤 경지일까요? 바로 해와 달이 함께 이어 가고 있는 것입니다. "회삭지교, 일월합벽"은 해와 달이 일렬로 나란히 나아간다는 뜻입니다.

"수와 화가 서로 감추고 있다. 한 점 태양의 진화가 북해 바닥에 가라앉아 있는 것이다."

(水火互藏, 一點太陽眞火, 沈在北海極底)

"수화호장(水火互藏)", 수는 속에 화를, 화는 속에 수를 서로 감추고 저장합니다. "일점태양진화(一點太陽眞火), 침재북해극저(沈在北海極底)", 비유해서 말하자면 북극 깊은 바다 속에 불덩어리가 감추어져 있는 것과 같습니다. 우리는 지금 계속해서 이론을 말하고 있는데, 다시 정좌 수도 공부의 실제에 대해 살펴보겠습니다. 수도 공부가 일월합벽의 경지에 도달하지 못하면 비록 입정(入定)했다고 말은 해도 실제로는 모두 들리고 보이

는 것과 같아 결코 깊은 경지에 이르지 못합니다. 수도 공부가 "일월이 합벽하고 수화가 서로 감추는〔日月合璧, 水火互藏〕" 단계에 이르면, 이는 '수시반청(收視返聽)'의 경지로서 눈을 뜨나 감으나 보면서도 보지 않고 깊은 선정에 들어간 것입니다. 외부의 소리나 음성이 전혀 들리지 않고 기의 흐름도 멈추는 폐기(閉氣)의 경지이지요. "수와 화가 서로 감추는" 경지는 마음속에 어떤 생각이나 관념도 일어나지 않는 것입니다. 마치 신령스러운 빛과 같은 마음의 본체만이 형형하게 빛나 외부의 대상을 인지하면서도 인지하지 않는 듯, 보아도 본다는 의식이 없으며 들어도 듣는다는 의식이 없습니다. 심화(心火)는 하강하고 몸의 기혈인 수(水)도 움직이지 않는 응정(凝定)한 경지, 이것이 바로 진정한 입정이며 환단의 초보 경지입니다.

태양의 진화가 해저에 잠기다

"일점태양진화(一點太陽眞火)"라는 생명의 참된 작용이 "북해 바닥에 가라앉았습니다〔沈在北海極底〕." 북해(北海)는 유형이라 할 수도 있고 무형이라 할 수도 있는데, 그것이 극점까지 가서 매우 깊은 연못〔九淵〕 아래까지 가라앉은 것을 형용합니다. 가장 깊고 깊은 곳, 바닥이 보이지 않는 깊은 곳까지 가라앉는 것을 득정(得定)이라고 합니다. 공부가 이런 경지에 이른 사람이라면 어떤 길을 가도 괜찮습니다. 하지만 불가든 도가든 밀종이든 이 경지에 도달하지 못하면 아무리 노력을 했다고 해도 "만 종류 천 갈래 물 흐름을 따라가서〔萬種千般逐水流〕" 모두 허사가 됩니다. 아무 소용이 없는 것이지요. 건강에 약간의 도움이 되고 마음을 평안히 하는 데에는 효과가 있겠지만 진정한 수도 공부의 길을 걸으려면 반드시 "일월합벽, 선기정륜"의 깊은 경지에 들어야 합니다.

"소강절 선생이 말한 것처럼 해가 땅 속에 들어간 것은 서로 정을 교구하는 형상이다. 단도에서는 감리 회합이라고 한다."

(邵子所謂, 日入地中, 媾精之象也. 在丹道, 爲坎離會合)

소강절 선생은 송대의 유명한 유학자요 역학의 대가입니다. "일입지중 (日入地中), 구정지상야(媾精之象也)", 해가 땅 속에 들어갈 때 음양은 서로 정(精)을 나눕니다. 이때 음양이 서로 교구(交媾)하여 극도로 응정(凝定)하면 비로소 서로 오고 갑니다. 이른바 교(交)는 마치 전기에 전기가 붙듯 음양이 서로 붙어 합체(合體)하는 것입니다. 이것을 "구정지상야(媾精之象也)" 즉 서로 정을 교구하는 형상이라고 하는데, 이로써 또 하나의 새로운 생명이 탄생하게 됩니다. 이 경지는 천체 운행과 같습니다. 소강절 선생이 말한 "해가 땅 속에 들어간" 것은 한밤중인 정자시(正子時)를 말합니다. 만약 미국에서 공부한다면 미국의 정자시를 표준으로 하면 되지요. 중국인은 보통 "하늘의 뭇별은 북극성을 중심으로 돌고, 세상의 물은 모두 동쪽으로 흐른다〔天上衆星皆拱北, 世間無水不朝東〕"는 말을 하는데, 이런 것은 중국의 중원(中原) 지역을 중심으로 하는 말입니다. 가령 중동 지방이라면 물은 모두 서쪽으로 흐른다고 해야 하고, 사천이나 운남, 귀주 같은 곳은 물이 남쪽으로 흐른다고 해야겠지요.

"재단도(在丹道)", 신선의 도를 닦는 것을 단도라고 하는데, 단도 수련에 성공하면 신선이라고 부릅니다. 그래서 단도에서는 이것이 "위감리회합 (爲坎離會合)" 즉 음양의 만남이라고 합니다. 수도 공부가 참으로 이 경지에 도달하는 것을 입정(入定)이라고 합니다. 입정이란 음양이 하나로 합하는 경지를 말하지요. 장자에서는 이것을 '혼돈(渾沌)'이라고 했습니다. 사람이 이런 경지에 도달하면 비로소 생명의 본래면목을 회복하게 됩니다.

바로 환단(還丹)입니다.

"일양이 처음 동하는 때"

(一陽初動之時)

"일양초동지시(一陽初動之時)", 환단이 시작되는 경지가 일양이 처음 동할 때입니다. 바로 이때 새로운 생명이 시작되는데 새로운 양기(陽氣), 양의 에너지가 막 발동하는 것입니다. 사실 우리는 모두 매일 "일양이 처음 동하는 때"를 경험합니다. 어느 시간이냐고요? 우리가 진정으로 깊은 잠을 잘 때입니다. 깊은 잠을 잘 때가 바로 음양이 교류하는 때요 음양이 만나는 때입니다. 그렇게 충분히 자고 나서 깨어날 무렵이 바로 "일양초동"이지요. 소강절은 이것이 바로 후대의 도가에서 말한 정자시라고 했습니다. 정자시는 활자시라고도 하지요. 사람마다 활자시는 차이가 있습니다. 예를 들어 사흘간 잠을 자지 않다가 새벽에 잠이 들어 오후 세 시에 깼다면 잠이 아직 덜 깬 그 상태가 바로 활자시이지요. 이렇게 사람마다 생활 방식에 따라, 그리고 지역마다 위치에 따라 정자시 혹은 활자시가 다를 수 있습니다.

『역경』을 공부했다면 만물이 각기 태극이 있음을 알아야 합니다. 음양 풍수를 공부하는 사람은 '이형환보(移形換步)'를 알아야 합니다. 걸음을 옮기면(換步) 형체도 따라서 이동한다(移形)는 것입니다. 걸음을 옮기는 것이 곧 형체를 이동하는 것이지요. 이것은 걸음마다 우리가 마주치는 상황이 다르게 변할 수 있음을 의미합니다. 여러분, 모두 여기를 보세요. 지금 이런 상황에서는 건괘는 여기에, 곤괘는 저기에 위치합니다. 그러나 상황이 변하면 건괘와 곤괘의 위치도 따라서 변합니다. 이것이 바로 이형환보입니다. 상황이 변하면 음양 태극 또한 달리 계산해야 합니다. 그래야 실제로 활용할 수 있지요.

앞에서 보았던 소강절의 시는 우리에게 가장 중요한 것을 알려 줍니다. "일양초동처(一陽初動處), 만물미생시(萬物未生時)"라는 것입니다. 일양이 처음 동하는 곳이며, 만물은 아직 발생하지 않은 때라는 말이지요. 불학으로 말하면 이때를 일념불생(一念不生)이라고 합니다. 영원히 일념이 일어나지 않는다면 어떨까요? 유여의열반(有餘依涅槃)이라고 하는 소승불교 아라한의 경지입니다. 하지만 아직 올바른 경지도 아니고 성불한 것도 아니지요. 마음을 되돌려 대승을 닦아야 합니다.

잠룡을 온양하다

일양이 처음 동할 때의 이론은 여기까지 다 이야기했습니다.

"이때 마땅히 잠룡을 온양할 것이요, 가볍게 쓰지 말라."
(此時當溫養潛龍, 勿可輕用)

"차시당온양잠룡(此時當溫養潛龍), 물가경용(勿可輕用)", 이 말은『역경』건괘에 근거해서 나왔습니다. 건괘의 첫 번째 효사는 "잠룡물용(潛龍勿用)"으로, 물에 잠겨 있는 용이니 쓰지 말라는 뜻입니다. 여기에서 주의할 것이 있습니다. 물용(勿用)이라는 말이 쓸 수 없다거나 써서는 안 된다는 뜻이 아닙니다. 쓸 수는 있지만 안 쓰는 것이 가장 좋다는 뜻을 담고 있지요. 따라서 잠룡물용은 절대 써서는 안 된다는 뜻이 아닙니다. 제갈공명이 은거해 있는 것이 바로 잠룡물용입니다. 그때 제갈공명은 쓸 지혜와 힘이 없었던 것이 아니라 때를 보고 쓰지 않았을 뿐입니다. 학생이 대학교를 졸

업하거나 박사학위를 받았을 때 나아가서 일을 할 것인지 말 것인지 물으면 아직 모르겠다고 말하는 것과 같습니다. 일할 능력이 없다는 것이 아니지요. 선거에 나가서 경선을 할 거냐고 물으면, 글쎄요 아직 잘 모르겠는데요 하고 답하겠지만 이때는 가능성이 무궁한 것입니다. 이것이 바로 잠룡물용의 뜻입니다. 경선을 해서 당선한다면 이효로 올라가게 됩니다. 그 가치가 결정되는 것이지요. 여성이 결혼을 하면 그 사람은 누구의 부인으로 불립니다. 결혼하기 전에는 그 가치가 한량이 없지요. 어떤 가능성도 열려 있습니다. 심지어 황제의 부인도 될 수 있지요. 그러므로 잠룡물용은 아직 결정되지 않은 무한한 가능성의 시기입니다.

수도 공부로 말하면 『역경』의 원리는 공부가 음양이 응결하는 경지에 이르면 대정(大定)을 얻게 된다는 것입니다. 이 단계는 새로운 생명이 막 열릴락 말락 하는 상태로서 이때를 장악해야 합니다. 이것이 참된 지혜이지요. 이론을 알아야 비로소 어떻게 공부할지 알 수 있습니다. 그래서 주운양 조사는 "이때는 당연히 잠룡을 온양해야 한다[此時當溫養潛龍]"고 했습니다. 잠룡을 키우려면 잘 보호해야 한다는 것이지요. 주운양 조사의 "가볍게 쓰지 말라[勿可輕用]"는 말은 양기(陽氣)가 동한다고 해서 마음도 따라 움직이면 안 된다는 뜻입니다. 이 점이 중요합니다. 사람들은 보통 마음이 동하면 기(氣)도 움직이고, 기가 움직이면 마음도 따라서 움직입니다. 양기가 발동하면 멈추려고 해도 잘 안 됩니다. 일반적으로 말하면 신체에 양기가 발동하는 것은 좋은 일입니다. 보통 사람들은 청춘 시절에는 양기가 항상 발동하는데, 이때 남녀의 성적 욕구에 따르지 않으면 생명이 영원히 증가할 것처럼 되겠지만 일단 성적 욕구를 따르면 양은 그 순간에 끝납니다. 그래서 주운양 조사는 이렇게 경고합니다.

"가볍게 쓰면 안 된다. 곧바로 태양 빛이 지상에 비추면 바야흐로 대명 중천

이 된다."

(勿可輕用, 直到陽光透出地上, 方纔大明中天)[61]

─────────────────────────────────

"물가경용(勿可輕用), 직도양광투출지상(直到陽光透出地上), 방재대명중천(方纔大明中天)", 이 구절은 공부의 구결을 여러분에게 알려 줍니다. 이때는 양의 에너지가 발동하는 것을 알 수 있는데, 음이 극하여 양이 발생하는 것입니다. 정(定)이 극하여 일념도 일어나지 않을 때 다시 뒤바뀌어 이른바 광명(光明)의 경계가 도래합니다. 여러분도 알고 있듯이 이 광명은 마음이 발동하는 것입니다. 이때야말로 진정 기맥이 통하는 순간이지요. 백맥(百脈)이 다 통합니다. 여러분의 십만 팔천 모공이 일시에 다 통하고, 곧 해저에서 정수리까지 바로 다 통합니다. 건곤이 크게 교통하는 경지도 곧 올 것입니다. "지상에 비추게 되면 바야흐로 대명 중천이 된다[透出地上, 方纔大明中天]"는 말은, 음이 극하여 양이 도래하는 경지 즉 빛이 들어오는 양의 경지를 말합니다.

그러므로 정좌 공부를 하다가 도가 곧 여러분을 찾아오는 순간이 되면 죽을 만큼 놀랄 수 있는데, 이런 사람은 속히 진정제를 먹고 치료 받으러 가는 편이 차라리 낫습니다. '어이쿠, 저는 정말 맥이 빠져서 아무 힘도 없습니다' '저는 고개도 못 들겠네요' 하고 말하려는 분은 차라리 못 일어나는 편이 더 낫지 않습니까? 여러분은 정좌 공부를 하면서 무념(無念)의 경지를 추구하다가 정작 그 경지가 오면 놀라서 죽을 지경이 되고, 진정한 정(定)의 경지가 되면 죽을까 봐 공포감을 갖다가 살아나면 다시 번뇌에 시달립니다. 그렇다면 왜 수도 공부를 한다고 그 고생을 합니까? 세상에는 이런 사람들이 매우 많습니다. 모두 원리를 통하지 못했기 때문에 이런

─────────────────────────────────

61 『참동계천유』. 152면.

두려움이 생기지요. 이런 상태로는 수도 공부를 해 봐야 소용이 없습니다.

도가 서적에 나오는 이런 경지에 대한 내용은 모두 원리를 말하는 것입니다. 한 걸음 한 걸음 나아가다 보면 어떤 때는 스스로 놀라기 일쑤이지요. 제 옆에 있는 어떤 학생은 비교적 열심히 수도 공부를 하던 중에 이런 말을 합니다. "선생님, 지진이 났는데요!" 그러면 저는 이렇게 말해 줍니다. "무슨 말인가? 지진은 없었네. 빨리 정좌나 계속하게." 그러면 비로소 말을 알아듣고 다시 정좌를 합니다. 사실 지진이 아니라 그 사람 몸에서 기맥이 움직인 것입니다. 진정한 정(定)의 경지에 이르지 못하면 자신의 몸에서 기맥이 움직이는 것을 마치 지진이 난 것으로 착각하기도 하지요.

나이도 많고 신문에서 의약에 관한 정보깨나 아는 사람 중에는 어이쿠 나는 고혈압인데, 어이쿠 내 심장이 뭔가 이상한데 하며 놀라는 경우가 있습니다. 그런 사람은 진짜 병원에 가서 빨리 치료를 받든지 약을 먹을 일이지 왜 수도 공부를 한다고 남까지 괴롭히는지 알 수가 없습니다. 제가 이전에 여러분에게 말한 적이 있지요? 도가에는 이런 말이 전해 온다고요. 바로 "죽으면 살리라" 하는 말입니다. 장생불사의 도를 수련하려면 죽어도 좋다는 용기가 필요합니다. "죽으면 그만이다!" "사람은 누구나 죽게 마련 아니냐!" 하는 마음가짐이 필요하지요. 장생불사를 공부한다면서 웬 겁이 그렇게 많습니까? 이런 사람은 수도 공부를 못합니다.

공부 과정에서 두려움을 느끼는 경계

공부 과정에서 두려움을 느끼는 경계는, 비록 도가 책에서는 가볍게 다루고 있지만 그 과정에서 사람을 놀라게 하는 일이 허다합니다. 그러나 이론을 명백히 알고 나면 별로 놀랄 일이 아님을 깨닫게 되지요. 그래서 주운양 조사는 이렇게 설명합니다.

"만약 진양이 주재하지 못하고 음 속에 함몰되어 있어서 화로를 나올 방법이 없다면 이것은 북방의 한수가 지나치게 왕성해서 태양을 침범하여 소멸한 상이다."

(若眞陽不能作主, 陷在陰中, 無由出爐, 卽是北方寒水過盛, 浸滅太陽之象)

이런 상황에 부딪힐 때 정(定)을 오래하면 일양(一陽)이 회전하는 것을 느낄 수 있습니다. 다만 정(定)에서 나오지는 못하지요. 약 사오십 년 전에 어떤 사람이 말하기를, 절강성 소흥 지방에 도사가 있는데 그는 그 자리에서 정좌한 지 이백여 년이 지났는데도 아직 정좌를 하고 있다고 했습니다. 그 도사는 매년 머리카락과 손톱이 자라는데 다른 사람이 이발도 해 주고 손톱도 깎아 주고 있었지요. 몸은 매우 따뜻했고, 척추와 요추를 만져보니 그 부분이 통통 튀고 열이 있었습니다. 이것은 어떤 원리일까요? 사실 도사는 그 자리에서 출규(出竅)를 하지 못하는 것이었습니다. 언제쯤 출규할 수 있을지 알 수 없었지요. 그 도사에게 도연(道緣)이 있는지 없는지를 봐야 합니다. 도연이 있고 또 천선(天仙)의 가호가 있다면 관문을 돌파〔衝關〕할 수 있겠지요. 그렇지 않고 만약 그 도사가 소위 후삼관(後三關)인 미려관, 협척관, 옥침관을 뚫지 못한다면 얼마나 그 자리에 앉아 있을지는 아무도 모릅니다.

그 후에 저는 또 한 사람의 도사를 만났는데, 그는 척추가 굽어 있었습니다. 저는 그 도사에게 어째서 똑바로 서지 못하고 그렇게 굽었느냐고 물었지요. 그러자 도사는 협척관을 통하지 못해서 그렇다고 답했습니다. 이것은 제가 직접 겪은 일입니다.

또 다른 일도 있었는데, 약 사십여 년 전에 있었던 일입니다. 저는 사천의 자류정(自流井)에서 도사를 만났습니다. 이미 여든이 넘은 분이었지만 겉으로 보기에는 전혀 늙어 보이지 않았습니다. 대략 쉰 몇 살 정도밖에는 보이지 않았지요. 그는 도가 수련을 매우 잘했던 모양입니다. 그런데 그 도사에게는 이상한 병이 있었습니다. 정좌를 하면 곧바로 머리를 흔드는 것이었지요. 그래서 물었습니다. "도사님이 하고 있는 수련 공부는 무엇입니까?" 당시에 저는 매우 예의가 있었습니다. 지금 젊은 사람들이 경망스러운 것과는 달랐지요. 사실 마음속으로는 '도사님의 공부는 압자공(鴨子功) 아닌가요?' 하고 묻고 있었습니다. 오리들이 걸을 때 꼭 그렇게 뒤뚱거리는 모양을 하거든요. 그러나 실례가 될 게 뻔해서 차마 말은 못했습니다. 그러자 도사는 "공부가 아닐세" 하고 대답했습니다. 그 사람이 지금까지 살아 있다면 제가 그 병을 고칠 수 있습니다만 당시에는 그렇지 못했지요. 저는 참으로 이상하다고 여기며 마음속으로는 약간 두려움마저 생겼습니다. 나중에 수련에 성취가 없으면 이렇게 되는 것이 아닐까 하는 두려움이었지요. 근래에 그 도사와 똑같은 증세를 보이는 사람이 있었습니다. 저는 즉시 약을 먹게 했고 바로 그런 증세를 없애 주었지요. 이것은 어떤 원리일까요? 바로 앞에서 주운양 조사가 설명한 "진양불능작주(眞陽不能作主), 함재음중(陷在陰中), 무유출로(無由出爐)"입니다. 진양이 주재하지 못하고 음 속에 함몰되어 있어서 화로를 나올 방법이 없는 것입니다. 이런 증세 역시 진양(眞陽)이 후삼관을 통하지 못한 현상의 일종이지요.

선종의 조사들은 공부를 말했을까요, 안 했을까요? 당연히 공부를 말했습니다. 수도 공부를 하면 오행 속에 갇혀 있지 않고 어떻게 삼계 밖으로 해탈할 수 있는지 알아야 합니다. 이 육신에는 삼계가 있습니다. 그러나 선정을 닦지 않거나 공부가 궁극에 도달하지 못하면 볼 수가 없습니다. 바로 이 신체의 감각에 갇히기 때문입니다. 여러분이 영원히 삼계를 벗어나지 못하고, 오행 속에 갇힌다면 이것도 주운양 조사가 설명한 "진양불능작주, 함재음중, 무유출로" 하는 것입니다.

왜 이런 현상이 일어날까요? 바로 "북방한수과성(北方寒水過盛), 침멸태양지상(浸滅太陽之象)" 즉 북방의 한수가 지나치게 왕성해서 태양을 침범하여 소멸한 현상 때문이라는 말입니다. 우리 신체로 말하면 기맥에 통하지 않는 것입니다. 이것은 일종의 질병이기도 합니다. 한습(寒濕)이 너무 무거워서 발생한 증세이지요. 그러나 스스로 치료할 수 있고 약물로도 치료 가능합니다. 그러므로 단도(丹道)를 수행하는 사람들은 의학에 정통해야 합니다. 보살이 통하는 오명(五明)에 의학이 포함되어 있는 것은 바로 이런 이유이지요. 비록 약은 외단(外丹)이지만 때로는 매우 신속하게 관을 통할 수 있도록 도와줍니다.

사람은 왜 늙는가

이어지는 주운양 조사의 설명입니다.

"진화가 한수에 의해 침범당하면 햇빛은 중음에 의해 엄폐되고 대낮 정오에 태양이 중천에서 왕성할 때에도 그 빛이 몹시 쇠약해서 희미하게 빛을 잃는다. 그러므로 (참동계에서) '수가 왕성하면 감괘가 양기를 침범하고 화가 쇠약하면 리괘가 대낮에도 빛을 잃는다'고 하였다."

(眞火旣爲寒水所浸, 日光便受重陰掩卽, 正當中天陽盛之時, 奄奄衰弱, 昏然而無光矣. 故曰, 水盛坎侵陽, 火衰離晝昏)

따라서 이런 경계에서는 수도 공부가 기로에 선 것과 같습니다. 양기가 중음(重陰)을 뚫고 올라가지 못하면 기맥은 통하지 못할 것이고, 일단 뚫

고 올라간다면 백맥(百脈)을 모두 통할 수 있습니다. 기맥이 일단 통하면 몸은 낙엽처럼 가벼워져서 마치 말이 달리듯 가볍게 다닐 수 있습니다. 경공술을 따로 연마할 필요가 없지요. 제가 늘 말하듯이 사람이 노쇠할 때는 먼저 다리부터 신호가 옵니다. 양 넓적다리에 이상이 생겨 걷는 게 힘들면 이미 절반은 죽은 목숨이라고 해야겠지요. 수도 공부를 한다는 사람이 만약 이렇게 걸음도 제대로 걷지 못하면 모든 공부가 헛일입니다. 그러면서도 도를 깨닫는다고 한다면 자기도 속이고 남도 기만하는 것이지요. 그러니 속히 도를 닦아야 합니다. 아니면 빨리 올바른 약이라도 먹어야 합니다. 죽음은 몸의 아래로부터 한 마디 한 마디씩 올라옵니다. 이것이 바로 자연의 법칙이요 이치입니다.

도가에는 "정은 발바닥에서부터 일어난다〔精從足底生〕"는 말이 있습니다. 반대로 노쇠함의 증상 역시 발바닥이 냉한 것으로부터 옵니다. 그러니 남녀 불문하고 노인이 되어 발바닥이 찬 것은 경계해야 합니다. 발바닥이 따뜻하면 걸음도 빠르고 장수할 수 있지요. 한 친구가 와서 말했습니다. "선생님, 저는 변비가 있습니다." 제가 이렇게 대답했지요. "축하하네. 자네는 칠십인데 아직 변비가 있다면 오히려 좋아할 일일 수도 있네."

노인이 되면 기가 새어나가기 때문에 자꾸 방귀를 뀌게 됩니다. 그런데 나이가 들어서도 변비가 있다는 것은 고통스럽기는 하지만 몸에 원기가 아직 남아 있다는 증거가 되지요. 노인이 되어 헛방귀를 자주 뀌는 것은 이미 잘못된 것이고 아주 주의해야 합니다. 이런 것은 자질구레한 현상이지만 생명과 밀접한 관계가 있으니 수도 공부를 하는 사람은 더욱 주의해야 합니다. 수도 공부를 하는 사람은 무엇보다 먼저 양기를 배양해야 합니다. 양기를 배양하는 방법은 도가 서적에 자세히 나와 있으니 여러분이 직접 연구하기 바랍니다.

제57강

늙지 않는 비결

"감괘는 북방의 그윽한 대궐 속에 있으니 그 위치는 정자시요 한 달 중에는
초하루에 해당하는 상이다."

(坎居北方, 幽闕之中, 正子位上, 月當朔之象也)[62]

이것은 두 가지 측면에서 볼 수 있습니다. 하나는 추상적인 면이고 다른
하나는 실제적인 면입니다. 추상적 측면은 『역경』의 천문 현상에 근거한
상징으로, 북방은 감괘(坎卦)로 나타내고 남방은 리괘(離卦)로 나타내는
것이지요. 인체로 말하자면 머리 한가운데의 정수리는 남방에 해당하고,
북방은 하체의 회음혈을 가리킵니다. 또 북방은 오장 가운데 신장을 상징
하는데, 신수(腎水)는 북방에 속하고 남방의 리괘는 심화(心火)에 속합니
다. 인간은 생각으로 분별하고 총명한 지견(知見)을 갖고 있는데, 이렇게

---

62 『참동계천유』. 153면.

생각하는 기능은 리괘에 속하고 남방에 해당합니다. 생리의 변화, 혈액의 유동, 정기의 발동 같은 현상은 모두 북방의 감괘가 하는 것으로서 수기(水氣)에 속합니다.

"감거북방(坎居北方)", 괘상으로 말하면 감괘의 위치는 북방에 있습니다. "유궐지중(幽闕之中)", 그윽한 대궐 속이란 뜻으로 고대에는 항문을 유문(幽門)이라고 불렀는데 바로 항문과 관련된 부분을 가리킵니다. 물론 "유궐(幽闕)"이 바로 항문을 가리키는 것은 아닙니다. 실제로는 회음혈 또는 해저를 가리키는 말이지요. 인체에서 북방이란 바로 이 부분을 말합니다. 인체를 천체에 대비한다면 감괘는 정북방입니다. 지지(地支)를 원으로 그려서 표시하면 북방은 바로 한밤중인 해시와 자시의 가운데를 가리키고 여기에서 축(丑) 인(寅) 묘(卯) 진(辰) 사(巳) 오(午) 미(未) 신(申) 유(酉) 술(戌)의 순서로 진행합니다. 자시는 하루 중에서 일양(一陽)이 돌아와서 회복하는 시간으로, 음이 극하여 양이 발생하는 시점이지요. 이곳이 바로 북방 유궐(幽闕)의 부위이며 정자시(正子時)의 위치입니다.

우리의 신체가 이렇게 변화할 때 여러분은 생명의 활력이 있습니까? 생식기가 발기하지는 않나요? 생리적으로 욕념이 일어납니까? 만약 이런 느낌이 전혀 없다면 정말 완전히 노쇠한 것입니다. 이렇게 되면 머지않아 생명이 끊어질 것입니다. 『역경』으로 보면 유혼(遊魂)에 속합니다. 그렇다면 이런 상태에서 다시 청춘을 회복할 수 있을까요? 어떻게 하면 우리 생명의 활력을 높일 수 있을까요?

노년기에 이른 사람이나 젊더라도 신체가 지극히 쇠약한 사람이 노쇠함과 쇠약함에 대항할 수 있는 비법은 단 하나 '고요함[靜]'뿐입니다. 다시 말해 고요함을 기르는 양정(養靜)이 필요합니다. 어떤 생각도 없는 상태이나 그렇다고 잠을 자거나 멍한 것은 아닙니다. 마음은 지극히 청명하고 두뇌 역시 지극히 맑지만 마치 동물이 겨울잠을 자는 듯한 상태입니다. 얼마나 그런 양정의 상태를 유지하는가는 일정하지 않습니다. 적어도 일주일이면 양기가 다시 돌아오고 청춘선이 회복됩니다. 그러나 절대 욕념을 발동시켜서는 안 됩니다.

만약 남녀 간의 욕념이 발동한다면 그것으로 끝입니다. 도가에서 말하는 성명쌍수(性命雙修)는 불가에서 심념을 청정하게 하는 색계(色戒)를 말하는 것과 같습니다. 이 청정한 마음의 작용으로 명석하고 분명하게 분별해서 한 점의 악념이나 사념, 부정한 생각이나 잡념이 없게 해야 합니다. 이때야말로 일양이 돌아와서 회복하여 정자시의 위치에 자리 잡습니다. 다시 말해 양기가 회복됩니다.

여러분이 이렇게 한 번이라도 양기의 회복을 장악할 수 있다면 장생불사의 약이 여러분 손 안에 들어온 것과 같습니다. 그러나 매우 어려운 과정이지요. 일양이 회복된다고 해도 양기가 잠복하고 변화하는 과정에서 관(關)을 하나 하나 뚫으면서 위로 올라가기는 엄청나게 어렵기 때문입니다. 관을 뚫으며 위로 상승하는 첫 번째 과정은 허리 부분입니다. 허리가 시리고 통증이 발생하지요. 더욱이 노년기라면 각종 질병의 증상이 한꺼번에 나타나게 됩니다. 지금 뚫는 과정에서 생긴 문제가 아니라 이전에 몸의 여러 기관에서 발생했던 병증이 나타나는 것입니다. 양의 에너지가 허리 부위에서 위로 올라갈 때 반드시 먼저 치료해야 하기 때문에 그 과정에서 병증이 나타납니다. 허리에서 등을 타고 조금씩 천천히 양기를 배양하면서 올라가 남방의 리괘인 정수리 부위에 이르게 됩니다. 일단 정수리에 도달하면 그 이후는 문제가 되지 않습니다. 진정으로 정수리에 이르면 그 부위의 맥륜(脈輪)이 모두 열립니다. 밀종에서는 정수리를 대락륜(大樂輪)이라고 합니다. 정수리의 맥륜이 진짜 열리면 전신에 한없이 편안한 쾌감을 느끼기 때문입니다.

그런데 수많은 사람이 수행을 하지만 성공하는 사람을 찾기 어려운 것은 무엇 때문일까요? 첫째, 수행 공부를 하는 사람이 모두 장생불사를 원하지만 돈과 명예를 그것보다 더 바라기 때문입니다. 장생불사뿐 아니라 결혼해서 자식도 많이 낳고, 모두 효자 효녀가 되기를 바라고, 며느리는 말 잘 듣는 등 세상에 행복한 것은 다 갖기를 원합니다. 세속에서 좋은 것은 다 가지려고 하면서 수행 공부에 성공할 수 있을까요? 불가능합니다!

이렇게 세상에서 좋은 것은 다 갖고 싶어 하면서 정좌는 매일 겨우 십 몇 분 정도만 하니 마음이 고요하지도 못하고 선정의 경지에는 더더욱 도달하기가 어렵습니다. 양기가 감괘의 유궐(幽闕)에 돌아오지 못하고 정자시(正子時)의 위치에 모일 수도 없지요. 정좌 공부를 하는 사람들 중에는 배에서 뭔가가 좀 움직이고 기(氣)의 활동이 느껴지면 공부가 된 것이라고 생각합니다. 하지만 이것은 전혀 아닙니다. 그런 현상은 정좌 공부와 기본적으로 아무 관계가 없으며 여러분의 경맥과 혈도가 통하지 않았기 때문에 일어납니다. 진정으로 기맥이 통한 사람은 진동도 없고 약동하는 현상도 일어나지 않습니다. 예를 들어 수도관에 물이 잘 통할 때는 진동 현상이 없는 것과 같지요. 진동은 수도관이 막혔을 때 일어납니다. 그러니 배 속이나 몸에 진동이 생긴다는 것을 정좌 공부의 증험이라고 생각해서는 안 됩니다. 이런 원리를 잘 알면 몸에서 발생하는 증상이 어떤 것인지도 잘 알 수 있습니다.

"정자위상(正子位上), 월당삭지상야(月當朔之象也)", 정자시의 위치는 한 달 중에서 초하루에 해당하는 상이라는 말로, 음력 월말에서 초사흘 사이에 마치 눈썹같이 생긴 초승달이 떠오른다는 뜻입니다. 이것으로 일양이 와서 회복하는 현상을 상징합니다. 바로 감괘를 말하는 것이지요.

한 번 돌아오고 한 번 회복하는 것은
필연적 변화이다

"리괘는 남방의 밝은 곳이다. 정오시의 위치이며 해가 중천에 있는 대낮의 상이다."

(離居南方, 向明之地, 正午位上, 日當晝之象也)

도서(道書)의 인물화 중에는 괘가 그려진 경우가 있습니다. 머리 위에는 리괘이고 아래에는 감괘인데 대부분의 사람들은 괘를 보고도 잘 알지 못하지요. 여러분이 그림을 보면 그것이 모두 대표 기호라는 것을 알 수 있습니다. "리거남방(離居南方)" 즉 리괘가 남방에 있다고 하는 것은, 인체에서 리괘는 화(火)이고 위쪽에 있으며 태양 광명을 상징하므로 "향명지지(向明之地)" 즉 밝은 곳을 향하는 것이라고 합니다. 우리가 잠에서 깰 때 먼저 뇌가 각성되고 눈이 떠지는 것은 리괘의 작용을 나타냅니다. "정오위상(正午位上)", 천체의 시간으로 말하면 매일 낮 열두 시로서 리괘의 시간입니다. 열두 시가 지나면 양이 극해서 음이 발생합니다. 즉 하오(下午)로 바뀌게 됩니다. 하오는 음의 현상입니다. 일 년으로 말하면 정오(正午)는 오월(午月) 즉 오월(五月)입니다. 하지(夏至)에 이르러 양이 극하고 음이 발생합니다. 음이 다시 시작되는 것이지요.

여러분이 불학을 공부하든 혹은 도가나 밀종이나 현교를 배우든 간에 정좌 공부를 할 때는 정(靜)이 극하면 양이 발생하여 광명이 비쳐 옵니다. 이때 다시 공의 경지에 들어가서 어떤 생각도 일어나지 않게 하는 것은 불가능합니다. 어떤 사람은 이렇게 되자 자신의 공부가 실패했다고 말합니다. 이런 이치를 모르기 때문입니다. 양이 극하면 음이 발생하고 음이 극하면 양이 발생하고, 한 번 돌아오고 한 번 회복하는 것은 필연적 현상입니다. 음이 극한 후에 양이 동(動)하는 것은 망상이나 잡념이 동하는 것이 아닙니다. 어둠이 가시면 광명이 비치는 것과 같은 현상이지요.

단, 이 광명이 돌아왔다고 그것으로 다 끝났고 완성했다고 여겨서는 안 됩니다. '야! 나는 광명을 봤다. 천안통을 얻었다'고 하며 경거망동을 해서는 신통은커녕 정신분열이 되고 말지요. 광명이 돌아왔을 때 그러한 현상을 분명히 알면서도 집착하지 않는 것이 중요합니다. 『역경』의 이(理)와 상(象)과 수(數)로 말하면 이런 현상은 결국 하나의 과정일 뿐이지요. 그 원리를 분명히 파악할 때 이것이 일종의 현상임을 알 수가 있습니다. 이 단계의 현상을 애써 추구하거나 반대로 억지로 거부할 필요는 없습니다. 중도를 지키는 것이 중요합니다. 이런 현상은 수행 공부의 한 과정이라고 알고 다만 지켜볼 뿐이지요.

양이 극에 달하는 정오시는 태양이 머리 위에 올라왔다가 이제 음으로 바뀌려는 순간입니다. 우리의 정신도 마찬가지이지요. 보통 사람들은 밤에 피곤해지면 잠을 자는데, 이때 우리의 정신 혼백은 아래로 내려갑니다. 바로 "감괘는 북방의 그윽한 대궐 속에 있다〔坎居北方, 幽闕之中〕"는 것입니다. 그러다가 잠에서 깨어 정신이 돌아오고 정기가 충만해지는 것은 태양이 떠올라 날이 밝아오는 것과 같습니다. 이렇게 한 번 돌아오면 한 번 회복하는 것이 정해진 우주의 현상이지요.

생명도 본래 이와 같습니다. 우주 천체가 이렇게 한 단계 한 단계 음에서 양으로, 양에서 음으로 변하는 것과 같이 생명도 이렇게 점진적으로 변화합니다. 그러니 단박에 어떤 목표에 도달하려고 해서는 안 됩니다. 단, 이렇게 한 번 음하면 한 번 양하는 것은 현상에 불과합니다. 그것이 결코 도(道)는 아니지요.

동과 정의 균형

수도(修道)란 무엇일까요? 감괘와 리괘의 수(水)와 화(火)를 하나로 응결하는 것입니다. 그래서 주운양 조사는 이렇게 설명했지요.

"수와 화가 균평해야 바야흐로 서로 도우며 작용한다. 한쪽이 지나치게 기울면 박식해서 재앙이 된다. 해와 달이 서로 박식하면 '수를 일으켜 화를 공격함으로써 갑자기 광명이 소멸된다'는 뜻이다."
(水火均平, 方得交濟爲用. 一或偏勝, 便致薄蝕爲災. 日月之相薄蝕, 即擧水以激火, 奄然減光明之義也)

여러분이 도가 서적을 보면서도 이런 원리를 알지 못하면 수도 공부에 성공할 수 없습니다. 그저 몸속을 오가는 감각만 느낄 뿐 진정한 도는 성취하지 못합니다. 여러분은 달리기를 하거나 권법을 수련하는 것은 동(動) 중에서 정(靜)을 구하는 것으로, 몸이 피곤하면 자연히 아무 생각이 나지 않습니다. 수도 공부 역시 마찬가지입니다. 그래서 한 번 동(動)하고 한 번 정(靜)하는 사이에 반드시 동과 정 어느 한쪽에 치우치게 된다고 말하지요. 수도 공부를 하는 사람도 그 원리를 잘 모르면 반드시 한쪽에 치우쳐서 수와 화가 균평하지 않게 됩니다. 광명의 경계에서는 광명에 끌려가서 정신이 왕성해집니다. 그래서 도가에는 "해가 뜨고 지는 것은 정신의 쇠약함과 왕성함에 비유하고, 달의 차고 이지러지는 것은 기혈의 성함과 쇠함에 비유한다〔日出沒, 比精神之衰旺, 月盈虧, 比氣血之盛衰〕"는 말이 있습니다.

여러분 모두 정좌 수련의 경험이 있지요. 때로 낙담해서 정신적으로 지친 상태에서 정좌를 하면 갑자기 입정한 것 같은 상태에 빠질 수 있습니다. 그러나 이것은 실제로 입정한 것이 아니라 의기소침해서 무언가에 빠진 듯한 상태입니다. 이런 혼침 상태를 입정으로 오해해서는 안 됩니다. 또 오래 정좌를 하고 나서 일양이 돌아와서 회복되면 정신이 왕성해져서 앉고 싶지 않게 됩니다. 정좌 공부의 어려움이 바로 여기에 있지요.

여러분 중에 많은 이들이 아침에 출근하기 전에 정좌를 하는데, 정좌가 잘 될 만하면 직장에 일하러 가야 합니다. 그러고는 하루 종일 바쁘게 일하다 보면 근본적으로 마음이 안정될 수가 없지요. 저녁에 퇴근해서 정좌를 하면 피곤해서 자고 싶어집니다. 결국 정좌를 하다 말고 잠자리에 들게 됩니다. 진정으로 수행 공부를 하는 사람은 이렇게 하지 않지요. 하던 일을 다 마치고 나서 집으로 뛰어가듯 퇴근해서 정좌를 하는 것은 일종의 휴식입니다. 이런 식으로 해서는 영원히 성취하지 못합니다. 잠을 충분히 자고 정신이 왕성할 때 정좌를 해야 합니다. 단, 정신이 왕성할 때는 정좌하려고 해도 도리어 잘 안 됩니다. 마음도 안정되지 않고 엉덩이도 들썩거려 앉아 있을 수가 없지요. 무슨 할 일이 그리 많이 생각나는지요. 그렇다면 구태여 앉아서 그런 생각을 할 필요가 있나요?

'아직 해야 할 일이 많으니 다하고 앉아야지' 하고 생각한다면 영원히 정좌하기는 글렀습니다. 진정으로 수도의 길을 가려면 '지영보태(持盈保泰)'라는 네 글자를 지켜야 합니다. 영(盈), 정신이 충만할 때 그것을 지켜서 보존해야 합니다. 태(泰), 태평할 때 충만할 때 마음이 태연할 때 그런 마음을 영원히 보존해야 합니다. 중요한 일을 마치고 나서 하겠다고 하다가 십 수 년이 지나면 죽음이 이미 눈앞에 있습니다. 그런데도 아직 일이 끝나지 않았지요. 언제 수도 공부를 할 틈이 있겠습니까? 관도 이미 마련되었으니 다음 생에서나 다시 말해 볼까요?

이 원리는 수와 화의 균형이 이루어져야 한다는 것인데, 어떻게 해야 수화의 균형이 이루어질까요? 정신이 왕성할 때 기혈도 왕성해야 동(動)과 정(靜) 사이에서 "교제위용(交濟爲用)" 즉 서로 도와서 작용하는데, 이 상호 교류의 작용은 참으로 어렵지요. 어떤 때는 마음은 고요하기를 바라는데 몸이 고요하지 않습니다. 신체와 정신이 한창 왕성해져서 쉬고 싶은 생각이 들지 않는 것이지요. 또 때로는 몸은 극도로 피곤한데 마작을 하고 있다고 합시다. 이때 하품을 하면서도 마작을 그만두지 못하고 억지로 하고 있습니다. 머리는 이미 혼미한데 중단하지 못하는 것은 마음이 쉬고 싶지 않기 때문입니다.

이 두 가지 경우 모두 사람이 억지로 붙잡고 있는 것입니다. 사업을 하는 것도 마찬가지이지요. 장사를 하는 것도 출세를 하는 것도 다 스스로 집착하고 있는 것입니다. 말로는 그만두고 싶다고 하면서도 마음은 정반대로 가고 있지요. 여러분, 이제 쉴 때가 되지 않았나요? "저는 진작부터 쉬고 싶었습니다. 그러나 몇 달만 더 하다가 그만두자, 몇 건만 더 처리하고 그만두자 하다 보니 여기까지 왔습니다." 이렇게 말하는 사람은 마치 마작을 그만두고 '쉬어야지, 쉬어야지' 하면서도 그만두지 못하고 하품을 해 가며 계속하는 것과 같지요. 이것이 바로 수화가 균형을 잡지 못한 현상입니다. 몸과 마음, 수와 화의 균형을 잡는 것은 참으로 어렵습니다. 모두 여러분이 직접 체험하고 깨달아야 합니다.

어떤 사람은 기는 왕성한데 혈이 부족하고, 어떤 사람은 보기에는 건강한데 실제로는 이미 노쇠한 경우가 있습니다. 어떤 사람은 혈압이 낮고 빈혈이 있는데도 생명의 활력이 아주 강한데, 이는 기(氣)가 왕성하기 때문입니다. 도가 의학으로 말하면 어떤 사람은 보기에는 건강한 것 같은데 기는 이미 쇠약해진 경우가 있지요. 이렇듯 기와 혈을 고르게 배양하는 것은 결코 쉬운 일이 아닙니다. 한 걸음 더 나아가 마음속의 생각(心念), 이 생각(思想)의 생각(念頭), 동과 정 사이에서 균형 있게 하는 것은 더 어려운 일이지요.

이런 것을 도가에서는 화후(火候)에 속하는 일이라고 합니다. 화후를 조절하는 데는 고정되고 일정한 방법이 있는 것이 아닙니다. 어쨌든 화후 조절을 분명히 알아야 수도 공부를 잘할 수 있습니다. 수화의 교류와 조절을 마음대로 할 수 있어야 합니다. 이렇게 한 후에야 비로소 새로운 생명을 얻을 수 있지요. 이것을 "서로 도우며 작용한다"고 합니다.

한쪽으로 치우쳐서는 안 된다

다음에는 수도 공부를 하면서 조금이라도 한쪽에 치우쳐서는 안 된다는 것을 말합니다. 때로 정좌가 잘 되면 며칠 동안 마음이 매우 고요한데 우리는 그것을 좋은 현상이라고 생각합니다. 그러나 고요함에 지나치게 편향되어도 좋은 일이 아닙니다. 바로 문제가 생길 수 있지요. 그래서 "일혹편승(一或偏勝), 변치박식위재(便致薄蝕爲災)"라고 했습니다. 한쪽으로 지나치게 기울면 박식해서 재앙이 된다고 경고한 것이지요. 어떤 때는 생리 작용이 심리 작용을 압도하고 어떤 때는 심리적 정신이 왕성해지는 것을 멈출 수가 없습니다. 젊은 사람들은 수도 공부를 하려고 하지만 심리적으로 화기(火氣)가 꺼지지 않는 경우도 있고, 어떤 때는 생리 작용을 조절하지 못하는 경우도 있지요. 그래서 "세상에는 인간의 욕심만큼 험한 것이 없구나. 얼마나 많은 사람이 욕심 때문에 평생을 그르쳤는가[世上無如人欲險, 幾人到此誤平生]"하는 말이 있습니다.

나이 든 사람들 중에는 자신의 도덕 수양이 높아서 어떤 욕심에도 마음이 흔들리지 않는다고 자부하는 사람이 있습니다. 저는 친구들에게 큰소리치지 말라고 하지요. 사실은 도덕 수양이 높아서 그런 것이 아니라 정력이 부족할 뿐입니다. 정력이 충분한데도 욕심에 흔들리지 않아야 비로소 도덕 수양의 수준이 높다고 할 수 있습니다. 여기에 칼이 한 자루 있다고 합시다. 이 칼로 사람을 해치지 않고 음식을 해서 남의 생명을 구하는 것이 수행입니다. 늙어서 칼을 잡은 손이 덜덜 떨려 해코지하지 못하는 것이 무슨 수양이라고 할 수 있겠습니까? 이것도 일종의 불균형입니다. 일단 불균형이 되면 월식 현상이 생기든지 일식 현상이 일어납니다. 인체로 말하면 정신이 부족하거나 몸의 기혈이 부족한 현상이 나타나지요. 이래서는 수행 공부가 제대로 될 수 없습니다. 주운양 조사는 이 현상을 "즉거수이격화(卽擧水以激火), 엄연멸광명지의야(奄然滅光明之義也)"라고 말합니다. 수기(水氣)가 지나치게 왕성해서 자성의 광명을 모두 꺼 버린다는 뜻입니다. 이어서 다시 말합니다.

"마땅히 중편에서 말한 그믐과 초하루에 박식이 서로 엄폐하고 덮는다는 내용을 참고해 보아야 한다."

(當與中篇, 晦朔薄蝕, 掩冒相傾, 參看)

『참동계』 중편의 이 단락은 바로 어떻게 몸과 마음의 균형을 조절하는지를 전적으로 설명하는 내용입니다.

불가에서는 어떻게 말했을까요? 석가모니 부처님은 전적으로 심성(心性)의 공부 원리를 말했는데 사실 원리를 알면 수행 공부는 그 속에 내재합니다. 석가모니 부처님은『금강경』에서, "이 법은 평등해서 높고 낮음이 없다〔是法平等, 無有高下〕"고 말씀하셨습니다. 그러나 중생은 평등하지 못하고 평등을 실현하지도 못합니다. 진리는 평등하건만 여러분은 한편에 치우쳐서 올바르지 못하지요. 여러분이『금강경』을 읽고 그 내용이 모두 수도 공부라는 것을 깨닫는다면『금강경』의 뜻을 모두 통하게 됩니다. 이것을 융회 관통이라고 하지요.

제가 강의하는 것을 만약 법사들이나 불학을 연구하는 전문가들이 듣는다면 이렇게 말할 수도 있습니다. "이보시오, 남 아무개 씨. 그래서 당신을 외도(外道)라고 하는 거요. 불교는 결코 그런 것이 아닙니다." 그렇다면 결국 그들이 외도일까요, 제가 외도일까요? 여러분이 어떻게 생각하든 상관없습니다. 저는 여러분에게 늘 실제적인 것을 말합니다. 유가든 불가든 도가든 그 경전을 연구해 보면 대부분 같은 원리를 말하고 있지요.

수가 왕성하지 않고 화가 쇠약하지 않다면

"비록 이것은 다만 그 변화를 말한 것일 뿐이다. 만약 수가 지나치게 왕성하지 않고 화가 지나치게 쇠약하지 않다면, 해는 덕을 베풀고 달은 그 빛을 펼칠 것이다. 수화는 자연의 성정 즉 음양이 교감하는 상도이니 박식의 재변이 어디서 생기겠는가."

(雖然此特言其變耳, 若水不過盛, 火不過衰, 日以施德, 月以舒光, 水火自然之性情, 卽陰陽交感之常道, 薄蝕災變, 何自而生)

이 단락은 매일 한 걸음 한 걸음 공부해 나가면 반드시 변화가 일어난다는 말입니다. 우리는 도를 성취하기 전에는 수화의 균형을 잡기 어렵고, 영원히 균형을 유지할 수 없기 때문에 도를 이루지 못합니다. 정좌를 하는 사람이라면 모두 이런 경험이 있을 것입니다. 그 때문에 저는 늘 여러분의 공부가 눈먼 고양이 죽은 쥐를 만나는 격이라고 말하지요. 이삼 년 만에 한 번 만나기도 어렵습니다. 이런 우연한 경우를 만나면 곧 득도했다고 여기고 신심을 냅니다. 그러나 반나절도 못 가서 무너지지요. 왜 그럴까요? 균형을 이룰 수 없기 때문입니다. 여러분 공부가 진짜 무너졌나요? 좋은 경지를 겪은 후에는 마치 아무것도 없는 것처럼 느껴지지요. 그러나 사실은 무너진

것이 하나도 없습니다. 단지 여러분이 원리를 잘 모르는 것뿐입니다.

그래서 부처님도 여러분에게 말씀하셨지만 여러분이 불경을 이해하지 못하고 있습니다. 지금 도가에서도 여러분에게 도(道)를 일러주고 있습니다. 좀 전에 말했지만 그것은 여러분의 기맥과 같습니다. 순식간에 정수리로부터 내려오기도 하고 순식간에 내려와서 잠기기도 합니다. 어떤 때는 정수리에 올라가서 잠을 자려고 해도 잘 수가 없고 아래로 내려 보내려고 해도 할 수가 없지요. 매우 고통스럽습니다. 그렇지 않습니까? 어떤 때는 양기를 상승시키고 싶은데 안 됩니다. 허리가 굽어서 구부정하게 되는 것도 몹시 고통스럽습니다. 그렇지 않습니까?

모두 균형을 이루지 못한 것에서 비롯됩니다. 원리를 잘 이해하지 못하고 있지요. 여러분에게 방금 말한 균형의 원리를 주운양 조사는 "수연차특언기변이(雖然此特言其變耳)"라고 했습니다. '비록 이것은 다만 그 변화를 말한 것일 뿐이다'라는 뜻이지요. 그는 우리가 위에서 말했던 변화는 각각의 경지마다 변화의 원리가 다르고 현상도 다르며, 그 속에 비밀이 있다는 것입니다. 주운양 조사는 "약수불과성(若水不過盛), 화불과쇠(火不過衰)"라고 했습니다. 수(水)가 지나치게 왕성하지 않다면 신수(腎水)나 혈액이나 입안의 타액도 과다하지 않겠지요. 그러나 수가 지나치게 왕성하면 아래로 흐를 것입니다. 그렇지요? 수가 아래로 흐른다는 것은 남녀의 욕념이 발생한다는 뜻입니다. "수가 지나치게 왕성하지 않다면〔水不過盛〕" 수는 넘쳐 나오지 않을 것이고, 또 "화가 지나치게 쇠약하지 않다면〔火不過衰〕" 화기는 상면(上面)에서 지나치게 쇠미해지지는 않습니다. 예를 들어 노인이 눈이 침침해지는 것은 화기 즉 양기가 없기 때문입니다. 건전지에 전기가 다 없어진 것과 같지요. 이것이 화기가 쇠약하다는 것입니다. 그러나 노인이라 하더라도 약간의 양기는 남아 있습니다. 비록 약간의 수기와 화기만 있더라도 종자는 남아 있는 것이지요. 여러분 자신이 그것으로 불을 붙일 수 있습니다. 불을 붙이는 것은 쉬운데 정말 어려운 것은 버리지 못하는 데 있습니다. 세속의 욕망을 하나도 버리지 못하는 것이지요. 돈이나 명예는 물론 가족도 버리지 못하고 옷도 버리지 못하고 머리카락조차 버리지 못하니 버릴 수 있는 것은 하나도 없습니다. 누가 세속의 욕망을 버릴 수 있을까요? 오직 이미 죽은 사람과 아직 태어나지 못한 사람뿐입니다. 이 안에 있는 우리를 포함해서 아무도 욕망을 버릴 생각이 없습니다. 욕망을 버리려고 한다면 이런 책을 강의할 필요도 없고 여러분도 여기 와서 들으려고 하지 않겠지요. 그러니 우리 모두 욕망을 버리지 않은 것입니다.

그래서 겨우 몇 방울의 수와 약간의 화기가 남아 있는데 여러분 스스로 불을 붙이려 하지도 않고 불을 붙여도 타오르지 않으며, 물도 더는 불어나지 않는 것입니다. 가령 수기가 지나치게 왕성하지 않고 화기도 지나치게 쇠약하지 않은 것은 수화의 자연 현상이기 때문에 비록 제가 나이가 많더라도 한 호흡의 기(氣)만 있다면 수화는 이렇게 유지됩니다. 그러므로 우리 자신이 심일경성(心一境性) 즉 마음이 하나가 된 완전한 몰입과 집중의 경계에서 모든 인연과 집착을 다 버리고 욕심도 없고 사사로움도 없는 경지에 이른다면 "일이시덕(日以施德), 월이서광(月以舒光)" 즉 해는 덕을 베풀고 달은 그 빛을 펼쳐 기혈과 정신이 모두 자연스럽게 성장합니다. 이어지는 "수화자연지성정(水火自然之性情), 즉음양교감지상도(卽陰陽交感之常道)"는 무슨 뜻일까요? 수도 공부를 하는 사람은 날마다 감리를 교구(交媾)하고 음양을 상교(相交)하여 임맥과 독맥을 통하려 하지만 사실 성공하는 경우는 거의 없습니다.

사람들은 왜 잠을 잘까요? 잠은 진정한 무념(無念)의 경지도 아니고 청정한 경지도 아니지만 무념이나 청정에 가까운 상태입니다. 사실 잠을 잔다는 것은 일단 잡념을 버린다는 뜻입니다. 잡념이나 어떤 생각이 계속 떠오른다면 잠을 잘 수 없지요. 그렇지 않습니까? 여러분 모두 경험이 있을 것입니다. 그러니 생각을 놓아 버리고 잠을 잔다는 것은 그 자체로 이미 음양이 교구했음을 말합니다. 이것은 일상적으로 일어나는 현상이니 여러분이 억지로 할 필요가 없지요. 깊은 잠을 자다가 일단 깨면 정신이 돌아옵니다. 사실 이런 이치야말로 그 자체로 매우 좋은 수도(修道)입니다.

도는 어떻게 닦는가

그렇다면 도는 어떻게 닦아야 할까요? 하루 이십사 시간 동안 계속 잠잘 수 있다면 반드시 수도 공부에 성공합니다. 빠르면 일주일에 성공할 수 있지요. 늦으면 십이삼 년은 걸려야 합니다. 단, 전적으로 수도 공부에 몰입해야 하지요. 물론 모든 잡념이나 집착을 참으로 버려야 합니다. 이런 것을 도가에서는 상품 단법(上品丹法)이라고 합니다. 이것은 특별한 방법이 있는 것은 아니지만 일주일이면 대라금선(大羅金仙)을 성취할 수 있습니다. 불가에서도 승려들이 부처님의 말씀 한마디에 일체 집착을 버리고 일주일 만에 아라한의 경지에 이른 경우가 적지 않지요. 불가의 대아라한(大阿羅漢)의 경지는 도가의 대라금선의 경지와 같습니다. 육신통(六神通)[63]을 모두 갖춘 경지이지요. 사실 이렇게 하는 것은 이론상으로는 결코 어렵지 않습니다만 실제로 행하기가 어려울 뿐입니다. 수도 공부를 하는 사람들

---

63 수행의 성취를 얻어 갖추게 되는 신묘하고 불가사의한 여섯 가지 능력으로 줄여서 육통이라고도 한다. 어디든 마음대로 갈 수 있는 신족통(神足通), 모든 것을 꿰뚫어 볼 수 있는 천안통(天眼通), 모든 소리를 분별해 들을 수 있는 천이통(天耳通), 남의 마음속을 들여다 볼 수 있는 타심통(他心通), 나와 남의 전생을 아는 숙명통(宿命通), 모든 번뇌를 끊어 이 세상에 다시 오지 않음을 아는 누진통(漏盡通)이다.

이 특별히 주의해야 할 것이 있습니다. 자기가 이런저런 머리를 써서 갖가지 특별한 방법을 생각해 내는 것입니다. 그러나 이런 방법은 도리어 공부에 방해가 됩니다. "수화는 자연의 성정 즉 음양이 교감하는 상도이다〔水火自然之性情, 卽陰陽交感之常道〕"라는 말은 그대로 천지자연의 운행 법칙이며, 이 자체가 궁극적인 도법(道法)의 비결이라는 것입니다. 인위적인 특별한 방법을 찾기보다는 우주 자연의 운행 법칙과 하나가 되는 실천이야말로 진정한 도법입니다.

"박식재변(薄蝕災變), 하자이생(何自而生)", 박식의 재앙이 어디에서 생기겠느냐는 말로, 오직 우주 자연의 운행 법칙을 어기지 않고 자연의 섭리를 따를 때 가능하다는 뜻입니다. 인위적인 것은 모두 버리고 늘이지도 줄이지도 않는 중도의 경지에서 비로소 한쪽으로 치우친 월식이나 일식이 일어나지 않게 됩니다. 이른바 주화입마라는 말을 많이 하는데, 화(火)는 무엇이고 마(魔)는 무엇인가요? 우리 자신이 화요 마입니다. 인위적으로 조작하는 데에서 화마(火魔)가 발생합니다. 그래서 노자가 알려 주었지요. "사람은 땅을 본받고, 땅은 하늘을 본받고, 하늘은 도를 본받고, 도는 자연을 본받는다〔人法地, 地法天, 天法道, 道法自然〕"라고요.

여기에서 법(法)은 본받을 만하다는 뜻으로, 여러분이 단지 자연의 법칙을 본받아서 그대로 실천하면 잘못이 없다는 말입니다. 주화입마 같은 오류는 절대 범하지 않습니다. 오직 자연의 법칙대로 실천할 뿐이지요. 그러므로 상품 단법을 실천할 수 있다면 일주일 만에 대라금선의 경지를 성취할 수 있습니다. 여러분을 속이거나 거짓말을 하는 게 아닙니다. 진실입니다. 상품 단법은 선종과 같습니다. 무위법문(無爲法門)으로서 방법이 없는 것이지요. 어떤 사람들은 기맥이 통하면 손에서 열이 나고 진동이 온다느니 발전(發電)이 된다느니 하며 요란스럽습니다만 다 소용없는 일입니다. 아무리 발전을 한들 전력공사만큼 하겠습니까? 여러분 중에 손에 열이 나고 전기가 발생해서 암 같은 병도 치료할 수 있다고 하면 제가 먼저 고개 숙여 절하겠지만, 스승으로 인정하지는 않습니다. 제가 칭찬을 한다고 해도 아마 얼마 못 가서 끝나기 때문이지요. 도는 자연을 본받는 것입니다. 그러니 무슨 기묘하고 괴상한 것은 절대 추구해서는 안 됩니다.

이번에 읽은 단락은 『참동계』 원문 "음양상음식(陰陽相飲食), 교감도자연(交感道自然)"[64]에 대한 주해입니다. 이 열 개 글자는 우리 생명이 본래 음양을 구비하며 음양은 서로를 음식으로 삼는다는 뜻이지요. 양이 다하면 음으로 전환하고, 음이 다하면 양으로 전환합니다. 정신이 지나치게 왕성하면 좀 쉬어야 합니다. 음을 통해서 조절해야 하지요. 지나치게 쉬면 다시 정신을 가다듬어 맑게 깨어야 합니다. 정신을 깨우고 운동을 해서 조절해야 합니다. 음과 양이 서로를 음식으로 삼는다는 것은 바로 교감한다는 뜻입니다. 음양의 교감은 자연의 법칙이지요. 결코 인위적이고 조작하는 것이 아닙니다. 그러니 도(道)라는 것은 여러분이 인위적으로 닦아서 만드는 것이 아닙니다. 생명이 본래 도 자체이지요. 여러분의 생명을 도의 자연 법칙에 합치하는 것뿐입니다. 수도 공부를 한다는 것은 생명이 본래 자연 법칙에 순응한다는 사실을 깨닫고 그대로 따르는 것이라는 말입니다.

『반야심경』에는 "조견오온개공(照見五蘊皆空)"이라는 말이 있습니다. 오온이 다 공하다는 것을 비추어 본다는 뜻이지요. 조견(照見)은 오온으로 하여금 자연 그대로 존재하게 한다는 뜻입니다. 한 살 된 아기가 이제 막 걸음마를 배워 뒤뚱거리며 걷는 연습을 할 때 우리는 아이가 하는 것을 가만히 지켜보기만 해야지 이렇게 해라 저렇게 해라 하고 간섭하지 않는 것과 같지요. 설혹 넘어져도 스스로 일어나서 다시 걷기를 기다려야 합니다. 음양이 서로 교감하는 것도 그렇습니다. 그냥 자연히 교감하는 것뿐이지요.

---

64 『참동계천유』. 149면. 제15 환단명의장.

중국 명나라의 이름난 유학자인 왕양명 역시 도(道)를 수련했습니다. 도가와 불가 수련을 매우 좋아했고 신통력도 있었지요. 그러나 후에는 도가와 불가에 의지하지 않았습니다. 도가와 불가는 자기 자신의 정신을 희롱하는 것에 불과하다고 했지요. 여러분은 왕양명이 도가와 불가를 폄훼하는 말을 했다고 생각하지 말기 바랍니다. 단지 초보적인 전문가의 말일 뿐입니다. 일반인들이 말하는 것 같은 임독맥을 통하는 것이나 방광(放光)을 하고 땅을 진동시키는 것이나 신통력을 행하는 것 등은 왕양명에게는 모두 가능한 일이었지요. 단지 이론적으로 했다는 것이 아니라 실제로 가능했습니다. 그러나 최후의 형이상의 도의 경지에는 미안하지만 도달하지 못했습니다.

제58강

변도와 상도와 환단

"해와 달이 그 상도에 반하므로 박식이라 하고, 음과 양이 그 자연을 따르므로 음식이라고 한다. 우주의 조화에는 해와 달의 결합에 의해 상도도 있고 변도도 있다. 비유하자면 몸속의 감리의 교감으로 얻는 것도 있고 잃는 것도 있으므로 신밀하지 않을 수 없다는 것이다."

(日月反其常道, 故云薄蝕. 陰陽循其自然, 故云飲食. 蓋以造化日月之合, 有常有變, 喩身中坎離之交, 有得有失, 不可不愼密也)

지금 이 문장이 최후의 결론입니다. 고대 천문학에서는 일식(日蝕), 월식(月蝕)이 바로 "일월반기상도(日月反其常道)" 즉 해와 달이 그 상도에 반하는 것으로서 여느 때와는 다르다는 말입니다. 왜냐하면 해와 달이 같은 궤도에 들어서서 해가 달을 차단하거나 달이 해를 차단함으로써 해와 달의 박식(薄蝕)이 이루어지기 때문입니다. "음양순기자연(陰陽循其自然)", 이런 현상은 음양의 자연스러운 운행에 의해서 일어나는 것이지 인간의 인위적이고 의도적인 행위로 발생하는 것이 아닙니다. "고운음식(故云飮食)", 이것은 사람이 음식을 섭취함으로써 생명을 유지하는 것과 같습니다. 단약(丹藥) 역시 자연에 근거하고 있습니다.

"개이조화일월지합(蓋以造化日月之合), 유상유변(有常有變)", 그러므로 수도 공부를 하려면 이런 이치를 깨달아야 합니다. 여기에서 "조화(造化)"는 우주의 조화를 가리킵니다. 우주에는 해와 달이 오르고 내리며 분리하고 결합하는 현상이 존재합니다. 해는 매일 동쪽에서 떠올라 서쪽으로 지고, 달의 오르내림과 차고 이지러짐도 일정합니다. 이것이 이른바 상도(常道)이지요. 월식과 일식은 변도(變道)입니다. 궤도 상에 상도가 아닌 변도가 발생하는 것이지요. 이러한 우주의 변화를 활용해 비유하는 것입니다.

"감리지교(坎離之交)", 감괘와 리괘의 교감으로 수와 화의 교류입니다. 여기에서 "유득유실(有得有失)" 즉 얻는 것도 있고 잃는 것도 있습니다. 마치 장사를 할 때 이윤을 남기는 것처럼 조금씩 쌓아 가는 것이 단(丹)을 성취하는 것으로 생명을 반로환동합니다. 그런데 때를 잘못 맞추면 나이가 젊어도 생명을 잃을 수 있습니다. 득(得)도 있고 실(失)도 있는 이치를 분명히 알면 수와 화의 교감에 신중하지 않을 수가 없고, 엄격하게 자신을 관리하고 절제하지 않을 수 없지요. 다시 『참동계』 원문으로 돌아가겠습니다. 제15환단명의장의 두 번째 단락입니다.

명이라는 것으로 정을 규정하고, 자라는 것으로 성을 말한다. 금이 애초의 본성으로 돌아가니 환단이라고 일컫는다.

名者以定情, 字者緣性言. 金來歸性初, 乃得稱還丹.[65]

---

65 『참동계천유』. 154면.

언어나 문자는 표현 수단입니다. 생각은 언어로 변하고 언어는 문자로 변합니다. 모든 사물에는 명사(名辭)라고 하는 이름이 있는데, 고대에는 명사를 명자(名字)라고 했습니다. 중국 전통 문화에서는 한 사람에게 여러 가지 이름이 있었습니다. 본명이 있는가 하면 아명이 있고, 족보에 들어가는 보명(譜名)이 있는가 하면 호(號)가 있고 게다가 별호(別號)도 있습니다. 오늘날 사용되는 필명 같은 것이어서 수십 개의 이름이 있었지요. 후에 이런 전통 문화는 바뀌었습니다. 한 사람에게 너무 많은 칭호가 있는 것이 혼란스러웠기 때문입니다. 과거에 저도 자(字)가 여러 개 있었고 호도 있어서 때에 따라 편하게 이것저것 사용했습니다. 그래서『참동계』원문에서도 "명자이정정(名者以定情), 자자연성언(字者緣性言)"이라고 했습니다. 여기에서 성(性)과 정(情)이라는 두 글자에 주의하기 바랍니다. 이것이 중국의 전통 문화입니다. 명(名) 외에 자(字)가 있었습니다. 그런데 명(名)이 정(情)이라면 자(字)는 성(性)이라는 말이지요.

성(性)은 체(體)요 정(情)은 용(用)으로서 성과 정은 서로 다릅니다. 정은 오늘날 말로 정서(情緒) 즉 희로애락 같은 감정입니다. 또는 충동적인 망상이나 망념도 정에 속합니다. 그러나 성(性)은 정태적이고 움직이지 않고 고요합니다. 성은 선천(先天)으로서 체이고, 정은 후천(後天)으로서 용입니다. 우리 같은 일반인은 단지 정(情)만 씁니다. 그래서 진정으로 명심견성(明心見性)하려면 용으로부터 체로 돌아가야 합니다. 반본환원(返本還源)하는 것이지요.

"금래귀성초(金來歸性初)", 금(金)은 후천적인 성명(性命)의 수법(修法)이 작용을 일으켜 본성으로 돌아가는 것입니다. 금이란 무엇일까요? 이미 여러 번 말한 바 있습니다만, 생리적으로는 폐가 금에 속하고 정신적으로는 망상이 생각도 하고 지각도 하는 것을 금이라고 합니다. 지각과 감각이 본래의 청정한 마음으로 돌아가는 것은 호흡이 정지되고 나아가서 혈맥의 흐름이 멈추는 기주맥정(氣住脈停)의 경지에 이르러야 합니다. 이것을 "금래귀성초(金來歸性初)"라고 하는데 이때를 비로소 환단이라고 합니다.

주운양 진인의 설명은 더욱 분명합니다.

"이 절은 금이 본성으로 돌아가는 것이 환단의 요의라는 것을 말하였다."

(此節, 言金返歸性, 乃還丹之了義也)

도가에서는 "금반(金返)"이라고 하는데, 돌고 돌아 본성으로 돌아가는 것입니다. 방금 말한 것처럼 금은 금목수화토 오행 중 하나로서 신체적으로는 폐가 금에 속합니다. 호흡 기관이지요. 정신적으로는 지각 작용이 금에 속합니다. 그러므로 이런 것은 본성이 일으키는 작용이라는 말입니다. 신체적으로는 수도 공부가 기주맥정의 경지에 도달하고, 정신적으로는 일체 망념과 생각이 전혀 일어나지 않는 일념불생(一念不生)의 경지를 바로 "금반귀성(金返歸性)"이라고 합니다. 이런 경지에 이르는 것을 도가에서는 환단이라고 하지요. "내환단지료의야(乃還丹之了義也)", 진정으로 환단의 경지에 도달하는 것을 환단의 요의(了義)라고 합니다. 요의라는 용어는 본래 불가에서 사용하는 것인데, 불경은 요의(了義)와 불요의(不了義)로 구분하지요. 부처님이 직접 설하신 경전에도 어떤 특수한 상황에서 중생의 수준에 따라 진리를 설하신 불요의(不了義)의 경전이 있습니다. 반면에 철저하고 직접적으로 명심견성의 진리를 드러내는 설법을 요의라고 합니다.

공부의 진보 변화에 주의하라

"리괘 중의 원정은 본래 태음의 진수로서 또한 목액이라고 한다. 감괘 중의

원기는 본래 태양의 진화로서 또한 금정이라고 한다. 단도는 수화로써 체를 삼고 금목을 용으로 삼는다."

(離中元精, 本太陰眞水, 又稱木液. 坎中元炁, 本太陽眞火, 又稱金精. 丹道 以水火爲體, 金木爲用)

이 설명은 완전히 공부의 경계에 대해 말한 것입니다. 이미 여러 차례 이야기했지만 심(心), 심념(心念), 시각 작용이 리괘에 속합니다. 감괘는 신체적으로 기혈(氣血), 정액(精液) 등이고 청각 작용이 속합니다. 나이 들면 왜 귀가 어두워질까요? 원기(元炁)가 훼손되기 때문입니다. 귀는 기해혈(氣海穴)과 통하므로 귀가 어두워진다는 것은 기해혈이 손상되었다는 증거이지요. 여러분도 다 알다시피 기해혈은 배꼽 아랫부분으로, 침구학을 배웠다면 기해혈에 대해 알 것입니다. 그것을 지금 주운양 조사는 "리괘 중의 원정(元精)"이라고 했습니다. 두뇌가 각성되면 청각 작용과 시각 작용이 명료해집니다. 육근(六根)이 밝아지는 것인데, 이것을 육근의 광명이라고 합니다. 바로 "리중원정(離中元精)"이라는 것이지요. 원정의 정(精)은 정신(精神)의 정이지 정액(精液)이 아닙니다. 주운양 조사는 "리중원정"은 "본태음진수(本太陰眞水)" 즉 본래 태음에서 나온 것이라고 합니다. 만약 기혈이 왕성하지 않고 하원(下元)이 견고하지 못하면 위쪽의 정신이 없어집니다. 그러므로 늙으면 진수(眞水)가 약해져서 눈과 귀의 작용이 원활하지 않고 신체의 모든 작용이 안 좋게 됩니다.

중국인 중에서도 특히 광동 사람들은 보약을 좋아하는데 보약 중에서도 고려인삼을 선호합니다. 그런데 많은 사람이 오히려 보약 때문에 건강을 해치는 경우가 적지 않습니다. 늙어서 보약을 먹는다면 당연히 보음(補陰)을 해야지 보양(補陽)을 해서는 곤란합니다. 인삼은 보양제입니다. 신체가 허약하다는 것은 허화(虛火)가 작용하기 때문인데 보약을 먹으면 허화가 염증을 일으켜 점점 약으로도 구할 수 없게 되지요. 중년 이후의 진정한 보약은 자신에게 있습니다. 도가에서 말하는 "상약삼품인 정기신〔上藥三品, 神與氣精〕"이라는 것이지요. 정기신을 어떻게 배양할 수 있을까요? 마음이 고요하고 망상과 욕심이 적어져 고요함이 극에 이르면 자연히 "태음진수(太陰眞水)"를 길러 내니 정신도 충만하게 됩니다.

그래서 "리괘 중의 원정은 본래 태음의 진수로서 또한 목액이라고 한다〔離中元精, 本太陰眞水, 又稱木液〕"고 했습니다. 도가 서적에서는 원정(元精)의 또 다른 이름을 목액(木液)이라고 합니다. 목(木)은 간에 속하므로 태음의 진수는 또 다른 의미에서 "목액"이라고 하는 것입니다. 바로 간의 기능이지요. 간은 어떤 작용을 할까요? 혈액을 저장하는데 진수(眞水)는 유형의 혈액으로, 그것을 목액(木液)이라고 합니다. 동양 사람들은 간염이 많은데 이런 질병은 거의 혈액의 문제이지요.

목액이 왕성해진 후에는 음이 극하면 양이 발생하는 "음극양생(陰極陽生)"의 원리에 따라 양정(陽精)이 돌아옵니다. "감중원기(坎中元炁)"는 본래 태양의 진화〔本太陽眞火〕"입니다. 즉 정신의 지각 작용이 발동하는 것입니다. 그것은 또 "금정(金精)"이라고도 합니다. 정(精)과 신(神)은 기(氣)에 의지하는데, 기가 충만해진다는 것은 음을 자양하는 자음(滋陰)입니다. 그러므로 수도 공부를 해서 단을 이루고 신체 건강하려면 감괘와 리괘를 전환해야 합니다. 말하자면 "수화위체(水火爲體)" 즉 수화로써 체를 삼아야 합니다. 한 번 수(水)가 되면 다음에는 화(火)가 오고, 한 번 동(動)하면 한 번 정(靜)하고, 한 번 공(空)하면 한 번 유(有)가 되는 것입니다.

수도 공부를 하는데 마음을 공하게 할 때도 있고 생각을 일으킬 때도 있고, 상규(上竅)를 지켜야 할 때도 있고 하단전을 지킬 때도 있습니다. 이런 운용의 묘는 모두 화후의 문제로서 자신에게 달려 있지요. 화후에 대해 분명히 알지 못하면 영원히 수도에서 성취할 수 없습니다. 수도의 어려움은 지혜에 의지해야 합니다. 단순히 스승이 어떤 비결을 알려 주어서 죽도록 그것을 지킨다고 성공할 수 있는 것이 아니지요. 지혜를 개발하지 못한다면 수도를 하다가 죽을 수는 있어도 장생불로할 수는 없습니다.

진정으로 몸의 혈액을 조정하는 것이 자음(滋陰)입니다. 노년기의 자음은 콜라겐을 보충하는 것이지요. 예를 들어 흰목이나 귀갑(龜甲)[66] 같은 것이 자음의 약재입니다. 보양과는 거리가 먼 것이지요. 그러나 이런 보약에 의지하는 것을 권할 수는 없습니다. 수도 공부는 자신의 의지와 노력으로 성취하는 것이지 약물 같은 것에 의지해서는 안 됩니다. 안 그렇습니까? 의지야말로 수도 공부에 가장 중요한 요소입니다. 어쩌다가 약물을 사용할 수는 있지만, 전적으로 약물에 의지하는 것은 결코 바람직하지 않습니다. 자기 자신에게 의지해야 합니다. 귀갑은 보음제이고 녹각교(鹿角膠)[67]는 보양제입니다. 그러나 신체 내부에서 기혈이 잘 조정되어 있지 않으면 약을 복용한들 소용이 없지요. 수도 공부를 하는 사람이 기혈을 올바르게 조정한다면 약을 조금만 복용해도 아주 효과가 큽니다. 실제로 약물은 약간의 효과만 있을 뿐이고, 더 중요한 것은 자신의 기혈을 잘 이해하는 것입니다. "금목위용(金木爲用)", 금목이 작용한다는 뜻으로. 금은 기(氣)로서 폐장을 목은 간으로서 혈액을 가리킵니다.

"관윤자가 말하기를, 금목이라는 것은 수화의 교감이라고 하였다. 금과 목은 비록 두 사물로 나뉘어 있지만 궁극적으로 그 근원에서는 오직 하나의 금성일 뿐이다. 금성은 본래 선천의 건괘에서 나오니 생명이 태어나기 전에는 순

---

[66] 거북이 껍질로 만든 한약재로서 양음보신(養陰補腎), 잠양지혈(潛陽止血)의 효능이 있다. 주로 노약자의 허로(虛勞), 보신(補腎), 요통(腰痛) 및 남녀 빈혈증에 쓴다.

[67] 사슴의 뿔로 만든 약재로서 간(肝)과 신(腎)을 온보(溫補)하고 정을 보하고 혈을 기른다. 양위(陽痿), 활정(滑精), 요슬(腰膝), 산랭(酸冷), 허로(虛勞) 등에 쓴다.

수한 정으로서 영원토록 괴멸되지 않는다."

(關尹子曰, 金木者, 水火之交是也, 金木雖分兩物, 究其根源, 只一金性, 金
性本出先天之乾, 未生以前, 純粹以精, 萬劫不壞)

관윤자가 말한 뜻이 바로 "금목자(金木者), 수화지교시야(水火之交是也)"
즉 금목이라는 것은 수화의 교감이라는 말입니다. "금목수분양물(金木雖分
兩物)", 비록 금은 기(氣)이고 목은 혈(血)이므로 서로 다르지만 "구기근원
(究其根源), 지일금성(只一金性)" 즉 궁극적으로 그 근원에서는 오직 하나
의 금성일 뿐입니다. 금성(金性)이란 무엇인가요? 금성은 후천으로 말하
면 염(念)입니다. 일념이 일어나면 만법이 이 마음에 의해 만들어집니다.
그 근원을 따져보면 "금성본출선천지건(金性本出先天之乾), 미생이전(未生
以前), 순수이정(純粹以精), 만겁불괴(萬劫不壞)" 즉 금성은 본래 선천의 건
괘에서 나왔는데, 발생하기 전에는 순수한 정(精)으로서 영원토록 괴멸되
지 않는 것입니다. 여기에서 금성이란 우리의 생각을 가리킵니다. 『능엄
경』에서 말한 "견고 망상으로 그 근본을 삼는다[堅固妄想以爲其本]"는 것이
지요. 망상도 황금처럼 견고해서 깨어지지 않습니다.

선도, 외도, 마도

말씀드린 김에 하나 더 이야기하겠습니다. 『능엄경』은 수행의 관건이 되
는 중점을 말하는데 바로 오십 종 마경(魔境)에 대한 것입니다. 부처님은
생리와 심리를 색수상행식 오음(五陰)으로 귀납하고 오음에는 각각 십 종
의 마경이 있다고 하셨습니다. 사실 자세히 분석하면 더 많지요. 부처님은
여기서 어떤 사람을 외도(外道)라고 꾸짖었을까요. 부처님의 제자로 아라

한과를 증득한 성문 연각도 모두 외도에 속한다고 했습니다. 마음 밖에서 진리를 구하기 때문입니다. 철저한 명심견성이 없다는 것이지요.

부처님은 오십 종 음마(陰魔)를 설명할 때 선도(仙道)에 대해 말씀합니다. 선도는 마에도 속하지 않고 외도에도 속하지 않는다고요. 그래서 양계초(梁啓超)[68] 같은 사람은 『능엄경』을 위경(僞經)이라고 했습니다. 『능엄경』에서 선(仙)이라는 글자를 보았기 때문이지요. 선(仙)이니 신(神)이니 하는 글자는 오직 중국에만 있지 인도에는 없다는 것입니다. 불경에 중국의 선도가 들어 있으니 위경이라는 말입니다. 안타깝습니다! 이십 세기 초반에 양계초 같은 학자들은 아직 학문이 그다지 깊지 않았습니다. 사실 인도에 있는 선도 역시 중국의 선도와 비슷합니다. 그 전통이 매우 오래 되었지요. 바라문교나 유가(瑜珈) 같은 것은 모두 선도와 유사한 수련입니다.

도가에서는 신선에 다섯 종류가 있다고 합니다. 귀선(鬼仙), 인선(人仙), 지선(地仙), 천선(天仙), 대라금선(大羅金仙)입니다. 부처님은 선도(仙道)에 열 가지가 있다고 하면서 선도를 마도(魔道)나 외도(外道)라고 말하지 않았습니다. 선도를 수련하면 신선이 되어 수명이 천만 세가 되어도 죽지 않는다고 했지요. 그런데 비록 장생불사는 하지만 명심견성은 못하기 때문에 신선으로 추락했고 부처가 되지 못했다고 했습니다. 이렇게 선도를 완성해서 신선이 된 사람이 다시 큰 깨달음을 얻는다면 부처님은 그들도 당연히 부처라고 말씀하실 것입니다. 불경을 반만 봐도 바로 알 수 있는 사실이지요.

부처님이 말씀한 선도는 정신 수련을 해서 망상을 견고하게 함으로써 성공하는 것으로 특별히 견고 망상을 말했습니다. 밀종을 수련하는 사람들도 관상(觀想)을 하기 때문에 이 또한 망상을 견고하게 하여 성불하는 것

---

68 1873-1929. 청말 중화민국 초의 계몽 사상가이자 교육가, 정치가이다.

입니다. 즉 관상 성불입니다. 이런 수련법에 대해 융회 관통한 이후에는 이 학문이 정말 재미있음을 알 것입니다. 우리가 불가니 도가니 하는 울타리를 뛰어넘어 학술적 입장에서 말하면 모두 생명의 신비를 연구하는 것입니다. 종교라는 겉옷을 벗고 신선과 부처의 관념을 떠나면 생명은 비할 데 없이 오묘하고 신비합니다. 인류가 그것을 깨닫지 못할 뿐이지요. 인류가 생명의 비밀을 안다면 확실히 영원한 생명을 얻을 수 있습니다. 모든 사람이 다 성불할 수 있게 되겠지요. 저 자신도 그런 경지에 도달하지 못했지만 학문적, 원리적으로는 모든 사람이 성불할 수 있음을 보증합니다.

선천의 본성이 변하여 망상 망정이 된다

이제 다시 돌아가서 금성(金性)에 대해 말해 보겠습니다. 여기에서의 금성은 폐의 호흡 작용을 대표하는 것이 아니라 '염두(念頭)'를 나타냅니다. 우리의 생각, 견고한 망상을 말하는 것이지요. 우리의 생각, 염두는 어디에서 오는 것일까요? 주운양 조사가 말합니다. "본래 선천의 건괘에서 오니 생명이 태어나기 전에는 순수한 정이다〔本出先天之乾, 未生以前, 純粹以精〕."

도가에서는 우리의 생각, 염두가 "본출선천지건(本出先天之乾)" 즉 본체인 건괘에서 온다고 합니다. "미생이전(未生以前), 순수이정(純粹以精)", 부모님이 우리를 낳기 전 다시 말해 우리가 모태에 들어가기 전에는 이 일념(一念)이 전혀 움직이지 않습니다. 이것은 선종에서 말하는 것입니다. 여기에서 "정(精)"이란 정충이나 난자가 아닙니다. 이 정(精)은 바로 『능엄경』에서 말한 "심정원명(心精圓明), 함과시방(含裹十方)"[69]입니다. 심정이 원만하고 밝으니 온 우주를 포함한다는 뜻의 정(精)입니다. 망념이 생겨나기 전의 오직 청정한 일념이라는 말이지요.

선종의 조사는 "분명히 홀로 밝으니 그 빛이 만상을 삼키도다(歷歷孤明, 光呑萬象)"라고 했습니다. 이것이 바로 청정함이요 정(精) 자체입니다. 다시 말해 연정화기(煉精化炁)의 작용입니다. 후세의 도가에서는 도리어 몸의 정충, 난자가 위로 올라가서 뇌로 들어간다고 해석하지만, 실제로 신체에서 이런 변화는 일어나지 않습니다.

자, 정(精)이 무엇인지 다시 설명하겠습니다. "미생이전, 순수이정"이라는 말에서 "정(精)"은 영원히 불변하는 불생(不生) 불사(不死)의 정신입니다. 도가의 종사인 노자는 『도덕경』에서 다음과 같이 말했습니다. "황홀한 가운데 어떤 물건이 있고, 그윽하고 깊은 그 속에 정이 있으니, 그 정은 매우 진실하고 그 속에 믿음이 있다(恍兮惚兮, 其中有物, 窈兮冥兮, 其中有精, 其精甚眞, 其中有信)"(제21장). 여기에서 노자가 황홀(恍惚)하다고 말한 것은 보통 우리가 말하는 머리가 혼란하다는 뜻이 아닙니다. '황(恍)'은 마음 심(心)과 빛 광(光)이 결합된 글자입니다. 또 '홀(惚)'은 마음 심(心)과 흐를 유(流)가 결합된 형태이지요. 즉 마음이 매우 빛나고 활발하다는 뜻입니다. 이런 경지가 바로 진실한 정(精)인 진정(眞精)의 경지입니다. 그래서 "기정심진(其精甚眞), 기중유신(其中有信)"이라고 한 것입니다. 신(信)이란 무엇을 뜻할까요? 바로 소식(消息)이 있다는 것입니다. "그 속에 정이 있다"는 말은 하나의 상징입니다. 한 걸음씩 공부해 나아가면 그 단계에 따르는 현상이 나타난다는 뜻이지요. 여러분이 이것을 알면 노자를 이해하고 청정한 도를 이해하고 또 부처님을 알게 됩니다. 이것은 영원히 파괴되지 않고 불변하는 것입니다. 우리의 정신, 마음은 생명을 받아 태어난 이후에 다음과 같이 변합니다.

---

69 『능엄경』 제3권 또는 동국역경원에서 1974년 출판된 운허스님의 『수능엄경주해(首楞嚴經註解)』 145면에 보인다. 단, 원문은 "심정원명(心精圓明)"이 아니라 "심정편원(心精徧圓)"으로, 뜻은 "심정(心精)이 주편(周徧)하고 원만하여 시방을 함과 (含裏)하였는지라"이다.

"단지 생명으로 태어난 이후 혼돈이 깨어져 곤궁으로 들어간다. 이것이 감괘 중의 금정이다. 건가의 본성이 전환되어 정이라고 불리는 것이다."

(只因有生以後, 混沌一破, 走入坤宮, 是爲坎中金精. 乾家之性, 轉而稱情)

아기는 태어나서 아직 혼돈의 경계에 있습니다. 그러나 아기의 정수리가 닫히고 말도 하면서 선천이 후천으로 분리되지요. 혼돈 속에는 선천과 후천이 일체이지만 일단 분리되면 혼돈이 깨어집니다. 이것이 첫 번째 혼돈입니다. 후세의 도가에서는 남녀가 이성을 경험하는 것을 혼돈이 깨어지는 것이라고 하는데 이것도 일리 있는 해석입니다. 그러나 이런 해석은 유형적이고 단계가 낮은 도가의 설법입니다. 정통 도가에서는 혼돈을 이렇게 해석하지 않습니다. "지인유생이후(只因有生以後), 혼돈일파(混沌一破), 주입곤궁(走入坤宮)" 즉 일단 모태로부터 나온 시점은 아직 혼돈이 유지된다고 할 수 있지만 생각이 발동하면 바로 혼돈이 깨어집니다. 이것은 선천의 본성이 곤궁 (坤宮)으로 들어가서 아래로 가라앉는 상황을 말합니다.

그러므로 아기들을 보면 두 다리를 심하게 움직이면서 노는데 이것은 생명이 아래로부터 생장하기 때문입니다. 특히 사내아이들은 잠을 충분히 자고 나면 정신이 충만하여 자연히 생식기가 발기하는데, 노자는 이를 "최작(朘作)"[70]이라고 했습니다. 이것은 단지 아기의 생명 본능일 뿐 남녀의 욕망이 아닙니다. 여자아이의 경우는 외부로 나타나는 것이 아니라 내부적으로 일종의 불안 상태가 됩니다. 이런 현상은 여자아기에게 진양(眞陽)이 발동하는 것인데 역시 남녀의 욕념은 없습니다. 이것을 "감중금정(坎中金精)"이라고 합니다. 그러므로 후천 감괘의 금의 정신은 성호르몬으로 변

---

70 노자 『도덕경』 제55장에 "未知牝牡之合而朘作, 精之至"라고 나온다. "암수의 결합을 몰라도 '성기가 발기하는(朘作)' 것은 정기가 지극하기 때문이다"라는 뜻이다.

하니 정충과 난자는 삼중으로 투영된 것입니다.

　그렇다면 "건가지성(乾家之性)"이란 선천의 건괘로서 본래 빛나고 청정한 본성을 가리킵니다. 이런 선천 건가의 본성을 "전환하여 정이라고 부른다[轉而稱情]"는 것은 이미 선천의 본성이 변하여 정(情)이 되었다는 뜻입니다. 이것을 불가에서는 망상(妄想)이라고 하고 도가에서는 허망하고 진실하지 못한 망정(妄情)이라고 합니다. 망정이란 우리가 우리 자신을 속이는 것입니다. 후천적인 감정의 작용에 의해 스스로 속는 것이지요. 정(情)은 참 이상한 것입니다. 정이 있으면 얽매이게 되지요. 우리 욕계(欲界)의 생명은 정에 의해서 유지됩니다. 중국에는 십억이 넘는 인구가 사는데 이 생명은 모두 정(情)에서 나왔습니다. 정은 좋은 것이기도 하고 나쁜 것이기도 합니다. 이 정 때문에 집착하고 얽매이기도 하지만 망정을 변화하면 본성을 회복할 수 있지요. 만약 중국의 십억이 넘는 인구가 변해서 백 천만 억의 화신불이 된다면 참으로 놀라운 일이 아닐까요?

　"건괘의 일양이 변하여 감괘가 되고, 건괘 중에 곤괘의 일음이 들어온 것이 리괘 중의 목액이니, 곤가의 정이 전변하면 성이라고 일컫는다."
　(乾之一陽, 旣變爲坎, 其中換入坤之一陰, 是爲離中木液, 坤家之情, 轉而稱性)[71]

　선천의 본성이 후천에 이르면 생명이 아래로 향해 감괘로 변합니다. 이것이 곤괘의 선천 본성입니다. 아기의 정수리 한가운데 백회혈이 우주와 통한다고 말했지요. 장자가 천지의 정신과 서로 왕래한다고 말한 것과 같습니다. 그러나 이 정수리가 닫혀서 봉쇄되면 아래로 내려가 곤괘 속의 일음을 받아들이게 됩니다. 이것이 바로 리괘 중의 목액입니다. 이 정신이 간장에

---

[71] 『참동계천유』. 154면.

들어가면 기혈을 생겨나게 하니 바로 후천 생명의 시작이지요.

"곤가지정(坤家之情)"의 곤가는 음(陰)에 속합니다. 후천의 오음(五陰)이 덮여 있지요. 이 망상의 작용이 "전환되면 성이라 일컫습니다[轉而稱性]." 학술적으로 인간의 본성을 연구하는 경우에는 대개 후천의 작용을 말합니다. 선천의 본성을 말하는 학문은 경지가 아주 높지요. 제 경험으로 보면 형이상학적으로 본성을 말하는 것은 유가나 도가나 서양 종교나 철학이나 모두 부처님 손바닥을 벗어나지 못합니다. 당연히 불학이 최고입니다. 그러나 평범한 범부로부터 한 걸음 한 걸음 초월적인 성인의 경지로 나아가는 단계의 세밀함은 부처님이 도가에 자리를 양보해야 합니다. 제가 보기에 이 방면에서는 도가가 제일입니다. 더욱이 생리적 물리적 공부에서는 도가가 정말 상세하고도 구체적으로 설명할 수 있지요. 이런 것은 불가에는 없고 밀종 역시 도가에는 미치지 못합니다. 학술적으로 공정한 입장에서 인륜의 도리와 국가를 다스리고 세상을 평화롭게 하는 이념을 말하는 것은 불가나 도가 모두 유가에 미치지 못합니다.

그러므로 동아시아의 유가, 불가, 도가에 대해 저는 늘 이렇게 말합니다. "유가의 품성을 돈독히 하고, 불가의 이성을 참구하고, 도가의 공부를 닦는다[敦儒家的品性, 參佛家的理性, 修道家的工夫]." 형이상의 원리는 부처님을 능가할 수 없습니다. "도가의 공부를 닦는다"는 말은 하거(河車)를 돌리는 기공 수련 같은 것이 아닙니다. 정통 도가인 노자와 장자의 도(道), 신선 단도와 『역경』은 자연의 법칙을 본받는 도입니다. 공자, 노자, 석가 세 분의 성인은 모두 우리의 위대한 스승입니다. 만약 동양의 삼교 외에 외국에 가서 기독교와 이슬람교와 함께한다면 우리는 오관도(五貫道)가 될 것입니다. 오교(五敎)가 일가(一家)가 되는 셈이지요. 특히 젊은 분들에게 말하지만 인성을 연구해 보면 인성은 모두 후천의 것임을 알게 됩니다. "곤가의 정이 전변하면 성이라고 일컫기[坤家之情, 轉而稱性]" 때문입니다.

제59강

생명은 고요함을 좋아하고 감정은 움직임을 좋아한다

지금 우리는 아직 환단에 대해 말하고 있는데 일반적으로 구전환단(九轉還丹)이라고 하는 것입니다. 단(丹)이란 도가의 용어로 장생불로의 약입니다. 엄밀하게 말하면 단은 명(命)을 닦는 것으로 수명(修命)이라고 합니다. 여기에서 말하는 명은 보통 생명이라고 하는 것인데, 명을 닦아 환단을 하는 것이 완성은 아닙니다. 수명(修命) 환단(還丹) 이후에 더 중요한 수련이 남아 있지요.

> "목은 고요함을 주관하니 그것을 성이라고 한다. (예기에서 말한) 소위 '사람이 태어나서 고요함은 하늘의 본성'이라고 하는 것이다."
>
> (蓋木主寧靜, 字之曰性, 所謂人生而靜, 天之性也)

이 금목(金木)은 도가의 어떤 책에서는 '금공(金公) 아무개'라고 하는데, 금은 남성을 대표하고 목은 여성을 상징합니다. 금은 신체에서 폐와 기

(氣)를 가리키고 목은 간이고 혈(血)을 주관합니다. 이것이 유형의 기와 혈이며, 금기와 목기에서 변화해 나온 것입니다. 여기서 말하는 것이 우리의 생명을 유지하는 데 필요한 기혈과 관련이 있을까요? 관련이 있기도 합니다. 이 기와 혈은 정과 신이 낳은 것이기 때문입니다. 목은 만물의 발생을 상징하고 생명력이 매우 강합니다. "목주령정(木主寧靜)", 목의 본성은 고요함을 주관하며 안정(安靜)적입니다. 그런데 도가에서 말하는 성(性)은 불교에서 말하는 명심견성(明心見性)의 성은 아닙니다.

엄밀하게 말하면 불가에서 사용하는 성(性)도 여러 개의 층차로 나눌 수 있는데, 견성(見性)의 성이 가장 근본적인 것입니다. 그러나 여기에서 말하는 성은 『예기(禮記)』에서 나온 성정(性情)의 성으로서 후천에 속합니다. 도가 서적에서는 선천적이라고 하지만 학술적으로 분류하면 후천적인 것입니다. 학술적인 이야기는 자세히 할 필요도 없고 여러분도 그다지 원하지 않을 것이기에 더는 하지 않겠습니다. 단, 목(木)이 고요함을 대표한다는 것은 알아야 합니다.

"인생이정(人生而靜)", 고요한 상태를 천성이라고 합니다. 사실 사람의 생명뿐 아니라 자세히 관찰해 보면 만물은 고요함 속에서 생명이 발생함을 알 수 있습니다. 생명 자체는 움직임이지만 외형적으로는 고요함 속에서 탄생합니다. 씨앗 하나가 땅 속에서 싹트기 위해서는 매우 고요한 상태를 유지해야 합니다. 토양이 고요하지 못하면 어떤 생명도 생장할 수 없지요. 사실 과학 철학의 이치로 보면 생명 자체는 매우 동태적이지만 우리가 그 외적 현상을 관찰해 보면 고요함을 유지하고 있습니다. 이것은 학술적으로 분명히 해야 하는 것입니다. 여기에서 인간의 생명은 선천적으로 고요하고, 고요함을 좋아하는 것이 하늘의 본성 즉 "천지성야(天之性也)"라고 합니다. 그러므로 우리는 게으르고 먹기만 좋아하고 일하기 귀찮아하며 노력도 하지 않고 입만 벌리면 밥이 하늘에서 떨어지고 생각만 하면 주머니 속에 돈이 가득하기를 바랍니다. 인성이 본래 고요하고 게으르기 때문이지요.

"금은 움직임을 주관하니 그것을 정이라고 한다. (예기에서 말한) 소위 '사물에 감응하여 움직이는 것은 본성의 욕구'라고 하는 것이다."

(金主流動, 名之曰情, 所謂感于物而動, 性之欲也)

주운양 조사는 『예기』에 나오는 "사람이 태어나서 고요함은 하늘의 본성이고, 사물에 감응하여 움직이는 것은 본성의 욕구이다[人生而靜, 天之性也, 感於物而動, 性之欲也]"라는 구절을 인용하여 금과 목의 성정(性情)을 설명하고 있습니다. "금주류동(金主流動)", 금성(金性)은 주체를 대표하며 움직이고 옮겨 다니는 것을 좋아합니다. "명지왈정(名之曰情)", 이것을 중국 문화에서는 성정(性情) 두 글자로 표현한다는 뜻입니다. "감어물이동(感於物而動), 성지욕야(性之欲也)"에서 성(性)은 정(情)의 체(體)입니다. 정이 어디에서 오는지 묻는다면 성에서 온다는 것입니다. 도가의 분류로 보면 정은 용(用)입니다. 외부 사물에 감응하는 교감 작용이지요. 즉 정을 움직이게 하는 것, 감정을 움직이게 하는 것입니다.

그러므로 정(情)은 인류의 본성적 욕망이요 작용입니다. 좁은 의미에서 성욕(性欲)은 남녀관계의 욕망을 가리키지만 여기에서 말하는 것은 넓은 의미의 성(性)과 욕(欲)입니다. 즉 모든 욕망은 성(性)에서 발생한다는 것입니다. 중국 문화에서는 생명을 성(性)과 정(情)으로 구분합니다. 유가의 『중용』의 사상이나 송명 이학은 희로애락이라는 네 가지 현상으로 마음의 작용을 설명하는데, 저는 이런 설명에 대해 특히 반대합니다.

송명 이학은 틀렸습니다. 희로애락은 정서이지 마음의 사상(思想)이 아닙니다. 희로애락을 발동시키는 배후의 작용이 마음의 사상입니다. 희로애락을 이렇게 두루뭉술하게 마음에 귀속시키는 것은 송명 이학이 중국 문화를 잘 모른다는 것을 증명합니다. 송명 이학은 팔백여 년 동안이나 중국 문화에 영향을 미쳤는데 도리어 중국 문화의 생명력을 쇠퇴시켰습니다. 저는 송명 시대 이학자들의 인격은 공경해 마지않습니다만 그들의 학문인 이학(理學)에 대해서는 비판적입니다. 여러분들도 송명 이학을 공부해 보면 잘 알게 될 것입니다.

하나 문제가 있는데, 희로애락의 감정은 반드시 심리가 발동하는 것이 아니라 생리의 영향을 받는 경우도 있다는 것입니다. 사람들이 정서적으로 좋지 않은 것은 단지 심리적 요인뿐 아니라 때로는 생리적인 질병이 원인이 되기도 하기 때문입니다. 예를 들어 간이 안 좋거나 위가 나빠서 고통이 극심할 때는 화를 내게 됩니다. 이런 경우에는 화를 내지 말라고 해도 화를 안 낼 수가 없습니다. 이성은 우리에게 화를 내지 말라고 하지만 몸이 고통스러우면 화를 안 내려고 해도 참기가 힘듭니다. 그것이 감정이기 때문이지요. 그래서 수양 공부는 성(性)으로부터 정(情)을 동요하지 않게 하는 것이 가장 높은 경지입니다. 송명 이학은 이 부분에서 엉망진창이고 전부 틀렸습니다. 논리가 맞지 않습니다.

성, 욕, 정

이제 성(性)과 욕(欲)에 대해서 말하겠습니다. 불학이 중국에 전래되면서 역시 성과 정의 관계에 대해 『능엄경』에서 언급한 다음의 내용을 인용했습니다. "생각에만 몰입하면 위로 올라가고, 감정에만 몰입하면 아래로 떨어진다[純想卽飛, 純情卽墜]."[72] 사람이 생각이 지나치게 많으면 생각과 심리가 위로 상승해 노인은 잠을 자지 못합니다. 머리에 허황된 생각이 많아지기 때문이지요. 반대로 감정에만 몰입하면 아래로 떨어집니다. 젊은 이들은 감정적 욕구를 따라가고 생각을 많이 하지 않기 때문에 공부를 해도 성적이 오르지 않습니다. 반면에 공부를 잘하고 총명한 아이는 감정을 덜 씁니다. 감정이 많고 생각이 적거나 감정이 적고 생각이 많으면 육도(六道) 윤회에서 나누어집니다. 예를 들어 축생에 태어나서 윤회하게 된 생명은 감정은 많은 반면 생각은 적습니다. 지옥에 떨어진 중생 역시 감정이 많습니다. 바로 『능엄경』에서 말한 "생각에만 몰입하면 위로 올라가고, 감정에만 몰입하면 아래로 떨어진다"는 것이지요.

성(性)과 욕(欲)은 정통 도가에서는 후천적인 것입니다. 앞에 나온 "사물에 감응하여 움직인다〔感于物而動〕"는 말은 감정을 움직이는 것은 본성의 욕망이라는 뜻입니다. 그래서 주운양 조사는 성과 정의 관계를 다음과 같이 말합니다.

"(성과 정) 두 가지는 같이 나왔으나 명칭만 다르다. 예를 들어 사람은 동일한데 이미 이름이 있어도 또 자를 쓰는 것과 같다. 이름과 자는 비록 둘로 나뉘어도 성과 정은 본래 동일한 사람이다."

(兩者同出異名, 譬如只此一個人, 旣有名復有字, 名字雖分兩樣, 性情原是一人)

이 말은 비유입니다. 예를 들어 옛사람은 이름〔名〕도 있고 자(字)도 있었습니다. 이름과 자는 두 개이지만 실제로는 동일한 사람을 나타내는 것입니다. 한 사람을 성과 정으로 구분하는 것은, 지각 상태인 사유 작용과 감각 작용으로 구분하는 것과 같습니다. 가령 우리가 일상생활에서 편하다

---

72 "순상즉비(純想卽飛)", "순정즉추(純情卽墜)"라는 말은 『능엄경』권8에 보인다. 운허 스님의 『수능엄경주해(首楞嚴經註解)』363면에 "순상즉비" 365면에 "순정즉추"가 나온다. 저자는 하나의 문장처럼 인용했으나 서로 다른 문장이다.

거나 불편하다고 하는 것은 감각 작용에 속하지요. 이 분야는 반드시 유식학(唯識學)을 참고해야 합니다. 이른바 오음(五陰)인 색수상행식(色受想行識)의 원리입니다. 명(命)은 불가에서 말하는 오음 경계 중 색음인데 일부분은 수음의 감수(感受, 느낌)를 포함합니다.

불가에서는 사람의 감수(感受)를 세 가지로 분류합니다. 첫째는 고수(苦受), 둘째는 낙수(樂受), 셋째는 불고불락수(不苦不樂受)입니다. 인생의 대부분은 고통의 느낌〔苦受〕만 있을 뿐 진정한 즐거움의 느낌인 낙수(樂受)는 별로 없습니다. 방금 말한 것처럼 오직 "정래귀성(情來歸性)" 즉 정이 본성으로 돌아가는 수도 공부를 해야만 생리가 변화를 일으킵니다. 바로 이렇게 색신이 변화를 일으켜야 곧 즐거움을 누리는 득락(得樂)의 경지가 있습니다. 그러므로 불교는 사선정(四禪定)을 말하는데 그 가운데 삼선정(三禪定)의 경계는 모두 고통의 감각이 없는 즐거움의 경계, 절대적 쾌감의 경지입니다.

"그러므로 (참동계에서) '명이라는 것으로 정을 규정하고, 자라는 것으로 성을 말한다'고 하였다."

(故曰, 名者以定情, 字者緣性言)

"고왈(故曰)", 그러므로 여기에서 주운양 조사는 "명자이정정(名者以定情), 자자연성언(字者緣性言)"이라는 『참동계』 원문을 인용하며 말합니다. 그는 이 두 구절의 설명을 마치면서 그것에 근거해 다음과 같이 말합니다.

"처음 건괘 중의 금이 변해서 감괘가 되는 것은 성이 정으로 전환한 것이다. 한 번 전환하면 계속해서 전환하여 바로 그 자리에서 윤회하고 전도되니, 이것이 소위 순하게 따라가면 사람으로 환생하고 동물로도 환생하게 된다는 것이다."

(其初乾中之金, 變而成坎, 便是性轉爲情. 一轉則無所不轉, 輪迴顚倒, 只在目前, 所謂順去生人生物也)

『참동계』를 주해한 주운양 조사는 청대에 생존했던 도가의 진인(眞人)으로서 유불도 삼교를 융합하여 원문을 설명했는데,『참동계천유』라는 이 책이야말로 참으로 삼교를 일관했다고 할 수 있습니다.

"기초건중지금(其初乾中之金)"에서 건괘는 우주의 본체를 상징합니다. 금(金)은 우주 본체의 선천적 성능(性能)으로서 우리 모두 보편적으로 가지고 태어나는 것입니다. 중국인들은 이것을 천명(天命)이라고 합니다. 하늘이 모든 생명에게 공통적으로 가지고 태어나도록 명령했다는 뜻입니다. 하늘이 우리 인간에게 선천적으로 가지고 태어나게 한 것이 건괘(☰)인데, 위아래 두 효는 변화하고 중간 효는 변하지 않으면 감괘(☵)가 됩니다. 즉 외형은 변하지만 중심은 변하지 않는다는 뜻으로 감괘는 수(水)를 상징하지요.

"천일생수(天一生水)"는 여러 번 말한 바 있습니다. 여기에서 천(天)은 곧 본체로서 이것이 움직이면 수(水)를 생산하고, 움직이지 않으면 변화가 없다는 말입니다. 이렇게 수로 변하기 전에 생명의 본체는 순수한 정(精)으로서, 바로 정신(精神)의 정입니다. 그래서 "건중지금(乾中之金)"이라고 하는 본체의 순수한 정은 "변이성감(變而成坎)" 즉 변해서 감괘가 됩니다. 감괘는 우리 신체에서 북방으로서 하체에 속합니다. 귀는 머리에 있지만 신체의 하부, 단전 아래에 있는 기해혈과 통합니다. 그래서 늙으면 기혈이 허해지기 때문에 귀가 잘 안 들리게 되지요.

이렇게 건괘가 감괘로 변하는 것이 후천으로 성(性)이 정(情)으로 전환한 "성전위정(性轉爲情)"입니다. 이 정은 성이 변한 것으로 아직은 나쁜 것이 아닙니다. 그러나 정에 망념이 더해지면 나쁜 것이 됩니다. 망념(妄念)

은 통틀어 말하면 욕(欲)이라고 합니다. 즉 정(情)에 욕이 더해지면 곧 변화가 일어납니다. 이것이 "일전즉무소부전(一轉則無所不轉)" 즉 하나가 전환하면 다 전환한다는 말입니다. 우리가 말하는 육도 윤회로 추락하는 것입니다. 바로 "윤회전도(輪迴顚倒)"입니다. 거꾸로 되어 윤회하면서 그로부터 벗어나지 못하게 된다는 말이지요.

도가의 해탈

출가인의 수행을 해탈을 닦는 도라고 하는데, 단지 해탈만 추구하는 것은 소승불교의 아라한의 경지입니다. 대승불교의 불보살은 보신(報身)을 닦기 때문에 별도로 해탈을 추구하지 않지요. 소위 해탈이란 양면으로 나누어 말하면, 물에 소금이 녹아 있는 소금물에서 소금만 응고시켜 꺼내면 물은 그대로 물이고 소금은 물과 분리되어 소금으로 환원되는 것이 해탈입니다. 도가에서 말하는 해탈도 몇 가지 있습니다. 그 중 하나가 '시해(尸解)'라는 것입니다. 시체는 남아 있지만 이미 수도 공부를 성취한 것이지요. 그런데 시해에도 여러 가지 방법이 있습니다. 예를 들어 수도 공부를 하면서 최후에 해탈하기가 어려울 때는 일부러 화를 초래하거나 죄를 범해서 살해당하는 것을 '병해(兵解)'라고 합니다. 이것은 다른 사람의 힘을 빌려서 자신의 육체를 처리하는 방법으로 마치 병아리가 달걀을 깨고 나오는 것과 같습니다.

사실 병해(兵解)로써 해탈하는 것은 별로 고명하지 못한 방법입니다. 공력이 아직 부족해서 해탈하지 못한 것이지요. 어쨌든 병해는 삼계를 해탈하기가 얼마나 어려운가를 보여 주는 예라고 할 수 있습니다. 시해(尸解)를 식별하는 방법은 매우 많습니다. 사람이 죽으면 관에 넣어서 매장하는데, 일 년이나 삼 년쯤 지난 후 관을 열어 보면 시신이 없고 지팡이만 남아 있는 경우 시해라는 것을 알 수 있지요. 이런 해탈법은 어떤 물건을 자기 자신으로 변화시켜 관재(棺材)로 장식해서 관에 넣은 후 신체는 다른 곳에 가서 다시 수련하는 것입니다. 이런 시해법은 비교적 높은 수준으로서 사물을 자신의 형체로 변화시킨 후 가는 것입니다. 신선전(神仙傳)에는 이처럼 시해를 한 사람이 적지 않게 나옵니다. 이런 방법이 정말 영험한지 아닌지는 알 수 없습니다. 어쨌든 저는 이런 방법은 할 줄 모르기 때문에 여러분에게 구체적으로 말씀드릴 것도 없습니다.

사실 이런 것은 일종의 상상 속의 설화일 뿐 도가의 해탈은 아닙니다. 도가에서 말하는 금선(金仙)의 경지인 대라금선이야말로 불가의 해탈과 같습니다. 스스로 자신의 육체를 전변하는 것으로 소위 환골탈태입니다. 시해나 병해 같은 것은 해탈의 도가 아닙니다. 그러므로 불교를 공부할 때 해탈만 말하는 것은 아라한의 경지입니다. 불가에서는 법신(法身), 반야(般若), 해탈(解脫)을 함께 성취해야 큰 성취라고 합니다. 그러지 못한 것은 작은 성취이지요. 바꾸어 말하면 해탈을 성취하는 것은 엄격히 말해서 음(陰)의 경계일 뿐 '순양(純陽)'에 도달한 것은 아닙니다. 음의 경계에 도달한 사람은 음신을 성취할 수 있고, 또 시해선(尸解仙)이 될 수 있습니다. 그런 성취를 억지로 말하면 귀선(鬼仙)이라고 합니다. 그렇지만 사실은 귀선도 아닙니다. 보통 말하는 귀(鬼)가 아니지요. 불가에서는 그냥 비인(非人)이라고 합니다. 사람들 눈에는 보이지도 않고 만져도 느낌이 없습니다. 그러나 생명은 생명입니다. 즉 살아 있기는 하다는 것이지요. 불경에서는 이렇게 말하지요. "인과 비인〔人與非人〕", "인, 비인 등(人, 非人等)"이라고 말입니다. 비인(非人)은 우리 인간에 비해 단계가 높습니다. 인간과는 다르지만 그렇다고 귀신도 아니지요.

순하면 범인이 되고 역하면 신선이 된다

여기에서는 윤회 전도를 이야기합니다. 윤회를 하면서 후천의 정신, 혼백의 지배를 받는 것을 불가에서는 '색(色)'이라고 하는데, 색의 에너지는 지수화풍 시대에 속합니다. 예를 들어 우리의 본성은 고요하고 싶고 청고(淸高)하고 싶지만, 우리는 먹지 않고 입지 않으면 안 되니 이 물질의 구속을 벗어날 수 없습니다. 우리의 신체는 물질을 초월할 수 없지만 정신은 물질을 초월할 수 있습니다. 사실 우리의 본래 생명은 물질을 초월할 수 있는 기능이 있는데 우리 자신이 그렇게 하지 못하는 것뿐입니다.

도가의 관점으로 보면 당연히 할 수 있습니다. 다만 자신이 그것을 응집해서 모으지 못합니다. 다시 말해 환단하지 못한다는 것이지요. 이런 원리에 대해 선종의 운문 조사는 "나에게 보물이 하나 있으니 형산에 감추어 놓았다[我有一寶, 秘在形山]"고 했습니다. 우리 모두 형체의 한계 속에 존재합니다. 『서유기』에 나오는 손오공이 부처님 손바닥을 벗어나지 못한 것과 같습니다. 손오공이 벗어나려고 하면 부처님이 바로 다섯 손가락으로 눌러 버렸지요. 그래서 그 손가락을 오지산(五指山)이라고 불렀습니다.

손오공은 손바닥 안에서 벗어날 수 없었습니다. 그래서 머리를 길게 늘여 보았지만 소용이 없었지요. 머리에서 신령스러운 빛이 방사되었지만 부처님 손가락을 벗어날 수는 없었던 것입니다. 우리의 생각이 신령스럽게 빛나도 결국 육체를 벗어날 수 없는 것과 같습니다. 손오공은 후에 현장 법사를 만났습니다. "스님, 저를 구해 주세요." "내가 어떻게 해야 너를 구할 수 있겠느냐?" "산 정상 제일 높은 곳에 주문이 적힌 부적이 있는데 관세음보살님이 붙여 놓은 것입니다. 그것만 떼어 내면 저는 여기에서 벗어날 수 있습니다." 그러자 현장 법사는 산으로 올라가서 마침내 부적이 붙은 곳에 이르렀습니다. 과연 그곳에는 육자대명왕진언인 '옴마니반메

홈'이라는 주문이 붙어 있었지요. 현장 법사가 그것을 떼어 내자 손오공은 바로 탈출할 수 있었습니다. 이것은 수행법을 상징한 이야기입니다. 어떻게 하면 우리가 육체의 구속에서 벗어날 수 있겠습니까? 바로 선(善)을 행하는 것입니다.

이렇게 부처님 손바닥에서 벗어나지 못하는 것처럼 우리 인생이 윤회의 수레바퀴에서 벗어나지 못하는 것을, 앞에서 이미 인용한 것처럼 다음과 같이 말했습니다. "처음 건괘 중의 금이 변해서 감괘가 되는 것은 성이 정으로 전환한 것이다. 한 번 전환하면 계속해서 전환하여 바로 그 자리에서 윤회하고 전도되니, 이것이 소위 순하게 따라가면 사람으로 환생하고 동물로도 환생하게 된다는 것이다(其初乾中之金, 變而成坎, 便是性轉爲情. 一轉則無所不轉, 輪迴顚倒, 只在目前, 所謂順去生人生物也)." 이런 길을 따르는 것이 곧 인간의 생명이며, "순거생인(順去生人)" 즉 순하게 따라가면 사람으로 태어난다는 것입니다. 감괘가 아래에서 움직이는 것은 인간의 욕구, 성욕이 발동하는 것을 상징합니다. 다시 말하면 금이 변화해서 감괘가 되듯이 성(性)이 욕구를 일으켜 정(情)으로 변화하는 길을 순순히 따라가면 윤회를 벗어날 수 없습니다. 후대의 도가는 이 욕념을 억눌러야 한다고 잘못 생각했는데, 사실은 이 정(精)을 억누르기보다는 회수하기만 하면 선인(仙人)이 될 수 있습니다.

이렇게 정(精)을 회수하면 선인이 될 수 있다는 이론은 근거도 있고 틀린 말이 아닙니다. 단, 이 유형의 정을 어떻게 회수해서 변화시킬 수 있을까요? 유형의 것을 회전해서 변화시킨다는 것은, 마치 어떤 것을 먹어서 위에 도달했는데 일부는 아직 소화되지 않은 것과 같습니다. 그러니 이것은 완전히 잘못된 관념이며 이런 원리가 아닙니다. 이 "순거생인"은 아래로 흘러 내려가는 것을 말합니다. 생명이 위를 향해 해탈의 길로 가지 못하고 아래로 내려가서 중생의 길로 간다는 말입니다. 그래서 윤회를 거듭하며 벗어나지 못한다는 뜻이지요. 다시 주운양 조사의 말을 보겠습니다.

"지금 감괘 중에서 진금을 취해서 환원하여 건괘로 돌아가는 것이 바로 정이
돌아가서 성이 되는 것이다. 한 번 돌아가면 다시는 돌아오지 않으니 견고하
고 원만하고 항구하여 곧바로 무루의 경지로 초월한다. 소위 거슬러 오면 성
인도 되고 선인도 된다는 것이다."

(今者, 仍取坎中眞金, 還而歸乾, 便是情返爲性, 一返則無所不返, 堅固圓常,
頓超無漏, 所謂逆來成聖成仙也)

"취감중진금(取坎中眞金)"에서 진금(眞金)은 감괘의 중효인 일양(一陽)
을 가리킵니다. 이 한 점의 진양은 생명의 본원으로서 그것을 가져다가 리
괘의 중효인 일음(一陰)을 메우면 건괘가 된다는 말입니다. 리괘는 중간이
음효로서 비었기 때문에 선천일기인 감괘 중의 일양을 가져다가 리괘 중간
에 있는 음효를 대신한다는 것이지요. 이렇게 해서 리괘가 건괘로 돌아가
는 것을 "변시정반위성(便是情返爲性)" 즉 정(情)을 성(性)으로 돌린다고
합니다. 이렇게 한 번 돌아가면 다시는 윤회의 길에 떨어지지 않습니다.
그래서 도가에서는 구전환단(九轉還丹)이라고 합니다. 견고하고 원만하고
항구하여 곧바로 무루의 경지로 초월하는 "견고원상(堅固圓常), 돈초무루
(頓超無漏)"라는 것입니다. "무루(無漏)"라는 말은 본래 도가의 용어인데 불
가에서도 차용해서 쓰게 되었지요. 루(漏)는 샌다는 뜻으로, 남녀 정욕이 이
생명의 진기를 흐르고 새게 만든다는 것을 비유합니다.

사실 안이비설신의 육근이 모두 루(漏) 즉 새어서 빠져나갑니다. 무루는
육근이 모두 누설되지 않는 것이지요. 무루의 경지에 도달하는 것을 도가
에서는 '무봉탑(無縫塔)'이라고 상징적으로 표현합니다. 특히 도가 북파의
장춘 진인 구처기가 이 말을 즐겨 사용했지요. 무봉탑은 꿰맨 흔적이 전혀

없는 탑이라는 뜻으로 유루(有漏)의 틈새가 없는 것을 가리킵니다. 불가에서는 무루의 경지에 이르는 것을 아라한의 과위(果位)에 도달한다고 합니다. 이것을 주운양 조사는 "소위역래성성성선야(所謂逆來成聖成仙也)"라고 했습니다. 거슬러 오면 성인도 되고 선인도 된다는 말이지요. 중생은 남녀의 욕념을 따라 가기 때문에 윤회에서 벗어나지 못하지만, 그것을 거슬러 욕념을 이기면 부처나 신선이 될 수 있습니다.

적연부동하다가 감응하여 통한다

이 이론은 이미 설명한 적이 있는데 바로 수도 공부의 방법입니다. 주운양 조사는 이렇게 말했습니다.

"도를 배우는 선비가 만약 능히 감응하여 통한 후에 그 적연부동한 처음을 잃지 않는다면 환단이 가능하다."

(學道之士, 若能於感而遂通之後, 弗失其寂然不動之初, 而丹乃可還矣)

이 말은 매우 중요합니다. 도를 어떻게 닦는다고요? 바로 "감응하여 통하고 나서 고요하여 움직이지 않는(感而遂通, 寂然不動)" 것입니다. 이 말은 『역경』「계사전」에 나옵니다. 공자가 지었다고 하는 「계사전」은 바로 중국 철학에서 선천의 심물일원(心物一元)의 기초 이론으로, 생명의 자성(自性)은 고요하여 영원히 움직임이 없다는 것입니다. 후대에 불경이 번역되면서 열반(涅槃)이라고 했는데 바로 적멸하다는 뜻입니다. 이렇게 번역한 것도 일리가 있습니다. 적멸이라는 것은 적연부동(寂然不動) 즉 고요해서 움직임이 없다는 뜻이지요. 본래 고요하여 움직임이 없다는 것은 바로 시공

간을 초월했다는 뜻이기도 합니다. 단, 고요해서 움직임이 없다고 해서 죽었다는 것은 아닙니다. 일단 감응(感應)하기만 하면 움직임이 발동하고 작용을 일으키지요. 작용을 일으킨 후에는 어떻게 될까요? 작용으로부터 본체로 돌아갑니다. 본체는 공(空)하고 그 자체로는 아무것도 없지만 감응하면 작용을 일으킵니다.

불가의 비유도 이와 같습니다. "파도가 곧 바닷물이고 바닷물이 곧 파도〔全波是水, 全水是波〕"라는 것이지요. 우리의 본성은 바닷물과 같습니다. 물밖에서 바람이 불면 바람에 따라 파랑이 일어납니다. 이것이 바로 "감이수통(感而遂通)"입니다. 밖에서 바람이 불지 않으면 파랑은 바로 그쳐서 다시 바닷물로 돌아갑니다.

생각에 대해 다시 한 번 말하겠습니다. 우리의 생각이나 정감은 본래 없는 것입니다. 갓난아기가 태어나서 말을 하기 전에는 고요해서 움직임이 없고, 희로애락의 감정도 없고, 어떤 생각과 분별 관념도 없습니다. 제육식이 성장하지 않은 것이지요. 우리 정수리에 맥이 뛰는 숨구멍이 닫힌 후 말하고 생각하는 것을 배우고 나서 제육식이 점차 성장하게 됩니다. 후천의 습관적인 생각과 사유, 정서가 발달하는 것이지요. 우리가 현재 갖고 있는 제육식은 거의 다 감정적인 것입니다.

수도 공부에 대해 말하면 불가와 도가는 같습니다. 어떻게 감정을 자성으로 되돌려 본체로 돌아가느냐 하는 것입니다. 제가 지금 이런 말을 할 때 여러분은 이 말을 듣고 각자 생각을 일으켜 옳다 그르다 분별할 것입니다. 이것 또한 "감응하여 통하는 것"의 일종입니다. 느껴서 통한다는 것은 생각이 끊임없이 이어지는 가운데, 첫 번째 생각이 지나가고 두 번째 생각은 아직 이르지 않은 그 중간을 명료하게 관찰함으로써 "적연부동한 처음을 잃지 않아서〔弗失其寂然不動之初〕" 본래의 고요하고 청정한 본체의 경지로 돌아가는 것입니다. 이것은 심리적 방법으로 행하는 수도 공부입니다.

불가의 지관(止觀)이니 참선(參禪)이니 하는 것은 모두 이것, 즉 감응하여 통하는 것으로부터 수행을 시작합니다. 도가의 수행 공부 역시 생각과 관념이 감응하여 통한 후의 신체에 주의를 집중합니다. 즉 감정이 움직인 후 우리의 욕념이 일어나는 순간이 진정으로 도가의 수양 공부의 중요한 지점입니다. 욕념이라는 불이 타오르는 것을 느꼈을 때 그 욕념의 에너지가 위로 치솟지 않게 아래로 내려 보내야 합니다. 이것이 바로 "감응하여 통한 후에도 그 적연부동한 처음을 잃지 않는" 것입니다. 몸과 마음이 욕념으로 인하여 격동한 순간에 그것을 능히 청정하게 돌려서 지킬 수 있다면 곧 환단이 가능합니다. 이렇게 생명 에너지가 새지 않고 움직이지 않게 해서 오랫동안 지키면 환골탈태할 수 있습니다.

특별히 주의할 것이 있습니다. 오류파에서 유행하는 환정보뇌(還精補惱), 연정화기(煉精化炁)에서 유의하는 것도 욕념이 움직이기 전에 정(情)이 움직인다는 점입니다. 즉 정이 움직이면 남녀 욕념이 일어납니다. 비유하자면 수원지가 깨끗하지 못하면 음용으로 쓸 수 없습니다. 즉 환단할 수 없다는 것이지요. 수원이 깨끗해야 음용으로 쓸 수가 있다는 오류파의 주장 역시 일리가 있습니다. 오류파의 경전인 『혜명경(慧命經)』 『금선증론(金仙證論)』 『성명규지(性命圭旨)』 등의 책에 이런 원리가 들어 있습니다. 여기 있는 여러분들도 각별히 주의해야 합니다. 욕념이 움직이기 이전의 정(情) 자체가 청정할 때에야 연정화기의 수련이 가능합니다. 그러니 남녀관계를 주의해서 정(情)을 늘 청정하게 유지해야 합니다. 그러지 못하면 수도 공부를 해도 이루기가 어렵습니다.

이와 관련해서 큰 문제가 있습니다. 정(情)은 움직였는데[73] 욕념이 아직

---

73 원문에서는 "기(氣)는 움직였는데 욕념은 아직 움직이지 않았을 때"라고 되어 있는데, 앞의 문장과 연관해서 보면 기(氣)는 곧 정(情)을 의미하므로 번역에서는 '정(情)'으로 하였다.

움직이지 않았을 때는 정충(精蟲)을 만드는 곳을 자극하지 않았을 때라고 할 수 있습니다. 이때라면 오류파의 주장이 옳다고 할 수 있습니다. 즉 수원이 아직 청정하다고 할 수 있지요. 그러나 이때는 이미 변화시키기 매우 어려운 상황입니다. 이런 이야기는 도가 서적에는 없습니다. 여러분은 다른 책을 보아야 이런 문제를 발견할 수 있지요. 중국인의 조상인 황제(黃帝)는 후에 득도해서 신선이 되었다고 합니다. 그의 스승은 광성자(廣成子)라고 하는데 『봉신방(封神榜)』에 나와 있는 그의 법력은 정말 끝이 없습니다. 광성자가 황제에게 이렇게 말했다고 합니다. "지도지정(至道之精)"을 수도하라고 말입니다. 정서나 감정이 청정한 경계에서 일단 움직이면 이미 정(精)이 요동한다고 하니 이 정은 정충이나 난자가 아님을 알 수 있습니다.

제60강

환단의 작용

이제 환단 이야기를 하겠습니다. 환단을 한마디로 말하면 "금래귀성(金來歸性)"입니다. 금이 본성으로 돌아간다는 뜻으로, 정욕(情欲)의 생각이 완전히 청정해지는 것입니다. 좀 더 구체적으로 말하면 기의 흐름이 멈추고 맥박의 움직임도 정지한 기주맥정(氣住脈停)의 현상이지요. 당연히 호흡도 없고 피부 호흡마저 정지합니다. 그러므로 "금래귀성"의 겉으로 드러나는 현상은 기주맥정입니다. 그래서 『참동계』원문에서는 "금래귀성초(金來歸性初), 내득칭환단(乃得稱還丹)"이라고 말했습니다. "금이 애초의 본성으로 돌아가니 환단이라고 일컫는다"는 뜻이지요.[74] 금(金)은 유동하는 기(氣)입니다. 이에 대해 주운양 조사는 다음과 같이 설명합니다.

"이 두 구절은 단지 참동계의 관건일 뿐 아니라 천만 경전도 꿰뚫을 수 있는

---

[74] 『참동계천유』. 154면.

것이다."

(此兩句, 不特爲一部參同契關鍵, 且能貫穿萬典千經)[75]

이 두 구절의 말은 『참동계』의 핵심일 뿐 아니라 모든 도가 경전이 이 두 구절의 원칙에서 벗어나지 않습니다. 여기에서 주운양 조사는 또 『능엄경』을 인용해서 다음과 같이 설명합니다.

"능엄경에서는 '광석을 제련해서 순금을 얻으면 다시는 광석으로 돌아가지 않는 것과 같다'고 하였다."

(楞嚴經云, 如金鑛襍于金精, 其金一純, 更不成襍)

"여금광잡우금정(如金鑛襍于金精)", 금광에서 갓 채굴한 광석을 불로 제련해서 "기금일순(其金一純), 갱불성잡(更不成襍)" 즉 일단 순금이 되면 다시는 광석으로 돌아가지 않습니다. 이것은 우리의 마음에서 정욕의 감정을 잘 다스려 순수한 본성으로 돌아가면 다시는 정욕의 감정을 일으키지 않게 된다는 것을 광석에서 순금을 얻는 것으로 비유했습니다. 기주맥정이란 우리의 마음에 한 생각도 일어나지 않는 경지입니다. 이런 경지에 도달한 때를 "금이 애초의 본성으로 돌아가는[金來歸性初]"것으로 비유합니다. 다시 말하지만 이렇게 마음의 본성으로 돌아가면 다시는 후천의 잡념이 일어나지 않습니다. 이것을 주운양 조사는 또 『원각경(圓覺經)』을 인용해서 다음과 같이 설명했습니다.

"원각경에 말하기를, '광석을 녹이면 금이 나오지만 금은 광석이 아니기 때문

---

[75] 이하 『참동계천유』의 내용은 156면에 보인다.

에 일단 금이 되면 다시는 광석이 되지 않고, 오랜 시간이 지나도 금의 본성을 잃지 않는 것과 같다'고 말한 것이 이런 뜻이다."

(圓覺經云, 如銷金鑛, 金非銷有, 旣已成金, 不重爲鑛, 經無窮時, 金性不壞, 是此義也)[76]

"여소금광(如銷金鑛), 금비소유(金非銷有)", 금은 광석을 녹여야 모습을 드러내지만 없던 금이 새로 만들어진 것이 아니라 본래 광석 속에 있던 것이 나타나는 것이라는 뜻입니다. 이처럼 우리의 생각이 움직이지 않으면 기가 멈추게 되어 본성이 돌아옵니다. "기이성금(旣已成金), 부중위광(不重爲鑛)", 이미 제련하여 황금이 된 후에는 다시는 광석으로 돌아가지 않습니다. "경무궁시(經無窮時), 금성불괴(金性不壞), 시차의야(是此義也)", 무궁한 시간이 지나도 영원히 금의 본성을 잃지 않는다는 말이고, 이것이 부처님이 『원각경』에서 말씀하신 뜻입니다. 광석을 녹여 순금을 얻는 것은 사실이지만, 광석 자체는 금이 아니고 금은 광석과 무관하게 본래 존재하는 것입니다. 이 때문에 일단 순금이 되면 다시는 광석이 되지 않고 영원히 금의 본성을 잃지 않게 된다는 뜻이지요.[77] 이것도 『능엄경』에서 말한 것과 같은 원리입니다.

---

76 『대방광원각경대소(大方廣圓覺經大疏)』 권8.

77 『원각경』의 이 말은 본래 부처는 중생이 깨달음을 얻어서 이루는 것이지만, 일단 부처가 되면 다시는 중생으로 돌아가지 않는다는 것을 광석과 금의 비유로 설명한 것이다. 금은 본래 금으로서 존재하는 것이지 광석이 변해서 금이 되는 것은 아니라는 말이다. 이것은 중생이 깨달음을 얻어서 부처가 될 수 있다면, 부처가 되었다고 해도 언젠가 다시 중생으로 돌아가지 않을까 하는 의심을 풀어주기 위한 설명이다. 『참동계천유』에서 주운양 조사가 인용한 "원각경운(圓覺經云), 여소금광(如銷金鑛), 금비소유(金非銷有), 기이성금(旣已成金), 부중위광(不重爲鑛), 경무궁시(經無窮時), 금성불괴(金性不壞)" 뒤에 이어지는 내용은 "불응설언(不應說言) 본비성취(本非成就) 여래원각(如來圓覺) 역부여시(亦復如是)"이다. 즉 "본래 순금이 성취되어 있는 것은 아니라고 말해서는 안 된다. 여래의 원각 또한 이와 같다"라는 말을 보면 그러한 의미를 알 수 있다.

"여순양 조사가 말하기를, '금이 떠올라야 바야흐로 성을 보게 되고, 목이 가라앉아야 비로소 심을 알게 된다'고 하였는데, 장자양 진인이 말한 '금정은 남고자 하니 주사 속의 수은이요, 옥지는 먼저 내려가니 물속의 은이다'라고 말한 것도 이와 같은 뜻이다. 이로써 삼장의 불경이 단지 금성이라는 두 글자의 의미를 발휘한 것임을 알 수 있고, 만권의 단경도 오직 환단이라는 두 글자를 증명한 것임을 알 수 있다. 이것을 역경의 원리로 증험하면 부절처럼 꼭 맞음을 활연히 깨달을 수 있다. 환단의 법상에 대해서는 이미 앞 장에서 말했으니 여기에서는 단지 그 명칭의 의미를 맺었을 뿐이다."

(呂純陽云, 金爲浮來方見性, 木因沈後始知心, 張紫陽云, 金鼎欲留朱裏汞, 玉池先下水中銀, 亦此義也, 可見三藏梵典, 只發揮得金性二字, 萬卷丹經, 只證明得還丹二字, 且更兼質之義易, 若合符節, 可以豁然矣. 還丹法象, 已備見上章, 此特結言其名義耳)

"금위부래방견성(金爲浮來方見性), 목인침후시지심(木因沈後始知心)"이라는 두 구절은 여순양이 말한 유명한 글귀입니다. 여순양 진인이 "금이 떠올라야 바야흐로 성을 보게 된다〔金爲浮來方見性〕"고 한 것은 금의 성질은 움직이기를 좋아한다는 말입니다. 이것은 바로 기(氣)를 상징하지요. 기(氣)에는 세 종류가 있다고 앞에서 말했는데, 여기에서 말하는 기는 호흡의 기가 아니라 바로 식(息)을 가리킵니다.[78] "목이 가라앉아야 비로소 심을 알게 된다〔木因沈後始知心〕"에서 목은 정(情)을 상징하며 잡념, 망상이 일어나지 않고 가라앉아야 본심이 드러난다는 뜻입니다. 다시 말하면

---

78 여기에서 식(息)은 태식(胎息)을 가리킨다. 우리가 호흡할 때 거칠게 숨을 들이쉬고 내쉬는 것을 기(氣)라고 한다면 태식은 어머니의 배 속에서 쉬는 숨처럼 고요해서 거의 움직임이 없다. 이렇게 고요한 경지에 도달한 것을 식(息)이라고 한다.

"금이 떠올라야 바야흐로 성을 보게 되고, 목이 가라앉아야 비로소 심을 알게 된다"는 말은 기(氣)와 정(情)을 다스려야 마음을 밝히고 본성을 보는 명심견성이 가능하다는 것입니다.

장자양 진인은 송나라 때 도가의 전설적인 도사입니다. 그가 말한 "금정욕류주리홍(金鼎欲留朱裏汞), 옥지선하수중은(玉池先下水中銀)" 즉 금정(金鼎)은 남고자 하니 주사 속의 수은이요, 옥지(玉池)는 먼저 내려가니 수 속의 은이라는 것도 기(氣)와 성정(性情)을 귀납하는 작용을 일컫습니다. 또 "가견삼장범전(可見三藏梵典), 지발휘득금성이자(只發揮得金性二字)"는 유가, 불가, 도가의 각종 경전이 모두 성(性)과 정(情) 두 글자라는 것을 말합니다. "만권단경(萬卷丹經), 지증명득환단이자(只證明得還丹二字), 차경겸질지희역(且更兼質之義易), 약합부절(若合符節), 가이활연의(可以豁然矣)", 만권의 단경도 오직 환단이라는 두 글자를 증명한 것임을 알 수 있으니 이것을 『역경』의 원리로 증험하면 부절처럼 꼭 맞음을 활연히 깨달을 수 있다고 한 것은 환단의 작용이 『역경』의 괘상과 순서가 같다는 것을 의미합니다. 주운양 조사는 우리가 이런 원리를 잘 알면 스스로 수양 공부의 요체가 무엇인지 환히 깨닫게 될 것이라고 했습니다. "환단법상(還丹法象), 이비견상장(已備見上章), 차특결언기명의이(此特結言其名義耳)", 환단의 법상은 이미 말했으니 여기서는 그 작용과 의미에 대해서만 설명했다는 말도 덧붙였습니다.

대주천과 소주천을 다시 말하다

지금까지 성정(性情)의 이치를 분명하게 설명을 했는데, 아직 제15장이 끝나지는 않았지만 여기서 제18장인 감리교구장(坎離交媾章)을 미리 살펴보려고 합니다. 제18장의 내용이 앞 장에서 말한 환단의 원리와 관련 있기 때문입니다. 주운양 조사는 그것을 다음과 같이 설명합니다.

"이 장은 감괘와 리괘가 교구해서 약을 생산하는 것에 대해 말하였다. 이는 한 달의 회삭현망 과정에 상응하니 곧 소주천의 화후이다."

(此章, 言坎離交而産藥, 應一月之晦朔弦望, 乃小周天之火候也)

여러분, 십이벽괘 도표를 가지고 있지요? 다 같이 보시기 바랍니다. 우리 신체 내부에서 큰 것은 "건괘와 곤괘의 교구(乾坤交)"라 하고, 작은 것은 "감괘와 리괘의 교구(坎離交)"라고 합니다. 즉 "건곤교"는 대주천이고 "감리교"는 소주천이지요. 도가의 오류파 이후 일반적으로 소주천에 대해 사이비적 관념이 형성되어 있습니다. 수도 공부에서 기맥이 꼬리뼈에서 척추를 타고 위로 천천히 올라가서 정상에 이르면 다시 몸의 앞으로 이렇게 원을 그리듯 내려가서 단전에 도달한다는 것입니다. 즉 하거(河車)를 굴리는 것을 소주천이라고 한다는 말이지요. 무협소설에서 말하듯이 임맥과 독맥을 통하는 것을 소주천이라고 합니다. 이렇게 몸에서 유형의 임맥과 독맥을 돌리는 것 같은 감각을 소주천이라고 한다면, 대주천은 어떻게 돌리는 것인가요? 이런 식의 소주천 관념은 문제가 있습니다.

현재 정통 도가에서는 여러분에게 이렇게 말합니다. 소주천이란 달이 초하루부터 그믐까지 하늘을 한 번 도는 것을 가리키고, 대주천은 태양이 일 년 동안 운행하는 것이라고 말합니다. 태양이 하늘에서 일도(一度)를 가는 것은 시계에서 초침이 째깍 하고 일도를 가는 것과 같습니다. 이렇게 삼백육십오도를 일 년 동안 움직이는 것이 대주천이라는 것이지요. 인체에서 말하면 "금래귀성(金來歸性)" 즉 금기가 본성으로 돌아가는 것을 대주천이라고 합니다. 망념이 일어나지 않는 여여부동(如如不動)한 경지로 돌아간 것이 환단의 경지이지요. 장생불사하는 신선의 도를 닦아 환단에 성공한다면 수도 공부의 절반은 성공했다고 할 수 있습니다. 그러나 여기에서 멈추지 않고 수련을 계속해야 합니다. 『참동계』 제18 "감리교구장(坎離交媾章)" 첫 번째 단락은 다음과 같습니다.

제18 坎離交媾章감리교구장[79]

晦朔之間회삭지간, 合符行中합부행중. 混沌鴻濛혼돈홍몽, 牝牡相從빈모상종. 滋液潤澤자액윤택, 施化流通시화유통. 天地神明천지신명, 不可度量불가도량. 利用安身이용안신, 隱形而藏은형이장.

그믐과 초하루 사이에 감리의 교구가 이루어진다. 혼돈과 홍몽 속에서 음과 양이 서로 따른다. 자액이 윤택하여 생명의 시화가 유통하니 천지신명도 헤아릴 수 없다. 이를 활용해 몸을 편안히 하는 것은 형체를 숨겨서 감추는 것이다.

이 단락은 환단 수련의 현상을 말합니다. 다시 말해 몸에서 발생하는 감리교구(坎離交媾)의 현상입니다. 감괘와 리괘가 무엇인지는 여러분이 다 익숙하게 알고 있겠지만, 다시 반복하면 감괘는 몸에서 신장을 상징하고 오행으로는 수(水)에 해당합니다. 리괘는 심장을 상징하고 심장은 뇌하수체와 생각하는 뇌의 작용을 포함합니다. 감괘는 단지 등 양쪽의 신장뿐 아니라 몸의 전면에 있는 청춘선(靑春腺), 부신(副腎), 성선(性腺)도 포함합니다. 남성에게는 정자를 생산하는 부분도 포함하고 여성의 경우도 마찬

79 『참동계천유』. 181면.

가지입니다. 이런 것이 모두 감괘에 해당하지요. 심장과 신장의 상호 교류는 상하의 교류와 같습니다. 이것은 이미 말한 적이 있지요. 노년에는 중기(中氣)가 허해 수면의 질이 좋지 않습니다. 심장과 신장이 잘 교류하지 않기 때문에 일어나는 현상이지요. 수(水)와 화(火)가 교류하지 않는 것인데, 이것을 감괘와 리괘가 교류하지 않는다고 합니다.

이런 현상에 대한 처방은 중의학에 많습니다. 예를 들어 소환단(小還丹)이니 무슨 구록이선교(龜鹿二仙膠)니 하는 것이 있는데, 모두 자음보신(滋陰補腎) 즉 음기를 기르고 신(腎)을 보양하며 심화(心火)를 내려주는 약 처방입니다. 이런 식의 처방은 이론적으로는 맞지만 사람마다 체질이 다르고 외부의 상황이 다르기 때문에 반드시 좋다고 할 수는 없습니다. 그렇지만 어떤 사람은 이런 약을 복용해서 좋은 결과를 얻을 수도 있어서 여러분모두 중의학을 잘 알아 두는 것이 좋습니다. 중의학을 전공하는 사람들은 말할 것도 없고, 특히 수도 공부를 하는 사람은 반드시 공부해야 하지요. 수도 공부를 하는 사람은 의학에 통해야 하고 천문지리, 기후 변화, 의복음식 등도 모두 잘 알고 주의해야 합니다. 주의하지 않으면 문제가 발생할수 있기 때문입니다. 그러나 문제가 생긴다고 해서 너무 긴장할 필요는 없습니다. 하루 종일 약에만 신경 쓴다면 정신이 어수선하기도 하고 돈도 많이 들어갑니다. 그럼에도 의학은 잘 알아 두어야 합니다. 자기 몸도 잘 모르면서 어떻게 수도 공부에 성공할 수 있겠습니까?

"감리교구(坎離交媾)", 날마다 감괘와 리괘가 교류한다는 것은 정(精)과신(神), 수기와 화기가 상호 교류하는 것입니다. 다시 말하면 신과 기가 응정(凝定)하는 것이 감리교(坎離交)입니다. 이 단락도 주운양 조사의 주해를먼저 살펴보겠습니다. 제가 설명하는 것보다 더 분명합니다.

"이 절은 그믐과 초하루의 교류인 회삭지교와 해와 달의 만남인 일월회합이

대약의 근본이라는 것을 말한다. 조화의 오묘함은 동과 정이 상생하여 순환이 무궁한 것이다."

(此節, 言晦朔之交, 日月會合, 爲大藥之根本也. 造化之妙, 動靜相生, 循環無端)

"회삭지교(晦朔之交)", 음력으로 월말과 월초의 교류를 가리키는데 대개 이십구 일부터 초사흘까지 닷새입니다. 이 기간을 회(晦)라고 하는데 밤에 달빛이 없어서 캄캄합니다. 이처럼 하늘이 완전히 캄캄한 것을 순음(純陰) 또는 지음(至陰)이라고 하지요. 이렇게 닷새가 지나면 궤도에 초승달이 서서히 나타나는데 이것을 삭(朔)이라고 합니다.

이처럼 달의 회삭 현상을 설명하는 것은 주운양 조사가 "회삭지교(晦朔之交), 일월회합(日月會合)"을 말했기 때문입니다. 태양과 달의 음양이 서로 어울리는 현상으로, 기(氣)를 닦는 것을 비유한 말입니다. 이 기(氣)는 무엇인가요. 우리 지구는 태양과 달 사이에 존재합니다. 그러므로 태양과 달의 운행에 따라 지구의 기후와 온도가 변화합니다. 이것이 바로 우주에서 대약(大藥)이 생산되는 근원이지요. 즉 이 현상으로부터 기(氣)가 발생한다는 말입니다. 수도 공부를 하는 것도 우주에서 태양과 달이 운행하는 것과 같은 원리를 이용합니다. "조화지묘(造化之妙), 동정상생(動靜相生)", 조화의 오묘함은 만물을 생성하고 변화하는 우주 생명의 근원이 한 번 동하면 한 번 정하여 서로 상호 작용하면서 상생하는 것입니다. "순환무단(循環無端)" 즉 동과 정, 음과 양이 시작도 끝도 없이 무한히 순환하는 것이지요. 중국에서 '무단(無端)'이라고 하는 것을 불경에서는 '무시(無始)'라고 합니다. 시작이 없다는 말로, 시작이 없으면 끝도 없지요. 이렇게 시작도 끝도 없다는 것은 영원한 순환을 의미합니다.

원회운세란 무엇인가

"그러나 흡취하지 않으면 발산할 수 없고, 칩장하지 않으면 생육하지 못한다. 그러므로 원회로 계산하면 정 이후에 원이 있고, 일세로 계산하면 겨울이 있은 후에 봄이 있으며, 하루로 계산하면 해시 이후에 자시가 있으며, 한 달로 계산하면 그믐이 있은 후에 초하루가 있다. 이것이 끝나면 다시 시작으로 이어지는 현상이다."

(然不翕聚, 則不能發散. 不蟄藏, 則不能生育. 故以元會計之, 有貞而後有元. 以一歲計之, 有冬而後有春. 以一日計之, 有亥而後有子. 以一月計之, 必有晦而後有朔. 此終則有始之象也)

이 단락은 매우 복잡합니다. 이 말씀의 의미를 알기 위해서는 『역경』과 『황극경세(皇極經世)』에서 말하는 "원회운세(元會運世)"를 알아볼 필요가 있습니다.

일원(一元)은 십이회(十二會)이고, 일회(一會)는 삼십운(三十運)이고, 일운(一運)은 십이세(十二世)입니다. 중국 문화에서는 우주의 시작을 요(堯) 임금이 황제에 즉위한 갑진(甲辰)년을 시작으로 해서 육십 년에 일변(一變)하고, 백이십 년에 일변하고, 백팔십 년에 또 일변을 합니다. 일갑자(一甲子)는 육십 년이고 이것이 일원(一元)인데, 이것을 상원(上元) 갑자와 중원(中元) 갑자와 하원(下元) 갑자로 나눕니다. 삼원(三元) 갑자를 합하면 그것이 또 하나의 원(元)이 됩니다. 육십 년 육십 일 혹은 육십 시진(時辰)이 모두 그 속에 들어 있지요.

전통적으로 중국의 고대 천문학에서는 "하늘은 자시에 열리고, 땅은 진시에 열리고, 사람은 인시에 태어난다[天開於子, 地闢於辰, 人生於寅]"고 합니다. 사실 우주가 언제 시작되었는지는 큰 문제가 안 됩니다. 그러나 인간의 문화가 시작한 것은 십이시진 중에서 인(寅)에 해당합니다. 요임금이 황제 자리에 등극한 진(辰)년부터 시작하면, 올해(1983년으로 『참동계』 강의를 한 해)는 중원 갑자가 지나고 내년부터는 하원 갑자가 시작됩니다. 또 하나의 갑자가 돌아오는 것이지요. 이러한 삼원 갑자의 변화는 한 개인은 물론이고 심지어 국가의 변화도 모두 계산해 낼 수 있다고 하는데, 이를 "원회운세(元會運世)"라고 합니다. 이것은 본래 『역경』의 이치입니다. 여러분이 이 원리를 배우고 싶다고 해서 몇 년 동안 가르치겠다고 약속을 했는데 그러지 못할 것 같습니다. 첫째는 기회가 없고, 둘째는 제가 가르치기가 귀찮고, 셋째는 여러분이 배우는 것을 제가 바라지 않기 때문입니다. 한평생을 파고들어 가서 배워도 별로 좋은 게 없습니다. 이것을 배워 세상일을 모두 알게 되면 인생에 아무런 재미가 없지요. 차라리 내일 일을 모르고 사는 것이 간단합니다. 주운양 조사는 이어서 설명합니다.

"반드시 그믐이 지난 후에 초하루가 온다. 이것이 마치면 다시 시작하는 현상이다. 어째서 그믐과 초하루라고 하는가. 달은 본래 빛이 없는데 태양 빛을 반사해서 달빛이 된다. 삼십 일 저녁이 되면 빛이 다해서 숨어 버리는 것을 그믐이라고 한다. 이때 태양과 달이 황도에 나란히 있어서 겹치게 된다. 바로 그믐과 초하루의 중간에 있는 것이다."

(必有晦而後有朔, 此終則有始之象也. 何以謂之晦朔, 月本無光, 受日魂以爲光, 至三十之夕, 光盡體伏, 故謂之晦. 此時日與月, 並行于黃道, 日月合符, 正在晦朔中間)

앞에서 말했던 법칙을 한 달에 적용하면 "유회이후유삭(有晦而後有朔)" 즉 그믐이 지난 다음에 초하루가 오는 것이 "종즉유시(終則有始)"입니다. 마치면 다시 시작하는 법칙이지요. "하이위지회삭(何以謂之晦朔), 월본무

광(月本無光), 수일혼이위광(受日魂以爲光)", 이 말은 고대의 표현으로 달이 태양 빛을 반사하는 것입니다. "지삼십지석(至三十之夕), 광진체복(光盡體伏), 고위지회(故謂之晦)", 매월 음력 말이고 이때는 달빛이 전혀 없습니다. 이처럼 하늘에 달빛이 전혀 없는 것을 "회(晦)"라고 합니다. 보통 기분이 안 좋은 것을 회기(晦氣)라고 하는데, 기분이 캄캄하다는 뜻이지요. "차시일여월(此時日與月), 병행우황도(並行于黃道)", 그믐 때에는 태양과 달이 황도에 나란히 있습니다. "일월합부(日月合符), 정재회삭중간(正在晦朔中間)", 태양과 달이 겹쳐서 그믐과 초하루의 중간에 있다는 말의 의미는 반드시 알아야 합니다. 인체는 소천지, 작은 우주이기 때문입니다. 그렇다고 해서 한밤중인 자시(子時)에 일어나 정좌할 필요는 없습니다. 그것은 태양의 우주일 뿐 우리에게는 각자 자신의 활자시가 있기 때문입니다. 오류파에서도 이러한 말을 한 적이 있습니다. 어떤 사람이 마작을 좋아해서 사흘 낮 사흘 밤을 잠도 자지 않고 계속 마작을 한 후 잠들어서 그다음 날 대낮에 일어났다고 합시다. 그렇다면 그 대낮이 바로 그 사람의 활자시입니다. 그때 정좌를 하는 것이 가장 좋다는 말이지요. 바로 음양이 교회(交會)하는 때이니 어떻게 안 좋을 수 있겠습니까? 이런 원리를 잘 활용해야 합니다.

수도 공부를 절대 미신이라고 생각하지 마십시오. 명리학이니 풍수니 하는 것은 저도 다 배워 보았습니다. 단지 수도 공부에 필요해서 배운 것이지 다른 사람의 운명을 점치는 것을 직업으로 삼기 위해서가 아닙니다. 저는 다 배웠지만 평생 그런 식으로 쓴 적이 없습니다. 누가 이 방향은 풍수에 안 좋다고 말하면 저는 일부러 그 방향에 앉아서 가만히 관찰합니다. 왜 안 좋은가, 어떤 것이 나쁜 방향인가 하고 말입니다. 마음이 올바르면 모든 것이 다 올바릅니다. 일체(一切)는 유심(唯心)입니다. 방향은 변할 수 있고 지구는 둥급니다. 우주의 법칙, 대자연의 에너지는 대단히 큰데 여러분이 저항할 수 있겠습니까? 대자연의 법칙으로부터 자유로울 수 있는 방법은 오직 공덕밖에 없습니다. 선행을 하면 우주의 법칙이라도 조금씩 비켜 갈 수 있지요. 이 밖에는 아무것도 우주의 법칙을 거스를 수 없습니다.

늙는다는 것은 곧 두뇌가 늙는 것이다

우리 몸은 소우주입니다. 그것을 주운양 조사는 다음과 같이 말합니다.

"우리 몸에 있는 일정과 월광, 하나는 남쪽에 하나는 북쪽에 있다. (이렇게 떨어져 있지만) 진의에 의지해서 양쪽을 조절함으로써 바야흐로 중황의 신실에서 교회가 이루어진다."

(吾身日精月光, 一南一北, 賴眞意以追攝之, 方交會於中黃神室)

"오신일정월광(吾身日精月光), 일남일북(一南一北)", 하나는 위에 하나는 아래에 있습니다. 위쪽에 있는 일정(日精)은 두뇌의 청정함, 태양을 상징하고 아래에 있는 것은 달입니다. 옛사람들의 이런 표현은 틀리지 않습니다. 수도 공부를 하는 사람은 현대 의학도 잘 알아야 합니다. 특히 생리학의 발전은 눈부시기 때문에 더욱 잘 알아야 하지요. 최근 현대 의학의 자료에 따르면 늙는다는 것은 바로 두뇌가 늙는 것이라고 합니다. 두뇌가 늙는 것이 몸이 늙는 것이라는 말이지요.

도가 서적을 보면 두뇌는 태양으로 표현합니다. 만물은 태양의 빛에너지에 의지해서 살아가고 있습니다. 우리의 눈도 태양으로 상징되지요. 귀는 태음 즉 달로 상징합니다. 중국의 도가는 분석해야 할 것이 매우 많습니다. 왜 그렇게 많이 분석할까요? 만물은 각각 태극을 지니고 있고, 각각 독립적인 우주이기 때문입니다. 여러분이 보고 있는 이 찻잔 하나도 그대로 하나의 소우주입니다. 만물이 각각 하나의 생명체임을 아는 것은 수도 공부에 매우 유용합니다.

그러므로 하나는 남쪽 하나는 북쪽으로 각각 위아래에 서로 떨어져 있지만, 그것은 태양과 달이 서로 교구하는 것처럼 "진의에 의지해서 양쪽을 조절함으로써〔賴眞意以追攝之〕" 교회합니다. 이것이 방법입니다. 진의는 기(氣)가 아닙니다! 불가 천태종의 사상을 참고해 보면, 부처님이 우리의 기(氣)를 분류한 것이 있습니다. 가령 높은 산 청정한 곳에 올라가면 자기가 낸 소리를 메아리로 들을 수 있습니다. 이것을 부처님은 풍(風)이라고 하지 기(氣)라고 하지 않습니다. 이 바람이 점점 잠잠해져서 아주 약해지면 비로소 기(氣)라고 부르지요. 그런데 정좌 공부가 높은 수준에 이르면 매우 시끄러운 시장바닥에 있더라도 자신의 소리를 들을 수 있습니다. 풍이 고요해지면 기로 변합니다. 기가 다시 더 약해져서 호흡이 왕래하는 소리도 고요해지면 도가에서는 이것을 태식(胎息)이라고 부릅니다. 어머니 배 속에 있는 아기처럼 배꼽으로 호흡할 뿐 코에서는 아무런 기(氣)도 느껴지지 않습니다. 오래 있어야 겨우 한 번 움직이는 정도이지요. 바로 이렇게 배꼽으로 태식을 할 때 비로소 단전(丹田)을 느끼게 됩니다.

단전의 문제

제 친구 중에 의사가 있는데 저에게 이렇게 물었습니다. "우리가 전통문화를 존중하는 것은 좋지만 단전이라는 것은 믿을 수 없네. 해부를 해 보면 단전이라는 것은 존재하지 않거든." 저는 당연히 해부해 보면 없다고 대답했습니다. 그러자 그 친구는 왜 없는 단전을 있는 것처럼 말하느냐고 물었지요. 그래서 이렇게 대답했습니다. "자네가 배운 것은 생리학이 아니라 사리학(死理學)일세." 다시 말하면 죽은 사람을 해부해서 얻은 지식이라는 말입니다.

살아 있는 생명에는 당연히 단전이 있습니다. 더욱이 진식(眞息)을 할 때 그 태식의 에너지는 엄청나게 큽니다. 이것을 고서(古書)에서는 '합벽지기(闔闢之機)'라고 했습니다. 열리고 닫히는 구조라는 말이지요. 합벽(闔闢)이라는 것은 열리고 닫힌다는 뜻으로 단전의 작용을 가리키는 말입니다. 저는 여러분에게 비밀스러운 것을 숨김없이 모두 알려 주고 있습니다. 도(道)는 세상의 공도(公道)이기 때문입니다. 그러나 어떤 때는 말하지 않는 것도 있는데, 여러분이 아직 그것을 알 정도가 아니라서 말해도 모를 것이라 판단하기 때문입니다.

단전에는 상단전, 중단전, 하단전이 있습니다. 여러분은 아직 공부가 부족해서 기맥이 열리지 않았으니 알 수 없습니다. 여러분도 기맥이 열리면 당연히 알 수 있지요. 그런데 실제로 우리 몸에 근육이나 뼈 외에 단전이라는 것이 정말로 있을까요? 여러분의 수도 공부가 어느 경지에 도달하면 코로 하는 호흡 외에 단전으로 호흡할 수 있다는 것을 알게 됩니다. 이런 정도가 되어야 "천지의 정신과 서로 왕래하는 경지〔與天地精神相往來〕"[80]에 도달할 수 있는데, 이는 비유하자면 배터리에 전기를 충전하는 것과 같습니다. 단, 여러분은 절대 이런 것을 상상해서는 안 됩니다. 상상하면 신경병이 될 수도 있기 때문입니다. 그러니 상상하지 말고 수도 공부를 잘해서 성취하면 됩니다.

우리 신체에서 감괘와 리괘가 교구(交媾)하여 환단하는 것은 어떻게 해

---

80 『장자』「천하편」"독여천지정신왕래(獨與天地精神往來), 이불오예어만물(而不敖倪於萬物), 불견시비(不譴是非), 이여세속처(以與世俗處)"에서 나온 말이다.

야 가능할까요? 바로 "진의에 의지해서 양쪽을 조절함으로써" 가능하다고 주운양 조사는 말합니다. 그렇기 때문에 음양(陰陽)이 교구한다고 하고, 영아(嬰兒)와 차녀(姹女)가 결합한다고 하고, 신(神)과 기(氣)가 합한다고 합니다. 이것을 불가에서는 심(心)과 식(息)이 결합한다고 하고, 밀종에서는 심(心)과 풍(風)이 합일한다고 합니다. 천태종에서는 심식상의(心息相依)라고 하지요. 도가에서 신(神)과 기(氣)의 결합은 완전히 진의(眞意)에 의지한다고 하는 것은 방금 여러분에게 남김없이 말했지만 여러분이 깨닫지 못할 뿐입니다. 진정한 환단은 오직 기주맥정의 경지에 도달해서야 가능합니다. 선종으로 말하면 망념이 전혀 일어나지 않는 무념의 경지라고 할 수 있지요.

신과 기, 감과 리가 중황에서 만난다

위에서 본 바와 같이 주운양 조사는 이렇게 "진의에 의지해서 양쪽을 조절하여" 기주맥정의 경지에 도달했을 때를 "방교회어중황신실(方交會於中黃神室)"이라고 말합니다. 그렇다면 중황(中黃)이란 무엇인가요? 보통 중궁(中宮)이라고 하는 것은 위(胃)를 가리킵니다. 도가의 일파에서는 위를 "중황신실(中黃神室)"이라고 하지요. 그러나 실제로는 반드시 위를 가리키는 것이 아니라, 중기(中氣)가 충족된 것을 말합니다. 밀종을 수련하는 어떤 사람이 거창한 책을 써서 도가에서 말하는 중황을 밀종의 중맥(中脈)이라고 하는 것은 틀렸다고 매도했습니다. 설사 틀렸다고 해도 그렇게 매도할 것까지야 없지요. 수천 년을 계승한 중국 문화에는 그럴 만한 이유와 근거가 있는데, 그 사람은 『역경』의 원리를 잘 몰랐습니다. 중황은 상징적 기호입니다. 중맥이니 중궁이니 하는 것도 모두 기호일 뿐이지요. 황(黃)

은 중앙을 상징하는 색입니다.

여러분이 수당 시대나 혹은 티베트에서 만든 불상을 보면 삼위(三圍)[81]가 분명하고 앉은 모습을 보면 허리가 굽지 않았습니다. 이런 모습이야말로 신기(神氣)가 교구하고 중기(中氣)가 충족한 모습입니다. 자리에 앉아 있는 여러분을 보니 남녀노소를 막론하고 배가 불룩한 것이 중기가 없어 보입니다. 앉을 때 등허리가 좀 굽어야 비로소 편안하지요. 몸이 뚱뚱한데 너무 똑바로 앉는 것도 올바른 자세가 아닙니다. 몸이 자연스럽지 않고 이미 위아래의 기가 통하지 않고 둘로 나뉘어 있습니다. 참으로 중황이 통하면 중궁에 기가 충만해지는데, 기가 충만하다는 것은 몸이 뚱뚱해서 배가 불룩해지는 것이 아닙니다. 도리어 허리가 잘록하게 변하여 어릴 때의 형태를 회복하게 됩니다.

정좌 자세가 정확하지 못하면 입정(入定)이 불가능합니다. 이것을 바로 법칙이라고 하지요. 어떤 신선 그림을 보면 노승이 입정에 들었는데 허리가 굽어서 곱사등이 같고 얼굴에 붉은빛이 도는데 모두 잘못 그린 것입니다. 신선은 얼굴이 관옥(冠玉)과 같이 희고 윤기가 도는 아름다운 모습입니다. 이렇게 되어야 중황에 도달했다고 할 수 있지요. 또 중황을 신실(神室)이라고도 하는데, 그 위치는 심장 아래 배꼽 위 중간 부위입니다.

"수와 화가 교구하는 것은 바로 허와 위의 중간이다. 텅 비움을 극도로 하고 고요함을 독실하게 하면 신명이 저절로 생기니, 이 순간이 진정한 회삭이다."

(水火旣濟, 正在虛危中間, 虛極靜篤, 神明自生, 卽一刻中眞晦朔也)

"수화기제(水火旣濟), 정재허위중간(正在虛危中間)", 수화가 교구하는 것

---

81 삼위(三圍)란 인체의 가슴, 허리, 둔부 세 부위를 말한다.

은 바로 허와 위의 중간이라는 말에서 허(虛)와 위(危)는 별자리로서 북방 하늘에 있습니다. "허극정독(虛極靜篤), 신명자생(神明自生)", 텅 비움을 극도로 하고 고요함을 독실하게 하면 신명이 저절로 생겨난다는 것은 불학 선종에서 일념도 일어나지 않는 경지를 추구하는 것과 같습니다. 수도 공부가 부족하다면 절대 일념불생(一念不生)의 경지에 이를 수 없습니다. 선종의 고승들은 망념이 가득하면서도 입으로만 선을 닦는 소위 구두선(口頭禪)에 대해 '공복고심(空腹高心)'이라고 꾸짖었습니다. 진실한 실력도 없으면서 생각만 허황되게 높으면서 어떻게 선을 닦겠느냐는 것입니다.

공복고심(空腹高心)은 노자가 말한 "허기심(虛其心), 실기복(實其腹)"을 빗대서 사람을 꾸짖을 때 쓰는 말입니다. "허기심"은 마음을 텅 비우는 것을 뜻하고, "실기복"은 기가 돌고 돌아서 기주맥정의 경지에 이르는 것을 의미합니다. 그러니 공복고심 즉 배는 텅 비고 마음은 높기만 하다는 말은 배에는 기(氣)가 없고 생각만 잔뜩 머리에서 돌고 돌아 망념만 가득한 상태를 말합니다. 기가 머리 위로 올라와 있으면 망념이 가라앉지 않아서 잠도 못 이룹니다.

잠을 못 자는 것은 기가 머리 위로 올라와 있기 때문입니다. 고혈압도 아니고 혈액이 위로 올라와 있는 것도 아니지요. 오히려 혈압은 낮을 수도 있습니다. 혈압과 기는 가는 길이 다릅니다. 그러니 혈압이 높다고 기가 강한 것은 아닙니다. "허기심, 실기복"은 노자가 말한 "치허극(致虛極), 수정독(守靜篤)"과 같습니다. 마음을 극도로 텅 비우고, 고요함을 독실하게 지키라는 뜻이지요. 선종에서 보면 도를 깨닫는 오도(悟道)의 경지입니다. 도가에서는 도를 깨닫는다는 말은 하지 않고, "신명이 저절로 생긴다[神明自生]"고 말합니다. 언뜻 보기에는 불가와 도가의 경지가 서로 다른 것 같지만 실제로는 같습니다. 지혜가 없다면 어떻게 신명이 저절로 오겠습니까. 지혜가 있어야 신명이 자연히 옵니다. 그러니 신명이 오면 미래를 내

다보는 선견지명도 생깁니다. 우리 자성에 본래 있는 영묘한 빛이 앞에 나타나는 것입니다.

주운양 조사는 "즉일각중진회삭야(卽一刻中眞晦朔也)"라고 해서 신명이 저절로 생기는 그 순간이 바로 진정한 회삭이라고 했습니다. 고대의 한 시진(時辰)은 오늘날의 두 시간이고, 두 시간을 삼으로 나누면 일각(一刻)입니다. 바꾸어 말하면 일각은 사십 분이지요. 이 사십 분 중에 여러분이 진정 기주맥정 또는 신명이 저절로 생기는 경지에 도달한다면 곧 환단을 할 수 있습니다. 장생불로의 약이 발생하는 경지에 도달한다는 것입니다. 여러분이 이것을 알면 여러분은 환단에 도달할 수 있습니다. 그러니 여러분이 백일축기(百日築基)라고 해서 백일 동안 기틀을 쌓는다는 말은 사실 근거가 없습니다. 무슨 기틀〔基〕을 쌓는다는 말인가요? 어떤 사람은 백일축기를 백일 동안 무루정 즉 정(精)이 밖으로 새지 않게 하는 것이라고 합니다. 그렇다면 이삼 년 정을 누설하지 않은 사람이 있다면 어떤 사람이라도 도를 성취하는 경지에 도달한다는 말인가요? 그런 사람의 배를 열어본다고 그 속에 무슨 단(丹)이 있겠습니까?

그 속에 있는 것은 종양이나 결석일 뿐 단이 아닙니다. 그렇다고 잘 모르면서 없애 버리면 문제가 심각할 수 있습니다. 이것은 비밀 중의 비밀입니다. 그 비밀이 모두 이 『참동계천유』속에 들어 있습니다. 미래의 대신선인 여러분이 직접 보고 실천해 보세요. 여러분이 성공하면 잊지 말고 와서 저를 제도해 주시기 바랍니다.

제61강

앞에서는 감리와 환단의 문제를 말했습니다. 환단(還丹)은 우리 생명이 본래 가지고 있던 것을 어떻게 닦아서 돌아오게 하는가의 문제입니다. 무엇을 "감리교구(坎離交媾)"라고 하나요? 바로 달이 뜨고 지는 주기를 말하는 소주천(小周天)입니다. 주천(周天)이란 달이 운행하는 주기(週期)를 의미하는데, 매달 월초를 삭(朔)이라고 하고 월말은 회(晦)라고 합니다.

신이 기혈로 돌아가면 감리가 교구한다

"그러므로 (참동계에서) '그믐과 초하루 사이에 감리의 교구가 이루어진다'고 하였다. 태양과 달의 조화라는 것은 혼과 백이 서로 감싸 안는 것이다. 우리 몸의 태양과 달은 정과 빛으로 서로 감응한다. 신이 기혈로 돌아갈 때는 보이지도 않고 들리지도 않으며 하늘도 없고 땅도 없으며 천지의 운행이 일시에 정지하여 혼돈으로 돌아갔다가 다시 홍몽으로 들어간다. 이 혼돈 속에서 진음과 진양이 스스로 배합한다. 그러므로 (참동계에서) '혼돈과 홍몽 속에서 음과 양이 서로 따른다'고 하였다."

(故曰, 晦朔之間, 合符行中. 造化之日月, 以魂魄相包. 吾身之日月, 以精光
相感. 當神歸炁穴之時, 不視不聞, 無天無地, 璇璣一時停輪, 復返混沌, 再入
鴻濛. 卽此混混沌沌之中, 眞陰眞陽, 自相配合. 故曰, 混沌鴻濛, 牝牡相從)

___

위의 문장에서 첫 두 구절인 "회삭지간(晦朔之間), 합부행중(合符行中)"
과 마지막 두 구절인 "혼돈홍몽(混沌鴻濛), 빈모상종(牝牡相從)"은 『참동
계』 원문입니다. 첫 구절은 그믐과 초하루 사이에 감리의 교구가 이루어진
다는 뜻이고, 마지막은 혼돈과 홍몽 속에서 음양이 서로 따른다는 뜻이지
요. 그 중간의 문장은 태양과 달의 조화인 "조화지일월(造化之日月)"에 대
해 말한 것입니다. "조화(造化)"는 바로 천지를 가리킵니다. 태양과 달은
천지의 위대한 정신으로서 태양은 혼(魂)이고 달은 백(魄)입니다. 즉 일혼
(日魂)과 월백(月魄)이지요. 월백은 일혼을 빌려서 빛을 발합니다. 천지의
일월은 "이혼백상포(以魂魄相包)" 즉 혼과 백이 서로 감싸 안는데 인간의 몸
도 일월과 같습니다. 우리의 생명은 단지 신체만 의미하는 것이 아니기 때
문에, 신체와 생명은 그 개념이 구분되어야 합니다. "오신지일월(吾身之日
月), 이정광상감(以精光相感)", 우리 몸의 태양과 달은 정과 빛으로 서로 감
응한다는 말에서 몸의 태양과 달이란 정(精)과 신광(神光)을 가리킵니다.
정은 정력(精力)을 가리키는데 이것은 몸 전체가 매우 건강하다는 것을 나
타내지요. 광은 신광(神光)이 충만하다는 것을 가리키는데, 사람의 신기
(神氣)나 두뇌 작용이나 생각이 매우 영민하다는 것을 말합니다. 정과 신
광이 서로 감응한다는 것은 정과 신광이 서로 합일한다는 뜻이지요.

그다음에는 감리교(坎離交)가 무엇인지 매우 분명히 설명했습니다. "당
신귀기혈지시(當神歸炁穴之時)", 신(神)이 기혈(炁穴)로 돌아가는 것으로
유형의 기혈은 단전에 있습니다. 그 위치는 배꼽 아래와 음모 위 중간에

해당하는데, 각자의 신체 조건에 따라 위치가 조금 다르겠지요. 그런데 신이 왜 기혈로 돌아갈까요? 이에 대한 도가의 설법은 매우 다양합니다. 각 종파마다 이 구절을 해석하는 데에서 수많은 수련법이 발생했지요.

예전에 어떤 수도인들은 정좌를 한다고 앉기만 하면 머리를 배 속으로 집어넣는 동작을 시도했습니다. 여러분이 상상해 보세요. 이것이 가능하겠습니까? 또 하나의 "신귀기혈(神歸炁穴)" 행법이 있었는데, 이것은 정좌를 할 때 머리를 배 속으로 넣는다고 관념으로 상상하는 것입니다. 당시에 그들은 매우 비밀스럽고 신비하게 이런 행법을 실행했지요. 무슨 인증사(引證師)니 인례사(引禮師)니 점전사(點傳師)니 하는 사람들도 마찬가지입니다. 당시에는 중국에서 매우 유행했지요. 또 청방(靑幫)이니 홍방(紅幫)이니 하는 것들도 이런 짓거리를 했습니다. 수많은 방법이 모두 저마다 신기하다고 선전했지만 한번 배우면 정말 가소롭다는 것을 알 수 있습니다. 이런 수도 방법은 어디에서 연유한 것일까요? 부처님의 『선비요법(禪秘要法)』에 있는 백골관에서 나왔습니다. 부처님이 전한 삼십여 종의 수행법이 있는데, 그 중에서 두골(頭骨)을 관골(髖骨, 골반뼈)에 넣는다고 관상하는 행법이 있습니다. 후에 도가에서 이 방법을 "신귀기혈"이라고 한 것입니다. 이 밖에도 수많은 방법이 있는데, 제가 여러분에게 다 말한다고 해도 젊은 사람들은 어떤 것이 올바른 방법인지 모를 것입니다.

우리는 신체 하부에 유형의 기혈(炁穴)이 있다는 것을 압니다. 무술을 닦는 데 중요한 혈이지요. 예를 들어 소림이니 무당이니 하는 무술의 종파에서는 기혈을 모두 기해혈(氣海穴)이라고 부릅니다. 이전에 무술을 배울 때는 수련하기 전에 사부님은 이렇게 말했습니다. 서로 대련할 때 "절대 기해혈은 타격하지 마라. 잘못하면 죽을 수도 있다"고 했지요. 정통의 신귀기혈 방법에서 기혈이 반드시 유형의 기해혈을 가리키는 것은 아니지만, 어쨌든 연관이 있는 것은 사실입니다.

"신귀기혈(神歸炁穴)"이란 무엇을 말할까요? 바로 무념(無念)입니다. 이른바 "육근대정(六根大定), 수시반청(收視反聽)"입니다. 육근이 크게 안정되고 감각을 돌려 내면의 소리를 듣는 것으로서, 원칙은 이 두 구절이고 실제 방법도 이 구절 속에 있습니다. 외부의 소리를 듣지 않고 눈도 밖을 보지 않고 전면의 빛과 영상이 사라질 때까지 응정(凝定)하는 것입니다. 응정이 극점에 이르면 기가 멈추고 호흡이 정지하는 현상이 일어납니다. 입정했을 때 완전히 기가 멈추는 경지에 도달하는 것은 절대 불가능합니다. 단지 호흡이 느리고 간격이 매우 길어지는 것뿐이지요.

입정한 사람의 심전도를 측정해 보면 그 맥상이 매우 평평합니다. 아주 가끔 한 번씩 약하게 움직이지만 병적인 것은 아니고 바로 "신귀기혈(神歸炁穴)"의 경지입니다. 또 불가에서 말하는 기주맥정에 이른 선정의 경지이기도 합니다. 실제로 심장은 여전히 뛰고 있지만 호흡이 매우 약해지고 코로 하는 호흡도 뜸해집니다. 하지만 피부 호흡은 여전히 되는 이런 상태가 신귀기혈이며 감리교입니다. 이때야말로 전혀 생각이 일어나지 않고 "부도불문(不覩不聞), 무천무지(無天無地)" 즉 보이지도 않고 들리지도 않으며 하늘도 없고 땅도 없는 완전한 망아(忘我)의 경지로서 신체 감각도 없습니다. 만약 신체 감각이 있어서 기가 등 뒤를 거쳐 몸의 앞으로 도는 느낌이 있어야 임맥과 독맥이 통하는 것으로 생각한다면, 이것은 단순한 감각에 불과할 뿐 신귀기혈의 경지와는 무관합니다.

격음의 혼미

이쯤 되면 감각은 더 이상 말할 필요도 없이 사라집니다. 그래서 "하늘도 없고 땅도 없다"고 하는 것입니다. 신체에서는 어떤 감각도 없는데 그것을 "선기일시정륜(璇璣一時停輪)" 즉 천지의 운행이 일시에 정지한다고 표현합니다. "선기(璇璣)"는 천문을 관측하는 기구인데, 여기서는 정신적으로 절대적인 무념의 경지에 도달하고 신체적으로는 기기(氣機)의 흐름이 완전히 정지한 것을 "선기정륜"이라고 합니다. 또 해와 달이 서로 합친다는 "일월합벽(日月合璧)"이 있는데, 이것은 정신(精神)과 기혈(氣血)이 하나로 돌아간다는 것입니다. 그래서 "선기일시정륜(璇璣一時停輪), 복반혼돈(復返混沌)"이라고 하여 천지의 운행이 일시에 정지하여 혼돈으로 돌아간다고 했습니다. "혼돈(混沌)"이란 어떤 경계인가요? 앞에서 이미 언급한 것처럼 혼돈은 장자가 말한 것으로, 도가에서는 태아가 모태에 막 들어간 순간 정신과 정충란(수정란)이 결합하여 혼미한 상태를 의미합니다. 도가에서는 이런 뜻에 그치지만 불가는 여기에서 한 걸음 더 나아갑니다. 그 원리를 이해하려면 불경을 연구해야 하는데, 불가에서는 사람이 모태에 들어가는 것을 종자(種子)가 현행(現行)을 낳는다고 합니다. 종자란 전생의 업력이 누적된 것을 말하지요. 정충과 난자가 결합하는 것만으로는 태아가 생기지 못하고 세 가지 인연이 화합해야 하는데, 자신의 영성(靈性)이 정충과 난자에 결합되어야 비로소 태아가 모태에 안착한다는 것입니다.

어떤 사람이든 모태에 들어갈 때는 의식이 없는 혼미(昏迷)한 상태이기 마련입니다. 이것을 격음(隔陰)의 혼미 즉 격음지미(隔陰之迷)라고 합니다. 중음(中陰)이 막고 있어서 아무것도 알지 못하고 혼미하다는 뜻입니다. 금생의 생명을 마치고 다음 생명으로 태어나는데, 어떤 생명으로 태어날지는 알 수 없습니다. 다음에도 반드시 인간으로 태어난다는 법은 없지요. 혹은 하늘에 태어날 수도 있지만 반대로 축생으로 태어날 수도 있습니다. 한 생명을 마치고 다음 생명으로 다시 태어나기 전을 중음이라고 하는데, 이때 정신이 똑바로 깨어 있다면 참으로 어려운 지경이 됩니다. 대아라한이나 팔지보살(八地菩薩) 이후라면 괜찮지만 그 이전에는 모두 격음의 혼미가 있습니다.

혼미(昏迷)에는 몇 종류가 있습니다. 우리 같은 보통 사람들은 모태에 들어갈 때도 혼미하고, 모태에 있는 동안에도 혼미하고, 모태에서 나올 때도 혼미합니다. 어떤 사람은 모태에 들어갈 때는 혼미하지 않지만 모태에 있는 동안과 모태에서 나올 때 혼미합니다. 어떤 사람은 모태에 들어가고 있는 동안은 혼미하지 않지만 모태에서 나올 때 혼미합니다. 모태에서 나올 때 혼미한 사람을 불가와 도가에서는 재래인(再來人)이라고 합니다. 다시 인간으로 태어난 사람이라는 뜻이지요. 중국 고대 문학에서는 이런 사람을 적선(謫仙), 즉 인간 세계로 쫓겨 내려온 선인이라고 합니다. 이미 수행을 거의 마친 신선이거나 아라한인데, 아직 완전히 성공하지는 못했기 때문에 남은 공부를 마치려고 다시 인간의 몸으로 태어났다는 뜻입니다. 예를 들어 이태백 같은 시인을 적선이라고 부르는 경우가 그것입니다. 불가의 초과나한(初果羅漢)이나 이과나한(二果羅漢) 역시 재래인입니다. 그러나 삼과 이상의 대아라한은 재래인이 되지 않습니다. 설령 다시 오지 않더라도 긴 휴가를 청할 수는 있지요. 잠시 오지 않는 것이지 영원히 오지 않는 것은 아닙니다. 하지만 재래인은 모태에서 나올 때는 혼미한 상태였지만 곧 정신을 차리고 천천히 스스로 수도 공부를 합니다.

저는 예전에 전생의 일을 기억하는 친구가 한두 명 있었습니다. 우리는 아동을 찾아서 조사를 했고 통계를 만들 수 있었지요. 보통 사람이 세 살 이전의 일을 기억하는 경우는 매우 드뭅니다. 어떤 사람은 한 살 때 일도 기억한다는데 이런 경우는 거의 없지요. 전생의 일을 기억하는 사람도 있지만 절대 말하지 않습니다. 과거에 저는 이런 친구들이 많았는데, 어떤 친구는 삼생(三生)의 일을 기억하기도 했습니다. 송나라 때는 어떤 사람이었고 청나라 때는 어떤 사람이었는데 가장 운이 없었던 것은 전생이었다고 했지요. 그에게 전생에 무엇이었느냐고 물으니 개였다고 했습니다. 그는 자신이 개로 태어났다는 것에 너무 화가 나서 스스로 부딪혀서 죽었다고 했습니다. 이 친구는 절대 말을 꾸며낼 사람이 아닙니다. 그는 과거에 꽤 높은 지위에 있었고 거짓말을 할 필요도 없지요. 청나라 때 강희 옹정 건륭 삼대를 거치는 동안 사천 지방에는 악종기(岳鍾琪)라는 뛰어난 장수가 있었습니다. 그의 시는 경지가 높았는데 그중 유명한 두 구절을 기억합니다. "아직 인간의 일을 마치지 못해서 다시 제후에 봉해지는 한바탕 꿈을 꾸었네(只因未了人間事, 又做封侯夢一場)." 이 시구는 기백이 넘쳐서 저도 젊은 시절에 매우 좋아했습니다. 그는 마치 자신이 재래인이라는 사실을 알았던 것 같습니다.

정신은 혼미하지 않고 몸은 혼돈 속에 있다

이렇게 모태에 들어갈 때 혼미하거나 혹은 혼미하지 않거나 이것은 모두 신(神)의 경계이지 기(氣)의 경계가 아닙니다. 신과 기는 서로 다른 것으로, 기의 경계는 신체에 속합니다. 신체에 혼돈의 현상이 있어도 혼미하지 않은 것은 신이 혼미하지 않은 것입니다. 그러므로 혼돈이란 신과 기가 서로 감싸 안고 있어서, 마치 훈뚠(餛飩)처럼 안에는 고기가 들어 있고 그 곁에는 혼돈의 껍데기가 감싸고 있는 것과 같지요.

앞에서 운문 조사가 "나에게 보물이 하나 있으니 형산에 감추어 놓았네"라고 말했다고 했는데, 이 말처럼 우리의 생각은 저 우주 높이 날아갈 수 있어도 결국은 육체에 둘러싸여 혼합되어 있으니 해탈할 수 없습니다. 그래서 소승 불교에서는 마치 화학처럼 분해하여 이 육체와 정신을 분리하면 진정한 자유의 경지에 도달할 수 있다고 했습니다. 그러나 이런 해탈은 최고의 경지가 아닙니다. 단지 아라한의 경지에 불과하지요. 보살의 경지는 아라한처럼 몸은 버리고 정신의 자유만 추구하는 해탈을 닦는 것이 아니라, 몸과 마음을 모두 성취하는 것입니다. 몸과 마음은 일체의 양면이기 때문입니다.

지금 환단 공부의 첫 번째 경지는 수시반청(收視返聽) 즉 정신을 수렴해서 내면으로 돌려 육근이 대정(大定)에 이르는 것이라고 말하고 있습니다. 육근이 대정한 이후의 경지는 역시 앞에서 말한 것과 같이, "보이지도 않고 들리지도 않으며 하늘도 없고 땅도 없으며 일시에 천지의 운행이 정지하고 해와 달이 합벽한다"고 했습니다. 즉 다시 혼돈의 경지로 접어든다는 것입니다. 어떤 사람이 여기에 대해 이렇게 물었습니다. "우리가 정좌할 때 혼돈의 경지에 이른다면 정좌하는 사람의 몸과 마음도 혼돈의 상태로 변하는 것은 아닌가요?" 그렇지 않습니다. 정통적인 수련 공부법은 비록 혼돈의 경지에 들어가더라도 몸은 매우 단정해서 옆으로 기울거나 앞으로 굽지 않습니다. 몸이 굽거나 옆으로 기울어야 혼돈이 아닌가 하고 생각한다면 이미 잘못되었습니다. 진정으로 혼돈의 경지에 이른 사람은 마치 조각된 불상처럼 삼위(三圍)가 분명합니다. 이렇게 혼돈에 도달하는 것이 정통의 수련 공부입니다.

이러한 외형은 내면과 관련 있습니다. 가령 몸이 옆으로 기운다면 몸에 대한 수련이 완전하지 못한 것이고 기맥이 완전히 통하지 않은 것입니다. 그러나 진정으로 혼돈의 경지에 이른 사람에게는 몸이 수축해서 매우 작아지는 현상이 생깁니다. 물론 이런 경지에 도달한 사람은 극히 드뭅니다. 저도 이런 경험은 없습니다. 단지 지식으로 여러분에게 전해 드릴 뿐이지요. 정좌를 처음 공부하는 사람이 어떤 때는 몸이 엄청나게 커진다고 느낄 수도 있고 반대로 매우 작아진다고 느낄 때도 있는 것과 같습니다. 이것은 단지 초학자로서 그런 느낌이 있는 것이지만, 진정으로 혼돈의 경지에 도달하면 단지 감각적인 느낌이 아니라 실제로 그런 상태에 도달합니다. 정말 몸이 크게 될 수도 있고 아주 작게 될 수도 있지요. 석가모니 부처님은 백골관 수행법에서 이런 혼돈의 경지에 대해 이미 다 말해 놓았습니다. 그러나 부처님은 매우 비밀스럽게 말하셨습니다. 저처럼 혼돈에 들어간 실제 현상을 분명히 말하지는 않았지요. 어쨌든 몸이 줄어들거나 커지는 경지에 대해서는 말하지 않더라도, 적어도 정통 공부법이라면 몸이 바르고 단정한 자세를 유지합니다. 몸이 굽거나 휘지 않지요.

주운양 조사는 이 경지에 대해 "복반혼돈(復返混沌), 재입홍몽(再入鴻濛), 즉차혼혼돈돈지중(卽此混混沌沌之中), 진음진양(眞陰眞陽), 자상배합(自相配合)"이라고 했습니다. 혼돈으로 돌아갔다가 다시 홍몽으로 들어간다면 이 혼돈 속에서 진음과 진양이 스스로 배합한다는 뜻입니다. 이것을 "음양교구(陰陽交媾)" 또는 "감리교(坎離交)"라고 합니다. 몸의 음양이 교구하고 쌍수(雙修)하는 것이라는 말이지요. 불학에서는 이렇게 음양의 교구를 말하는 세계를 욕계(欲界)라고 합니다. 욕계는 음양, 남녀의 양성 관계로부터 생명이 발생하는 세계입니다. 비단 사람만 이런 것이 아니라, 욕계에서는 식물을 포함해서 어떤 생물이라도 다 그렇습니다. 욕계의 생명은 양성의 협력으로 혼돈 상태에서 생명을 구성합니다. 단지 이런 이론도 있습니다. 수도 공부가 혼돈의 경지에 도달한 사람은 다른 사람의 몸을 빌리지 않고도 자기 자신의 몸에 구비된 음양 양성의 기능만으로도 이렇게 할 수 있다는 것입니다. 자신의 생명 속에서 또 다른 생명을 생겨나게 하는 것이지요. 이렇게 다른 사람의 몸을 빌리지 않고도 스스로 새로운 생명을 탄생시킬 수 있다면 이미 욕계의 경지에서 벗어났습니다.

그래서 저는 늘 여러분에게 삼계의 생명에 대해 관심을 가지라고 말합니다. 불경에 따르면 욕계의 생명은 양성이 결합하여 이루어집니다. 욕념으로 교배함으로써 생명이 탄생하는데, 이 생명은 아래로 내려갑니다. 상계(上界)에 도달한 천인은 욕념으로 교합하지 않고 기(氣)로 교합합니다.

남자가 아이를 배고 낳는데, 아이를 낳을 때는 머리 위에서 낳기도 하고 어깨 옆으로 낳기도 합니다. 도가 서적에서는 이것을 양신(陽神)이 몸으로 변화한다고 하지요. 모두 색계에서 생명이 탄생하는 경계입니다.

그런데 색계 역시 여러 개의 층으로 나뉘어 있습니다. 더 높은 경지는 기(氣)로 교합하지 않고 신(神)으로 교합합니다. 신이 교합해서 새로운 생명을 낳는 것이지요. 이런 헛소리 같은 이야기를 하는 것은 모두 혼돈의 경계를 설명하기 위해서입니다. 우리가 자신의 생명을 이용해서 수도 공부를 하는 것은, 남녀 모두 "진음과 진양이 스스로 배합하는[眞陰眞陽自相配合]" 것처럼 즉 자신의 몸속에서 음양이 교배하는 것으로 외부의 힘을 빌리는 것이 아닙니다. 다시 말하면 자신이 원래 가지고 있는 생명 속에 또 다른 생명을 탄생시키는 것과 같지요. 이렇게 되려면 반드시 혼돈의 경계를 거쳐야 합니다. 그래서 『참동계』 제18 감리교구장 원문에서는 "혼돈 홍몽(混沌鴻濛), 빈모상종(牝牡相從)"이라고 했습니다. "혼돈과 홍몽 속에서 수컷과 암컷이 서로 따른다"는 것이지요. "빈모(牝牡)"는 남녀, 음양을 가리킵니다. 빈(牝)은 암컷이고 모(牡)는 수컷입니다.

자신의 음양이 교구한다

"원빈이 서로 교구하니 그 속에 진종이 있다. 원기가 인온하니 아득하고 황홀하다. 바로 일혼이 정을 뿌리고 월백이 받아들이는 것처럼 자연히 정과 기가 속에서 통한다. 그러므로 (참동계에서) '자액이 윤택하여 생명의 시화가 유통된다'고 하였다."

(元牝相交, 中有眞種. 元炁絪縕, 杳冥恍惚. 正猶日魂施精, 月魄受化, 自然精炁潛通. 故曰, 滋液潤澤, 施化流通)[82]

이 주운양 진인의 설명은 수도 공부의 경계와 실제 모습을 여러분에게 그대로 알려 주고 있습니다. 옛사람들은 오늘날 우리처럼 분명히 설명하고 표현하지 않았습니다. 고서(古書)는 고문(古文)으로 쓰여 있습니다. 여러분은 고문이 분명하지 않다고 생각하지만, 그것은 여러분이 고문을 잘 이해하지 못하기 때문입니다. 솔직히 말하면 백화문은 저도 쓸 줄 압니다. 그러나 이상하게도 백화문으로 쓰면 어떻게 말해도 분명하지가 않게 됩니다. 최근에 본원의 학생들이 문언과 백화를 연구하고 있는데, 이 두 가지를 대비하면 도리어 백화가 매우 표현하기 어렵다는 것을 알게 됩니다. 이 주운양 조사의 문장 속에는 설명이 매우 분명하게 되어 있습니다. 어떤 수도 공부인지 어떤 경지인지 어떤 구결인지 모두 여러분에게 알려 주고 있지요. "혼돈홍몽"이라는 경계에 이르면 "원빈상교(元牝相交)" 즉 원빈이 서로 교구하게 됩니다. "원빈"의 원(元)은 근원을 뜻합니다. 즉 생명의 근원이지요. 빈(牝)은 모성으로서 음성(陰性)입니다. 생명의 시원은 교구(交媾)에 있습니다. 이 교구는 결코 어려운 말이 아닙니다. 우리의 생명은 반드시 음양이 교구하는 가운데 존재합니다. 보통 사람들의 교구는 참으로 깊은 잠에 들었을 찰나에 이루어집니다. 사람은 왜 피곤하면 반드시 잠을 자야 할까요?

사람이 참으로 숙면을 한다면 한 시간만 자도 충분합니다. 어떤 사람은 자신은 여덟 시간은 자야 한다고 하지요. 그러나 사실 잠자는 시간 대부분은 망상(妄想) 때문에 대뇌가 완전히 쉬지 못합니다. 모두 꿈을 꾸는데 그것을 기억하지 못하는 것이지요. 진정으로 숙면을 취할 때는 해시(亥時)에서 자시(子時)에 이르는 시간입니다. 이때는 완전히 혼돈의 경계에서 잠을 잡니다. 우리가 잠자는 사람들을 잘 관찰해 보면 진정으로 숙면을 취할 때

---

82 『참동계천유』. 183면.

는 호흡이 멈추는 상태에 도달합니다. 여러분도 다른 사람이 잠자는 것을 잘 관찰하면 바로 알 수 있지요. 아이들에게는 이런 현상이 더 분명히 나타납니다. 아이들이 참으로 깊은 잠에 빠지면 호흡이 정지됩니다. 이 순간에 음양이 서로 교구합니다. 그러니 누구나 음양이 교구합니다. 그러지 않는다면 죽은 사람이지요.

그러니 우리는 도가의 이론이 참으로 정확하다는 것을 알 수 있습니다. 노자가 말한 "도법자연(道法自然)"이라는 말이 그렇습니다. 여러분은 자기 바깥에서 도를 구하려 하지 마십시오. 오직 자신의 내면을 주시해야 합니다. 죽기 전에는 생명은 반드시 자연의 법칙에 따라 살아갑니다. 여러분이 생명을 이끌어 가는 것이 아니라, 자연이 여러분의 생명을 이끌어 가는 것입니다. 일반적으로 수도 공부를 하는 사람들은 스스로 총명하다고 여기며 자신의 생명을 잘 이끌어 가고 있다고 생각하지만 사실은 그 반대입니다. 누구나 몸 안에서 음양이 서로 교구하고 있습니다. 자신의 임맥과 독맥은 본래 흐르고 있지요. 하루라도 음양이 교구하지 않고 하루라도 임맥과 독맥이 흐르지 않으면 바로 병이 납니다. 교구하기 어렵고 흐르기 어려우면 반드시 병이 발생합니다. 이런 이치를 잘 알면 자신의 생명을 스스로 조절할 수 있지요. 공부니 도인(導引)이니 하는 것들도 모두 필요 없습니다! 음양의 교구가 몸에서 본래 이루어지고 있다는 사실을 잘 깨달아야 합니다.

진종이란 무엇인가

그러므로 "원빈상교(元牝相交)"는 생명에 내재한 본래의 음양이 서로 교구하는 것으로, 이렇게 교구하는 사이 "중유진종(中有眞種)" 즉 그 속에 진종이 있습니다. 사람들은 자신이 진정으로 숙면하는지 어떤지 잘 모릅니다.

사실 세상에는 참으로 숙면하는 사람이 없지요. 진정으로 숙면한다면 숙면하는 가운데 즉 가장 음(陰)한 상태에서 진양(眞陽)의 기가 발생하니, 이 영명(靈明)은 혼미하지 않습니다. 보통 사람은 자기를 알지 못하지만 정좌 수도를 통해 공부가 오래되다 보면 서서히 자신을 분명히 알게 됩니다. 이런 사람은 혼미하거나 깊이 숙면에 들어가더라도 영명은 결코 혼미하지 않습니다. 여러분은 아직 수도 공부가 충분하지 않기 때문에 본래 자신에게 존재하는 영명이 항상 깨어 있다는 것을 알지 못하지요. 이 깨어 있는 영명이 진종(眞種)입니다. 인간으로 하여금 부처도 되고 신선도 되게 하는 것이 바로 이 진종입니다. 이것은 기(氣)가 아니고 정충도 아니며 몸속에서 우리가 느끼는 이리저리 움직이는 감각도 아닙니다. 기나 감각은 진종과 상관이 없습니다. 이런 것은 가유(假有)이며 작용일 뿐이지요. 진정한 도는 깨어 있는 영명 즉 진종입니다. "원기인온(元炁絪縕)"의 "인온"은『역경』에 나오는 말인데[83] 바로 혼돈과 같은 뜻입니다.

"인온(絪縕)" "묘명(杳冥)" "황홀(恍惚)" "혼돈(混沌)"은 모두 같은 뜻으로 일정한 질서가 없이 모든 것이 섞여서 복잡하게 존재한다는 의미입니다. 근대의 학자 오치휘(吳稚暉)[84]의 철학 이론에 따르면 이 세계는 창조주에 의해 창조된 것이 아니라, 모든 생명과 물질의 시작은 '일탑호도(一塌糊塗)'라고 했습니다. 한바탕의 혼돈이라는 말이지요. 노자는 묘명, 황홀이라고 했고,『역경』에서는 인온이라고 했고, 장자는 혼돈이라고 했습니다.

이런 경지에 도달하면 어떨까요? 주운양 조사는 "정유일혼시정(正猶日魂施精), 월백수화(月魄受化), 자연정기잠통(自然精炁潛通)"이라고 했습니

---

83 『주역』「계사전」하 "천지인온(天地絪縕), 만물화순(萬物化醇), 남녀구정(男女構精), 만물화생(萬物化生)"에 나온다.

84 1865-1953. 유엔에서 '세계백년문화학술위인'으로 선정된 중국의 사상가이다. 장개석의 국민당을 지지해 대만에서 활동했다.

다. 바로 일혼이 정을 뿌리고 월백이 받아들이는 것처럼 자연히 정과 기가 속에서 통하는 것이라고 설명했지요. 마치 한여름에 태양이 이글거려서 열에너지가 극에 이르면 지구가 그 열에너지를 받아들여 공기도 전혀 흐르지 않고 서로 뒤섞여서 극점에 도달하면 다시 방출하여, 그것이 상층에서 찬 기운을 만나면 한바탕 소낙비가 내리는 것과 같습니다. 이렇게 일음일양(一陰一陽)이 서로 엉키고 교류하는 것이지요. 그래서 주운양 조사는 "일혼이 정을 뿌리고 월백이 받아들인다〔日魂施精, 月魄受化〕"고 설명한 것입니다. 달은 본래 자체로는 발광을 못하고 태양 빛을 반사해서 빛을 낸다는 것입니다. 이때가 바로 "자연정기잠통(自然精炁潛通)" 즉 자연히 정(精)과 기(炁)가 잠통한다는 것입니다. 비록 눈에 보이지는 않지만 음양이 서로 소통한다는 뜻이지요. "잠(潛)"이란 겉으로 보이는 것이 아니라 보이지 않는 속을 가리킵니다. 따라서 "잠통(潛通)"이란 속으로 통한다는 뜻입니다. 사람은 왜 불교를 공부하고 도가 수련을 하면서 정좌를 할까요? 정좌는 네 글자로 표현할 수 있습니다. 바로 "정기잠통(精炁潛通)"입니다. 정과 기가 보이지 않는 속에서 서로 소통한다는 말입니다. 여러분은 사실 공부할 필요가 없습니다. 이 몸에는 본래 자연의 원리가 내재해 있고, 그 원리에 따라 스스로 움직이기 때문입니다. 여러분이 정좌를 오래 하면 자연히 느끼게 됩니다.

이것은 공부를 해서 비로소 만들어지는 것이 아닙니다. 의도적으로 공부하는 것, 이곳을 통하고 저곳을 통해야 한다고 생각하고 노력하는 것은 보통 힘든 일이 아니지요. 도(道)는 이렇게 인위적으로 얻을 수 있는 것이 아닙니다. 도는 자연을 본받는 데에 있습니다. 바로 정기(精炁)가 속에서 통하는 것이지요. 도법자연이 바로 정기잠통입니다.

제62강

천기가 하강하여 땅 속으로 들어간다

앞에서 우리는 "자연정기잠통(自然精炁潛通)"에 대해 이야기했습니다. "잠"은 잠복을 가리키고, "잠통"은 암통(暗通)과 같습니다. 암통이란 암암리에 통한다는 뜻이지요. 그러므로 암통은 여러분이 의도적으로 정과 기를 통하게 이끄는 것이 아니라 그 자체로 자연히 통하는 것입니다. 『참동계』 원문에서는 이것을 "자액이 윤택하니 생명의 시화가 유통한다(滋液潤澤, 施化流通)"고 했습니다. 위백양 진인의 원문은 이 두 구절뿐입니다. 이때 기주맥정인 혼돈의 상태에 도달하는데 바로 천일생수의 경계입니다. 전신의 모든 세포와 타액과 정기(精炁)와 뇌하수체가 자연히 변합니다. 이렇게 변화한 이후에는 온몸의 피부에 윤기가 돌고 빛이 납니다. "자액(滋液)"이란 진액(津液)이 나오는 것인데 오늘날 용어로 말하면 쌍성(雙性) 호르몬 주사제[85]를 맞은 것처럼 매우 촉촉해지는 것입니다. 단지 몸의 한 곳

---

85 갱년기 장애, 성장 발육 불량, 월경통, 자궁 출혈 등의 증세에 맞는 주사제이다.

만 변하는 것이 아니라 모든 세포가 다 바뀝니다. 이른바 "생명의 시화가 유통하는" 것으로, 몸의 변화가 전체적으로 일어납니다.

"태양과 달이 서로 만날 때 천기가 하강하여 땅 속으로 들어간다. 신령스러운 바람은 고요하고 산과 바다는 구름을 감추었다. 한 점의 신명이 혼돈 속에 내포되어 있는데 찾을 곳이 없다. 이것이 일념도 일어나지 않아 귀신도 알 수 없는 경지이다. 그러므로 (참동계에서) '천지신명도 헤아릴 수 없다'고 하였다."
(方其日月合符之際, 天氣降入地中. 神風靜默, 山海藏雲. 一點神明, 包在混沌竅內, 無可覓處, 此卽一念不起, 鬼神莫知境界, 故曰, 天地神明, 不可度量)

여기에서 신령스러운 바람은 고요하고 산과 바다는 구름을 감추었다는 뜻의 "신풍정묵(神風靜默), 산해장운(山海藏雲)"이라는 여덟 글자의 문학적 경지는 매우 절묘하여 한 쌍의 대구로 쓸 수 있습니다. 그다음 "한 점의 신명이 혼돈 속에 내포되어 있는데 찾을 곳이 없다. 이것이 일념도 일어나지 않아 귀신도 알 수 없는 경지이다. 그러므로 '천지신명도 헤아릴 수 없다'고 하였다(一點神明, 包在混沌竅內, 無可覓處, 此卽一念不起, 鬼神莫知境界, 故曰, 天地神明, 不可度量)"를 보겠습니다. 여기에서 말하는 것은 혼돈의 경지야말로 도가 수련의 진정한 기초라는 것입니다. 수도 공부는 일반적으로 말하는 백일축기의 경지에 도달해야 첫 번째 기초를 성취했다고 합니다. 우리는 여기에서 한 걸음 더 나아가 "일월합부(日月合符)"의 경지에 이르러야 합니다. 앞에서 말한 "일월합벽(日月合璧)"에 도달해서 태양과 달이 궤도에서 만나면 고요해지는 것과 같은 경지이지요.

이런 경지에 도달하는 것을 "천기강입지중(天氣降入地中)"이라고 합니다. 천기가 땅 속으로 들어간다는 뜻이지요. 우주의 현상으로 비유하면 매년 음력 이월 중춘(仲春)이 되는데, 소설 『홍루몽(紅樓夢)』에 나오는 '춘곤

(春困)'이 바로 이때입니다. 봄에는 대체로 피곤해서 정신도 또렷하지 않고 몸도 나른합니다. 더욱이 막 사춘기에 접어든 젊은 남녀는 신체가 성장하면서 이성에 눈뜰 때라 춘곤증이 더 심합니다. 아침 일찍 일어나 책을 읽고 학교에 가는 것은 정말 보통 어려운 일이 아니지요. 우리가 공부하던 당시 환경은 오늘날 여러분보다는 한결 편했다는 생각이 듭니다. 춘곤증이 밀려오면 병을 핑계로 학교를 결석하기 일쑤였으니까요.

이런 춘곤증은 바로 "천기가 땅속으로 들어가는" 현상 때문에 나타납니다. 도가는 이런 현상에서 여러 가지 수련법을 만들어 냈지요. 우리는 그런 것을 방문좌도라고 하며 매도하는데, 사실 그런 태도는 좋지 않습니다. 방문(旁門)도 문(門)이고 좌도(左道) 역시 도(道)의 일종이기 때문입니다. 다만 약간 우회하는 것뿐이지요. 도가의 어느 일파에서는 약간의 변화를 주어 먼저 상규(上竅)를 지키고 천천히 상규의 기(氣)를 의식으로 이끌어 내립니다. 왜 이렇게 수련하는 것일까요? 그들이 근거로 하는 것이 바로 "천기가 땅 속으로 들어간다"는 것입니다. 이런 공부법은 도가의 원리에도 합치하고 도인법에도 속합니다. 그러나 효과가 있다고 하더라도 가치는 별로 높지 못합니다. 진정한 도는 자연을 본받는 도입니다. 공부가 자연을 느껴서 자연을 본받는 경지에 이른다면 천기는 자연히 땅속으로 하강하여 두뇌의 감각을 모두 잊을 것입니다.

불학을 공부하거나 도를 배우는 여러분이 정좌 공부를 하면서 가장 고통스러운 것은 무엇입니까? 바로 머리 전체의 감각을 잊지 못하는 것입니다. 그래서 기가 여기에서 움직이고 저기에서 움직이는 것을 느끼게 되는데 그것은 뇌신경의 반응이 아닙니다. 참으로 머리에 기가 충만하면 머리를 잊게 되고, 자연히 천기가 하강하여 신체의 감각이 사라집니다. 사실은 신체의 감각이 사라지는 것이 아니라 머리에서 생각, 사상, 의식이 전부 정지하는 것입니다. 이것이 바로 "천기가 하강하여 땅 속으로 들어가는" 경지입니다.

혼돈의 경지

혼돈의 경지에 대해 주운양 조사는 "신풍정묵, 산해장운" 여덟 글자로 형용했습니다. 이 여덟 글자는 어느 한 글자도 대단하지 않은 것이 없습니다. 모두 지극히 오묘하지요. 대장(對仗)[86]도 굉장히 좋습니다. 기(氣)는 신령스러운 바람인 신풍으로 나타냈는데, 기가 모이고 신이 응결되는 '기취신응(氣聚神凝)'의 경지입니다. 산과 바다가 구름을 감춘다는 "산해장운"은 가을이 되면 하늘이 끝없이 맑아 구름 한 점 없는 상태를 형용한 것입니다. 선종의 조사가 "천 개의 강에 물이 흐르니 천 개의 강마다 달이 뜨고, 만 리 하늘에 구름 한 점 없으니 만 리가 푸른 하늘이구나[千江有水千江月, 萬里無雲萬里天]"라는 게송을 노래한 것이 바로 이런 경지이지요. 주운양 조사의 여덟 글자는 선종의 조사가 읊은 이 유명한 게송과 차이가 없습니다.

"산해장운(山海藏雲)"이 바로 "만리무운만리천(萬里無雲萬里天)"과 같은 뜻이고, "신풍정묵(神風靜默)"이라는 말은 "천강유수천강월(千江有水千江月)"과 같은 뜻입니다. 곳곳이 영명하고 곳곳에 신령스러운 기운이 반영되어 있다는 것이지요. 이때 우리의 생명이 본래 가지고 있는 원신(元神)은 영묘(靈妙)하고 불매(不昧)하여 혼돈 속에 감싸여 있지만 혼돈의 진실한 경계 속에서는 그림자도 없고 흔적도 없습니다. 이때 여러분에게는 지각(知覺)이 있습니까? 없습니다. 지각이 없습니까? 천 개의 강에 물이 흐르니 천 개의 강마다 달이 뜨고, 만 리 하늘에 구름 한 점이 없으니 만 리 하늘이 그대로 창창하게 푸릅니다. 알지 못할 것도 없고 또한 알 것도 없는 경지이지요. 선종에서는 항상 무념(無念)을 말하지만 오직 이때가 되어야 비로소 진정한 무념의 경지에 도달할 수 있습니다.

---

86 중국의 시에서 구절마다 대구를 요구하는 격률(格律)의 일종이다.

그러므로 선을 배우나 도를 좋아하나 사실 그 경지는 같습니다. 다만 표현 방식이 다를 뿐이지요. 세상에 진리는 단 하나입니다. 중국인이든 외국인이든, 옛날 사람이든 현대 사람이든 생명은 서로 다르지 않고 모두 같습니다. 명칭만 다를 뿐이지요. 이때에 도달해야 비로소 일념불생(一念不生) 즉 한 생각도 일어나지 않은 가운데 전체가 드러납니다. 한 생각도 일어나지 않으면 귀신도 여러분이 어디에 숨어 있는지 모릅니다. 장자는 이 경지를 세 구절로 표현했습니다. "장주어학(藏舟於壑), 장산어택(藏山於澤), 장천하어천하(藏天下於天下)"[87]라고요. 배를 계곡에 감추고, 산을 연못에 감추고, 천하를 천하에 감춘다는 뜻입니다. "배를 계곡에 감춘다"는 것은 소승 중에서도 가장 소승적인 경지로, 생각을 마음속에 거두어들이는 것입니다. 그다음 "산을 연못에 감춘다"는 것은 중승(中乘) 정도의 경지로서 비교적 괜찮습니다. 신체를 신경 쓰지 않고 생각에 몰입합니다. 대승의 경지는 "천하를 천하에 감추는" 것입니다. 그래서 찾을 수가 없습니다. 코는 코에 두고 눈은 눈에 두니 찾을 수가 없는 것이지요. 눈은 다른 것은 환히 볼 수 있지만 눈 자체는 보지 못합니다. 천하를 천하에 감춘다는 것도 이와 같은 원리입니다.

장자는 읽기 어려워 보이지만 사실 어렵지 않습니다. 표현이 분명하기 때문이지요. 단, 비유로 표현하기 때문에 어려워 보이는 것뿐입니다. 이 세 구절에는 작인처사(作人處事) 즉 사람이 되고 일을 처리하는 원리가 모두 그 속에 있습니다. 이 표현은 보기에는 비밀스러운 것 같지만 전혀 그렇지 않습니다. 감춘 것이 전혀 없는데도 다만 여러분이 이해를 못할 뿐입니다. 왜 그럴까요? 사람들은 모두 호기심이 많아서 밖에서 찾는 것을 좋아하기 때문입니다. 이른바 한 생각도 일으키지 않는 일념불기(一念不起)

---

87 『장자』「내편」 대종사에 나온다.

는 누구나 할 수 있는 비교적 쉬운 것입니다. 불가의 수행법은 도가 수련
법과 반대인데, 생각해 보면 불가의 우수함이 바로 여기에 있지요. 사실
불가의 방법도 도가와 같습니다. 먼저 한 생각도 일어나지 않으면 자연히
혼돈의 경지에 이를 수 있기 때문입니다. 엄격히 말하면 불가와 도가는 서
로 다를 것이 없습니다. 단지 출발하는 방법이 다를 뿐인데, 잘 모르는 사
람들은 차이가 있다고 생각하지요.

사실 삼교(三敎)든 오교(五敎)든 모두 차이가 없습니다. 원리는 하나로
관통합니다. 공자도 일관(一貫)이라는 말을 했듯이[88] 진리는 하나입니다.
일념불기는 귀신도 알 수 없는 경계입니다. 『참동계』 원문의 이 경계를 말
하고 나서 주운양 조사의 설명이 이어집니다.

"하늘이 땅속으로 들어가 양이 음 속에 포함되는 것은 뿌리로 돌아가서 명을
회복하는 것이다. 깊이 감추어 텅 빈 듯하니 이는 마치 용과 뱀이 깊은 연못
속에 칩거하거나 옥구슬이 내와 못속에 감춰져 있는 것과 같다."

(天入地中, 陽包陰內, 歸根復命, 深藏若虛. 不啻龍蛇之蟄九淵, 珠玉之隱川澤)

"천입지중(天入地中), 양포음내(陽包陰內)", 하늘이 땅속으로 들어가는
때가 양이 음 속에 진입하는 것입니다. 음은 고요함, 움직임이 없음을 상
징하고 양은 움직임과 활동을 상징합니다. 이렇게 양이 음 속에 들어가는
것이 바로 뿌리로 돌아가서 명을 회복하는 "귀근복명(歸根復命)"의 경지이
며 명공(命功)의 기초입니다. 수도 공부가 혼돈의 경지에 이르면 자신이
가지고 태어난 명(命)으로 돌아갔다고 할 수 있고, 이것이 명공(命功) 공부
가 경지에 도달한 것입니다. 다만 언제나 혼돈의 경지에 들어갈 수 있어야

---

88 『논어』 「이인(里仁)」편 15장에 "공자가 말씀하기를 나의 도는 하나로 꿰뚫는다[子曰 參乎 吾道
一以貫之]"에 나온다.

지 소가 뒷걸음질하다가 쥐를 잡은 격으로 어쩌다 한 번 들어간 것은 인정되지 않습니다.

저는 이런 경지에 도달한 노선배를 방문했는데, 그분은 당시 이미 아흔이었습니다. 삼십여 년 전에 산에서 그분을 만났을 때 이렇게 물었습니다. "선배께서는 옛날에 이미 여러 차례 입정(入定)의 경지에 들었다고 하는데 그게 서른다섯 전의 일이었지요?" 그러자 그분은 "그렇소"라고 답했습니다. 제가 다시 물었습니다. "선배께서는 서른다섯 이후에는 다시 입정에 들어가려고 했지만 실패했지요?" 그러자 역시 그렇다고 답했습니다. 제가 다시 왜 그랬는지 묻자 선배가 답했습니다. "대중에게 법을 알리다 보니 몹시 바빴다오." 저는 그냥 말없이 웃고 말았습니다. 이것은 공부가 그분을 찾아간 것이었습니다. 여러분도 주의해야 합니다. 여러분처럼 젊은 나이에 우연히 이런 경지에 도달해서 일념불기를 할 수 있습니다. 그러나 이런 일은 그야말로 우연히 일어난 것입니다. 어쩌다 입정의 경지에 도달한 것은 인정할 수 없습니다. 입정하려고 할 때는 언제든지 바로 들어갈 수 있어야 비로소 인정받을 수 있습니다. 그래야 명공(命功)의 기초가 확고하게 세워졌다고 할 수 있지요. 여러분은 여기에서 들은 것을 밖에 나가서 자신이 한 것으로 남을 속여서는 안 됩니다. 인생에서 해서는 안 되는 일이 세 가지 있습니다. 스스로를 속이고, 남을 속이고, 남에게 속는 일입니다. 진짜로 수도 공부를 하는 사람은 이 세 가지 일은 결코 하지 않습니다.

여러분이 만약 양이 음 속에 포함되어 뿌리로 돌아가 명을 회복하는 "양포음내(陽包陰內), 귀근복명(歸根復命)"의 경지에 도달할 수 있다면 수명은 이미 여러분 수중에 들어왔다고 할 수 있습니다. 자연히 불로장생이 가능하지요. 유가로 말하면 참으로 기질변화(氣質變化)를 할 수 있는 경지에 이른 것입니다. 이것은 첫걸음을 내디딘 것이니 여러분은 태장(胎藏)의 경지를 얻었습니다. 이때가 바로 "심장약허(深藏若虛)"입니다.

이 말에는 두 가지 의미가 있습니다. 첫째는 공부가 이 경지에 이르면 몸에서 육근(六根)이 움직이지 않는다는 것입니다. 선종의 조사들은 이렇게 형용했습니다. 어미닭이 달걀을 품는 것처럼, 혼미한 듯 술에 취한 듯 발로 차도 전혀 동요하지 않는 것입니다. 망아(忘我)의 경지에 들어간 것이지요. 이때가 바로 수도 공부가 "심장약허"와 같은 경지에 들어간 것입니다. 둘째는 수도 공부가 진실로 이 경지에 이르면 겸허할 줄 알아야 합니다. 결코 오만해서는 안 되지요. 자신의 공부가 대단하다는 생각을 하지 말고 매사에 "심장약허"의 태도를 보여야 합니다. 이때는 "용사지칩구연(龍蛇之蟄九淵)" 마치 동물이 겨울잠을 자는 것과 같습니다. 뱀은 겨울이 되면 진흙을 한 입 물고 굴을 파고 들어가서 수개월 동안 겨울잠을 자도 죽지 않습니다. 그 한 입의 기가 생명을 보존합니다. "주옥지은천택(珠玉之隱川澤)", 옥구슬이 물속에 감춰져 있다는 것도 같은 의미이지요. 좋은 옥은 안에 숨어 움직이지 않습니다.

기를 길러 뿌리로 돌아간다

"담경승이, '호기의 문을 얻어서 뿌리로 돌아가고, 원신의 주머니를 알아서 빛을 감춘다'고 말한 것이 이것이다."

(譚景升曰, 得灝炁之門, 所以歸其根. 知元神之囊, 所以韜其光. 此之謂也)

담경승(譚景升)은 도가의 신선으로 이름은 담초(譚峭)입니다. 그는 『화서(化書)』라는 책을 썼는데 연구할 만한 가치가 있는 책이지요. 이 책은 중국 고대 과학과 관련된 내용을 담고 있는데 물리학, 화학, 생물학이 모두 들어 있습니다. 담경승의 부친은 당나라 때 국자감(國子監)의 사업(司業)

이라는 직책을 맡았습니다. 국자감은 오늘날 국립대학에 해당하는데, 총장은 제주(祭酒)라고 했고 사업(司業)은 부총장쯤 됩니다. 담경승은 외아들이었지만 천성이 수도 공부를 좋아해서 집을 나섰습니다. 옛날이나 오늘날이나 청년들은 늘 문제를 일으켰지요. 집을 떠났던 담경승은 몇 년 후에 다시 집으로 돌아왔습니다. 당연히 그의 부친은 매우 기뻐했지요. 그는 한동안 집에 머물렀으나 결국 다시 떠났습니다. 담경승은 이미 수도 공부에 성공했고 신선이 되었던 것입니다. 그가 지은 유명한 시 한 수가 전해집니다.

실로 장강을 만들고 부채로 하늘을 만드니	線作長江扇作天
신발은 벗어 동해 가에 던지네	鞁鞋抛向海東邊
봉래산 가는 길 많지 않으니	蓬萊信道無多路
오로지 담생의 지팡이 앞이네	祇在譚生拄杖前

도가에서 말하는 봉래산은 불가에서 말하는 극락세계와 같습니다. "봉래신도무다로(蓬萊信道無多路)", 봉래산으로 가는 길이 많지 않다는 구절은 신선이 되는 길이 매우 쉽다는 뜻입니다. "기재담생주장전(祇在譚生拄杖前)", 오로지 담생의 지팡이 앞이라는 뜻으로 신선이 되는 도가 바로 지금 자신이 서 있는 이 자리에 있음을 말합니다.

"담경승왈(譚景升曰), 득호기지문(得灝炁之門)", 담경승이 말하기를 호기의 문을 얻었다는 구절에서 "호기(灝炁)"는 맹자가 말한 호연지기(浩然之氣)와 같습니다. 맹자는 이렇게 말했지요. "나는 나의 호연지기를 잘 기른다. …호연지기는 지극히 크고 지극히 강하니 정직으로 길러 해치지 않으면 천지 사이를 가득 채운다[我善養吾浩然之氣. …其爲氣也, 至大至剛, 以直養而無害, 則塞于天地之間]."[89] 맹자의 호연지기에서도 선도와 같은 원리를 볼 수 있습니다. "득호기지문(得灝炁之門), 소이귀기근(所以歸其根)", 호기의 문을 얻으니 그 뿌리로 돌아간다는 뜻으로 혼돈의 영명(靈明)한 경지로 들어간다는 것입니다. "지원신지낭(知元神之囊)", 원신(元神)의 주머니를 안다는 말로 원신의 근저를 안다는 뜻입니다. "소이도기광(所以韜其光)", 빛을 감춘다는 말로 신광(神光)을 내면으로 수렴하여 밖으로 비치지 않게 하는 것입니다. 현대인은 육근과 두뇌의 총명함이 외면으로 발달해서 생명을 소모하고 있습니다. 이런 생명을 다시 회복하는 방법은 바로 빛을 감추고 힘을 기르는 "도광양회(韜光養晦)"입니다. 양생의 도는 바로 신광(神光)을 내면으로 수렴하는 데 있다는 뜻이지요. 담경승의 시에는 바로 이런 원리가 담겨 있습니다.

주운양 조사는 주해에서 『역경』에 나오는 두 구절을 인용해서 다음과 같이 말했습니다.[90]

"그러므로 (참동계에서) '이를 활용해 몸을 편안히 하는 것은 형체를 숨겨서 감추는 것이다'라고 하였다."

(故曰, 利用安身, 隱形而藏)

"이용안신(利用安身), 은형이장(隱形而藏)", 현대인들은 모두 "이용(利用)"이라는 말을 좋아합니다. 쓰기에 이롭다는 뜻이지요. 문명의 이기(利器)라는 말도 마찬가지입니다. 그러나 진정한 이용(利用)은 바로 선도(仙道)의 이용입니다. 즉 형체를 숨겨 감추는 것이지요. 이것이야말로 가장 큰

---

89 『맹자』 「공손추(公孫丑)」 상.

90 이 문장의 원문은 《易經》上有兩句話, 《參同契》這裏引用了'이다. 즉 "『역경』에 두 구절이 있는데 『참동계』에서 인용했다"는 뜻이다. 여기에서 저자가 말한 『역경』의 두 구절이란 "利用安身, 隱形而藏"이다. 그런데 실제로 『역경』에 나오는 문장은 "利用安身"(「계사전」 하)뿐이다.

이용이라고 할 수 있습니다.[91]

이상의 내용은 도가의 첫 번째 공부인 감리교(坎離交)를 설명하기 위해 주운양 조사의 주해 내용을 참고한 강의였습니다. 이 이하는 『참동계』 중편 하권의 복식(伏食)에 대한 전문적인 강의입니다. 제24 "성정교회장(性情交會章)"부터 시작해서 모두 여덟 개 장이 복식에 대한 설명입니다.[92] 복식이란 어떻게 장생불사의 단약을 먹어서 환단을 하는가에 대한 내용이지요.

『참동계』 중편 하권에 대해 주운양 조사는 이렇게 말했습니다.

"참동계 중편 하권[93]은 전문적으로 복식을 말하는데, 어정과 양성은 이미 그 속에 들어 있으니 뜻은 상편과 같다."

(此卷專言伏食, 而禦政養性, 已寓其中, 義同上篇)

도를 증득하는 법칙 즉 심성 수양의 원리가 복식(伏食) 속에 들어 있고, 중편의 뜻은 상편과 같다는 말입니다.[94] 앞에서 "감리교(坎離交)"란 바로 신과 기가 서로 교합하는 "신기상교(神氣相交)"라고 말했습니다. 그런데 여기에서는 명칭을 달리하여 "성정교회(性情交會)"라고 했습니다. 앞에서 살펴본 『예기』에서는 인간의 지각과 감각을 성과 정의 두 방면으로 나누어 말

---

91 『참동계천유』 제18장의 나머지 부분은 제65강에 설명이 나온다. 또 『참동계천유』 제19장에서 제23장까지는 강의하지 않는다. 그 내용이 상편에서 이미 자세히 설명되었기 때문이다. (원서 편자 주)

92 『참동계천유』는 상편 중편 하편으로 구성되어 있고, 이 중에서 중편은 제16 사상환중장(四象環中章)부터 제31 복식성공장(伏食成功章)까지 총 열여섯 개 장으로 구성되어 있다. 이 열여섯 개 장은 다시 상권 중권 하권으로 나뉘는데, 상권은 제16장부터 제19장까지, 중권은 제20장부터 제23장까지, 하권은 제24장부터 제31장까지이다. 그리고 다시 중편의 상권은 어정, 중권은 양성, 하권은 복식에 관해 설명하고 있다.

93 『참동계천유』. 215면.

94 "중편의 뜻이 상편과 같다"는 말은 다음과 같은 뜻이다. 즉 상편이 제1장인 건곤문호장(乾坤門

했습니다. 즉 지각하고 생각하는 이지적 기능은 성(性)이라 하고, 희로애락의 감정은 정(情)이라고 한다는 것이었습니다. 불가에서는 정(情)을 업력(業力)이라고 합니다. 그래서 불경에서는 "순수한 상념은 위로 올라가고, 순수한 감정은 아래로 떨어진다[純想卽飛, 純情卽墮]"고 말합니다. 감정이 많고 생각이 적으면 추락하고 감정은 적고 생각이 많으면 비교적 위로 승화한다는 뜻입니다. 이렇게 성(性)과 정(情)은 우리의 생명과 중대한 관계가 있습니다. 그러니 역시 감(坎)과 리(離)의 교구(交媾) 및 신(神)과 기(氣)의 관계야말로 가장 중요합니다. 먼저 이 문제에 대해 이야기하겠습니다.

성과 정의 교회

제24 性情交會章성정교회장[95]

太陽流珠태양유주, 常欲去人상욕거인. 卒得金華졸득금화, 轉而相因전이상인. 化爲白液화위백액, 凝而至堅응이지견.

태양의 유주는 항상 사람으로부터 떠나려 한다. 그러나 마침내 금화를 얻으니 바뀌어 서로 원인이 되고 변화해서 백액이 되니 응결하여 지극히 견고해진다.

戶章)부터 제15장인 환단명의장(還丹名義章)까지 총 열다섯 개 장으로 구성되어 있는데, 이 중에서 제1장부터 제5장까지는 상권으로서 어정을 설명하고, 제6장부터 제8장까지는 중권으로 양성을 설명하고, 제9장부터 제15장까지는 하권으로 복식을 설명한다. 그런데 제16장인 사상환중장(四象環中章)부터 제31장인 복식성공장(伏食成功章)까지 총 16개장으로 구성된 중편 역시 상권은 어정, 중권은 양성, 하권은 복식을 설명하고 있다. 따라서『참동계』상편과 중편은 사실상 같은 내용 즉 어정, 양성, 복식을 반복해서 설명하였다. 그래서 "중편의 뜻이 상편과 같다"고 말한 것이다.

『참동계』 원문에 대한 주운양 조사의 설명은 다음과 같습니다.

> "이 장은 목이 성으로, 금이 정으로 서로 바뀌어 복식의 공을 성취하는 데 대해 말한다."
>
> (此章, 言木性金情, 自相交會, 以成伏食之功也)

『참동계』 제24 성정교회장은 전적으로 복식에 대해 말하고 있다는 설명입니다. 정(情)은 오행에서 목(木)에 속하고 목은 간에 해당합니다. 따라서 정(情)도 간에 속하지요. 간기(肝氣)가 건강하지 않은 사람은 화기(火氣)가 왕성해서 화를 잘 냅니다. 중의학 이론에서 금(金)은 폐에 속합니다. 폐기(肺氣)가 잘 통하는 사람은 두뇌가 맑고 성정도 밝은 편입니다. 호흡을 잘하면 몸이 건강하지요. 그러나 폐기가 잘 통하지 않는 사람은 우울하고 내성적인 경우가 많습니다. 여기에서 돌연 "목성금정(木性金情), 자상교회(自相交會)" 즉 목이 성으로, 금이 정으로 서로 바뀌었습니다. 목은 본래 간에 속하고 정에 속한다고 했습니다. 금은 기에 속하고 성에 속하지요. 그런데 지금 "목은 성이고 금은 정"이라고 바꾸어 말하니 혼란스럽습니다. 사실은 바꾼 것이 아니라 목에 속하는 간기가 왕성하지 않아서 성질이 변한 것입니다. 또 폐기가 건강하지 않아서 원기(元氣)가 충만하지 않고 양기가 부족하면 작용도 변해서 성격이 안 좋게 된다는 뜻입니다. 왜목이 성이 되고 금이 정이 되었는지 이해하셨지요? 생명은 오직 두 가지로 이루어졌습니다. 바로 신(神)과 기(氣)입니다. 이 두 가지 생명 요소가서로 결합하는 것이 감괘와 리괘의 교회(交會), 교합(交合)으로 상징됩니다. 이렇게 음양이 조화되면 건강이 좋아집니다. 자기 내부의 생명을 이렇

---

95 『참동계천유』, 249면.

게 변화시키는 것을 복식의 공(功)이라고 하지요.

『참동계』 제24장 첫 번째 단락을 보겠습니다.

태양의 유주는 항상 사람으로부터 떠나려 한다. 그러나 마침내 금화를 얻으니
바뀌어 서로 원인이 되고 변화해서 백액이 되니 응결하여 지극히 견고해진다.

太陽流珠, 常欲去人. 卒得金華, 轉而相因. 化爲白液, 凝而至堅.

"태양유주(太陽流珠)", 태양 빛은 영원히 방사(放射)됩니다. "유주(流
珠)"란 태양 빛의 방사를 구슬이 흩어지는 것에 비유한 말입니다. 우리는
태양 빛을 똑바로 보지 못합니다. 단지 섬광처럼 번쩍하는 순간만 느낄 뿐
이지요. 그것을 "상욕거인(常欲去人)" 즉 항상 사람으로부터 떠나려 한다
고 형용했습니다. 태양 빛은 머물지 않고 항상 흩어진다는 말이지요. 정좌
해서 자신의 마음을 가다듬고 입정하려고 해도 잘 안 되는 이유가 무엇일
까요? 마치 태양 빛이 방사하는 것처럼 마음이 외면으로 산란하게 흩어져
서 그런 것입니다. 태양 빛이 구슬이 흩어지듯 밖으로 방사되는 것처럼 우
리의 마음은 항상 어지럽게 흩어집니다. 그러니 우리 마음을 산란하지 않
게 집중하여 한 생각도 일어나지 않게 하는 것은 너무 어렵지요. 도가에서
는 이런 마음의 특성을 납과 수은으로 비유했습니다. 불가의 수행법도 도
가와 같지만 여러분에게 분명히 설명하지 않아서 잘 모르는 것입니다. 예
를 들어 천태종을 수련하는 사람들이 왜 먼저 수식(數息)을 하고 지식(止
息)을 하는지, 왜 기를 수련하는지 그 원리를 잘 모르는 것이지요. 사실 기
를 조절하는 조기(調氣)는 가짜이고, 진실은 생각을 멈추게[留住] 하는 데
있습니다.

원래 남자가 천방지축 철없이 나댈 때 좋은 아내를 얻어 결혼시키면 책
임감이 생겨서 다시는 철없이 굴지 않는 법입니다. 도가의 수련 원리가 바

로 이런 것입니다. "태양의 유주는 항상 사람으로부터 떠나려 한다. 그러나 마침내 금화를 얻으니 바뀌어 서로 원인이 된다〔太陽流珠, 常欲去人. 卒得金華, 轉而相因〕"는 이 말은 태양과 금화가 서로 도와서 멈추게 할 수 있다는 뜻이지요. 내면에 있는 생명 에너지는 항상 외면으로 소모하려고 합니다. 그러니 "화위백액(化爲白液), 응이지견(凝而至堅)" 즉 변화해서 백액이 되니 응결하여 지극히 견고해진다는 것입니다. 이처럼 변화해서 옥액(玉液), 옥장(玉漿)이 되는 것을 옥액환단이라고 합니다.

수도 공부가 참으로 옥액환단에 이르면 이미 신선의 일부로서 노화에서 벗어나 건강한 생명을 누릴 수 있습니다. 이 문제는 다음 강의에서 이어가겠습니다. 매우 중요한 문제이므로 강의가 끊어져서는 안 되지요.

제63강

도가의 학술을 연구하는 여러분들은 반드시 『역경』과 음양오행, 천문 상식에 대해 대략적으로 이해하고 있어야 합니다. 그러지 않으면 들어도 무슨 말인지 알 수가 없습니다. 어제 미국에서 온 친구가 천문도(天文圖)를 한 장 보여 주었는데 상당히 큰 그림이었습니다. 열어 보니 별자리 그림이었지요. 현대인들은 과학의 연구 성과에 힘입어 어린이들도 천문 지식을 제법 갖추고 있습니다. 그 그림을 방에 펼쳐 놓고 등을 켰더니 그림 속의 별에서 빛이 반사되어 빛났습니다.

　그림을 보고 있자니 중국의 문화에 대해 은근히 부끄러운 마음이 들었습니다. 본래 수천 년 전에는 중국 천문학이 서양보다 훨씬 앞서 있었습니다. 그런데 오늘날에는 그런 사실조차 모르고 있습니다. 서양 천문학의 별자리 이름을 중국 별자리 명칭에 대입해서 쓰고 있는 것이 현실이지요. 그러니 중국 문화에 대해 말하는 것은 힘든 일입니다. 특히 천문학과 관련해서 어떻게 해야 할지 정말 알기 어렵습니다.

기혈은 성정에 영향을 미친다

이제 앞에서 설명했던 『참동계』중편 하권의 제24장인 성정교회장(性情交會章)으로 돌아갑시다. 성정교회는 감리상교(坎離相交), 음양상교(陰陽相交)를 의미합니다.

"이 권은 전적으로 복식만 말한다. 어정과 양성이 이미 그 속에 들어 있다."

(此卷專言伏食, 禦政養性, 已寓其中)

주운양 조사는 "차권전언복식(此卷專言伏食)"이라고 하여 "이 권은 전적으로 복식만 말한다"고 했습니다. 이른바 복식(伏食)이란 도가에서 말하는 장생불로의 약을 어떻게 복용할 것인가를 뜻합니다. 도가 수련에서 복식은 매우 중요합니다. 복식은 도가의 분류에 따르면 명공(命功)에 속합니다. 우리의 후천 생명을 보존하여 장생불로하는 공부이지요. 양성(養性)은 성공(性功)에 속합니다. 보통 불가 공부에서 중시하는 것으로 어떻게 마음을 밝혀 본성을 깨닫는가 하는 명심견성의 문제입니다. 그래서 주운양 조사는 "어정양성(禦政養性), 이우기중(已寓其中)"이라고 했습니다. 어정과 양성 공부가 복식 공부 속에 들어 있다는 뜻입니다. 만약 참으로 불학에서 말하는 육근(六根)을 밖으로 누설하지 않고 안으로 감출[內伏] 수 있다면 자연히 명심견성할 것입니다. 따라서 양성과 어정의 이치는 모두 복식 공부 속에 포함되어 있습니다.

천지에서 일월(日月)이 생겨나는 것이 첫 번째 변화이고, 일월에서 감리(坎離)의 상호 교류가 일어나서 인간이 되는 것은 두 번째 변화입니다. 인간의 생명에서는 감리라고 하지 않고 성정(性情)이라고 합니다. 성(性)은 지각하는 성품인 지성(知性)을 나타내는데, 불학에서는 견문각지(見聞覺

知)라고 합니다. 보고 듣고 지각하고 감각하는 작용을 성(性)이라고 하는 것입니다. 정(情)은 후천의 희로애락의 감정 즉 갖가지 욕망을 가리킵니다. 성정이 교회(交會)한다는 것은 바로 감리가 서로 교류하는 것과 같습니다.

주운양 조사는 제24 성정교회장의 첫머리에서 다음과 같이 설명했습니다.

"이 장은 목성과 금정을 말한다."

(此章, 言木性金情)

앞에서도 이미 말했지만 도가 문화는 의학 문화와 관련되어 있습니다. 간은 목에 속하고 폐는 금에 속하지요. 그렇다면 금과 목이 어떻게 서로 교류할까요? 우리는 간이 인체에서 혈액을 생산하는 기능을 하고, 폐는 호흡 계통에서 산소를 공급하는 기능을 한다는 것을 알고 있습니다. 그런데 중의학의 원리로 말하면 기(氣)와 혈(血)은 다른 계통인데 어떻게 서로 교류할 수 있을까요? 만약 신체에서 후천의 기혈이 조화되면 간기가 안정되어 망념이 일어나지 않습니다. 그리고 폐기도 고요해져서 호흡이 심식상의(心息相依)의 경지에 도달할 수 있습니다. 심지어 기주맥정(氣住脈停)의 경지에도 이를 수 있지요. 이에 대해 앞에서 이미 본 바와 같이 주운양 조사는 다음과 같이 설명합니다.

"목성과 금정이 서로 교회하면 이미 복식의 공부가 이루어진다."

(木性金情, 自相交會, 已成伏食之功也)

"목성금정(木性金情), 자상교회(自相交會), 이성복식지공야(已成伏食之功也)", 이렇게 하면 진정으로 생명을 장악하게 되고 단약을 복식하는 것입니

다. 수도 공부가 이 단계에 도달하면 자신의 생명이 다시 젊어지고 질병을 물리쳐 수명이 연장되는 반로환동(反老還童), 각병연년(卻病延年)이 이루어집니다. 이 성정교회장은 바로 이런 원리를 말하고 있습니다. 이제 앞 강의에서 보았던 『참동계』 제24 성정교회장 첫머리를 다시 살펴보겠습니다.

"태양의 유주는 항상 사람으로부터 떠나려 한다. 그러나 마침내 금화를 얻으니 바뀌어 서로 원인이 되고 변화해서 백액이 되니 응결하여 지극히 견고해진다[太陽流珠, 常欲去人. 卒得金華, 轉而相因. 化爲白液, 凝而至堅]"는 구절입니다. 여기에서 "태양"은 우리의 신광(神光) 즉 생각, 정신, 관념, 견문각지(見聞覺知)의 성(性)을 상징합니다. 일반적으로 영혼이나 영성이라고 하는 것으로서 도가에서는 이것을 태양으로 형용합니다. "유주(流珠)"는 태양이 내보내는 빛이 마치 진귀한 구슬처럼 밖으로 방사되는 것을 상징합니다. 태양 빛은 절대 멈추지 않고 외부로 방사하는 활동을 유지하는데, 우리의 생각과 상념도 태양 빛처럼 끊임없이 대상을 향해서 움직입니다. 생각의 에너지가 멈추지 않고 소모되는 것입니다. 그래서 불가에서는 이것을 유루(有漏)의 원인이라고 합니다. 밖으로 쉼 없이 누설된다는 뜻이지요. 그렇다면 어떻게 해야 밖으로 누설되는 것을 멈출 수 있을까요? 오직 정서, 감정이 흔들리지 않아야 정신이 응정(凝定)할 수 있고, 이로써 단(丹)을 맺을 수 있습니다.

"졸득금화(卒得金華)" 즉 마침내 금화를 얻는다는 뜻으로, "금화(金華)"란 도가에서 만든 이름입니다. 황금덩어리에서 방사되는 빛에 해당하지요. 앞에서 금은 폐를 상징하고 또 기를 나타낸다고 했는데 생각과 정신이 산란하지 않으려면 기혈이 안정되어야 합니다. 이런 이유로 천태종과 밀종 또는 그 밖의 법문은 먼저 기를 닦는 수련으로 시작하는 것을 중시합니다.

신이 응결하고 기가 멈추면 결단한다

우리의 정신, 생각은 항상 밖을 향해서 움직이기 때문에 그것을 멈추게 하기는 쉽지 않습니다. "마침내 금화를 얻어야" 기가 응결하고 머물게[凝住] 되는데 이것을 식(息)이라고 합니다. 수도 공부가 식의 경지에 도달하려면 "전이상인(轉而相因)" 즉 바뀌어서 서로 원인이 되면 곧 신(神)과 기(氣)가 합일합니다. 정통 도가의 상승 단법에서는 선배들이 도를 전할 때 '쁘(사)' 자를 썼는데 이 글자는 '此(차)'와 '二(이)'가 위아래로 결합되어 있습니다. 신과 기 둘이 합쳐진다는 것을 상징적으로 표현했습니다. 도가의 수도 공부란 무엇일까요? 무엇을 결단(結丹)이라고 할까요? 진정으로 복식의 경지에 도달한다는 것은 무엇을 말할까요? 신과 기가 응주(凝住)하면 결단이 됩니다. 매우 간단하지요. 이 밖의 무슨 구결이니 꽃이니 육이부동전(六耳不同傳)[96]이니 점혈이니 하는 방법은 모두 하승(下乘)의 단법에 불과합니다. 신이 응결하고 기가 멈추는 신응기주(神凝氣住)의 기초가 확고하게 수립되면 아무리 늙어도 결단의 희망이 있습니다.

신응기주가 오래 지속되면 일양래복(一陽來復) 즉 생명의 기운이 새롭게 회복될 수 있습니다. 이때 "화위백액(化爲白液)" 즉 신과 기가 결합하여 백액(白液)으로 변화하게 됩니다. 백액이 된다는 것은 먼저 화지신수(華池神水)로 변화해야 한다는 뜻입니다. 우리가 앞에서 공부했던 여순양 진인의 〈백자명〉에는 이런 원리가 설명되어 있었지요. 이상으로 『참동계』 원문을 대략 해석했는데 이어서 주운양 조사의 주해를 보면 그 의미가 더욱 분명해질 것입니다.

---

96 세 사람이 같이 들은 것은 비밀이 지켜질 수 없다는 뜻의 육이부동모(六耳不同謀)라는 성어에서 파생된 말이다. 따라서 육이부동전(六耳不同傳)은 세 사람이 같이 들은 것은 각각 다르게 전해진다는 뜻이다.

"이 절은 목과 금의 성과 정이 결합해서 금단을 결성하는 것을 말한다. 선천의 본체는 성명 건곤이고 후천의 작용은 성정 감리이다."

(此節, 言兩物之性情合, 而成金丹也. 先天之體, 爲性命乾坤是也, 後天之用, 爲性情坎離是也)

"언양물지성정합(言兩物之性情合)", 신과 기를 결합하여 응결함으로써 금단이 이루어진다고 하며 먼저 큰 근원을 말한 후에 그 원리를 설명하고 있습니다. 선천과 후천으로 나누어진 개념은 도가와 유가에서 모두 말하는 것입니다. 서양 철학으로 말하면 선천과 후천은 각각 형이상과 형이하를 가리킨다고 할 수 있겠지요. 사실 형이상과 형이하라는 개념은 공자가 『역경』「계사전」에서 다음과 같이 말했습니다. "형이상의 것을 도라고 말하고, 형이하의 것을 기라고 말한다(形而上者謂之道, 形而下者謂之器)."

우주 만물이 시작하기 전의 근원에 대해 중국 문화에서는 주재자라거나 창조주라거나 신이라고 말하지 않습니다. 단지 도(道)라고 말할 뿐입니다. 형이하의 후천이란 무엇일까요? 우주 만물의 물질세계 즉 기세계(器世界)라고 하는 것입니다. "선천지체(先天之體)"는 선천의 본체 즉 형이상의 도체(道體)를 가리킵니다. 그것은 "위성명건곤시야(爲性命乾坤是也)" 즉 우주 만유의 광대한 성명(性命)으로서 건곤입니다. 바로 천지이지요. 이 선천을 다른 말로는 성명이라고 합니다.

"후천지용(後天之用), 위성정감리시야(爲性情坎離是也)", 선천의 도체가 후천의 작용으로 변화하면 성명 건곤이 성정 감리로 변합니다. "정(情)"은 많은 의미를 포괄하고 있는데 칠정(七情)과 육욕(六欲)이 모두 그 안에 들어 있습니다. 『역경』의 괘로 설명하면 성과 정은 각각 감괘와 리괘에 해당합니다. 인간의 성명은 모친의 태(胎)에 들어가서 열 달이 지나 출생한 후에 남성은 대략 열여섯 살, 여성은 열네 살이 되면 마치 병아리가 달걀껍질을 깨고 나오듯이 건곤이 분리됩니다.

감리가 교섭해서 건곤으로 돌아가다

이어지는 주운양 조사의 설명은 다음과 같습니다.

> "건곤이 파괴되어 감리가 되면서부터 성정의 작용이 드러나고 성명의 본체가 은폐되니, 이것을 따르면 범인이 된다. 오로지 감리가 교합하여 다시 건곤이 됨으로 인해 성정의 작용이 성명의 본체로 환원하니, 이렇게 거꾸로 거스르면 성인을 이룬다. 후천 감리에 이르면 다시 체와 용이 나뉜다."
>
> (自乾坤破爲坎離, 性情之用著, 而性命之體隱, 順之則爲凡矣. 惟坎離復交爲乾坤, 因性情之用, 以還性命之體, 逆之則成聖矣. 至于後天坎離中, 又分體用)

"자건곤파위감리(自乾坤破爲坎離), 성정지용저(性情之用著)", 건곤이 깨어져서 감리가 되면서부터 성정의 작용이 드러난다는 뜻으로, 건곤은 형이상의 도체로서 완전한 생명입니다. 이 생명이 출생한 후에는 어린아이가 되고 후천의 인식이 시작된 후에는 건곤이 파괴됩니다. 비유하자면 달걀이 깨어져 병아리가 탄생하는 것과 같지요. 이런 후천의 생명을 『역경』에서는 감리로 상징합니다. "성정지용저(性情之用著)"는 말 그대로 성과 정의 작용이 현상으로 나타난다는 것입니다. "성명지체은(性命之體隱)"은 성정의 작용이 드러날 때는 자기 생명의 성과 명의 본체는 도리어 은폐된다는 것입니다. "순지즉위범의(順之則爲凡矣)" 즉 순(順)하면 범인이 된다는 뜻으로, 성정의 작용을 따라 정욕(情欲)의 충동이 일어나면 형이하로 흘러가 범부가 됩니다. 형이하로 흐르게 되면 형이상의 승화된 경지로 올라가지 못하지요. 범부는 도가와 불가에서 통용되는 말인데, 세속적인 평범한 사람 즉 중생이라는 뜻입니다.

다음으로 "유감리부교위건곤(惟坎離復交爲乾坤)"을 보겠습니다. 수도 공부를 하는 것은 학업이나 일을 힘써서 하는 주공(做工) 작업과 같습니다. 우리의 후천 생명을 되돌려서 선천 본체의 생명으로 회복하는 것이지요. 주공을 하려면 공구가 있어야 하는데, 후천의 생명을 늙지 않고 죽지 않게 하려면 어떤 공구가 필요할까요? 도가에서 전하는 공구로는 수규(守竅) 등 여러 방법이 있습니다만 이런 방법은 모두 몸으로 하는 것이어서 사실상 쓸모가 없습니다. 참으로 후천의 성정(性情)을 선천의 성명(性命)으로 되돌릴 수 있는 정도(正道)는 "감리교(坎離交)"입니다. "감리가 교합하여 다시 건곤이 된다[惟坎離復交爲乾坤]"는 것이 바로 이런 의미를 나타냅니다. "감리교" 즉 감리의 교합이 일어나면서 신체 내부에서 발생하는 일종의 쾌감은 의학적으로 말하면 사춘기의 생식선의 작용으로서 회춘 현상입니다. 문제는 회춘 작용이 나타나자마자 바로 육체적 욕망의 충동으로 인해 배설된다는 것입니다. 그러므로 이렇게 되기 전에 후천의 성정을 합하고 건곤을 교회하여 회복함으로써 선천의 천지 본체로 돌아가야 합니다. 그러려면 궁극적으로 어떤 공구가 필요할까요? 바로 자신의 성과 정의 작용을 공구로 사용해야 합니다. 성(性)은 지각의 성이며 견문각지(見聞覺知), 영지(靈知)의 성입니다. 정(情)은 육욕 칠정으로 신체의 생리적 욕구입니다.

비유하면 지금 여기에 앉아서 강의를 듣고 있는 여러분의 두뇌는 제 말을 지각하고 생각하느라 많은 에너지를 소모하는데, 이런 지각 작용이 명료한 것은 바로 성(性)의 작용입니다. 정(情)은 신체의 변화로 인해 심리적으로 편안한지 불편한지를 느끼는 작용입니다. 성과 정의 작용은 분명히 다르지만 일반 사람들은 구분하지 않을 수도 있습니다. 때때로 우리는 기분이 나쁘면 짜증을 내거나 우울해져서 세상이 다 슬퍼 보이기도 합니다. 그러나 우리의 성(性) 즉 이성은 이렇게 알려 줍니다. '무슨 고생이야? 화를 낼 필요까지는 없잖아?' 이성이 이렇게 말해도 우리는 화를 참지 못합니다. 이렇게 참지 못하는 것이 바로 감정의 작용이지요. 감정이 일단 충동하면 이성은 막을 길이 없습니다. 이성적으로는 그러지 말아야지 하는데 감정에 휩쓸리면 저도 모르게 화를 벌컥 내고 말지요. 감정의 에너지는 대단히 강합니다. 그래서 이성과 감정의 결합이 어렵다는 것입니다. 결합할 수만 있다면 정말 대단하겠지요.

그래서 수행자라면 도학을 배우든 불학을 배우든 누구나 이성적으로는 공(空)의 원리를 알지만 실제로 공의 경지에 도달할 수 있는 사람은 거의 없습니다. 보통 수양을 하면 누구나 심기가 화평해지려고 하지만 일단 심기가 요동치기 시작하면 멈추려고 해도 잘 되지 않습니다. 심기의 안정이란 책에서 말하는 이론일 뿐이지요. 감정의 충동은 이처럼 무섭습니다. 그래서 도가에서는 정(情)을 호랑이로 그리고 성(性)은 용으로 표현합니다. 호랑이 그림을 보면 사람을 금방이라도 잡아먹을 것 같습니다. 감정은 이렇게 호랑이처럼 무섭다는 것입니다. 반면에 용은 어떻게 움직이는지 알 수 없을 만큼 신묘합니다. 마음은 이렇게 알 수 없이 움직이고 요동친다는 것입니다. 용 그림을 보면 머리는 보이는데 꼬리는 감추어져 있습니다. 그래서 도가에서는 늘 용과 호랑이를 항복시킨다는 뜻에서 항룡복호(降龍伏虎)라고 합니다. 더욱이 후대의 도가에서는 성욕의 충동을 중시하는데 그것을 맹호가 하산한다고 표현합니다. 사실 이 호랑이를 항복받지 못한다면 아무것도 성취할 수 없습니다.

그러나 성과 정이 나쁜 것이라고 생각할 필요는 없습니다. 잘 활용한다면 도리어 수행에 엄청난 이익을 줄 수 있지요. "인성정지용(因性情之用),

이환성명지체(以還性命之體), 역지즉성성의(逆之則成聖矣)" 즉 성정의 작용으로써 성명의 본체를 회복하여 거스르면 성인을 이룰 수 있다는 주운양 조사의 설명이 그것을 의미합니다. 득도한 선인(仙人)이나 부처님이나 모두 성인이라고 부릅니다. 그런데 또 "지우후천감리중(至于後天坎離中), 우분체용(又分體用)"이라고 했습니다. 후천의 감리에 이르면 다시 체와 용이 나뉜다는 뜻이지요. 왜 이렇게 복잡하게 말하는 것일까요? 도가 단학은 곧 생명 과학입니다. 반드시 그 이론을 분명히 이해해야 하지요. 그 이론과 법칙을 잘 이해하고 기억해야 비로소 실험에 성공할 수 있습니다. 이론을 분명히 알지 못하고 수행만 한다면 결코 성공할 수 없습니다. 그래서 한 걸음 한 걸음 그 원리를 분명히 우리에게 알려 주는 것입니다.

해와 달의 운행 도수를 수도 공부에 배합하다

후천의 감리는 다시 분화하여 체와 용으로 나뉘게 됩니다. 체용(體用)이란 무엇인가요? 예를 들면 차 한 잔이 있다고 합시다. 물과 찻잎이 합해져서 차가 되는데 여기에서 물과 찻잎은 성(性)과 정(情)에 해당합니다. 따라서 감리에는 체와 용이 있고 체는 비교적 형이상에 가깝습니다. 주운양 조사는 이렇게 설명합니다.

> "진음과 진양이 체가 되니 체는 수화에 속하고 양현의 기를 작용으로 삼는다. 작용은 금목에 속하니 분별하지 않을 수 없다."
>
> (以眞陰眞陽爲體, 體屬水火, 以兩弦之氣爲用, 用屬金木, 不可不辨)

"이진음진양위체(以眞陰眞陽爲體), 체속수화(體屬水火)", 진음과 진양이

체가 되니 체의 작용은 생명에서 수화의 작용에 속한다는 말입니다. 우리 몸에 있는 혈액이나 타액, 남성의 정충과 여성의 난자를 포함한 정액, 호르몬 등은 수(水)에 속합니다. 그리고 화(火)는 생명의 열류(熱流) 즉 열의 흐름 또는 에너지를 가리킵니다. 그러므로 진음과 진양이 후천에 이르면 수와 화에 속하게 되는 것입니다.

"이양현지기위용(以兩弦之氣爲用), 용속금목(用屬金木), 불가불변(不可不辨)"이라는 말은 무슨 뜻일까요? 도가 이론은 매우 광범위합니다. 음양(陰陽), 오행(五行), 천문(天文), 지리(地理), 『역경』 등 광범위한 고유문화가 도가에 포함되어 있지요. 상현은 매월 음력 초팔일 초구일에 해당하는데 달이 활모양 같다고 해서 상현이라고 합니다. 하현은 한 달의 하반에 속하는 이십이 일, 이십삼 일경에 역시 활모양의 달이 된다고 해서 붙인 이름이지요.

"양현지기"란 무슨 뜻일까요? 이 양현의 기가 가장 중요하지요. 우리는 보통 기후(氣候)라고 합니다. 일 년은 이십사절기, 칠십이후가 있는데 이것은 태양의 행도 즉 태양의 작용입니다. 양현의 기는 우리의 수도 공부와 관련 있습니다. "양현의 기를 작용으로 삼는다〔以兩弦之氣爲用〕"는 말은 태양과 달과 지구 사이에 이런 작용이 있다는 뜻이지요. 도가에서는 이 현상을 통해 우리 신체 내부에서 기혈이 형성되는 법칙을 설명합니다. 즉 천지와 우리 신체가 같은 법칙이라는 말입니다. 양현의 기 즉 한 달의 전반기에는 달이 점차 차오르면서 양기(陽氣)가 상승하고, 후반기에는 달이 점차 이지러지면서 양기가 하강하는 것을 표현합니다. 이런 작용은 우리 신체에서 기혈이 성장하는 것과 관련 있습니다. 이에 대한 연구는 주문광(朱文光) 박사가 번역한 『생명의 신광(生命的神光 AURA AND THOUGHT FORM)』[97]이라

---

97 이 책은 민국68년(1979년) 대만 노고출판사에서 나왔으나 현재는 절판되었다.

는 책을 참고하기 바랍니다. 인간의 범죄 행위나 정서의 작용 등은 모두 달과 조석(潮汐) 간만의 변화와 밀접하게 연관되어 있습니다.

대부분의 사람은 아침에 일어나면 머리가 맑지 않습니다. 오전 내내 정신이 없다가 점심을 먹은 후 낮잠을 자거나 혹은 자지 않더라도 오후 서너 시나 되어야 좀 정신이 들지요. 그런데 밤이 되면 도둑고양이처럼 잠이 안 옵니다. 바로 음양이 바뀐 것입니다. 이것은 금기(金氣)와 목기(木氣)의 작용 즉 기혈의 작용입니다. 그래서 어떤 수도인은 태양과 달의 행도에 맞추어 수도 공부를 합니다. 우주의 음양 작용의 영향을 빌리면 공부가 빨리 성취되리라고 생각하는 것이지요. 이런 생각도 일리는 있습니다만 완전한 방법은 아닙니다.

그러므로 불학을 공부하는 사람들은 왜 불가에서 매달 언제 소식(素食, 채식)을 하라고 하는가, 왜 초하루 초팔일 보름 등 날짜를 음력으로 계산하는가를 알아야 합니다. 그 속에는 음양의 법칙이 들어 있습니다. 보통 이런 것을 보살이 정한 것으로 알고 있는데 그렇지 않습니다. 어떤 일이 어떤 절기에서 어떤 기운을 받으면 변하는 것을 알기 때문에 그렇게 한 것입니다. 다시 말해 대보살이 대과학자였던 것입니다.

제64강

생명에서 음기를 막고 양기를 보존하다

앞에서 인간의 생명은 "양현의 기를 작용으로 삼는다"고 했습니다. 그렇다면 이런 작용 현상은 어디에서 발생할까요? 이에 대해 "작용은 금목에 속하니 분별하지 않을 수 없다〔用屬金木, 不可不辨〕"는 것이었습니다. 폐기는 금(金)에 속하고, 간기는 목(木)에 속한다는 사실은 분명히 알고 있어야 합니다. 이어지는 주운양 조사의 설명입니다.

> "건괘는 태양의 진성으로 본래 적연부동하나 단지 곤괘 중의 일음이 들어옴으로 인해 성이 전화하여 정이 되니 마침내 리괘 중의 목홍을 이룬다."
>
> (乾屬太陽眞性, 本來寂然不動, 只因交入坤中一陰, 性轉爲情, 遂成離中木汞)

여기에서 "건(乾)"은 곧 선천으로서 본래의 생명인데 건괘(乾卦)로 상징했습니다. 마치 우주에서 영원히 빛나는 태양의 진성(眞性)과 같지요. 우리의 자성은 본래 청정한데 그것은 건(乾)의 본성이 적연부동한 것과 같습니다. 이 본성이 교감을 한다면 어떤 교감일까요? 바로 곤괘 속의 일음인 "곤중일음(坤中一陰)"과의 교감입니다. 건괘의 삼양(三陽)에 곤괘 속의 일음이 교감해서 들어오면 마치 양전기가 음전기와 교감하는 것처럼 변화가 일어납니다. 즉 성(性)이 정(情)으로 전화되는 것이지요. 후천의 정서, 정감 같은 칠정 육욕이 생겨나는 것입니다. 이것을 괘상으로 표현하면 건의 삼양(☰) 가운데 일음(--)이 들어와서 리괘(☲)로 변화하는 것으로 이것을 "리중목홍(離中木汞)"이라고 표현합니다. 이렇게 되면 현재의 세 번째 단계로, 이 생명이 "수성리중목홍(遂成離中木汞)" 즉 마침내 리괘 중의 목홍을 이루게 됩니다. 다시 말해 전화되어 리괘 중의 목홍이 되는데 바로 심장과 간장 부분입니다.

후천의 생명이 발생한 이후에 대해서는 다음과 같이 설명합니다.

"이로부터 음정이 작용하여 리괘의 빛이 밖으로 순류하면 자기도 모르는 상태에서 유주의 현상이 발생한다."

(自此陰精用事, 離光順流向外, 恍惚不定, 有流珠之象)

이렇게 우리의 후천 생명이 변화하는 몇 단계를 살펴보면 현재 우리의 생명은 음정만 작용하는 "음정용사(陰精用事)"로, 양이 없는 상태임을 알 수 있습니다. 진양(眞陽)이 음정에 덮여서 제 모습을 드러내지 못하고 있기 때문입니다. 그래서 불경에서는 우리의 생명을 오음(五陰)이라고 하는 것입니다. 『반야심경』에서는 "조견오온개공(照見五蘊皆空)"이라고 했는데 여기에서 온(蘊)이 바로 음(陰)이지요. 그러므로 순양(純陽)의 몸으로 돌려서 본성으로 돌아가야 하고 명심견성하여 성불해야 합니다. 단, 수도 공부를 하지 않으면 오온이 다 공하다는 것을 깨달을 수 없습니다.

"음정이 작용하여 리괘의 빛이 밖으로 순류한다[陰精用事, 離光順流向

外)"고 할 때의 리괘는 태양 즉 심광(心光)을 상징합니다. 다시 말해 신광(神光)이 밖으로 유출되는 것입니다. 우리의 마음이 끊임없이 외부 대상을 향해 투사되는 이유가 여기에 있지요. 불가에서는 이것을 "유루지인(有漏之因)" 즉 유루의 원인이라고 합니다. 정신이 외부를 향해서 누설되는 것을 말하지요. 이렇게 우리의 마음, 정신, 정서, 감정이 내면에서 안정되지 않고 항상 외부를 향해 투사되고 흔들리며 고요하지 못하게 되는 것입니다.

『참동계』 원문에서 말하는 소위 "태양유주(太陽流珠)"란 바로 이런 뜻입니다. 지금까지 해 온 것처럼 한 단계씩 설명하면 좀 더 이해할 수 있지요. 거듭 말하지만 우리의 원신(元神)은 마치 태양 빛이 외부로 방사되는 것처럼 영원히 "유주의 현상[流珠之象]"을 나타내고 있습니다. 따라서 수도 공부의 핵심은 바로 원신의 신광을 회수하여 내면으로 고정하고 응집하는데 있습니다. 그런데 신광이 응집되지 않으면 회수할 수 없습니다. 마치 사춘기 청소년같이 마음이 들뜨고 생리적으로 발산을 주체하지 못하는 것과 같지요. 이럴 때는 얼른 장가를 들어서 아내를 얻으면 차츰 몸과 마음이 안정되어 집에서 차분히 생활합니다. 인체의 원리도 이와 마찬가지입니다. 주운양 조사는 그 원리를 다음과 같이 설명했습니다.

"건괘가 이미 리괘가 되면 건괘 속의 일양이 곤궁에 들어가니 곤괘는 태음의 원명에 속한다."

(乾旣成離, 其中一陽, 走入坤宮, 坤屬太陰元命)

건괘는 우리의 본성을 가리킵니다. 그것이 변화하면 후천의 생명에서 정신, 생각 등 신광(神光)이 되는데 이것을 리괘로 나타냅니다. 리괘는 태양을 상징하고 빛을 영원히 방사합니다. 이 양(陽)의 에너지가 순음인 곤궁(坤宮)에 들어가는데, 인체로 말한다면 배꼽 아래 대장과 소장이 있는

부위가 바로 곤궁에 해당합니다. 곤괘는 태음의 원명에 속한다는 "곤속태음원명(坤屬太陰元命)"은 생명의 본능이 신체 하부에서 발생하는 것을 말합니다. 신체의 상부에 있는 태양의 광명이 그것을 비추면 마치 대지가 태양의 열량을 흡수해서 땅 속에 도달하였다가 천천히 상승하면서 새로운 생명을 낳고 키우는 것과 같은 작용을 합니다.

일양의 회전은 조심해야 한다

"건괘 중의 일양을 얻으면 명이 전화하여 성이 되니 마침내 감괘 중의 금연을 이룬다."

(旣得乾中一陽, 命轉作性, 遂成坎中金鉛)

따라서 "기득건중일양(旣得乾中一陽)" 즉 건괘 중의 일양을 얻으면 회전(回轉)해서 양기가 상승합니다. 그러나 이것은 이론적으로 그렇다는 말이고, 실제로 수도 공부를 하는 사람이 양기가 충만한 경지에 이르면 그것을 위로 상승시키기보다는 아래로 흐르게 할 가능성이 훨씬 높습니다. 다시 말해 양기를 회전시켜서 아래에서 위로 상승시키는 것이 그만큼 어렵다는 뜻입니다. 만약 명(命)이 아래에서 위로 회전할 수 있다면 "명전작성(命轉作性), 수성감중금연(遂成坎中金鉛)" 즉 정(情)에서 성(命)으로 전화되며, 마침내 감괘 중에서 금연(金鉛)을 이루게 됩니다. 감(坎)은 수(水)에 속하여 마치 수은이 납(鉛)을 만나면 흐르지 않고 응고하는 것처럼 됩니다. 이것을 다음과 같이 설명했습니다.

"이 한 점 금기의 정화는 오직 감수 속에 잠재되어 있는데 심오해서 알지 못

할 만큼 미묘하다가 금화의 형상이 있게 된다."

(此點金炁精華, 只在坎水中潛藏, 杳冥不測, 有金華之象)

평상시에는 진양(眞陽)이 아래에 있는 감수(坎水) 속에 잠재해 있어서 그 자신도 진양의 존재를 자각하지 못한다는 말입니다. 보통 사람들은 잠을 잘 자고 일어날 때 정신이 충만하면 곧 성욕이 발동합니다. 그다음에는 성욕을 해소해서 아래로 흐르게 되지요. 성적 충동이 일어나서 백호(白虎)가 하산하게 되면 그것으로 끝나고 마는 것입니다. 이때 아래로 흐르지 않게 해서 위로 돌릴 수 있다면, 다시 말해 후천의 욕정과 어울리지 않고 승화시킬 수 있어야 한다는 것입니다. 일반적으로 도가에서 말하는 이 회전 작용, 즉 신체 내부에서 일어나는 작용은 천체에서 일어나는 해와 달의 행도와 같습니다. 그래서 전신의 십이경맥, 기경팔맥 여기저기를 기기(氣機)가 운행하는 것 같은 느낌이 있는데, 초보자의 경우는 이럴 수도 있습니다.

만약 후천의 의념(意念)을 써서 기(氣)를 독맥에서 임맥으로 끌어당기거나, 호흡으로 기공을 하여 이리저리 돌리는 것은 진짜가 아니고 가짜입니다. 많은 사람이 이런 식으로 정좌를 하는 것이 이점이 있다고 하는데, 우리는 그것을 정태(靜態) 운동이라고 하지만 사실은 의식, 의념으로 돌리는 것입니다. 정통 도가에서 말하는 소위 일양래복(一陽來復)이라는 진양의 회전은 의도적으로 기를 인도하는 것이 아닙니다. 단지 진양이 이렇게 상승하고 운동 변화하는 것을 관찰할 뿐입니다.

다시 말해 어떤 인위적인 의도를 가하지 않고 "더하지도 않고 덜하지도 않는〔不增不減〕" 중도의 상태를 유지하여 신체 하부에서 한 점의 진기(眞炁)의 정화(精華)가 발동하기를 기다리는 것입니다. 이 한 점 진기의 정화는 항상 북방에만 있는데, 신체에서는 하부가 북방에 속합니다. 그것은 보이지도 않고 잡히지도 않는 무형의 것으로 "묘명불측(杳冥不測)" 즉 알지 못할 만큼 미묘해서 포착할 수가 없습니다. 그러다가 "유금화지상(有金華之象)" 즉 금화의 형상이 있게 되는데, 그것은 한 점 진기의 정화가 발동할 때 광채를 내면서 움직이게 된다는 것입니다.

> "리괘 중의 영물이 시시각각 유전하니 본래 쉽게 달아나서 포착하기가 어렵다. 급히 포착하려 할수록 더 빨리 사라진다."
>
> (離中靈物, 刻刻流轉, 本易走而難捉, 捉之愈急, 去之愈速)

앞에서 여러 번 말했지만 우리의 원신이 변화해서 의식, 관념, 생각 작용이 생겨납니다. 이것을 "리중영물(離中靈物)" 즉 리괘 중의 영물(靈物)이라고 표현했습니다. 이 생각의 신령스러운 빛〔靈光〕은 보고 듣고 지각하고 감각하는 작용으로서 한순간도 쉬지 않고 활동합니다. 우리의 정신이 모두 외부 사물을 대상으로 인식 작용을 일으키며 방사되어 "각각유전(刻刻流轉)" 즉 시시각각 유전하니 본래 쉽게 흘러 빠져나가 버리는 것입니다. 쉽게 달아나서 포착하기가 어렵다는 "이주이난착(易走而難捉)"이라는 말이 이런 상황을 가리킵니다. 그래서 우리가 정좌를 하거나 도를 닦거나 불학을 배우며 정신을 집중하고 생각을 통제하려고 하면 할수록 생각은 더 흩어지게 되는 것이지요. "착지유급(捉之愈急), 거지유속(去之愈速)", 급히 생각을 포착하려고 할수록 더 빨리 사라지는 것이 마음의 속성이라는 뜻입니다. 여러분이 잡으려 할수록 마음은 더 빨리 달아나게 되니 잡아서 멈추게 할 수 있는 마음은 하나도 없다는 것이지요. 그러니 정좌를 하고 염불을 하고 도를 닦고 마음을 가라앉히려 해도 할 수가 없습니다. 어떻게 해야 마음을 고요하게 할 수 있을까요? 기의 움직임이 멈추면〔氣住〕 하부에서 진기가 발동해 위로 올라와서, 마치 남녀가 결합해서 하나가 되는 것처럼 감리가 서로 교구해야 합니다. 그렇게 해야 비로소 마음이 청정하게 될 수 있습니다. 이 현상을 주운양 조사는 이렇게 설명했습니다.

"감괘 중에서 한 점 진연을 얻어 거꾸로 돌려서 제압한다."
(賴得坎中一點眞鉛, 逆轉以制之)

"뇌득감중일점진연(賴得坎中一點眞鉛)", 북방의 정기(精氣)가 발동하는 것은 전적으로 감수(坎水)에 의지한다는 뜻입니다. "역전이제지(逆轉以制之)" 즉 정기가 발동하면 욕념이 되어 아래로 흘러 누설되지만 그것을 거꾸로 돌려서 위로 향하게 하는 것이 진정한 역전(逆轉)이라는 말입니다. 일단 북방의 정기가 위를 향해서 승화하면 마음은 자연히 청정해지고, 후천의 망념도 저절로 사라집니다. 불가나 도가의 수도 공부를 하는 사람들 중에는 이런 경지에 쉽게 도달하는 경우가 있습니다. 이때 한 생각도 일어나지 않고 마음이 고요해지는 것에 익숙하지 않아 오히려 두려워하는 경우가 있습니다. 일단 두려워하면 마음이 다시 움직이고 생각이 다시 와서 청정한 경지에서 벗어나게 되지요.

애석하게도 이런 원리를 모르면 마음이 청정해지는 경지에 도달해도 어쩔 줄 모르다가 아쉽게도 놓치는 경우가 많습니다. 사실 이런 경지는 혼돈의 단계에 들어가는 것입니다. 이렇게 혼돈의 단계에 도달하면 마음이 텅 빈 것처럼 일념도 일어나지 않게 되는데 사람들은 이런 경지에 익숙하지 않아서 도리어 어떤 문제가 생긴 것은 아닌가 하고 당황하게 된다는 말입니다. 그래서 도가에는 "수도 공부를 하는 사람은 쇠털처럼 많아도, 성공하는 사람은 기린의 뿔처럼 드물다(修道者如牛毛, 成道者如麟角)"는 말이 있습니다. 여러분이 모두 매일 열심히 불교를 공부하고 도가 수련을 해도, 저를 포함해서 아무도 성공하지 못하는 것처럼 말입니다. 참으로 어렵습니다.

수은은 생각이고 납은 기이다

주운양 조사의 설명을 계속 보겠습니다.

"진홍은 진연을 만나야 비로소 흩어지지 않는다."

(眞汞一見眞鉛, 纔不飛走)

"진홍일견진연(眞汞一見眞鉛), 재불비주(纔不飛走)", 늘 움직이는 마음을 도가에서는 진홍(眞汞) 즉 수은에 비유합니다. 그래서 정통 도가에서는 단 네 글자가 핵심입니다. 바로 '신응기주(神凝氣住)'입니다. 지금 감괘와 리괘의 교구인 감리교(坎離交)를 말하는 것은 어떻게 신응기주(神凝氣住)를 할지 알려 주는 법칙입니다. 진홍은 선천의 자성(自性)이 후천에서 심념(心念)으로 변화한 것으로서, 진정한 원기(元氣)인 진연(眞鉛)을 만나게 되었을 때 내외의 모든 호흡이 정지되고 고요해집니다. 이것을 불가에서는 진식(眞息)이라고 하지요.

그러므로 수식(數息)이라는 것은 호흡하면서 왕래하는 기(氣)가 아니라, 도가에서 말하는 진연(眞鉛)과 같은 것입니다. 일단 진연을 만나면 한 생각도 일어나지 않는 '염두부동(念頭不動)'의 경지에 들어갑니다. 바꾸어 말하면 기(氣)가 부동할 때 생각도 부동하여, 양자가 하나로 결합했을 때 서로가 멈추는 것과 같습니다. 젊은 남녀가 서로 부둥켜안고 있을 때 움직이지 않는 것처럼 신이 기에 의해 이끌려 멈춘 상태가 됩니다.

"그러므로 (참동계에서) '태양의 유주는 항상 사람으로부터 떠나려 한다. 그러나 마침내 금화를 얻으니 바뀌어 서로 원인이 된다'고 하였다."

(故曰, 太陽流珠, 常欲去人. 卒得金華, 轉而相因)

오늘 태양의 유주(流珠)와 금화(金華)의 결합에 대해서 반나절을 이야기했는데, 여러분 모두 이 원리를 잘 이해했는지 궁금합니다. 원리를 잘 이해했다면 실제 수행 공부도 분명히 할 수 있을 것입니다.

> "납이 수은 속에 들어가면 수은이 납에 붙잡히고 납도 수은의 변화를 얻으니 양물이 만나 황방에 들어가서 일기가 합성된다."
>
> (鉛入汞中, 汞賴鉛之拘鈐, 鉛亦得汞之變化, 兩物會入黃房, 合成一炁)

우리는 앞에서 진기(眞炁)가 고요하면 생각도 같이 안정된다고 말했습니다. 불가에서는 이때가 되면 거의 입정(入定)에 들었다고 할 수 있습니다. 단, 불가에서는 진기(眞炁) 공부는 주의하지 않기 때문에 정통 도가에서는 반드시 성명쌍수(性命雙修)를 하라고 주장합니다. 성명쌍수 공부에 도달하는 것은 결코 쉽지 않습니다. 불가든 도가든 이 경지에 이른 사람은 극히 적습니다. 거의 보지 못한다고 말해도 과언이 아니지요. 혹 도달한 사람이 있다고 해도 소가 뒷걸음질하다가 쥐를 잡는 격으로 우연히 도달할 뿐 항상 할 수 있는 것이 아닙니다. 왜냐하면 사람들이 이 원리를 잘 모르기 때문에 실제 공부에서도 그렇게 되는 것입니다. 예를 들어 생각과 기가 멈춘 채 오래 있는 것은 밥을 지을 때 불을 끄고 오래 뜸을 들이는 것과 같습니다. 뜸을 오래 들이면 물리적, 화학적 변화가 일어나게 되지요.

방금 "바뀌어 서로 원인이 된다[轉而相因]"를 설명했는데, 주운양 조사는 후천의 원기(元氣)를 상징하는 납이 수은에 들어가서 부동의 경지에 이르면, 수은으로 상징되는 우리의 정신, 심념 역시 청정하고 움직이지 않게 된다고 합니다. "연입홍중(鉛入汞中)" 즉 납이 수은 속에 들어가 오랜 시간이 지나면서 원기가 천천히 원신을 붙잡고 하나로 결합하게 되면 변화가 일어나는 것입니다. "홍(汞)"은 쉽게 유동하는 수은으로 생각을 상징합니다. "뇌연지구검(賴鉛之拘鈐)", 납이 수은을 잡아당겨 어지럽게 도망가지 못하게 하자 생명의 두 번째 단계에서는 더 큰 변화가 왔습니다. "연역득홍지변화(鉛亦得汞之變化)", 납도 수은의 변화를 얻는다는 뜻으로, 정신의 부동으로 인해서 원기 역시 두 번째 변화를 일으킨다는 말입니다. 이런 원기의 변화는 우리 내면에서의 승화를 가리킵니다. 원기가 원신을 붙잡아 서로 멈추는 이 변화를 신(神)과 기(炁)가 "회입황방(會入黃房)" 즉 황방으로 들어간다고 했습니다. 도가에서는 이 경지를 음양의 결합, 남녀의 결합으로 비유했습니다. 이렇게 원기와 원신이 결합해서 중궁에 들어가면 정좌 상태에서 신체가 곧게 펴집니다. 등이 굽는 것도 불가능하지요. 마치 『역경』 곤괘에서 "황중통리(黃中通理), 정위거체(正位居體)"라고 한 것과 같은 상태입니다. "황중에서 통리하여 바른 자리에 거처한다"는 것입니다.

한 가지 예를 들어 볼까요? 여러분에게 말하는 이런 이치는 모두 책에서 본 것입니다. 여러분이 늙지 않으려면 배 속을 비워야 합니다. 그러니 포식해서는 안 되지요. "불로장생하려면 장 속에 숙변이 없어야 한다〔若要不死, 腸中無屎〕"는 말이 있습니다. 대장에 숙변이 없으려면 당연히 위장도 비어야 합니다. 그러나 위장이 텅 비고 소화 작용만 하면 장벽의 마찰로 인해 출혈이 생길 수도 있습니다. 이때는 완전한 복기(服氣)가 필요합니다. 『역경』 곤괘에서 말하는 "황중통리(黃中通理)"는 바로 위기(胃氣)가 충만한 부동의 상태를 가리킵니다. 신과 기가 함께 황방에 들어가는 단계에 이르면 화식(火食)을 하지 않게 됩니다. 이 단계에 진입하기는 쉽지 않지만 이때 진정한 신기(神氣)의 결합이 이루어집니다. "만나서 황방에 들어가서 일기가 합성된다〔會入黃房, 合成一炁〕"는 것이지요.

옥액환단은 어떻게 가능한가

여기에서 한 걸음 더 나아가면 어떤 변화가 일어날까요?

"그 기가 처음에는 액체였는데 나중에 응고한다."

(其炁先液而後凝)

"기기선액이후응(其炁先液而後凝)", 차츰차츰 이런 변화가 일어난다는 것입니다. 기(炁)는 태양의 열에너지가 지구에 방사되는 것과 같습니다. 태양의 열에너지가 방사되면 지구의 열기가 상승해서 찬 공기를 만나 비가 되어 떨어지지요. 인체 내부의 변화도 마찬가지입니다. 그러므로 입정 상태가 장기간 지속되면 하부의 기가 머리 위로 올라와서 뇌하수체에 닿아 액체가 됩니다. 바로 불로장생의 약이 되는데 이것을 옥액환단이라고 부릅니다. 이것은 아직 금액환단(金液還丹)은 아닙니다. 금액환단은 더 깊은 경지에 들어가야 합니다.

여러분이 정좌를 하다 보면 입안에서 침이 끊임없이 솟아나는 경우가 있는데 이때 침을 삼키는 방법이 여러 가지입니다. 보통은 입안에 자연히 침이 가득하게 될 때 혀끝을 살짝 올리면 침이 저절로 흐름을 따라 내려가게 되지요. 이렇게 하면 마음이 쉽게 흐트러지지 않습니다. 일단 마음이 흐트러지면 정좌를 잘 할 수가 없지요. 그러니 타액에 너무 신경을 쓰지 말기 바랍니다. 그냥 내버려 두고 자연스럽게 입안에 고였다가 저절로 넘어가게 하는 것이 좋습니다. 옥액환단에 도달하면 피부가 부드러워지고 광채가 납니다. 이 경지에서는 정좌할 때 한 줄기 광명이 비치는 것 같을 수도 있는데 전혀 신비한 일이 아닙니다. 신체 내부의 변화 때문에 일어나는 현상일 뿐이지요. 이는 입정 상태에서 자신의 원신(元神)이 광명을 비추는 것입니다. 그러므로 이런 것을 불보살의 신광(神光)이라고 오해하지는 마세요. 모두 자신의 몸과 마음의 변화이기 때문입니다.

　액체였던 것이 응고되는 데는 오랜 시간이 필요합니다. 단번에 이루어지는 것이 아니지요. 한두 차례 옥액을 삼켰다고 장생불사하는 것도 아닙니다. 그렇다면 얼마나 오랜 시간이 필요할까요? 사람마다 근기가 다르기 때문에 시간도 일정하지 않습니다. 어떤 사람은 비교적 빨리 되는 경우도 있고 어떤 사람은 평생을 수련해도 그림자도 보지 못할 수도 있지요. 그러므로 먼저 그 원리를 잘 이해하는 것이 중요합니다. 무엇보다 중요한 것은 불가든 도가든 수도 공부를 성취하는 데는 선한 공덕이 결합되어야 합니다. 반드시 공덕이 있어야 하고 평소에 선행을 하고 좋은 일을 해서 공덕과 노력이 어우러져야 빨리 성취할 수 있습니다. 이것이 수도 공부를 빨리 성취하는 원리입니다.

　그러므로 『참동계』 원문에서도 "화위백액(化爲白液), 응이지견(凝而至堅)"이라고 했습니다. 변화해서 백액이 되니 응결하여 지극히 견고해진다는 뜻입니다. 이렇게 인체 내부에서 응결되는 것을 단(丹)이라고 부릅니다. 그러나 단이 단단한 덩어리는 아닙니다. 이른바 "지극히 견고한 것〔至堅者〕"이 단단한 어떤 것을 뜻하지는 않습니다. 그렇다면 유형의 것일까요? 아닙니다. 단(丹)은 무형입니다. 무형이지만 작용이 있습니다. 이 차이를 분명히 해야 합니다. 이에 대해 주운양 조사는 다음과 같이 말합니다.

"백액의 백은 금색이고, 지극히 견고하다는 것은 금성을 가리킨다."

(白者金色, 至堅者金性也)

"백자금색(白者金色)"은 눈을 뜨나 감으나 안팎으로 금빛이 비친다는 말입니다. 안팎이 모두 자연히 흰빛 금빛의 광명이지요. 불가나 도가나 같은

현상이 발생합니다. "지견자(至堅者)"는 매우 견고하다는 표현으로 불가에서 금강(金剛)이라고 하는 것입니다. 이것은 절대 깨트릴 수 없고 흩어지지 않고 떠나지 않습니다. 주운양 조사는 이렇게 결론을 내립니다.

"금이 본성으로 돌아가면 이미 단을 결성한 것이다. 이것이 장 전체의 강령이다."

(蓋金來歸性, 已結而成丹矣. 此通章之綱領也)

"개금래귀성(蓋金來歸性), 이결이성단의(已結而成丹矣). 차통장지강령야(此通章之綱領也)." 불가로 말하면 이것이 진정한 득정(得定)의 경지입니다. 이선(二禪)이나 삼선(三禪)의 경지에 해당하지요. 이렇게 기주맥정의 경지에 도달한 것은 이후 신선을 닦는 데 기초가 공고하게 된 것입니다. 이른바 단두일점(丹頭一點)이란 이 단약을 붙잡았다는 뜻입니다. 말하자면 복식(伏食)이 된 것입니다. 배고플 때 밥을 먹고 나서 소화가 되어야 영양으로 흡수되는 것처럼, 이후에도 계속 수도 공부의 또 다른 경지가 이어집니다.

제65강

양기 상승에 대한 인식

『참동계』에서 말하는 연단(煉丹)은 신체 내부의 단인 내단(內丹)을 말합니다. 제가 여러 차례 말한 것처럼 가장 간단히 말하면 신(神)과 기(氣)가 어떻게 교합(交合)하고 어떻게 응결하는가의 과정과 방법의 원리입니다. 이것을 수련하는 과정에는 여러 가지 이론과 개념이 있는데, 여기에서는 그 중 하나인 소주천(小周天)에 대해 말하려고 합니다. 소주천이란 달이 뜨고 지는 원리와 같지요.

음력으로 매달 삼십 일 동안 달은 차고 이지러지는 과정을 반복합니다. 이 현상이 인간에게는 기혈과 정력이 생장하고 소모하는 원리입니다. 이 법칙을 알고 자연의 변화 법칙을 파악함으로써 자신의 의식 속에서 그것을 조절하고 응결하는 것이 바로 환단의 원리입니다. 지금 다시 소주천을 설명하려고 하는데, 좀 번거로운 면이 있기 때문에 먼저 『역경』의 상수에 대해 말하고 나서 하는 것이 좋겠습니다. 자, 먼저 원문을 보면서 시작하지요.

우리는 제62강에서 제64강까지 『참동계』 원문 제24 성정교회장을 읽었는데, 이제 앞으로 돌아가서 『참동계』 제18 감리교구장 원문의 두 번째 단락[98]부터 읽겠습니다. 감리교구장 첫 번째 단락은 제60강에서 살펴보았지요.

제18 坎離交媾章감리교구장

始於東北시어동북, 箕斗之鄕기두지향. 旋而右轉선이우전, 嘔輪吐萌구륜토맹. 潛潭見象잠담견상, 發散精光발산정광. 昴畢之上묘필지상, 震出爲徵진출위징. 陽炁造端양기조단, 初九潛龍초구잠룡. 陽以三立양이삼립, 陰以八通음이팔통. 三日震動삼일진동, 八日兌行팔일태행. 九二見龍구이견룡, 和平有明화평유명.

三五德就삼오덕취, 乾體乃成건체내성. 九三夕惕구삼석척, 虧折神符휴절신부. 盛衰漸革성쇠점혁, 終還其初종환기초.

巽繼其統손계기통, 固濟操持고제조지. 九四或躍구사혹약, 進退道危진퇴도위. 艮主進止간주진지, 不得踰時부득유시. 二十三日이십삼일, 典守弦期전수현기. 九五飛龍구오비룡, 天位加喜천위가희.

六五坤承육오곤승, 結括終始결괄종시. 龢養衆子온양중자, 世爲類母세위류모. 上九亢龍상구항룡, 戰德于野전덕우야.

用九翩翩용구편편, 爲道規矩위도규구. 陽數已訖양수이흘, 訖則復起흘즉복기. 推情合性추정합성, 轉而相與전이상여. 循環璇機순환선기, 升降上下승강상하. 周流六爻주류육효, 難以察覩난이찰도. 故無常位고무상위, 爲易宗祖위역종조.

98 『참동계천유』. 184면.

동북쪽 기수와 두수의 고향으로부터 시작하여 오른쪽으로 돌아서 초승달을 토해 내니 잠겨 있던 달이 모습을 드러내 그 정광을 발산한다. 묘수와 필수 위에 진괘가 출현하여 증명하고 양기의 단서가 이루어지니 (건괘의) 초구 잠룡이다. 양은 삼으로 서고 음은 팔로 통하니, 삼일에 진괘가 동하고 팔일에 태괘가 운행한다. 구이에 용이 드러나니 화평한 빛이 있다.

십오 일에 보름달이 떠서 건체가 이루어진다. 구삼에는 저녁이 되어도 조심하니 신부가 훼손되기 때문이다. 성쇠가 점차 변혁하니 마침내 처음으로 돌아간다.

손괘가 이어지니 굳게 지켜야 한다. 구사에 혹 뛰는 것은 진퇴의 길이 위험해서이다.

간괘는 그침, 정지를 주도한다. 때는 건너뛸 수 없으니 이십삼 일은 하현을 지켜야 한다. 건괘 구오는 비룡이니 하늘의 지위로서 기쁨이 더한다.

곤괘 육오가 이어서 끝과 시작을 맺는다. 여러 자식을 감싸서 기르니 세상의 어미가 되어 상구의 항룡과 들판에서 덕을 다툰다.

용구가 나란히 함께 하는 것은 도의 규구가 된다. 양의 수가 다하니 다하면 다시 일어난다. 정을 미루어 성과 합하면 전화되어 서로 하나가 된다. 선기를 순환하여 상하를 오르내리고 육효를 두루 흐르며 관찰하기 어려우니 일정한 위치가 없으므로 역의 조종이 된다.

『참동계』 제18 감리교구장 두 번째 단락입니다.

동북쪽 기수와 두수의 고향으로부터 시작하여 오른쪽으로 돌아서 초승달을 토해 내니 잠겨 있던 달이 모습을 드러내 그 정광을 발산한다. 묘수와 필수 위에

진괘가 출현하여 증명하고 양기의 단서가 이루어지니 (건괘의) 초구 잠룡이다.

始於東北, 箕斗之鄕. 旋而右轉, 嘔輪吐萌. 潛潭見象, 發散精光. 昴畢之上,

震出爲徵. 陽炁造端, 初九潛龍.

"시어동북(始於東北), 기두지향(箕斗之鄕)", 동북쪽의 기수(箕宿)와 두수(斗宿)의 고향으로부터 시작한다는 뜻으로, 기수와 두수는 하늘의 별자리 명칭입니다. 오른쪽으로 돌아 초승달을 토해 낸다는 "선이우전(旋而右轉), 구륜토맹(嘔輪吐萌)"은 천체에서 지구와 달의 운행 형태를 말합니다. "잠담견상(潛潭見象), 발산정광(發散精光)", 잠겨 있던 달이 모습을 드러내 그 정광을 발산한다는 뜻으로, 달이 음력 그믐에 마치 용이 해저에 깊이 들어가듯이 아래로 내려갔다가 초하루가 지나면서 다시 서서히 올라와 초승달이 되어 빛을 발하는 것을 말합니다. "묘필지상(昴畢之上)", 묘(昴)와 필(畢) 역시 별자리 이름으로서 방위로는 서남방에 위치합니다. "진출위징(震出爲徵)", 매월 초사흘에 초승달이 진괘(震卦)의 방향에 출현하는 현상을 말합니다. 진괘(☳)는 일양래복의 괘입니다. 순음인 곤괘의 초효 즉 가장 아래에 위치한 자리에 양이 돌아와서 회복한 모양이지요. 진괘가 회복된 후 양기가 아래로부터 위로 차츰 상승하는데, 이것이 바로 양기의 단서가 이루어진다는 "양기조단(陽炁造端)"입니다. 양기의 단서가 이제 막 시작되었다는 뜻이지요. "초구잠룡(初九潛龍)"의 초구는 『역경』 건괘(乾卦 ☰)의 초효를 가리킵니다. 홀수 중에서 가장 높은 수는 구(九)이고, 짝수에서 가장 높은 수는 육(六)입니다. 예를 들어 구이(九二)라고 하는 것은 괘에서 두 번째 효가 양효라는 뜻이고, 초육(初六)이라고 하면 첫 번째 효가 음효라는 말이지요.

이 절은 우리가 수도 공부를 하는 데 있어서 가장 기본적인 공부를 할 때 나타나는 현상을 말합니다. 이런 현상은 우리 인간의 생명에서 양기(陽

氣), 정신(精神)이 일단 발동했을 때 어떻게 그것을 온전히 보존하고 장악하며, 어떻게 그것을 배양하고 증가시키는가에 대해 말합니다. 이것이 바로 수도 공부에서 가장 기본적인 요점이 됩니다. 두 번째 원리는 여러분이 보다 쉽게 체험할 수 있는 현상을 설명했는데, 여러분은 기본적으로 내가 남성이다 여성이다 하는 성 관념을 갖지 말기 바랍니다. 여성의 경우 나타나는 현상은 비교적 쉽게 알아차릴 수 있는데, 여성은 매달 월경이 있은 후에 양기가 상승합니다. 이때 즉시 정신을 고요하게 집중해서 양기를 흩어지지 않게 응신취기(凝神聚氣)해야 합니다.

가령 오늘이 월경을 시작한 첫날이라면 일주일 후 일곱 번째 날이 일양이 돌아와서 회복하는 일양래복의 주기입니다. 이때가 되면 당연히 몸이 회복됩니다. 그러니 여성이라면 매달 월경의 주기에 일양에 집중할 수 있는 기회가 돌아오는 것이지요. 월경 주기에 따라 응신취기를 할 수 있다고 해도 모두 동일한 체험을 하는 것은 아닙니다. 응신취기는 불가로 말하자면 득정(得定)으로서 몸이 즉시 변화할 수 있습니다. 이런 원리는 사실 매우 단순합니다. 다만 이때 발동하는 몸속의 진양(眞陽)의 기를 어떻게 인식하며 응신취기를 어떻게 유지하는가 하는 실천의 문제는 정말 어렵습니다. 수시로 실패할 가능성이 농후하지요. 만약 실패를 미리 막고 참으로 응신취기할 수 있다면 확실히 백일축기(百日築基)도 가능합니다. 더욱이 여성의 경우에는 기초가 확실히 잡히면 신체가 분명히 변화하고 나이가 많아도 반로환동해서 젊어질 수 있습니다. 여러 질병도 다 사라지게 되지요.

사실은 남녀가 다 마찬가지입니다. 남성도 매일 기회가 있지요. 이 기회란 바로 소주천의 활자시(活子時)입니다. 이 활자시를 분명히 파악하면 기초를 제대로 세울 수 있습니다. 그러나 이론 공부를 쉽게 생각하면 실제 수도 공부는 성공하기 어렵습니다. 수도 공부에 실패하는 이유는 신체의 기맥이나 외부의 다른 장애 때문이 아니라 모두 자신의 마음, 마음의 습관 때문입니다. 마음을 분석하고 이해하려면 반드시 불가의 이론을 이해해야 합니다. 제 경험으로 보면 불가의 이론을 이해하지 못하고는 수도 공부를 제대로 실천할 수 없습니다. 그러나 불가의 마음 이론을 잘 이해했더라도 신체 생리에서 자연 법칙이나 공부의 과정을 모르면 소용이 없습니다. 이번 강의의 내용은 특히 이런 문제에 주의한 것입니다.

괘의 변화는 연단을 인도한다

이제 주운양 조사의 설명을 보겠습니다.

"이 절은 간괘의 일양이 뒤집혀 진괘가 된 것을 말한다."
(此節, 言艮之一陽, 反而爲震也)

『참동계』는 항상 『역경』의 괘상으로 연단의 원리와 현상을 설명합니다. 간괘와 진괘는 하나의 괘가 뒤집혀 두 개의 괘를 이룬 것입니다. 간(艮 ☶)은 산을 상징하는데, 아래 두 효는 음효이고 위의 한 효는 양효로 구성됩니다. 이 간을 뒤집으면 진(震 ☳)이 되는데, 간괘와 반대로 아래 한 효는 양효이고 위의 두 효는 음효로 구성됩니다.

간괘와 진괘는 서로 반대입니다. 그런데 『역경』의 괘를 자세히 살펴보면 어떤 괘도 다 이런 모양을 하고 있습니다. 우리는 책 한 권도 이렇게 볼 수 있습니다. 어떤 관점도 다른 입장에서 볼 수 있다는 것이지요. 저는 늘 여러분에게 공자의 말씀이 가장 고명하고 성인으로 존중하지 않을 수 없는 점은 어떤 학문도 참으로 엄숙하게 하신 데에 있다고 했습니다. 그런데 『역경』에 대해 공자는 "완색해서 깨달음이 있다(玩索而有得焉)"고 했습니다.

『역경』을 연구할 때는 단지 글자의 내용만 형식적으로 이해하려고 한다면 결코 제대로 이해할 수 없다는 것입니다. 완(玩)이라는 말은 아주 좋습니다. 경직되지 않고 자유로운 마음으로 갖고 놀듯이 읽고 연구할 때 비로소 『역경』의 본뜻에 다가갈 수 있다는 것이지요.

이렇게 보면 간괘를 뒤집어서 진괘로도 볼 수 있습니다. 이렇게 보는 방법을 『역경』에서는 '종(綜)'이라고 합니다. 종괘(綜卦)라는 것은 하나의 괘를 위아래로 뒤집어서 다른 괘를 만들어 보는 것입니다. 이 밖에 '착(錯)'이라는 방법도 있습니다. 그것은 어느 한 괘의 음양을 모두 바꿔서 보는 방법입니다. 양효는 음효로 보고, 음효는 양효로 바꾸어 본다는 말이지요. 그래서 사람들은 어떤 일이 몹시 얽혀서 이해하기 어려울 때 착종복잡(錯綜複雜)하다고 말합니다. 실제로 이 세상에는 어떤 일도 홀로 존재하거나 하나의 의미만 갖는 것은 존재하지 않습니다. 모든 존재나 어떤 사태에도 서로 반대되는, 즉 상대적인 두 가지 현상이나 의미가 함께 있다는 말입니다.

앞에서 말한 간괘와 진괘는 종(綜)의 관계로서 이렇게 서로 관점과 입장이 다른 괘를 반배괘(反背卦)라고도 부릅니다. 착(錯)은 상대괘(相對卦)라고 하지요. 그런데 어떤 사람은 종(綜)을 상대괘, 착(錯)을 반배괘라고 하기도 합니다. 자, 우리가 지금 『역경』을 공부하는 것은 아니니 다시 『참동계』의 원리로 돌아가겠습니다.

『참동계』를 이해하는 데 가장 중요한 것 중 하나가 음기와 양기가 무엇인지 아는 것입니다. 음기와 양기는 우리 생명 에너지의 변화를 말합니다. 에너지가 이렇게 변화하는 것이 양이라면 그 반대로 변화하는 것은 음이 됩니다. 그러므로 이러한 음양의 변화를 파악할 수 있다면 우리의 생명을 알 수 있습니다. 『역경』에서 공자는 "음양은 헤아릴 수 없다[陰陽不可測]"[99]

---

[99] 「계사전」에는 "陰陽不測之謂神"이라는 구절이 있을 뿐이다.

고 했습니다. 음양의 변화가 매우 다양하고 무궁하기 때문에 예측하거나 이해될 수 없다는 뜻이지요.

저는 공자의 말씀에 대해 다음과 같이 설명하고 싶습니다. 바로 "능히 음하게 하고 능히 양하게 하는 것이지, 음양이 능히 하는 것이 아니다[能陰能陽者, 非陰陽之所能]." 이게 무슨 말인가 하면, 음양은 두 가지 현상인데 이런 음양의 현상 배후에서 그것이 생겨나게 하는 최고의 그 무엇이 존재한다는 뜻입니다. 그것은 도(道)라고 해도 좋고, 상제(上帝)라고 해도 좋고, 부처라고 해도 좋지요. 음양은 도 또는 상제의 작용 또는 변화일 뿐이라는 말입니다. 그러므로 음양이라는 현상과 그 작용을 가능하게 하는 음양의 본체, 원리, 근원은 같은 것이 아닙니다. 간괘와 진괘도 일양이 발동하는 작용을 표현한 것입니다. 한 달의 후반 십오 일은 양기가 점차 소멸되는 작용이므로 간괘로 표현하고, 간괘의 작용이 끝나고 그믐이 지나 새로운 초승달이 초사흘에 떠오르는 것을 진괘로 표현합니다.

상현달과 하현달의 계시

주운양 조사의 설명을 계속 살펴보겠습니다.

"사람들은 그믐날이 되면 달빛이 사라진다는 것을 알지만 그것이 실제로는 하현에 시작되었다는 것을 모른다. 하현은 간괘이며 후천의 간괘 자리는 동북방에 거한다. 십이지에서는 축과 인 사이에 있고, 이십팔수에서는 기와 두의 도수에 있다."

(人知月至晦日, 乃失其明, 不知實始于下弦. 下弦爲艮, 後天艮位居東北. 于十二辰, 當丑寅之間. 于二十八宿, 當箕斗之度)

도가에서는 여러 가지 부호를 사용하여 천체 운행의 법칙을 해석하고 표현합니다. 예를 들어 『역경』의 팔괘인 건(乾) 태(兌) 리(離) 진(震) 손(巽) 감(坎) 간(艮) 곤(坤)으로 자연 현상인 하늘, 연못, 태양, 우레, 바람, 달, 산, 땅 등을 상징합니다. 이 여덟 가지는 모든 사람에게 분명히 보이는 자연계의 가장 큰 현상입니다. 그러나 실제로는 여섯 가지라고 할 수 있겠지요. 하늘과 땅은 이런 현상이 드러나는 장소이기 때문입니다. 우리의 생명 법칙도 마찬가지입니다.

일반인들은 달이 그믐에 이르면 "내실기명(乃失其明)" 즉 달빛이 사라진다는 것을 알고 있습니다. 그런데 그런 현상이 실제로는 보름달이 지난 하현에 이미 시작되었다는 것을 모릅니다. 매월 십육 일에서 닷새가 지난 이십일 일 또는 이십이 일 사이가 되면 달빛이 절반으로 사라지는데 이것을 "하현(下弦)"이라고 합니다. 상현은 달의 하부 절반이 빛나고 상부 절반은 어두운데, 하현은 이와 반대입니다. "하현위간(下弦爲艮)"은 하현달의 이런 현상을 간괘(艮卦)로 상징한 것이지요. 지금 여러분이 미국에 가 보면 미국인들이 중국인보다 『역경』에 대해 더 많이 연구하는 것을 볼 수 있습니다. 그들은 『역경』에 대해 여러분과 충분히 대화할 수 있을 뿐 아니라, 여러분이 답하지 못할 정도로 공부했을 수 있습니다. 미국인은 육십사괘를 모두 기억할 뿐 아니라 괘를 만화의 그림으로 표현합니다. 예를 들어 간괘는 한 줄기 빛이 하부의 컴컴한 곳에서 출현하여 마치 어두운 대지 위에 한 줄기 광명이 빛나는 듯한 그림으로 나타냅니다. 한 번 보기만 해도 간괘를 상징한 것임을 바로 알 수 있습니다. 저는 이런 방법이 매우 좋다고 생각합니다. 팔괘는 본래 조상들의 만화였고 문자의 시작이었기 때문입니다. 지금 서양의 학자들이 이런 도안을 통해 역경의 괘를 표시하는 것은 매우 알기 쉽습니다. 그들은 이해도 깊고 잘 알고 있으며 그림도 정말 좋습니다.

매달 월말 그믐날이 되면 달빛이 완전히 소멸해 캄캄하지만 이런 현상은 사실상 매월 십육 일에서 이십일 일부터 점차 진행되었습니다. 우리의 정신이 아침에 일어날 때 좋다가 오전에는 왕성하고 뚜렷하고 총명하고 낮 열두 시가 되면 아주 왕성하게 되는데, 실제로 이때가 되면 정신이 이미 서서히 사라지기 시작합니다. 어린아이가 열두 살까지 자라면 어른이 보기에는 귀엽지만 사실 태어날 때와 비교하면 이미 많이 늙었습니다. 사실상 생명 에너지가 서서히 소멸되고 있다는 말입니다. 생명의 작용은 달빛의 변화와 같습니다. 다시 한 번 말하지만 달빛은 월말인 그믐에 가서 소멸되는 것이 아니라 이미 십육 일부터 소멸이 시작됩니다. 하현달의 이런 현상을 『역경』에서는 간괘(艮卦)로 상징한 것입니다.

시간을 말하면 옛사람들은 하루를 십이시진으로 나누어 계산했습니다. 오늘날은 하루를 이십사 시간으로 계산하니 한 시진은 두 시간이 되지요. 그런데 십이시진은 사실 일 년 열두 달과 같은 숫자입니다. "당축인지간(當丑寅之間)", 축과 인 사이에 해당한다는 말은 자, 축, 인, 묘, 진, 사, 오, 미, 신, 유, 술, 해의 십이시진 중에서 축과 인의 사이라는 뜻입니다. 한대(漢代) 이후 인도 문화가 중국에 들어와서 동물로 십이시진을 상징했습니다. 자(子)는 쥐, 축(丑)은 소, 해(亥)는 돼지 등으로 말이지요. 그래서 지금도 나이를 말할 때 쥐띠니 소띠니 하는 것입니다. 사람이 모두 동물로 변한 셈입니다.

고대인들은 먹을 것만 충족되면 다른 일이 없었기 때문에 상상력이 매우 뛰어났습니다. 그런데 이런 상상은 일종의 이론과학이었습니다. 지구의 자기장을 기준으로 삼아서 보면 자(子)는 정북방이고, 축(丑)은 동북방으로 약간 기울고, 인(寅)은 동북방의 사분의 삼 지점입니다. 이때는 태양이 막 뜨려고 하는 시간이지요. 묘(卯)는 태양이 해수면에서 떠오르는 시간으로, 태양은 묘시에 떠오른다는 "일출묘(日出卯)"를 아시지요? 제가 어렸을 때는 시계가 귀해서 아무나 사용할 수 없었습니다. 그 대신 자연의 시계가 있었지요. 예를 들어 고양이 눈동자가 자연 시계였습니다. 한낮이 되면 고양이 눈동자가 한 줄기 선으로 변했다가 오후가 되면 또 변했습니다. 수도 공부를 하는 사람은 호흡을 하면서 코로 시간의 변화를 느낄 수 있습니다. 코로 호흡할 때 시간의 변화에 따라 코의 힘이 달라지기 때문입니다.

매월 말 그믐달이 질 때의 방위가 바로 "축과 인 사이〔丑寅之間〕"로 동북 방입니다. 중국 고대 천문학에서 이십팔수(二十八宿)는 스물여덟 개의 별자리〔星座〕입니다. 일 년 열두 달 천체가 회전하기 때문에 매일 태양이 질 때 출현하는 별자리가 다릅니다. 그러니 태양이 질 때 출현하는 별자리를 보고 방위를 아는 것이지요. 또 이것으로 계절의 변화도 알 수 있었습니다. "우이십팔수(于二十八宿), 당기두지도(當箕斗之度)"는 이십팔수에서 기와 두의 도수라는 뜻으로, 기두(箕斗)는 바로 북방으로 북두칠성 사이에 있습니다. 이십팔수를 상세히 말하자면 매우 복잡하니 여기에서는 이 정도만 말하겠습니다.

천도는 순행하고 지기는 역행한다

"천도는 좌선하며 순행을 주관하니 자시에 순행이 시작된다. 지기는 우전하며 역행을 주관하니 축과 인 사이에서 거꾸로 시작한다."

(蓋天道左旋主順行, 順起于子中, 地炁右轉主逆行, 逆起于丑寅之間)

"천도좌선(天道左旋)"은 태양이 동쪽에서 떠서 서쪽으로 지는 것을 말합니다. 그래서 천도가 좌선(左旋)하는 것을 순행(順行)이라고 하지요. "순기

우자중(順起于子中)"은 태양의 순행이 북방의 자시의 위치를 기준으로 하여 이루어진다는 뜻입니다. "지기우전주역행(地炁右轉主逆行)"에서 지기(地炁)는 반드시 지구를 가리키는 것은 아닙니다. 땅은 지기(地炁)가 있습니다. 달과 마찬가지로 태양이 방사하는 열에너지를 흡수한다는 의미입니다. "지기는 우전하며 역행을 주관한다"는 것은 북방을 중심으로 거꾸로 도는데 그것이 "역기우축인지간(逆起于丑寅之間)" 즉 축과 인 사이에서 거꾸로 시작한다는 것입니다.

고대 중국인들은 북쪽에서 남쪽을 대면하는 것을 좋아해서 군주가 남면(南面)한다고 했는데, 이렇게 남방을 대면하면 지구의 자기장과 일치하게 됩니다. 그래서 중국의 제왕들은 궁전을 지을 때 반드시 북쪽에서 남쪽을 바라보는 방향을 취했습니다. 여러분이 지금 앉아 있는 방향을 기준으로 삼아서 오른손을 등에서 앞으로 돌리면 그것이 바로 "축과 인 사이에서 거꾸로 시작하는" 것입니다. 이것은 우리에게 하나는 역방향으로 하나는 순방향으로 돈다는 천체의 원리를 알려 줍니다. 먼저 이것을 잘 알아야 합니다. 주운양 조사의 설명을 계속해서 보겠습니다.

"천도가 순행을 주관하는 것을 알고자 하면 마땅히 일 년의 차서를 봐야 한다. 일 년의 차서는 북쪽으로부터 동쪽으로 진행한다. 그리고 남쪽에 이르고 다시 남쪽으로부터 서쪽을 거쳐 북쪽으로 진행한다."

(欲知天道主順, 當以一歲次序觀之, 一歲之序, 自北而東, 以訖于南, 自南而西, 以訖于北)

"욕지천도주순(欲知天道主順)", 왼쪽으로 도는 것을 순행이라고 합니다. "당이일세차서관지(當以一歲次序觀之)", 일 년의 차서(次序) 즉 진행 과정은 태양이 하루에 일도(一度)씩 일 년에 모두 삼백육십오도 사분의 일을

회전하는 것입니다. "일세지서(一歲之序), 자북이동(自北而東)", 일 년의 차서는 북쪽으로부터 동쪽으로 진행한다는 말로 일 년 사계절이 겨울의 북방에서 시작해 봄이 되면서 천천히 동쪽으로 진행한다는 것입니다. 다음 "이흘우남(以訖于南)"은 남쪽에 이른다는 말로, 봄에서 여름으로 진행하는 것을 가리킵니다. 오월 하순경에 하지에 도달하면 일음(一陰)이 발생합니다. 날씨가 가장 뜨거울 때 양기가 숨으면서 음기가 드러나는 것입니다. "자남이서(自南而西), 이흘우북(以訖于北)", 남쪽에서 서쪽을 거쳐 북쪽으로 진행한다는 말로 가을로부터 겨울로 나아간다는 뜻입니다. 서쪽을 거쳐 북쪽으로 회귀하는 것이지요.

> "자로부터 축으로 가고 다시 축으로부터 인에 이르는 것이 진괘에서 나와 간 괘에서 이룬다는 것이다. 이것이 후천의 순행하는 오행이다."
> (從子到丑, 從丑到寅, 出乎震而成乎艮[100], 後天順行之五行也)

이 설명은 천체의 운행에 대한 것입니다. 간단히 말하면 음양오행, 천문, 성상(星象), 역수(曆數) 등이 모두 『역경』의 이 법칙에서 연역된 것입니다. 금목수화토 오행 즉 다섯 가지 상징에는 두 가지 현상이 있습니다. 바로 상생(相生)과 상극(相剋)입니다. 즉 생(生) 속에 극(剋)이 있고, 극 속에 생이 있다는 것이지요. 이러한 일종의 과학 이론은 수렵, 목축, 농업, 수리(水利), 항해 등과 모두 관련이 있습니다. 중국 천문 역사와 관련된 어떤 책을 보더라도 여러분은 조상의 위대함을 알게 되고, 동시에 그들이 물리학을 얼마나 깊이 이해했는지 깨달을 것입니다. 예를 들어 명나라 때 정

---

[100] 『주역』 「설괘전」의 "제출호진(帝出乎震), 제호손(齊乎巽), 상견호리(相見乎離), 치역호곤(致役乎坤), 설언호태(說言乎兌), 전호건(戰乎乾), 노호감(勞乎坎), 성언호간(成言乎艮)"에서 나온 말이다.

화(鄭和)가 함대를 이끌고 남쪽으로 항해를 떠날 때는 기상예보 같은 것은 하나도 없었고 단지 나침반에만 의지해서 바다를 다녔습니다. 서양인들은 매우 놀랐습니다. 당시 정화가 자신이 중국에서 얼마나 떨어져 있고, 바다의 어느 지점에 있는지 어떻게 알았을까 하고 말이지요. 그 비밀은 바로 『역경』의 원리에 있습니다. 그 속에는 다양한 분야의 원리가 포함되어 있지요.

정통 도가의 학문 원리로 말하자면 수도 공부를 하는 것은 아주 간단합니다. 좌선을 하면 될 것 같습니다. 그러나 인간의 신체는 매우 복잡하고 정기신(精氣神)도 복잡하기 때문에 반드시 그 원리를 잘 이해해야 단도(丹道) 수행에 성공할 수 있습니다. 물론 실제로 공부를 실천하는 과정에서는 원리나 이론 등은 다 버려야 합니다. 그렇다면 왜 원리를 알아야 한다는 것일까요?

여러분이 수도 공부를 하는 과정에서 신체와 심리가 어떤 경지에 이르러 어떤 현상이 일어났을 때 여러분이 그 이치를 알고 있다면 원인과 해결 방법을 찾아 대처할 수 있습니다. 그러지 못하면 무협소설에 보이는 것처럼 주화입마(走火入魔)에 듭니다. 사실은 화(火)도 없고 마(魔)도 없습니다. 수도 공부의 원리를 잘 이해하지 못해서 자신의 관념으로 인해 문제가 생기는 것뿐입니다.

제66강

납갑의 법칙

앞 장에 이어서 주운양 조사의 설명을 보겠습니다.

> "지기가 역행을 주관한다는 것을 알고자 하면 마땅히 한 달의 납갑으로 증명
> 해야 한다."
>
> (欲知地炁主逆, 當以一月納甲徵之)

"욕지지기주역(欲知地炁主逆)", 이 지구는 곧 우리의 몸과 같습니다. 지기가 역행을 주관하는 것처럼 몸 자체는 역행(逆行) 즉 거꾸로 운행하고 있지요. "당이일월납갑징지(當以一月納甲徵之)", 납갑에서 갑(甲)은 천간을 나타냅니다. 중국의 고대 천문 물리학과 지구 물리학에서 나온 학문이 납갑인데, 여기서는 납갑이 무엇인지 소개하겠습니다. 그래야 젊은이들이 고유 문화에 대해 기초 지식을 갖게 될 테니까요. 천간에는 갑을병정무기경신임계가 있고, 지지에는 자축인묘진사오미신유술해가 있습니다.

천간은 태양이 열에너지를 지구에 방사하는 것과 관련 있고, 지지는 달과 지구의 관계를 나타냅니다. 예를 들어 1984년은 갑자년(甲子年)으로 하원(下元) 갑자가 시작되는 해입니다. 1924년은 중원(中元) 갑자가 시작되는 해였고, 1864년은 상원(上元) 갑자가 시작되는 해였지요. 옛사람들은 국가의 운명이나 기후를 예측하는 것과 같은 예언은 모두 이 납갑의 법칙에 근거해 추산했습니다. 가령 갑자(甲子), 을축(乙丑), 병인(丙寅), 정묘(丁卯) 등은 천간과 십이지지를 서로 짝지은 것으로, 이렇게 하면 소위 육십갑자 또는 육십화갑(六十花甲)이라고 부르는 주기(週期)가 나옵니다. 간지는 양(陽)은 양끼리, 음(陰)은 음끼리 배합합니다. 그래서 갑자(甲子)는 있지만 갑축(甲丑)은 없습니다. 을축(乙丑)이 있을 뿐이지요. 또 병인(丙寅)은 있지만 병묘(丙卯)는 없습니다. 그래서 사람의 나이가 육십이 되면 육십화갑이 되었다고 합니다. 이런 것이 납갑법의 일종입니다.

납갑법은 금목수화토 오행과도 연관됩니다. 예를 들어 해(亥)와 자(子)는 오행의 수(水)에 속합니다. 이런 것은 처음 듣기에는 복잡한 것 같은데 일단 익숙하게 외워 놓으면 매우 유용합니다. 중국의 고대 문화에서 납갑법은 대단히 넓은 범위에 활용되었기 때문에 외워 놓으면 매우 복잡한 문제도 간단히 이해할 수 있습니다.

"납갑의 운행은 자에서 오른쪽으로 돌아 거꾸로 가서 미와 신에 도달한다. 북쪽으로부터 서쪽으로 돌고, 서쪽으로부터 남쪽으로 도는 것이 상현의 기이니 그 상은 득붕이다."

(納甲之運, 子當右轉, 卻行以至于未申, 自北轉西, 自西轉南, 是爲上弦之炁, 其象爲得朋.)

"납갑지운(納甲之運)"의 운(運)은 달의 운행으로서, 달이 뜨고 지는 현상

과 관련된 설명입니다. 이 운행은 "자당우전(子當右轉), 각행이지우미신(卻行以至于未申)" 즉 자에서 오른쪽으로 회전하여 미(未)와 신(申)에 이르면 서쪽에 도달하게 됩니다. "자북전서(自北轉西), 자서전남(自西轉南), 시위상현지기(是爲上弦之炁)" 즉 달이 북쪽으로부터 서쪽으로 돌고, 다시 서쪽으로부터 남쪽으로 돌면 상현의 기가 되는데, 이것은 달의 출몰 현상을 말합니다. "기상위득붕(其象爲得朋)"의 득붕(得朋)은 『역경』에 나오는 말로서 동류(同類)를 만난다는 뜻입니다.[101]

원명(元明) 시대 이후 오류파의 수련법에서 특히 이것을 중시한 것은 일리가 없지는 않습니다. 인체의 생명 에너지는 하체로부터 발동해서 머리에 도달하여 정신이 왕성해지는 것이기 때문입니다. 인체의 하부는 자(子)에 해당하고 머리는 오(午)에 해당합니다. 그래서 사람이 아침에 잠을 깨면 정신이 차츰 상승하여 오시(午時)에 양기가 극에 도달합니다. 양이 극하면 곧 음이 발생하여 하강하게 되지요. 이것이 한 번 오르면 한 번 내리는 음양의 법칙입니다. 인체에서 요추에서 척추를 타고 올라가는 맥을 독맥(督脈)이라고 합니다. 우리 인체에는 십이경맥이 있는데, 중의학에서도 이렇게 음양의 구조를 해석하고 '육음육양(六陰六陽)'이라고 하지요. 예를 들어 간에 병이 생긴 사람이 있다면 그것은 일종의 현상입니다. 간은 오행으로 목에 속하고 목은 수생목(水生木) 즉 수에서 생기는 것이고, 수는 신장이기 때문에 먼저 신장을 치료하게 됩니다. 신장의 정기(精氣)가 부족하면 간에도 병이 생긴다는 오행 법칙에 따른 이론이지요. 신수(腎水)

---

101 『역경』 곤괘의 괘사 "원형(元亨), 이빈마지정(利牝馬之貞). 군자유유왕(君子有攸往), 선미(先迷), 후득주리(後得主利). 서남득붕(西南得朋), 동북상붕(東北喪朋). 안정길(安貞吉)"에서 나온 말이다. "크게 형통하니, 암말의 곧음이 이롭다. 군자가 나아갈 바가 있으나 스스로를 앞세우면 길을 잃으며, 자신을 뒤로 하면 주인을 얻어 이롭다. 서남쪽에서 벗을 얻고 동북쪽에서 벗을 잃으나, 편안히 곧음을 지켜 길하다"는 뜻이다.

가 손상되면 원기(元氣)가 부족해지고 이로 인해 정기(精氣)의 부족을 일으켜 간에도 문제가 발생합니다. 따라서 치료 방법은 신수의 기능을 강화해서 간의 문제를 해결하는 것입니다.

순행과 역행의 원리

옛날 의사들은 간에 병이 생겼다고 해서 반드시 간을 치료하지는 않았습니다. 간에 병이 생기면 그 원인이 무엇인지 살피는 것이 중요했지요. 간에 병이 생기는 것은 나타나는 현상일 뿐 그 원인은 다른 곳일 수 있다는 말입니다. 그래서 병이 나타난 곳이 아닌 병의 근원을 찾아서 그곳에 약을 썼습니다. 이렇게 질병의 근원을 찾는 법은 십이경맥에 근거합니다. 이런 방법은 일 년에 십이 개월이 있듯이 인체에도 십이경맥이 있다는 생각에서 비롯되었습니다. 즉 우주와 인체는 같은 구조라는 것이지요.

십이경맥 이외에 인체에는 기경팔맥도 있습니다. 십이경맥의 범위에 속하지 않는 다른 구조의 경맥이지요. 오류파에서는 양기(陽氣)가 발생하면 의념을 써서 도인(導引)하는 방법을 썼습니다. 독맥으로부터 출발해 머리로 올린 후에 다시 몸의 전면에서 임맥을 타고 내려오게 하였지요. 이것을 하거(河車)를 운전한다는 뜻에서 '전하거(轉河車)'라고 불렀습니다.

수도 공부는 태양의 행도에 역행하는 것을 본받는데, 거꾸로 가는 자는 선인(仙人)이 되고 순하게 가면 범부가 됩니다. 거꾸로 간다는 것과 순하게 간다는 것은 무슨 말일까요? 우리 같은 보통 사람은 신체의 하부에서 양기가 한 번 발동하면 곧바로 성적 욕념이 일어나고 남녀관계를 원해서 양기가 몸 밖으로 배설됩니다. 즉 흐르는 대로 순하게 따라가니 양기를 낭비해 버리는 것입니다. 수도 공부는 그것을 거슬러 올라가는 것입니다. 그러므로 수도 공부를 역행 즉 거꾸로 간다고 표현하는 것은 논리적으로 충분히 가능합니다.

양기가 신체 하부에서 상승하여 독맥을 따라 위로 올라간다는 것은 틀린 말이 아닙니다. 또 양기가 상승해서 머리로 올라가는 것을 정(精)을 돌려서 뇌를 보충한다는 뜻으로 '환정보뇌(還精補腦)'라고 하는데 이로써 장생불로할 수 있다는 것도 맞습니다. 다만 의념을 써서 의도적으로 이끌어낼 필요는 없습니다. 생명이 본래 그렇게 되어 있으므로 자연을 따르면 됩니다. 그래서 노자는 "도법자연(道法自然)"이라고 했습니다. 자연이 아니라 인위적이고 의도적으로 양기를 이끈다면 도리어 문제가 생기지요. 태양의 운행을 이해한다면 우리 신체의 생명 현상도 이와 같다는 사실을 알수 있습니다.

"오시에 동쪽으로 돌아 역행하여 인과 축에 도달한다. 남쪽으로부터 동쪽으로 돌고, 동쪽으로부터 다시 북쪽으로 도는 것이 하현의 기이니 그 상은 상붕이다."

(午乃東旋, 逆行以至于寅丑, 自南轉東, 自東轉北, 是爲下弦之炁, 其象爲喪朋)

양기가 정수리에 도달했을 때가 바로 "오내동선(午乃東旋)" 즉 오시에 동쪽으로 돈다는 말입니다. 일 년 중 양기가 극에 이를 때가 바로 하지인데, 이때 일음이 발생합니다. "역행이지우인축(逆行以至于寅丑), 자남전동(自南轉東), 자동전북(自東轉北), 시위하현지기(是爲下弦之炁), 기상위상붕(其象爲喪朋)." 이것이 하반월의 현상입니다. 우리 신체에서 양기가 하부를 내려가고 이로 인해 머리에 양기가 부족하면 잠을 자고 싶어집니다. 또 혈액도 점차 머리에서 아래로 하강하는데 이것이 한 달 중 하반기인 "하현의 기[下弦之炁]"입니다.

이렇게 혈액이 몸의 아래로 내려갈 때는 잠을 깊이 자는 것이 가장 중요합니다. 서양 의학에서도 휴식이 가장 중요하다고 하지요. 그래서 불가든 도가든 수도 공부를 하는 사람은 건강하고 장수할 수 있는 것입니다. 정좌는 잠을 자는 것은 아니지만 좋은 휴식입니다. 그러므로 이때 천지의 형상이 휴식해야 하므로 사람의 정신이 하강합니다.

"상현과 하현이 서로 만나는 것은 바로 그믐과 초하루의 사이이다. 박괘는 간괘에 있고 복괘는 진괘에 있으니, 선천의 역용하는 오행이다."

(兩弦交會, 正當晦朔中間, 剝在艮而復在震, 先天逆用之五行也)

상현과 하현이 서로 만난다는 "양현교회(兩弦交會)"는 신체 내부에서 양기와 음기가 서로 교회하는 것을 나타냅니다. 수도 공부의 원칙은 매우 단순합니다. 눈과 귀의 감각을 외부로 향하지 않는 것, 즉 수시반청(收視返聽)이 그 방법입니다. 마치 동물이 겨울잠을 자는 것 같은, 수시반청의 상태를 지속하는 정좌가 바로 수도 공부의 핵심입니다. 이런 수도 공부야말로 인간이 누릴 수 있는 최고의 즐거움이지요. 그러니 불가나 도가를 수련하는 여러분들 특히 젊은이들은 절대 게으르게 공부해서는 안 됩니다. 세속의 모든 즐거움을 과감히 떨쳐 버리고 오로지 수도 공부에 전념해야 합니다. 한편으로는 세속적인 욕심을 버리지 못한 채 또 한편으로는 수도 공부를 하겠다고 어정쩡하게 양다리를 걸치고서는 아무것도 이룰 수 없습니다.

소주천과 달

앞에서 오시(午時)가 되면 양기가 아래로 가라앉기 시작한다는 것과 상현과 하현의 만남은 음기와 양기의 만남이라는 것을 말했습니다. 그다음 "정당회삭중간(正當晦朔中間)"은 그믐과 초하루 사이라는 말입니다. 음력으로 월말과 월초 사이를 가리키지요. "박재간이복재진(剝在艮而復在震)", 박괘(剝卦 ䷖)의 상괘 삼효는 간괘(☶)이고 하괘 삼효는 곤괘(☷)입니다. 곤괘는 땅을 상징하고 간괘는 산을 나타내는데 두 괘를 합하면 산지박(山地剝)괘가 됩니다. 무엇을 박(剝)이라고 할까요? 예를 들어 과일의 껍질을 모두 벗기는 것을 박피(剝皮)라고 하는 것과 같습니다.

박괘는 다섯 개가 음효이고 오직 맨 위에 한 개만 양효로 남아 있는 형상입니다. 양기가 음기에게 에너지를 거의 다 빼앗겨 버린 모습이지요. 마치 백발이 성성한 제 머리와 같습니다. 이제 백발마저 빠지면 번쩍 빛나는 대머리가 되겠지요. 대머리가 된다면 곤괘가 되는 것입니다. 오행으로는 토(土)에 속하지요. 그런데 금방 태어난 갓난아기는 박괘가 뒤집힌 복괘(復卦)가 됩니다. 복괘는 생명의 기운이 회복된 것이니 좋은 상황입니다. 괘상을 보면 하괘는 진괘(☳)이고 상괘는 곤괘입니다. 진(震)은 우레〔雷〕이므로 지뢰복(地雷復)이라고 합니다.

"박괘는 간괘에 있고 복괘는 진괘에 있다〔剝在艮而復在震〕"는 말은 자연 현상을 비유하는 것으로 '중오복(中午復)'이라고 말하는 것과 같습니다. 오늘날 중국인 중에는 낮잠을 자는 습관이 있는데 옛사람에게는 없었습니다. 아마 옛사람들은 공자께 꾸중을 들을까 봐 그랬던 것 같습니다. 『논어』를 보면 공자의 제자인 재여(宰予)가 낮잠을 자다가 꾸중을 듣는 장면이 나오지요.[102] 그래서인지 후세의 선비들은 감히 낮잠을 자지 못했습니다. 근세 중국의 위인인 증국번(曾國藩)이라는 인물은 공무가 너무 바빠서 낮잠은 못 자는 대신 저녁 식사 후에 바로 잠들었다가 밤에 일어나 맑은 정

---

102 『논어』「공야장(公冶長)」편에 나온다.

신으로 아침까지 공무를 처리했다고 합니다.

그러나 오늘날 우리는 공자의 가르침을 버리고 낮잠을 잡니다. 여기 참석한 외국인 학생들은 낮잠을 거의 자지 않는데 말입니다. "박괘는 간괘에 있다"는 말처럼 낮 열두 시가 지나면 양기가 내려가서 자연히 정신이 흐려집니다. 어떤 사람은 가라앉거나 멍하지 않은 경우도 있지요. "선천역용지오행야(先天逆用之五行也)"는 선천의 역용하는 오행이라는 말로, 정신은 자연과 반대로 성장할 수도 있고 쇠퇴할 수도 있다는 뜻입니다.

결국 주운양 조사가 우리에게 말하려는 것은 어떻게 수도 공부를 하느냐의 문제, 즉 수도의 방법입니다. 그래서 다음과 같이 말하지요.

"금단의 도는 선천의 납갑을 온전히 써서 천상의 태음과 동체가 된다. 태음의 진수는 오시에 발생하니 십육 일에 일음이 발생하는 손괘로부터 이십삼 일에 이음으로 성장한 간괘가 된다. 음이 성장하여 양을 침범하니 겨우 석과만 남았다."

(金丹之道, 全用先天納甲, 與天上太陰同體, 太陰眞水生于午, 自十六一陰之巽, 至廿三二陰之艮, 陰來剝陽, 僅存碩果)

"금단지도(金丹之道), 전용선천납갑(全用先天納甲)", 금단의 도는 선천의 납갑을 쓴다는 뜻으로, 수도 공부에 납갑의 원리를 응용하는 것은 간단명료합니다. 우리 신체 내부의 변화는 "여천상태음동체(與天上太陰同體)" 즉 천상의 태음과 동체가 됩니다. 소주천은 일 개월 삼십 일 달의 변화를 인체의 기기(氣機) 변화에 배합한 것이므로 그 법칙을 잘 파악해야 합니다. 이것이 무슨 의미일까요? "태음진수생우오(太陰眞水生于午)" 즉 태음의 진수는 오시에 생겨나지 자시에 발생하지는 않습니다. 음이 극에 도달한 것을 "태음진수(太陰眞水)"라고 하는데, 도가에서는 '화지신수(華池神水)'라

고도 합니다. 바로 서왕모(西王母)의 궁전에 있는 연못인데 그 물을 마시면 불로장생한다고 하지요. 물론 이것은 신화에 가탁한 이야기에 불과하지만, 여기에서 말하는 화지신수는 생명의 근본 에너지를 일컫습니다. 어떤 무협소설에서는 '태을진정(太乙眞精)'이라고도 합니다. 이 수(水)는 엄청나게 내려오는데 대단합니다. 우리의 생명이 근본적으로 이 수에 의해 변화됩니다.

화에서 어떻게 수가 발생하는가

제가 젊었을 때 도가 책을 보면서 의미는 잘 이해하지 못했지만 신선을 몹시 싫어했습니다. 왜 진실을 말하지 않고 허황된 말만 하는 것일까 하고 도저히 이해할 수 없었습니다. "태음의 진수는 오시에 발생한다"는 말을 보면 오시는 오행의 방위로는 남방 화(火)의 자리입니다. 즉 불의 방위이지요. 그렇다면 화(火)에서 어떻게 수(水)가 나올 수 있다는 말일까요? 다음 설명을 다시 한 번 보겠습니다. "자십육일음지손(自十六一陰之巽), 지입삼이음지간(至卄三二陰之艮), 음래박양(陰來剝陽), 근존석과(僅存碩果)"라는 것입니다. 십육 일에 일음(一陰)이 발생하는 손괘로부터 이십삼 일에 이음(二陰)으로 성장한 간괘가 됩니다. 음이 성장하여 양을 침범하니 겨우 석과만 남았다는 뜻입니다. 이런 현상은 음력 십육 일 이후에는 『역경』의 손괘(☴)로 상징된다는 것을 말합니다. 손괘는 위의 두 효가 양이고 아래 한 효는 음입니다. 건괘(☰)의 아래 초효에서 음이 발생한 형상이지요. 이 손괘는 십육 일, 십칠 일의 달 모습을 상징적으로 표현한 것입니다. 그래서 이후주(李後主)의 사(詞)에는 "말없이 홀로 서루에 오르니 달은 이지러져 갈고리 모양 같고, 오동나무 적막한데 뜰 깊숙이 가을이 와 있네[無言獨

上西樓, 月如鉤, 寂寞梧桐, 深院鎖淸秋)"라고 했습니다. 여기에서 갈고리 모양이라고 한 것은 반달을 말합니다. 손괘의 형상은 일음이 처음 발생한 것입니다. 그리고 이십삼 일에는 이음으로 성장해서 간괘가 되었지요. 손괘에서 음이 하나 더 올라와서 양을 침범하여 겨우 석과(碩果)[103]만 남게 된 형상입니다.

여러분, 우리가 도가 서적을 읽는 것은 신선을 배우기 위함입니다. 또 『역경』을 배우고 오행을 공부하는 것은 도(道)를 배우기 위해서입니다. 그런데 앞에서 우리가 읽은 『참동계』의 내용은 모호하기만 합니다. 구체적이고 알아들을 만한 내용이 없지요. 가령 "금단의 도는 선천의 납갑을 온전히 쓴다"는 말은 조금은 뭔가를 알려 주는 것 같지만 여전히 모호합니다. "천상의 태음과 동체가 된다" "태음의 진수는 오시에 발생한다"는 말은 의심스럽게 합니다. 앞에서도 말한 것처럼 오시는 화(火)에 속하는데 어떻게 화에서 진수(眞水)가 나온다는 것인지 알 수가 없습니다.

그다음에는 "십육 일에 일음이 발생하는 손괘로부터 이십삼 일에 이음으로 성장한 간괘가 된다. 음이 양을 침범하니 겨우 석과만 남았다"는 말은 또 무슨 뜻일까요? 젊은 사람들은 특히 무슨 말인지 알아들을 수가 없지요? 그냥 시원하게 다 말해 버릴까요? 천기를 누설하느니 어쩌니 하는 말은 아예 신경 쓸 것 없이 말이지요. "태음의 진수가 오시에 발생한다"는 것은 하부의 양기가 상부로 올라와서 극점에 도달했을 때 양이 극해서 음이 발생한 현상을 설명하는 것입니다. 이렇게 되면 정신이 부족해져서 잠이 옵니다. 이때 발생하는 음이 바로 "태음진수(太陰眞水)"로 뇌하수체 호르몬을 가리킵니다. 이것이 태음의 진수가 오시에 발생한다는 뜻이지요.

여러분도 정좌할 때 입에 침이 가득 고이지요. 이것은 태음의 진수(眞水)

---

103 가을에 추수한 곡식이나 과일 중에서 내년 봄에 종자로 쓸 큰 것을 가리킨다.

는 아니고 가수(假水)이지만 그래도 좋은 것입니다. 진짜 옥액환단이라면 양기가 위로 올라가서 뇌에 이르렀을 때 발생하는 것으로서, 불가에서 말하는 경안(輕安)을 얻는다든지, 감로수(甘露水)가 머리에서 흘러내린다든지, 머리가 청량하다든지 하는 현상입니다. 불가에서는 이런 현상을 '제호관정(醍醐灌頂)'이라고 합니다. 양기가 발동하면 양이 극하여 음이 생겨서 태음으로 변합니다. 땅의 기가 너무 답답하면 상승하여 찬 공기에 부딪히면 음기가 양기와 결합하여 비로 내리게 되는 것입니다.

"또 동쪽으로부터 북쪽으로 돌아서 축과 인이 교차하는 곳에 위치한다. 기수와 두목으로부터 을과 계로 돌아 들어가면 간괘의 일양이 다하여 곤괘가 된다." (又自東轉北, 正値丑寅之交, 箕水斗木, 二宿度上, 旋入乙癸, 艮之一陽盡喪 而爲坤)

"기(箕)"는 북방에 위치한 별자리 이름으로 이십팔수 중 하나이고, "수(水)"는 오행에서 북방의 수(水)에 속합니다. "두(斗)" 역시 이십팔수 중 하나로서 봄의 새벽에 북두칠성이 돌아오는 것이고, "목(木)"은 동방입니다. "이수도상(二宿度上)"은 기(箕)와 두(斗)의 경도와 위도 상의 운행 궤도로서 "선입(旋入)" 즉 돌아서 "을축(乙丑)"으로 들어간다는 뜻입니다. 여기에서 돌아 들어간다는 표현은 나침반에서 나타나는 상황을 말합니다. 여러분도 나침반을 보면 바로 알 수 있지요. 그다음 을(乙)이니 계(癸)니 간(艮)이니 하는 것은 나침반으로 풍수를 보는 것인데, 풍수에서는 이런 변화를 '이십사산(二十四山)'[104]이라고 합니다. 이것은 이십사절기와 유사

---

104 풍수의 방위에 관한 이론이다. 팔괘의 방위는 '진궁(震宮)'은 동쪽, '손궁(巽宮)'은 동남쪽, '리궁(離宮)'은 남쪽, '곤궁(坤宮)'은 서남쪽, '태궁(兌宮)'은 서쪽, '건궁(乾宮)'은 서북쪽, '감궁(坎宮)'은 북쪽, '간궁(艮宮)'은 동북쪽을 주관한다. 이 밖에 24개 방위로 길흉을 판단하는

한 표현이지요. "선입을계(旋入乙癸), 간지일양진상이위곤(艮之一陽盡喪而爲坤)" 즉 을과 계로 돌아 들어가면 간괘의 일양이 다하여 곤괘가 된다는 뜻으로, 양기가 위에서 하강한 이후에 재차 상승하는 것을 말합니다. 이렇게 양기가 상승하기 전에는 모두 음(陰)뿐으로 곤괘로 상징합니다. 이때는 한 생각도 일어나지 않는 혼침의 상태로 장자가 말한 혼돈과 같습니다. 이런 경계를 지나는 것은 매우 좋습니다.

음양은 끊임없이 돈다

여러분 중에는 열심히 정좌 수련을 하는데도 도리어 정신이 부족하다고 느끼곤 합니다. 이래서는 수도 공부가 어렵습니다. 저는 젊은이들에게 수도 공부를 하지 말라고 권하기도 합니다. 그러면 어떤 분은 "선생님은 십대 중반에 시작하셨다면서 우리가 하는 것은 왜 반대하십니까?" 하고 되묻습니다. 그럴 때는 십대 중반에 수도 공부를 시작하여 얼마나 어려운지 직접 체험했기 때문에 권하지 않는다고 말하지요. 사실 혼신의 힘을 다해 진지하고 전력으로 하지 않으면 부처가 되기는커녕 사람 되기도 쉽지 않습니다.

복잡하게 살면 뭐합니까? 세상의 법도를 잘 지키고 공맹의 가르침대로 인도(人道)를 잘 닦으면 천도(天道)도 이룰 수 있습니다. 좋은 사람이 되어 좋은 일을 많이 하면 얼마나 좋겠습니까? 하필 인도(人道)를 떠나 부처나 신선이 되는 수도 공부를 합니까? 여러분은 그래도 수도 공부를 하겠다고

데 매 방위는 각각 15도이다. 이것을 풍수에서 이십사산이라고 하는데 갑(甲) 묘(卯) 을(乙) 진(辰) 손(巽) 사(巳) 병(丙) 오(午) 정(丁) 미(未) 곤(坤) 신(申) 경(庚) 유(酉) 신(辛), 술(戌) 건(乾) 해(亥) 임(壬) 자(子) 계(癸) 축(丑) 간(艮) 인(寅)이다.

하지만, 제가 여러분에게 말하고 싶은 것은, 여러분은 수도 공부 과정에서 뇌에 혼침이 올 때 어떻게 해야 하는지도 전혀 모른다는 것입니다.

저도 오랜 시간 혼침이 와서 곧 죽을 것 같은 경험을 한 적이 있습니다. 정신이 하나도 없었지요. 종이 한 장 들 힘도 없었습니다. 그런데 다행히 이런 현상을 전혀 걱정하지 않았습니다. 아무리 큰일이 나도 상관하지 않고 한잠 자고 보겠다고 마음먹었습니다. 기백이 있었다고 할까요? 당장 죽어도 좋다고 생각했습니다. '죽으면 어떤 세상이 오는지 한번 보자. 금생에 수도 공부에 성공하지 못하면 내세에 다시 해 보자!' 하고 대범하게 마음먹었지요. 이렇게 기백이 넘쳤던 것 같지만 사실 저는 노자의 한마디를 기억하고 있었습니다. "돌아가는 것은 도의 움직임이요, 약한 것은 도의 작용이다〔反者道之動, 弱者道之用〕"라는 구절이지요. 양이 극하면 음이 발생하는 이 현상은 반드시 거쳐야 하는 과정입니다. 이 과정을 거치지 않으면 깨달음도 없지요. 이것이 우주의 필연이요 자연의 법칙입니다.

사실 우리 같은 보통 사람에게도 이런 현상은 매초 매 시간 발생합니다. 매일 일어나지만 우리가 알지 못할 뿐이지요. 노자의 "약자도지용(弱者道之用)"이라는 말은 응용을 알아야 한다는 뜻입니다. 불가에서는 노승이 수수(垂垂) 입정(入定)한다는 말을 하는데, 옛사람들은 형용사를 참 잘 쓴다는 생각이 듭니다. '수수(垂垂)'는 길게 늘어져 있다는 뜻입니다. 노인이 기력이 하나도 없는 것처럼 그냥 늘어져 있는 모습이지요. 포도가 잘 익으면 나뭇가지도 축 늘어지듯이 말입니다. 이런 것을 수수 입정한다고 하지요.

이것이 음이 극(極)한 현상입니다. 양기를 깎아 버리는 박괘(剝卦 ☶)의 상황이 발생한 것이지요. 중요한 것은 음이 극에 도달한 박괘에서 비로소 양기가 소생한다는 사실입니다. 그러나 사람들은 누구나 박괘의 상황, 죽음이 코앞에 다가온 것 같은 상황을 두려워합니다. 노인들은 늘 "난 이제 글렀어"라는 말을 잘 하는데, '글렀다', '다 됐다'는 말은 죽을 날이 얼마 안 남았다는 뜻입니다. 사실 죽음에 대해 이렇게 초탈해야 수도 공부를 할 수 있습니다. 여러분이 생사 문제에 공포를 느끼고 집착한다면 어떻게 생명을 걸고 장생불사의 실험을 할 수 있겠습니까?

솔직히 말하자면 저는 젊은이들에게는 수도 공부를 권하지 않습니다. 제가 지금 강의하는 것은 모두 학문적 원리에 관한 것입니다. 제가 수십 년 연구한 바에 따르면 저는 이론상 장생불로가 가능하다는 것을 확신합니다. 그러나 제가 실제로 이런 경지에 도달했다는 것도 아니고 여러분이 반드시 된다는 것도 아닙니다. 이 원리는 맞지만 이를 통해 수도에 성공하는 것은 또 다른 문제입니다. 마치 악비 장군이 전쟁에서 용병(用兵)하는 것과 같아서 운용의 묘는 여러분 마음에 달렸습니다. 주운양 조사의 설명이 이어집니다.

> "내 몸에서는 신이 기 속으로 들어가니, 만화가 근본으로 돌아가는 것이 곧 이른바 오시에 동쪽으로 도는 것이니 동북방에서 벗을 잃는 상이다."
>
> (在吾身爲神入炁中, 萬化歸根, 卽所云午乃東旋, 東北喪朋之象也)

태양이 지구에 가려지면 빛을 잃게 됩니다. 사람으로 말하면 신(神)이 기(炁) 속으로 들어가는 것이지요. 여기에서 기(炁)는 반드시 배꼽 아래에 있는 기만이 아니라 온몸의 기가 아래로 떨어지는 것입니다. "신입기중(神入炁中), 만화귀근(萬化歸根)"이라는 말은 노자의 "부물예예(夫物芸芸), 각복귀기근(各復歸其根), 귀근왈정(歸根曰靜), 정왈복명(靜曰復命)"에서 나왔습니다. "만물이 무성하지만 각각 그 근본으로 돌아간다. 근본으로 돌아가는 것을 고요함이라 하고, 고요함을 명을 회복한다고 한다"라는 뜻이지요. 명을 회복한다는 복명(復命)은 생명의 본래 모습을 회복한다는 뜻입니다. 여기에 다음 한 구절을 더해서 이런 현상을 설명해 볼까요? 바로 노자가 말한 "면면약존(綿綿若存)"이라는 구절입니다. 자기 자신마저 없는 것 같은, 그러나 잠에 빠지거나 죽은 상태도 아닌, 그러면서도 의식과 지각은 분명히 살아 있으면서 있는 듯 없는 듯한 상태를 말하는 것입니다. 이것은 어떤 경계일까요?

『맹자』에도 이런 경계가 있습니다. 「공손추(公孫丑)」 상편에 나오는 "마음을 잊지도 말고 조장하지도 말라〔心勿忘, 勿助長〕"는 말입니다. 이른바 "물망물조장(勿忘勿助長)"은 절대 의식적으로나 인위적으로 도와주거나 이끌어 주지 말고, 반대로 잊거나 방치하지도 말라는 뜻입니다. 『홍루몽』이라는 소설에는 가보옥이 큰 바위에 다음 여덟 글자를 새겨 넣는 장면이 나옵니다. 바로 "막실막망(莫失莫忘), 선수항창(仙壽恒昌)"이라는 말입니다. "잃지도 잊지도 말라. 선수가 항상 창대하리라"는 뜻이지요. 이 말 역시 노자의 "면면약존"이라는 말과 맹자의 "물망물조"와 같은 원리입니다.

제67강

양은 어떻게 발생하는가

지금 『참동계』 강의의 중점은 보통 수도 공부에서 말하는 '활자시(活子時)'입니다. 이것은 속어로서 우리 신체에서 일양(一陽)이 회복되는 현상과 양기가 어떻게 발생하는가의 문제입니다. 지금은 이론만 말하고 있는데, 이론을 잘 알면 공부법은 그 속에 있습니다. 이치는 "음이 극하면 양이 발생한다(陰極陽生)"는 원칙입니다. 어떻게 하면 음이 극할까요? 다시 한 번 분명히 말하면 정극(靜極) 즉 고요함이 극하는 것입니다. 단 "정이 극하면 다시 동하게 됩니다(靜極則動)." 수도 공부가 참으로 고요함의 극에 도달했을 때 자연히 양기가 발생하지요. 고요함이 극한다는 것은 여러 가지 비유로 표현됩니다. 예를 들어 '육근대정(六根大定)' 같은 표현이지요. 단, 원리적으로는 '음극(陰極)'이라고 부릅니다. 음이 극하면 양은 자연히 발생합니다. 가장 큰 음극(陰極)은 죽음입니다. 생명에는 삶이 있고 죽음이 있는데, 죽는다는 것이 바로 음이 극한 것입니다. 그런데 음극은 이 생명이 다한 것이 아니라 음이 극할 때 다시 새롭게 오는 것이 양의 발생입니다.

바로 불가에서 말하는 윤회의 이치이지요. 작은 법칙으로서 음이 극하면 양이 발생하는 것은 수면 휴식입니다. 휴식을 다하면 다시 정신이 명료하게 깨어나는 것이지요. 이런 현상의 배후에 존재하는 원리를 이해한다면 음극양생(陰極陽生)의 이치 또한 자연히 알게 됩니다. 주운양 조사는 그것을 앞의 설명에 이어서 『참동계천유』[105]에서 다음과 같이 말합니다.

"이때 음이 극하고 양이 생하니 태양의 진화가 자시에 발생하는 것이다."

(此時陰極陽生, 太陽眞火, 卽生于子)

"차시음극양생(此時陰極陽生), 태양진화(太陽眞火), 즉생우자(卽生于子)", 이렇게 음이 극한 후에 양이 발생하는 것을 태양의 진화가 동하여 빛을 발한다고 합니다. 시간으로는 자시가 되지요. 중국의 오행설에는 "하늘은 자시에 열리고, 땅은 축시에 열리고, 사람은 인시에 생한다〔天開於子, 地闢於丑, 人生於寅〕"는 말이 있습니다. 지금 고요함이 극해서 양이 발동한다는 것은 바로 태양의 진화가 발생하는 것을 가리킵니다.

"양이 다해서 없어지는 원리는 없다. 해와 달이 서로 보듬어 안고 정북방 허와 위[106]의 위치에 있다가 서로 교회를 마치면 점점 북쪽으로부터 서쪽으로 돌게 된다. 월백이 여기에 도달하면 희미한 빛이 드러나므로 오른쪽으로 돈다고 말한다."

(蓋陽無剝盡之理, 日月撢持, 正在北方虛危之地. 交會旣畢, 漸漸自北轉西, 月魄到此微露陽光, 謂之旋而右轉)

---

105 『참동계천유』. 186면.
106 허(虛)와 위(危) 역시 이십팔수의 하나로서 별자리의 명칭이다.

주운양 조사가 말한 양이 다해서 없어지는 원리인 "박진지리(剝盡之理)"는 수도 공부와 관련이 없는 것처럼 보입니다. 그러나 이 원리를 알아야 안심하고 수도 공부를 할 수 있습니다. 음이 극하는 경계를 실제로 경험했을 때 비로소 이 원리를 분명히 깨닫게 된다는 말입니다. 산지박괘 다음에는 지뢰복괘가 옵니다. 양이 박진(剝盡)되는 이치는 없는 것이지요. 우주의 에너지는 항상 상대적입니다. 음이 극해서 양이 다 없어진 것처럼 보이지만 음이 극성한 그곳에서 그 반대의 에너지인 양이 다시 발생합니다. 사실상 물리 역학의 이치이지요. 구심력이 집중되면 원심력이 발생한다는 것인데, 이 생명의 이치는 물리와 같습니다.

예를 들어 우리가 지금 정좌를 하고 있는데 이것은 수도 공부의 첫걸음입니다. 수규(守竅)도 좋고 호흡을 관찰하는 것도 좋지만 어떤 방법으로 하든 참으로 고요함이 극에 이를 수 있는 사람은 거의 없습니다. 노자가 말한 "근원으로 돌아가는 것을 고요함이라 하고, 고요함을 명을 회복하는 것이라고 한다〔歸根曰靜, 靜曰復命〕"는 경지에 도달한 사람은 매우 적은 수입니다. 어떤 사람이든 참으로 그 경지에 이르렀다면 그것이 곧 장자가 말한 혼돈의 경지입니다. 안이비설신의(眼耳鼻舌身意)의 여섯 가지 감각과 인식 기관이 완전히 닫힌 육근이 대정(大定)한 경지이지요. 자기 자신마저 망각한 경지이기도 합니다. 선종에서는 이 경지를 어미닭이 알을 품은 것과 같다고 했고, 도가에서는 마치 술에 취한 듯〔如醉〕 정신이 나간 듯〔如癡〕하다고 했습니다.

이렇게 고요함이 극에 도달한 경지가 바로 음극(陰極)이고, 이때야말로 진양(眞陽)이 오는 때이며, 고요한 활자시가 도래하는 시간입니다. 여러분이 이 말에 주의를 기울이면 보통 우리에게도 활자시가 있음을 알게 됩니다. 극도로 피로하거나 질병으로 인해 몸이 쇠약할 대로 쇠약해진 시점에서 돌연 정신이 번쩍 들 때가 있는데 이때가 바로 활자시입니다. 그러나 사람들이 이것을 알기는 어렵습니다. 그것이 활자시인지 미처 깨닫지 못하기 때문입니다.

양을 거의 빼앗겨 음이 극에 이른 상태는 매월 말 "일월탐지(日月攬持)" 즉 해와 달이 서로 보듬어 안고 있는 것과 같습니다. 지구에 의해 해와 달이 가로막혀 있어서 달이 보이지 않는 것이지요. 도가에서는 이것을 그냥 "해와 달이 서로 보듬어 안고 있다"고 하여 해와 달이 합벽했다고 표현합니다. 사실은 달과 태양 사이에 지구가 와서 달과 지구와 태양이 한 줄로 서서 지구가 태양 빛을 가로막아 캄캄한 것입니다. 이렇게 월말에 도달할 때 달은 "정재북방허위지지(正在北方虛危之地)" 즉 정북방 허(虛)와 위(危)의 위치에 있습니다. 월말 새벽에 달이 북방에서 떨어지는 것을 볼 수 있는데, 동북쪽으로 치우친 방향이지요. "허위지지(虛危之地)"란 무엇일까요? 허와 위는 천체의 북방에 위치해서 북방을 대표하는 별자리 이름입니다. 우리 신체에서 허와 위를 말하자면 해저(海底) 즉 회음(會陰)이라는 곳입니다. 인체에서 머리는 남방인데 이것은 정확히 해야 합니다. 그래서 주운양 조사는 음이 극에 도달한 시점을 "해와 달이 서로 보듬어 안고 정북방 허와 위의 위치에 있어서〔日月攬持, 正在北方虛危之地〕"아무것도 보이지 않는다고 한 것입니다. 북방의 허(虛)와 위(危)는 어두움, 흐리멍덩함을 나타내고, 완전한 어두움은 고요함의 극치를 상징합니다. 고요함이 극에 이른 것은 또한 음극을 나타내는데, 방위로는 북쪽을 가리킵니다. "허위지지"는 여러분이 정좌를 할 때 썰렁하거나 추위를 느낀다면 질병 때문에 몸에 한기(寒氣)가 있는 것입니다. 그러나 정좌를 오래 하면 몸에서 열이 날 수 있는데 이것이 바로 음극양생(陰極陽生) 즉 음이 극해서 양이 발생한 증험입니다.

월말 그믐 때 북방에서 태양과 달이 "교회기필(交會旣畢)" 즉 음과 양의 교합이 끝나면, "점점(漸漸)" 즉 천천히 "북쪽으로부터 서쪽으로 돌게〔自北

轉西〕됩니다. 지구가 평면이라고 가정하면 매월 말 이십팔 일부터 닷새 동안 서남쪽을 돌아서 서쪽으로 옵니다. 이것이 "월백도차(月魄到此), 미로양광(微露陽光)"입니다. 월백이 여기에 도달하면 희미한 빛이 드러난다는 것입니다. 음력 매월 초사흘 저녁 때 서쪽에 희미한 빛을 드러낸 달이 뜨는데 이것이 초승달입니다. 천체에서 벌어지는 이런 현상을 "위지선이우전(謂之旋而右轉)" 즉 오른쪽으로 돈다고 합니다. 이렇게 돌아서 매달 서쪽에 초승달이 뜨는 것입니다. 그래서 『참동계』원문에서는 "구륜토맹(嘔輪吐萌)"이라고 합니다. 우리가 지금까지 반나절을 강의했는데 바로 이 "구륜토맹"이라는 한 구절을 말하려고 한 것입니다. 매월 초사흘 달을 배 속으로 집어삼켰다가 천천히 토해 내는 것과 같다는 말입니다. 바퀴가 굴러가면서 모습이 점점 드러나는 것처럼, 달도 초승달에서 "토맹(吐萌)" 즉 빛의 싹을 틔워서 보름달까지 점점 빛을 토해 낸다는 것입니다.

역법과 정삭

　천체에 대해서 말하자면 수도 공부를 하는 데 있어서는 두 가지를 알아야 합니다. 하나는 태양이고 또 하나는 태음입니다. 중국은 청나라가 멸망한 후 음력을 양력으로 바꿨는데, 이런 일을 역사적으로는 '정삭(正朔)'이라고 합니다. 고대 사회에서 정삭은 매우 엄중한 것이었습니다. 한 왕조를 혁명해서 새로운 왕조가 수립되었을 때 일차적으로 행하는 것이 정삭입니다. 새로운 국호와 연호(年號)를 정해서 발표하는 일이었지요. 그런데 전 왕조의 신하들이 현 왕조에 투항하지 않으면 무엇이라고 했을까요? 바로 "불봉정삭(不奉正朔)"이라고 합니다. 새로운 정삭을 받들지 않는다는 것이지요. 그러므로 정삭을 받들지 않는다는 것은 새로운 왕조를 인정하지 않는다는 뜻을 나타냅니다.

옛날에 도연명(陶淵明)이라는 시인이 시를 짓고 나서 연호를 쓰지 않고 단지 갑자(甲子)나 을축(乙丑) 같은 간지만 쓴 것이 그것입니다. 도연명이 왜 그랬을까요? 도연명은 이전 왕조인 진(晉)나라 사람이었기 때문입니다. 그는 오두미(五斗米) 즉 쌀 다섯 되의 봉급을 받으려고 새 왕조에 허리 굽히기를 거부했던 것입니다. 당시는 남북조 시대 중 송(宋), 제(齊), 양(梁)으로 전개되던 남조의 송(宋)나라 때였습니다. 송나라는 황제가 유유(劉裕)였기 때문에 유송(劉宋)이라고 불렀지요. 그는 농민 출신으로, 황제가 된 후 황궁에 밀실을 만들고 그곳에 자신이 농민이었을 때 사용하던 여러 가지 농기구를 두었다고 합니다. 자신의 근본을 잊지 않는다는 뜻이었지요. 그는 황제가 되었지만 마음이 번잡하고 힘들 때는 그 밀실로 들어가서 며칠을 보낸 후에 다시 나오곤 했답니다. 근대에 부유(溥儒) 선생이라는 화가가 있었는데 만주인이었습니다. 부유도 자신의 작품에 중화민국의 연호를 쓰지 않고 갑자, 병인 같은 간지만 표시했습니다.

우리는 현재 양력으로 바꿔서 쓰고 있는데, 문화의 관점에서 보자면 저는 절대 찬성하지 않습니다. 양력을 쓴다는 것은 서양인의 정삭을 쓰는 것과 같다고 생각하기 때문입니다. 세계가 한 가족이라는 세계화도 좋지만 정삭은 국가와 민족의 근간입니다. 젊은이들은 이런 이치를 알아야 합니다. 중국인들은 수천 년 동안 음력과 양력을 함께 사용해 왔습니다. 이십사절기는 양력을 사용한 것으로서 태양의 행도를 써서 계산한 것입니다.[107] 그러나 음력도 천문학에서 출발하여 해수면의 변화와 농사에 유용한 계절의 변화를 추산하는 과학입니다.

---

107 옛날부터 동아시아는 음력을 썼다는 것은 잘 알려져 있다. 그래서 이십사절기도 음력일 것이라고 생각하는 사람이 많지만 이십사절기는 태양의 운동과 일치한다. 실제로 달력을 보면 이십사절기는 양력으로 매월 4~8일 사이와 19~23일 사이에 생긴다.

이러한 천체의 변화 현상은 인간의 신체 내부의 변화와 깊은 관계가 있습니다. 노인이 발병하면 그 절기를 넘기지 못하는 경우가 있습니다. 절기를 넘는 것은 하나의 관문을 지나는 것과 같지요. 즉 인간의 질병은 자연의 절기 변화와 밀접한 관계가 있다는 말입니다. 또 하나 예를 들자면 우리의 뇌신경에는 열두 쌍[108]이 있는데, 해부학을 공부하면 잘 알 수 있듯이 뇌신경은 레이더처럼 전부 외부를 향하고 있습니다. 인간은 이렇게 우주와 전파가 통하고 있지요. 이런 학문을 잘 이해하고 있으면 정좌 수도 공부에도 많은 도움이 됩니다. 인체 내부의 구조와 작용은 과학이기 때문이지요.

당신은 혼침에 들 수 있는가

주운양 조사는 계속해서 다음과 같이 설명합니다.

"한 점 진화가 북해 속에 은연히 가라앉아 있는 것을 '잠겨 있던 달이 모습을 드러내 그 정광을 발산한다'고 한다."

(一點眞火, 隱然沈在北海中, 謂之潛潭見象, 發散精光)

---

108 12개의 뇌신경은 다음과 같다. 제1뇌신경(후각신경)은 감각신경으로 냄새를 인식하는 기능을 한다. 제2뇌신경(시각신경)은 감각신경으로 시각에 관여한다. 제3뇌신경(눈돌림신경), 제4뇌신경(도르래신경), 제6뇌신경(갓돌림신경)은 안구의 움직임과 관련된다. 제5뇌신경(삼차신경)은 얼굴, 입, 코의 점막의 감각을 담당하는 감각신경이다. 제7뇌신경(얼굴신경)은 얼굴의 근육의 움직임에 관여하는 운동신경이다. 제8뇌신경(속귀신경)은 몸의 균형감각과 청각에 관여한다. 제9뇌신경(혀인두신경)은 목 안쪽 일반 감각과 혀 뒤 삼분의 일의 미각, 자율신경반사 등에 관여한다. 제10뇌신경(미주신경)은 인후두 근육과 내부 장기 근육의 운동, 내장 기관의 자율신경반사와 관련이 있다. 제11뇌신경(더부신경)은 목근육과 상부 등근육의 움직임과 연관된다. 제12뇌신경(혀밑신경)은 혀의 운동신경이다. (서울대학교병원 신체기관정보, 서울대학교병원)

주운양 조사는 우리가 정좌해서 수도 공부를 할 때 진정한 입정의 경지에서 고요함이 극에 이르면 아무것도 알 수 없다고 말합니다. 불학을 공부하는 사람 중에는 이것을 혼침(昏沈)이라고도 합니다. 불교의 정(定) 수련에서 가장 두려워하는 것이 혼침인데, 불가와 도가의 수도 공부의 차이 또한 여기에 있습니다. 도가에서는 혼침을 두려워하지 말라고 합니다. 당신은 아직 혼침에도 도달하지 못했군! 하면서 말입니다. 여러분도 일단 혼침의 경지에 도달해 본 후 다시 말하기로 하지요. 여러분, 그 자리에서 정좌를 하면서 졸 수 있겠습니까? 절대 졸지 못할 것입니다. 왜냐고요? 여러분의 두 다리 때문입니다. 다리가 저릴 때 정좌를 해 보세요. 그러면 절대 혼침에 들어갈 수 없습니다. 불교를 공부하는 사람 중에는 "그것은 진공(眞空)이 아니라 완공(頑空)입니다" 하고 말하는 사람도 있습니다. 완(頑)이라는 말은 흐리멍덩해서 명료하지 못한 상태입니다. 저는 그렇게 말하는 사람에게 이렇게 대답합니다. "진공이든 완공이든 당신이 한 번이라도 체험한 후에 다시 말합시다." 자신은 돈을 추구하지 않는다, 필요 없다고 말하는 사람이 있다고 합시다. 억만 장자가 이런 말을 하면 모를까 한 푼도 없는 사람이 이렇게 말한다면 누가 수긍하겠습니까.

"잠담견상(潛潭見象), 발산정광(發散精光)", 잠겨 있던 달이 모습을 드러내 정광을 발산한다는 말은 바로 양기가 가라앉는 현상을 나타냅니다. 이 현상은 도가 책마다 달리 표현하기도 하는데 어떤 책에서는 "하늘이 땅 속에 들어간다[天入地中]"고 합니다. 그래서 도가의 어떤 일파에서는 기공 수련을 할 때 머리를 배 속으로 집어넣은 형상을 하면서 그것이 바로 "잠담견상, 발산정광" 수련을 하는 것이라고 합니다. 사실 이런 정좌 방법은 앞에서 이미 말했지만 불가의 백골관에서 유래했습니다. 백골관 수련이 어느 단계에 도달하면 머리가 없는 상태를 관상(觀想)하게 되는데, 관념으로 머리가 배 속으로 내려가는 것을 상상합니다. 그러나 이런 경지에 도달하는 것이 결코 쉽지 않습니다. 만약 도달한다면 바로 음극(陰極), 정극(靜極)의 경지로서 머리도 잊고 감각도 잊고 한없이 깊은 정적 속으로 들어갑니다. 게다가 한 번 깊은 경지로 들어가면 언제 깨어날지 모를 만큼 긴 시간 동안 고요함이 극에 이른 상태에 있게 됩니다.

다시 말하지만 참으로 이 경지에 도달한다면 아마 일주일은 그 상태로 있을 것입니다. 그래서 수도 공부를 하는 사람은 다른 사람의 보호를 받을 필요가 있습니다. 소위 도반(道伴)이니 도려(道侶)니 하는 것이 바로 그런 사람입니다. 수도 공부 중에 문제가 생기면 이렇게 자신을 보호해 줄 수 있는 숙련된 사람이 옆에 있어야 하지요. 날씨가 쌀쌀해졌다면 공부하는 사람이 춥지 않도록 담요를 둘러준다든가 하는 식으로 보호해서 정극(靜極)의 상태가 자연스럽게 유지되도록 해 주는 것입니다. 그렇게 일주일 혹은 길게는 이십일 일이 지날 수도 있고, 짧으면 삼십 분이나 한 시간 정도 지나면 다시 깨어날 수 있습니다. 그런데 깨어날 때가 매우 중요합니다. 왜냐하면 양기가 돌아오기 때문입니다. 양기가 상승해서 "정광을 발산하게[發散精光]" 되는 것입니다.

"정광이 점점 드러나서 하루, 이틀, 사흘이 지나면 바로 미시와 신시가 교차하는 시점에 위치하니, 묘수와 필수 두 별자리의 행도 위이며 경방의 위치이다. 황혼 무렵에 갈고리 같은 초승달이 보이니 앙우의 형상이다."

(迨精光漸漸逼露, 一日二日以至三日, 正值未申之交, 昴日畢月, 二宿度上, 庚方之上, 昏見一鉤, 如仰盂之狀)

이 설명은 매달 초에 일어나는 달의 변화에 대한 것입니다. "태정광점점핍로(迨精光漸漸逼露), 일일이일이지삼일(一日二日以至三日)", 정광(精光)이 점차 드러나서 하루, 이틀, 사흘이 지난다는 뜻으로, 바로 음력 초하루

에서 초사흘까지를 가리킵니다. "정치미신지교(正値未申之交), 묘일필월(昴日畢月), 이수도상(二宿度上), 경방지상(庚方之上)" 즉 미시와 신시가 교차하는 시점에 위치하니 묘수와 필수 두 별자리의 행도 위이며 방위는 경방이라는 말은 매우 중요합니다. 여기에 보이는 별자리는 지금 중국의 개봉(開封)이나 낙양(洛陽)을 중심으로 관찰한 것이기 때문입니다. 당나라 때는 오늘날의 중국을 중화라고 표현했는데, 더 이전 고대에서는 중주(中州)라고 불렀지요. 『하락이수(河洛理數)』라는 책에 따르면 중주는 개봉 낙양 일대를 기준으로 한 것입니다. 가령 운남이나 동남아 사람들이 보면 중주라고 할 수도 없고, 그곳을 중심으로 볼 때는 위에 나타난 시간도 방위도 아니고, 별자리는 더욱 아니니까 틀렸다고 할 수도 있지요. 그러므로 우리는 『역경』의 천문학이 개봉이나 낙양을 중심으로 했음을 알고 있어야 합니다.

천체의 변화는 인간에게 영향을 준다

매달 초사흘에는 "바로 미시와 신시가 교차하는 시점에 위치한다〔正値未申之交〕"는 말에서, 미시(未時)는 오후 한 시부터 세 시까지이고, 신시(申時)는 세 시부터 다섯 시까지입니다. 물론 계절마다 약간의 차이는 있지요. 이런 천문 현상에 대한, 즉 매달 초사흘 달이 출현하는 시간과 위치에 대한 설명은 마치 망원경으로 관찰한 것같이 정확도가 매우 높다고 할 수 있습니다. 매달 초사흘에는 오후 네다섯 시가 되면 서쪽 하늘에 초승달이 이미 떠오르기 때문입니다. 다만 태양이 아직 지지 않아서 육안으로는 초승달이 뜨는 것이 잘 보이지 않을 뿐이지요. 실제로는 그 시간이면 이미 달이 묘수(卯宿)와 필수(畢宿)의 행도에 출현합니다. 앞에서도 말했지만 묘수니 필수니 하는 것은 이십팔수 중 하나로서 모두 서쪽에 위치한 별자리 이름입니다. 그리고 경방(庚方)은 서쪽에서 약간 서남쪽으로 치우친 위치를 말합니다. "혼견일구(昏見一鉤), 여앙우지상(如仰盂之狀)", 태양이 질 무렵 황혼에 초승달이 서쪽 하늘에 나타난다는 말입니다. "앙우(仰盂)"란 진괘(震卦)의 형상을 말합니다. 이것은 달이 막 나타날 때를 말하는데 이 것을 달이 갈고리[鉤] 같다고 하는 것이지요.

"곤괘 중에서 일양이 막 출현하면 진괘가 된다. 인체에서는 납 솥이 처음 열을 느껴 약의 싹이 새로 눈을 트는 것이다. 이것이 곧 '자시에 오른쪽으로 회전하니 서남쪽에서 득붕의 형상'이다."

(坤中一陽纔出而爲震, 在身中爲鉛鼎初溫, 藥苗新嫩, 卽所云, 子當右轉, 西南得朋之象也)

『역경』에서는 음이 극한 것을 곤괘라고 하는데 방위는 북방입니다. 음이 극하면 양이 발생하게 되니, 매달 초사흘에 "일양재출(一陽纔出)" 즉 일양이 막 출현합니다. 이때가 인체에서는 활자시가 됩니다. 이런 천체의 변화를 이해한다면 여러분 자신의 신체와 심리의 변화도 이해할 수 있습니다. 또 수도 공부에서 기혈(氣血)의 운행에 대해서도 알 수 있습니다. 이 모든 것이 곧 심리와 생리의 자연 현상과 변화입니다.

주운양 조사가 여기에서 말한 것은 생리적 측면입니다. "재신중위연정초온(在身中爲鉛鼎初溫), 약묘신눈(藥苗新嫩), 즉소운(卽所云), 자당우전(子當右轉), 서남득붕지상야(西南得朋之象也)"를 보겠습니다. 여기에서 납[鉛]은 기(氣)를 상징합니다. 바로 이때가 정극(靜極)의 시점으로서 기의 호흡이 정지한 것 같은 상태입니다. 정(鼎)은 노정(爐鼎) 즉 화로와 솥입니다. 사실 인체가 바로 노정이지요. 다시 말해 우리의 신체는 화학 작용을 하는 보일러라고 할 수 있습니다. 이 보일러가 막 더워지기 시작했습니다. "연정초온(鉛鼎初溫)"은 납 솥이 처음 발열하는 것으로 밀종에서 말하는 진졸화(眞拙火)가 온다는 말입니다.

도가 서적 중에 아주 귀중한 것이 있는데, 바로 최진인(崔眞人)이 썼다고 하는 『입약경(入藥鏡)』입니다. 우리 생명 속에는 장생불로의 약이 들어 있는데, 그것은 고려인삼도 아니고 보약도 아니고 비타민도 아닙니다. 바로 자신의 신체에서 발생하는 양기(陽氣)입니다. 주운양 조사는 그것을 약의 싹이 새로 눈을 튼다고 하여 "약묘신눈(藥苗新嫩)"이라고 표현했습니다. "자시에 오른쪽으로 회전하니 서남쪽에서 득붕의 상이다[子當右轉, 西南得朋之象]"라는 설명은 활자시를 말하는 것입니다. 오류파에서는 새벽에 잠에서 깼을 때 발기하는 것을 활자시라고 하는데, 이것은 맞기는 하지만 지나치게 상에 집착하는 혐의가 있습니다. 가령 하루 종일 발기하는 상태를 추구한다면 무슨 의미가 있겠습니까? 아무 소용이 없는 것입니다.

『참동계』에서 말하고자 하는 "음극양생(陰極陽生)"은 진양생(眞陽生)입니다. 즉 참된 양기의 발동입니다. 이미 발기한 상태가 아니라, 잠에서 막 깨어났을 때 발기가 된 것은 아니지만 막 발기하려는 그 순간을 세밀하게 파악하고 장악하는 것이 진정한 장생불로의 약입니다. 이미 발기가 이루어졌다면 그것은 어린 싹이 이미 노양(老陽)으로 변한 것입니다. 노양은 취할 필요가 없습니다. 취해도 소용이 없으니까요. 그런데 진짜 주의할 것이 여기에 있습니다. 노양으로 변했다고 해서 아래로 누설해서는 절대로 안 됩니다. 누설하는 것이야말로 참으로 망치는 것입니다. 비록 노양이라고 해도 늙은 생강을 잘 기르면 더 매워지는 법이거든요.

제68강

고요함이 극에 이를 때

앞의 강의에서 "서남득붕(西南得朋)"이라는 구절이 있었는데, 이 말은 『역경』 곤괘의 괘사에 나옵니다. 그 뒤에는 "동북상붕(東北喪朋)"이라는 말이 나오지요. 점을 쳤을 때 이 괘가 나오면 집을 떠나서 서남쪽으로 향하면 친구를 얻어서 좋고, 동북쪽으로 향하면 친구를 잃어서 불리하다는 뜻으로 해석합니다. 그런데 제가 『역경』을 연구한 바에 따르면 이런 해석은 믿을 수 없음을 여러분에게 먼저 밝힙니다. 진시황 이후의 『역경』 판본에는 '붕(朋)'이지만 그 이전 시대의 죽간을 보면 '명(明)'으로 되어 있기 때문입니다. 즉 "西南得明(서남득명)" "東北喪明(동북상명)"으로 서남쪽에서 빛을 얻고 동북쪽에서 빛을 잃는다는 뜻입니다. 이것은 전적으로 달의 변화를 가리킵니다. 죽간은 시간도 오래 되고 또 이리저리 운반하다 보니 글자가 변형되거나 파손된 것도 있어서 진시황 무렵에 명(明)이 붕(朋)으로 바뀌었지요. 이것은 여러분에게 이미 말한 적이 있습니다.

이어지는 주운양 조사의 설명입니다.

"비록 양기가 발생했다고 해도 처음에는 의탁해서 시작하니 불이 아직 미약하여 바로 건괘 초구의 잠룡의 상에 해당한다. 이 상태에서는 마땅히 자주를 온양해야 한다."

(陽炁雖然發生, 但造端托始, 火力尚微, 正應乾卦初九潛龍之象. 到此, 只宜溫養子珠)

이 설명은 전적으로 수도 공부에 대한 것으로 여러분 모두 주의 깊게 들어야 합니다. 도가 오류파에서 매우 중시하는 "자오온양(子午溫養)", "묘유목욕(卯酉沐浴)"이라는 말이 있습니다. 물론 오늘날 정통 도가에서도 이 말이 무슨 뜻인지 설명합니다. 사실 방법은 이론 속에 있기 마련입니다. 고요함이 극에 이른 정극(靜極)의 상태에서 깨어날 때 우리 신체에 이런 현상이 나타날 수 있습니다.

이 책의 내용을 말하기 전에 여러분에게 먼저 말씀드릴 게 있습니다. 어떤 사람이 정극의 상태에서 깨어날 때 홀연히 온몸이 진동하는 경험을 할 수 있습니다. 이것은 양기가 발생하는 조짐이지요. 자기도 모르게 몸이 진동하여 그치려고 해도 잘 조절되지 않습니다. 이상하게 생각할 수도 있지요. 자기 몸이 진동하는데 어떻게 스스로 조절하지 못할까요? 그래서 어떤 사람은 마귀가 들어왔다고 무서워하기도 합니다. 이것은 절대 마귀가 들어온 것이 아니라 단지 양기가 발동하는 현상일 뿐입니다. 어떤 경우에는 눈앞에 광명이 비치는 경험을 하는데, 이것도 마찬가지입니다. 다 양기가 처음 돌아오는 현상이지요. 그러니 절대 이상하게 생각할 것이 없습니다. 사실 참으로 진양(眞陽)이 돌아오면 그 힘이 대단합니다. 정좌를 잘하면 어떤 때는 손이 먼저 따뜻해지고, 어떤 때는 발이나 엉덩이에 열기를 느낍니다. 어떤 사람은 하체에 쾌감을 느끼기도 하는 등 일어나는 현상은 다양하지요. 어쨌든 모두 양기가 회복되는 현상인 것은 틀림없습니다. 다만 사람마다 생리적 특성과 건강 상태가 다르고, 또 나이나 경력, 생각의 차이에 따라 서로 다른 반응이 일어날 수 있습니다.

양기가 발생할 때 여러분이 그것을 잘 파악할 수 있다면 병을 물리치고 장수하는 데 매우 유리합니다. 제게 오랜 친구가 있는데 일흔 조금 넘었고 지금은 미국에서 살고 있습니다. 그는 언뜻 보면 사십 대로 보입니다. 무공도 훌륭하고 도가 공부도 깊고 매일 일 만 자의 글을 쓰지요. 날마다 이렇게 바쁘게 생활하면서 또 기공을 단련하니 그는 확실히 불로장생의 공부에 소질이 있습니다. 그는 청대 말의 유명 인물인 두심무(杜心武)의 입문 제자(入門弟子)입니다. 두심무는 무공이 제일이어서 도가 수행자와 무공인들에게 모두 명성이 알려져 있지요. 사람들은 그를 두대협(杜大俠)이라고 불렀는데 정말 보기 드문 인물이었습니다.

왜 잠룡물용인가

먼저 "양수연발생(陽雖然發生), 단조단탁시(但造端托始)"라는 구절부터 살펴보겠습니다. 중국 문화에서 "탁시(托始)"라는 말은 우주 생명의 정신이 반드시 물질에 깃들어야 작용을 시작할 수 있음을 의미합니다. 탁(托)은 의탁(依託)한다는 뜻이고 시(始)는 시작한다는 뜻이지요. 도가에서는 표면적으로는 마음과 몸, 정신과 물질을 이원적으로 양분하는 것처럼 보이지만 사실은 하나라고 합니다. 그래서 노자는 "이 두 가지는 같이 나와서 이름만 다를 뿐이다[此二者同出而異名]"라고 합니다. 일체(一體)이지만 작용이 다르다는 것입니다. 한 몸이지만 일단 발동하면 일부는 정신으로 변화하고, 일부는 물질로 변화합니다. 마치 양초를 태우면 양초에서는 빛도 나오지만 검은 연기도 발생하는 것과 같지요. 검은 연기는 물질로 변하고 빛은 정신으로 변한다고 비유할 수 있는데, 이 두 가지는 하나의 양초에서 나왔습니다. 그래서 『도덕경』 제1장에서 "이 두 가지는 같이 나와서 이름만 다를 뿐"이라고 한 것이지요. 그 뒤에 노자는 또 "무언가 혼돈으로 이루어진 것이 천지보다 앞서서 발생했다[有物混成先天地生]"고 말했습니다. 그런데 이것이 작용하려면 반드시 정신이 물질에 의지해야 합니다. 즉 마음과 몸은 하나이지요. 그래서 도가에서는 둘로 나누어져 작용하는 것을 하나로 합쳐야 신선이 될 수 있다고 합니다. 음과 양을 합쳐야 단(丹)이 이루어진다는 것입니다.

양기가 막 발동했을 때는 아직 단(丹)이 이루어지지 않습니다. 이때는 주운양 조사의 말대로 "조단탁시(造端托始), 화력상미(火力尙微)"하여 따뜻함[煖力]이 아직 미약합니다. 『역경』의 원리로 말하면 건괘 초효의 효사인 물에 잠긴 용이니 쓰지 말라는 "잠룡물용(潛龍勿用)"에 해당합니다. 『역경』을 끌어왔기 때문에 말합니다만 저는 천하의 문장 가운데 가장 잘 지은 것이 『역경』이라고 말합니다. "잠룡물용"은 주나라 문왕이 쓴 것인가요, 아니면 주문왕의 아들 주공(周公)이 쓴 것인가요? 알 수 없습니다. 고증하기가 몹시 어렵습니다. 어쨌든 "잠룡물용"의 물(勿) 자는 정말 잘 썼습니다. 이전에 『역경』을 백화(白話)로 번역하는 데 동의한 적이 있었는데, 시작하고 보니 『역경』의 괘사와 효사는 모두 그 자체로 백화였습니다. 『역경』이 본래 백화인데 어떻게 백화로 번역을 하겠습니까?

더욱이 '물용(勿用)'이라는 말을 어떻게 번역할 수 있습니까? 여러분이 '불용(不用)'이라고 번역한다고 합시다. 불용(不用)은 '쓰기에 불가하다' 또는 '써서는 안 된다'는 뜻으로 현대 중국어로는 '不準'을 의미합니다. 물(勿)은 절대 불(不)이 아닙니다. 불(不)은 부정적인 의미인데 물(勿)은 매우 활동적인 뜻이지요. 즉 용이불용(用而不用)입니다. 쓰지만 쓰지 않는다는 것이 바로 '물용'의 뜻입니다. 오늘날의 백화로 번역하면 이런 본래의 의미가 다 없어집니다. 그러므로 '잠룡불용'으로 번역할 수가 없지요. 가령 잠룡물용은 이런 뜻입니다. 여성이 결혼하기 전에는 가치가 결정되지 않는다는 뜻에서 가치를 매길 수가 없습니다. 그러나 일단 결혼을 하면 가치가 결정됩니다. 이처럼 물용(勿用)이란 써서는 안 된다는 뜻이 아니라, 지금은 쓰지 않아서 그 동력이 얼마나 될지 알 수 없지만 장차 쓰기에 따라서 그 동력이 얼마일지 알게 된다는 것입니다. 일종의 가능태, 잠재된 능력을 의미합니다.

폐관, 온양, 조견

따라서 이런 의미를 알면 공부가 "음극양생"에 이르렀을 때 눈에 광명이 비친다고 해도 놀라지 않게 됩니다. 어떤 사람이 달려와서 "선생님, 제 공부가 완성되었나 봅니다. 빛이 비치네요! 그런데 지금 정좌를 안 했더니 빛이 사라졌습니다" 하고 호들갑을 떨곤 합니다. 당연합니다. 이미 다 써버렸거든요. 아직 써서는 안 될 때이니 감추고 길러야 하는데 뛰어다니면서 호들갑을 떨었으니 모두 사라진 것이지요. 광동(廣東) 사람들이 민과반(燜鍋飯, 솥에 찐 밥)을 만들 때처럼 계속 은근히 뜸을 들여야 합니다. 수도 공부를 할 때 왜 폐관(閉關)을 하는지 아시겠지요? 이런 경계에 도달했을 때 폐관을 해서 외연(外緣)을 끊지 않으면 공부를 완성할 수 없습니다. 폐관이란 원래 불가의 용어로서 도가에서는 '입환변도(入圜辦道)'라고 합니다. 입환이란 폐쇄된 장소를 가리키고 변도란 수도 공부를 의미하지요. 원래 폐관이라는 말은 『역경』에 나오는데 불가에서 차용했습니다.

우리가 이미 본 것인데, 『역경』 복괘의 괘사에 "선왕이 본받아서 지일에 폐관한다[先王以至日閉關]"는 말이 나옵니다. 일 년에 단 두 차례 지일(至日)이 있습니다. 하나는 하지(夏至) 또 하나는 동지(冬至)입니다. 일양이 처음 발생한 시점은 동지라 하고, 일음이 처음 발생한 시점은 하지라고 합니다. 하지는 해가 제일 긴 날인데, 이 날이 지나면서 낮이 점점 짧아집니다. 동지는 낮이 제일 짧은 날입니다. 동지가 지나면 점점 낮이 길어지지요. "선왕이 본받아 지일에 폐관한다"는 말은 중국의 전통에서는 지일에 폐관했음을 말합니다. 그렇다면 폐관이 무엇인가요? 재계(齋戒), 목욕(沐浴), 청정(淸淨), 온갖 인연을 내려놓고 아무것도 상관하지 않는 것입니다. 이것이 또한 "온양(溫養)"이기도 합니다. 마치 아기를 막 낳았을 때 따뜻하게 감싸서 보양하는 것과 같습니다. 그렇다고 너무 덥지도 춥지도 않게 자연의 법칙을 따라 어린 생명을 기르듯이 하는 것입니다.

맹자도 "나는 나의 호연지기를 잘 기른다[善養吾浩然之氣]"고 말하며 모를 뽑아서 조장하는 행위는 절대 해서는 안 된다고 했습니다. 이렇게 조장하는 것은 온양이 아닙니다. 이 고사는 『맹자』「공손추」에 나오는데 그 내용은 다음과 같습니다. 어느 시골에 농부가 봄이 되어 논에 모를 심었습니다. 이 농사꾼은 성격이 급했습니다. 자기가 심은 모가 빨리 자라기를 바라는 마음으로 매일 아침 논에 가서 얼마나 컸는지 살펴보았지요. 그러나 농부가 보기에 모가 전혀 자라지 않는 것이었습니다. 마침내 인내심이 한계에 다다른 농부는 논으로 들어가서 조금씩 모를 뽑았습니다. 그러자 손으로 뽑은 만큼 모가 성장한 것으로 보였지요. 흡족한 마음으로 농부는 집에 돌아와서 오늘 일을 많이 해서 피곤하다고 했습니다. 놀란 가족은 급히 논으로 달려갔는데 이미 모가 말라 죽어가고 있었습니다. 맹자는 이런 이야기를 인용해서 자연을 해치는 인간의 인위적이고 의도적인 행위를 "알묘조장(揠苗助長)" 즉 모를 인위적으로 뽑아서 성장을 도와주는 것이라고 표현했습니다.

수도 공부를 하는 사람들에게도 이런 문제가 많습니다. 많은 사람이 공부를 하면서 "알묘조장"을 합니다. 조금이라도 수도 공부에 진척이 있는 것처럼 보이거나 갑자기 발광(發光)이라도 하면 바로 득도했다고 생각하고는 이것을 더 빨리 완성하고자 기공을 한다거나 보약을 먹는 행위를 하면 도리어 수도 공부를 망치는 결과를 낳습니다. 그러므로 이런 때에는 알묘조장을 하지 말고 가만히 지켜보아야 합니다. 이것이 바로 온양입니다. 『반야심경』에는 "관자재보살이 반야바라밀을 깊이 행하면서 오온을 조견한다"고 했는데, 여기에서 조견(照見)이 도가에서 말하는 온양과 같다고 할 수 있습니다.

입을 열면 신기가 흩어진다

주운양 조사는 이 문제를 다음과 같이 설명하고 있습니다.

"갑자기 맹화를 써서는 안 된다. 입을 열면 신기가 흩어진다. 이 절은 해와 달이 합벽하여 금단의 대약을 생산하는 것이 곧 활자시의 작용과 관련 있다는 것을 말하였다. 윤진인이 말하기를, '대약을 구해서 금단의 근본으로 삼으려고 하면 반드시 몸속의 활자시를 알아야 한다'고 한 것이 이런 의미이다."
(不得遽用猛火, 開口神氣散, 此節, 言日月合璧, 産出金丹大藥, 卽係活子時作用, 尹眞人云, 欲求大藥爲丹本, 須認身中活子時, 正此義也.)

"부득거용맹화(不得遽用猛火)", 이때는 맹화(猛火)를 쓰면 안 되고 오직 문화(文火)로만 팽련(烹煉)할 수 있습니다. 문화란 무엇일까요? 기공 수련을 할 때 호흡을 천천히 하고 의념(意念) 즉 생각을 가하지 않는 것을 문화

라고 합니다. 맞습니까, 틀립니까? 맞습니다. 그러나 다 맞는 것은 아니지요. 화(火)란 무엇인가요? 정통적 설명은 생각이 곧 화입니다. 우리가 반드시 알아야 하는 도가의 격언이 있는데, 바로 "입을 열면 신기가 흩어지고, 생각이 동하면 화공이 식는다〔開口神氣散, 意動火工寒〕"는 말입니다. 수도 공부를 하는 사람이 말을 안 하는 것은 신기가 흩어지기 때문이고, 의(意)를 움직이지 않는 것은 생각이 복잡해지기 때문입니다. 의념을 함부로 움직이면 화공(火工)이 식게 됩니다. 의념을 없애고 무념의 경지에 들어가는 것, 의념을 집중해서 몰입하는 것이 바로 문화(文火)입니다. 이것이 도가 수도 공부의 원리로서 참으로 분명하고 단순합니다. "자주를 온양해야지 갑자기 맹화를 써서는 안 된다〔溫養子珠, 不得遽用猛火〕"는 말의 의미가 이것입니다.

그런데 주운양 조사의 설명에는 "활자시"라는 말이 더해져 있습니다. 그 이유는 무엇일까요? 주운양 조사는 "차절(此節), 언일월합벽(言日月合璧), 산출금단대약(産出金丹大藥), 즉계활자시작용(卽係活子時作用)"이라고 했습니다. "이 절은 해와 달이 합벽하여 금단 대약을 생산하는 것이 곧 활자시의 작용과 관련 있다"고 하여 활자시의 작용에 대해 말하고 있습니다. 왜 활자시의 작용을 말했을까요? 여기에서 활자시는 한밤중의 자시(子時)를 가리키는 것만은 아닙니다. 사람마다 활자시는 다릅니다. 고정되어 있는 것이 아니지요. 우주의 시간으로 보면 밤 열한 시부터 새벽 한 시까지를 자시라고 합니다. 그래서 영시를 정자시(正子時)라고 하지요. 그런데 영국과 미국, 미국에서도 서부와 동부의 자시는 다릅니다. 지역이 다르면 자시도 다른 것처럼 사람에 따라 활자시는 다를 수밖에 없지요.

그러므로 수도 공부를 하는 사람은 이런 점을 분명히 이해해야 합니다. 생명은 살아 있기 때문에 움직이고, 따라서 활자시도 사람에 따라 다를 수 있습니다. 생명의 변화 법칙이 천체의 태양과 달의 운행 법칙과 같기는 하지만, 만약 지금이 자시이니 꼭 정좌해야 한다고 고집한다면 활자시가 아니라 사자시(死子時)가 될 것입니다. 그러니 활자시가 진정으로 무엇을 의미하는지 잘 알아야 합니다.

주운양 조사도 윤진인의 다음과 같은 말을 인용했습니다. "욕구대약위단본(欲求大藥爲丹本), 수인신중활자시(須認身中活子時)"라는 말입니다. 대약(大藥)을 구해서 금단의 근본으로 삼으려면 반드시 몸속의 활자시를 알아야 한다는 것입니다. 수도자들이 자신의 생명 속에 존재하는 장생불로의 약을 찾으려면 먼저 신체 내의 활자시를 잘 이해해야 한다는 뜻입니다.

단경의 혼란상

주운양 조사는 다시 이론을 말합니다.

"그믐과 초하루 사이에 감괘와 리괘가 교구하여 건괘가 된다."
(晦朔之間, 坎離交而成乾)

"회삭지간(晦朔之間), 감리교이성건(坎離交而成乾)", 감괘는 수, 리괘는 화를 상징합니다. 따라서 수와 화가 교구함으로써 건괘가 된다는 것입니다. 도가에서는 이것을 "감괘를 취하여 리괘를 메운다(取坎塡離)"고 표현하기도 합니다. 이것은 무슨 뜻일까요? 도가의 방문좌도는 형식이 매우 다양합니다. 감괘는 인체에서 정액이나 호르몬 등을 상징합니다. 『역경』의 괘가 상징하는 것은 일정한 틀에 박힌 것이 아니어서 창의적으로 활용하는 것이 중요하지요. 리괘는 인체에서 심장을 상징하고, 또 여러 가지 생각이 많은 것을 상징합니다. 또 감괘는 얼굴에서 귀를 상징하고 리괘는 눈

을 상징합니다. 이 밖에도 수없이 많습니다. 『역경』의 괘가 수많은 상징을 내포하는 것과 같이 도가의 특성은 다양함에 있습니다. 도가의 책을 보면 그야말로 혼란상 자체입니다. 무슨 파니, 무슨 산인(山人)이니 하여 분파 도 많고 사람도 많습니다. 각자 자신이 좋은 대로 다양하게 표현하는 것이 지요. 왜 이렇게 표현이 다양하고 혼란할까요? 바로 천기(天機)를 누설할 까 두려워서 그렇습니다.

이렇게 다양하게 표현하기 때문에 "감괘를 취해서 리괘를 메운다"는 말 역시 다양하게 이해되는데, 그 중에는 남녀 간의 채음보양(採陰補陽)으로 해석하는 것도 있습니다. 여러분은 절대 채음보양 같은 것에 관심을 가져서 는 안 됩니다. 세상의 도는 간단합니다. 가장 훌륭한 도인은 보살, 신선으로 서 자기를 덜어서 남을 보태 주는 사람입니다. 두 번째 훌륭한 사람은 자기 도 이롭고 남도 이롭게 하는 사람입니다. 마지막은 사람이라고 할 수 없는 데 남의 것을 빼앗아 자기를 이롭게 하는 사람입니다. 채음보양은 남의 것 을 빼앗아 자기를 이롭게 하려는 것입니다. 이런 사람이 신선이나 보살이 되었다는 것은 들어보지 못했지요. 이런 원리를 먼저 잘 알아야 합니다.

감괘가 리괘를 메워 건괘가 된다면 건괘는 무엇을 상징하는 것일까요? 주운양 조사는 이렇게 설명했습니다.

"건괘는 진금이므로 금단이라고 일컫는다. 그러므로 금단의 화후는 오로지 건괘의 육양에 응한다."

(乾爲眞金, 故稱金丹, 所以金丹火候, 專應乾卦六陽)

"건위진금(乾爲眞金), 고칭금단(故稱金丹)", 건괘가 금을 상징하므로 도 가에서는 순양인 건괘를 금단이라고 부릅니다. "소이금단화후(所以金丹火 候), 전응건괘육양(專應乾卦六陽)", 그런데 금단의 화후는 말로 표현할 수

가 없습니다. 화후는 한 단계 한 단계의 공부이기 때문이지요. 만약 신선이 여러분을 거두어 제자로 삼았다고 해도 구결만 전해 줄 수 있을 뿐 화후에 대해서는 말로 전할 수가 없습니다. 심지어 부처님도 불법을 말씀으로 전할 수 없었습니다. 그러므로 여러분은 오직 자신의 체험에 의지해서 스스로 화후를 닦을 수밖에 없습니다.

석가모니 부처님도 화후를 말씀하기는 했습니다. 그러나 화후에 대해 설명은 하지 않으셨지요. 다만 선관(禪觀)을 닦을 때 이런 말씀을 하셨습니다. "때를 알고 양을 안다[知時知量]"는 것입니다. 제가 이미 말한 것처럼 화후를 아는 것은 술을 마시는 것과 같습니다. 주량의 팔 할이나 구 할이 되면 더 마시면 안 됩니다. 만약 넘치면 지금까지 수련한 성과는 다 사라져 버리지요. 그래서 화후를 조절하는 것은 참으로 어렵습니다.

제69강

음양 순환의 과정

『참동계』는 인체 생명의 음양지기(陰陽之氣)의 기능이 달과 지구의 운행과 연관되어 있다는 원리를 말합니다. 월말 그믐부터 월초까지를 생명 에너지인 활자시의 발동으로 상징하고 그로부터 한 단계 한 단계 달의 변화를 수도 공부에서 기기(氣機) 발동의 단계별 발전 과정과 경지로 설명했습니다. 이것은 십이벽괘를 이해해야 하는데 매우 번거롭고 복잡합니다. 여러분은 『역경』 자체에도 미숙한데 십이벽괘까지 공부하려면 보통 힘든 일이 아니겠지요. 이 강의에서는 일반적인 것만 하고 다음에 다시 보충하겠으니 우선 제65강에 이어서 『참동계』 제18장 두 번째 단락의 구절을 보겠습니다.[109]

양은 삼으로 서고 음은 팔로 통하니, 삼일에 진괘가 동하고 팔일에 태괘가 운행한다. 구이에 용이 드러나니 화평한 빛이 있다.

---

[109] 『참동계』 원문은 제18 감리교구장이며, 『참동계천유』에서는 188면에 해당한다.

陽以三立, 陰以八通, 三日震動, 八日兌行. 九二見龍, 和平有明.

이 설명은 모두『역경』에 속합니다. "양이삼립(陽以三立)", 매달 음력 초사흘에 초승달이 출현한다는 것을 가리킵니다. 여기에 닷새를 더해서 초팔일이 되면 달은 반원이 됩니다.『역경』의 수리와 음양의 이치상 이 양 속에는 음이 있으므로, "음이팔통(陰以八通)" 즉 음은 팔로 통합니다. 초팔일을 음의 시작이라고 보는 것이지요. "삼일진동(三日震動)" 즉 초사흘에 진괘의 현상이 막 발동하고, "팔일태행(八日兌行)" 즉 후천팔괘도에 초팔일은 태괘에 속하며 달이 반은 양이고 반은 음의 형상이 됩니다. "구이견룡(九二見龍)",『역경』의 건괘 구이효의 형상이 내괘의 중효(中爻)라는 것으로 인해 음양이 절반씩인 초팔일 달이 음양이 중화된 형상임을 나타냅니다. 그래서 위의 설명에서 "화평유명(和平有明)" 즉 화평의 빛이 있다고 말했습니다.

십오 일에 보름달이 떠서 건체가 이루어진다.

三五德就, 乾體乃成.

"삼오(三五)"는 십오 일 보름달을 가리킵니다. 매달 음력 보름은 "건체내성(乾體乃成)" 즉 건체가 이루어집니다.『역경』의 괘로는 건괘에 해당하지요. 달이 온통 빛을 발하니 이 상태는 달의 광명이 원만한 것 같습니다. 『역경』의 변함없는 원리는 물극필반(物極必反), 성극필쇠(盛極必衰)입니다. 만물이 극에 이르면 반드시 변화하고 왕성이 극에 달하면 반드시 쇠약해진다는 말입니다. 인간의 생명도 혈기 왕성한 후에는 노쇠하게 되는 법입니다. 이것은 음력 십오 일에 보름달이 밝게 빛난 후에는 반드시 달이 이지러지는 것과 같습니다. 양이 극하면 음이 발생하는 것이지요. 이 원리야말로 중국 문화의 우주관과 인생철학을 담고 있습니다. 그래서 만사 만물은 모두 과분해서는 안 되지요. 넘치게 채우면 반드시 실패하는 법입니다. 음력에서 보름이 지나면 달이 이지러져서 음이 시작되는 현상과 같습니다.

구삼에는 저녁이 되어도 조심하니 신부가 훼손되기 때문이다. 성쇠가 점차 변혁하니 마침내 처음으로 돌아간다.

九三夕惕, 虧折神符. 盛衰漸革, 終還其初.

"구삼석척(九三夕惕)", 건괘 구삼효의 효사로서 밤낮으로 주의해야 한다는 뜻입니다. 구삼효는 하괘의 극점이기 때문에 장차 쇠약할 것을 준비해야 합니다. "휴절신부(虧折神符)", 신부가 훼손된다는 말로 이때부터 달이 서서히 하반월로 가기 시작합니다. "성쇠점혁(盛衰漸革)", 점(漸)과 혁(革)은 괘명이자 달의 변화를 말합니다. "종환기초(終還其初)", 결국 다시 음으로 돌아갑니다. 정좌를 해서 수도 공부를 하는 것 역시 이와 같습니다. 그러니 여러분은 반드시 이런 원리를 이해해서 정신이 가장 왕성하고 좋을 때는 다음에 음의 경계가 도래할 수 있음을 깨달아야 합니다. 물론 음의 경계가 돌아온다고 해서 두려워할 것은 없습니다. 어쨌든 음이 극하거나 양이 극한 것은 모두 대단한 현상인 것은 틀림없지요. 그러니 이런 법칙에 대해 잘 이해해야 합니다.

가령 수도 공부를 하는 어떤 사람이 밤낮으로 심신이 편안하고 백맥(百脈)이 막힘없이 잘 통하며 안팎으로 한 줄기 광명이 비쳐서 마치 도가 북파의 구장춘(丘長春) 조사가 말한 경지와 같이 되었다면, 이것은 인간이 변해서 무봉탑(無縫塔)이 된 것입니다. 실로 꿰매서 옷을 만들면 이음새 자국이 있는데 무봉탑은 그런 이음새가 전혀 없는 탑이라는 뜻입니다. 이음새가 없다면 샐 곳이 없지요. 즉 무루(無漏)의 경지에 도달한 것입니다.

육근이 내면으로 향하여 외부의 감각이 없는 경지로, 이런 경지에 도달했다면 그다음은 어떤 경지가 올까요? 밝음이 극하면 어둠이 오는 법이지요. 밝은 양의 경지가 뒤집어져 어두운 음의 경지가 오기 마련입니다.

한 번 음하면 한 번은 양하고[一陰一陽], 한 번 밝으면 한 번은 어두운[一明一暗] 것이 과정입니다. 그렇게 밝게 할 수도 있고 어둡게 할 수도 있는 것은 도의 본체입니다. 이 도의 본체는 밝음과 어둠의 현상이 아니지요. 음양 자체는 현상일 뿐 참으로 대도(大道)를 성공하려면 음양을 초월해서 음도 없고 양도 없는 무음무양(無陰無陽), 양도 아니고 음도 아닌 비음비양(非陰非陽)의 경지 즉 도의 본체의 경지에 이르러야 합니다. 금단의 수련 과정에서도 이런 음양 변화의 원리를 반드시 잘 알아야 합니다.

음의 경계를 두려워 말라

다음은 제18장 네 번째 단락의 음의 경계가 도래한 것에 관한 내용입니다.

손괘가 이어지니 굳게 지켜야 한다. 구사에 혹 뛰는 것은 진퇴의 길이 위험해서이다.

巽繼其統, 固濟操持. 九四或躍, 進退道危.

손(巽)은 괘명으로서 바람[風]을 상징합니다. 양이 극하면 음이 도래하므로 하괘에 일음이 시작되는 손괘(巽卦 ☴)가 됩니다. 즉 손괘가 이어진다는 "손계기통(巽繼其統)"입니다. 수도 공부를 하는 사람이 이 단계에 이르면 다음 네 글자에 주의해야 합니다. 바로 "고제조지(固濟操持)"라는 것입니다. 이것은 음의 경계로 치우치지 않도록 굳게 지켜야 한다는 뜻이지

요. 그렇다고 두려워할 것은 없습니다. 이는 필연적인 반복 과정이기 때문입니다. 이런 과정, 경지, 공부의 단계가 여러분에게 알려 주는 것은 건괘 구사효 효사인 혹 뛰어도 연못에 있다는 "혹약재연(或躍在淵)"이라는 말에 그 뜻이 들어 있습니다. 깊은 연못에서 뛰어오르는 용과 같다는 것이지요. 속담에 잉어가 용문을 뛰어오른다는 것과 같습니다. 뛰어오르는 데 성공하면 잉어는 용으로 변할 수 있습니다.

비유하자면 여기에 참석한 청년들이 사회에 나가면 아직 젊은 데다가 장래에 가능성도 무한한 것과 같습니다. 이 중에는 앞으로 높은 경지에 뛰어오를 수 있는 사람도 있고 혹은 그러지 못할 수도 있지요. 어쨌든 지금은 가치가 무한합니다. 그런 상태를 "혹약재연"이라고 표현한 것입니다. 이런 상태에 도달하면 바야흐로 양에서 음으로 전환되는 시점이 되었으니 특히 조심해야 합니다. 그래서 진퇴의 길이 위험하다는 뜻에서 "진퇴도위(進退道危)"라고 한 것입니다. 어떤 사람은 진보할 수 있지만 어떤 사람은 퇴보할 수도 있습니다. 여기서 "도(道)"는 대도의 도가 아니라 법칙, 원칙을 말합니다. 이 경계 속에서 결국 나아가야 하거나 물러나야 하는데, 음의 경계로 들어가거나 혹은 양의 경계를 유지하는 것은 특히 조심해야 합니다. 그렇다면 이 단계의 공부는 어떻게 해야 할까요. 이것은 여러분의 지혜에 달렸습니다. 화후의 문제이기 때문에 간혹 빨리 순음(純陰)의 경계로 들어가서 완전히 쉬는 것도 좋은 일일 수 있습니다.

간괘는 그침, 정지를 주도한다. 때는 건너뛸 수 없으니 이십삼 일은 하현을 지켜야 한다.

艮主進止, 不得踰時. 二十三日, 典守弦期.

앞에서는 손괘였는데 여기에서는 간괘(艮卦 ☶)를 말합니다. 손괘에서

음이 하나 더 성장하면 음이 중첩한 간괘가 됩니다. 이때는 매달 음력 이십이 일이나 이십삼 일에 해당합니다. 달을 보면 위에만 빛이 조금 남아 있고 아래는 어두움에 싸인 형태입니다. "간주진지(艮主進止)", 이럴 때에는 자신의 한계를 깨달아서 화후를 더 진행하지 말아야 합니다. 말하자면 때는 건너뛸 수 없다는 "부득유시(不得踰時)"이지요. 이 원칙을 어기면 안 됩니다. 이때는 매달 음력 이십이 일 이십삼 일 무렵으로, 달은 하현달이 되어 있습니다. 이 달은 상반기의 상현달과 모습은 같지만, 장차 음이 왕성해져서 달빛이 모두 사라지는 그믐이 되는 것이 다르지요.

건괘 구오는 비룡이니 하늘의 지위로서 기쁨이 더한다.

九五飛龍, 天位加喜.

"구오비룡(九五飛龍), 천위가희(天位加喜)", 이 경계는 건괘의 양의 에너지가 이제 막 끝을 맺는 형상이며 광명이 가장 왕성한 시점에 도달했습니다. 다음은 어두움이 시작되는 때이기도 하지요. 그러므로 건괘 구오효는 비룡이 하늘로 비상하는 형상으로서 하늘의 지위가 최고에 도달한 것입니다. 여기에서 한 걸음만 더 나아가면 바로 음(陰)으로 바뀝니다.

곤괘 육오가 이어서 끝과 시작을 맺는다. 여러 자식을 감싸서 기르니 세상의 어미가 되어 상구의 항룡과 들판에서 덕을 다툰다.

六五坤承. 結括終始. 韜養衆子, 世爲類母. 上九亢龍, 戰德于野.

"육오곤승(六五坤承), 결괄종시(結括終始)", 매달 월말이 곤괘 오효인 육오에 해당하는데 이때는 달빛이 전혀 없습니다. 정좌 공부도 이런 때에는 생각을 모두 끊고 완전히 무념의 경지에 도달해야 합니다. 무지(無知), 무

욕(無欲), 무념(無念)의 단계입니다. 만약 공부가 이런 경지에 도달한다면 마치 큰 주머니의 입구를 묶어서 막은 것처럼 어떤 일에도 관여하지 않게 됩니다. 바로 음이 극에 달한 것이지요. 그것이 바로 "결괄종시(結括終始)"라는 말이 가리키는 뜻입니다. 여기에서 한 걸음 더 나아가면 바로 광명이 돌아오는 경지입니다. 그래서 『참동계』에서는 "온양중자(韞養衆子), 세위류모(世爲類母)"라고 했습니다. 여러 자식을 감싸서 기르니 세상의 어미가 된다는 뜻이지요. 이렇게 어미가 자식을 배 속에 "감싸서 기르는[韞養]" 것을 음극(陰極)이라고 한다면, 여기에서 아이가 태어나는 것은 양이 회복되는 것이라고 할 수 있습니다. 밀종에서도 이런 원리를 말합니다. 그래서 자광(子光)이니 모광(母光)이니 하는 구별이 있습니다. 달빛의 선후 경계를 모자가 서로 만나는 원리에 대입한 것입니다. 이것은 월말의 달이며 우리의 경계도 그렇습니다. "상구항룡(上九亢龍)", 항룡이 되면 후회가 있습니다. 가장 높은 상태에 도달하는 것은 바람직하지 않기 때문이지요. 그래서 "전덕우야(戰德于野)" 즉 들판에서 덕을 다툰다고 했습니다. 음과 양이 극에 이르면 서로 전쟁을 하게 된다는 말입니다. 이것은 연단(煉丹)의 음양 원리를 『역경』의 건괘와 곤괘의 각 괘상에 대비해서 설명한 것입니다.

용구와 용육의 의미

이제 『참동계』 제18장 원문의 여섯 번째 단락입니다.

용구가 나란히 함께 하는 것은 도의 규구가 된다.

用九翩翩, 爲道規矩.

"용구(用九)"라는 이름은 재미있습니다. 『역경』을 보면 건괘에 용구라는 말이 나오고, 곤괘에 용육(用六)이라는 말이 나옵니다. 다른 괘에는 없고 오직 건곤 두 괘에만 나오지요. 곤괘는 음효만으로 이루어져 있기 때문에 육(六)으로 대표하고, 건괘는 양효로만 이루어져 있기 때문에 구(九)로 대표합니다. 그런데 왜 용구, 용육이라고 부르는 것일까요?

역대로 해석은 매우 많지만 제가 보기에는 용구는 양을 쓴다는 용양(用陽)이고, 용육은 음을 쓴다는 용음(用陰)의 뜻입니다. 여기에는 깊은 의미가 있습니다. 인간은 물론이고 우주 만물은 모두 음양의 법칙의 지배를 받습니다. 그러나 최고의 경지에 이르면 음양의 법칙의 지배를 받는 것이 아니라, 음양을 잘 활용함으로써 음양을 초월하게 됩니다. 그것이 바로 용구, 용육의 원리입니다. 그러므로 『역경』의 건괘에는 이런 말이 있습니다. "용구는 여러 용을 보되 머리가 없으면 길하다〔用九, 見群龍. 无首, 吉〕." 군룡(群龍)은 건괘의 여섯 효를 가리킵니다. 건괘의 여섯 효는 모두 양(陽)이기 때문에 육룡(六龍)이라고 하지요. 그런데 이 여섯 마리 용이 "머리가 없어야 길하다〔无首吉〕"는 것입니다. 왜 머리가 없어야 길할까요? 머리가 없다는 것은 정치와 경영의 관점에서 보면 극히 겸허한 덕을 말합니다. 자기 자신은 결코 우두머리가 되지 않는다는 것이지요.

중국 문화에는 은사(隱士)라는 개념이 있습니다. 자신의 이름을 알리지 않고 초야에 숨어 있는 선비라는 뜻이지요. 은사는 제왕의 스승이 되지만 결코 어떤 지위나 권익도 탐하지 않습니다. 그러므로 은사의 정신이야말로 진정한 민주 정신이며 평등 정신이라고 할 수 있지요. 이렇게 자기 자신의 이익을 탐하지 않는다면 당연히 크게 길하고 크게 이로울 수밖에 없습니다. 자신에 대해서는 한 점의 욕심도 없고 오직 공동체를 위해서 타인을 돕는 사람이 되는 것이 바로 용구의 정신입니다.

용육도 용구와 마찬가지입니다. 사람이 무언가 추구하는 바가 있을 때

길도 있고 흉도 있는 법입니다. 그런데 용구는 하나도 구하는 것이 없는 경지입니다. 그러므로 『참동계』에서 "용구편편(用九翩翩), 위도규구(爲道規矩)"라고 말합니다. 용구가 나란히 함께 하는 것은 도의 규구가 된다는 뜻이지요. "규구(規矩)"란 표준이라는 말입니다. 따라서 용구와 용육은 음양의 지배를 받지 않고 음양을 초월합니다.

우리는 음양을 초월하기 전에는 용구가 무엇인지 알아야 합니다. 만나는 경계마다 이것은 하나의 과정이지 영원한 도가 아님을 알아야 하지요. 수도 공부를 하는 과정에서 만나는 경계는 어떤 것이라도 집착해서는 안 된다는 말입니다. 아무리 신통방통해도 그것은 도의 작용에 불과하지 도체(道體)가 아닙니다. 따라서 자신이 얻은 경지가 대단하다고 집착하는 순간 수도 공부는 영원히 성공할 수 없습니다. 『참동계』에서 "용구가 나란히 함께 한다[用九翩翩]"는 말은 음양의 초월을 의미하고, "도의 규구가 된다[爲道規矩]"는 것은 이런 수도 공부의 원리를 이해해야 한다는 뜻입니다.

순서대로 나아가서 구전환단을 이룬다

양의 수가 다하니 다하면 다시 일어난다. 정을 미루어 성과 합하면 전화되어 서로 하나가 된다. 선기를 순환하여 상하를 오르내리고 육효를 두루 흐르며 관찰하기 어려우니 일정한 위치가 없으므로 역의 조종이 된다.

陽數已訖, 訖則復起. 推情合性, 轉而相與. 循環璇璣, 升降上下. 周流六爻, 難以察覩. 故無常位, 爲易宗祖.

"양수이흘(陽數已訖)", 양의 수가 다한다는 것은 건괘를 다 쓰면 양수인 구(九)는 쓸데가 없다는 말입니다. "흘즉부기(訖則復起)", 다하면 다시 일

어난다는 말로 양이 극하면 음이 발생합니다. "추정합성(推情合性), 전이상여(轉而相與)", 정(情)을 미루어 성(性)과 합하면 전화되어 서로 하나가 된다는 뜻으로, 사람의 생명으로 말하자면 음과 양은 성과 정입니다. 이것은 중국 문화인 『예기』의 근본으로, 성(性)은 심리적인 것이고 정(情)은 생리적인 것입니다. 이런 법칙을 알아서 "정을 미루어 성과 합하면" 즉 생리와 심리를 합일하면 음양이 하나가 되지요. 또 심리적으로 일념불생(一念不生)의 청정한 경지를 이루고 생리적으로 기주맥정(氣住脈停)의 경지와 합일을 추구하면 한 걸음 한 걸음 자연히 변화할 수 있습니다. 이것이 바로 '구전환단(九轉還丹)'입니다. 구전환단은 결코 기(氣)가 몸을 아홉 번 돈다는 뜻이 아닙니다. 구(九)는 양수로서 양기가 극하여 음기로 전화되고, 또 음기가 극하여 양기로 전화되는 과정을 가리킵니다.

이런 흐름이 서로 반복되는 과정이 "순환선기(循環璇璣)"입니다. "선기(璇璣)"는 고대에 천문을 측정하는 기구로서 선기옥형(璇璣玉衡) 또는 혼천의(渾天儀)라고도 합니다. 태양과 달과 지구의 운행과 시간을 측정하는 기구이지요. "승강상하(升降上下)", 음양의 흐름이 서로 반복하여 하나가 오르면 하나는 내립니다. "주류육허(周流六爻)", 우주의 음양 변화를 『역경』의 육효(六爻)로 표현한 것입니다. "난이찰도(難以察覩), 고무상위(故無常位), 위역종조(爲易宗祖)", 모든 단계의 음양 변화는 불경에서 말한 것과 같이 불가사의(不可思議)하여 추측하고 관찰하기 어렵고 생각으로는 알 수 없습니다. 왜냐하면 우리의 생명 기능이 모두 자연적으로 변하기 때문입니다. 수도 공부도 각 단계의 공부가 일정하지 않습니다. 개인의 생리적 특성과 연령과 심리적 차이에 따라 다른 양상을 나타내지요. 활자시 또한 사람에 따라 다릅니다. 그러나 수도 공부의 법칙, 이치, 규칙은 과학의 공식과도 같이 일정합니다. 사람마다 다른 심리적·생리적 차이를 수도 공부의 원리에 맞추어 활용하는 것이 핵심이라는 말입니다.

도가에는 각종 다양한 수도 공부의 방법이 있습니다. 그 중에서 대표적인 것이 단전, 해저로부터 기를 상승시켜 척추를 따라 머리 위로 돌리고 다시 몸의 앞으로 내리는 것으로, 하거를 운전한다는 '전하거(轉河車)'입니다. 그러나 이것은 정통 도가의 길이 아닙니다. 이 방법이 틀렸다고 말할 수는 없지만 정통 도가의 길은 이렇지 않습니다. 후천의 인위적 의념으로 기를 이끌어 가는 것은 설령 성공한다고 해도 정도(正道)가 아닙니다. 성취했더라도 그르치게 되고, 계속 하지 않으면 사라져 버리기 때문에 정도가 아니라는 것이지요.

단도는 먼저 성을 길러야 한다

지금 우리는 『참동계』 중편을 보고 있는데, 정통 도가의 신선 단도에서 수도 공부는 먼저 양성(養性)으로부터 시작해야 합니다. 동양 문화의 유불도 삼가는 모두 심성 문제를 기반으로 하는데, 불가는 명심견성(明心見性), 도가는 존심연성(存心煉性), 유가는 수심양성(修心養性)이 핵심입니다. 주운양 조사가 지은 『참동계천유』에는 때로 도가의 명칭을 쓰지 않고 유가의 양성(養性) 표현을 그대로 사용한 것은 모두 같은 이치이기 때문입니다. 주운양 조사의 설명은 다음과 같습니다.

> "이 권은 오로지 양성만을 말하니 어정과 복식은 이미 그 속에 들어 있다."
> (此卷, 專言養性, 而禦政伏食, 已寓其中)

도가의 양성은 불가의 명심견성과는 다릅니다. 그러므로 선종의 화두를 참구하는 '참화두(參話頭)'의 방법은 쓰지 않습니다. 주운양 조사는 여러분에게 참구하라고 말하지 않습니다. 인간의 본성이 본래 도(道)이고 불(佛)이니 본성을 기르기만[培養] 하면 나온다는 것입니다.『참동계』이 편은 전적으로 양성(養性)의 방법만 말하지만 그 속에는 도가의 수지(修持)의 길과 금단을 얻는 구체적 단계나 공부법이 이미 들어 있다고 했습니다.

　다음은『참동계』중편의 중권(中卷) 제20 "성명귀원장(性命歸元章)"을 보겠습니다.[110]

제20 性命歸元章성명귀원장

將欲養性장욕양성, 延命却期연명각기. 審思後末심사후말, 當慮其先당려기선. 人所稟軀인소품구, 體本一無체본일무. 元精雲布원정운포, 因炁託初인기탁초. 陰陽爲度음양위도, 魂魄所居혼백소거.

陽神日魂양신일혼, 陰神月魄음신월백. 魂之與魄혼지여백, 互爲室宅호위실택. 性主處內성주처내, 立置鄄鄂입치은악. 情主處外정주처외, 築爲城郭축위성곽. 城郭完全성곽완전, 人民乃安인민내안.

爰斯之時원사지시, 情合乾坤정합건곤. 乾動而直건동이직, 炁布精流기포정류, 坤靜而翕곤정이흡, 爲道舍廬위도사려. 剛施而退강시이퇴, 柔化以滋유화이자.

九還七返구환칠반, 八歸六居팔귀육거. 男白女赤남백녀적, 金火相拘금화상구. 則水定火즉수정화, 五行之初오행지초.

上善若水상선약수, 淸而無瑕청이무하. 道之形象도지형상, 眞一難圖진일난도. 變而分布변이분포, 各自獨居각자독거.

110『참동계천유』. 215면.

類如鷄子유여계자, 白黑相符백흑상부. 縱橫一寸종횡일촌, 以爲始初이위시초. 四肢五臟사지오장, 筋骨乃俱근골내구. 彌歷十月미력시월, 脫出其胞탈출기포. 骨弱可卷골약가권, 肉滑若飴육활약이.

장차 성을 기르고자 한다면 수명을 늘이고 시간을 물리쳐야 한다. 마침을 생각하려면 당연히 그 앞을 헤아린다. 인간이 받은 몸은 체는 본래 일물도 없다. 원정이 구름처럼 펼쳐지니 기로 인해서 처음 생명이 시작되고, 음양이 도수가 되니 혼백이 깃드는 곳이다.

양신은 일혼이고 음신은 월백이니 혼과 백이 서로 집이 된다. 성의 주인은 안에 거처하고 담장을 설치하며 정의 주인은 밖에 거주하고 성곽이 되니, 성곽이 완전하면 인민이 편안하다.

이때 정이 건곤에 합한다. 건은 움직이며 곧아 기가 퍼지고 정이 흐른다. 곤은 고요하며 흡수하여 도의 집이 된다. 강한 것은 흩어져 퇴화하고 부드러운 것은 영양을 주어 기른다.

구가 돌아가고 칠도 돌아가며, 팔은 돌아가고 육은 거처한다. 남자는 백색이고 여자는 적색이니, 금과 화가 서로 구속하면 수가 화를 안정시키니 오행의 처음이다.

최고의 선은 물과 같아서 청정하여 더러움이 없다. 도의 형상은 진일하여 형용하기 어려우니, 변화하여 분포하되 각자 독립해서 거처한다.

마치 달걀과 같아서 흰 것과 검은 것이 서로 붙어 있다. 가로세로 일촌이 시초가 된다. 사지와 오장과 근골이 구비된다. 십 개월이 지나면 모태를 벗어난다. 뼈는 유연해서 구부릴 수 있고 살은 부드러워 맥아당 같다.

천고의 단경인 『참동계』의 내용을 삼대 강령인 어정(禦政), 양성(養性),

복식(伏食)으로 요약했습니다. 지금 이 장은 성명귀원장이라고 합니다. 물론 장의 이름은 후인들이 만든 것으로서 성(性)과 명(命)을 하나로 합일한다는 뜻이지요. 다른 도가 서적에서는 성과 명을 신(神)과 기(氣)라고도 하는데, 좀 더 구체적으로 말하면 신은 성(性)의 현상이고, 기는 명(命)의 현상입니다. 성명(性命)은 근원이고 신기(神氣)는 그 현상이지요. 우리가 수도 공부에 성공해서 신선이 된다면 그것은 성명의 근원으로 돌아가는 반본환원(返本還原)의 작용으로 가능합니다. 근본으로 돌아가는 것이 곧 장생불사의 도를 얻는 것이지요. 그래서 주운양 조사는 제20 성명귀원장에 대해서 이렇게 말했습니다.

"이 장은 성과 명이 하나의 근원에서 같이 나왔으니, 명을 수립하는 것이 바로 성을 기르는 방법이라는 것을 말한다."

(此章, 言性命同出一源, 立命, 正所以養性也)

도가에서는 먼저 수신(修身)하라고 합니다. 우리의 육체는 생명의 걸작이자 생명의 열매이기 때문에 몸을 닦으라는 것입니다. 사과는 사과나무에서 열리는 과일인 것처럼 우리의 육체도 우리 생명에서 열매 맺은 것입니다. 사과의 근원이 사과나무인 것처럼 우리 육신의 근원은 바로 생명입니다. 재미있는 것은 사과 속에도 생명의 근원이 내재하고 있다는 사실입니다. 사과 속에 있는 씨앗을 잘 심고 키우면 사과나무가 자랍니다. 그러므로 우리의 육체는 생명의 근원은 아니지만 생명의 근원이 이 육체 속에 깃들어 있습니다. 따라서 참으로 명공(命功)을 잘 수련하면 명심견성은 자연히 이루어질 수 있습니다. 명(命)을 세우는 것이 바로 성(性)을 기르는 것이라는 말은 이 원리를 가리킵니다.

이제 『참동계』 제20 성명귀원장 원문의 내용을 처음부터 살펴보겠습니다.

> 장차 성을 기르고자 한다면 수명을 늘이고 시간을 물리쳐야 한다.
>
> 將欲養性, 延命却期.

"장욕양성(將欲養性), 연명각기(延命却期)", 여러분이 도를 닦아서 이루려 한다면 명심견성해야 합니다. 불가에서는 명심견성을 생명의 본래성을 깨닫는 것이라고 하지요. 또 우리는 장생불사를 바랍니다. "연명(延命)", "각기(却期)"는 다 장생불사라는 뜻입니다. 장생불사를 얻으려면 먼저 양성(養性) 공부로부터 출발해야 합니다. 양성이란 무엇일까요? 도가에서는 성(性)은 곧 명(命)이고, 명은 곧 성이라고 합니다. 이것이 무슨 말인지 먼저 이론적으로 설명하겠습니다. 이론이 통하지 않으면 수련은 모두 헛수고입니다. 그러므로 『참동계』에서도 다음과 같이 말하고 있습니다.

> 마침을 생각하려면 당연히 그 앞을 헤아린다.
>
> 審思後末, 當慮其先.

"심사후말(審思後末), 당려기선(當慮其先)", 어떤 사물이나 사태의 결과를 알려면 먼저 그 원인이나 근본을 이해해야 합니다. 장생불사를 닦으려면 먼저 우리의 성명(性命)이 어디에서 오는지 그 근원을 알아야 하지요.

성을 기르는 공부가 명을 닦는 공부이다

> 인간이 받은 몸은 체는 본래 일물도 없다. 원정이 구름처럼 펼쳐지니 기로 인해서 처음 생명이 시작되고, 음양이 도수가 되니 혼백이 깃드는 곳이다.

人所稟軀, 體本一無. 元精雲布, 因炁託初. 陰陽爲度, 魂魄所居.

"인소품구(人所稟軀), 체본일무(體本一無)", 인간이 부모로부터 받은 몸은 체는 본래 하나도 없습니다. 부모가 우리의 생명을 낳아주기 전에는 생명은 존재하지 않으며 당연히 살고 죽는 것도 없지요. 그러나 "원정운포(元精雲布)" 즉 부모의 정혈(精血)이 섞일 때면 마치 하늘에서 구름이 형성된 후 비가 되어 내리듯이 합니다. "인기탁초(因炁託初)", 부모의 정과 혈이 서로 엉기고 모아져 우리 생명이 시작되고 태아로 형성됩니다.

"음양위도(陰陽爲度), 혼백소거(魂魄所居)", 이 구절은 태아의 성장 과정을 말합니다. 음양에 그것의 일정한 경계, 일정한 도수(度數)로 인해 생명이 성장할 수 있다는 뜻이지요. 석가모니 부처님은 이미 몇 천 년 전에 생리학을 말했는데, 오늘날의 생리학과 동일할 뿐 아니라 어떤 면에서는 더 분명합니다. 모태에서 태아는 일주일에 한 번씩 변화하여 서른여덟 번의 일주일이 지나 아홉 달 만에 혼과 백을 갖춘 사람이 되어 태어납니다.

여기에 대한 주운양 조사의 다음과 같은 설명은 매우 좋습니다.

"이 절은 양성의 공부를 말했으니 마땅히 성명의 근원을 철저히 탐구해야 한다. 성은 무엇인가. 하나의 영이 뚜렷이 밝아 둥글고 텅 비었으니 이것이 곧 생명이 시작되는 건원이다."
(此節, 言養性之功, 當徹究性命根源也, 何謂性, 一靈廓徹, 圓同太虛, 卽資始之乾元也)

"차절(此節), 언양성지공(言養性之功), 당철구성명근원야(當徹究性命根源也)", 양성(養性)의 공부란 명을 닦는 수명(修命)의 공부를 가리키므로 반드시 먼저 성명(性命)의 근본을 이해해야 합니다. "하위성(何謂性)", 성(性)

이란 무엇일까요? 주운양 조사는 청대 사람이므로 오늘날 우리와는 겨우 삼백여 년의 차이가 나는 근대 문화를 살았습니다. 그래서 그는 유불도 삼가를 합쳐서 "일령확철(一靈廓徹), 원동태허(圓同太虛)"라고 말했습니다. 하나의 영(靈)이 뚜렷이 밝아 둥글고 텅 비었다는 말은 인간의 영성이 마치 태허(太虛)처럼 원만 광명하고 청정 무념한 상태라는 뜻입니다. 흐리멍덩하고 아무것도 모르는 상태를 무념(無念)이라고 한다면 멍청하다고 해야 합니다. 무념은 그런 것이 아닙니다. 날씨가 좋을 때는 하늘에 구름 한 점 없이 모두 뚜렷이 보이는 것처럼, 영명한 본성이 만법을 모두 지각하는 것을 무념이라고 합니다. "일령확철"의 "확(廓)"은 텅 비어 헤아릴 수도 없고 끝도 없는 것을 말합니다. "철(徹)"은 천하에 걸림이 없이 무슨 일이든 다 떠맡는다는 뜻입니다. 이것은 곧 우주 허공이 만물을 포용하는 것과 같이 우리의 영성이 신령하고 무한함을 나타냅니다.

『역경』의 건괘「문언전(文言傳)」에서는 이것을 "만물자시(萬物資始)"라고 했습니다. 우주 만물이 모두 이 기능으로부터 생겨 나오는데 이것을 성(性)이라고 하지요. "즉자시지건원야(卽資始之乾元也)", 만물의 근원은 성(性)으로, 건괘라고 부릅니다. 우리가 수도 공부를 한다면 도(道)의 근원은 어디에 있습니까? 바로 우리의 성(性)에서 찾아야 합니다. 명(命)은 성이 변해서 나온 것입니다. 그래서 심물일원(心物一元)이라고 합니다.

"명이란 무엇인가. 일기가 인온하여 만물의 변화를 주관하니 곧 모든 생명을 낳는 곤원이다."

(何謂命, 一炁絪縕, 主持萬化, 卽資生之坤元也)

"하위명(何謂命)", 명(命)이란 무엇일까요? 우리의 명이 어디에 있는지 찾아봅시다. 이 자리에 참석한 사람 중에는 젊은이도 있고 늙은이도 있습

니다. 그런데 늙었다는 것은 명이 늙은 것이 아니라 형체, 육신이 늙은 것입니다. 그렇다면 명(命)은 무엇일까요? "일기인온(一炁絪縕), 주지만화(主持萬化), 즉자생지곤원야(卽資生之坤元也)"라고 했습니다. 즉 진정한 생명은 바로 일기(一炁)라는 것입니다. 이것은 호흡하는 기(氣)가 아니라 생명의 본원적인 에너지를 가리킵니다. "일기인온"의 "인온(絪縕)"은 해석하기가 어려운데, 마치 바람 한 점 불지 않아 답답한 날씨와 같습니다. 봄에 이런 날씨가 지속되면 춘곤증을 느낍니다. 성장 과정으로 말하면 청춘이 바로 이때로, 머리는 늘 맑지 않고 몸도 움직이기 싫은 나태한 상태입니다. 『홍루몽』이라는 소설을 보면 임대옥(林黛玉)이 이런 춘곤의 나른한 정서를 보여 줍니다. 마치 알을 품은 어미닭처럼 말이지요.

"주지만화(主持萬化)"는 만물의 변화를 주관한다는 뜻입니다. 가령 콩을 시루에 담고 물을 준 후 덮어 놓으면 그곳에 수증기가 서리고 온도가 올라가 마침내 콩의 싹이 트게 됩니다. 이때 수증기가 서리고 온도가 올라가 있는 상태를 인온(絪縕)이라고 할 수 있습니다. 모든 생명은 이런 상태를 거쳐 태어납니다. 『역경』으로 말하면 이런 상태가 바로 곤괘의 경계라고 할 수 있지요. 곤(坤)은 음(陰)에 속합니다. 여러분이 수도 공부를 하는 데에도 이런 경계가 있습니다. 정좌 수련을 하는 과정에서 홀연히 신체를 잊고 아무것도 모르는 경계에 도달할 수 있습니다. 실은 아무것도 지각할 수 없다고 하자니 그런 것만은 아니고, 또 지각한다고 하자니 그런 것만도 아닌 애매한 경계이지요. 어미 닭이 알을 품은 듯이 온몸이 나른해지고 편안하여 움직이려 하지 않고 아무 생각이 없는 상태입니다.

이런 상태가 오래 지속되면 여러분은 장생불사, 반로환동할 수 있습니다. 무념무상(無念無想)의 경계에서 정기신(精氣神)도 더욱 발전합니다. 그러나 수도 공부를 하는 사람들 중에 이런 경계에 들어가는 사람은 많지 않습니다. 모두 머리를 쓰고 방법을 찾고 의식적으로 무언가를 시도하여 고요함을 유지하지 못하지요. 그러므로 반드시 정극(靜極)의 경계에 도달해야 합니다. 고요함이 극에 이르러 어떤 인위적인 사유나 조작도 없는 자연의 경계를 노자는 "근원으로 돌아가는 것을 고요함이라 말하고, 고요해야 명으로 돌아간다〔歸根曰靜, 靜曰復命〕"고 했습니다. 이것이 바로 명공(命功)의 경계입니다. 『역경』에서는 이것을 인온이라고 말했지요. 이 육체가 영원히 청춘의 상태에 있는 것을 장춘(長春)이라고 합니다. 이렇게 청춘의 춘곤을 유지하는 경계가 바로 명공(命功)의 경계입니다.

제70강

유위법과 무위법

앞 강의에 이어 성과 명에 대한 주운양 조사의 설명을 계속 보겠습니다.

"이것은 선천의 성명이니 부모가 낳기 전에 원래 혼연한 일물로서 본래 오염이 없어서 수증할 것이 없다. (그러나) 일단 생명으로 떨어진 후에는 태극이 나뉘어 성과 명이 성립하니, 양자는 마땅히 겸수해야 한다. 그러나 성은 본래 가는 것도 없고 오는 것도 없으나 명은 반대로 닦을 것도 있고 수명의 장단도 있다."
(此是先天性命, 在父母未生以前, 原是渾成一物, 本無汚染, 不假修證, 一落有生以後, 太極中分, 性成命立, 兩者便當兼修. 然性本無去無來, 命卻有修有短)

"선천성명(先天性命)", 도가에서 말하자면 성명(性命)은 형이상의 초월적인 것이라는 뜻입니다. "재부모미생이전(在父母未生以前), 원시혼성일물(原是渾成一物)", 부모가 우리를 낳기 전에는 다시 말해 우리 생명이 육도윤회를 겪기 전에는 음과 양이 분리되지 않고, 심과 물이 나뉘지 않은 혼

연 일체였습니다. 즉 음양일체(陰陽一體), 심물일원(心物一元)의 것이었습니다. 여기서 부모는 지금의 부모가 아니라 인간으로 변하기 전의 본래의 근원적 생명을 가리킵니다. 이 본래의 생명에는 오염이 없으니 수도를 할 것도 없습니다. 그대로 신선이요 부처인 것이지요. 그러나 "일락유생이후 (一落有生以後), 태극중분(太極中分), 성성명립(性成命立), 양자변당겸수(兩者便當兼修)" 즉 태어나기 전의 선천의 성명은 본래 하나의 태극(太極)으로서, 태극은 음양합일, 심물일원이나 생명으로 태어난 이후에는 태극이 반으로 나뉘어 우리에게 성과 명이 있게 되었습니다. 유가로 말하면 성(性)과 정(情)이 성립하는 것입니다. 인간의 감정은 자신의 생리의 지배를 받습니다. 우리가 수도 공부를 함으로써 범부로부터 본래의 신선과 부처와 같은 경지에 도달하려면 성(性)도 닦지만 명(命)도 닦아야 합니다. 성명을 함께 닦아야[兼修] 하는 것이지요.

"연성본무거무래(然性本無去無來), 명각유수유단(命卻有修有短)", 성(性)은 본래 자성이 청정하여 닦을 방법도 없고 닦을 필요도 없습니다. 불가에서는, 예를 들어 『반야심경』에서는 성(性)은 불생불멸(不生不滅), 불구부정(不垢不淨), 부증불감(不增不減)이라고 했습니다. 도가에서는 우리가 수도 공부를 하는 것은 모두 후천의 명(命)에 속한다고 합니다. 명공(命功) 즉 명의 공부는 유위법(有爲法)으로서 어떤 사람은 명이 길고 어떤 사람은 명이 짧지만, 일단 명을 닦으면 불로장생이 가능합니다.

"명을 이어서 머무르지 못하면 영은 홀연히 오랫동안 떠나게 된다. 수도하는 수행자가 양성 공부를 하고자 하면 반드시 명종으로부터 시작해야 한다. 그러므로 (참동계에서) '장차 성을 기르고자 한다면 수명을 늘이고 시간을 물리쳐야 한다'고 하였다. 무엇을 각기라고 하는가. 범인의 수명은 각각 정해진 기간이 있어서 오는 것을 멈추지 못하고 가는 것도 멈추지 못한다. 오직 큰 수행

자만이 자신의 생사를 스스로 주도하여 조화의 도야를 받지 않는다. 명이 이미 수립되면 진성이 그 속에 있으니, 사람이 만약 본래의 진성을 알지 못하면 최후에 어디로 돌아가겠는가. 성을 깨닫는 것이 최후의 큰일이다."

(若接命不住, 則一靈倏然長往矣, 修道之士, 要做養性工夫. 必須從命宗下手, 故曰, 將欲養性, 延命却期, 何謂却期. 凡人之命, 各有定期, 其來不能却. 其去亦不能却, 惟大修行人. 主張由我. 不受造化陶冶, 命旣立住, 眞性在其中矣, 人若不知本來眞性. 末後何歸, 了性是末後大事)

"약접명부주(若接命不住), 즉일령숙연장왕의(則一靈倏然長往矣)", 인간의 수명은 전기를 충전하는 것과 같습니다. 어떤 사람은 전원이 좀 더 많아서 수명이 길고, 전원이 좀 적은 사람은 수명이 짧은 것이지요. 그러므로 수명을 길게 이으려면 스스로 충전하는 법을 알아야 합니다. 즉 명을 잇는 "접명(接命)"을 알아야 합니다. 충전의 원리를 모르면 접명을 할 수 없습니다. 접명을 못 한다면 우리의 "영은 홀연히 오랫동안 떠나게 될 것입니다." 즉 전원을 충전하지 못하여 명공이 단절된다면 우리의 육체에 깃든 영성이 분리되어 떠난다는 뜻입니다. 그러므로 수도 공부를 하는 사람들이 명심견성을 하고 싶다면 먼저 신체를 단련하여 명공을 닦아야 합니다. "수도지사(修道之士), 요주양성공부(要做養性工夫), 필수종명종하수(必須從命宗下手)"라는 말이 바로 이런 뜻입니다.

"고왈(故曰), 장욕양성(將欲養性), 연명각기(延命却期)", 위백양 진인의 『참동계』 원문에서도 양성 공부를 하려면 반드시 먼저 명공을 잘 닦아야 한다고 했습니다. "각기(却期)"는 병역을 기피하는 것처럼 천천히 신고해서 정해진 시간을 넘긴다는 뜻입니다. 그래서 주운양 조사는 "하위각기(何謂却期), 범인지명(凡人之命), 각유정기(各有定期), 기래불능각(其來不能却), 기거역불능각(其去亦不能却)"이라고 했습니다. 즉 사람의 수명은 각각 정해진 기간이 있어서 오는 것을 멈출 수 없고 가는 것도 멈출 수 없다는 말입니다. 불가에서는 이것을 정해진 업이라는 뜻으로 '정업(定業)'이라고 합니다. 우리가 태어날 때 태어나고 싶지 않다고 해서 안 태어날 수 없습니다. 부모도 어쩔 수가 없지요. 딸을 낳고 싶은데 아들이 태어나고, 아들을 낳고 싶은데 딸이 태어납니다. 태어날 때도 멈출 수 없고 죽을 때도 멈출 수 없습니다.

"유대수행인(惟大修行人), 주장유아(主張由我), 불수조화도야(不受造化陶冶)"라는 주운양 조사의 말은 오직 수도 공부를 완성한 위대한 수행자만이 죽고 싶으면 죽고 살고 싶으면 살 수 있다는 것입니다. 자기의 생사를 스스로 결정한다는 뜻이지요. "명기립주(命旣立住), 진성재기중의(眞性在其中矣)", 명공(命功)이 완성되면 성공(性功)의 원리도 그 속에 들어 있습니다.

"인약부지본래진성(人若不知本來眞性), 말후하귀(末後何歸), 요성시말후대사(了性是末後大事)", 사람이 만약 본래의 진성을 알지 못하면 최후에는 어디로 돌아가겠습니까? 성을 깨닫는 것이 최후의 큰일이라는 말은 무슨 뜻일까요? 도를 닦는 것은 오직 명심견성하는 것입니다. 자신의 본성이 무엇인지 알아서 최후 단계의 공부를 성취하는 것은 성공(性功)이지 명공(命功)이 아닙니다. 여러분이 수도 공부를 성취하려면 닦음도 있고 증득도 있는 유위법(有爲法)을 닦는 것보다 좋은 것이 없습니다. 그러나 닦음도 없고 증득도 없으며, 더할 것도 없고 덜 것도 없는 곳으로 돌아가려면 공부가 없어야 합니다. 공부가 필요 없는 것이지요. 명(命)을 닦는 공부는 최후에 성(性)을 닦는 공부로 돌아가야 하는데, 성공(性功)이란 닦을 것이 없는 경지로서 도가의 최고 경지입니다.

보신을 성취하려면 명을 닦아야 한다

도가에는 남파와 북파가 있습니다. 제가 늘 말하는 여순양 조사는 불가의 육조 혜능과 같아서 남종과 북종이 모두 그와 관련이 있습니다. 남종이 장자양(張紫陽) 진인에 이르렀을 때 그의 제자는 설도광(薛道光)으로 불교의 승려였습니다. 설도광은 수십 년을 참선했는데 그의 스승은 그가 크게 깨달았다고 인정했습니다. 단, 설도광 스스로는 깨닫지 못했다고 생각하고 있었지요.

도를 깨닫는 것은 성공(性功)과 명공(命功)을 모두 마치는 것을 말합니다. 설도광 스님은 자신이 일념불생의 수도 공부는 성공했다는 것을 알고 있었고 증명도 했습니다. 다만 그는 도를 깨달아 대철대오하는 것은 공부의 한쪽일 뿐 다른 한쪽의 공부가 남았다는 것을 알고 있었지요. 그것이 바로 명공이었습니다. 선종으로 말하면 계속 나아가야 할 길인 '향상일로(向上一路)'입니다. 설도광은 승려 옷을 벗었습니다. 승려 옷을 입고 있으면 종파를 초월해서 도를 구하는데 아무래도 불편했기 때문이지요. 그는 마침내 장자양 진인을 만났고 명공을 성취할 수 있었습니다.

이 고사는 다음과 같은 소식을 전해 줍니다. 여러분이 수도 공부를 하는데 명심견성의 성공을 닦지 않고 단지 유위 공부만 해서는 도를 성취할 수 없습니다. 그 원인은 상에 집착하기〔著相〕 때문입니다. 그래서 밀종을 공부하는 사람들은 쉽게 상에 집착해서 해탈하지 못합니다. 성공을 철저하게 깨닫는 것은 참으로 어렵습니다. 그러나 성공을 닦는 수행자가 좌선만 해서 명심견성을 성취했다고 해도 단지 법신(法身)에 도달할 수 있을 뿐 보신(報身)은 이룰 수 없습니다. 성공은 성취했으나 명공을 성취하지 못했기 때문이지요.

보신을 성취하려면 명공을 닦아서 이루어야 합니다. 그래서 도가의 수도 이론은 성명쌍수(性命雙修)입니다. 그러나 명공을 닦으려면 반드시 성공을 먼저 깨달아야 합니다. 그래서 주운양 조사도 "사람이 만약 본래의 진성을 알지 못한다면 최후에 어디로 돌아가겠는가"라고 말했습니다. 성을 깨닫는 성공이야말로 최후의 큰일입니다. 도가에서 말하는 성(性)은 무엇일까요? 명대 이후 도가는 '연정화기, 연기화신, 연신환허'를 수도 공부의 원리요 경지로 제시했는데, 연신환허(煉神還虛)도 성공(性功)을 마친 것이 아닙니다. 그렇다면 언제 명심견성할 수 있을까요? '분쇄허공(粉碎虛空)'입니다! 허공마저 분쇄해야 합니다. 소위 "허공이 부서지고 대지가 무너질[虛空粉碎, 大地平沈]" 때 비로소 명심견성할 수 있습니다. 이때 성공이 이루어지는 것이지요. 명공을 닦아서 이루면 다시 성공을 마쳐야 합니다. 그래야 진정한 신선의 경지에 도달할 수 있습니다.

"마침으로 돌아가야 하는 것을 알지 못하면 먼저 마땅히 시작한 근원이 어디인가를 반복해서 궁구하기를, '나의 진성은 아직 생명으로 태어나기 전에는 어디로부터 왔으며, 이미 태어난 후에는 무엇에 의지해서 존립하는가'라고 생각해야 한다."

(不知欲要反終, 先當原始, 必須反覆窮究, 思我這點眞性, 未生以前, 從何而來. 旣生以後, 憑何而立)

그러므로 "부지욕요반종(不知欲要反終), 선당원시(先當原始)" 즉 수도 공부는 우리 생명의 본래면목으로 돌아가는 것입니다. 다시 말해 생사를 초월한 불생(不生) 불사(不死)의 신선과 부처로 돌아가는 도(道)를 의미합니다. "욕요반종(欲要反終)" 즉 우리가 도달하고자 하는 최후의 목표로 돌아가고자 한다면, "선당원시(先當原始)" 즉 반드시 먼저 그 시초의 근원을 찾아야 합니다. 따라서 수도 공부의 첫 단계는 반복해서 궁구하는 "필수반복궁구

(必須反覆窮究)"입니다. 여기에서 "궁구(窮究)"란 불가 선종의 참선을 가리 킵니다. 구체적으로 말하면 "사아저점진성(思我這點眞性), 미생이전(未生以前), 종하이래(從何而來), 기생이후(旣生以後), 빙하이립(憑何而立)"입니다. 즉 나의 진성은 아직 생명으로 태어나기 전에는 어디로부터 왔으며, 이미 태어난 후에는 무엇에 의지해서 존립하는가라고 궁구하는 것입니다. 이것이 선종의 조사들이 말한 '참화두(參話頭)'입니다.

중국 청나라의 첫 번째 황제였던 순치제(順治帝)는 황제의 자리를 버리고 불교에 귀의해서 출가했습니다. 그는 출가하면서 시를 지었습니다. 만주인으로 처음 중국 문화를 배웠으니 대단히 잘 짓지는 않았지만 아주 편안하게 묘사했지요.

내가 태어나기 전에 누가 나였는가	未曾生我誰是我
내가 태어난 후에 나는 누구인가	生我之時我是誰
황포를 자색 가사로 바꾸니	黃袍換卻紫袈裟
오직 그 순간 일념의 차이일세	只爲當年一念差
나는 본래 서방의 승려인데	我本西方一衲子
어떻게 제왕의 집에 태어났는가	因何落在帝王家

순치 황제는 자신이 본래 득도한 고승이었는데 금생에는 어떻게 황제로 태어났으니 가치가 없다고 했습니다. 그는 참으로 황제의 지위를 싫어했습니다. 역사적으로 봐도 적지 않은 수의 황제와 그 자손들이 내세에는 황가(皇家)에 태어나지 않게 해 달라고 발원했습니다. 여러분은 그들이 얼마나 황제 자리를 싫어했고, 부귀한 사람들이 얼마나 부귀를 싫어했는지 알아야 합니다. 다만 우리 같은 가난한 사람들만 부귀를 바라지요.

성공(性功)은 참구(參究)하여 오도(悟道)해야 합니다. 참선을 통해 근원을 궁구해야 도를 깨닫는다는 말입니다. "태어나기 전에는 어디로부터 왔고, 태어난 후에는 무엇에 의지해서 존립하는가"를 깨달아야 한다는 것입니다. 우리의 명(命)은 궁극적으로 어디에 있을까요? 단전에 있을까요, 아니면 뇌 속에 있을까요? 어디에 있을까요? 어디에 기대어 존립할까요?

도가와 불가의 본래무일물 사상

"곧 명공을 늦출 수 없음을 알기 때문에 (참동계에서) '마침을 생각하려면 당연히 그 앞을 헤아린다'고 하였다. (금생의 생명은) 최후에 수태할 때 부모의 정과 혈이 만나고 응취해서 덧없는 몸을 이룬 것뿐이니, 이것은 유형의 신체일 뿐 진체가 아니다. 나의 진체는 본래 태허와 같이 빛나고 청정하며 본래 처음의 일물도 없다. 그러므로 (참동계에서) '인간이 받은 몸은 체는 본래 일물도 없다'고 하였다."

(便知了命之不可緩矣, 故曰, 審思後末, 當慮其先. 最後受胎之時, 不過秉父精母血, 包羅凝聚, 結成幻軀. 此乃有形之體, 非眞體也, 我之眞體, 本同太虛, 光光淨淨, 本來原無一物, 故曰, 人所稟軀, 體本一無)

"변지료명지불가완의(便知了命之不可緩矣)", 명을 마치는 공부는 느슨하게 해서는 안 된다는 뜻입니다. 수도 공부의 출발은 오직 본성을 찾아 회복하는 것입니다. 명심견성을 해야 하는 것이지요. 그러나 진정으로 명심견성하려면 반드시 먼저 명공(命功)을 닦아야 합니다. 명공을 먼저 닦아야 성공을 완성할 수 있습니다. 그래서 위백양 진인도 "심사후말(審思後末), 당려기선(當慮其先)" 즉 마침을 생각하려면 당연히 그 앞을 헤아린다고 했습니다. 그다음 "최후수태지시(最後受胎之時), 불과병부정모혈(不過秉父

精母血), 포라응취(包羅凝聚), 결성환구(結成幻軀)"를 보겠습니다. "(금생의 생명은) 최후에 수태할 때 부모의 정과 혈이 만나고 응취해서 덧없는 몸을 이룬 것뿐"이라는 뜻입니다. 우리의 현재 이 신체는 명(命)이 아니라는 사실을 수도인은 분명히 알아야 합니다. 이 몸은 후천의 명으로서 수태할 때 정충과 난자가 결합하고 한 점 영성이 그 속에 깃든 것일 뿐입니다. "덧없는 몸을 이루었다(結成幻軀)"는 것은 이와 같이 영성과 정충과 난자 세 가지가 결합하여 우리의 신체가 생겼다는 말입니다.

이렇게 태어난 신체는 "차내유형지체(此乃有形之體), 비진체야(非眞體也)"입니다. 유형의 신체일 뿐 진체가 아니라는 뜻으로, 진정한 성명(性命)이 아니라는 것입니다. 그래서 우리의 신체를 환(幻)이라고 하고, 불학에서도 업보의 몸이라고 하여 과보를 받으러 왔다고 합니다. 무슨 과보를 받을까요? 고수(苦受, 고통)도 있고 낙수(樂受, 즐거움)도 있고 고통도 즐거움도 아닌 불고불락수(不苦不樂受)도 있습니다.[111] 전생에 죄를 많이 지었다면 평생 고생하고, 전생에 좋은 일을 하면 부귀를 누리며 한평생 고생하지 않고 낙보만 받을 것입니다. 이 밖에 인지 사유 기능에 장애가 있는 경우는 고통의 감수나 즐거움의 감수도 느끼지 못하는 불고불락수입니다.

우리 생명의 본체는 태허와 같이 무량무변하고 광명 청정하며 위대합니다. 그래서 주운양 조사는 "아지진체(我之眞體), 본동태허(本同太虛), 광광정정(光光淨淨), 본래원무일물(本來原無一物)"이라고 말했습니다. 나의 진체는 본래 태허와 같아 빛나고 청정하며 본래 처음의 일물도 없다는 것이지요. 이것을 위백양 진인은 "인소품구(人所稟軀), 체본일무(體本一無)"라고 했습니다. 우리 생명의 본체는 본래 어떤 하나의 물질이나 존재로 규정

---

111 수(受)는 색수상행식(色受想行識) 오온(五蘊) 중의 수온(受蘊)이며, 십이연기 중 하나이기도 하다. 근(根)·경(境)·식(識) 세 가지가 화합하여 생긴 고락(苦樂) 등의 감수 작용이다.

할 수 없다는 뜻입니다. 후대에 육조 혜능도 "본래 일물도 없으니 어디에 먼지가 끼겠는가[本來無一物, 何處惹塵埃]"라고 했습니다. 위백양 진인의 시대에는 선종도 오지 않았고 불법도 전래되기 전이었는데 "체본일무"라는 말을 한 것을 보면 불가와 도가에 "본래무일물(本來無一物)"의 사상이 공존함을 알 수 있습니다.

신실과 원정

주운양 조사는 금생의 생명이 잉태되고 생성하는 과정과 원리를 다음과 같이 설명했습니다.

"열 달이 지나서 태가 원만해지면 태허 가운데 한 점 원정이, 구름이 모여 비가 내리는 것처럼, 갑자기 붙어서 곧바로 중궁의 신실로 들어가서 나의 주인이 된다."

(及至十月胎圓, 太虛中一點元精, 如雲行雨施, 倏然依附, 直入中宮神室, 作我主人.)

"시월태원(十月胎圓)", 모태에서 열 달이 지나면서 아기가 원만하게 성숙해 가는 것을 말합니다. "태허중일점원정(太虛中一點元精)", 태허 가운데 청정한 본래 생명의 한 점 원정(元精)이라는 뜻으로, 이 원정이 "여운행우시(如雲行雨施)" 즉 구름이 모여 비가 되어 내리듯이, "숙연의부(倏然依附)" 즉 갑자기 태허 가운데 원정이 아기에게 들어간다는 것입니다. 마치 만두 껍질이 속을 감싸는 것처럼 신체가 원정을 감싸서 속으로 들어가는 것이지요. 이 생명의 한 점은 유형의 것도 아니고 무형의 것도 아닙니다. 유형

의 신체에서 중궁은 명치 아래이고 위의 윗부분에 위치하는데, 그곳에서 "직입중궁신실(直入中宮神室)" 즉 원정이 곧바로 중궁의 신실로 들어가는 것입니다. "신실(神室)"은 중궁이 아닙니다. 뇌와 심장이 바로 신실입니다. 원신(元神)이 깃드는 곳인 신실은 우리 신체 여러 곳에 있고 많은 곳에 원신의 별장이 있는데, 이것이 모두 신실입니다. 반드시 뇌에만 있거나 꼭 상단전에만 있는 것은 아닙니다. 물론 다 관련이 있지요.

그러므로 이 한 점 원정이 바로 연정화기(煉精化炁)를 할 때의 그 정(精)입니다. 원성(元性)이 아니라는 것을 주의하셔야 합니다. 중궁의 신실에 깃든 그 한 점의 원정이 바로 나의 주인이 됩니다. 이 한 점에 특히 주의해야 합니다. 우리가 생각할 수 있고, 내 마음대로 행동할 수 있고, 건강한 정신을 지닐 수 있는 이 한 점, 그 근원이 바로 "원정(元精)"입니다.

우리 신체 속 신실에 원정이 깃들어 있다는 것과 관련된 이야기를 하자면, 현재 젊은 사람들 중에는 도가 서적이나 밀종의 서적을 이것저것 보고는 기공을 닦느니 기맥을 닦느니 하면서 정액을 배설하지 않고 참는 사람이 많다고 합니다. 그런 사람은 얼굴만 보면 바로 알 수 있습니다. 이것은 매우 심각한 문제이기 때문에 이야기해야겠습니다. 한마디로 말하면 정액의 방출을 참는 것은 연정화기도 아니고 기공의 원리에도 맞지 않습니다. 지금 우리가 말하는 원정은 정충이나 정액이 아닙니다. 약간은 관련 있기는 합니다만 아니라고 해도 무방할 정도입니다. 우리가 생명을 받아 태어났다는 것은 정말 신기하고 대단한 사건입니다. 그러니 올바르게 수행 공부를 해야지 잘못한다면 참으로 애석한 일이지요. 다시 말하면 후천의 유형의 생명은 물론 정충, 정액의 정(精)과 관련이 있습니다. 그러나 그 정(精)과 원정(元精)의 정은 아주 약간의 관련이 있을 뿐, 서로 다른 것이라고 해도 과언이 아닙니다.

세 종류의 기

"이에 조규를 쪼개는 굉대한 소리와 함께 천명의 성이 마침내 일음과 일양으로 나뉘었다. 후천의 조화의 기는 선천의 원정이 아니면 주재자가 없어서 신령스 러울 수 없다. 그러나 선천의 원정은 후천의 조화의 기가 아니면 의지해서 존 립할 곳이 없으니 성과 명은 본래 서로 분리될 수 없음을 알 수 있다. 그러므로 (참동계에서) '원정이 구름처럼 펼쳐지니 기로 인해서 처음 생명이 시작된다' 고 하였다."

(于是劈開祖竅, 囙地一聲, 天命之性, 遂分爲一陰一陽矣. 蓋後天造化之氣, 若非先天元精, 則無主而不能靈, 先天元精, 若非後天造化之氣, 則無所依而 不能立, 可見性命兩者, 本不相離, 故曰, 元精雲布, 因炁託初)

"우시벽개조규(于是劈開祖竅), 화지일성(囙地一聲), 천명지성(天命之性), 수분위일음일양의(遂分爲一陰一陽矣)." 막 태어난 바로 그때 원정이 생깁 니다. "벽개조규(劈開祖竅)"의 조규는 어디에 있을까요? 어떤 사람은 정수 리에 있는데 수도 공부에 성공하면 이곳이 열린다고 합니다. 밀종에서는 정수리를 연다는 뜻에서 개정(開頂)이라고 하지요. 그런데 주의할 것은 이 곳은 조규가 아니라는 사실입니다. 조규는 사실상 규가 없는 무규(無竅)입 니다. 물론 정수리와 조규가 관련이 있기는 합니다. 부위만 약간 차이가 있을 뿐 거의 차이가 없지요. 어쨌든 조규가 열릴 때는 큰 소리가 나고 선 천의 본명(本命)인 이 본성이 일음일양으로 나누어집니다. 그래서 사람이 태어날 때는 반은 깨어 있고 반은 흐릿해서 머리가 명료할 때도 있고 흐리 멍덩할 때도 있습니다.

기(氣)에는 세 가지가 있습니다. 하나는 호흡하는 기로서 공기(空氣)의 기이고, 또 하나는 도가에서 말하는 생명의 원기인 기(炁)로서 화(火)가 없는 기입니다. 즉 생명의 에너지로 명(命)입니다. 마지막은 곡식의 기(氣)로서 밥을 먹고 생명을 유지하는 기입니다. "후천조화지기(後天造化之氣)"란 후천의 조화에서 생명은 기가 열을 발생하는 생명, 다시 말해 체능이 열기를 발생함으로써 유지하는 생명입니다. 이런 기는 "약비선천원정(若非先天元精), 즉무주이불능령(則無主而不能靈)" 즉 선천의 원정이 아니면 주재자가 없어서 신령스럽지 못합니다. 다시 말해 우리에게 생각 기능이나 작용이 없게 된다는 것입니다. 마치 병원에서 목숨은 붙어 있는데 아무런 생각을 못하는 식물인간처럼 되는 것이지요. 여기서 말씀드리지만 인간의 생명은 "후천의 조화의 기"인데 선천의 원정이 없이는 주재자가 없게 되고, 주재자가 없으면 영명할 수 없습니다. 이 선천의 원정은 그만큼 중요합니다.

"선천원정(先天元精), 약비후천조화지기(若非後天造化之氣), 즉무소의이불능립(則無所依而不能立)", 신체가 건강하지 않고 영양이 불량하며 질병이 있으면 선천의 원정이 제대로 깃들 수가 없고 제 기능을 발휘할 수 없습니다. 마치 만두를 만들 때 만두피가 터지면 속의 내용물이 모두 흩어져 버리는 것과 같지요. 그러므로 후천의 조화의 기는 신체의 건강과 영양의 균형 공급이 매우 중요합니다. 그러지 않으면 선천의 원정이 본래 신령하다고 해도 제 기능을 발휘할 수 없습니다. 즉 영명(靈明)하지 않게 되지요. 선천과 후천의 관계는 이와 같이 상호 의지하고 있습니다.

이로써 "가견성명양자(可見性命兩者), 본불상리(本不相離)" 즉 성과 명은 본래 서로 분리될 수 없음을 알 수 있습니다. 수도 공부를 하는 수행자들은 주의해야 합니다! 성을 닦고 명을 닦는다고 할 때 성과 명은 일체(一體)로서 분리할 수 없습니다. 그래서 "고왈(故曰), 원정운포(元精雲布), 인기탁초(因氣託初)"라고 했습니다. 우리의 이 신체는 후천의 생명입니다. 마치 공중에 퍼져 있는 구름과 같지만 이 생명력인 원정(元精)은 전기와 같아서 우리에게 보이지 않지만 작용이 있습니다. 우리가 호흡을 해야 산소가 공급되어 생명을 유지하고, 생명이 유지되어야 원정이 기능할 수 있는 것과 같습니다. 원정은 후천의 생명에 의지해서 존립한다는 말입니다.

혼과 백의 원리

> "후천의 조화가 일음과 일양으로 분리되면 양의 신은 혼이 되니 혼은 가볍고 맑으며 동방 목액에 속한다."
>
> (後天之造化, 旣分一陰一陽, 陽之神爲魂, 魂主輕淸, 屬東方木液)

"조화(造化)"는 중국적인 개념으로서 종교인들은 상제(上帝), 영혼(靈魂), 부처〔佛〕라고 합니다. 중국 문화에는 서양과 같은 종교가 없기 때문에 주재자를 조화라고 부릅니다. 만물을 조성하고 변화시키는 기능을 의미하지요. 후천의 생명이 일음과 일양으로 분리되면 양(陽)의 신(神)을 정신이라고 부르는데 신이 바로 혼(魂)입니다. 혼은 신체 내부가 청정함인데 두뇌의 맑음과 눈의 밝음을 가리킵니다. 눈은 신이 드나드는 길이라는 말이 있지요. 서양에서도 눈은 영혼의 창이라고 말합니다. 그렇습니다. 마음과 신은 서로 연결되어 있고, 마음과 눈도 서로 연결되어 있습니다.

『능엄경』에는 "칠처징심(七處徵心), 팔환변견(八還辨見)"이라는 말이 있습니다. 부처님은 일체 중생이 성불할 수 없는 이유가 "마음과 눈의 허물 때문〔心目爲咎〕"이라고 합니다. 그러므로 마음과 눈에 생기는 질병도 서로 연관이 있습니다. 불가에서는 성명쌍수(性命雙修)라는 말이 없지만 실제로는 성명쌍수입니다. 부처님은 다른 방법으로 표현하셨지요. 어떤 방법인지는 여러분이 직접 깨닫기 바랍니다. "동방목액(東方木液)"에서 목은 인체에서 간인데 혼과 간의 관계는 중요하지요. 목액은 바로 정액(精液)입니다.

"음의 신은 백이 되니 백은 무겁고 막히며 서방 금정에 속한다. 양자는 감괘와 리괘의 틀 안에서 나뉘어 거처한다. 그러므로 (참동계에서) '음양이 도수가 되니 혼백이 깃드는 곳이다'고 하였다."

(陰之神爲魄, 魄主重滯, 屬西方金精. 兩者分居坎離匡廓之內. 故曰, 陰陽爲度, 魂魄所居.)

"음지신위백(陰之神爲魄), 백주중체(魄主重滯)", 음(陰)은 이 신체를 가리키는데 몸속의 영양성분이 변해서 나온 것이 기백입니다. 사람에게 기백이 있다고 할 때의 그 백(魄)이지요. 몸의 각 부분이 아주 건강해야 백이 됩니다. 백(魄)은 물질적인 것으로, 혼(魂)이 가볍고 맑은 것과 달리 무겁기 때문에 아래로 내려가서 남성은 유형의 정충으로 변하고 여성은 유형의 난소가 됩니다.

지금 말하는 백은 "서방금정(西方金精)"에 속합니다. 금은 유형의 것으로는 폐입니다. 신장이 나빠지면 꼭 신장만 치료하지 않습니다. 가족 관계로 비유하면 신장은 폐의 자식에 속하지요. 폐기를 강화하면 금이 수를 낳기〔金生水〕 때문에 신장이 건강해집니다. 어릴 때 할머니가 병환이 나셨는데 아버지가 의사를 찾아야 했습니다. 그런데 아버지는 굳이 유명한 의사를 찾으려고 하지 않았지요. 유명한 의사들이란 한때 운이 좋아서 유명해졌지 참으로 실력이 좋은 것은 아니라는 것을 알았기 때문입니다. 진정으로 좋은 의사가 되려고 한다면 반드시 혼백의 원리를 잘 알아야 합니다. 도가의 원리를 잘 알아야 혼백의 원리도 알 수 있습니다.

생각이 변하면 본성도 변한다

"인간의 명은 후천의 조화에 속하고 정식을 그 속에 포함하고 있다. 오직 본래의 진성이 무시이래의 업근과 만나니, 생멸과 불생멸이 화합하여 제팔식을 이루는 것이다. 식의 유미한 것은 상이 되고 상이 유랑하는 것은 정이 된다. 정이 발생하면 지가 막히고, 상이 변하면 체가 다르게 되어, 진성을 전도하여 윤회로 들어간다. 그래서 학인이 성공을 이루려는 자는 마땅히 먼저 명공을 이루어야 한다."

(蓋命之在人, 旣屬後天造化, 便夾帶情識在內, 只因本來眞性攙入無始以來業根, 生滅與不生滅, 和合而成八識, 識之幽微者爲想, 想之流浪者爲情, 情生智隔, 想變體殊, 顚倒眞性, 枉入輪迴矣, 所以學人, 欲了性者, 當先了命)

"개명지재인(蓋命之在人), 기속후천조화(旣屬後天造化), 변협대정식재내(便夾帶情識在內)", 후천의 생명은 신체에 정식(情識)을 지니고 있습니다. 불가에서는 육식(六識) 칠식(七識) 팔식(八識)을 정식이라고 하는데 이 식(識)은 정(情)과 관련이 있습니다. 중국에서는 정(情)이라고 하는데 불법에서는 식(識)이라고 합니다. 또 불학에서는 업근(業根)을 정식이라고 합니다. 그래서 주운양 조사도 "지인본래진성참입무시이래업근(只因本來眞性攙入無始以來業根)"이라고 했습니다. 본래의 진성이 무시이래의 업근과 만나기 때문이라는 것입니다.

"생멸여불생멸(生滅與不生滅), 화합이성팔식(和合而成八識)", 불교 유식학에서는 생멸법과 불생멸법이 화합하여 팔식이 이루어진다고 합니다. 심의식 중에서 가장 미묘한 것이 우리가 지각하고 생각하는 작용인 상(想)입니다. 그래서 수도 공부를 하는 사람이 정좌를 열심히 해도 생각이 멈추지 않는 것입니다. 심지어 혼침(昏沈)의 이면에도 생각이 존재하는데 이것이

바로 "식지유미자위상(識之幽微者爲想)"입니다. 식(識)의 그윽하고 미묘한 것이 상(想)이 된다는 뜻이지요

"상지유랑자위정(想之流浪者爲情)", 우리의 생각하는 작용인 상(想)이 겉으로 크게 파도치는 것이 감정 즉 정(情)입니다. 감정이 발생하면 지혜〔智〕가 막히고 상(想)이 변하면 몸〔體〕이 다르게 된다는 "정생지격(情生智隔), 상변체수(想變體殊)"는 망상과 정식에 휩싸일 때 선천의 진정한 지혜가 막혀서 드러나지 않게 된다는 것입니다. 생각〔想〕이 변하면 사람의 본성도 변합니다. 사람들의 개성은 각자 다른데, 개성은 본성이 아니라 생각이 변해서 나온 것으로서 정식(情識)과 염력(念力)이 변한 것입니다. 그래서 "정이 발생하면 지가 막히고, 상이 변하면 체가 다르게 된다"는 것은 후천의 작용에 속합니다. 이 때문에 청정한 선천의 본래면목이 매몰되고 모두 변하여 후천의 개성이 됩니다. 이 정식이 다시 변화하여 업력(業力)을 이루기 때문에 본성이 전도된 중생이 되어 육도 윤회에서 벗어나지 못합니다. 그러므로 신선도 부처도 될 수 없지요. 진성(眞性)을 전도하여 윤회로 들어간다는 "전도진성(顚倒眞性), 왕입륜회의(枉入輪迴矣)"라는 말이 바로 그것을 가리킵니다. 따라서 "소이학인(所以學人), 욕료성자(欲了性者), 당선료명(當先了命)" 즉 학인들이 성공(性功)을 이루려면 반드시 먼저 명공을 이루어야 합니다. 명심견성의 공부를 이루고자 하는 사람은 반드시 먼저 명공(命功)부터 닦아야 한다는 것이지요. 명공을 먼저 닦아서 이루면 자연히 명심견성의 경지에 도달합니다.

정통 도가에서 강조하는 이러한 이론은 제가 보기에도 백 퍼센트 정확합니다. 중국의 전통에서 유가, 불가, 도가는 청대 주운양 조사에 이르러서 비로소 진정으로 합일의 경지에 도달합니다.

제71강

입명이란 자신의 명을 주도하는 것

　계속해서 『참동계』제20 성명귀원장을 살펴보겠습니다. 앞 강의에서 성정(性情)에 대해서 말했는데, 성은 바로 성명(性命)의 성입니다. 도가에서 말하는 성명쌍수(性命雙修)의 성은 무엇이고, 명은 무엇일까요? 결국 마지막에는 불가 유식학에서 말하는 제팔식(第八識)으로 귀결됩니다. 제팔식은 아뢰야식이며, 제칠식은 명근(命根)이고 명근은 정식(情識)입니다. 이른바 견사혹(見思惑)[112]이 청정해지고 번뇌가 청정해지는 것으로서 곧 반본환원(返本還原)하는 것이지요. 즉 자기 근원의 본성으로 돌아간다는 말입니다. 앞에서 〈청천가〉를 말했는데, 장춘 진인 구처기가 성공(性功)에 대해서 노래한 것입니다. 성공을 닦으면 명공(命功) 역시 완성할 수 있다는

---

112 견혹(見惑)과 사혹(思惑)을 말한다. 견혹이란 편벽된 세계관으로 인해 일어나는 번뇌로서, 아견(我見), 변견(邊見)의 미혹을 말한다. 사혹이란 세간의 현상을 사려 분별함으로써 일으키는 번뇌를 말한다. 견혹과 사혹은 삼계 내의 생사윤회의 원인으로서, 이를 끊어야 비로소 삼계의 생사를 벗어날 수 있다.

내용이었지요. 도가의 수행 방법은 밀종의 방법과 같은데, 그 기본 이론은 먼저 명공을 완성하라는 것입니다. 명공을 마치면 자연히 반본환원해서 성공도 이룰 수 있지요. 주운양 진인은『참동계』를 주해한『참동계천유』에서 이 내용을 매우 분명히 제시했습니다. 아래 내용은 도가의 술어를 분석한 것으로서『참동계』원문입니다.

양신은 일혼이고 음신은 월백이니 혼과 백이 서로 집이 된다. 성의 주인은 안에 거처하고 담장을 설치하며 정의 주인은 밖에 거주하고 성곽이 되니, 성곽이 완전하면 인민이 편안하다.

陽神日魂, 陰神月魄. 魂之與魄, 互爲室宅. 性主處內, 立置鄞鄂. 情主處外, 築爲城郭. 城郭完全, 人民乃安.[113]

"양신일혼(陽神日魂), 음신월백(陰神月魄)", 양신이란 태양 속의 정혼(精魂)이고, 월백은 달 속의 한 점 흑영(黑影)을 가리킵니다. 중국인들은 습관적으로 혼과 백을 나누는데 혼은 무엇이고 백은 무엇일까요? 앞에서 이미 이야기한 적이 있습니다. 혼은 보통 영혼이라고 하고 백은 육체의 작용을 가리키는데, 사망하고 나면 백의 작용은 흩어집니다. 혼과 백이 하나로 결합해 있지 않고 혼에서 백이 떨어져 나가 흩어지면 죽음에 이른다는 것이지요.

"혼지여백(魂之與魄), 호위실택(互爲室宅)", 혼과 백이 서로 집이 된다는 뜻으로, 혼과 백은 서로 상대를 필요로 하는 상호 의존적 존재라는 것입니다. 몸과 마음은 서로 영향을 주고받아서 생리적으로 신체가 건강하지 않을 때는 우리 정신에도 문제가 생깁니다. 신체 부분은 명공에 속하고 심리

---

113 『참동계천유』. 218면.

부분은 성공에 속한다는 것은 여러분도 다 알고 있지요. 심리적으로 문제가 발생하면 신체 역시 건강을 잃게 됩니다. 그래서 『참동계』에서는 "혼과 백이 서로 집이 된다"고 말했습니다. 그렇다면 어느 것이 그 집의 주인이고 어느 것이 시종일까요? 그것은 상황에 따라 달라집니다. 때로는 일혼이 주인이고 때로는 월백이 주인이 될 수 있으니 여러분이 잘 봐야 합니다.

"성주처내(性主處內), 입치은악(立置鄞鄂)", 성의 주인은 안에 거처하고 담장을 설치한다는 말로, 우리의 후천적 신체 생명 속에는 선천의 본성이 내재하여 함께 존재한다는 뜻입니다. 그런데 수도인들이 물질적이고 육체적인 한계를 초월하고자 한다면 먼저 본성, 심성으로 하여금 외부 세계로 흘러나가지 않도록 해야 합니다. 그래서 불가에서는 지관(止觀)을 닦고 도가에서는 양성(養性) 공부를 하는 것입니다. 비유하자면 담장을 쌓아서 본성이 밖으로 흩어지지 못하게 하는 것이지요. "담장을 설치한다"는 것은 한계를 비유한 말로, "은악(鄞鄂)"은 성문이나 담장을 가리키는 말이었습니다.

"정주처외(情主處外), 축위성곽(築爲城郭)", 정의 주인은 밖에 거주하고 성곽이 된다는 말로, 육욕 칠정을 밖으로 몰아낸다 혹은 성곽 밖으로 내몰아 간다는 뜻입니다. "성곽완전(城郭完全), 인민내안(人民乃安)", 성곽의 보호가 있어야 국민의 마음이 편해지는 것이 수도 공부의 방법이라는 말입니다.

이 세계에는 수많은 수도 공부의 방법이 있습니다. 그래서 불가든 도가든 진정으로 모든 것을 하나로 관통할 수 있는 방법을 구하기는 대단히 어렵습니다. 이런 방법이 참으로 존재한다면 수행 자체는 어렵지 않겠지요. 그럼에도 매우 어려운 점이 한 가지 있습니다. 공덕을 길러서 선한 일을 하는 것입니다. 대다수 사람은 쉬운 길을 추구하기 때문에 단지 정좌 공부를 해서 신선이나 부처가 되려고 할 뿐, 남을 위해 좋은 일은 하려고 하지 않습니다. 쉽고 소소한 일은 아무나 할 수 있지만 정말 큰일은 하기가 쉽지 않습니다. 이런 원리에 대한 주운양 조사의 설명은 다음과 같습니다.

"이 절은 바로 후천의 입명의 공부에 대한 말이다."

(此節, 正言後天立命之功)

선한 일을 해서 공덕을 쌓는 것은 앞에서도 말했습니다. 여러분은 이런 원리를 쓸데없는 일로 생각해서는 안 되고 반드시 명료하게 이해해야 합니다. "차절(此節), 정언후천립명지공(正言後天立命之功)", 이 절에서는 먼저 명공(命功)을 이루어야 하며, 명공을 이루면 자연히 명심견성한다는 것입니다. 여기에서는 명을 세우는 입명(立命) 공부를 말했는데, 수도 공부는 곧 명공을 이루는 것이며 다시는 물질세계의 구속을 받지 않도록 육체를 변화시키는 것입니다. 이것을 명(命)이라고 합니다. 불가에서는 그것을 해탈이라고 하지요. 도가에도 여러 종류의 해탈이 있는데, 도가의 관점에서 보면 불가의 수련 방법은 음신(陰神)을 수련하는 것입니다. 그러므로 신선이 되고 성불하는 데는 여러 가지 법문과 길이 있습니다.

그러나 이것은 모두 명공을 이루는 것이 아닙니다. 진정으로 명공을 이루는 것은 육신을 전화(轉化)해서 "흩어지면 기(氣)가 되고 모이면 형체를 이루는" 것입니다. 다시 말하면 있고 없음을 마음대로 할 수 있어서 있고자 하면 있고 없으려 하면 없는 것입니다. 도가든 밀종이든 이런 방법은 매우 많습니다. 옛날에는 이런 방법을 모두 비밀로 했지만 오늘날에는 거의 다 알려졌습니다. 이 밖에 방문좌도 역시 보통 많은 것이 아닙니다.

명공을 이루려면 어떻게 해야 할까요? 반드시 먼저 입명(立命)을 해야 합니다. 명(命)과 입명(立命)이라는 두 명칭에 주의해야 합니다. 이 명(命)은 우리 몸에 있지만 우리의 명은 우리에게 속한 것이 아닙니다. 자연의 섭리에 따라 시간이 되면 죽는 것이고 우리 자신은 그것을 조금도 주재할 방법이 없습니다. 입명이란 자기 스스로 자신의 명을 주도할 수 있는 것입니다. 보통 사람들은 자신의 명을 주도하지 못합니다. 자연의 법칙이나 환경의 변화에 의해 명이 결정되지요. 입명이란 자신의 명을 직접 결정하는 것입니다. 그러므로 명공을 닦으려면 첫째 입명의 공부를 닦아서 자신을 세워야 하며, 여기에도 일정한 원리가 있습니다.

혼백과 일월

"후천의 혼과 백은 각각 감괘와 리괘에 나뉘어 속한다. 태양이 묘에 있기 때문에 리괘 중의 일혼이 양신이 되고, 태음은 유에 있기 때문에 감괘 중의 월백이 음신이 된다."

(後天一魂一魄, 分屬坎離, 蓋以太陽在卯, 故離中日魂, 爲陽之神, 太陰在酉, 故坎中月魄, 爲陰之神)

"후천일혼일백(後天一魂一魄), 분속감리(分屬坎離)", 우리의 후천 생명은 혼과 백 두 부분으로 나뉘어 있으며, 『역경』의 괘로 말하면 감괘와 리괘로 나타냅니다. 감괘는 수(水)에 속하고 리괘는 화(火)에 속합니다. 감괘가 상징하는 수(水)는 신체의 각종 호르몬, 정액, 타액을 가리키고, 화(火)는 신체의 에너지를 가리킵니다. 생명 에너지는 우리의 몸을 뻣뻣하게 굳게 하거나 차갑지 않게 합니다. 밀종에서는 이 에너지를 졸화(拙火)라고 하는데, 따뜻한 기가 발생하는 것이지요. 이런 면에서 보면 밀종과 도가는 모두 생명의 학문이라고 할 수 있습니다. 리화(離火)와 감수(坎水)는 앞에서 말했던 불교의 유식학과도 관련이 있습니다. 지금은 선천 생명이 아니라 후천 생명에 대해 말하고 있는데, 여기에서 우리는 수련의 출발점이 바로 우리 자신의 생명에 혼과 백이 각각 절반씩 존재하는 원리를 잘 이해하는 데 있음을 알아야 합니다. 감괘와 리괘의 이 원리를 이해하는 것이야말로 입명(立命)의 근본입니다.

"개이태양재묘(蓋以太陽在卯), 고리중일혼(故離中日魂), 위양지신(爲陽之神)", 여기에서 묘(卯)는 동방을 나타내는데, 태양이 묘에 있다는 것은 태양은 늘 동쪽에서 떠오른다는 말입니다. 묘는 여기서 방위를 나타내지요. 태양 속에는 흑점이 있고, 이것이 양 중의 음이기 때문에 리괘 중의 일혼(日魂)이라고 했습니다. 이 흑점은 태양의 진정한 정신으로, 태양 전체는 양(陽)이라고 할 수 있습니다. 중국 철학과 과학에서는 양 중에 음이 있다고 하고, 이 한 점의 흑점은 지음(至陰)의 상(相)으로서 진정한 음이라고 합니다. "위양지신(爲陽之神)", 이 한 점이 태양 가운데 있는 정신이며, 양 중에 음은 그것의 신(神)이라는 것입니다.

"태음재유(太陰在酉), 고감중월백(故坎中月魄), 위음지신(爲陰之神)", 태음은 유(酉)에 있기 때문에 감괘 가운데 월백(月魄)이 음신이 된다는 말은 음력 매월 초사흘에 서쪽에서 떠오르는 초승달을 말합니다. 유(酉)는 방위로 서쪽을 가리킵니다. 달은 감괘에 속합니다. 흑영(黑影)과 관련된 달의 신화는 매우 많은데 예를 들어 달 속에 항아(姮娥)가 있다는 이야기 같은 것이지요. 달 속에 어떤 생명체가 존재하는지는 오늘날 과학자들도 아직 단언하지 못합니다. 달 속에 월백이 존재한다는 것은 달의 흑영을 가리킵니다. 달은 음인데, 음 속에는 양이 있다는 음중유양(陰中有陽)의 원리에 따라, 달 속에 있는 흑영은 진양(眞陽)의 기라고 합니다. 이 진양의 기가 바로 음의 신(神)이 되지요.

"이 둘은 체는 비록 떨어져 거처하지만 리괘 기토의 일광은 바로 달 속의 옥

토로서 일혼이 돌아와 양신이 되고, 감괘 무토의 월정은 바로 태양 속의 금오로서 월백이 돌아와 음신이 된다."

(兩者體雖各居, 然離己日光, 正是月中玉兔, 日魂返作陽神矣. 坎戊月精, 正是日中金烏, 月魄返爲陰神矣.)

"양자체수각거(兩者體雖各居), 연리기일광(然離己日光), 정시월중옥토(正是月中玉兔)", 음신은 태양 속으로 뛰어들었고 양신은 반대로 태음 속으로 들어갔다는 뜻입니다. 옛사람들은 달 속의 흑영을 옥토(玉兔 옥토끼), 월계수, 항아 등으로 불렀습니다. 바로 달빛이 태양 빛을 반사하는 것이라는 사실을 의미합니다. 옛날의 천문학 지식도 매우 과학적이었음을 알 수 있지요. 리기(離己)의 기(己)는 달이 태양 빛을 흡수해서 반사함으로써 달 속의 옥토끼 그림자로 변했다는 것을 뜻합니다.

"일혼반작양신의(日魂返作陽神矣)", 일혼이 돌아와서 양신이 된다는 말에서 "일혼(日魂)"이란 무엇일까요? 태양의 빛이 달에 도달하여 달을 비추면 달은 또 그것을 반사합니다. 그러므로 우리가 달빛이라고 하는 것은 실제로는 태양의 빛이 투영되는 것이며, 그것을 태양의 영혼 즉 일혼이라고 합니다. 우리의 영혼은 투영된 것으로 방사되어 나와야 비로소 그것을 볼 수 있습니다. 실제로 달에서 방사되어 나오는 그 투영 작용은 바로 양의 에너지이고 햇빛의 작용입니다. 이런 이론은 매우 과학적입니다.

이론이 바로 방법입니다. 우리가 수도 공부를 하는 것은 장생불로하려는 것입니다. 그렇다면 장생불로는 어떻게 수련해야 할까요? 방법은 바로 그 속에 있으니 여러분 모두 연구해 보기 바랍니다. 이런 점에서 보면 불법의 이치는 매우 타당성이 있습니다. 불가에서는 여러분이 잠잘 때 마음속에서 태양을 보라고 합니다. 사람들은 잠을 잘 때 그냥 잠만 자지요. 여러분이 잠자면서 태양을 마음속에서 볼 수 있다면 장생불로할 수 있습니다. 여기에 오묘한 원리가 숨어 있습니다. 그래서 저는 항상 불가와 도가를 수련하는 것은 미신이 아니라 과학이라고 말하지요.

"감무월정(坎戊月精), 정시일중금오(正是日中金烏)", 감괘는 달을 상징하고 무기(戊己)는 토(土)입니다. 감무(坎戊)는 달 속의 정화(精華)를 가리키는데, 달 속에 실질적인 것이 있다는 말입니다. 태양에서는 신(神)이라고 부르고 달에서는 화(華)라고 부르는데, 이것을 보면 옛사람들이 글자 하나도 허투루 쓰지 않았음을 알 수 있습니다. 태양 빛이 비치는 것은 신(神)이라고 하는데 신은 죽지 않고 또 실질적인 질량이 있는 것이 아닙니다. 그러나 달 속에 존재하는 정(精)은 뭔가 실질적인 것의 존재를 의미합니다. 그래서 감무를 월정이라고 하지요. 다시 말하면 태양 빛이 정신적인 것을 상징한다면 달빛은 물질적인 것을 상징한다는 뜻입니다.

태양 속의 흑점은 고대 문학에서는 금오(金烏) 즉 금까마귀라고 불렀습니다. 금은 오행에서 지극히 견고한 것을 상징하므로 금오라고 부른 것이지요. 태양 속에 보이는 흑점은 무엇인가요? 달에 비친 태양 빛이 반사되어 태양으로 돌아온 것입니다. "월백반위음신의(月魄返爲陰神矣)", 월백이 돌아와 음신이 된다는 뜻으로, 달 속에 있는 실질적인 것이 태양에 반사된 것이라는 말입니다. 이 원리에 대해 도가는 별다른 설명이 없습니다. 아마 태양과 달이 서로 거울처럼 비추는 상태를 가정한 것 같습니다.

그런데 이 원리에서 우리는 한 걸음씩 공부법을 발견할 수 있습니다. 선종에서 말하듯이 일념불생(一念不生)이 바로 도(道)라는 것입니다. 일념불생이란 무엇일까요? 일념불생 속에는 뭔가 있습니까, 아니면 없습니까? 완전히 아무것도 없다면 곧 완공(頑空)이며 단견(斷見)이 될 것입니다. 그래서 불가에서는 무념(無念)이란 망상이 없는 무망상(無妄想)일 뿐 정념(淨念)은 존재한다고 말합니다. 이것은 태양 속에 한 점의 움직임이 없는 음백(陰魄)이 존재하는 것과 같습니다. 불가의 진정한 모습은 수행 법문

속에 남아 있습니다. 불가의 철학 이론은 너무 높아서 학문화하고 도리어 수행 법문은 잃어버렸습니다. 도가의 이론도 역시 매우 높습니다. 그런데 도가는 과학적 측면이 많기 때문에 일반적으로 유(有)의 측면은 지나치게 확대해서 보고 공(空)의 측면은 보지 않습니다. 그래서 도가에는 오화팔문(五花八門)의 갖가지 문파와 수도 방법이 발생했지만 실제로는 모두 같습니다.

천지의 정화를 훔치다

앞에서 말한 태양과 달의 이론은 또한 방법이기도 합니다. 여러분 스스로 생각해 보기 바랍니다. 다른 방법이 있다고는 생각하지 마세요. 예를 들어 장생불로의 한 가지 방법으로 알려진 채음보양(採陰補陽)은 결코 남녀 간의 성적인 것이 아닙니다. 진정한 채음보양은 일월의 정화를 채집하는 것입니다. 자연의 정화를 채집할 수 있는 방법을 안다면 득도하고 장생불로도 가능할 수 있습니다. 방 안에서도 할 수 있고 동굴 속에서도 할 수 있습니다. 태양의 빛과 에너지는 어디에나 존재하기 때문이지요. 도가의 『음부경(陰符經)』에서는 도(道)를 뭐라고 하는지 아시나요? 도는 곧 도(盜)라고 합니다. 수도(修道)는 남의 것을 훔치는 것이라는 뜻입니다. 여러분이 도를 성취하고자 한다면 천지의 정화를 훔쳐야 합니다. 사람의 것은 훔칠 필요가 없고 천지의 것을 훔쳐야 합니다.

이러한 『음부경』의 도에 대한 해석은 매우 기묘합니다. 천지는 만물의 도둑입니다. 천지는 만물을 훔치고 사람을 훔치지요. 이런 해석은 과학적이면서 동시에 철학적입니다. 현대 과학의 관점에서 보더라도 만물은 서로 각각의 기를 방출하고 동시에 흡수합니다. 이렇게 보면 만물은 인간의 도둑이고, 반대로 인간도 만물의 도둑이 되고 천지의 도둑이 되기도 합니다. 다시 말해 우주 만물은 서로 주고받으며 성장하는 것입니다. 오행으로 말하면 상생과 상극의 개념이 그것이지요. 이 상생과 상극의 원리를 이해한다면 수도 공부의 방법도 알 수 있어서 이 혈도를 지킨다, 저 혈도를 지킨다는 수규(守竅) 같은 방법은 쓸 필요도 없습니다. 천지가 여러분에게 그렇게 큰 생명과 재산을 주었는데 그곳을 지켜서 무엇을 하겠습니까? 너무 쓸데없어서 수지타산이 맞지 않습니다. 도가의 중요한 관건이 되는 것은 모두 이론을 논하는 것입니다. 여기에 주의해야 합니다. 도서(道書)에서 논의하는 이론은 바로 방법입니다. 도서를 읽는 것도 오성(悟性)이 높아야 합니다. 그래야 깨달음도 정밀할 수 있지요. 따라서 『참동계』도 탐구해야 하는 것입니다.

"그러므로 (참동계에서) '혼과 백이 서로 집이 된다'고 하였다."

(故曰, 魂之與魄, 互爲室宅)[114]

주운양 조사는 먼저 혼백의 이론에 대해 설명하고, 그것을 『참동계』 원문의 "혼지여백(魂之與魄), 호위실택(互爲室宅)"이라는 말로 확인했습니다. 사실 일월과 천체의 현상을 이해하면 우리의 성(性)과 명(命), 정신과 생명의 작용은 하나의 원리라는 것을 알 수 있습니다. 그래서 주운양 조사는 다음과 같이 설명했습니다.

"후천의 양물은 비록 성과 명으로 분리되지만 사실 조성은 온전히 명에 의지한다."

(後天兩物, 雖分性命, 其實祖性, 全寄于命)

결론은 태양과 달을 우리 생명에 비유했다는 것입니다. "후천양물(後天兩物), 수분성명(雖分性命), 기실조성(其實祖性), 전기우명(全寄于命)", 생명은 성과 명으로 이루어졌는데 마치 천체 우주에 태양과 달이 나뉘어 있는 것과 같습니다. 부처님은 일찍이 이 천체를 삼천대천세계라고 하셨습니다. 우주에는 우리가 살고 있는 태양계뿐 아니라 헤아릴 수 없이 많고 끝이 없는 세계가 존재한다는 것이지요. 도가에서 말하는 것과 같이 우리의 이 우주도 하나의 생명이며, 만약 태양계를 말하면 인간은 그곳에 있는 하나의 기생충과 같이 미미한 존재입니다. 우주는 참으로 기묘한 것이어서 불교 화엄학에서 말한 것처럼 중중무진(重重無盡)합니다. 『화엄경(華嚴經)』에서는 그것을 "한 송이 꽃이 하나의 세계요, 잎 하나가 여래 한 분[一花一世界, 一葉一如來]"이라고 말했습니다.

우리의 육체는 지구에 기생하는 생명이며, 동시에 우리 육체 내부에도 수많은 기생충이 살고 있습니다. 『금강경』에는 일체 중생을 제도하여 모두 열반에 들게 한다고 했습니다. 어떤 도가 일파에서는 이 말을 우리 몸속에 살고 있는 여러 생명을 제도한다고 해석하기도 합니다. 여러분은 불가의 입장에서 도가의 해석이 틀렸다고 비난만 해서는 안 됩니다. 다양하게 해석할 수 있는 여지는 항상 존재하니까요. 비유하자면 남편 입장에서 보면 남편 말이 일리가 있고, 아내 입장에서 보면 아내 말이 일리가 있습니다.

후천의 양물(兩物)이란 우리 신체의 태양과 달입니다. 태양과 달에 속하는 것은 매우 많습니다. 눈은 태양이고 귀는 달에 속합니다. 두뇌는 태양에 속하고 단전 아래는 달에 속하는 등 정말 많습니다. 도가에서는 왼쪽 눈은 태양에 속하고 오른쪽 눈은 달에 속한다고 합니다. 왼쪽은 양이고 오른쪽은 음이라는 말이지요. 우리의 기혈(氣血)도 왼쪽은 기와 관련되고 오

---

114 『참동계천유』. 218면. 『참동계』 중권, 중편 제20 성명귀원장(性命歸元章).

른쪽은 혈과 관련이 있습니다. 남성은 양에 속하고 여성은 음에 속하기 때문에 여성은 음혈이 많은 대신 양기는 부족하고, 남성은 거친 소처럼 기가 세고 양기는 많은데 혈은 부족합니다.

그러므로 남성은 당귀(當歸)를 먹어서 혈을 보충해야 하고 여성은 고려인삼을 먹어서 기를 보충해야 하는데, 그 사이의 차이는 매우 크고 정밀합니다. 대략 이런 것을 소개하는데, 앞으로 여러분이 도서(道書)를 보면 무슨 말을 하는지 알 것입니다. 더욱이 불요의(不了義)의 도서의 경우 비록 그것이 궁극적인 진리를 담고 있는 책은 아니라고 해도 도서임에는 분명하기 때문에 여러분이 옳지 않은 것이라고 해서는 안 됩니다. 왜냐하면 그 도서는 단지 그 한 가지에 대해서만 말하고 그 이후는 모르기 때문입니다. 『참동계』 같은 도서는 확실히 정말 수준이 매우 높은 것입니다.

그러므로 성과 명은 본래 일체요 일원적입니다. 또는 이원적이면서 일체라고 할 수도 있습니다. 정신과 물질은 일체의 양면으로서 손의 양면과 같습니다. 일체란 무엇을 말하는 것일까요? "조성(祖性)"을 말합니다. 우리 개인의 생명뿐 아니라 산하대지 만물 전체로서 불가 유식학에서 말하는 제팔 아뢰야식이 바로 그것입니다. 아뢰야식은 산스크리트어이고 도가에서는 조성(祖性)이라고 하는데, 곧 원시적 본성을 의미합니다. 이 본성은 생명이 발생한 이후에는 "온전히 명에 의지하여〔全寄于命〕" 존재합니다. 그러므로 본성은 내 몸 밖에서 구할 필요가 없습니다. 우리 자신의 생명 속에 본성이 존재하기 때문입니다.

제72강

선천의 조성, 음양의 명 그리고 정

앞의 강의에서 선천의 조성(祖性)에 대해서 말했는데, 조성은 어디에 있을까요? 주운양 조사는 "온전히 명에 의지한다〔全寄於命〕"고 했습니다. 선천의 조성은 그 전체가 후천의 생명 속에 내재한다는 것입니다. 이어지는 설명을 보겠습니다.

"일단 떨어지면 음양이 나뉘니 명 아닌 것이 없다. 또 명원이 다시 전변하여 정이 되니 음양의 변화와 화합이 정 아닌 것이 없다. 성은 명에 깃들기 때문에 리괘 중의 원정과 감괘 중의 원기를 모두 명이라고 한다. 그 명이 전화하여 정이 되므로 태양 속의 목혼과 달 속의 금백을 모두 정이라고 한다."

(蓋一落陰陽, 莫非命也. 且命元更轉爲情, 蓋陰陽之變合, 莫非情也. 惟其性寄于命, 故離中元精, 坎中元炁, 總謂之命. 惟其命轉爲情, 故曰, 日中木魂, 月中金魄, 總謂之情)

"개일락음양(蓋一落陰陽), 막비명야(莫非命也)", 일단 떨어진다는 뜻의 "일락(一落)"은 선천에서 후천으로 전화한다는 말로, '후천의 유형적 생명으로 탄생하게 되면'이라는 의미입니다. 일단 유형의 생명을 갖게 되면 음양에 떨어져 성(性)과 명(命) 두 층으로 나뉩니다. 성(性)은 독립된 성으로 존재할 수 없고 명 속에 내재되어 명공(命功)만 닦으면 되기 때문에 '명 아닌 것이 없다〔莫非命也〕'고 했습니다.

"차명원갱전위정(且命元更轉爲情), 개음양지변합(蓋陰陽之變合), 막비정야(莫非情也)", 선천의 조성(祖性)이 음양의 명(命)으로 전변하고, 음양의 명은 다시 전변하여 정(情)이 되는 세 번의 전환이 있다는 말입니다. 일단 조성이 전변해서 후천의 명이 되면 성(性)은 명(命) 속에 내재합니다. 그렇다면 명은 어디에 있는 것일까요? 우리는 찾을 수 없습니다. 지금 작용하는 것은 정(情), 생각, 칠정 육욕의 정입니다. 불가에서 망념, 망상 등이라고 하는 것이지요. 후천의 생명이 있은 후 성은 이 명 속에 내재하고, 명은 다시 전변하여 정으로 작용하게 된다는 것입니다.

따라서 생각이 끊이지 않고 망념이 계속 일어나는 것, 심지어 우리 몸과 마음에서 음양이 반복해서 변화하는 것은 모두 정(情)의 작용입니다. 예를 들면 정신이 피로하면 음(陰)의 경계가 오는 것이고, 정신이 맑으면 양(陽)의 경계가 오는 것입니다. 기쁘고 즐겁고 머리가 맑고 번뇌가 없는 것은 양의 경계이고, 번뇌와 근심이 있고 우울한 심경은 음의 경계가 발동한 것입니다. 주운양 조사가 "음양의 변화와 화합이 정 아닌 것이 없다〔陰陽變合, 莫非情也〕"고 말한 것은 바로 이런 뜻입니다.

"유기성기우명(惟其性寄于命), 고리중원정(故離中元精), 감중원기(坎中元炁), 총위지명(總謂之命)", 우리의 선천적 본성이 후천의 생명과 합일하면 선천의 본성은 명 가운데 내재하여 성과 명이 합일하게 됩니다. 마치 음전기와 양전기가 합할 때 전구에 빛이 들어오는 것처럼, 우리의 생명도 선천의 무형적 성(性)과 후천의 유형적 명(命)이 결합해서 존재하는 것이지요.

우리의 생명은 "리괘 중의 원정과 감괘 중의 원기(離中元精, 坎中元炁)"의 결합으로 구성되는데, "원기(元炁)"는 호흡의 기(氣)가 아닙니다. 제가 늘 말하지만 우리가 정좌를 하는 것은 충전하는 것과 같습니다. 무슨 특별한 공부를 할 것 없이 정좌만 하고 있으면 자연히 충전되는데, 그것이 바로 원기입니다. 리괘 중의 "원정(元精)"은 바로 우리의 영지(靈知)의 성(性)입니다. 여러분의 수도 공부가 이 단계에 도달하여 원정이 정화된다면 기맥은 자연히 열립니다. 부산하게 하거(河車)를 돌린다느니 임독맥을 통한다느니 힘쓸 필요가 없습니다. 이렇게 "리괘 중의 원정과 감괘 중의 원기"가 화합하여 우리의 현재 생명을 이루는데 "모두 명이라고 합니다(總謂之命)." 그러나 우리는 그런 사실을 미처 알지 못합니다. 육욕과 칠정으로 인해 망상이 일어나기 때문입니다.

"유기명전위정(惟其命轉爲情), 고왈(故曰), 일중목혼(日中木魂), 월중금백(月中金魄), 총위지정(總謂之情)", 이 생명이 변한 후 후천적 쓰임이 또 변하면 사상과 정서만 있을 뿐입니다. 본성은 원래 태양으로 상징되고 "목혼"은 신체의 장부에서 간장에 속합니다. 간장은 혈과 관련된 중요한 장기이지요. 그렇다면 "달 속의 금백(月中金魄)"이란 생리에서 무엇일까요? "금백"은 폐에 속하는데, 폐는 호흡과 연관되는 중요한 기관이지요. 이것은 유형의 유형이며 모두 기혈의 변동으로 인해 나타납니다. 후천의 생명 작용은 전체적으로 기혈의 작용과 떨어질 수 없습니다. 기혈의 작용이 선천의 성에 결합하여 후천 생명 중의 사유 작용으로 변하는 것을 통틀어 정이라고 합니다.

원신, 원기, 원정이 성이다

큰 문제가 하나 있습니다. 물론 이론적인 것인데 성명(性命)의 성은 어디에 있는 것일까요? 주운양 조사의 설명을 보겠습니다.

"조규 중의 한 점 원신이 바로 본래의 진성이다."

(只有祖竅中, 一點元神, 方是本來眞性)

"조규(祖竅)"에 관해 도가 내에서도 논의가 분분합니다. 어쨌든 조규와 원신의 관계는 우리의 후천 생명에 본성이 존재한다는 사실을 표현합니다. 아무리 정서가 안정되지 않고 기혈이 발동한다고 해도 그 배후에는 본성(本性) 즉 원신이라고 하는 우리 생명의 근원이 존재한다는 것입니다. 이 본성은 육체와 분리되지 않으며 조규 속에 머물고 있습니다. 도가에서는 본성을 원신이라고 부르는데 모두 세 가지 명칭이 있습니다. 원정(元精), 원기(元炁), 원신(元神)이 그것입니다. 여기에서 원신은 곧 본래 진성(眞性)입니다. 선천의 성이며, 명심견성의 성입니다. 또 장자가 말하는 "천지와 같은 뿌리요 만물 일체[與天地同根, 萬物一體]"의 본성입니다. 그런데 우리 육체에서 본성은 어디에 있을까요? "지유조규중(只有祖竅中), 일점원신(一點元神), 방시본래진성(方是本來眞性)", 조규 속에 있는 것이 바로 본래의 진성입니다.

우리 생명은 원신(元神)을 군주로 삼고 있습니다.

"원신이 군주가 되어 한 점이 규 안에 안주하니 가고 옴에 문을 나서지 않는다. 어찌 성의 주인이 규 안에 거처하여 담장을 설치한 것이 아니겠는가."

(元神爲君, 安一點于竅內, 來去總不出門, 豈非性主處內, 立置鄲鄂乎)

"원신위군(元神爲君)", 여기에서 원신은 신체의 주인이요 군주요 주재자를 의미합니다. "안일점우규내(安一點于竅內), 내거총불출문(來去總不出門)", 원신은 우리 신체의 조규 안에 존재하지만 천지 우주와 서로 통하고 있습니다. 비록 천지 우주와 통하고, 전기가 통하고 왔다 갔다 하지만 결코 우리 신체를 떠난 적이 없고 조규에서 벗어나지도 않았습니다. 그래서 주운양 조사는 『참동계』 원문을 인용하면서 "기비성주처내(豈非性主處內), 입치은악호(立置鄞鄂乎)"라고 했습니다. "어찌 성의 주인이 규 안에 거처하여 담장을 설치한 것이 아니겠는가"라는 설명입니다. 그는 아주 명백하게 그 이치를 말했습니다.

도가에서는 조규(祖竅)의 개념을 말했는데, 불가의 현교에서는 이런 의미의 개념이 없습니다. 그러나 티베트 밀교에서는 도가의 조규와 같은 개념이 있습니다. 바로 생법궁(生法宮)이라고 하는데 해저(海底)에 있다고 합니다. 본래 인도에서 온 말로, 인도 요가의 각 종파에서도 닦는 것입니다. 도가에서는 배꼽 아래 부분이 단단한 것을 보고 하단전을 지킨다고 하는데 그럴 만한 이유가 있나요? 당연히 있습니다.

티베트 밀교에서는 단전을 제륜(臍輪)이라고 합니다. 그런데 밀종에서는 이런 것에 대해 말하는 것을 좋아하지 않습니다. 은밀히 전할 비밀스러운 것이라고 보기 때문에 지금 저처럼 드러내 놓고 다 말하지는 않지요. 사실 제가 보기에 그다지 비밀로 할 만한 것도 아닙니다. 진짜 중요한 것이 아니라고 생각하므로 저는 별로 마음에 두지 않습니다. 그러나 일반적으로 밀종을 공부하는 사람들은 이런 것을 매우 중요한 비밀이라고 여깁니다. 밀종에는 또 화륜(化輪)이라는 개념이 있는데, 화륜이라고 하는 것은 우리처럼 욕계에 살고 있는 사람들에게는 모두 몸의 하부에서 발생하는 것입니다. 그래서 정충이니 난소니 하는 것들은 모두 그 속에 들어 있습니다.

맥륜은 케이블카와 같다

소위 맥륜(脈輪)이라고 하는 것은 케이블카와 같습니다. 우리 몸에는 케이블카가 매우 많지요. 신경 계통을 포괄해서 제륜(臍輪) 위에는 밀종에서 말하는 심륜(心輪)이라는 것이 있습니다. 심륜은 법륜(法輪)이라고도 하는데 여기에는 맥이 대단히 많습니다. 도가에서는 이곳을 강궁(絳宮)이라고 부르는데, 글자 그대로 붉은색 궁전이라는 뜻이지요. 그 궁에는 신(神)이 거주하고 있습니다. 심륜 위에는 후륜(喉輪)이 있는데, 밀종에서 수용륜(受用輪)이라고 부르는 곳입니다. 도가에서는 이곳을 십이중루(十二重樓)라고 합니다. 이곳에 연골이 열두 마디가 있어서 붙여진 명칭입니다. 우리가 음식을 먹으면 모두 이곳을 통해 위장으로 내려갑니다. 도가에서는 후륜을 생사현관(生死玄關)이라고 부릅니다. 밀종에서는 이 부위의 맥륜을 통하면 망념이 사라진다고 하지요.

따라서 이 부위의 맥륜이 통하지 않았는데도 망념이 없다고 하는 사람은 남을 속이는 것입니다. 물론 자기 자신도 속이는 것이고요. 이 부위에는 두 개의 관(管)이 있습니다. 하나는 기관(氣管)이고 또 하나는 식관(食管)으로, 흔히 기도(氣道)와 식도(食道)라고 합니다. 이 기도는 손가락 하나로 눌러도 사람을 죽일 수 있지만 식도는 끊어져도 죽지 않습니다. 경극(京劇)에서 검을 꺼내 자기 목을 찌르는 장면이 있는데, 절대 기도를 찌르지는 않습니다. 기도를 찌르면 바로 죽지만 식도는 끊어져도 삼십 분 정도는 버틸 수 있습니다. 그 안에 접합하면 다시 살 수 있지요. 그래서 도가에서는 이 부위를 매우 중시합니다. 이곳의 기맥이 열리지 않고서는 생사 해탈이 불가능하기 때문입니다.

정수리에 있는 정륜(頂輪)은 밀종에서는 대락륜(大樂輪)이라고 합니다. 이 부위는 밀종에서도 비교적 분명히 말하기 때문에 여러분도 보면 바로 이해할 수 있습니다. 그러니 여러분도 큰 즐거움을 얻고 싶다면 기맥이 전부 열려야 합니다. 특히 정륜의 기맥이 열리면 하루 종일 즐거움을 느낀다고 합니다. 범부의 쾌락은 모두 신체의 하부에 있습니다. 욕계 중생의 쾌락은 남녀 성욕을 해소하는 데 있어서 매우 천박하지요. 이것은 정륜의 기맥이 열려서 즐거움을 느끼는 것과는 질적으로 다릅니다. 그래서 불가에서는 선정에 대해 말하면서 초선(初禪)의 세계에는 욕계를 벗어나서 얻는 즐거움인 이생희락(離生喜樂)이 있고, 이선(二禪)의 세계에는 선정으로 생기는 즐거움인 정생희락(定生喜樂)이 있다고 합니다. 만약 정륜의 기맥을 통하지 않으면 즐거움은 절대 얻을 수 없습니다. 이런 즐거움은 정말 비할 데 없는 쾌감으로서 이것을 한번 경험하면 이 세계의 세속적 쾌락은 더 이상 말하지 않게 된다고 하지요.

조규는 어디에 있는가

지금까지 한참 동안 말했지만 조규가 정말 어디에 있는지는 저도 모릅니다. 우리 몸에는 규(竅)가 많은데 몸에 있는 구멍은 모두 규라고 할 수 있습니다. 밀종에서는 미간륜(眉間輪)을 조규라고 합니다. 그런데 미간륜이 조규라는 말은 비슷하기는 하지만 아주 정확한 것은 아닙니다. 도가를 예로 들면 여러분이 조규를 알기 위해 도가의 어느 파에 입문한다고 해도 쉽게 알 수 있는 것이 아니지요. 왜냐하면 말로 전할 수 있는 것이 아니라 오직 스스로 체험해야 알 수 있기 때문입니다.

그래서 중국인들 중에는 미간에 정신을 집중하여 지키는 사람도 있고, 양 젖꼭지 사이 중간 부위를 지키는 사람도 있고, 혹은 배꼽에 집중하기도 하고 해저에 집중하기도 하고 허리 양쪽 명문에 집중하기도 하고 협척(夾脊)

에 집중하여 지키는 사람 등 많은 갈래가 있습니다. 이것을 수규(守竅)라고
합니다. 사실 제가 여러분에게 조규에 대해 숨김없이 말하면 여러분은 모두
제게 큰 빚을 지는 셈입니다. 저는 조규에 대해 알기 위해 많은 선배와 도인
을 만났고, 그분들이 제게 구결을 한마디씩 할 때마다 적지 않은 돈을 드려
야 했기 때문입니다. 돈뿐만 아니라 수도 없이 머리를 숙이고 절을 했지요.
그러니 여러분은 제게 돈뿐 아니라 절도 많이 빚지고 있는 셈입니다.

도가나 밀종의 경우 어느 일파에서나 조규를 미간륜으로 알고 있어서
모두 그곳에 정신을 집중해서 지킵니다. 그러나 여러분에게 늘 강조하듯
이 미간륜에 집중하는 수규는 나쁜 결과를 낳을 수 있습니다. 특히 미간륜
을 지키는 것은 나이가 들어 혈압이 높으면 문제가 됩니다. 또 여성의 경
우 하단전을 지키는 것은 좋지 않습니다. 그러나 중단전을 지키는 것은 남
자든 여자든 별 문제가 없습니다. 도가에서 태극 문양을 그리고 한가운데
점을 찍는데, 그곳은 강궁(絳宮)이 아니라 중궁(中宮)을 가리킵니다. 중궁
을 지키는 사람은 대체로 탈이 없습니다. 중궁을 지키는 것은 위장을 보양
하는 효과가 있어서 괜찮습니다. 위장이 좋아져서 잘못될 일은 없지 않습
니까. 그렇다면 조규가 바로 중궁에 있다는 말인가요? 아닙니다. 우리의
선천 본성인 조규는 심장에 있기도 하고 때로는 뇌에 있기도 합니다.

저는 늘 대학교에 동아시아를 비롯해서 인도, 중동, 이집트 지역을 포괄
하는 동양문화의 생명연구소를 설립해야 한다고 주장합니다. 생명을 어떻
게 조절하고 절제할 것인지 연구해야 한다는 것이지요. 몇 년 전에 한 미국
인 친구가 매일 이곳에 와서 수련을 했습니다. 그 사람은 암환자였는데 서
양 의학의 치료도 받았고 약도 많이 먹었습니다. 저는 그 친구에게 한약을
먹으라고 권했는데 먹기 시작하자마자 효과가 있었습니다. 그래서 계속 먹
었는데 이상하게도 더 이상 좋아지지 않았습니다. 저는 짚이는 데가 있어
서 그 친구에게 말했습니다. "자네 병을 고치려면 부인과 각방을 써서 육

개월 동안 부부관계를 끊고 약을 계속 먹어보게." 그러자 그는 자기를 식물인간으로 만들려고 하느냐고 했습니다. 식물인간이라면 산소호흡은 하니 뇌사에 이른 것은 아니지요. 하지만 거의 죽은 것이나 다름없는 상태이기는 합니다. 뇌의 기억이나 생각 활동은 거의 없으니까요. 그런데 중요한 것은 우리의 뇌의 활동이 이렇게 정지에 가까운 상태가 되는 것에 대해 과학적으로 연구할 가치가 있습니다. 입정(入定)의 경지에 이르는 것은 결코 식물인간이 되는 것이 아닙니다. 참으로 생각이 거의 끊어진 입정의 경지에 도달하면 우리는 천지와 소통할 수 있도록 변화합니다. 이것이 바로 천지 사이에 인간이 우뚝 섰다는 뜻으로 '정천립지(頂天立地)'라고 합니다.

그래서 여러분에게 정(定)을 수련하면 기주맥정에 도달해야 한다고 늘 말했습니다. 전뇌와 후뇌의 기맥이 충만해야 합니다. 충만하면 어떻게 되냐고요? 생각이 움직이지 않게 됩니다. 생각이 어지럽게 움직이면 기가 멈추지 않습니다. 불가와 도가에서 지식(止息) 수련을 하는 이유입니다. 참으로 지식할 수 있으면 기주맥정도 가능하고 명공(命功)도 이룰 수 있습니다. 오늘 여러분에게 있는 그대로 솔직하게 다 말하고 있습니다. 수도 공부의 원리와 방법이 모두 이 속에 들어 있습니다. 여러분이 저를 의심해서 전해지는 수규법을 그대로 하려고 한다면 어지럽게 어디든 다 지킬[守] 수 있습니다. 하다못해 이 손가락 끝도 지킬 수 있지요.

따라서 다시 조규에 대해 말하면 이 조규는 사실 무규(無竅)입니다. 제가 직접 체험한 사실입니다. 티베트에서 밀종을 수련하고 있을 때입니다. 밀종의 승려들은 제게 서방 극락에 왕생하려면 반드시 정수리로 나가야 한다고 했습니다. 그래서 저는 말이 안 된다고 반박했지요. 그런 말을 하는 사람은 불가든 도가든 수련이 부족하다고 했습니다. 일정한 경지에 도달한 사람은 어디로 가든 다 극락왕생할 수 있습니다. 우리 몸에는 십만 팔천 개의 모공이 있는데, 어디에 우주와 통하지 못할 곳이 있겠습니까?

다 통할 수 있습니다.

제가 하려는 말은 몸의 어느 곳이나 다 조규가 될 수 있다는 것입니다. 어느 한 곳만 조규라고 생각하고 지켜서는 안 됩니다. 여러분이 몸의 어느 한 곳에 주의를 기울이면 기혈과 생각이 그곳에 집중해 자연히 특이한 느낌이 생깁니다. 공부의 원리를 잘 모르는 일반인들은 이렇게 발생한 느낌을 수도 공부에 어떤 효과가 있거나 기맥이 움직이는 것이라고 오해합니다.

여러분이 매일 손등에 주의를 집중하면 언젠가는 손등이 부풀어 오른 것처럼 보이게 됩니다. 여러분의 주의력이 기혈을 그곳에 집중하게 만들기 때문입니다. 이런 것은 도(道)가 아닙니다. 불가의 설법으로 말하면 "하나의 인연에 마음을 얽어매는[繫心一緣]" 것이라고 합니다. 여기저기 흩어지는 생각을 어느 한 곳에 초점을 집중해 통일하는 것이지요. 그러나 통일한 이후에도 공부가 필요합니다. 단지 정신의 통일, 집중에만 그쳐서는 안 됩니다. 하나의 조규에만 정신을 집중시키지 않을 때 기맥은 자연히 통합니다. 이런 원리는 구장춘 도인의 〈청천가〉를 참고하기 바랍니다.

구장춘의 청천가

구장춘은 〈청천가〉에서 다음과 같이 노래합니다.

"푸른 하늘에 뜬구름 일으켜 막지 마라. 구름 일면 푸른 하늘이 만상을 가리리니[靑天莫起浮雲障, 雲起靑天遮萬象]." 수도 공부의 최후 단계는 몸과 마음이 공의 경지에 도달하여, 마치 푸른 하늘에 구름 한 조각 없는 것처럼 잡념 하나 없게 됩니다.

"삼라만상이 뚜렷하면 온갖 삿됨을 진압하고, 광명이 드러나지 않으면 삿된 악마가 왕성하리라[萬象森羅鎭百邪, 光明不顯邪魔旺]." 하늘에 구름 한 조각 없어서 태양이 밝게 빛나면 삼라만상은 자신의 모습을 선명하게 드러냅니다. 마치 맑은 거울이 일체 사물의 모습을 왜곡하지 않고 있는 그대로 비추는 것처럼 말입니다. 가령 우리가 있는 이곳에 거대한 거울이 있어서 모두를 비춘다고 하면 모든 사람이 거울 속에 비치겠지요. 이처럼 거울이 현상을 남김없이 모두 반영하는 것을 청천(靑天)이라고도 하고, 무념(無念)이라고도 하고, 청정(淸淨)이라고도 하는 것입니다. 사마(邪魔)란 우리가 사물을 있는 그대로 보지 못하고 왜곡하는 것을 말합니다. 〈청천가〉에서는 그것을 태양의 광명이 구름에 가려지는 것으로 비유했지요. 구름이 빛을 흐리게 하면 사물을 제대로 보지 못합니다. 〈청천가〉에서는 또 다음과 같이 노래합니다.

"내가 처음 천지를 확연히 열 때 온 세상이 태평을 노래하리라〔我初開廓天地淸, 萬戶千門歌太平〕." 기맥이 모두 자연히 열릴 것이라는 뜻입니다. 그러므로 몸의 어느 한 점에 기혈을 지키고 집중하는 것은 옳지 않습니다.

"한 조각 먹구름이 일면 구규 백해가 모두 편안치 않으리라〔有時一片黑雲起, 九竅百骸俱不寧〕." 마음이 움직이면 기혈도 움직입니다. 마음이 움직여서 기혈이 움직이는 상태에서 여러분이 운공(運功)을 하여 기를 돌린다면 저 아래 해저로부터 심지어 직장에 남아 있는 대변의 기마저 위로 올라오게 되니, 기를 돌리면 돌릴수록 두뇌가 혼미해지지 않겠습니까? 이렇게 되면 대소변 중독도 생길 수 있습니다. 이런 탁한 기를 위로 끌어올려서는 안 됩니다. 그러므로 수행 공부에는 지혜가 필요합니다.

구장춘은 원나라 때 도가 북파의 조사입니다. 전진칠자(全眞七子) 중에서 가장 막내인 구장춘이 후에 북파를 창립한 조사가 됩니다. 민국(民國) 초년의 동선사(同善社)나 오늘날 일관도(一貫道) 등 여러 도가의 문파도 모두 구장춘의 문하에서 가지를 쳐서 나왔지요.

"푸른 하늘에 뜬구름 일으켜 막지 마라"는 〈청천가〉의 첫 구절은 조규와 관련된 내용입니다. 구름 한 점 없는 푸른 하늘이란 마음속에 한 생각도 일어나지 않는 경지를 비유하지요. 밀종에서는 중맥(中脈)의 푸른 하늘[藍天]을 관찰하라고 합니다. 밀종에는 이처럼 도가와 통하는 곳이 많습니다. 제가 늘 궁금해하는 것이 도가가 밀종에서 나온 것인지, 아니면 밀종이 도가에서 나온 것인지의 문제입니다. 학술적으로 볼 때 참으로 어려운 문제가 아닐 수 없습니다.

군주와 신하를 분명히 알다

이제 다시 돌아가서 주운양 조사의 설명을 보겠습니다.

> "정기는 신하가 되어 엄숙하게 제방을 세워 전후좌우로 간사를 막고 끊는다. 어찌 정의 주인이 밖에 거처하여 성곽을 축조한 것이 아니겠는가."
>
> (精氣爲臣, 嚴立隄防, 前後左右, 遏絶奸邪, 豈非情主處外, 築爲城郭乎)[115]

주운양 조사가 말하고자 하는 것은, 우리의 영명(靈明)한 마음이 움직이지 않으면 곧 일념이 청정해진다는 것입니다. 조규는 어디에 있습니까? 안에도 없고 밖에도 없고 중간에도 없습니다. 몸의 어느 곳을 지정해서 조규라고 할 수는 없지만, 그러나 모든 곳이 다 조규이기도 합니다. 이런 원리를 깨달을 때 여러분은 자연히 조규가 어디에 있는지 알게 됩니다.

이렇게 조규의 참된 이치를 아는 것을 불가로 말하면 만연방하(萬緣放下)입니다. 온갖 인연을 모두 버리고 집착하지 않게 된 것이지요. 한 생각

---

115 『참동계천유』. 220면.

도 일어나지 않을 때 후천 생명 속에 존재하는 정기(精氣)가 스스로 성장합니다. 이것은 젊은이와 노인의 차이가 없습니다. 오직 쉬지 않고 수련한다면 정기가 성장할 수 있습니다. 젊은 사람에 비하면 좀 더딜 수는 있지만 인내심을 갖고 수련하면 됩니다. 남녀를 막론하고 노인이라도 일념(一念)을 청정하게 하여 만연을 방하고 한 생각도 일으키지 않는 고요한 정(定)의 경지를 추구하면 반드시 정기가 생장합니다. 여러분은 왜 정좌를 하는지 아십니까? 정정(靜定)의 경지가 오래 지속되면 정기가 생장하고 생생불식(生生不息)할 수 있기 때문입니다.

어떤 사람은 수도 공부를 하다가 기맥이 움직이면 신체도 기맥을 따라 요동한다고 합니다. 심지어 신체도 따라서 요동해야 한다고 생각합니다. 이렇게 되면 이미 문제가 발생했습니다. 기맥이 발동해서 관(關)과 규(竅)를 통할 때 영명한 일념이 기맥을 주도하지 않고 도리어 기맥으로 하여금 주인 노릇을 하게 하면, 군주가 군주가 못 되고 신하를 따라 돌게 됩니다. 선종으로 말하면 일념의 영명(靈明)이 주인이 되지 못하고 손님을 따라 함께 도는 것이지요. 정기신(精氣神)은 바로 우리 생명의 손님이기 때문입니다. 다시 불가의 원리로 말하면 우리의 영명한 마음이 오음(五陰) 중의 수음(受陰)을 따라 함께 가는 것입니다. 일반적인 수도 공부는 감각을 따라가기 때문에 "수가 곧 공이요 공이 곧 수이며, 수는 공과 다르지 않고 공은 수와 다르지 않다(受卽是空, 空卽是受, 受不異空, 空不異受)"는 원리를 이해하지 못합니다.

그러므로 이때 반드시 경계해야 할 것이 있습니다. 최대한 영명한 마음으로 하여금 주인이 되게 하여, 푸른 하늘에 구름이 일어 장애가 되지 않도록 해야 합니다. 다시 말해 몸에서 기기(氣機), 정기(精氣)가 발동하더라도, "정기위신(精氣爲臣)" 즉 정기는 신하가 되어 영명한 마음의 지휘를 받게 해야 합니다. 마음이 기의 활동과 함께 요동해서는 안 됩니다. 이것이 바로 "정기는 신하가 되는" 원리입니다.

"엄립제방(嚴立隄防)", 정기(精氣)가 일단 발동하면 정신이 왕성해져서 세속적인 욕망을 즐기고 싶어집니다. 물론 실제로 방탕하게 즐기기보다는 책을 더 본다든가 해서 발동한 정기를 소모하게 되지요. 이렇게 정기를 소모하는 것은 잘못입니다. 그래서 엄격하게 제방을 세우라고 하는 것이지요. 이런 일은 마치 돈을 벌면 벌수록 점점 많아지는 것과 같습니다.

"전후좌우(前後左右), 알절간사(遏絶奸邪)", 마치 영명한 군주가 스스로 자주권을 갖고 전후좌우에 있는 소인배와 간신의 아첨과 그릇된 말을 일체 용납하지 않는 것과 같습니다.

"기비정주처외(豈非情主處外), 축위성곽호(築爲城郭乎)", 여기에서 정(情)이란 정(精)이 발동한 것이고 기맥이란 정(情)의 발동입니다. 이것은 모두 외면적인 것이니 수도자가 기맥의 충동에 따라가서는 안 됩니다. 자기 마음의 영명이 바로 주재하는 것이니 기맥은 전혀 상관할 바가 아닙니다. 기맥은 상관하지 않을수록 더욱 빨리 발동하고 빨리 통합니다. 일반인들은 기맥이 발동하면 바로 그것에 집착하기 때문에 영원히 기맥이 통하지 않는 것이지요.

저는 수십 년 동안 도가를 닦는 사람들과 불학을 공부하는 사람들 중에 나이가 들어 몸이 흔들리는 경우를 적지 않게 보았습니다. 이전에 말한 적이 있지만 제가 젊었을 때 사천의 자류정(自流井)에서 여든 된 노인을 만났는데, 모든 사람이 도를 깨쳤다고 하는 분이었지요. 그런데 그분은 정좌할 때 머리를 흔들었습니다. 제가 물었습니다. 어떤 수련을 하시는데 머리를 이렇게 흔드느냐고요. 그러자 그 노인은 자신의 상태가 주화입마와 같은 것인데, 아직 훌륭한 스승을 만나지 못해 그 관문을 뚫지 못하고 있다는 것이었지요. 여러분은 이 노인이 왜 이렇게 되었는지 알겠습니까? 바로 수음(受陰)을 따라 전전하기 때문입니다. 이 단계를 통하지 못하면 바로 이렇게 됩니다. 그 노인은 자신의 감각이나 생각에 지나치게 집착해서 영명한 주재를 찾지 못했습니다. 그래서 기맥이 도리어 병이 되었지요. 기맥은 앞에서 본 〈청천가〉의 "푸른 하늘에 뜬구름 일으켜 막지 마라"는 구절에서 뜬구름(浮雲)과 같은 것입니다. 구름에 신경 쓰지 말고 그대로 두면 자연히 흩어지듯이, 기맥이 발동해도 상관 말고 마음을 청정하게 유지하면 기맥은 저절로 통하게 됩니다.

기맥의 충동에 동요하지 말라

주운양 조사의 이어지는 설명입니다.

"제방이 튼튼해지면 주인은 밀실 속에서 여유가 있다."
(隄防旣固, 主人優游于密室之中)

"제방기고(隄防旣固), 주인우유우밀실지중(主人優游于密室之中)", 한 생각(一念)의 영명이 어둡지 않고 깨어 있는 것을 불가에서는 정각(正覺)의 불성(佛性)이라고 합니다. "밀실(密室)"이란 결코 신체의 어느 비밀스러운 곳을 가리키는 것이 아닙니다. 오히려 고정된 부위가 아니기 때문에 밀실이라고 부릅니다. 『역경』에서 공자는 "풀어 놓으면 육합에 가득차고 거두면 밀실에 감추어진다(放之則彌於六合, 收之則退藏於密)"[116]라고 했습니다. 밀실이 일정한 장소를 가리킨다면 반드시 찾을 수 있습니다. 하지만 진정

---

116 저자는 『역경』에 나오는 말이라고 했으나 실은 『중용장구(中庸章句)』 첫머리의 정이천 주석에 나오는 말이다. 다만 「계사전」에는 "퇴장어밀(退藏於密)"이 나온다.

한 밀실은 어디에나 있으며 바로 여러분 자신에게도 있지만 찾지 못하기 때문에 밀실이라고 하는 것입니다.

"동요하지 말고 놀라거나 두려워하지 않는다. 그러므로 (참동계에서) '성곽이 완전하면 인민이 편안하다'고 하였다."

(不動不搖, 不驚不怖, 故曰, 城郭完全, 人民乃安)

"부동불요(不動不搖)", 정좌 공부를 하는 중에 기맥이 움직여도 감각을 따라가지 않아야 합니다. 자기 자신을 주재하는 한 생각 영명은 "불경불포(不驚不怖)" 즉 놀라거나 두려워하지 않습니다. 때로 기맥의 발동이 심장에 미치거나 혹은 다른 곳에 도달하면 마치 곧 죽을 것 같은 느낌이 들기도 합니다. 제 경험을 말하자면, 곧 죽을 것 같은 느낌이 일어나면 일찍 죽으나 늦게 죽으나 사람은 결국 죽는다고 대범하게 생각하고 기맥을 상관하지 않아야 합니다. 그러면 바로 그 관문을 통과할 수 있습니다. 그러므로 놀라지 않고 공포를 느끼지 않는 것이 매우 중요한데 때때로 그런 경계가 오면 사람들은 놀라게 되지요.

따라서 수도 공부를 하는 여러분은 특히 젊은이들은 결코 가볍게 생각해서는 안 됩니다. 수도 공부는 큰 용맹이 필요하고 큰 지혜도 있어야 합니다. 그래서 『참동계』에서도 "성곽완전(城郭完全), 인민내안(人民乃安)"이라고 했습니다. 이 성곽은 그 스스로 제방을 잘 쳐야 합니다. 그 제방이란 무엇일까요? 바로 여러분의 주재자인 한 생각이요 자성(自性)입니다. 성공(性功)은 곧 명공(命功)인 것입니다.

"비로소 안에 처한 성이 족히 정을 제어할 수 있게 된다. 그렇게 되면 밖에 있던 정이 스스로 돌아와 성으로 회귀하여, 손님과 주인이 서로 하나가 되고 군

주와 신하의 도가 합일하게 된다. 이것이 감괘와 리괘의 교회이며 금단의 기초이다. 명을 바르게 세우는 것이 곧 성을 기르는 것이다."

(始而處內之性, 已足制情, 旣而營外之情, 自來歸性, 賓主互參, 君臣道合, 此爲坎離交會, 金丹初基, 立命正所以養性也)

"시이처내지성(始而處內之性), 이족제정(已足制情)", 기맥이 어떻게 충동하고 어떻게 변화하든 상관하지 말고 동요하지 말아야 합니다. 이때 우리의 영명한 본성의 일념이 마치 푸른 하늘에 뜬구름 한 점 일지 않듯이, 동하되 동하지 않고 생하되 생하지 않아 "족히 정을 제어할 수 있게 되고〔已足制情〕" 기맥을 조복시킬 수 있습니다. 이렇게 되면 정이 성으로 회귀하여 참으로 일념도 일어나지 않는 경지에 도달한다는 것입니다.

"기이영외지정(旣而營外之情), 자래귀성(自來歸性)", 이렇게 되면 서서히 기맥이 안정되고 정이 본성의 범위로 돌아오는데 이때를 대정(大定)이라고 합니다. 선종에서도 사실 기맥 공부를 말하는데, 기맥은 손님이 되고 기맥을 공부하는 주체는 주인이 됩니다. 기맥이 발동할 때 주인은 단지 관찰만 할 뿐입니다. 기맥이 손님이 되어 이리저리 날뛰어도 주인이 손님을 따라 움직이지 않고 동요하지 않으면 손님은 결국 주인을 흔들지 못합니다. 이것을 손님이 와도 마중하지 않고 가도 배웅하지 않는다고 합니다. 이런 속에서 "빈주호참(賓主互參), 군신도합(君臣道合)" 즉 손님과 주인이 서로 하나가 되고 군주와 신하의 도가 합일하는 것입니다. 선종의 임제 스님은 손님과 주인으로 비유했고 조동종에서는 군주와 신하로 비유했지요.

주운양 조사는 이것을 "차위감리교회(此爲坎離交會), 금단초기(金丹初基)"라고 했습니다. 감괘와 리괘의 상호 만남이란 정(情)이 성(性)으로 회귀하여 일념도 일어나지 않는 대정(大定)의 경지로서, 이것이야말로 정통 도가에서 금단의 기초가 됩니다. "입명정소이양성야(立命正所以養性也)",

명공(命功)을 올바로 닦는 것이 곧 성공(性功)이 됩니다. 즉 성공과 명공을 함께 닦는 성명쌍수이니 명공이 이루어지면 성공도 저절로 이루어집니다.

다시 한 번 말하지만 기맥이 발동할 때 여러분이 그것에 종일 주의를 집중하고 끌려 다니면 병이 나는 것은 당연합니다. 기맥이 어떻게 충동하든 상관하지 않고 내버려 둔다면 한 시간 정도면 기맥이 통하게 됩니다. 기맥이 통하지 않는 이유는 여러분이 기맥과 함께 요동하기 때문입니다. 그래서 기맥이 지날 때마다 간에 문제가 생기고 위에 문제가 생기니 어찌 괴롭지 않겠습니까!

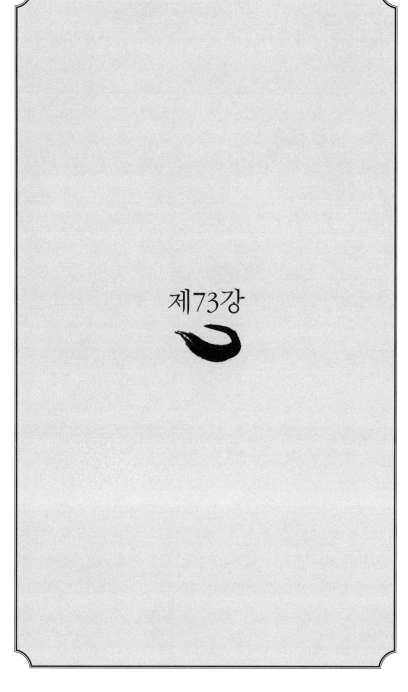

제73강

우주에 고요함이 있는가

앞에서는 성명(性命)을 진실하게 닦는 방법을 강의했습니다. 이어서 『참동계』 제20장 성명귀원장의 세 번째 단락[117]을 보겠습니다.

이때 정이 건곤에 합한다. 건은 움직이며 곧아 기가 퍼지고 정이 흐른다. 곤은 고요하며 흡수하여 도의 집이 된다. 강한 것은 흩어져 퇴화하고 부드러운 것은 영양을 주어 기른다.

爰斯之時. 情合乾坤. 乾動而直, 炁布精流. 坤靜而翕, 爲道舍廬. 剛施而退, 柔化以滋.

여러 번 말했지만 성(性)은 인간의 본성이고 정(情)은 모든 망념과 생리에 의한 영향을 가리킵니다. "정합건곤(情合乾坤)", 중국의 도서(道書)에는

---

117 『참동계천유』. 220면.

성과 정을 선천에서는 건괘와 곤괘로 상징하고 후천에서는 감괘와 리괘로 표현합니다. "건동이직(乾動而直)", 건괘는 움직이며 곧다는 말로, 건괘가 우주 생명의 본체로서 하늘을 대표한다는 뜻입니다. 여러분도 잘 알고 있는 『역경』 건괘 「상전(象傳)」의 한 구절에 잘 표현되어 있지요. "하늘의 운행은 굳건하니 군자가 이를 본받아 스스로 힘쓰고 쉼이 없다[天行健, 君子以自强不息]"는 말입니다. 건괘는 우주의 본체를 대표하고, "천행건(天行健)" 즉 하늘의 운행은 영원하다는 뜻입니다. 건(健)이란 영원하여 그침이 없다는 말이지요.

건(健)에 대해 말하자면 과거에 호적(胡適)을 포함해서 많은 학자가 주장했던 것이 떠오릅니다. 중국 문화의 세계관은 정태적이어서 학자들도 모두 고요함을 기르는 것[養靜]만 배우고 고요한 철학만 공부해서 중국 역사에 진보와 발전이 없었다는 말입니다. 이런 주장은 매우 문제가 많습니다. 중국의 문화와 철학에서는 결코 우주가 정태적이라고 말한 적이 없기 때문이지요. 『역경』을 비롯한 중국 철학의 우주관과 세계관은 정태적이 아니라 오히려 동태적이었습니다. 우주가 정태적이라면 건곤이 멈추고 천지가 정지할 것입니다. 그러나 우주를 동태적으로 보았기 때문에 『역경』에서도 "하늘의 운행은 굳건하다"고 말했습니다. 이와 같이 『역경』의 우주관은 세계의 모든 것이 영원히, 끊임없이 돌면서 움직이고 있어서 고요한 것은 존재할 수 없습니다. 바꾸어 말하면 우주의 거대한 움직임은 도리어 고요한 것으로 느껴지는데, 그것은 우주가 움직이는 것을 우리가 느끼지 못하기 때문입니다. 비행기를 타거나 큰 버스를 탔을 때 밖을 보면 매우 빨리 움직이지만 정작 자신은 가만히 앉아서 정지한 것처럼 느끼는 것과 같은 원리입니다.

『노자』 제41장에서도 "대음희성(大音希聲)"이라고 했는데, 실제로 소리가 너무 크면 들리지 않습니다. 건괘의 운행도 이와 같고 우리 신체의 생명도 이와 같습니다. 그렇다면 정좌할 때 입정(入定)의 경지에서 기주맥정이란 정말 기와 맥이 멈추는 것일까요? 아닙니다. 아주 천천히 움직이지만 어쨌든 움직입니다. 지금 우리는 건괘 자체가 영원히 움직인다고 해석했고, 게다가 곧게 움직인다고 했는데 그것과 같습니다.

정을 성으로 되돌리다

  수도 공부의 경지가 순양지체에 도달하는 것을 건괘로 상징합니다. 여순양 진인의 이름이 순양(純陽)인 것도 이런 의미를 갖고 있지요. 순양의 경지에 도달하면 원기(元炁)가 충만해집니다. 기가 퍼지고 정이 흐르는 "기포정류(炁布精流)"의 상태가 됩니다. 건괘의 상대적 작용은 곤괘입니다. 건괘의 움직임이 외면을 향해 발전하는 양상이라면, 곤괘의 작용은 고요하게 수축하고 흡수하는 것입니다. 곤괘는 고요하게 흡수한다는 "곤정이흡(坤靜而翕)"이라는 말이 이것을 나타냅니다. 곤괘가 고요한 경지에 이르면 육근(六根)이 크게 안정되어서 마치 육문(六門)을 모두 폐관한 것과 같습니다. 이것을 정이 성으로 돌아온다는 "정래귀성(情來歸性)"으로 표현했습니다.

  이때 우리의 육체는 "위도사려(爲道舍廬)" 즉 도의 집이 됩니다. "사려(舍廬)"란 집을 뜻하는데, 여기서는 도(道)의 근거, 뿌리가 된다는 것을 사려라는 비유로 나타냈습니다. 사려는 보일러라고 말해도 됩니다. 수도 공부의 과정이란 생명을 보일러 속에 집어넣고 재생하는 것입니다. 마치 일정한 화학 처리 과정을 거쳐 새로운 생명을 생산하는 것과 같지요. 이렇게 화학 처리를 거치면 굳고 뻣뻣했던 생명 조직은 모두 사라지고 부드럽고 윤기 흐르는 새로운 생명으로 재생합니다. "강시이퇴(剛施而退), 유화이자

(柔化以滋)", 강한 것은 흩어져 퇴화하고 부드러운 것은 영양을 주어 기른 다는 것이 바로 그런 뜻을 나타냅니다.

여기에서 수도 공부의 경계에 대한 이치를 설명하겠습니다. 여러분이 늘 질문하는 것 중에, 수도 공부가 잘 될수록 도리어 감기에도 잘 걸리고 기후 변화에 민감하여 몸이 갈수록 약해지는 것 같다는 의문이 있습니다. 이런 분들은 『노자』 제40장에 나오는 "약한 것은 도의 작용〔弱者道之用〕"이 라는 말을 주의해서 생각할 필요가 있습니다. 몸이 유연하게 변하는 것도 도의 작용입니다. 이것은 발전하는 단계에서 일어나는 현상일 뿐 영원히 약한 상태로 머물러 있는 것은 아닙니다. 노자는 또 "돌아가는 것은 도의 움직임이다〔反者道之動〕"라고도 말했습니다. 어떤 때는 정(靜)과는 반대되 는 현상도 일어납니다. 이런 원리를 잘 알아야 수도 공부도 잘할 수 있습 니다.

이 『참동계』 원문은 완전히 정(情)이 성(性)으로 회귀하는 것에 대해 말 하고 있습니다. 성명(性命)의 근원, 바로 그 경지로 돌아가는 것입니다. 그 래서 주운양 조사는 다음과 같이 설명했습니다.

"이 절은 후천이 돌아가서 선천이 되는 것을 말한다. 후천인 감리가 곧 선천 인 건곤이다. 다만 건곤이 파괴되어 성이 전환하여 정이 되었다."

(此節, 言後天返爲先天也. 後天坎離, 卽是先天乾坤, 只因乾坤一破, 性轉 爲情)

"차절(此節), 언후천반위선천야(言後天返爲先天也)", 후천의 분리된 성 (性)과 정(情)이 선천의 한 몸〔一體〕으로 돌아가는 것을 말합니다. 선천을 대표하는 두 기호는 건과 곤입니다. "후천감리(後天坎離), 즉시선천건곤 (卽是先天乾坤)", 후천의 상징인 감리는 각각 수(水)와 화(火)에 속하는데,

그것이 본래는 건과 곤이었다는 뜻입니다. 주운양 조사는 이어서 "지인건 곤일파(只因乾坤一破), 성전위정(性轉爲情)"이라고 설명했습니다. 우리가 본래 어머니의 태중에 있을 때는 탯줄을 통해 호흡했습니다. 그런데 태어나면서 탯줄이 끊어지고 나서는 코로 호흡하게 되었지요. 이것이 바로 "건곤이 파괴되어 성이 정으로 전환된" 것입니다.

그러므로 명리(命理)를 볼 때는 시간을 정확하게 봐야 합니다. 바로 탯줄이 끊어지는 순간, 아기가 "응애" 하고 울음을 터뜨릴 때가 가장 정확한 시간이지요. 보통 명리를 계산할 때 가장 어려운 것이 바로 시간을 정하는 일입니다. 선천의 성(性)이 후천 생명의 정(情) 즉 망상으로 전환하는 시간입니다. 주운양 조사는 후천으로 전환된 이후를 다음과 같이 설명합니다.

"이로부터 정이 작용하여 소리와 색을 쫓으니 근원으로 돌아가지 못한다."
(從此情上用事, 隨聲逐色, 不能還元)

"종차정상용사(從此情上用事)", 이로부터 정이 작용하므로, 인간이 세상에 태어난 이후로는 생각과 감정이 생명을 주도합니다. 불교로 말하면 제육식이 주도하게 되지요. "수성축색(隨聲逐色), 불능환원(不能還元)", 소리와 색을 추구하여 근원으로 돌아가지 못합니다. 여섯 가지 감각과 사유 기관인 육근(六根)은 모두 외계의 영향을 받기 때문입니다. 수도 공부란 바로 그런 영향을 물리치고 근원으로 돌아가게 하는 것입니다. 후천 생명인 감괘와 리괘가 상징하는 것은 신(神)과 기(氣) 즉 수와 화입니다. 여러분, 신기와 수화는 어떤 관계일까요?

여기에서 말하는 수(水)는 기가 충만해진 후 옥액환단이니 금액환단이니 하는 이른바 감로가 자윤(滋潤)하는 현상은 수의 기화(氣化) 작용에서 발생한다는 것입니다. 신(神)이라는 것은 보통 우리의 두 눈에서 발하는 신광(神光)을 말하지만, 이것은 세 번째 단계이고 진정한 신은 심광(心光) 즉 마음의 지혜에서 발하는 광명을 가리킵니다. 그런데 이런 신과 기가 어떻게 합쳐져서 단(丹)을 이루게 된다는 것일까요?『참동계』에서는 우리가 수도 공부를 통해 정을 성으로 회귀시킬 때 단이 이루어진다고 합니다.

"(신과 기) 양물이 만나서 합일하면 성곽이 완전해지고 제방이 세워지니 곧 정이 성으로 회귀한다."

(至于兩物會合, 城郭完而鄞鄂立, 則情來歸性)

신(神)과 기(氣)가 만나서 합일한 경지는 여기에 앉아 있는 우리의 몸이 마치 성벽과 성문이 모두 닫혀 안에서 나가지 못하고 밖에서 안으로 들어오지도 못하는 것과 같습니다. 마치 달마 조사가 말한 상태가 되는 것이지요. 바로 "밖으로는 모든 인연을 쉬고 안으로는 마음의 헐떡임이 없어서, 마치 마음이 장벽과 같을 때 도에 들어갈 수 있다[外息諸緣, 內心無喘, 心如牆壁, 可以入道]"는 것입니다. 이것이 곧 성곽이 완전해지고 제방이 세워진 "성곽완이은악립(城郭完而鄞鄂立)"입니다. 이때 색, 성, 향, 미, 촉 등 오감을 통해 들어오는 바깥 사물에 대한 감각이 모두 단절되고, 내심의 호흡이 충만하여 폐로 하는 호흡이 필요 없게 됩니다. 그러나 마음이 굳게 닫힌 성벽처럼 외물의 진입을 막고 내심의 호흡이 충만한 상태라고 해도 이것이 곧 도를 얻은 경지는 아닙니다. 단지 도에 들어가기 위한 기초일 뿐이지요.

이렇게 도에 들어가는 기초를 세우는 것을 도가에서는 백일축기(百日築基)라고 합니다. 이런 경지를『참동계』에서는 정이 성으로 회귀한다는 "즉정래귀성(則情來歸性)"이라고 표현했습니다. 일체 망념이 사라진 경지이지요. 불교 공부를 하는 사람 중에는 망념을 끊겠다고 발심하는 사람이 많습니다만, 마음으로 망념을 끊으려고 하는 것은 성공할 수 없습니다. 망념을 끊겠다고 생각하는 것이 곧 망념이니 끊을 수 없는 것이지요. "정이 성으로 회귀하면" 망념은 자연히 일어나지 않습니다. 그것은 억지로 마음을 절제하는 것이 아닙니다. 달마 조사께서 사구(四句) 중에서 말했듯이 기주맥정의 경지에서 자연히 이루어집니다. 도가로 말하면 칠정(七情)과 육욕(六欲)이 자연히 발동하지 않는 경지이지요. 단, 이런 경지에 도달했다고 해도 궁극의 경지는 아닙니다. 초보일 뿐입니다. 이때를 주운양 조사는 이렇게 표현했습니다.

"리괘 중의 음이 다시 곤괘로 환원되고, 감괘 중의 양이 다시 건괘로 환원된다."
(離中之陰, 復還于坤, 坎中之陽, 復還于乾矣)[118]

"리중지음(離中之陰)", 리괘는 가운데가 텅 빈 리중허(離中虛)로, 상하에 양효가 자리 잡고 가운데는 진음(眞陰)의 기가 들어 있습니다. 마치 태양의 외부는 불타오르지만 내부에는 흑점이 있는 것과 같은 형상이지요. 이런 경지에서는 마음이 자연히 청정해지고 망념은 저절로 사라집니다. "부환우곤(復還于坤)", 이처럼 망념이 사라진 청정한 경지는 순음(純陰)의 괘인 곤괘로 나타납니다. 따라서 순음은 결코 나쁜 상태가 아닙니다. 도리어 매우 좋지요. 바로 고요함을 상징하기 때문입니다.

그러므로 리괘 가운데 있는 음효는 곧 양 가운데의 음이 크게 음침(陰沈)한 경계로 들어간 것이며, 또한 곤괘로 회귀한 것을 상징합니다. 감괘는 본래 곤괘로부터 형성되었습니다. 신체로 보면 일반인들은 기맥이 해저에서 일어난다고 하는데, 사실 단전 아래는 모두 곤(坤)입니다. "감중지양(坎

---

118 『참동계천유』. 221면.

中之陽)", 감괘는 중간이 양효인데 이것은 양기를 상징합니다. 신체로 말하자면 하부에서 상승하는 양기이지요. "부환우건의(復還于乾矣)", 음 속에 있던 진양(眞陽)의 기가 건괘로 돌아온 것은 바로 신체 하부에서 진양의 기가 발생하여 머리로 올라가는 것을 말합니다.

이렇게 진양의 기가 머리로 올라가면 전뇌와 후뇌를 포함한 모든 뇌세포가 제자리로 돌아가서 머릿속에 일체 망념과 잡념이 사라져 매우 고요한 상태로 들어갑니다. 밀종을 닦아서 중맥(中脈)이 통하는 경지에 도달하면 말 그대로 '정천립지(頂天立地)' 즉 천지와 합일할 수 있습니다. 감괘 중의 양기가 건괘로 환원하는 것입니다. 불학의 현교로 말하자면 사가행(四加行)을 수련하여 '정(頂)'의 경지에 도달하는 것이지요.

도가의 공부로 불가의 공부를 해석한다면 사가행 중에서 '난(煖)'은 "리괘 중의 음효가 곤괘로 회귀한[離中之陰, 返歸於坤]" 것에 해당합니다. 사가행에서 '정(頂)'은 바로 "감괘 중의 양효가 다시 건괘로 환원한[坎中之陽, 復還于乾]" 것에 해당합니다. 이렇게 해석하는 것에 반대하는 사람도 있겠지요. 그러나 천지간에 진리는 오직 하나임을 알아야 합니다. 여러분 중에는 이것은 도가요 저것은 불가라고 구분하는 분도 있지만 실제로 수련해 보면 참으로 증득하는 경지는 하나요 둘이 아닙니다. 사람은 모두 같은 사람이지요. 누구나 코도 있고 눈도 있는 것과 같습니다.

기맥이 진정으로 통한 상태란

『참동계』 제20 성명귀원장의 세 번째 단락의 첫 두 구절은 여기까지 모두 해석했습니다. 그래서 주운양 조사는 다음과 같이 말했습니다.

> "그러므로 (참동계에서) '이때 정이 건곤에 합한다'고 하였다. 건괘의 성질은
> 지극히 굳건하여 고요하면 전일하고 움직이면 곧다."
> (故曰. 爰斯之時. 情合乾坤. 乾性至健, 靜則專而動則直)[119]

『역경』에서 건괘는 순양지체(純陽之體)를 상징하며 영원히 움직이는 생명의 동력입니다. 그래서 『역경』 건괘의 「상전」에서는 "하늘의 운행은 굳건하다(天行健)"고 말했지요. "건성지건(乾性至健)", 건괘는 지극히 굳건하여 영원히 소멸하지 않습니다. 건괘가 고요하다(靜)는 것은 정말 정지했다는 말이 아니라 너무 빨리 움직여서 고요한 것처럼 보이는 것입니다. 고요하다는 것은 무엇을 뜻합니까? 우리의 몸과 마음이 전일(專一)하게 집중되면 감각도 고요한 상태에 도달합니다. 하지만 사실 그 상태가 진정 고요함인지는 알 수 없습니다. 그래서 "정즉전(靜則專)" 즉 고요하면 전일하다고 말한 것입니다. 바꾸어 말하면 전일함이 극점에 도달한 것이 바로 고요한 상태입니다. 입정(入定)의 경지 또한 이렇습니다. 그러므로 마음을 어느 하나에 집중하면 입정할 수 있습니다. 마음이 산란한 것은 정(定)이 아닙니다. 여러분이 정좌할 때 기(氣)가 몸의 어느 지점에 도달하면 기가 통했다고 좋아하겠지만 사실 근본적으로는 마음이 산란한 것입니다.

그래서 장자는 이런 상태를 '좌치(坐馳)'라고 했습니다. 앉아 있지만 속으로는 동요하고 있다는 뜻입니다. 장자는 진정한 고요함을 좌망(坐忘)이라고 했습니다. 자신이 앉아 있다는 사실조차 잊은 경지가 바로 좌망이지요. 이것이 바로 고요함이며 전일함입니다. 이런 고요함과 전일함의 경지에 도달할 수 있다면 건괘의 순양의 기는 매우 빨리 발동할 것입니다. 여

---

119 『참동계천유』. 221면.

러분의 수도 공부가 진정으로 이런 경지에 이르렀다면 어떤 상황이 일어날까요? 주운양 조사는 이렇게 설명했습니다.

"한 점의 원신이 정기의 주재가 되니, 지극히 강하고 지극히 곧아서 제어할 수 없다."

(一點元神, 爲精氣之主宰, 至剛至直, 而不可禦)

이때가 바로 기맥이 진정으로 통한 상태입니다. 밀종에서는 중맥(中脈)이 통했다고 하는데 도가는 충맥(冲脈)이라고 부르지요. 어떤 사람의 책에서는 도가의 충맥은 밀종의 중맥이 아니라고 했습니다. 그리고 마치 중국이 외국에 비해 수준이 낮고, 특히 티베트에 비하면 차이가 있는 것처럼 말했으니 매우 가소로운 일입니다. 이 충맥의 충(冲)이라는 것은 단지 신체상의 충뿐만 아니라 천인합일의 한 경계입니다. 이 맥이 열리면 원신(元神)이 지극히 고요해져 극도로 안정되고 전신의 기맥이 모두 충만하게 됩니다. 손가락 마디마디뿐 아니라 머리카락 한 올까지도 에너지가 충만해집니다. 완전히 전일한 상태에서 "지강지직(至剛至直)" 즉 지극히 강하고 지극히 곧은 "일점원신(一點元神), 위정기지주재(爲精氣之主宰)" 즉 한 점 원신이 정기(精氣)의 주재가 됩니다. 강함은 양기의 속성입니다. 그래서 충만하고 또한 곧은 것이지요.

여러분들이 늘 묻는 것이 있습니다. 정좌할 때 등이 굽으면 어떠냐는 것입니다. 당연히 안 됩니다. 다만 나이가 많고 몸 상태가 좋지 않은 사람이라면 억지로 등을 곧게 펴려고 할 필요는 없습니다. 순양의 기가 발동하는 경지에 도달하면 등은 구부리려고 해도 구부려지지 않습니다. 이때의 정기신은 맹자가 말한 호연지기(浩然之氣)로서 천지를 꽉 채운 지극히 강한 기운입니다. 맹자의 호연지기는 실제 수도 공부를 하지 않은 사람은 실감할 수 없습니다. 원신이 충만한 경지가 바로 맹자가 말한 호연지기가 천지를 꽉 채운 경지입니다.

건은 움직이고 곤은 순한 변화

이어지는 주운양 조사의 설명은 다음과 같습니다.

> "그러므로 (참동계에서) '건은 움직이며 곤아 기가 퍼지고 정이 흐른다'고 하였
> 다. 이것이 원신이 세워져 은악이 된다는 것이니 (역경 건괘에서 말한) 이른바
> 건원에 의해서 만물의 생명이 시작된다는 것이다."
>
> (故曰, 乾動而直, 炁布精流, 此言元神之立爲鄞鄂, 卽所謂乾元資始者也)[120]

"기포(炁布)", 기가 온몸의 세포에 도달한다는 뜻입니다. "정류(精流)",
정(精)이 몸 밖으로 흘러나온다는 것이 아니라 스스로 내심의 모든 변화가
다 환상임을 깨닫는다는 말이지요. "건원자시(乾元資始)", 『역경』 건괘의
「단사(彖辭)」로서 공자의 말입니다. "건원(乾元)"은 우주 만유의 근원이고,
"자시(資始)"는 우주 만유의 생명으로서 건괘의 근원적인 기능으로부터
분화해서 나온 것입니다. 종교적 관점에서 본다면 건괘는 상제(上帝)나 신
(神) 또는 주재자라고 할 수 있습니다. 수도 공부가 이 경지에 도달하면
"입위은악(立爲鄞鄂)" 즉 마음이 장벽과 같아서 도에 들어갈 수 있습니다.
마음이 장벽과 같아져 외물의 유혹으로부터 자신을 지켜서 뿌리를 튼튼히
내릴 수 있고 입도(入道)한다는 것이지요. "즉소위건원자시(卽所謂乾元資

---

120 『참동계천유』. 221면.

始)", 건원에 의해 만물의 생명이 시작된다는 것은 수도의 기초가 세워졌다는 말입니다. 그러므로 이런 경지는 완전히 깨달은 궁극의 경지는 아닙니다만 오늘날에는 이 정도의 경지에 도달한 사람도 없는 것 같습니다. 지금은 첫걸음을 디뎠는데 이제 다음 단계에 대해 말해 보겠습니다.

"곤괘의 성질은 지극히 순하여 움직이면 열리고 고요하면 닫힌다."

(坤性至順, 動則闢, 而靜則翕)[121]

밀종과 도가를 닦는 사람들은 기맥이 통하는 것을 대단하게 여깁니다만, 여러분이 한번 물어보세요. 진정으로 기맥이 통한 다음에는 어떻게 해야 하느냐고요. 그 사람은 틀림없이 당혹한 표정으로 아무 말도 못할 것입니다. 사실 기맥이 통하는 것이 문제가 아니라 그 이후에 어떻게 하는가가 진정한 문제입니다. 기맥이 통한 것은 앞에서 말한 건원에 의해 만물의 생명이 시작된 "건원자시(乾元資始)"로서 수도 공부의 기초가 세워진 것일 뿐입니다.

이제 공(空)의 경계를 말하고 우리 몸에 대해 이야기하겠습니다. "곤성지순(坤性至順)", 곤괘의 성질은 지극히 순합니다. 여러분이 『역경』을 연구해 보면 매우 재미있다는 것을 알게 될 것입니다. 건괘는 하늘, 근원, 남성을 상징하고 곤괘는 땅, 여성 등을 상징합니다. 곤괘의 괘사를 보면 "암말의 바름이 이롭다(利牝馬之貞)"고 했습니다. 우리가 『역경』을 공부할 때는 글자마다 주의를 기울여야 합니다. 상고 시대의 문자는 한 글자에도 많은 의미가 내포되어 있기 때문입니다. 빈마(牝馬)는 암말입니다. 여성이 점을 쳐서 곤괘가 나왔다면 매우 좋습니다. 왜 그럴까요? 동물들을 살펴보면 말

---

121 『참동계천유』. 221면.

이든 소든 양이든 저녁때가 되어 암컷이 축사 안으로 돌아와서 쉬면 수컷은 밖에서 암컷을 보호합니다. 그러니 암컷은 수컷을 순하게 따르는 것이지요. 여러분도 집에 돌아가면 부인을 많이 사랑하고 위해 주어야 합니다. 그것이 자연의 법칙입니다. 부인을 사랑하지 않는 것은 이치에 맞지 않는 것이지요. 저 앞에서 영도하는 숫말이 먼저 가면 암말은 그 뒤를 따라갑니다. 『역경』의 이런 비유를 여러분이 깊이 연구하려면 그 성질에 대해 잘 알아야 합니다. 그러면 그 상(象)에 대해 확실히 알 수 있을 것입니다.

사실 여성은 유약하게 보입니다만 실제로는 여성의 힘이야말로 강력합니다. 예를 들어 아이를 보호하는 여성의 힘이 그렇지요. 자기 아이를 보호하는 여성의 힘만큼 위대하고 강한 힘은 우주에 존재하지 않습니다. 그러므로 이러한 곤괘의 성질을 "동즉벽(動則闢)"이라고 했습니다. 움직이지 않고 고요하지만 일단 움직이면 매우 강력해서 생명의 문을 열고야 마는 것입니다.

그다음 곤괘의 성질을 보면 "정즉흡(靜則翕)"입니다. 움직이면 강하지만 고요하면 거두어들인다는 뜻입니다. "흡(翕)"은 흡수한다, 거두어들인다는 뜻이고, "벽(闢)"은 펼치고 여미는 것을 의미합니다. 그렇다면 이런 상징이 표현하는 것은 무엇일까요? 우리가 진정으로 한 생각도 일어나지 않는 일념불생(一念不生)의 경계에서 마음이 전체로 드러나게 되고 기맥이 완전히 통할 때 건괘 중의 "진기가 널리 퍼지게 됩니다〔眞炁流布〕." 당연히 신광(神光)은 환하게 빛나고 신체에서는 곤괘가 기를 내부로 향하게 하여 흩어진 것을 거두어들입니다. 솔직히 말해 여러분이 이 경지에 도달하기만 하면 바로 신선이 되는 것이고, 하지 못하면 정신병자가 될 수도 있습니다. 그러므로 수도 공부를 하려면 조심해야 합니다. 잘못하면 정신병이 되지요. 신통력과 신경병은 아주 가까이에 있습니다.

옥액환단 후에는 어떻게 하는가

"건괘 중에 있는 진기가 널리 퍼지면 곤괘는 순종해서 계승한다. 한 점 원신
이 인온해서 화순하니 중황의 토부에서 온양된다."

(乾中眞炁流布, 坤乃順而承之, 一點元神, 絪縕化醇, 韞養在中黃土釜)

건괘는 위에 있고 곤괘는 아래에 있는데, "건중진기류포(乾中眞炁流布)"
즉 건괘에서 진기가 흘러 전신에 퍼지는 것을 옥액환단이라고 합니다. 불
가로 말하자면 진정한 비밀관정(秘密灌頂)이라고 할 수 있지요. 이런 경지
는 참으로 대단합니다. "곤내순이승지(坤乃順而承之)", 건괘에서 퍼진 진
기를 내부에서 자연히 흡수합니다. 이것을 "일점원신(一點元神), 인온화순
(絪縕化醇)"이라고 했습니다. 한 점 원신이 인온해서 화순하다는 말로, 진
기가 정수리에 도달한 후에 다시 내려올 때 입정(入定)이 된다는 것입니
다. 마치 술에 취한 것처럼 혹은 암탉이 병아리를 품은 것처럼 전혀 움직이
지 않고 매우 따뜻한 상태가 됩니다. 정좌하고 있는 상태에서는 큰 눈이 내
린다고 해도 몸에 쌓이지 않습니다. 삼매 진기(眞炁)가 도래했기 때문입니
다. 반대로 담요로 몸을 두른다고 해도 열기를 느끼지 못합니다. 삼매 진
기가 도래한 상태에서는 추위와 더위를 모두 초탈하게 됩니다.

"인온(絪縕)"은 밥할 때 뜸을 들이는 것처럼 밥이 거의 다 되는 순간, 기
는 그 속에서 뜸을 들이는 것 같은 상태가 됩니다. 이런 현상을 "인온"이라
고 합니다. "화순(化醇)"이란 신체 내부의 맥이 모두 변화하는 것을 말합니
다. 앞에서 구장춘의 〈청천가〉에 나오는 구절이 바로 이 경지를 노래한 것
이지요. "놀라 일어나니 동방에 옥동자요, 흰 사슴 거꾸로 타니 별처럼 달
린다〔驚起東方玉童子, 倒騎白鹿如星馳〕"는 것입니다.

그러나 인온의 경지에 대해 상세히 설명하지는 않았습니다. 한 점의 원

신(元神)이 인온한다고 했는데, 실제로 한 점이라는 형상이 있는 것이 아닙니다. 원신을 형용한 것일 뿐이지요. 여러분이 정좌 공부를 해서 이런 경지에 도달했을 때, 황색 빛이든 밝은 빛이든 어떤 한 점의 빛이 배꼽 가운데에서 빛난다고 말한다면 잘못된 것입니다. 불학의 이치로 말하면 상(相)에 집착한 것이지요. 수도 공부가 이렇게 되면 문제가 있습니다. 그렇다면 이런 현상이 존재하지 않는다고 말해야 할까요? 아닙니다. 이런 현상은 분명히 존재합니다. 다시 말해 존재한다고 말하면 집착이 되는데, 그렇다고 존재하지 않는 것은 분명히 아닙니다. 바로 이렇게 존재한다고 해도 안 되고, 존재하지 않는다고 해도 안 되는 것이 어려운 문제이고 지혜가 필요한 일입니다.

"온양재중황토부(醞養在中黃土釜)"에서 "중황토부"란 중궁(中宮)을 가리킵니다. 중궁에서 신(神)과 기(氣)는 두 개의 원이 서로 연결된 형상입니다. 도가에서는 이런 형상을 호로병으로 나타냅니다. 호로병을 보면 위의 둥그런 부분과 아래의 둥그런 부분으로 나뉘는데 중간은 잘록하게 들어가 있습니다. 밀종에서는 보합(寶盒)이나 연화대(蓮花臺)로 상징하는데, 이것도 역시 이중적 형상을 갖고 있습니다. 무엇보다 우리의 신체야말로 호로병처럼 이중적 형상입니다. "중황토부"에서 토(土)는 비위(脾胃)를 가리키고, 부(釜)는 밥 짓는 가마솥으로 화로와 솥(爐鼎)입니다.

어떤 도가 서적에서는 중황신실(中黃神室)이라고도 합니다. 이때는 중황신실이 충만하게 됩니다. 단, 배가 나온다는 뜻은 아닙니다. 어떤 사람은 정좌 공부를 하거나 권법 수련을 하면 배가 많이 나오고 허리가 굽는 것을 공부의 효험이라고 하는데, 제가 보기에는 매우 잘못되었습니다. 신선을 그린 그림을 보면 배가 불룩 나온 것이 많은데, 이것은 그림을 그린 사람이 수련 공부의 전문가가 아니어서 그렇게 된 것입니다. 그러므로 중황신실이 충만하다면 마치 호리병의 형상처럼 허리는 잘록해야 합니다. 살이

졌든 찌지 않았든 절대로 배가 나와서는 안 됩니다. 그래서 주운양 조사는 다음과 같이 설명합니다.

"그러므로 (참동계에서) '곤은 고요하며 흡수하여 도의 집이 된다'고 하였다."
(故曰, 坤靜而翕, 爲道舍廬)[122]

"곤정이흡(坤靜而翕)", 곤괘는 고요히 받아들인다는 것입니다. "위도사려(爲道舍廬)", 도의 집이 된다는 뜻으로, 이런 경지는 육근이 고요하여 한 생각도 일으키지 않고, 정(情)이 성(性)으로 돌아가고, 신체 내부에서 기맥이 통한 경지입니다. 바로 명심견성의 경지이지요. 명심견성의 경지는 반드시 기맥이 통해야 합니다. 기맥이 통하지 않으면 절대 명심견성에 도달할 수가 없습니다. 이런 경지는 푸른 하늘이 뜬구름 한 점 없이 끝없이 펼쳐진 경지로 나타냅니다. 단, 이것을 득도(得道)의 경지라고 생각해서는 안 됩니다. 이제 시작일 뿐입니다.

여러분, 저쪽에 앉아 있는 미국에서 온 학생들을 보세요. 저 학생들은 어제 미국에 있었지만 오늘은 이 자리에 앉아 있습니다. 지금 이곳에서 눈을 감고 앉아 정좌하고 있으면 미국이든 중국이든 차이가 없지요. 그것은 이 세상이 본래 허공과 같아 평등하고 움직이지 않는 것이기 때문입니다. 여러분의 마음이 움직이지 않는 것은 시방(十方) 허공이 평등한 것과 같습니다. 일체 존재는 본래 자성이 없어 공(空)하기 때문입니다. 그러므로 불가에서 말하는 팔풍(八風)인 이(利), 쇠(衰), 훼(毀), 예(譽), 칭(稱), 기(譏), 고(苦), 낙(樂)이 모두 공합니다. 이익과 쇠약, 명예와 훼손, 칭찬과 헐뜯음, 고통과 즐거움이 모두 공한 것이지요. 이렇게 모든 세속적 존재와

---

122 『참동계천유』. 222면.

욕망과 현상이 본래 자성이 없어서 공함을 철저히 깨달은 후에 이 세상, 이 물리세계마저 본래 공하여 움직임이 없다는 것을 알 수 있습니다.

중요한 것은 마음으로 공을 깨달았다고 할 때 그 깨달은 마음, 혹은 마음의 깨달음 역시 공하다는 것입니다. 마음이 공하다는 것은 우리가 보는 물리세계의 허공과는 다릅니다. 물리적 허공은 텅 빈 것 같지만 그 속에는 물질이 존재합니다. 그러므로 물리적 허공을 심리의 공으로 생각하면 안 됩니다. 이 점을 분명히 이해하는 것이 중요합니다.

제74강

원신의 뿌리, 곤원자생

"이것은 원신의 본래 포태를 말하는 것으로서 곧 소위 만물이 곤원에 의지하여 생명을 살아간다는 것이다."

(此言元神之本來胞胎, 卽所謂坤元資生者也)

주운양 조사가 여기에서 말하는 것은 우리의 후천 생명인 원신(元神)에 대해서입니다. 원신의 근본은 비유하면 아기가 모태에서 포의(胞衣) 안에 있는 것과 같은데, 아기가 태 안으로 들어갈 때를 "즉소위곤원자생자야(卽所謂坤元資生者也)"라고 했습니다. "곤원(坤元)"이 생명의 성장을 돕는 기능은 마치 어머니가 아기를 품고 길러서 낳는 것과 같은 원리라는 말입니다. "원(元)"은 우주 만물의 근원이고, "자생(資生)"은 생명의 성장을 돕는 것입니다. 생명을 말한 『역경』의 이러한 원리는 수천 년 전에 나왔지만 매우 높은 지혜입니다. 현재 곤원(坤元)이 포의를 가리킨다는 것은 과학입니다. 비록 상세한 설명은 아니지만 이론적으로는 타당합니다.

주운양 조사가 "원신의 본래 포태 즉 소위 곤원[元神之本來胞胎, 卽所謂坤元]"이라고 한 것은 우리의 육체 생명은 곤원이 변하여 존재한다는 설명입니다. "곤원자생자야(坤元資生者也)"라는 것은 곤(坤)의 작용, 음(陰)의 작용이라는 말입니다. 순양(純陽)만으로는 낳지 못하고 순음(純陰)만으로는 성장하지 못합니다. 반드시 음과 양이 화합해야 생명이 탄생하고 성장할 수 있습니다.

우리의 후천 생명인 이 신체가 선천의 근원으로 돌아가려면 바로 신체에서 수련해야 합니다. 이때 곤원은 고요함이 극에 달하는데, 불가에서는 이것을 기주맥정이라고 합니다. 쌓아 두고 길러서 또 다른 생명을 낳는 것과 같습니다. 이어지는 설명입니다.

"건괘의 부성은 강하고 베푸는 것을 주관하니 한 점의 진기를 베푸는 것일 뿐이다."

(乾父剛而主施, 不過施得一點眞氣)

건괘의 양기(陽氣)는 아버지에 속합니다. 그 속성은 "강이주시(剛而主施)" 즉 강하고 베푸는 것을 주관합니다. 그렇다면 무엇을 베푸는 것일까요? "불과시득일점진기(不過施得一點眞氣)" 즉 한 점의 진기를 베푸는 것에 불과하다고 했는데, 이것은 정충을 말하는 것이 아닙니다. 정충은 단지 현상일 뿐입니다. 진기(眞氣)는 정충이라는 생명 현상의 배후에서 그것을 발생하게 하는 일종의 생명 에너지라고 할 수 있습니다.

"곤괘의 모성은 부드러움이고 변화를 주관하니 반드시 중궁에서 끊임없이 생명을 길러야 비로소 태를 이룬다."

(坤母柔而主化, 須在中宮時時滋育, 方得成胎)

"곤모유이주화(坤母柔而主化)", 곤괘는 모체(母體)에 속하며 부드러운 속성으로 끊임없이 변화를 주관한다는 뜻입니다. "수재중궁(須在中宮)" 그러므로 반드시 중궁에서, "시시자육(時時滋育), 방득성태(方得成胎)" 즉 끊임없이 생명을 길러 비로소 태를 이룹니다. 계속해서 영양분을 공급받으려면 모태를 빌려서 있어야 한다는 것입니다. 태반과 양막이 파열되고 아기가 태어나는데 탯줄이 끊어지면 태반은 필요 없어집니다. 태반은 태반으로 돌아가고 몸은 몸으로 돌아갑니다. 그러므로 한 단계 한 단계 화생하는데 이 화생의 과정을 알면 수도 공부의 순서를 알 수 있습니다.

그래서 주운양 조사는 이렇게 말합니다.

"그러므로 (참동계에서) '강한 것은 흩어져 퇴화하고 부드러운 것은 영양을 주어 기른다'고 하였다. 이것이 감리가 회합하고 선천의 원신이 생산하는 금단의 묘용을 말하는 것이다."

(故曰, 剛施而退, 柔化以滋, 此言坎離會合, 産出先天元神, 金丹妙用)

"강시이퇴(剛施而退)", 양의 강한 속성은 생명 에너지를 발산하는 작용만 하고 물러납니다. 하지만 음의 부드러운 속성은 양이 발산한 생명 에너지를 감싸서 잉태하고 양육합니다. 그것이 바로 부드러운 것은 영양을 주어 기른다는 뜻의 "유화이자(柔化以滋)"입니다. 음의 경계에는 아무것도 없고 심지어 빛도 없습니다. 몸과 마음은 한없이 유연한 극음의 경계에 이르렀는데 그 가운데는 한 점 영명(靈明)이 존재합니다. 이때 그 영명을 기르는 작용에 의해 입에서는 진액이 흐릅니다. 주운양 조사는 이것이 감리의 회합을 말한다고 하여 "차언감리회합(此言坎離會合)"이라고 했습니다. 이것이 바로 수도 과정에서 일어나는 경계입니다.

이런 과정은 여러분이 그냥 정좌하고 앉아서 관념과 상상으로 할 수 있는 것이 아닙니다. 진정한 공부를 함으로써 비로소 이루어질 수 있습니다. 즉 선행을 쌓고 공덕을 길러야 가능한 일입니다. 여러분은 실생활 속에서 선한 일을 하여 공덕을 쌓는 것에 대해 건성으로 생각하지만 이것이야말로 수도 공부를 성공하게 하는 중요한 요인입니다. 여러분의 수도 공부가 매우 높은 경지에 도달한다고 해도, 만약 선행의 공덕이 부족하다면 별다른 이유도 없이 수도 공부가 하루아침에 무너질 수도 있습니다. 이것은 참으로 묘한 일입니다. 선행의 공덕이 충분하다면 실제로 정좌 수도를 하지 않고도 신선의 경지에 도달할 수 있습니다. 참으로 기묘한 일이지요. 이것은 절대 속임수가 아닙니다. 수많은 사람이 불교 공부를 하고 도가 수행을 하며, 여기에서 구결 하나를 얻고 저기에서 비결을 찾아내서 깨달음을 얻고 득도하려고 노력합니다. 그러나 공덕이 원만하지 못하면 일시에 무너질 수 있습니다. 이것은 절대적 법칙으로 섭리입니다. 자, 다시 공부의 원리로 돌아가서 설명을 계속하지요.

여러분이 수도 공부를 해서 감리가 회합하는 경지에 도달한다면 "산출선천원신(産出先天元神)" 즉 선천의 원신이 나타날 수 있습니다. "원신(元神)"이란 바로 또 하나의 화신(化身)으로서 이것을 "금단묘용(金丹妙用)"이라고 합니다. 선종에서는 이것을 자신의 본래면목을 회복하는 것이라고 합니다. 그러므로 결단(結丹)은 배 속에서 어떤 붉은 것을 생기게 하는 것이 아닙니다. 참으로 어떤 것이 배에서 생긴다면 수술해 보면 알 수 있겠지요. 그러면 금단은 존재하지 않는 것인가요? 금단은 분명히 존재합니다. 만약 여러분이 수도에 성공해도 없다면 결국은 몸이 나빠지고 사람은 죽을 수밖에 없습니다. 이것이 이치입니다.

구환칠반이란 무엇인가

다음 『참동계』 제20장의 원문은 이론이 또 하나 더해졌습니다. 이 네 번째 단락은 원래 읽지 않고 넘어가려 했는데 다시 생각해 보니 여러분들이 도가 서적을 읽을 때 이런 전문 용어를 잘 모르면 문제가 될 것 같아서 설명하려고 합니다. 예를 들어 『참동계』 원문에 나오는 "구환칠반(九還七返)" 같은 용어입니다. 어떤 사람은 이것을 기공(氣功)으로 해석하여 항문을 조여서 기를 아홉 번 돌리는 것이라고 하는데 말도 안 되는 생각입니다.

구가 돌아가고 칠도 돌아가며, 팔은 돌아가고 육은 거처한다. 남자는 백색이고 여자는 적색이니, 금과 화가 서로 구속하면 수가 화를 안정시키니 오행의 처음이다.

九還七返, 八歸六居. 男白女赤, 金火相拘. 則水定火, 五行之初.[123]

여기에서 "구환칠반(九還七返)"이란 무엇을 의미할까요? "팔귀육거(八歸六居)"는 어떤 뜻일까요? "남백여적(男白女赤)"은 또 무엇일까요? "금화상구(金火相拘), 즉수정화(則水定火), 오행지초(五行之初)"라는 말은 무슨 뜻일까요? 이런 용어나 문장은 여러분이 도가 책을 읽을 때 수시로 접하는 것입니다. 게다가 현대인은 책 쓰기를 아주 좋아해서 대부분은 이런 말이 무슨 뜻인지 알지도 못한 채 함부로 말합니다. 이제 주운양 조사의 설명으로 무슨 뜻인지 알아보겠습니다.

"이 절은 사상과 오행을 섞어서 일기가 되는 것을 말한다."

(此節, 言四象五行, 混而爲一炁也)[124]

---

123 『참동계천유』. 222면.

주운양 조사는 인용한 『참동계』 원문의 내용이 사상(四象)과 오행(五行)을 설명하는 것이라고 합니다. 사상이란 태극이 양의(兩儀) 즉 음양을 낳고, 양의가 사상 즉 태양, 소음, 소양, 태음을 낳는 것입니다. 사상은 다시 팔괘를 낳고, 또 팔괘가 중첩되어 모두 육십사괘를 형성합니다. 이것이 『역경』에서 말하는 우주 만물의 영원한 생성 법칙입니다. 오행은 금목수화토(金木水火土)로서 금은 폐, 목은 간, 수는 신, 토는 비위, 화는 심장입니다. 이것이 신체에 내재한 오행이지요.

원기(元炁)가 근원으로 돌아가는 경지에 성공적으로 도달한다면, 즉 불가에서 기주맥정이라고 하는 경지에 이른다면 "차절(此節), 언사상오행(言四象五行), 혼이위일기야(混而爲一炁也)" 즉 이때 사상과 오행이 섞여서 일기(一炁)가 됩니다. 여기에서 기(炁)는 호흡하는 기(氣)가 아닙니다. 앞의 강의에서 말한 "정이 성으로 회귀한다(情來歸性)", "감리가 교구한다(坎離交媾)"는 것은 고요한 경지에서 기맥이 통하는 것을 말합니다. 그것을 주운양 조사는 다음과 같이 설명합니다.

"감리가 다시 건곤이 되면 후천의 사상 오행이 근원으로 환원하지 않는 것이 없다."
(坎離旣復爲乾坤, 則後天之四象五行, 無不返本還原矣)[125]

"감리기부위건곤(坎離旣復爲乾坤)", 수와 화가 건과 곤으로 회귀하면 거의 선천에 접근합니다. "후천지사상오행(後天之四象五行)", 후천의 사상과 오행이 선천으로 회복해서 돌아가는 것이지요. "반본환원(返本還原)", 사상과 오행이 각각 본래 선천으로 돌아가는 것을 말합니다. 여러분이 오늘

---

124 『참동계천유』, 222면.
125 『참동계천유』, 222면.

여기에서 참으로 고요함이 극에 이른다면 바로 이 자리에서 모두 본래 선천의 자리로 회귀할 수 있습니다. 폐장은 폐장으로, 심장은 심장으로, 간장은 간장으로, 코는 코로, 눈은 눈으로, 귀는 귀로, 적연부동(寂然不動)하게 본래 자리로 돌아가는 것입니다.

이어서 주운양 조사는 근본으로 환원한다는 것은 "무엇을 말하는가(何以言之)"라고 질문을 던지고 다음과 같이 답합니다.

"천일이 수를 생하고 지육은 그것을 이루니 북방의 정이다."

(天一生水, 地六成之, 北方之精也)

이것은 수리(數理)에 속하는 문제입니다. "천일(天一)"은 우주 만유의 시작으로서, 우주 공간에는 어떤 이유인지는 알 수 없지만 거대한 에너지가 있어서 회전하며 기단(氣團)을 형성합니다. 여기에서 기(氣)라는 것은 지금 우리 눈에 보이는 구름 같은 것이 아니라, 회전 운동을 하는 거대한 힘인 에너지입니다. 이 기단은 천천히 먼저 액체를 형성하고, 다시 수천 만 수억 년이 경과하면서 이 액체가 점차 굳어져 지구 같은 고체를 형성하게 되었습니다. 물론 그 속에는 액체 상태 그대로인 해양도 포함됩니다. 다시 한없는 시간이 지난 후에 인류라는 생명이 탄생했습니다. "천일생수(天一生水)"는 바로 이러한 생명 탄생의 과정을 해석한 수리 철학의 일종입니다. 우주 만유는 오직 하나의 수로 표시됩니다. 바로 "일(一)"이라는 수입니다. 이(二)는 없습니다. 이(二)는 일이 두 개 있는 것이지요.

"지육성지(地六成之)", 형체를 가진 모든 사물은 육(六)이라는 수에 의해 결성됩니다. 동서남북과 상하를 합하면 육이라는 수가 되는데, 이 여섯 개가 결합해서 모든 유형의 사물을 형성하는 것을 바로 "지육이 그것을 이룬다"고 합니다. 육(六)이 있고 일(一)이 있기 때문에 칠(七)이 이루어집니다. "구환칠반(九還七返)"은 바로 이런 의미로, 신체에 일곱 개의 어떤 권역을 회전한다는 것이 아닙니다. "북방지정야(北方之精也)", 천일생수의 수가 북방에 속한다는 말입니다.

"지이는 화를 생하고 천칠은 그것을 이루니 남방의 신이다."

(地二生火, 天七成之, 南方之神也)

"지이생화(地二生火)", 땅 속에 거대한 에너지가 존재함을 말합니다. 지육(地六)은 동서남북과 상하를 가리킨다고 했지요. 그렇다면 천칠(天七)은 무엇일까요? 오행에다가 음양을 더하면 칠(七)이 됩니다. "천일생수(天一生水)"는 생명 기능의 시작이고 "지육성지(地六成之)"에 의해 유형의 사물이 형성됩니다. "지이생화"는 천칠(天七)에 의해서 이루어지는데, 칠(七)에 이(二)를 더하면 구(九)가 됩니다. 그래서 "구환칠반(九還七返)"이라는 말이 나옵니다.

구(九)는 양수(陽數)의 극점입니다. 양수란 홀수를 말하는데 당연히 짝수는 음수가 됩니다. 이것은 전부 『역경』의 수리철학으로 설명한 것입니다. "남방지신야(南方之神也)", 신체의 남방인 상부에 있는 뇌의 생각 작용을 가리킵니다. 도가에는 '환정보뇌(還精補腦)'라는 말이 있는데, 천일생수가 보뇌(補腦) 작용을 하여 장생불로할 수 있게 한다는 말은 거짓이 아닙니다. 사람이 늙으면 정액도 줄고 없어집니다. 뇌하수체의 호르몬이 말라 버리는 것입니다. 그래서 정신도 둔해지고 동작도 굼뜨게 됩니다. 만약 환정보뇌만 할 수 있다면 뇌하수체가 더 이상 마르지 않고 영원히 건강합니다.

"천삼은 목을 생하고 지팔은 그것을 이루니 동방의 혼이다."

(天三生木, 地八成之, 東方之魂也)

"천삼생목(天三生木)", 후천의 세 번째 단계는 목(木)인데 목은 간장에 속하고 방위로는 동방입니다. "지팔성지(地八成之)", 지하에 팔방이 있는데 그것이 바로 "동방지혼야(東方之魂也)" 즉 동방의 혼입니다. 우리 신체에서 간장이 우측에 있는지 좌측에 있는지를 두고 과거에 서양 의학과 중의학이 심하게 논쟁을 했는데, 이 때문에 중의학이 비과학적이라고 평가받기도 했습니다. 사실 중의학에서 말하는 방위의 좌우는 인체를 기준으로 하는 것이 아닙니다. 또 중의학에서 말하는 방위는 간장의 위치가 아니라 간기(肝氣)가 발동하는 곳이 좌측이라는 뜻입니다.

신장은 분명히 신체의 하부에 있지만 중의학에서는 신장의 기운이 위에서 내려온다고 합니다. 또 남쪽은 북쪽이라고 하고 북쪽은 남쪽이라고 합니다. 뒤바뀐 것이지요. 그런데 실제로 이런 말은 틀림이 없습니다. 인체는 등의 척추를 중심으로 하여 신경이 좌우로 교차합니다. 중의학은 병의 뿌리를 치료합니다. 질병이 좌측에 있으면 우측을 치료하고, 질병이 우측에서 발병하면 치료는 좌측을 합니다. 위에서 발병하면 아래를 치료하고, 아래에서 발병하면 위를 치료하지요. 이렇게 질병이 치료되는 것입니다. 그러므로 질병의 현상과 본질을 융회 관통하지 않으면 안 됩니다. 여러분 모두 서양 의학이나 중의학에 대해 틀에 박힌 고정적 사고를 할 필요가 없습니다. 중요한 것은 인류의 건강을 위해 노력하는 것이지요.

"지사는 금을 생하고 천구는 그것을 이루니 서방의 백이다. 수화목금이 사상이 되니 여기에 중앙의 무기토를 더하면 오행이 된다. 이른바 사상과 오행은 궁극적으로 감괘와 리괘 두 가지뿐이다."

(地四生金, 天九成之, 西方之魄也, 水火木金爲四象, 竝中央戊己土爲五行, 究竟所謂四象五行, 只是坎離兩物)

"지사생금(地四生金)", 지사(地四)가 서쪽에서 금(金)을 생한다는 것으로, 금은 폐를 가리킵니다. "천구성지(天九成之)", 양수가 극점에 이른 것을 구(九)라고 합니다. 구(九) 외에는 양이 없습니다. "서방지백야(西方之魄也)", 백(魄)은 서방에 속하므로 서방을 금정(金精)이라고 합니다. "수화목금위사상(水火木金爲四象), 병중앙무기토위오행(並中央戊己土爲五行)", 이것이 사상과 오행인데 이런 상징적 명사에 대해 먼저 잘 알아야 합니다. "구경소위사상오행(究竟所謂四象五行), 지시감리양물(只是坎離兩物)", 사상과 오행은 감괘와 리괘 두 가지뿐이라는 말입니다. 수도 공부란 결국 신(神)과 기(氣) 또는 감(坎)과 리(離) 두 가지를 다루는 것이라는 뜻입니다. 주운양 조사의 설명이 이어집니다.

"감괘는 곤괘로부터 나왔으니 북방의 수로서 음에 속한다. 본래 수는 육인데 천일의 양을 더해서 칠이 된다. 리괘는 건괘로부터 나왔으니 남방의 화로서 양에 속한다. 본래 수는 칠인데 지이의 음을 더하면 구가 된다."

(坎卦從坤而出, 北方之水屬陰, 本數得六, 加以天一之陽, 便合成七數. 離卦從乾而出, 南方之火屬陽, 本數得七, 加以地二之陰, 便合成九數)

다시 말하면 감괘와 리괘는 각각 북방의 수와 남방의 화인데, 수리(數理)로 보면 남방의 화는 칠(七)인데 지이(地二)를 더하여 구(九)가 되고, 북방의 수는 육(六)인데 천일(天一)을 더하면 칠(七)이 나오기 때문에 "구환칠반(九還七返)"이라고 한다는 것입니다. 『역경』의 원리를 모르는 사람들 중에는 구환칠반을 호흡법과 방향을 말하는 것이라고 해서 몇 번 호흡하면 반드시 어느 방향을 향해서 해야 한다고 고집을 부리기도 합니다. 이런 것은 모두 일종의 상에 대한 집착인 착상(著相)일 뿐입니다.

"지금 북방의 감괘가 돌아와서 건으로 회귀하고, 남방의 리괘가 돌아와서 곤으로 회귀하니 어찌 구환칠반의 상이 아니겠는가. 북방의 일이 남방의 칠로 회귀하니 모두 팔이 되고, 남방의 이가 북방의 육으로 회귀하니 또한 팔이 되는데, 유독 거라고 말한 이유는 북방의 일이 남방으로 회귀하면 단지 수의 성수인 육만을 보존하여 옮기지 않기 때문에 흡사 육인 것처럼 보인다. 그러니 어찌 '팔귀육거'의 상이 아니겠는가. 또 사상이 원래 양물뿐이니 '구환칠반'도 자연히 '팔귀육거'가 되는 것을 알 것이다. 그러므로 오진편에서는 단지 환반이라고 하였으니 조화의 오묘함을 더욱 잘 알게 한다."

(今者北方之坎, 返而歸乾, 南方之離, 還而歸坤, 豈非九還七返之象乎. 北方之一, 歸於南方之七, 共得八數. 南方之二, 歸於北方之六, 亦得八數, 而獨云居者, 蓋北方之一, 旣歸于南, 止存水之成數, 居其所而不遷, 恰好六數矣. 豈非八歸六居之象乎, 又須知四象原是兩物, 旣然九還七返, 自然八歸六居矣. 故悟眞篇單言還返, 益見造化之妙.)

여러분의 수도 공부가 이런 경지에 도달하면 사상과 오행이 각각 본래 위치로 돌아가서 고요하여 움직이지 않게 됩니다. 그래서 주운양 조사는 "북방지일(北方之一), 귀어남방지칠(歸於南方之七), 공득팔수(共得八數)"라고 했습니다. 북방의 일(一)이 남방의 칠(七)로 회귀하니 모두 팔(八)이 된다는 뜻입니다. 이어서 "남방지이(南方之二), 귀어북방지육(歸於北方之六), 역득팔수(亦得八數)"라고 설명했습니다. 남방의 이(二)가 북방의 육(六)으로 회귀하니 또한 팔(八)이 된다는 것입니다. 북방의 일과 남방의 칠을 합하면 모두 팔이 되고, 남방의 이에 북방을 육을 더하니 또한 팔이 된다는 것이지요. 또 『참동계』 원문에서 "팔귀육거(八歸六居)"라고 해서 팔은 돌아가고 육(六)은 거(居)한다고 설명한 것은 "북방의 일이 남방으로 회귀하면 단지 수의 성수인 육만 보존하여 옮기지 않기 때문에 흡사 육인 것처럼 보이기〔蓋北方之一, 旣歸于南, 止存水之成數, 居其所而不遷, 恰好六數矣〕"때문이라고 설명합니다. 모두 수리(數理)로 말하는 것입니다.

"우수지사상원시양물(又須知四象原是兩物)" 즉 사상(四象)이 본래 양물(兩物)일 뿐이라고 한 것은 바로 감괘와 리괘를 가리킵니다. "기연구환칠반(旣然九還七返), 자연팔귀육거의(自然八歸六居矣)" 즉 '구환칠반'도 자연히 '팔귀육거'가 되는 것을 안다는 것입니다. "고오진편(故悟眞篇)" 그러므로 송대의 유명한 장자양 진인이 지은 『오진편(悟眞篇)』이라는 책에서는, 육(六) 칠(七) 팔(八) 구(九)라는 숫자는 모두 없애고 "단언환반(單言還返)" 즉 단순명료하게 환반(還返)이라고만 했습니다. 그렇게 하니 오히려 "익견조화지묘(益見造化之妙)" 즉 천지조화의 오묘함을 더욱 잘 알 수 있었다는 것입니다.

천변만화는 모두 수와 화의 작용

"이와 칠이 합해져 서방의 금을 이루어 색이 백색으로 전환된다."

(二與七倂, 配成西方之金, 色轉爲白)

"이여칠병(二與七倂)", 이와 칠이 합쳐진다는 것은 오장육부가 모두 제 위치로 돌아가는 것을 말합니다. 따라서 수행하는 사람이 정좌할 때 눈을 뜨거나 감거나 "색전위백(色轉爲白)" 즉 색이 전환되어 백색이 됩니다. 온통 환해지는 것입니다. 이 빛은 머리에서 빛나는 것뿐 아니라 자신의 몸과 마음 전체에서 안밖으로 유리광명으로 빛나기도 합니다. 그래서 유리광 세계가 있습니다. 불가에서는 동방약사유리광여래를 연수불(延壽佛)이라

고 하는데, 이런 경지에 도달하면 당연히 불로장생할 수 있으니 말 그대로 연수(延壽)입니다. 즉 수명을 길게 연장한다는 것이지요.

"일과 육이 합해져 남방의 화를 이루어 색이 적색으로 전환된다. 백색은 금에 속하고 적색은 화에 속하니 서방의 금을 취하여 남방의 화로 단련한다."
(一與六倂, 配成南方之火, 色轉爲赤. 白屬金, 赤屬火, 取西方之金, 煉以南方之火)

이것도 기에 의지해서 단련하는 것입니다. 화(火)는 열기를 대표하지만 동시에 의념을 상징하기도 합니다. 그래서 도가에는 "입을 열면 신기가 흩어지고 의념이 움직이면 화기가 식는다[開口神氣散, 意動火工寒]"는 말이 있습니다. 여기에서 말하는 의념은 잡념에 속합니다. 따라서 일념(一念)도 일어나지 않아야 따뜻한 화기로 팽전(烹煎)[126]할 수 있습니다. 그런데 의념이 한 번 움직이면 화공(火工)은 사라지니 입을 열면 신기가 없어지는 것과 같습니다. 이렇게 되면 단(丹)은 팽련할 수 없습니다.

"그러므로 (참동계에서) '남자는 백색이고 여자는 적색이니 금과 화가 서로 구속한다'고 하였다. 천일의 수는 건궁으로부터 나오니 본래 태양의 진화이고, 지이의 화는 곤궁으로부터 나오니 본래 태음의 진수이다. (천일의 수와 지이의 화) 두 가지가 곧바로 각각 되돌아가 바야흐로 수는 수로 돌아가고 화는 화로 돌아가면 다시 원래의 본체로 회복한다. 그러므로 (참동계에서) '수가 화를 안정시키니 오행의 처음이다'라고 하였다. 그런데 앞에서는 금화라고 하였는데

---

126 음식을 할 때 삶고 지지는 요리법인데, 도가의 내단법에서는 이 용어로써 화기(火氣)가 수기(水氣)를 따뜻하게 하는 것을 상징한다.

여기서는 왜 수화라고 하였을까. 후천의 오묘한 조화는 오직 하나의 감과 하나의 리뿐이나 천변만화하면서 각각 그 명칭이 다르다. 감리의 본래 위치를 말하면 수화라고 한다."

(故曰, 男白女赤, 金火相拘. 天一之水, 從乾宮而出, 原是太陽眞火, 地二之火, 從坤宮而出, 原是太陰眞水, 直到一返一還, 方得以水歸水, 以火歸火, 復其原初本體, 故曰, 則水定火, 五行之初, 前云金火, 此又何以云水火, 蓋後天造化之妙, 只是一坎一離, 而千變萬化, 各異其名, 以言乎坎離本位, 則曰水火)

"고왈(故曰), 남백여적(男白女赤), 금화상구(金火相拘)", 그러므로 금(金)과 화(火)가 마치 남녀처럼 서로를 붙잡아서 떨어지지 않게 해야 합니다. "천일지수(天一之水), 종건궁이출(從乾宮而出), 원시태양진화(原是太陽眞火)" 즉 천일(天一)의 수는 위에서부터 아래로 내려오니 원래 태양의 진화이고, "지이지화(地二之火), 종곤궁이출(從坤宮而出), 원시태음진수(原是太陰眞水)" 즉 지이(地二)의 화는 본래 곤궁(坤宮)으로부터 나온 태음의 진수입니다. 그래서 밀종에서는 졸화(拙火)를 닦을 때 신체 하부에서부터 발동하게 합니다. 곤궁으로부터 발출하게 하는 것입니다. 그래야 관정(灌頂)이니 금액환단이니 옥액환단이니 정륜맥(頂輪脈)을 통하느니 하여 아래로 내려올 수 있습니다.

이렇게 위에서 감로수가 하강하면 아래에서는 진양의 원기가 발동하니 곧 삼매진화가 발동하는 것입니다. 이것을 곧바로 각각 되돌아간다고 하여 "직도일반일환(直到一返一還)"이라고 했습니다. 최후의 단계에서는 "방득이수귀수(方得以水歸水), 이화귀화(以火歸火), 복기원초본체(復其原初本體)"라고 했습니다. 수는 수로 돌아가고 화는 화로 돌아가서 원래의 본체로 회복하는 것입니다. 이때가 되면 먹지도 않고 마시지도 않을 수 있습니다. 안 먹어도 아무 상관이 없지요. 몸속에서 활력의 근원인 정수(精水)가 끊임없이 흘러나와 물을 마시지 않아도 상관없으니 중궁의 원기가 계속해서 충만하기 때문입니다. 이것이 바로 원초적 본체입니다. 또 "정이 성으로 회귀하는[情來歸性]" 것으로서 진정한 선정(禪定)의 경지입니다. 그래서 "즉수정화(則水定火), 오행지초(五行之初)"라고 했습니다. 수가 화를 안정시키니 오행의 처음이라는 것입니다.

주운양 조사는 여기에서 "앞에서는 금화라고 하였는데 여기서는 왜 수화라고 할까[前云金火, 此又何以云水火]"라고 묻고는, "후천의 오묘한 조화는 오직 하나의 감과 하나의 리뿐이나 천변만화하면서 각각 그 명칭이 다르니 감리의 본래 위치를 말하면 수화라고 한다[蓋後天造化之妙, 只是一坎一離, 而千變萬化, 各異其名, 以言乎坎離本位, 則曰水火]"라고 답합니다. 여러분 모두 주의해야 합니다. 도가 서적에는 수많은 명사가 나오지만 그것은 단 두 가지로 분류될 수 있습니다. 성(性)과 정(情), 신(神)과 기(炁), 심(心)과 신(身) 및 감리(坎離), 건곤(乾坤) 등이지요. 이 밖에 수화금목 등이 있습니다. 여러분이 아직 『역경』을 공부하지 않아서 잘 모르는 것입니다.

"양현의 기로 말하면 금수라고 한다. 갑경의 작용으로 말하면 금목이라고 하고 복련의 공부로 말하면 금화라고 하니 서로 상반되게 작용하는 것을 상징하는 예는 다 들 수가 없다."

(以言乎兩弦之炁, 則曰金水, 以言乎甲庚之用, 則曰金木. 以言伏煉之功, 則曰金火, 顚倒取用不可窮詰)

서로 상반되는 명칭은 다음과 같은 경우에 서로 다른 명칭을 갖습니다. "이언호양현지기(以言乎兩弦之炁), 즉왈금수(則曰金水)", 양현의 기로 말하면 금수(金水)라고 한다는 말로, 음력으로 상현달과 하현달이 서로 상반되는 명칭을 대표합니다. 이어서 "이언호갑경지용(以言乎甲庚之用), 즉왈금

목(則曰金木), 이언복련지공(以言伏煉之功), 즉왈금화(則曰金火), 전도취용
불가궁힐(顚倒取用不可窮詰)"을 보겠습니다. 갑경(甲庚)의 작용으로 말하
면 금목(金木)이라고 하고 복련(伏煉)의 공부로 말하면 금화(金火)라고 하
니 서로 상반되게 작용하는 것을 상징하는 예는 다 들 수가 없다는 뜻으
로, 도가 서적에는 상반되는 각각의 경우에 따라 수많은 상징이 다르게 등
장한다는 것을 설명합니다. 도가의 어느 일파에서는 육십갑자를 매우 중
시합니다. 갑자일과 경신일이 되면 하늘에서 천사가 내려온다고 합니다.
농촌에도 이런 도가의 습속이 민속으로 남아 있어서 그날이 되면 아예 퇴
비도 뿌리지 않는다고 합니다. 지저분하다는 것이지요. 어쨌든 갑(甲)과
경(庚) 두 개 천간이 가장 중요합니다. 그 속에는 오묘한 작용과 의미가 있
는데, 지금은 시간이 부족하니 다음에 음양오행과 간지 이론을 말할 때 다
시 설명하겠습니다.

"궁극적으로는 오직 수와 화 두 가지뿐이다. 후천의 수화는 비록 둘로 분화하
였으나 궁극적으로는 선천일기뿐이다. 감리가 이미 건곤으로 회복하면 이것
이 바로 구환칠반이요 팔귀육거이니, 선천일기로 회귀하는 것이다."
(究只是水火二物, 後天水火, 雖分二物, 究只是先天一炁. 坎離旣已復爲乾
坤, 卽此便是九還七返, 八歸六居, 而化作先天一炁矣)

"구지시수화이물(究只是水火二物)", 결국 수와 화뿐이라는 말입니다. 성
정(性情), 건곤(乾坤), 신기(神炁) 등 수많은 이름이 있지만 그 실체는 오직
수와 화뿐이지요. "화(火)"는 정좌할 때 발동하는 열에너지입니다. 밀종에
서는 졸화(拙火)라고 하는데 바로 삼매진화를 가리킵니다. 현교에서는 사
가행 중의 득난(得煖)입니다. "수(水)"는 관정(灌頂)의 감로입니다. 불경에
서는 '제호관정(醍醐灌頂)'이라고 부르지요.

"후천수화(後天水火), 수분이물(雖分二物)", 후천의 수화는 비록 두 가지로 나뉘기는 합니다. 하지만 "구지시선천일기(究只是先天一炁). 감리기이부위건곤(坎離旣已復爲乾坤), 즉차변시구환칠반(卽此便是九還七返), 팔귀육거(八歸六居), 이화작선천일기의(而化作先天一炁矣)"입니다. 수행 공부의 궁극적 경지는 본래의 나로 돌아가는 반본환원(返本還原)입니다. 오늘 강의는 한나절을 이것저것 이야기했지만 그 핵심은 일념불생(一念不生)입니다. 한 생각도 일어나지 않을 때 청정한 본체로 환원할 수 있고, 심신과 기맥이 변화하게 된다는 것입니다. 우리는 일단 이런 경지에 이를 수 있도록 노력해야 합니다. 그 이후에 대해서는 다시 토론하겠습니다.

이 『참동계』에는 수행 공부의 모든 방법이 망라되어 있습니다. 여러분은 다른 곳에 가서 따로 스승을 찾을 필요가 없습니다. 이 책이 바로 스승입니다. 여러분이 스스로 읽고 또 읽으면 어느새 통달하게 될 것입니다. 이 책에서는 하나의 제목과 내용 속에 모든 비결을 말하지는 않았습니다. 여기에서 비결을 한 구절 말하고 다른 곳에서 또 말하는 식입니다. 그러니 여러분이 이 책을 전부 관통해야 그것을 알 수 있습니다.

제75강

선천일기는 대단의 기초

앞의 강의에 이어서 『참동계』 제20장 다섯 번째 단락입니다.

최고의 선은 물과 같아서 청정하여 더러움이 없다. 도의 형상은 진일하여 형용

하기 어려우니, 변화하여 분포하되 각자 독립해서 거처한다.

上善若水, 淸而無瑕. 道之形象, 眞一難圖. 變而分布, 各自獨居.[127]

여기에서는 노자의 "상선약수(上善若水)"라는 유명한 말을 인용했습니다. 이 구절은 체와 용을 모두 포함하고 있습니다. 즉 인격을 이루는 행위와 수도 공부가 다 포함되어 있지요. 경전에는 이처럼 한 구절에 많은 의미가 내포되어 있습니다. 『참동계』에서 "상선약수"를 인용한 것은 도가의 수양 공부의 측면에서 말한 것이며, 이런 의미에서 보면 "상선약수"는 흠

---

127 『참동계천유』. 225면.

하나 없이 절대 청정한 경지를 형용합니다. 그러나 이것은 도체(道體)가 반영된 것, 즉 선천의 도체가 후천 생명에 비쳐진 것일 뿐 도체 자체라고 말할 수는 없습니다. 다시 말해 후천 생명의 도(道)일 뿐이라는 것입니다. 이 말은 수도 공부의 첫 번째 단계가 상선약수와 같이 청정하여 더러움이 일체 없는 "상선약수(上善若水), 청이무하(淸而無瑕)"의 경지에 도달하는 것임을 알려 줍니다.

"도지형상(道之形象), 진일난도(眞一難圖)", "난도(難圖)"란 도의 형상인 도체를 정확하게 표현하기가 매우 어렵다는 말입니다. 선종의 화두에서 인용하자면 "만법귀일(萬法歸一), 일귀하처(一歸何處)"입니다. 만법이 하나로 돌아가니 하나는 어디로 돌아갈까라는 뜻으로, 이 하나가 어디로 갈지 말로 표현하는 것은 불가능하다는 것입니다. 도가에서는 "하나는 어디로 돌아갈까"라고 하지 않고 지진(至眞) 또는 지일(至一)이라고 합니다. 『참동계』에서 말한 "진일(眞一)"이라는 도는 "천일생수(天一生水)"와 관련 있고 또 『역경』의 수리가 들어 있기도 합니다.

"변이분포(變而分布), 각자독거(各自獨居)", 일체 만물이 진일(眞一), 천일(天一)이라는 이 하나[一]에서 변화되어 나온 후에 각각 분포되고 전개되었다는 것을 말합니다. 이상이 『참동계』 원문인데, 바로 주운양 조사의 설명을 보겠습니다.

"이 구절은 선천의 일기가 대단의 기초가 된다는 것을 말한다."

(此節, 言先天一炁, 爲大丹之基也)

우리 같은 일반인은 수도 공부를 하면 몸속에서 뭔가가 생긴다고 생각합니다만 사실 도체(道體)는 본래 아무것도 없습니다. 그래서 불가에서는 공(空)이라 하고 도가에서는 청허(淸虛)라고 하며 도의 본체를 가리킵니

다. 우주 만유는 모두 이 도체의 변화에 속합니다. 이런 관념은 불가에서도 마찬가지입니다. 불가에서는 법신(法身), 보신(報身), 화신(化身)이라는 삼신(三身)으로 말합니다.

법신은 본체로서 불생불멸(不生不滅), 불구부정(不垢不淨)합니다. 생멸이나 더러움 깨끗함을 모두 초월하는 것입니다. 보신은 곧 만상(萬象)으로서, 우주만상은 각각 하나의 보신이 있습니다. 본체는 하나인데 만유로 변화한 후에는 각각 하나의 보신을 갖는 것이지요. 이것은 색신(色身)이라고도 합니다. 화신은 법신이 변화한 것입니다. 각각 다른 천만억 화신인데, 성불하면 응화신(應化身)이라고도 하는 등 수많은 명칭이 있습니다.

도가에서는 불가의 삼신설을 바꾸어 "일기화삼청(一炁化三淸)"이라고 합니다. 일기가 삼청으로 변화한다는 뜻이지요. 삼청이란 태청(太淸), 상청(上淸), 옥청(玉淸)을 말하는데 이것은 불가의 삼신설과 같은 원리입니다. 예를 들어 기독교에서 말하는 성부와 성자와 성신이 일체라고 하는 삼위일체설도 역시 같은 원리를 담고 있습니다. 말하자면 세계의 종교는 궁극적으로 서로 비슷하다고 볼 수 있지요. 우리의 후천 생명이 이렇게 윤회하면서 존재하는 것은 보신입니다. 어떻게 수도 공부를 해야 할까요? 어떻게 해야 법신을 회복할 수 있을까요?

법신을 회복하려면 반드시 "선천일기(先天一炁)"를 회복해야 합니다. 선천일기는 도체(道體)에서 온 것으로 어떻게 달리 형용할 수가 없어서 일기(一炁)라고 하지요. 기(炁)는 무화(無火) 즉 화(火)가 없음을 뜻합니다. 기(炁)라는 글자의 아래 네 개의 점〔灬〕은 화(火)입니다. 기(氣)의 가운데 '미(米)'가 없는 기(气)는 허공이나 대기의 공기를 가리킵니다. 그러나 선천일기의 기(炁)는 공기나 기류가 아닙니다. 억지로 말하자면 일종의 에너지라고 할 수 있지요. 생명 에너지가 바로 선천일기입니다. 선천일기에 도달해야 비로소 결단(結丹)할 수 있습니다.

허무는 허공이 아니다

기공을 수련하는 사람은 호흡의 기를 몸에서 이리저리 단련합니다. 또수도인들 중에는 의념(意念) 즉 생각으로 호흡의 기를 이끌어 몸에서 돌리다가 어떤 감각이 느껴지면 기기(氣機)가 발동했다고 여깁니다. 그러나 이런 것은 기기가 발동한 것이 아닙니다. 게다가 선천일기와는 거리가 멀지요. 단을 맺어 도를 이루는 것은 이런 감각이 아닙니다. 반드시 선천일기에 도달해야 합니다. 어떤 도가 서적에는 "선천일기는 허무 가운데에서 온다[先天一炁從虛無中來]"고 분명히 말하고 있습니다. 그래서 기공 수련을하는 사람들 중에는 허무를 허공으로 해석하고, 기(氣)가 허공에서 온다고 믿습니다. 이런 것은 밀종에도 많고 도가에도 적지 않습니다. 그렇다면 허공에서 어떤 빛이나 기가 몸속으로 와서 몸과 하나가 된다고 관상(觀想)하는 것은 선천일기일까요? 아닙니다. 이런 것은 선천일기라고 할 수 없습니다. 그러나 선천일기는 아니더라도 그냥 몸속에서 일어나는 감각과 비교하면 좋은 것이기는 합니다.

분명히 말하지만 불가든 도가든 혹은 세계의 다른 어떤 수련법이라도 모두 연기(煉氣)의 범위를 벗어나지 못합니다. 예를 들면 밀종을 수련하는 사람들 중에는 다라니나 염불을 하면서 마음을 집중해서 일심불란(一心不亂)의 경지에 들어가는 사람이 있습니다. 이런 방법도 사실은 기를 수련하는 것입니다. 다만 후천의 호흡의 기를 수련하는 것보다 좋은 점이 있지요. 이런 것도 전일(專一)한 기이지만 아직 선천일기에는 미치지 못합니다.

예를 더 들면 어떤 사람들은 수규(守竅)나 관상(觀想)을 하는데, 이런 것은 연기(煉氣)라기보다는 연신(煉神)이라고 할 수 있습니다. 계정혜(戒定慧) 삼학을 닦거나, 지관을 닦거나, 또는 백골관 등 각종 관법을 닦는 것이 바로 연신에 속합니다. 여기에 비하면 도가의 각종 공부는 대개 연정(煉

精)에 속합니다. 이런 방법은 옳을까요? 모두 옳지 못한 방법이면서 또 옳은 방법이기도 합니다. 신체를 단련해서 질병을 물리치고 수명을 늘리는 것은 어느 정도 효과는 있습니다. 사실 모든 운동이 다 어느 정도의 효과는 있지요. 권법도 좋고 조깅도 좋습니다. 모두 기를 수련하는 연기입니다. 이런 수련은 모두 유형의 방법입니다. 그런데 결단(結丹)은 유형의 방법으로 하는 것이 아닙니다. 다만 연정(煉精) 연기(煉氣) 연신(煉神)의 수련법과 밀접한 관계가 있습니다. 어느 한편으로 치우치는 것은 옳지 않으니 이런 것을 모두 융회 관통할 수 있다면 올바른 방법이라고 할 수 있습니다. 선천일기가 허무 속에서 온다는 것이 허공에서 온다는 의미는 아닙니다. 이 점은 정말 주의해야 합니다. 그렇다면 선천일기는 어디에서 오는 것일까요? 여러분의 마음, 심념이 점차 공의 경지로 들어가고 몸의 감각과 지각이 점점 청정하여 일체 집착을 내려놓으면, 이런 경지에서 천천히 선천일기가 자연스럽게 발동합니다. 선천일기가 허무 속에서 오니 여러분이 기맥을 통하고 색신을 전변하는 수도 공부를 하는 것은 결코 무슨 기괴한 수련 공부를 하는 것이 아닙니다. 오직 마음을 올바르게 닦아 청정하게 하면 선천일기가 발동하여 "위대단지기야(爲大丹之基也)" 즉 그것이 비로소 대단(大丹)의 기틀이 되며, 또한 이것이 명공(命功)의 첫걸음이기도 하지요.

허무로부터 오는 선천일기

주운양 조사는 이와 같은 이치를 아래에서 설명합니다.

"도는 본래 허무이다. 처음에 일기를 낳는데, 이 일기는 혼돈하여 분화되지 않은 선천의 진일의 수로서 후천의 유형의 수가 아니다."

(蓋道本虛無, 始生一炁, 只此一炁, 鴻濛未分, 便是先天眞一之水, 非後天有
形之水也)

여기에서는 수도의 도(道)를 해석하여 "개도본허무(蓋道本虛無)" 즉 도
체(道體)는 본래 허무라고 합니다. 불가에서는 본래 공인데 진공(眞空)에
서 묘유(妙有)가 나온다고 합니다. 『역경』에서는 이것을 "적연부동(寂然不
動), 감이수통(感而遂通)"이라고 말합니다. 고요하여 움직임이 없다가 감
응하여 마침내 통한다는 뜻입니다. 한번 느끼면 곧 발동한다는 것은 선천
일기가 발동하여 "시생일기(始生一炁)" 즉 처음으로 일기(一炁)를 낳는다
는 것입니다. 이런 선천일기가 현상 세계의 음양으로 아직 분화하지 않은
혼돈, 즉 카오스 상태일 때를 전문 용어로 말하면 "홍몽(鴻濛)"이라고 합니
다. 홍몽은 해석하기가 어렵습니다. 억지로 비유하자면 봄날 이슬비가 나
리는 경계와 같습니다. 전에 어떤 사람이 대련을 지었는데, 상련은 "이슬
비 나려 나도 모르게 옷이 젖네〔細雨濕衣看不見〕"라고 짓고는 하련을 짓지
못했습니다. 나중에 어떤 청년이 골똘히 생각하다가 하련을 지었는데 "꽃
잎이 땅에 떨어지니 소리가 들리지 않네〔閒花落地聽無聲〕"라고 했답니다.
홍몽이란 마치 춘삼월 날씨처럼 따뜻해서 사람의 몸은 나른해지고 머리는
몽롱해서 춘곤증과 같은 현상으로 비유할 수 있습니다. 가랑비가 나도 모
르게 스며들 듯이, 꽃잎이 소리 없이 땅에 떨어지듯이 혼돈된 경지입니다.

자, 선천일기는 어디에서 오는 것일까요? 허무에서 옵니다. 공하면 할수
록 선천일기가 도래합니다. 불가에서는 "진공묘유(眞空妙有), 묘유진공(妙
有眞空)"이라고 했고, 또 "연기성공(緣起性空), 성공연기(性空緣起)"라고
했습니다. 여러분은 "선천(先天)"이라는 개념에 주의해야 합니다. 선천이
란 무엇일까요? 공자는 『역경』건괘를 해석하면서 선천의 개념을 말했습
니다. 이미 한번 말한 적이 있지만, 바로 "하늘에 앞서도 하늘이 어기지 않

고, 하늘의 뒤에서는 천시를 받든다[先天而天弗違, 後天而奉天時]"는 말이지요. 천지는 거스를 수 없습니다. 이런 본체의 역량을 선천이라고 합니다. 우리의 현실적 생명과 모든 존재는 다 후천입니다. 선천은 공, 허무입니다. 본래 아무것도 없는 그야말로 "본래무일물(本來無一物)"이지요.

후천은 무엇일까요? "천시를 받드는[奉天時]" 것입니다. 자연에 순응하고 따르는 것이지요. 다시 말하면 본체의 규범을 거스르지 않는 것입니다. 태양은 반드시 동쪽에서 서쪽으로 운행합니다. 매일 상오, 중오, 하오의 변화가 있지요. 이것이 후천의 일정한 변화 현상입니다. 이와 달리 선천일기는 허무로부터 옵니다. 마음이 집착을 털어내고 공의 경지로 다가갈수록 심신의 감각이 점점 열리고 선천으로 접근합니다. 이때 진기(眞炁)가 도래하지요. 그런데 이것을 일기(一炁)라고 부르지는 않습니다. 노자는 일기(一炁)라는 말을 잘 쓰지 않지요. 그 대신『노자』에서 "어떤 것이 혼성하여 천지에 앞서 생겼다[有物混成, 先天地生]"(제25장)고 합니다. 여기에서 노자가 말한 '어떤 것[有物]'은 물질적인 것이 아닙니다. 그것은 에너지는 있지만 무형(無形) 무상(無相)입니다. 불학으로 말하자면 업력(業力)인데 업력은 사라지는 것이 아니지요. 일체 중생은 악업의 에너지 때문에 육도에 윤회하여 과보를 받고, 부처나 신선은 선업을 쌓았기 때문에 수행 공부에 성공합니다. 불학을 배우고 도를 닦는 것 역시 업을 조성하는 것입니다. 선업을 지으면 성불할 수 있고 그 반대로 하면 실패하는 것이지요.

선업의 에너지가 강하면 진공(眞空)에서 묘유(妙有)가 발생하는데, 이것이 바로 선천일기가 도래하는 것입니다. 일반인 중에 불가에서 말하는 계정혜를 닦지 않은 사람도 우연히 선천일기가 도래하는 경우가 있기는 합니다. 일반인들은 대개 선천일기가 혼침(昏沈) 상태에서 오지요. 여러분이 잠을 충분히 잔 후에 막 잠에서 깨어났을 때, 아직 정신이 또렷해지기 직전에 선천일기가 도래합니다. 물론 여러분은 그것을 느끼지도 못하지요.

선천일기가 도래하면 범부는 먼저 욕념이 일어나서 욕망의 세계로 들어가려고 합니다. 그렇게 해서 선천일기를 소멸시켜 버리지요.

그다음에는 여러분이 막 잠에서 깨기 직전이나, 혹은 깊은 병에 걸렸다가 이제 막 회복되려고 할 때 선천일기가 도래합니다. 선천일기가 도래한다는 것은 바로 생명의 기능이 회복된다는 것을 의미합니다. 그러니 병이 호전되는 것은 당연하지요. 문제는 선천일기가 도래해도 자각하지 못하는 데 있습니다. 여러분이 직접 체득하지 못하면 선천일기를 자각하고 느끼는 것은 거의 불가능합니다. 그 때문에 그렇게 많은 사람이 수도 공부에 매달리지만 거의 성공하지 못합니다. 선천일기는 수시로 돌아옵니다. 바꾸어 말하면 활자시(活子時)가 바로 그것이지요. 동지에 일양이 발생하는 것도 선천일기의 도래입니다. 바로 양기(陽氣)가 발생하는 것이지요.

양기가 발생하면 일정한 현상이 있습니다. 자연히 일종의 춘의(春意)가 일게 됩니다. 생명력이 발출하는 것이지요. 이 생명력이 바로 선천일기입니다. 무엇을 춘의라고 할까요? 춘의는 만물 어느 것에게도 존재합니다. 바로 생명력의 발동이지요. 불가든 도가든 모두 이 생명력을 장악하는 것이 관건입니다.

혼돈, 혼침, 홍몽

주운양 조사는 선천일기를 "홍몽미분(鴻濛未分)"이라고 설명했습니다. 음양이 나눠지지 않은 혼돈의 상태이지요. 이 기회를 빌려서 여기에 참석한 스님의 질문에 답하려고 합니다. 스님의 질문은 득정(得定)의 경지가 이런 혼돈의 상태에 머무는 것이라면 혼침(昏沈)과는 어떤 차이가 있느냐는 것이었습니다. 이 질문은 정말 좋습니다. 보통 사람들이 정좌할 때는 두 가지 경계에 속합니다. 하나는 혼침이고 또 하나는 산란(散亂)입니다.

혼침에는 두 종류가 있습니다. 대혼침(大昏沈)은 수면 상태와 같습니다. 어떤 사람은 정좌를 잘못해서 몸이 활처럼 굽고 배는 툭 튀어나와서 마치 바다가재가 수박을 안고 있는 모양인데, 몸이 이렇게 변하는 것은 정말 문제입니다. 참으로 정좌를 잘한 사람은 몸이 곧게 섭니다. 여러분이 매일 경배하는 이 법당 보살님들의 앉은 자세가 반듯한 것과 같습니다. 일단 혼침에 빠지면 안 됩니다. 혼침에 빠지면 선천일기가 돌아와도 몸을 지탱하지 못하고 활처럼 굽게 만듭니다.

어떤 사람은 마치 생각이 없는 것처럼 멍하니 앉아 있는데, 이런 것은 실제로 심한 혼침 상태입니다. 예를 들어 염불할 때 혼침에 빠지면 부처님의 명호마저 생각나지 않는 듯한 상태가 됩니다. 여러분은 자신이 혼침에 빠졌는지 아닌지를 분명히 인식해야 합니다. 만약 혼침에 빠져 있으면서 그것을 입정(入定)이라고 착각한다든지, 자기가 수도 공부를 하고 있다고 여긴다든지, 아주 좋은 경지에 있다고 생각한다면 그 과보로 축생에 윤회하게 될 수도 있습니다. 이렇게 되면 갈수록 머리가 무거워지고 아둔하게 되고 나태해집니다. 점차 기억도 못 하게 되고 멍청해지는데 자신은 그런 상태를 공(空)의 경지라고 착각합니다. 이런 것이야말로 실제로는 대혼침(大昏沈)입니다.

혼침의 다른 종류는 세혼침(細昏沈)입니다. 세혼침은 정좌를 하고 있으면 자신은 정신이 분명한 것 같은데 실제로는 그렇지 못하고, 그렇다고 잠을 자는 것도 아니어서 남들이 하는 말을 다 듣기는 하는 상태입니다. 이 세혼침이 오래 지속되면 스스로는 입정(入定)에 들었다고 착각할 수 있지만 그 과보는 대혼침과 같습니다. 그러므로 세혼침에 대해 잘 알아야 합니다.

그다음은 도거(掉擧)라는 것이 있지요. 큰 도거는 산란입니다. 우리 같은 보통 사람들은 평생을 두 가지 경계에서 보냅니다. 즉 혼침이 아니면 산란입니다. 사람들은 피곤하면 잠을 자는데, 잠에서 깰 때 눈은 아직 뜨지 않았는데 생각은 이미 떠오릅니다. 그래서 혼침이 아니면 산란하여서 영원히 균형을 잡지 못하고 생사의 윤회 속에서 돌게 됩니다. 여러분이 아무리 불교의 교리에 통달하고 계(戒)를 잘 지킨다고 해도 가장 기본적인 득정(得定)을 하지 못한다면, 진정으로 계를 지킨다고 할 수 없습니다. 또 진정 지혜롭다고 할 수도 없습니다. 단지 세속적인 총명이요 지식으로서 분별하는 것일 뿐 진정한 지혜가 아니지요. 진정한 지혜는 머리나 생각을 써서 분별하는 것이 아닙니다. 또 불교 공부를 한다면서 몸에는 이런저런 질병을 달고 사는 사람들을 많이 봅니다. 무슨 도를 닦는 것일까요? 부처님도 불교 공부를 하면 생사를 해탈할 수 있다고 하셨는데, 여러분은 공부를 한다면서 몸도 건강하지 못하니 그런 몸으로 무엇을 할 수 있을까요? 그렇지 않습니까?

이런 현실적 문제는 모두 정력(定力)이 부족해서 일어납니다. 그러므로 계학(戒學)을 잘 지키려면 반드시 득정해야 합니다. 정(定)이 충실하면 계(戒)는 더 이상 말하지 않게 되지요. 계(戒)란 잡념 망상이 일어나지 않는 것이기 때문입니다. 지혜도 마찬가지입니다. 지혜란 정(定) 속에서 자연히 옵니다.

도가에서 말하는 "홍몽(鴻濛)"은 정(定)의 초보적 단계입니다. 불가로 말하면 사가행 중 첫 번째인 득난(得煖)이지요. 난(煖) 정(頂) 인(忍) 세제일법(世第一法)이 불가에서 말하는 사가행인데, 대승불교든 소승불교든 모두 사가행이 중요합니다. 홍몽의 경계 즉 혼돈의 경계가 바로 득난입니다.

그렇다면 홍몽과 혼돈과 혼침은 어떻게 구별될까요? 혼침은 자신이 주인공이 되지 못합니다. 즉 자기도 모르게 혼침에 빠지는 것입니다. 반면에 혼돈이나 홍몽은 자신이 주인공이 되어서 스스로 홍몽의 경계로 들어갑니다. 유식학의 원리로 말하자면 홍몽 혼돈의 경계는 오변행(五遍行) 중에

작의(作意)[128]에 의해 이루어집니다. 그러나 혼침은 작의에 의해 이루어지지 않고 습기(習氣)에 의해 이루어집니다. 혼돈과 혼침의 차이는 여기에 있습니다. 그러나 이론적으로는 차이를 분명히 아는 데 한계가 있지요. 어디까지나 스스로 노력하고 체험해야 잘 알 수 있습니다.

선천의 진일의 수가 오면 어떻게 해야 하는가

여러분이 공(空)의 극점에 도달하면 일체 잡념이 사라지는데 바로 주운양 조사가 설명한 "홍몽미분(鴻濛未分)"의 경지입니다. 이것은 또 "변시선천진일지수(便是先天眞一之水), 비후천유형지수야(非後天有形之水也)" 즉 선천의 진일(眞一)의 수로서 후천의 유형의 수가 아닙니다. 선천의 진일의 수는 방위로 말하면 북방의 임계수(壬癸水)이고 신체에서는 하부를 가리킵니다. 천일생수(天一生水)는 우리의 생명에서 춘의(春意)가 발동하는 것으로서, 여기에 어떤 망상이나 욕념도 가해지지 않은 것이 바로 "천지인온(天地絪縕), 만물화순(萬物化醇)"의 경지이자 홍몽의 경계입니다. 진일의 수는 수증기가 아래에서 위로 올라오듯이 신체의 하부에서 상승합니다.

> "도를 배우는 선비가 만약 정을 수렴해서 성으로 회귀할 수 있다면 둘이 하나로 돌아가 다시 선천의 진수를 얻을 것이니 수원이 지극히 청결하리라."
> (學道之士, 若能攝情歸性, 倂兩歸一, 纔復得先天眞水, 水源至淸至潔)

---

128 불교의 유식종에서 수립한 오위백법(五位百法) 중 제육위인 심소(心所), 즉 마음에 일어나는 여러 정신 작용이 다섯 종이 있는데 그중 하나이다. 촉(觸), 작의(作意), 수(受), 상(想), 사(思) 다섯 종이다.

선천의 진일의 수는 진정한 활자시(活子時)로서 금단(金丹)의 뿌리가 됩니다. 그래서 활자시가 발동할 때 우리의 정신이 활발하고 망상이 없으면 진일의 수가 오지만 그렇지 못하면 사라지고 없습니다. "섭정귀성(攝情歸性)", 후천의 망상과 욕망은 모두 정(情)에 속하는데, 득정의 경지에서 망상과 욕념이 공(空)함을 깨달으면 청정무위에 도달할 수 있습니다. 수도 공부가 이런 경지에 이르면 본래 혼미했던 상태라도 홀연히 정신이 각성됩니다. 일반인들은 피곤할 때 정좌를 하면 점차 정신이 청정해지는 것을 느낍니다. 그러나 실제로 공부가 되는 것은 아닙니다. 단지 휴식을 취하는 것이지요. 사실 피곤하니까 청정한 것 같고 잡념도 없습니다. 망상이 일어날 기력이 없기 때문이지요. 그러니 이런 상태에서는 공부가 되지 않습니다. 그렇다면 언제 정좌를 해야 할까요?

피곤한 상태에서 정좌를 하여 휴식을 취하면 진일의 수가 돌아오기 때문에 정신도 다시 맑아지고 몸도 가뿐하게 느껴집니다. 그러면 보통 사람들은 컨디션이 좋아졌으니 정좌를 그만두고 일하러 가기도 하고 놀러 가기도 하지요. 이렇게 하기 때문에 영원히 득정의 경지에 도달하지 못하고 수도 공부 역시 성공하지 못합니다. 선천의 진일의 수가 올 때 안정을 취하지 않으면 "정을 수렴해서 성으로 회귀하는" 것은 불가능합니다. 당연히 공의 경지에도 도달할 수 없지요. 선천의 진일의 수가 올 때 잡념과 망상을 떨치고 공의 경지에 이를 수 있어야 진정한 공이 됩니다. 또 반본환원(返本還原)도 가능합니다.

성정 합일, 심신 일체

주운양 조사는 여기에서 수도 공부의 방법을 알려 주고 있습니다. "섭정귀성(攝情歸性), 병양귀일(倂兩歸一)", 정을 수렴해서 성으로 회귀시키면 둘이 하나로 합일한다는 설명에서 둘은 무엇일까요? 바로 성(性)과 정(情)입니다. 앞에서 말한 것처럼 정(情)은 망상과 욕념을 가리키는데, 정을 수렴한다는 것은 망상과 욕념을 모두 떨쳐 버리고 공(空)의 경계에 들어간다는 것입니다. 이렇게 작용하는 것은 신(神)과 기(氣)입니다. 신이 망동하지 않으면 신과 기가 결합해서 응결하는데 이것이 바로 선천의 진수(眞水)입니다. "선천진수(先天眞水)"는 이때 "수원지청지결(水源至淸至潔)" 즉 근원이 지극히 청결한데, 만약 망념이 일어나고 게다가 남녀 욕념이 발동하면 근원이 탁해지고 흐려집니다. 그러면 선천의 진수가 후천의 탁수로 변해서 아무 쓸모도 없게 되지요.

> "이때 몸과 마음이 하나가 되어 오염도 없고 잡념도 없어 자연히 겉과 속이 투명하게 하나가 되어 넓은 바다에 떠 있는 빙호와 같다."
>
> (此時身心打成一片, 不染不雜, 自然表裏洞徹, 有如萬頃氷壺)

이런 경계에 도달하는 것은 확실합니다. 여러분이 현교든 밀종이든, 지관을 닦든 정토를 닦든 어떤 수도 공부를 막론하고 이 경계에 도달하는 것은, "하늘에 앞서도 하늘이 어기지 않는〔先天而天弗違〕" 불변의 확고한 법칙입니다. 이 경계에 도달하면 선천의 진일(眞一)의 수가 도래합니다. 이때 몸과 마음이 하나로 합일합니다. 어떻게 하나가 될까요? 잡념과 망상도 없고 신체에 감각도 없습니다. 감각이 없는 것은 억지로 그런 것이 아닙니다. 만약 어떤 생각도 나지 않고 심지어 흥미도 없고, 몸과 마음이 마른 고목나무처럼 되는 것은 선천일기가 아닙니다. 이런 것을 불가에서는 고목선(枯木禪)이라고 부릅니다. 즉 사선(邪禪)이지요. 진정으로 몸과 마음이 하나로 합일하면 심신이 원융하게 하나가 되어 춘의(春意)가 왕성하게 일어납니다. 이 춘의는 욕념의 작용이 아닙니다. 오직 생기(生機)가 충만할 뿐이지요. "신심타성일편(身心打成一片), 불염부잡(不染不雜)", 몸과 마음이 하나가 되어 오염도 없고 잡념도 없어서 마치 맑은 거울과 같은 마음이 됩니다. 이때는 여러분이 잡념 망상을 일으키려고 해도 일어나지 않습니다. 모든 것이 번뇌 망상이 없이 자연스럽지만 이런 단계도 최고의 경지는 아닙니다. 이제 첫걸음일 뿐이지요.

장자양 진인은 『오진편』에서 이 경계에 대해 "다시는 번뇌가 마음에 일어나지 않는다(煩惱無由更上心)"고 말했습니다. 이때 몸은 허공과 같이 아무것도 없어 마치 유리병처럼 느껴집니다. 유리병처럼 투명하다는 뜻이지요. 유리병은 유리라도 있지만 이 경지에 도달하면 유리마저도 존재하지 않는 투명 자체입니다. 도가 북파의 구장춘 진인은 이 경계를 수정탑(水晶塔)이라고 비유했습니다. 안팎이 투명하게 맑은 수정탑처럼 몸이 변한다는 것입니다.

여러분이 잘 아는 『법화경(法華經)』은 다른 어떤 경전보다 많은 비유로 이루어져 있습니다. 그래서 불교를 지식으로 접근하는 사람들 중에는 『법화경』을 싫어하는 경우도 종종 있지요. 그 내용이 신화나 고사 같기 때문입니다. 그러나 『법화경』의 비유와 고사 속에는 분명 어떤 의미가 있습니다. 그 중의 한 고사를 예로 들면 석가모니 부처님이 설법을 하실 때 지하에서 다보여래(多寶如來)의 보탑(寶塔)이 솟아올랐습니다. 다보여래는 장사를 하는 분들이 아주 좋아하는 부처님이지요. 다보여래를 만나면 반드시 돈을 많이 벌게 해 주니까요. 땅속에서 솟아나온 보탑은 무봉탑이었습니다. 문이 없어서 탑을 열 수도 없고 들어갈 수도 없는 것입니다. 물론 다보여래는 그 속에 앉아 있었지요. 그런데 석가모니 부처님의 설법이 너무 감동적이어서 다보여래는 석가모니 부처님에게 탑 속에 들어와서 옆자리에 앉게 했습니다. 이것이 다보여래와 석가모니 부처님이 자리를 나누어

앉았다는 고사입니다. 사실 이것은 선천일기가 땅속에서 솟아올라 겉과 속이 투명하게 하나로 통하는 경지를 비유했습니다. 아직 다보여래의 경지에까지 미치지 못하지만 그럴 수 있는 징후가 보인 것입니다.

이 밖에도 선종의 공안이 있습니다. 석가모니 부처님이 세상에 계실 때 한 여성이 입정(入定)에 들었습니다. 그때 부처님은 소승과 대승의 제자들에게 물었습니다. "누가 그녀를 정(定)에서 나오게 할 수 있는가?" 제자들 누구 하나도 정(定)에서 빠져나오게 할 수 없었습니다. 신통력이 매우 뛰어난 문수보살, 보현보살도 마찬가지였지요. 모든 대보살이 이렇게 속수무책이었을 만큼 그 여성의 선정(禪定)은 강하고 깊었습니다. 그런데 잠시 후 망명(罔明) 보살이 땅속에서 솟아오르더니 그 여성의 귀에 손가락을 튕기자 바로 입정에서 깨어나는 것이 아니겠습니까! 선종에 있는 이 공안을 여러분은 잘 참구해야 합니다.

제76강

진일의 기는 어떻게 일어나는가

앞 강의에서는 도가에서 말하는 진정한 활자시(活子時)는 선천일기라고 했습니다. 모든 것이 허무에서 오는데 주운양 조사는 그 경계에 대해 "자연표리통철(自然表裏洞澈), 유여만경빙호(有如萬頃冰壺)"라고 했습니다. 자연히 겉과 속이 투명하게 통하여 마치 바다에 뜬 빙호(冰壺)와 같다는 것입니다. 이것은 진짜 얼음으로 만든 병〔冰壺〕이라는 뜻이 아니라 유리처럼 투명한 경계임을 상징적으로 표현한 말입니다. 주운양 조사는 또 노자의 "상선약수(上善若水), 청이무하(淸而無瑕)"를 인용해서 이 경계를 설명했습니다. 최고의 선은 물과 같이 맑고 흠이 없다는 것이지요.

"대도는 명과 상을 떠나 본래 형상이 없다. 일기를 발생한 후에야 형용할 수 있을 것 같다."

(大道離相離名, 本無形象, 及其生出一炁, 似乎可得而形容矣)[129]

"대도리상리명(大道離相離名), 본무형상(本無形象)", 대도(大道)는 이름도 형상도 없습니다. 이름이 없으므로 부처님도 말할 수 없다는 뜻에서 "불가설불가설(不可說不可說)"이라고 하셨지요. "급기생출일기(及其生出一炁)", 도의 체인 본체(本體)는 이름[名]도 없고 모습[相]도 없고 형체[形]도 없으므로 모든 상(相)과 모든 법(法)을 떠났다고 했습니다. 명상(名相)이 있는데 그것을 형용할 말이 없다는 것이 아니라, 말로 표현할 명상 자체가 본래 존재하지 않는다는 뜻입니다. 불학의 이치로 말하면 진공(眞空)에서 묘유(妙有)가 발생하는 때가 작용이 일어나는 때입니다. 묘유가 발생하는 것이 도가에서는 일기(一炁)가 일어나는 때입니다. "사호가득이형용의(似乎可得而形容矣)", 이렇게 일기가 발생할 때 비로소 형용할 수 있는 한 점 형상이 파악됩니다. 주운양 조사는 이어서 진일의 기에 대해 말합니다.

"그러나 이 진일의 기는 그윽하고 아득하며 황망하고 홀연하다. 무형의 형이고 무상의 상이므로 생각으로 추측하거나 헤아려서 알 수 있는 것이 아니다."

(然此眞一之炁, 杳冥恍惚, 形于無形, 象于無象. 非一切意識可以卜度揣摩而得)

"연차진일지기(然此眞一之炁), 묘명황홀(杳冥恍惚)", 이 말은 본래 『노자』에 나오는 내용을 압축한 것입니다. 『노자』에 나오는 원문은 "묘혜명혜(杳兮冥兮), 황혜홀혜(恍兮惚兮), 기중유물(其中有物)"입니다. 그윽하고 아득하며 황홀한 가운데 어떤 것이 있는 듯하다는 뜻입니다. 이런 묘유의 작용은 어디에서 생기는 것일까요? 바로 진공(眞空)에서 발생합니다. 그래서 "형우무형(形于無形), 상우무상(象于無象). 비일체의식가이복도췌마이득(非一切意識可以卜度揣摩而得)"라고 설명한 것이지요. 진일(眞一)의 기

---

129 『참동계천유』. 226면.

(炁)는 형상이 없는 형상으로서 의식이나 생각으로 알 수 있는 것이 아닙니다. 유형 유상이면서 또한 무형 무상이므로 우리의 사유나 추측으로 알 수 있는 망상의 경계가 아니라는 뜻입니다.

일반적으로 수도 공부를 하는 사람은 생각이나 의지로 호흡을 하거나 기를 돌리는 공부를 합니다. 자신의 의식으로 어떤 경계를 상상하고 이렇게 저렇게 생각으로 이끌어서 그 경지에 도달하려고 하는 것이지요. 이런 수련은 망상이요 가짜입니다. 진실한 것이 아니지요. 선천의 진일의 기는 의식적으로 분별하고 헤아리거나 상상할 수 있는 것이 아니기 때문입니다. 불가로 말하면 무분별심의 경지에서만 진일의 기가 발동할 수 있습니다.

"그러므로 (참동계에서) '도의 형상은 진일하여 형용하기 어렵다'고 하였다. 진일의 수는 중궁에 한 점 진기가 깃든 것으로 이른바 태을이 진기를 포함하는 것이다."

(故曰, 道之形象, 眞一難圖, 眞一之水, 便是中宮一點鄞鄂, 所謂太乙含眞炁也)

"도지형상(道之形象), 진일난도(眞一難圖)", 진정한 선천의 기가 도래할 때의 그 상황은 말로 표현할 수 없다는 것입니다. 어떤 형상으로 표현한다면 그것은 상에 집착한 착상(著相)의 결과이지요. 일반적으로 수도하는 사람치고 상에 집착하지 않는 사람은 없는데 이것은 불가와 도가가 마찬가지입니다. 그러므로 "진일난도(眞一難圖)"라고 말한 것은 정말 그렇습니다. 현재 이 선천일기는 "진일지수(眞一之水), 변시중궁일점은악(便是中宮一點鄞鄂), 소위태을함진기야(所謂太乙含眞炁也)"입니다. 진일의 수는 중궁에 한 점의 진기(眞炁)가 깃든 것으로 이른바 태을이 진기를 포함하는 것입니다. 여기에서 수(水)는 현상이며, 그래서 홍몽(鴻濛)이라고 합니다. 앞에서 말했던 봄날의 기후 같은 것입니다.

여기에서는 『역경』의 천상(天象)을 가져다 비유하였는데, 이 진일의 수(水)는 바로 중궁으로서 성벽처럼 둘러싸고 제방을 치고 있습니다. 이때는 달마 조사가 "마음이 장벽 같아야 도에 들어갈 수 있다〔心如牆壁, 可以入道〕"고 말한 것과 같습니다. 우리 마음에서 망념이 완전히 제거된 경지에 도달하는 것이지요. 도가에서는 이것을 "태을이 진기를 포함한다〔太乙含眞炁〕"고 합니다. "태을(太乙)"이란 북방의 진기를 상징합니다.

신과 기의 교회

"신과 기는 합하면 일기가 되고 나뉘면 양물이 되며, 그것이 다시 나뉘면 사상 오행이 된다."

(合之爲一炁, 分之則爲兩物, 又分之, 則爲四象五行)

"합지위일기(合之爲一炁), 분지즉위양물(分之則爲兩物)", 신과 기가 합쳐져 완전한 것을 일기(一炁)라고 하고 그것이 분리되면 둘이 된다는 것입니다. 신(神)과 기(炁)는 크게는 음과 양, 작게는 강(剛)과 유(柔)를 나타내는데, 이것은 모두 우리의 생명 작용을 말합니다. 여러분이 염불을 하든 정좌를 하든 수도 공부를 하든 잘하기만 하면 신과 기가 충만하고 합쳐져 하나가 됩니다. 그러나 마음이 산란해지고 욕념이 발동한다면 다시 신과 기가 분리되고 수도 공부는 영원히 실패하고 맙니다. 여러분이 이런 원리를 잘 알고 수도 공부를 한다면 백일이면 성공할 수 있습니다. 그러므로 백일축기(百日築基)는 틀린 말이 아닙니다. 아무리 시간이 걸려도 사 개월이면 생리와 심리가 모두 변화할 수 있기 때문입니다. "우분지(又分之), 즉위사상오행(則爲四象五行)", 신과 기가 다시 나뉘면 사상 오행이 됩니다. 신과 기이 둘이 분리되면 점점 더 산란해지므로 신과 기를 분리해서는 안 됩니다.

"교회할 때 오행의 변화는 오로지 중앙에 있다."
(交會之時, 五行變化, 全在中央)

"교회지시(交會之時)", 수도 공부를 한다는 것은 외부로 향하는 육근(六根)을 회수해서 내면으로 돌리는 것인데, 이것을 교회(交會)라고 합니다. 어떤 도가 서적에는 교구(交媾)라고 되어 있어서 신(神)과 기(氣)의 교회를 남녀의 성적 결합으로 오해하는 경우가 있습니다. 그러나 이것은 전혀 맞지 않는 해석이고 만약 그렇게 한다면 죄를 범하는 것입니다. 신과 기의 교회를 부부간의 관계로 형용한 것은 상징일 뿐입니다.

"오행변화(五行變化), 전재중앙(全在中央)", 신체 내부에서 오행이 변화를 일으킨다는 것입니다. 어떤 사람은 정좌 수련을 하자마자 병이 생기는 경우도 있습니다. 이런 경우 정좌 때문에 발병했다고 하는데, 사실은 그 사람 몸에 본래 이런 질환이 있었는데 정좌를 하자 원기가 충만해지고 신체 반응이 민감해져 병이 드러난 것이지요. 이왕 수도 공부를 하려고 결심했다면 죽고 사는 문제에 집착하지 말고 한 걸음씩 나아갈 때마다 그만큼 성공할 수 있습니다. 신과 기가 교회할 때 오행에 변화가 일어납니다. 심간비폐신(心肝脾肺腎) 등 모든 장기에 변화가 생기는데, 그것은 오로지 중앙의 무기토(戊己土)에 달려 있습니다. 무기토란 무엇일까요? 바로 마음의 작용입니다. 한 생각도 일어나지 않고 일체 현상에 집착하지 않는 것이지요. 기가 몸속에서 어느 곳으로 운행하든지 일체 상관하지 않아야 합니다. 불학으로 말하면 색수상행식(色受想行識) 오음(五陰)에서 수음(受陰)의 경계입니다. 몸속에서 발생하는 기의 감각에 이끌리는 것이지요. 망념은 상음(想陰)의 경계이고요.

신과 기가 교회하는 것을 오행이 각각 제자리로 돌아간다고도 표현합니다. 각각 제자리로 돌아간다는 것은 자신의 잡념 망상이 움직이지 않는다는 것을 말합니다. 그것을 주운양 조사는 다음과 같이 설명합니다.

"목은 동쪽에 금은 서쪽에 화는 남쪽에 수는 북쪽에 각각 그 장소에 거처한다. 그러므로 (참동계에서) '변화하여 분포하되 각자 독립해서 거처한다'고 하였다." (旣而木仍在東, 金仍在西, 火仍在南, 水仍在北, 各居其所矣. 故曰, 變而分布, 各自獨居)

목은 간에 속하고 동쪽에 있으며, 금은 폐에 속하여 서쪽에 있고, 화는 심장으로 남쪽에 위치하며, 수는 신장으로 북쪽에 있습니다. 이것을 금목수화토 오행이 각각 제자리로 돌아가서 움직이지 않는다고 합니다. 몸이 안 좋을 경우, 게다가 노년에 수도 공부를 한다면 각종 변화와 어려움이 발생하는데 오로지 상관하지 않는 것이 중요합니다. 불가의 십념법(十念法)[130]을 써서 염불(念佛)하고, 염법(念法)하고, 염승(念僧)하고, 최후에는 염사(念死)합니다. 죽는 것은 일찍 죽으나 늦게 죽으나 마찬가지라고 생각하는 것이지요. 성공하지 못하면 기껏해야 죽기밖에 더하겠는가, 하지만 내가 수도 공부를 하려는 결심은 결코 변하지 않는다고 굳게 지키는 것입니다.

여기에서 설명하는 것은 모두 공부의 경계이고 선천일기와 관련 있습니다. 『참동계』는 활자시가 도래하는 것이 곧 선천일기가 도래하는 것이며, 그 과정에서 수많은 변화가 일어난다고 알려 줍니다. 여기에서는 많은 변화 중에서 겨우 몇 가지만 말할 뿐입니다.

---

130 『아함경』에 보이는 수행법으로서 염불(念佛) 염법(念法) 염승(念僧) 염계(念戒) 염시(念施) 염천(念天) 염휴식(念休息) 염안반(念安般, 혹은 염안나반念安那般那) 염신(念身) 염사(念死)를 십념법이라고 한다.

"차단(此段), 언진일지수(言眞一之水), 실위단기(實爲丹基)", 『참동계』는 우리에게 장생불로의 도와 연단의 기초가 바로 진일(眞一)의 수(水)에 있음을 알려 줍니다. 만약 여러분의 선행 공덕이 부족하다면 설령 천일진수(天一眞水)가 도래한다고 해도 실패하고 말 것입니다. 여러분, 『서유기(西遊記)』를 읽어 보십시오. 청대의 오원자(悟元子) 유일명(劉一明)이 지은 『서유원지(西遊原旨)』도 매우 좋습니다. 이 속에는 내단의 비밀이 모두 설명되어 있습니다. 물론 여기에서 주운양 조사의 설명도 매우 중요합니다. 바로 "진일의 수가 실로 단의 기초가 된다[眞一之水, 實爲丹基]"는 것은 참으로 연단의 근본입니다.

기가 멈추지 않으면 어떻게 하는가

주운양 조사는 여기에서 『입약경(入藥鏡)』을 인용해서 설명합니다.

"수향연(水鄕鉛)", 수의 근원은 납이라는 말로 기주(氣住)와 맥정(脈停)을 표현했습니다. 기주란 기가 멈추는 것이고 맥정이란 맥이 정지하는 것입니다. 기주 이후에는 비록 맥정의 경지에 도달하지 못했더라도 망념은 자연히 사라집니다. 여러분이 불학을 공부하든 도가를 수련하든 왜 망념이 사라지지 않을까요? 바로 기주(氣住)가 이루어지지 않기 때문입니다. 그래서 일반인은 지관(止觀)을 닦을 때 코로 호흡하는 소리를 듣습니다. 이것을 수식(數息)이라고 합니다. 제가 늘 말하듯이 코로 호흡하는 소리를 듣는 수식법은 육묘문(六妙門)[131]을 수행하는 첫 번째 단계로서 방편일 뿐입니다. 밤에 잠이 오지 않을 때 내쉬는 숨에 주의를 집중하고 수를 세는데, 만약 몸이 좋지 않고 정신이 모이지 않는다면 들이쉬는 숨에 주의를 집중하여 수를 세어야 합니다. 이것은 일종의 비밀입니다.

첫 번째 방법은 수를 세는 것인데, 두 번째 방법은 수를 세는 것이 아니라 따라함[隨]입니다. 즉 호흡을 따라 기를 움직이는 것이지요. 수식(數息)은 기를 수련하는 것이 아닙니다. 호흡은 생멸법인데, 생멸법으로 불생불멸의 도를 닦는다면 어찌 모순이 아니겠습니까? 염불도 생멸법입니다. 여러분이 생멸법 속에서 염불한다고 해서 마음이 산란하지 않을 수 있겠습니까? 염불은 반드시 정토삼부경(淨土三部經)을 분명히 연구하고 해야 합니다. 수식을 닦는 것 역시 무엇이 식(息)인지 잘 알아야 합니다. 식(息)이란 바로 숨을 들이쉬지도 내쉬지도 않는 불호불흡(不呼不吸)의 시점입니다.

사람의 생각과 잡념은 호흡과 연관되어 있습니다. 생각이 멈추면 호흡도 반드시 멈춥니다. 호흡이 멈추면 생각도 작용하지 않습니다. 호흡이 멈추지 않았는데 망념이 그쳤다고 하는 것은 자신을 속이는 것입니다. 수도 공부도 영원히 성공할 수 없지요. 기가 멈추는 기주(氣住)의 경지에 도달하려면 먼저 염주(念住) 즉 생각이 멈추어야 합니다. 생각과 기는 일체의 양면과 같은 관계이기 때문입니다. 그러니 수도 공부는 수의 근원이 납인

---

131 육묘법문(六妙法門)이라고도 한다. 천태 지자대사의 저서에 나오는 수행법이다. 원시 불전에 나오는 부처님이 성도할 때의 수행법을 집약하여 육묘문으로 정리하였다. 육묘문은 수식문(數息門) 수문(隨門) 지문(止門) 관문(觀門) 환문(還門) 정문(淨門)이다.

"수향연(水鄕鉛)"의 경지에 도달해야 기주가 이루어집니다. 수(水)와 납이 하나가 되는 것이야말로 불로장생의 약입니다. 참으로 기주가 이루어지려면 염주가 이루어져야 하지요.

"학자가 다섯을 모아 넷에 합하고, 둘을 모아 하나로 합하는 것을 알면 담장이 완성되고 성태가 결성된다."

(學者若知攢五合四, 會兩歸一之旨, 鄞鄂成, 而聖胎結矣)

"찬(攢)"은 손바닥에 놓고 움직여서 가운데로 모으는 것입니다. "찬오합사(攢五合四)", 다섯을 모아 넷에 합한다는 것은 오행과 사상을 흩어지지 않게 한다는 뜻입니다. "회양귀일(會兩歸一)", 둘을 하나로 모으는 것으로 신과 기를 모아 하나로 귀일하는 것이지요. "은악성(鄞鄂成), 이성태결의(而聖胎結矣)", 담장을 갖추고 성태(聖胎)[132]가 결성된다는 것은 백일축기에 성공하는 것을 말합니다. 참으로 아이를 가졌다는 말이 아니라 마치 여성이 회임(懷妊)한 것처럼 신체 내부에 무언가 존재함을 느끼는 것입니다.

그런데 여성의 경우는 어떨까요? 어떤 사람은 도가 서적을 잘못 이해하여 참적룡(斬赤龍)을 월경이 끊어지는 것이라고 합니다. 이런 경지에 참으로 도달한다면 월경이 끊어지고 말고는 신경 쓸 필요가 없습니다. 자연히 청정해지고 반로환동할 수 있기 때문입니다. 이렇게 성태가 결성된 후 다음 단계는 그 성태를 기르는 것입니다. 도가에서는 이것을 열 달 동안 회임하여 배 속에서 천천히 태아를 기르는 것으로 비유합니다. 이른바 시월회태(十月懷胎)라고 하지요.

---

132 도가에서 금단(金丹)의 별칭이다. 도가 내단(內丹)에서 어머니가 아기를 결태하는 것으로 금단이 결성되는 것을 비유한다.

단을 결성한 후 다음 단계

아래는 『참동계』 제20장 마지막 단락입니다.

마치 달걀과 같아서 흰 것과 검은 것이 서로 붙어 있다.

類如鷄子, 白黑相符.

"유여계자(類如鷄子), 백흑상부(白黑相符)", 이것은 성태(聖胎)를 결성한 후에 대한 비유입니다. "계자(鷄子)"는 달걀을 말합니다. 달걀 속에는 노른자가 있는데 흰자가 노른자를 둘러싸고 있지요. "백흑(白黑)"은 달걀의 흰자와 노른자처럼 음양이 분리되지 않은 혼돈의 상태를 나타냅니다. 이것은 신(神)이 기(氣) 속에 있는 것을 상징합니다. 외면은 인온(絪縕)하고 홍몽한 상태이지만 그 내면은 영명(靈明)하고 불매(不昧)합니다. 정지(正知) 정견(正見)의 일념이 존재하는 상태를 상징적으로 표현한 것입니다.

가로세로로 일촌이 시초가 된다. 사지와 오장과 근골이 구비된다.

縱橫一寸, 以爲始初. 四肢五臟, 筋骨乃俱.

"종횡일촌(縱橫一寸)", 가로와 세로가 일촌밖에 안 된다는 것은 신체로 보면 중국인이 말하는 방촌지지(方寸之地)로서 곧 마음[心]을 형용한 것입니다. 이것은 유형의 심장이 아니라 심와(心窩)[133] 아래 부위를 가리킵니다. "사지오장(四肢五臟), 근골내구(筋骨乃俱)", 이 안에는 남녀를 막론하고 사지와 오장 등 신체 기관과 근육과 골절이 갖추어져 있습니다.

133 심와(心窩)는 심장 아래 위장과 연결된 부위로서 명치 속 거궐혈(巨闕穴) 부근이다.

십 개월이 지나면 모태를 벗어난다.

彌歷十月, 脫出其胞.

"미력시월(彌歷十月), 탈출기포(脫出其胞)", 여성이 아기를 임신하고 출산하는 현상을 통해 수도 공부의 경지를 비유합니다. 신체의 세포와 신경, 골절 등이 모두 변화하는 것이지요. 어떤 때는 몹시 고통스럽고 게다가 머리까지 아프기도 합니다. 이 상태가 되면 매우 조심해야 한다고 제가 이미 여러 번 말했지요? 이 두통 때문에 사망에 이를 수도 있습니다. 머리가 쪼개지는 것 같은 두통이 계속되는데, 이런 고통이 얼마나 이어질지는 정확히 알 수 없습니다. 반년이 될 수도 있고 일 년이 될 수도 있습니다.

그렇다면 어떻게 해야 할까요? 인내하고 참는 수밖에 없습니다. 그래서 도가에서는 반드시 의약에 대해 알아야 한다고 했습니다. 여러분이 알다시피 신선들은 모두 고명한 의사이기도 합니다. 또 불가에서도 보살이 되려면 오명(五明)을 닦아야 한다고 하는데, 그중에서 의학 방면은 필히 닦아야 합니다. 도가에서는 이 경지에 이르면 이미 내단이 결성되지만 아직도 외단이 필요합니다. 외단이란 바로 약물을 가리키지요. 약물을 잘 사용하면 이때 고통을 현저하게 줄이고 이 관문을 쉽게 통과할 수 있습니다. 수도 공부에는 다양한 방면의 학문이 있다는 것을 알아야 합니다. 절대 정좌하는 것만 공부라고 생각해서는 안 됩니다.

뼈는 유연해서 구부릴 수 있고 살은 부드러워 맥아당 같다.

骨弱可卷, 肉滑若飴.

수도 공부가 이 경지에 도달할 때 발생하는 신체의 변화를 표현한 것입니다. "골약가권(骨弱可卷), 육활약이(肉滑若飴)", 골절이 유연해져서 마치 밀가루를 반죽한 것처럼 되어 둥글게 말 수도 있습니다. 피부는 반짝반짝 빛나서 어린아이같이 됩니다. "이(飴)"는 맥아당(麥芽糖)으로서 피부가 맥아당처럼 빛나고 매끄러운 것입니다. 이 경지는 아직 신선에 도달하지는 못했습니다. 신선이 되는 첫 번째 단계일 뿐이지요. 불가에서는 초선(初禪)이나 이선(二禪)에 도달한 경지입니다. 여성이 이 경지에 이르면 달리 꾸밀 필요가 없습니다. 그 자체만으로도 충분히 아름답기 때문이지요.

이상의 『참동계』 원문에 대해 주운양 조사의 주해를 보겠습니다.

"이 절은 특히 법신의 형상을 드러내었다. 성태가 처음 응결되면 한 점 원신이 신실에 감추어져 혼돈의 상태이다. 원황과 흑백이 분리되지 않아 마치 달걀과 같은 상태이다. 그러므로 (참동계에서) '마치 달걀과 같아서 흰 것과 검은 것이 서로 붙어 있다'고 하였다."

(此節, 特顯法身之形象也, 聖胎初凝, 一點元神, 潛藏神室, 混混沌沌, 元黃未剖, 黑白未分, 有如鷄子之狀. 故曰, 類如鷄子, 白黑相符)

주운양 조사는 위에 열거한 『참동계』 원문의 내용이 "차절(此節), 특현법신지형상야(特顯法身之形象也)" 특히 이 단락은 법신의 형상을 드러낸 것이라고 했습니다. "법신(法身)"이란 불가에서 빌린 용어입니다. 불가에서도 법신에 대해서는 여러 가지 상이한 해석이 있지요. 불가에서는 법신을 상(相)과 명(名)을 떠난 열반의 경지라고 하는데, 도가에서는 한 점 단두(丹頭)를 가리킨다고 합니다. 이른바 천일생수(天一生水)로서 단이 결성된 후에 출생하는 몸 밖의 몸〔身外之身〕입니다. 불학으로 말하자면 『능가경』에 보이는 의생신(意生身)[134]으로서 몸 밖의 몸, 육체 이외의 육체입니다. 그러므로 불가든 도가든 의생신을 얻지 못하면 수도 공부를 성취할 수 없다고 합니다.

그다음 "성태초응(聖胎初凝), 일점원신(一點元神), 잠장신실(潛藏神室), 혼혼돈돈(混混沌沌), 원황미부(元黃未剖), 흑백미분(黑白未分), 유여계자지상(有如鷄子之狀). 고왈(故曰), 유여계자(類如鷄子), 백흑상부(白黑相符)"에서 마지막 두 구절은 진정으로 득정(得定)한 경지를 설명합니다. 즉 선정을 완성한 경지이지요. 선종에서도 마찬가지인데, 진정한 깨달음은 득정 없이는 이루어지지 않습니다. "성태가 처음 응결된다〔聖胎初凝〕"는 것은 득정의 경지로, 이 경지에서는 신체의 질병 따위는 이미 다 사라지고 없습니다. 아직도 신체에 풍습(風濕)이나 다른 질병의 증상이 남아 있다면 진정한 득정이 아니지요. 아직 득도를 못한 우리처럼 백발이 성성하고 눈은 침침해서 잘 보이지 않아서는 안 됩니다. 득정을 했을 때는 "한 점 원신〔一點元神〕"이 "신실에 감추어져〔潛藏神室〕" 내면을 향해 수렴합니다. 이렇게 내면으로 수렴하는 경계는 굳이 표현한다면 심(心) 속으로 수렴한다고 할 수 있습니다. 유형적으로는 앞에서 말한 심와 부위가 되겠지요. 그러나 상에 집착해서는 안 됩니다. 한 번 상에 집착하면 모든 것이 잘못됩니다.

　이때를 혼돈의 상태라고 합니다. 앞에서 혼돈과 혼침의 차이를 말했으니 여러분은 이 둘을 혼동하지 않도록 주의해야 합니다. 혼돈의 상태는 그 속에 한 점 영명(靈明)이 불매(不昧)하여 혼침이 없습니다. 그러나 외면의 몸과 마음은 모두 바뀝니다. 이것은 "원황이 갈라지지 않은〔元黃未剖〕" 것과 같습니다. "원황(元黃)"이란 『역경』 곤괘의 원리입니다. 태양이 서산에 넘어갈 때 음양이 교회하여 황혼이 물드는 것과 같은 형상이지요. 그러므로 혼돈의 원황 상태에 도달한다는 것은 내면의 한 생각 영명은 빛나고 외면의 신체는 유연한 기주맥정의 경지에 이르는 것을 가리킵니다. 여기에서 "흑백(黑白)"은 음양을 상징합니다. 달걀과 같이 노른자와 흰자가 분리되

---

134 초지(初地) 이상의 보살이 중생을 제도하기 위해 뜻대로 변화한 신체이다. 삼계(三界)의 괴로움을 벗어난 성자가 성불할 때까지 지니는 신체를 말한다.

지 않은 형상이기 때문에 "그러므로 '마치 달걀과 같아서 흰 것과 검은 것이 서로 붙어 있다'고 한다〔故曰, 類如鷄子, 白黑相符〕"고 말했습니다. 이것이 단(丹)이 결성된 후의 첫 번째 단계입니다.

혼돈의 경계는 어느 곳에 있는가

"신실의 중간은 둘레가 직경 일촌의 공간이다. 법신이 그 속에 숨어 있다가 자유롭게 성장하기를 마치 어머니 배 속에 아기가 처음에 한 점으로 잉태되는 것과 같은 조화이다. 그러므로 (참동계에서) '가로세로 일촌이 시초가 된다'고 하였다."

(神室中間, 方圓恰好徑寸, 法身隱于其中, 優游充長, 與赤子原初在母腹中, 一點造化. 故曰, 縱橫一寸, 以爲始初)

이때 한 점의 단두(丹頭)는 뇌 속에 있지 않습니다. 여러분은 도가의 수규(守竅)나 밀종의 삼맥칠륜을 닦는다고 하지만 이때에 대해서는 말을 하지 않습니다. 이미 지나갔기 때문이지요. 기맥이 일찌감치 열려 있는 것입니다. 이때의 진정한 경지는 우리 신체의 중심점에 있습니다. 우리의 신체는 참으로 신비하게도 어디나 다 삼각형으로 되어 있습니다. 여러분도 밀종의 만다라에서 보았겠지만 생법궁(生法宮)[135]이 바로 삼각형입니다. 물론 우리 몸도 다 삼각형입니다. 이런 것을 알아야 수도 공부를 하는 것입니다.

---

135 정좌 초습자가 삼매인을 맺기 시작하여 공부가 어느 경지에 도달하면 삼매인 모양이 삼각형인 생법궁(生法宮)으로 변하는데 그 이유는 인체 생명의 근원이 아래 부위(고환에서 항문 사이)의 삼각 지대에 자리 잡고 있기 때문이다. 밀종에서는 삼각형 그림 기호를 만다라의 일종이라고 부른다. 인체의 생법궁은 여러 군데가 있지만 이 삼각 지대인 해저륜이 가장 중요하다.

얼굴은 두 눈과 코와 입을 연결하면 삼각형이 됩니다. 가슴의 두 개 젖꼭지와 배꼽을 연결하면 삼각형이 됩니다. 거꾸로 두 유방과 목의 울대뼈를 연결해도 삼각형이지요. 도처가 다 삼각형입니다. 상체만 그런 것이 아니라 하체의 구조를 봐도 모두 삼각형으로 이루어져 있습니다. 그래서 중국의 기물을 보면 대개 삼각형으로 되어 있습니다. 향로 같은 것도 다리가 셋으로 삼각형이지요. 그런데 여러분은 아직 공부가 부족해서 도가가 삼각형을 지키고 있다고 생각합니다. 마치 자신의 가슴이 아픈 것이 위기(胃氣)가 통하지 못했기 때문임을 모르는 것과 같습니다.

여기에서 말하는 "신실중간(神室中間)"이란 어떤 책에서는 중황신실(中黃神室)이라고도 하는데, 중황이 바로 중궁(中宮)입니다. 신실의 크기는 지름이 한 마디(一寸)쯤 되는데, 전통적으로 한 마디란 오늘날처럼 일률적으로 고정해서 일촌이라고 하지는 않습니다. 침구학에서 말하듯이 사람의 신체 크기에 따라 일촌의 길이를 다르게 적용합니다. 즉 그 사람의 가운뎃손가락의 가운데 마디를 기준으로 하는 것이지요. 도가에서는 약 일촌삼푼(一寸三分)쯤 된다고 합니다.

예를 들어 후관(喉管)이 세 마디(三寸)라고 하는 것도 이런 식으로 계량한 것입니다. 여러분에게 중국 문화는 이미 사라지고 없다고 종종 말했지요. 예를 들어 갈근(葛根)이라는 약초가 있는데 사천 지역의 것이 특히 좋습니다. 어떤 사람이 학질에 걸려 열이 났다가 추웠다가 하면서 위장에 세균성 소화 불량이 있었습니다. 서양 의학이든 중의학이든 일 년 넘게 고치지 못했습니다. 그러다가 그 지역 시골 사람을 찾아서 전통적인 방법으로 치료했는데 참으로 효과가 있었습니다. 그 사람은 갈근을 구해서 껍질을 벗기는데 마치 파뿌리처럼 하얀 속이 드러났습니다. 그것을 환자의 손가락 길이에 맞추어 재서 그 사람의 목구멍 속으로 집어넣었다가 한참 후에 뽑아냈습니다. 제가 옆에 있다가 느낌이 어떠냐고 묻자 환자는 갈근이 목구멍으로 들어가자 뭔가 안으로 툭 하고 떨어지는 것 같은 느낌이 들더니 속이 시원해졌다고 했습니다. 소화 불량이 오래되면 마치 위장 속에 어떤 것이 뿌리를 박고 자라난 것처럼 되어 소화할 수 없는 증상이 나타납니다. 이럴 때 갈근을 사용해서 치료하는 것이 중국의 오랜 민간요법이었지요. 아쉽게도 당시에 길이가 어느 정도였는지는 기억을 못 합니다.

또 도가 수련을 하는 분 중에 한약에 대해 잘 아는 사람이 있었는데, 어떤 병이든 그 사람에게 물으면 정말 쉽게 고쳤습니다. 그냥 약초를 가져와서 깨끗이 씻은 후에 먹게 하면 바로 좋아졌으니까요. 제가 그분에게 제자로 삼아 달라고 하자 삼 년 동안 다른 것은 절대 하지 않고 오로지 약초만 공부한다면 제자로 삼겠다고 했습니다. 그때 저는 삼 년씩이나 약초만 공부하기에는 너무 오래 걸린다고 생각해서 그만두었지요. 지금 생각하면 후회가 됩니다. 그때 잘 배웠으면 오늘날 많은 사람의 질병을 고칠 수 있을 텐데 하고 말입니다. 너무 늦었기도 하지만 한편으로는 한 사람이 모든 것을 다 배울 수는 없는 법이지요.

"방원흡호경촌(方圓恰好徑寸), 법신은우기중(法身隱于其中)", 둘레가 직경 일촌의 공간인데 법신이 그 속에 숨어 있다는 말은 단두 한 점이 혼돈의 상태로 중궁 속에 들어 있다는 뜻입니다. "우유충장(優游充長)", 선종에서 말하는 '임운(任運)'과 같은 뜻입니다. 스스로 자신을 충실하게 한다는 말이지요. "여적자원초재모복중(與赤子原初在母腹中), 일점조화(一點造化)", 어머니 배 속에 아기가 한 점으로 잉태되는 것과 같은 조화라는 뜻입니다. 도가에서 말하는 '회태(懷胎)'이지요. 참으로 아기가 있어서 자라난다는 것이 아니라, 그런 것처럼 수도 공부의 경지가 성장한다는 뜻입니다. 그래서 『참동계』원문에서 "가로세로 일촌이 시초가 된다〔縱橫一寸, 以爲始初〕"고 한 것은 이 경지가 결단(結丹)의 초보적 현상이라는 말입니다.

제77강

혼돈의 경계는 얼마나 지속되는가

앞에서 주운양 조사는 "성태가 처음 응결되면 한 점 원신이 신실에 감추어진다"고 했습니다. 이것은 득정(得定)의 경지를 말한 것인데, 정(定)에는 여러 종류가 있습니다. 도가에서 말하는 득정이란 혼돈의 경계에 진입한 것입니다. 공(空)도 아니고 유(有)도 아닌 비공비유(非空非有) 불공불유(不空不有)의 한 생각[一念]을 가리킵니다. 그러므로 한 생각이 있어도 안 되고 한 생각이 없어도 안 됩니다. 득정의 경지가 도래하는 것, 즉 혼돈의 경지에 도달하는 것을 도가에서는 공부가 나를 찾아왔다고 표현합니다. 내가 인위적으로 공부를 찾아간 것이 아니라 공부가 자연히 이루어지는 경지라는 뜻입니다.

송대의 유학자 주희는 "한 생각이 내면으로 돌아간다[一念回到腔子裏]"는 말을 했는데, 주자가 참으로 이런 경지에 도달했는지는 알 수 없지만 그의 견해는 옳습니다. 선종의 달마 조사도 "한 생각을 돌이키면 본성을 깨닫는다[一念回機, 便同本得]"고 했습니다. 그러나 달마 조사가 말한 "일념회기(一念回機)"가 도가에서 말하는 그 뜻과 같다고 할 수는 없습니다. 우리가 달마 조사의 말을 빌려서 이런 뜻을 표현할 뿐입니다. 이때가 되면 입정하지 않으려고 해도 불가능합니다. 육근(六根)이 자연히 폐관되어 움직이지 않습니다. 어미닭이 꼼짝도 안 하고 달걀을 품는 것과 같이, 잡념 망상이 전혀 일어나지 않는 상태이지만 결코 혼침은 아닙니다. 이 상태에서 한 점 원신은 생각[念]이 있는 것도 아니고 없는 것도 아닌데 분명히 이런 작용은 존재합니다.

돌아와서 "신실에 감추어진다"는 것은 정념(正念)이 몸에 돌아온다는 뜻인데, 신체 어느 곳에 있다고 해야 할까요? 억지로 말하자면 정념은 신실(神室) 중궁(中宮)에 있다고 해야 합니다. 사실 이때 "원황은 분리되지 않습니다[元黃未剖]." 달걀이 깨지기 전에 노른자와 흰자가 분리되지 않은 상태와 같지요. 우리의 신체는 안팎과 중간의 구별이 없습니다. 앞에서 비유한 것처럼 달걀이 겉에는 껍질이 싸고 있고 그 안에 노른자와 흰자가 함께 있는 것과 같습니다.

다시 강조하지만 "흑백이 분리되지 않는다[黑白未分]"는 말은 유념과 무념을 초월한 일념이 육근의 감각 기능을 완전히 닫아 버린 상태를 나타냅니다. 또 "달걀과 같아서 흰 것과 검은 것이 서로 붙어 있다[類如鷄子, 白黑相符]"는 말은, 안쪽은 희고 바깥은 검다는 것으로 달걀의 안은 노랗고 바깥은 흰 것을 비유한 말입니다. 이 흑과 백은 무슨 이치일까요. 우리의 영명한 마음이 육근의 감각 작용과 격리되어 내면에 존재한다는 것을 상징적으로 표현한 것입니다. 그렇다면 우리의 영명한 마음은 어디에 있는 것일까요? 유형의 심와에 존재하는 것이라고 할 수는 없지만, 그렇다고 유형의 심와와 떨어져 있는 것은 아닙니다. 주운양 조사가 말한 것처럼 "신실의 중간은 둘레가 직경 일촌의 공간인데 법신이 그 속에 숨어 있다[神室中間, 方圓恰好徑寸, 法身隱于其中]"는 것입니다. 이런 혼돈의 경계가 어느 정도 지속될까요? 일정하지는 않습니다만, 또 앉아 있건 누워 있건 혹은 서 있건 이삼일 혹은 일주일 밤낮을 이 경계가 지속됩니다. 여러분이 주의할 것은, 장래에 이런 경계에 들어간다면 여러분 모두 신선의 자격이 있다는 것입니다. 물론 최후에 신선이 될지는 알 수 없지만, 옆의 사람이 이런 경계에 도달해 있다면 반드시 그를 보호해서 지켜주어야 합니다. 그래서 주운양 조사는 "신실의 중간은 둘레가 직경 일촌의 공간인데 법신이 그 속에 숨어 있다"고 말한 후에 그것이 "자유롭게 성장한다〔優游充長〕"고 합니다. 여기에서 "우유(優游)"라는 말은 완전히 자유자재함을 나타냅니다.

과거에 사천성 중경(重慶)에서 노선배 한 분을 만난 적이 있는데 그분은 늘 입정의 경지에 있다고 했습니다. 일주일에 한 끼를 먹었는데 그분 혼자 탁자의 요리를 다 먹었습니다. 우리는 주인으로서 옆에서 먹지는 않고 함께 이야기만 했는데, 그는 천천히 먹으며 노래도 하면서 한 끼 식사를 대여섯 시간이나 했습니다. 이렇게 한 상의 음식을 먹으면 일주일 동안은 식사를 안 했습니다. 그는 오신채도 먹었고 아무 음식이나 아주 좋아했습니다. 배불리 먹은 후에는 간단히 "또 보세" 하며 한마디만 하고 떠났습니다. 수도 공부를 하는 사람은 말이 많아서도 안 되고 지나치게 사양하고 겸손해서도 안 됩니다. 그는 기분이 좋으면 옆 사람 하고 몇 마디만 나누었습니다. 이런 것은 보통 사람이 할 수 있는 일이 아닙니다. 여기에서 "우유충장(優游充長)" 네 글자를 보니 옛날에 만났던 그 노선배가 저절로 생각납니다. 수도 공부가 이 경지에 도달하면 전심전력으로 해야 합니다.

"어머니 배 속에 아기가 처음에 잉태되는 것은 한 점의 조화이다."

(與赤子原初在母腹中, 一點造化)[136]

---

136 『참동계천유』, 228면.

"여적자원초재모복중(與赤子原初在母腹中), 일점조화(一點造化)", 주운양 조사는 신실의 가운데 법신이 감춰진 것이 마치 어머니 배 속에 한 점 수정란이 착상해 태아로 성장하는 것처럼 조화가 이루어진다고 설명합니다. 우리의 성(性)과 명(命)이 응결해서 이루어진다는 것이지요. 그래서 『참동계』에서 "가로세로 일촌이 시초가 된다〔縱橫一寸, 以爲始初〕"고 했습니다. 가로세로 일촌인 공간이 반드시 심와를 가리키는 것은 아닙니다. 수도 공부를 하는 사람은 영활(靈活)해야지 상에 집착해서는 안 됩니다. 그러면 수도 공부가 절대 성공할 수 없습니다. 이 경지에 도달하면 잡념 망상이 일체 사라집니다. 불가로 말하면 탐진치(貪嗔癡) 삼독이 모두 없어진 경지이지요.

축기에서 결단이 되면 다시 태를 기른다

앞에서 백일축기라는 말을 했는데, 진정으로 결태(結胎)하고 결단(結丹)하기 위해서는 오직 이 길이 있을 뿐 또 다른 길은 없습니다. 여러분은 정좌하고 입정하기 위해서는 관상(觀想)을 성공해야 한다고 합니다. 그러나 진정으로 단(丹)을 맺는 것은 관상에서 이루어지는 것이 아니라 자연히 오는 것입니다. 관상법으로 결단을 이룬다는 것은 맞지 않습니다.

백일축기의 기초가 이루어져 한 점 원신(元神)이 중궁에 깃든 이후가 수도 공부의 첫 번째 단계입니다. 이는 백일축기의 기초가 잘 이루어진 후 시간이 얼마나 걸릴지는 모르지만 공덕과 수행 공부가 이루어지면 원신이 도래하고, 결단(結丹)이 이루어진 이후에는 입태(入胎)가 된다는 것을 말합니다. 『능엄경』에서도 성태(聖胎)를 오래 기른다고 했는데, 이것은 어머니가 아기를 잉태한 후 잘 기르면 점점 성장하는 것과 같습니다. 도가에서는 이것을 온양이라고 하여 "온양진태(溫養眞胎)"라는 말을 합니다. 진태

(眞胎)를 따뜻하게 기른다는 뜻이지요.

"진태를 온양하여 작은 것으로부터 큰 것에 이르기까지 처음에는 상을 이루고 이어서 형을 이룬다. 사지와 오장 및 근락과 골절 같은 것이 하나씩 완비되어 몸을 갖추어 간다. 그러므로 (참동계에서) '사지와 오장과 근골이 구비된다'고 하였다."

(溫養眞胎, 必須從微至著, 始而成象, 繼而成形, 四肢五臟, 倂筋絡骨節之類件件完備, 具體而行, 故曰, 四肢五臟, 筋骨乃俱)

"온양진태(溫養眞胎), 필수종미지저(必須從微至著)", 성태(聖胎)를 오래 기르는 단계의 시작은 오직 성태의 존재를 느끼는 것, 즉 진공 속에서 묘유가 일어나는 것을 지각하는 일입니다. 정좌해서 입정할 때뿐 아니라 보통 앉을 때에도 이렇게 느껴야 합니다. 앞에서 이것을 어머니가 아기를 잉태하는 것으로 비유했는데, 그것은 우리가 정좌를 하면서 이런저런 생각으로 혼란하게 밖으로 흩어지는 것과는 다릅니다. 생각을 멈추지 못하면 근본적으로 온양을 말할 수 없습니다. 항상 생각을 수렴해서 내면으로 향하게 하고 밖으로 흩어지지 않게 할 때 진공 속에서 한 점 묘유가 미세하게 발생하여 성장해 가는 것입니다.

"시이성상(始而成象)", 처음에는 상을 이룬다는 것으로 변화가 시작되는 현상을 말합니다. 이 단계에서 수도 공부의 내용은 매우 다양합니다. 여러분의 지혜가 부족하거나 혹은 다른 외도(外道)나 사도(邪道)를 배운 적이 있어서 잠재의식 속에 관상법이 있다면, 자신의 몸 안에 참으로 태아가 존재한다고 느낄 수도 있고 혹은 보살의 모습이 존재한다고 느낄 수도 있습니다. 만약 관세음보살을 좋아하면 자기가 바로 관세음보살이라고 착각할 수도 있지요. 또는 자신이 막 태어난 갓난아기라고 착각하기도 합니다. 그러므로 진정 주의해야 합니다. 『금강경』에서 말했듯이 "모든 상은 다 허망한〔凡所有相皆是虛妄〕" 것이니 절대 상에 집착해서는 안 됩니다. 집착하기만 하면 바로 잘못된 길로 빠져 버립니다. "시이성상"의 상(象)은 무상(無相)의 상입니다. 그렇기 때문에 이 단계의 수도 공부는 매우 어렵고 참된 지혜가 필요합니다.

시작할 때는 상을 이루는데 천천히 공부가 진행되어 가면서 성숙하게 단련됩니다. "계이성형(繼而成形)", 이어서 형을 이룬다는 말은 모태 속에 있는 아기가 점차 맥락(脈絡)과 근골을 형성하는 것과 같습니다. 그다음에 나오는 "사지오장(四肢五臟)"이니 "근락과 골절 같은 것이 하나씩 완비되어 몸을 이루어 간다〔併筋絡骨節之類件件完備, 具體而行〕"는 것 역시 일종의 비유입니다. 그러니 매우 주의해야 합니다. 거듭 말하지만 모태에서 태아가 생겨나고 성장하는 것으로 비유하고 상징한 것일 뿐입니다. 그렇기 때문에 『참동계』 원문에서도 일종의 상징으로 형용해서 "사지오장(四肢五臟), 근골내구(筋骨乃俱)"라고 했습니다. 그러므로 사지와 오장 및 근골이 구비된다고 말했다는 것입니다. 이 단계의 공부는 『참동계』에서도 분명히 말하지 않습니다. 분명히 말한다고 해도 공부의 수준이 미달하면 소용이 없기 때문이지요. 그러니 공부를 어느 수준에 이르게 한 후 다시 거론하는 것이 좋습니다. 직접 공부의 수준을 높이는 것이 제일 중요합니다.

『참동계』에서 이 단계의 공부를 분명히 말하지 않은 것은 이유가 있습니다. 분명히 말하면 십중팔구 잘못된 길로 빠질 것이기 때문입니다. 여러분이 높은 경지에 도달하는 수도 공부에 대해 일단 들으면 자신도 모르게 욕망이 일어나서 상에 집착하기 때문입니다. 상에 집착하지 말라고 경고해도, "알겠습니다. 잘 알고 있습니다" 하고는 잠재의식 속에서는 이미 상에 집착합니다. 일체개공(一切皆空)이라고 하면, 입으로는 안다고 하고는 어느새 상에 집착합니다. 여러분이 읽는 도가 서적은 모두 일종의 상징입니다. 자칫 상에 집착하기가 정말 쉽습니다.

성태를 오래 기르는 과정의 변화

"반드시 알아야 할 것은, 사상 오행이 법신을 둘러싼 것은 마치 사지 오장과 같고, 법신이 점차 견고하게 응고된 것은 마치 근골과 같으나 참으로 형상이 있는 것은 아니다."

(須知, 四象五行包絡法身, 便如四肢五臟. 法身漸漸堅凝, 便如筋骨, 非眞有 形象也)

성태를 기르는 것은 사람이 성장하는 과정과 같습니다. 태아에게도 사지와 오장이 모두 구비되어 있습니다.『참동계』는 우리에게 정통 도법(道法)을 알려 주고 있는데, 바로 성명쌍수(性命雙修) 즉 환골탈태의 정법입니다. 우리가 반드시 알아야 할 것은『참동계』에서 말하는 사지 오장이니 근골이니 하는 비유는 음양오행의 법칙을 상징한다는 사실입니다. 바로『역경』의 원리로서 태양 태음 소양 소음의 사상과 금목수화토의 오행이지요. 요컨대 여러분이 진정 이런 공부의 경계에 도달해 있다면 심신의 내적 변화는 자신이 모두 감지할 수 있습니다. 어떤 증입(證入)의 단계에서는 아무것도 지각하지 못하는 경우도 있지만 이것은 순음(純陰)의 경계에 있을 때입니다. 또 어떤 때는 안팎으로 광명이 비칠 텐데 이것은 양(陽)의 경계입니다. 여기에서 정좌하고 있는 분들 중에도 당연히 안팎으로 광명이 비치는 것을 느끼는 분이 있겠지만 그것은 상에 집착한 것이지, 진정한 성태(聖胎)의 경지라고 할 수는 없습니다. 참으로 이런 경지에 도달하면 다릅니다.

성태를 오래 기르는 과정에는 여러 가지 변화가 있는데, 이런 각종 경계는 모두 의(意)가 만들어 낸 의생신(意生身)이며 정념(正念)입니다. 일념(一念) 사이에 정기신(精氣神)이 결합하는 것이지요. 일념이 정정(正定)하면 정기신이 결합합니다. 앞에서도 말했지만 "여사지오장(如四肢五臟)"이라는 말은 상징일 뿐이니 절대 오해해서는 안 됩니다. 어쨌든 이 단계의 수도 공부는 말로 명확히 표현하기는 어렵습니다.

현장 법사가 인도에 있을 때 두 학파의 논변이 서로 달라 해결되지 않자 현장 법사에게 중재를 부탁했다고 합니다. 한 학파의 승려가 현장 법사에게 물었습니다. "득도한 사람의 경지는 말로 설명하거나 표현할 수 없다고 하는데, 그렇다면 당신은 어떻게 그가 득도했다는 것을 알 수 있겠소?" 이에 현장 법사는 다음과 같이 대답해서 문제를 해결했다고 합니다. "물을 마시면 찬물인지 더운물인지는 마셔 본 사람만이 알 수 있다오." 체험만이 경지를 알 수 있는 유일한 길이라는 뜻입니다. 그러니 여러분도 꾸준히 공부해 나가면 법신이 점차 견고하게 응집해서 마치 근골처럼 될 것이지만 진짜 육신의 근골처럼 형상이 있는 것은 절대 아닙니다.

이런 공부의 단계를 온양이라고 합니다. 후대에 도가에서 말하는 '시월회태(十月懷胎)'라는 것이지요. 『능엄경』에서는 성태를 오래 기른다는 뜻의 '장양성태(長養聖胎)'라고 했습니다. 주운양 조사도 이렇게 설명합니다.

"온양이 충분하면 십 개월에 이르러 진태가 완성된다."

(溫養既足, 至于十月胎完)

"온양기족(溫養既足), 지우시월태완(至于十月胎完)", 반드시 십 개월이 걸린다는 말은 아닙니다. 어떤 사람은 더 빨리 될 수도 있지요. 전적으로 여러 생애에 걸쳐 그 사람이 행한 공덕과 수행에 달려 있습니다. 또 어떤

사람은 몇 년이 걸릴지 알 수 없습니다. 여기에서 "십 개월에 이르러 진태가 완성된다[十月胎完]"고 한 것도 비유일 뿐입니다.

의생신의 완성

> "갓난아기가 곤로 속으로부터 도약해 나와서 건정으로 상승한다."
> (赤子從坤爐中, 躍然而出, 上升乾鼎)

육신이 오래 안정되면 무슨 기경팔맥이니 삼맥칠륜이니 하는 것은 이미 지나간 일이 됩니다. 여기에서 곤로 속에서 나온다는 "종곤로중(從坤爐中)"은 음(陰)의 경계로서, 혼돈이라고 할 수도 있고 단전에서 시작해 위로 곧장 올라오는 것이라고 할 수도 있습니다. 그래서 도약해 나온다는 뜻으로 "약연이출(躍然而出)"이라고 말하는 것입니다. 위로 돌진해 올라오는 것이 마치 아기가 무럭무럭 자라는 것과 같다는 비유이지요.

우리 같은 보통 사람은 어머니 배 속에서 열 달을 보내면 세상에 나옵니다. 욕계의 생명은 이렇게 모태에서 나오지요. 더 높은 세계의 천인(天人)들은 식물처럼 아버지의 머리나 겨드랑이에서 나오기도 합니다. 욕계는 정(精)이 교배해서, 색계는 기(氣)가 교배해서, 무색계는 신(神)이 교배해서 생명이 탄생한다고 합니다. 세계에 따라 생명이 탄생하는 구조가 다른 것입니다.

> "이로부터 다시 노정을 안정시켜 건곤을 재조하니 또 다른 조화가 있다."
> (從此重安爐鼎, 再造乾坤, 別有一番造化)

여러분의 수도 공부가 이 경지에 도달했다면 파와법(頗哇法)을 배울 수 있습니다. 그다음 과정에도 또 공부가 있는데 그것은 또 다른 단계의 공부입니다. 도가 서적에는 이 단계의 공부에 대해 말하지 않았습니다. 어떤 책에는 수도인 자신이 저절로 알게 될 것이라고만 했지요. 여러분이 이런 경지에 도달한다면 자연히 참된 스승이 나타나서 가르쳐 줄 것입니다. 허공에서 신선이나 부처님이 나타나서 가르쳐 줄 수도 있지요. 이런 일은 당연히 일반적인 것은 아닙니다.

"중안로정(重安爐鼎)", 다시 노정을 안정시킨다는 말로, 이 신체가 훼멸되기 전에 재조(再造)한다는 뜻입니다. 어떤 도가 서적에는 마치 갓난아기 같은 양신(陽神)이 출규(出竅)하는 것으로 비유하기도 했지요. 그 갓난아기는 멀리 가지 못하게 보살펴야 합니다. 돌아오지 못할 수도 있으니까요. 사람들 중에는 이런 상징을 보고 진짜 이 같은 현상이 있다고 집착하기도 합니다. 갓난아이가 머리 위로 나타난다고 믿는 것이지요. 참으로 이런 상상을 한다면 정신분열로 인한 환상이라고밖에 볼 수 없습니다.

이 단계의 공부는 실제로 이루어지는 것입니다. 그렇기 때문에 무형(無形) 무상(無相)이라고 할 수도 있고 유형(有形) 유상(有相)이라고 할 수도 있습니다. 다시 노정을 안정시켜 "재조건곤(再造乾坤)" 즉 건곤을 재조한다는 말은, 한 번의 공부로는 끝나지 않고 다시 단련해야 한다는 뜻입니다. 그러므로 그다음에 '별유일번조화(別有一番造化)' 즉 또 다른 조화가 있다고 말합니다. 바로 또 다른 공부와 수련이 필요하다는 말이지요. 그것은 진실한 스승으로부터의 지도와 가르침이 필요합니다. 도가 서적에서 말하는 진실한 스승이란 진정한 성취를 이룬 선배들이나 부처님이나 신선이 직접 출현하여 가르쳐 주는 것입니다. 이런 단계에 도달하면 반드시 이런 가르침이 있습니다. 지금 우리는 불경을 읽어도 잘 이해하지 못하지만 이런 단계에 도달해서 부처님이나 신선으로부터 진실한 가르침을 받은 후에는 분명히 알 수 있게 되지요.

"나의 법신이 천지와 막힘없이 통해야 비로소 태허에 혼합된다."

(我之法身, 纔得通天徹地, 混合太虛)

"아지법신(我之法身), 재득통천철지(纔得通天徹地), 혼합태허(混合太虛)", 이 법신이 성취되면 우주와 한 몸이 됩니다. 이 경지에 이르면 장생불사의 경지에 도달했다고 할 수 있습니다. 법신을 성취하는 것은 의생신(意生身)을 성취하는 것과 같습니다. 그러나 의생신이 성취된다고 해도 그 다음 단계의 공부가 아직 더 있지요. 의생신을 성취하면 보살이 될 수 있는데, 단 초지(初地) 보살일 뿐입니다. 보살의 경지는 크고 넓어서 초지 이후에도 아직 아홉 단계[九地]가 남아 있습니다.

불가의 용어를 빌려 말한다면 법신을 성취한 후에는 보신(報身)을 성취해야 합니다. 그래서 신선에도 여러 갈래가 있지요. 어떤 경지에서는 법신은 성취했지만 육체는 남겨놓는데 옛사람들은 이것을 위세(委蛻)[137]라고 합니다. 마치 여름날 내내 울다가 가을이 되면 매미가 허물을 벗는 것을 선세(蟬蛻)라고 하는 것과 같습니다. 선세는 동양 의학에서 인후(咽喉)의 염증을 치료하는 약으로 사용합니다. 위세는 또 위우(委羽)라고도 하지요. 중국 절강성 황암(黃岩)에 위우산(委羽山)이 있습니다. 이 산에 도관(道觀)이 있는데, 도교 삼십육동천(三十六洞天), 칠십이복지(七十二福地)[138]의 하나로서 수도 공부에는 최적지입니다. 저도 젊었을 때 이 도관에 가 봤는

---

137 『장자(莊子)』 「지북유(知北游)」에 "손자비여유(孫子非汝有), 시천지지위세야(是天地之委蛻也)"라고 나온다. "임금의 자손도 임금이 소유하지 않으니 천지가 맡겨 놓은 허물이다"라는 뜻이다.

138 동천(洞天)은 동굴(골짜기) 속에 있는 별천지이고 복지(福地)는 천재지변이나 인간의 재앙이 닿지 않는 이상향이라는 뜻으로 그 소재지는 도교의 성지로 불린다.

데, 도관 뒤에도 여러 개의 동굴[洞]이 있었습니다. 바람이 자고 기가 모여서 풍수(風水)가 누설되지 않는 곳이었지요. 풍수는 환경입니다. 이런 곳은 수도 공부를 하기에 정말 좋은 장소입니다. 정기신(精氣神)이 저절로 응취된다고 할 수 있지요. 도교에서 위세, 위우라고 하는 것은 불교에서 법신을 성취하는 것입니다.

육신을 다시 세우다

"다시 노정을 안정시켜 건곤을 재조하니 또 다른 조화가 있다"는 주운양 조사의 설명은, 먼저 육신을 수련하여 의생신(意生身)을 성취하고 그 이후에 다시 보신(報身)을 닦아서 육신의 변화까지 성취한다는 뜻입니다. 도가에서 의생신을 성취하는 것은 불가로 말하면 법신을 성취하는 것이므로, 먼저 법신을 성취하고 그 후에 다시 육신의 변화를 추구하는 것입니다.

이것은 여순양 조사가 수백 년을 살다가 죽은 이후에도 항상 인간세계로 돌아온 것과 같은 것인데, 밀종에서는 연화생(蓮花生)[139] 대사가 그랬습니다. 도가에서는 "흩어지면 기(氣)가 되고 기가 모이면 형체를 이룬다"고 했습니다. 여순양 조사는 이런 경지를 닦아서 성취했기 때문에 죽은 후에도 수시로 인간이 되어 나타날 수 있었습니다. 다시 말하면 여순양 조사는

---

139 파드마삼바바를 말한다. 8세기경의 인도 밀교 수행자로 인도의 탄트라 불교를 처음으로 티베트에 소개한 인물이다. 그 계통을 이은 티베트 불교 닝마파에는 그에 관해 많은 전설이 전해지는데 확실한 것은 거의 알려져 있지 않다. 오늘날의 연구에 따르면 산타라크시타를 따라 티베트에 들어가 기적을 행하여 뵌 교도를 불교로 개종시키고, 775년의 삼예사 정초에 입회하였으나 그 후 티베트를 떠났다고 한다. 티베트에서 구루 린포체(소중한 스승) 또는 로폰 린포체로 더 잘 알려져 있다. 파드마삼바바는 아미타불의 화신(化身)으로 여겨지며 전통적으로 '두 번째 부처'로 숭배되기도 한다. 『티베트 사자의 서』를 썼다고 알려진다.

생각만 하면 자신의 육체가 빛[光]으로 변화할 수 있었고 기(氣)로 변화할 수 있었습니다. 빛과 기를 다시 응결해서 형상을 이룰 수도 있었지요. 이 것이 바로 보신을 성취한 것입니다.

그런데 보신의 성취만으로는 아직 부족합니다. 다시 법신을 성취해야 자연히 화신도 성취할 수 있습니다. 이런 내용에 대해 주운양 조사는 이미 여러분에게 그 비결을 알려 주고 있습니다. 다시 말하지만 "이로부터 노정 을 다시 안정시켜 건곤을 재조하니 또 다른 조화가 있다. 나의 법신이 천 지와 막힘없이 통해야 비로소 태허에 혼합된다"는 말이 바로 그것입니다.

그래서 『참동계』 원문에서도 다음과 같이 말했습니다. "그러므로 '십 개 월이 지나면 모태를 벗어나니 뼈는 유연해서 구부릴 수 있고 살은 부드러 워 맥아당 같다'고 하였다[故曰, 彌歷十月, 脫出其胞. 而有骨弱可卷, 肉滑如飴 之象矣]." 선종에서도 이렇게 말합니다. 여러분이 『오등회원(五燈會元)』과 『지월록(指月錄)』이라는 책을 보면 앙산(仰山)[140] 선사의 일원상(一圓相) 그 림이 있는데 한가운데 점이 찍혀 있어서 마치 태극도 같습니다. 이 그림은 무엇을 의미할까요? 바로 중궁 속에 원신(元神), 진태(眞胎), 성태(聖胎)가 존재하는 것을 상징합니다. 어떤 그림에는 일원상 가운데 우(牛) 자를 쓴 것도 있습니다. 이것은 또 무엇일까요? 바로 기봉전어(機鋒轉語)라는 것입 니다. 어떤 그림에는 우(牛) 자를 세 개나 썼는데 왜 이렇게 했는지 여러분 은 참구해도 알 수 없습니다. 선종을 말하면서 수지(修持) 공부를 말하지 않는다면 근본적으로 선종이 무엇인지 알지도 못하는 것입니다. 선종은 공부를 매우 중시합니다. 그러나 절대로 상에 집착하지 않지요. 불경 또한

---

140 당나라 때의 승려이다. 위산영우(潙山靈祐)와 함께 위앙종(潙仰宗)의 개조가 되었다. 앙산혜 적(仰山慧寂) 또는 앙산선사(仰山禪師)로도 불린다. 소주(韶州) 회화(懷化) 사람으로 속성(俗 姓)은 섭(葉)씨다. 소주(韶州) 정창(湞昌) 사람이라고도 한다. 어릴 때부터 출가하려고 했지 만 부모의 허락을 받지 못하자 양 손가락을 잘라 뜻을 밝혔는데 그때 나이 열일곱 살이었다.

마찬가지입니다. 절대 공부의 현상에 대해서는 말하지 않지만, 여러분이 불경을 잘 이해한다면 곳곳에서 여러분에게 수지 공부의 현상을 말하고 있음을 알게 됩니다. 이것은 여러분이 스스로 깨달아야 합니다.

수도 공부의 경지가 여기에 도달하면 "십 개월이 지나면 모태를 벗어나니 뼈는 유연해서 구부릴 수 있고 살은 부드러워 맥아당 같은" 현상이 발생합니다. 앞에서 여러분에게 이미 다 밝힌 것이지요. 여기에서 더욱 전심해서 수행을 한다면 다시 이 육신으로 돌아와서 공부를 해야 합니다. 그렇게 해서 십 개월간 아기를 배 속에서 기르듯이〔十月懷胎〕하고 다시 삼 년간 젖을 먹여 키우듯이〔三年哺乳〕한 후에야 우리의 육신이 반로환동합니다. 마치 어린아이처럼 근육과 골격이 부드럽게 변할 수 있는 것이지요. 이 단계의 수련 공부야말로 참으로 중요합니다.

마장이 찾아오다

"이 단락은 법신의 형상이 모태 중에서 어린 생명이 처음 생겨나는 것과 같은 조화라는 것을 말하였다. 단 그것에 따르면 생명이 탄생하고 반대로 거스르면 단을 이루니, 성인과 범부의 구별이 있을 뿐이다."

(此段, 言法身形象, 與母胎中生身受炁之初, 同一造化, 但順則生人, 逆則成丹. 有聖與凡之別耳)

이 단락은 우리에게 무엇을 결단(結丹)이라 하고 무엇을 결태(結胎)라고 하는지 분명히 가르쳐 줍니다. "여모태중생신수기지초(與母胎中生身受炁之初), 동일조화(同一造化)" 즉 모태 중에서 어린 생명이 처음 생겨나는 것과 같은 조화라는 말은 결단의 과정이 생명이 처음 이루어지는 결태와 동일한 현상이라는 뜻입니다. 여러분은 놀랍지 않습니까? 임신하는 것과 수행 공부를 해서 단을 이루는 것이 같은 현상이라니 말입니다. 당연히 놀라겠지요. 그래서 이 단계의 수행 공부는 매우 진지해야 하고 또 공덕을 닦아야 합니다. 여러분, 진짜로 마장이 있을까요? 이 세상에는 귀신이 있을까요? 없습니다. 여러분이 볼 수 없기 때문에 없지요. 그러나 수행 공부가 어느 경지에 도달하면 마장과 귀신이 찾아옵니다. 보통 때에는 마장이 우리를 찾아오지 않습니다. 마치 강도가 자기처럼 우리가 가진 것이 없다는 것을 알면 빼앗으러 오지 않는 것과 같습니다. 그러나 수행 공부가 어느 경지에 도달하면 마성의 마음이 폭발하여 성인도 막을 수 없게 됩니다. 탐욕과 성냄과 어리석음의 탐진치(貪瞋癡)가 거듭거듭 발생하지요. 게다가 외부의 마장도 여러분을 괴롭히기 시작해서 갖가지 현상이 여러분을 유혹하여 결국은 여러분이 닦은 도를 무너뜨립니다. 이때는 반드시 계율을 지켜야 합니다. 그러나 계 또한 지키지 못할 경우가 있는데 이럴 때야말로 진정한 지혜가 필요합니다.

"단순즉생인(但順則生人), 역즉성단(逆則成丹)", 단 그것에 따르면 생명이 탄생하고 반대로 거스르면 단을 이룹니다. 인간의 욕망을 따르면 도가 무너져서 보통 사람으로 세속적인 삶을 살아가고, 이와 반대로 욕망을 인내하고 수도 공부를 하면 단을 이룬다는 뜻이지요. 그런데 한번 도가 무너져도 건강해서 오래 살기만 하면 다시 수도 공부를 하면 됩니다. 첫 번째 도가 무너진 경험을 겪은 뒤에 두 번째는 그런 유혹에 다시는 속지 않겠다고 하지만 이번에는 또 다른 유혹이 생겨서 결국 다시 도를 무너뜨리고 맙니다. 그래도 살아가면서 세 번째, 네 번째 다시 시도할 수는 있겠지요. 그러나 결국 시간과 기회는 한계가 있는 것이니 참으로 쉽지 않은 일입니다.

이 길을 따라 가서 이런 경지에 도달하는 데는 관문이 있을까요, 없을까요? 여러분에게 『서유기』를 읽으라고 하는 이유가 여기에 있습니다. 『서

유기』에는 수많은 관문이 나타납니다. 만약 어떤 사람이 남녀의 욕망이 없다고 하면 이 관문에서 무너지지 않을 수 있을까요? 색욕의 관문에서 무너지지 않는다고 해도 생각지도 않은 돈에 대한 욕망, 명예와 지위에 대한 욕망의 관문이 거듭 앞을 가로막습니다.

결국 여러분의 의식과 습기(習氣) 속에 있는 것은 모두 나타나게 됩니다. "유성여범지별이(有聖與凡之別耳)", 성인과 범부의 구별이 있을 뿐이라는 구절은 특히 중요합니다. 여러분이 수도 공부를 해서 이런 단계에 도달한다면 스스로 대단하다고 생각할 것입니다. 물론 당연히 대단하지요. 그렇지만 여전히 범부의 경계일 뿐 신선의 경지에는 아직 못 미칩니다. 설령 신선, 부처 혹은 성인의 경지라고 해도 이 마장의 관문을 극복해야 다시 진일보할 수 있습니다. 그러니 수도 공부는 이렇게 어려운 것입니다. 이 구절은 정말 중요하다고 재삼 강조하고 싶습니다. 여러분 스스로 거듭 연구하기 바랍니다. 이제 주운양 조사는 이 장의 내용에 대해 다음과 같이 총평합니다.

"이 장은 양성의 첫째 관건으로서 상편인 양규호용장과 상응한다."

(此章, 是養性第一關鍵, 與上篇兩竅互用章相應)

이 장은 매우 중요합니다. 바로 양성(養性)의 관건이지요. 또 앞의 제7장 "양규호용(兩竅互用)"과 서로 호응합니다.

제78강

제21 二炁感化章이기감화장

陽燧以取火양수이취화, 非日不生光비일불생광. 方諸非星月방제비성월, 安能得水漿안능득수장. 二炁玄且遠이기현차원, 感化尚相通감화상상통. 何況近存身하황근존신, 切在于心胸절재우심흉. 陰陽配日月음양배일월, 水火爲效徵수화위효징.

양수로 불을 취하니 태양이 아니면 빛이 생기지 않는다. 별과 달이 아니면 어떻게 방제로 수장을 얻을 수 있는가. 두 기운은 그윽하고 또 심원한데도 감화하여 서로 통한다. 하물며 우리 몸의 가슴처럼 가까이 보존되어 있는 것이랴. 음과 양을 태양과 달에 배합하니 수와 화가 그 징표이다.

이번 강의는 『참동계』제21 "이기감화장(二炁感化章)" 원문을 먼저 읽고 설명하겠습니다.[141]

141 『참동계천유』, 229면.

양성(養性) 공부는 명을 닦는 수명(修命) 공부로서, 성명쌍수야말로 가장 근본적이며 관건이 되는 방법입니다. "이기감화(二炁感化)"는 곧 음양의 두 기운[二炁]이 피차 서로 감응하는 것을 말합니다.

수화기제의 수련법

양수로 불을 취하니 태양이 아니면 빛이 생기지 않는다.

陽燧以取火, 非日不生光.

"양수이취화(陽燧以取火), 비일불생광(非日不生光)", "양수(陽燧)"란 무엇일까요? 볼록렌즈로 나무 조각에 태양의 빛을 모아 오래 비치면 불이 발생하는 것을 말합니다. 옛날에는 이렇게 해서 불을 얻었습니다.

별과 달이 아니면 어떻게 방제로 수장을 얻을 수 있는가.

方諸非星月, 安能得水漿.

"방제비성월(方諸非星月), 안능득수장(安能得水漿)", "방제(方諸)"[142]는 일종의 물질로서 보주(寶珠)와 같은 것입니다. 이것으로 달을 비추면 보주의 표면에서 이슬이 생긴다고 합니다.

두 기운은 그윽하고 또 심원한데도 감화하여 서로 통한다.

二炁玄且遠, 感化尙相通.

태양의 빛 에너지를 볼록렌즈로 초점을 맞추면 불을 붙일 수 있고, 보주

를 달빛에 비추면 이슬을 맺습니다. 이것은 같은 종류끼리 서로 감응하는 물질의 물리적 작용입니다.

하물며 우리 몸의 가슴처럼 가까이 보존되어 있는 것이랴.

何況近存身, 切在于心胸.

태양과 달처럼 멀리 떨어져 있는 것도 양수와 방제를 이용해 그 기운을 감응할 수 있는데, "하황근존신(何況近存身), 절재우심흉(切在于心胸)", 하물며 우리 신체의 가슴처럼 가까이 있는 것은 더 쉽게 감응할 수 있지 않겠느냐는 말입니다. 우리의 가슴에 보존되어 있는 것이 바로 도(道)입니다. 우리가 도를 감응하는 것도 이처럼 쉽게 할 수 있다는 비유입니다.

음과 양을 태양과 달에 배합하니 수와 화가 그 징표이다.

陰陽配日月, 水火爲效徵.

"음양배일월(陰陽配日月), 수화위효징(水火爲效徵)", 음과 양은 천체의 태양과 달의 관계와 마찬가지로 상징적 기호입니다. 수와 화는 『역경』에서 말하는 감괘와 리괘를 가리키는데, 감괘는 수를 상징하고 리괘는 화를 상징하지요. 수기가 위에 있고 화기가 아래에 있으면 수화기제(水火旣濟)가 됩니다. 기제괘는 좋은 괘상으로 마치 우리가 밥을 짓는 것과 같아서 아래에서는 불을 때고 위에서는 냄비의 물이 끓는 형상입니다. 이와 반대로 화수미제(火水未濟)는 화가 위에 있고 수가 아래에 있어서 물을 끓이지 못하

---

142 옛날에 달빛 아래에서 감로수를 취하던 기구를 말한다. 『회남자(淮南子)』 남명훈(覽冥訓)에 "양수로 태양에서 불을 취하고, 방제로 달에서 이슬을 취한다[陽燧取火於日, 方諸取露於月]"는 말이 있다. 방제라는 기구의 형태에 대해서는 정론이 없는데 정현(鄭玄)은 구리거울이라고 하였다.

니 소용이 없습니다.

수도 공부도 이와 같습니다. 우리가 정좌할 때 머리는 시원하고 하단전에서는 따뜻한 기운이 일어나야 하는데, 이것을 수화기제괘로 나타냅니다. 반대로 머리는 혼미하면서 뜨겁고 아랫배는 싸늘하다면 이것은 화수미제괘로 상징합니다. 이렇게 되면 수도 공부는 결코 성공할 수 없지요. 그러므로 시원한 기운은 반드시 머리에서 아래로 내려와야 합니다. 이것을 관정(灌頂)의 작용이라고 합니다. 정수리로부터 물이 흐른다는 표현이지요. 도가에서는 이 원리를 보통 『역경』의 수화기제괘와 화수미제괘를 통해 설명합니다.

지금까지 본 것은 『참동계』 제21 이기감화장인데 이 원문에 대한 주운양 조사의 설명을 보겠습니다.

"이 장은 수화 양현의 기가 같은 종류에 의해 서로 감응한다는 것을 말한다."
(此章, 言水火兩弦之炁, 以同類相感也)

우리 신체에서는 수화라고 하고 천체에서는 일월이라고 부릅니다. 천체의 기상 변화는 태양과 달의 변화로부터 발생합니다. 수도 공부는 신체에서 수화의 변화와 직접적으로 연관됩니다. 화는 심장이고 수는 신장을 상징하는데, 이미 여러 번 설명한 것이지만 다시 한 번 말한다면 허리 왼쪽은 신장이 되고 오른쪽은 명문입니다.

한의학에서 말하는 신수(腎水)란 사실은 뇌하수체 호르몬을 포함하여 부신(副腎)과 생식기의 호르몬 전체를 가리킵니다. 그래서 뇌가 쇠퇴하면 신장을 보양하라고 하고, 반대로 신장이 쇠약하면 뇌를 보양하라고 합니다. 신장이 쇠약한 것은 허리에 힘이 없는 것이 아니라 실제로는 몸 전체에 호르몬이 부족하기 때문입니다.

오늘날에는 주사 한 방이면 효력이 있지만, 옛날에는 채음보양(採陰補陽)이니 뭐니 해서 한바탕 요란을 떨고 별소리를 다했지만 모두 틀렸습니다. 그러나 일반 의사들은 호르몬을 함부로 사용해서는 안 됩니다. 또 화는 심장을 상징한다고 하지만 사실은 심장뿐 아니라 전신의 열에너지를 말합니다. 여러분이 유식학을 공부했다면 우리의 생명이 난(煖), 수(壽), 식(識)[143] 삼자가 일체로 구성되었음을 알 것입니다. 여기에서 화력(火力 = 煖)이 없다는 것은 양기가 없다는 것을 말합니다. 그래서 노인들은 다리에 풍습(風濕)이 와서 마비되는 현상이 발생합니다. 혹은 중풍이 오기도 하지요. 이것은 모두 생명에서 화력이 부족하기 때문입니다. 그러므로 화는 심장만 가리키는 것이 아니라 온몸의 열에너지 전체를 가리킵니다. 이런 원리를 잘 알아야 수도 공부도 할 수 있습니다.

"수화양현(水火兩弦)"은 수화기제를 말합니다. 동양 의학에서는 이것을 심장과 신장의 상호 교섭인 심신상교(心腎相交)라고 하지요. "양현(兩弦)"의 현(弦) 자에 대해서는 이미 말한 적이 있는데, 한 달 중에서 상반기의 중간에 해당하는 팔 일이 상현입니다. 하현은 하반기인 이십이 일이지요. 이런 원리를 "양현지기(兩弦之炁)"라고 합니다. 상반기는 양에 속하고 생장하는 기간입니다. 달이 점차 성장하여 보름달을 향해서 갑니다. 하반기는 음에 속하고 보름달이 점차 쇠퇴해서 그믐이 되면 달빛이 완전히 보이지 않게 됩니다. 그러므로 양현지기는 음양지기의 운동을 비유한 것이라고 할 수 있습니다. 인간의 신체 역시 남녀 모두 한 달 중 며칠 동안은 생체리듬이 저하되어 감기가 걸리기 쉽습니다. 자기 자신이 모를 뿐이지요. 더욱이 노인의 경우는 이런 변화가 더 심합니다. 어느 날은 정신이 맑고

---

143 불가의 용어로서 난(煖)은 체온의 따뜻함, 수(壽)는 수명, 식(識)은 정신을 가리킨다.『잡아함경』권10과『중아함경』권58 및『성유식론(成唯識論)』권3의 기록에 따르면 이 세 가지는 서로 유기적으로 의존하여 생명을 유지하므로 그중 하나라도 없어서는 안 된다고 한다.

왕성한 것 같지만 며칠도 안 돼 "아이고! 안 되겠다" 하고 컨디션이 급격히 악화됩니다. 바로 하현에 접어든 것입니다.

여성들은 좀 더 규칙적이어서 월경이 막 시작되려고 할 때 정서도 불안하고 걱정도 많아집니다. 기분도 몹시 안 좋고 화도 나지요. 조금만 마음에 안 들면 잔소리에 말싸움이 벌어집니다. 그러나 이런 상태가 지나가면 언제 그랬냐는 듯이 명랑해지고 마음도 넉넉해집니다. 우리는 생명의 원리가 바로 양현의 음양 기운의 변화에 달렸다는 것을 알아야 합니다. 이것이 바로 명공(命功)의 원리이기도 합니다. 이성은 이렇게 하면 안 된다고 스스로에게 말하지만 감정은 그렇지 못합니다. 이런 감정이나 정서가 바로 생리적인 양현 음양지기의 변화에 속합니다. 그러므로 수도 공부를 하는 사람은 이런 원리를 잘 알아야 합니다.

태양과 달의 정화를 어떻게 채집하는가

"양현지기(兩弦之炁), 이동류상감야(以同類相感也)", 양현의 기가 같은 종류끼리는 서로 감응합니다. 이것은 매우 조심해야 하는데 노인의 경우는 특히 더 그렇습니다. 이 말은 천지의 정화(精華)를 채집해서 인간의 정기를 보양한다는 것입니다. 여러분이 단 한 번이라도 숨을 쉴 힘이 있다면 이 약을 먹을 수 있는데, 이 약은 바로 천지의 정화를 말합니다. 도가의 어떤 문파에서는 태양과 달의 정화를 채집하는 방법을 말하기는 하는데 별로 수준 높지도 못하고 정대(正大)하지도 않은 소승적 방법이지요. 정통 도가에서는 이런 정대하지 못한 방법은 다소 효력이 있다고 해도 채택하지 않습니다.

태양과 달의 정화를 채집하는 것은 저도 예전에 본 적이 있습니다. 앞에서도 말했지만 가장 좋기로는 중국 서북쪽 고원 지대나 북방 일대입니다. 동남방 일대는 별로 좋지 않지요. 태양의 정화를 채집하는 방법은 초하루, 초이틀, 초사흘 새벽 묘시에 태양이 지평선에서 아직 떠오르지 않았을 때 행할 수 있습니다. 비가 오거나 구름이 낀 날이면 소용이 없습니다. 산 정상에 올라가서 금홍색의 둥그런 태양이 해수면이나 지평선에서 막 떠오르는 것이 보일 때 눈을 크게 뜨고 숨을 크고 깊게 들이 쉬면서 태양의 정기를 몸속으로 흡수하는 것입니다. 전설에 따르면 여우가 수련해서 신선이 되었다는 호선(狐仙)이나 구렁이 같은 것이 변화해서 신선이 되는 것은 모두 이런 방법을 써서 인간의 형상을 얻는다고 합니다.

달의 정화를 채집하는 것은 매월 음력 십사 일, 십오 일, 십육 일 밤 자시에 행합니다. 이 비결을 지금 여러분에게 다 말하지만 제가 수련할 당시에는 정말 알기가 쉽지 않았습니다. 그런데 문제는 여러분에게 알려 주어도 소용이 없다는 것입니다. 여러분은 부지런히 수련하지 않기 때문입니다. 제가 말하는 것은 대략적 원리일 뿐인데 끊임없이 수련하지 않으면 그 묘리를 터득할 수 없습니다. 그래서 여우가 달을 향해 절을 한다거나, 여우가 도를 닦아 단(丹)을 만든다는 말이 나온 것입니다.

제가 산에 오래 머물러 있을 당시 때가 되면 동물이 수도 공부를 하는 것을 목격했습니다. 동물은 달을 응시하면서 미동도 하지 않아 마치 입정한 것 같았지요. 바로 달의 정화를 채집하고 있는 것이었습니다. 동물이 이 정도 수련을 하려면 적어도 일이백 년의 시간이 필요합니다. 사람과는 비할 바가 아니지요. 그러니 산속에서 동물이 이렇게 하는 것을 우연히 본다면 절대 해치지 말아야 합니다. 여러분이 동물을 해치지 않으면 그들도 여러분의 수도 공부를 도와줄 것입니다.

따라서 태양과 달의 정화를 채집한다는 것은 같은 종류가 서로 감응하는 것입니다. 그렇다면 인간의 경우는 어떨까요? 수도 공부를 하는 사람,

특히 노인의 경우는 정력이 부족하면 우주의 에너지를 빌려 써야 합니다. 그러므로 도(道)라는 것은 '훔친다[盜]'는 의미가 있지요. 인간은 천지의 생명 에너지를 훔쳐올 수 있지만 전심전력으로 수행해야 합니다. 보통 사람들처럼 낮에는 장사해서 돈 벌고 밤에 겨우 정좌한다고 앉는 것으로는 부족합니다. 또 그렇게 정좌를 해서는 마음이 집중되지도 않습니다. 그렇지 않나요? 그러니 수도 공부는 전적으로 해야 합니다. 한편으로는 돈 벌이를 하면서 다른 한편으로 공부하는 흉내만 내어서는 결코 성공할 수 없습니다. 이어지는 주운양 조사의 설명을 보겠습니다.

"앞 장에서는 혼과 백이 서로 집을 바꾼다고 하였으니 즉 수화 양물이다."

(上章言, 魂之與魄, 互爲室宅, 卽水火兩物也)

우리의 생명 작용에서 생각하고 사유하는 것은 영혼의 작용인데 바로 혼(魂)입니다. 후천은 백(魄)이라고 하는데 바로 신체를 말하지요. 보통 저 사람은 체백(體魄)이 좋다는 말을 하는데, 그것은 신체가 좋다는 뜻입니다. 즉 신체가 백이지요. 이 글자는 흰 백(白) 자 옆에 귀(鬼) 자가 붙은 형태입니다. 혼은 정신인데, 죽으면 백과 이 육신은 사라져 버리고 혼은 떠난다고 합니다.

수도 공부란 바로 혼과 백, 정신과 육체를 결합해서 하나가 되게 하는 것입니다. 이렇게 하나가 되는 것을 단(丹)이라고 하지요. 그러므로 혼과 백이 "호위실택(互爲室宅)" 즉 서로 집을 바꾼다는 것은 바로 수화기제를 의미합니다. 이것은 무슨 원리일까요? 신체가 건강하면 심리 작용에도 영향을 주어서 유쾌하고 낙관적이 됩니다. 그러나 신체가 약하면 부정적이고 슬프고 의심도 많고 질투하는 성격이 형성되지요. 바꾸어 말하면 심리가 굳센 사람은 신체도 건강할 가능성이 높고 삶의 의지도 매우 강합니다.

올바르고 강한 정신을 가지려면 신체를 단련하지 않고서는 어렵지요.

다시 말하면 심리와 생리가 서로 영향을 주고받는 것을 "혼지여백(魂之
與魄), 호위실택(互爲室宅)"이라고 하여 혼과 백이 서로 집을 바꾼다고 표현
합니다. 주운양 조사는 이런 원리를 알면 다음도 알 수 있다고 말합니다.

"금단의 도는 태양과 달을 체로 삼고 수와 화를 작용으로 삼는다."

(金丹之道, 以日月爲體, 以水火爲用)

"금단(金丹)"이란 우리가 수명을 연장하고 질병 없는 삶을 추구하는 것
입니다. 그 방법은 "이일월위체(以日月爲體)" 즉 자연계의 태양과 달의 에
너지를 근본으로 하고, "이수화위용(以水火爲用)" 다시 우리 신체의 수기
와 화기가 서로 작용하여 수화기제(水火旣濟)가 되도록 하는 것입니다.

인체의 일월, 수화의 작용

주운양 조사는 금단의 도가 태양과 달을 체로 삼고 인체의 수기와 화기
를 작용으로 한다고 말하고 나서 설명을 계속합니다.

"체는 서로 감추고 용은 서로 들어간다."

(體則互藏, 用則交入)

"체즉호장(體則互藏), 용즉교입(用則交入)"이라는 여덟 글자야말로 비결
입니다. 태양과 달은 천체에서 서로 감추는 작용을 합니다. 태양이 지면 달
이 뜨고 달이 지면 태양이 뜹니다. 이것이 바로 음양의 작용이지요. 우리가

신체를 단련해서 수명을 늘리고 질병을 물리치는 것은 후천의 작용이라고 합니다. "용은 서로 들어갑니다〔用則交入〕." 그러므로 불학을 공부하고 도가를 배우는 사람은 방편 법문을 잘 알아야 합니다. 『능엄경』에도 "방편에는 문이 많지만 근원으로 돌아가는 데는 두 가지 길이 없다〔方便有多門, 歸元無二路〕"는 말이 있습니다. 여러분이 방법을 알지 못하면 수도 공부에 성공할 수 없습니다. 그런데 방법이 왜 이렇게 많은 것일까요? 불경에서 말하는 바와 같이 대치(對治) 법문은 많아야 하기 때문입니다.

예를 들어 여러분이 수도 공부를 할 때 어떤 경계가 왔는데 올바른 방법으로 대처하지 않으면 좋은 경계도 나쁘게 될 수 있습니다. 어떤 사람들은 종종 정좌 공부나 참선 공부가 잘 되면 "야, 저는 사흘간 잠을 안 잤어요"라고 큰소리를 칩니다. 그럴 때 저는 "하루 안 잤으면 이틀 동안 한 것에 불과하네"라고 말합니다. 그러면 그 사람은 깜짝 놀랍니다. 이런 사람들은 가서 안정제나 수면제를 먹으면 금방 잠들고 말지요. 그것으로 그만입니다. 또 어떤 수도자들은 한번 잠들면 눈도 안 뜨고 밤낮으로 잠만 잔다고 말합니다. 그럴 때 저는 이렇게 말하지요. "그러면 그냥 계속 자라고 해라." 이렇게 말하면 그는 또 깜짝 놀랍니다. 그러니 보통 사람들의 일상생활은 수도 공부와는 다릅니다. 돈도 벌고 싶고 명예도 얻고 싶어 합니다. 또 이익을 추구하면서 한편으로는 신선도 되고 싶어 하지요. 그리고 나서 신선이 된 자기 모습을 상상하며 수도 공부를 합니다. 이런 공부는 절대 성공할 수 없습니다. 왜냐하면 이런 것은 수도 공부와는 완전히 다르기 때문입니다.

이어서 주운양 조사는 일월과 수화의 관계에 대해 설명합니다.

"일월은 수화가 아니면 그 체가 베풀 것이 없고, 수화는 일월이 아니면 작용이 나올 수 없다."

(日月非水火, 體無所施. 水火非日月, 用無所出)

태양은 열을 발산하는 열에너지입니다. 우주에서 가장 거대한 에너지원으로 화에 속하지요. 달은 수에 속하는데 태양과 달의 에너지는 서로 적정해야 합니다. 만약 태양 에너지만 존재한다면 모든 것이 불타서 사라지게될 것입니다. 지구도 예외는 아니지요. 비가 오면 열에너지가 적정한 수준으로 내려갑니다. 이렇게 태양과 달의 화와 수의 에너지는 적당한 수준을지켜야지 한편으로 치우치면 안 됩니다.

그러므로 수와 화가 서로 적정한 균형을 지키는 작용이 없다면 태양이든 달이든 자체의 에너지를 지속해서 뿌릴 수 없는 것이지요. 바꾸어 말하면 태양과 달이 없다면 수화의 작용 또한 존재할 수 없습니다. 즉 "그 체가베풀 것이 없습니다〔體無所施〕." 즉 우리의 이 물질세계도 수와 화의 작용인데, 수와 화는 만약 태양과 달의 관계가 없다면 "작용이 나올 수 없다〔用無所出〕"는 것입니다. 이 세계에 수도 없고 화도 없다면 도(道) 또한 소용이 없습니다. 우리의 신체 또한 마찬가지이지요.

"가까이는 몸에서 취하고 멀리서는 만물에서 취한다. 모든 것이 그렇지 않은것이 없다."

(近取諸身, 遠取諸物, 莫不皆然)

여기에서 주운양 조사는 『역경』에 나오는 말을 인용합니다. 이 말은 공자가 쓴 「계사전」에 나오는 말이지요. 옛사람들은 우주의 법칙을 관찰하면서 위로는 천문을 보고 아래로는 지리를 관찰하여 만물의 원리를 통찰했습니다. 그래서 팔괘를 만들었지요. 이것은 위대한 과학입니다. "근취제신(近取諸身)", 가까이는 몸에서 취했다는 말로, 우리의 육체 생명이 우주의 법칙과 같은 것임을 알려 줍니다. "원취제물(遠取諸物)", 멀리서는 만물에서 취한다는 뜻으로, "원(遠)"이란 우주 만물이 모두 같은 생명 법칙을 공유한다는 것을 가리킵니다.

옛사람들은 우주의 법칙을 단순화시켜서 팔괘로 상징했는데, 여기에는 천문과 지리, 인사의 법칙이 모두 포괄되어 있습니다. 그래서 공자는 『역경』을 연구하면서 이 두 마디 말로 모든 것을 나타냈지요. 도가의 단도(丹道) 역시 공자의 이 두 마디 말을 빌려서 쓰고 있습니다. 이 말은 도가 바로 우리의 몸에 존재하며, 우리의 몸에 태양과 달의 작용이 존재하며, 수화의 작용이 존재한다는 것을 뜻합니다. 물론 만물도 마찬가지입니다. "막불개연(莫不皆然)", 모든 것이 그렇지 않은 것이 없습니다. 인간을 포함한 우주 만물이 모두 같은 법칙을 공유합니다.

이어서 주운양 조사는 태양과 화기에 대해 설명합니다.

"양수는 화주로서 형체가 구리거울 같다. 또 그 형체는 가운데가 실하여 감괘의 일양과 같다. 이 물건이 태양의 화정을 잡기 때문에 세상 사람들은 양수를 사용해서 불을 취한다."

(陽燧是火珠, 形如銅鏡, 其體中實, 象坎中一陽, 此物秉太陽火精, 故世人用以取火)

"양수시화주(陽燧是火珠)" 즉 "양수(陽燧)"는 일종의 광물질인 구슬입니다. "형여동경(形如銅鏡)"은 그 형태가 동으로 만든 거울과 같은데, 현대인들은 이것을 만들 수 있습니다. "기체중실(其體中實)", 그 형체는 가운데가 불룩해서 볼록렌즈를 닮았는데, 그것이 "상감중일양(象坎中一陽)" 즉 감괘(坎卦) 가운데 일양의 형상과 같습니다. "차물병태양화정(此物秉太陽火精)", 이것을 사용해서 태양의 빛을 모아 종이를 가져다 비추면 불은 보이

지 않는데도 점화된다는 말입니다. 그래서 주운양 조사는 『참동계』 원문에서도 "양수이취화(陽燧以取火), 비일불생광(非日不生光)" 즉 양수로 불을 취하니 태양이 아니면 빛이 생기지 않는다고 했다고 말합니다.

수도하는 묵은 조개

"방제는 방주로서 그 형체는 가운데가 비어서 리괘의 중효가 음인 것과 같다. 이 물건이 달의 수정을 잡는다."

(方諸是蚌珠, 其體中虛, 象離中一陰, 此物秉太陰水精)

"방제시방주(方諸是蚌珠)"에서 "방제(方諸)"는 천 년 묵은 조개의 진주입니다. 인간이 얼마나 잔인한 동물인지 보세요. 이 조개는 숱한 시간을 견디면서 몸속에서 진주를 만들었는데 인간은 그것을 간단히 뽑아내어 귀걸이나 목걸이를 만들어 버립니다. 참으로 안타깝기 그지없지요. 방제는 "기체중허(其體中虛)" 즉 그 체상이 가운데가 움푹 들어간 모양으로서 "상리중일음(象離中一陰)" 즉 리괘의 중효가 음인 것과 같은 형상입니다. "차물병태음수정(此物秉太陰水精)"은 이 오래 묵은 조개의 진주는 태음(달)의 수정(水精)을 잡는다는 뜻입니다. 이것은 음의 성질로, 방각이나 방주는 차가운 성질이고 그 성질이 차서 음을 왕성하게 하기[滋陰] 때문에 소화하기가 어렵습니다. 동양 의학에서 남성은 나이가 들수록 늘 자음(滋陰)이 필요한데 바로 리괘 중의 일음(一陰)의 관계입니다. 여성도 늘 보양(補陽)이 필요한데 바로 감괘 중의 일양의 관계입니다. 이 때문에 고대 의학이 대단하다는 것이지요.

"그러므로 세상 사람들은 이 물건을 사용해서 수를 취하는데, 반드시 달 아래를 향해야 비로소 취할 수 있다. 이 진음은 원래 월백의 정이기 때문이다."

(故世人用以取水, 然必向月下取之, 纔能得水. 只因這點眞陰, 原是月魄之精)

"고세인용이취수(故世人用以取水), 연필향월하취지(然必向月下取之), 재능득수(纔能得水)", 이 방제는 태음(달)의 수정이어서, 이것을 그릇 안에 두고 밤에 달빛을 비추면 물이 나온다고 합니다. "지인저점진음(只因這點眞陰), 원시월백지정(原是月魄之精)", 이 진음이 본래 월백의 정이기 때문이라는 것입니다. 그러나 사실은 달이 뜨면 공기 중의 습도가 올라가서 그릇에 물이 생기는 것입니다. 한무제가 승로반(承露盤)이라는 그릇을 사용해서 한밤중에 수기(水氣)를 받아냈다고 하는데, 한밤에는 해가 없고 공기 중에 습도가 높아서 그렇게 되었던 것입니다. 어떤 분들은 간혹 일기 예보가 틀렸다고 기상대를 원망하기도 합니다. 그러나 이 방에서도 남쪽 창문 옆에 앉으면 더워서 겉옷을 벗어야 하고, 북쪽 창가에 앉으면 서늘해서 겉옷을 갖춰 입어야 합니다. 이렇게 같은 날 같은 공간에서도 방향에 따라 온도가 다를 수 있지요. 이런 원리를 잘 알아야 공부에 도움이 됩니다.

"달은 정을 소장하고 방제는 정을 섭취한다. 수로써 수를 취하면 어찌 감응하지 않겠는가."

(月爲精之所藏, 方諸爲精之所攝, 以水取水, 安得不應)

"월위정지소장(月爲精之所藏), 방제위정지소섭(方諸爲精之所攝)", 달은 태음의 정기(陰精)를 저장하고 있고 방제는 이 태음의 정기를 흡수합니다. 이렇게 음의 정기를 저장하는 것이 묵은 조개의 수도 공부인데, 물고기나 새우도 그렇게 할 수 있다고 합니다. 그래서 달빛이 좋은 날이면 바닷가에 조개가 나와서 입을 벌리고 달빛을 받습니다. 그렇게 해서 태음의 정이 응결해서 진주가 되는데 이것은 마치 인간이 수도 공부를 해서 단(丹)을 이루는 것과 같습니다.

오늘날 과학에서는 진주를 일종의 조개의 암이라고 하는 경우도 있습니다. 어쨌든 덩어리가 만들어졌으니 암이라는 것이지요. 옛사람들이 그것을 단(丹)이라고 한 것은 잘 몰라서 그랬다는 것입니다. 주운양 조사는 방제(方諸)가 물로 이루어졌으니, "이수취수(以水取水), 안득불응(安得不應)" 즉 수로써 수를 취하면 어찌 감응하지 않겠는가 하고 설명했습니다. 즉 감응해서 달빛이 비치면 바로 조개에서 물이 나왔다는 것입니다. 고대에는 황제의 약을 달일 때 보통 물은 쓰지 않고 조개에서 나온 물을 썼습니다. 어떤 사람은 증류수를 쓰면 안 되느냐고 하지만 증류수와는 다른 것이지요. 이것은 자연적으로 습도가 맞춰진 물입니다. 중국 의학은 참으로 번거롭습니다. 어떤 약은 천로수(天露水)를 사용해서 달이거나 무근수(無根水)를 써서 달였습니다. 약에 관한 책을 보는 것은 보통 어려운 일이 아니었지요.

비가 올 때 땅에 떨어지기 전에 받은 빗물을 무근수(無根水)라고 합니다. 이 밖에도 음양수(陰陽水)라는 것이 있지요. 계곡물과 강물이 합쳐지는 곳에 계곡물 반과 강물 반이 합쳐진 물을 음양수라고 합니다. 이런 원리를 잘 알아야 고서를 보고 이해할 수 있습니다. 음양수를 남녀 간의 성적 관계를 표현하는 것으로 오해하는 사람도 있습니다. 참으로 가관이지요.

"그러므로 (참동계에서) '별과 달이 아니면 어떻게 방제로 수장을 얻을 수 있는가'라고 하였으니, 이는 감괘와 리괘가 서로 작용하는 뜻이다."

(故曰 方諸非星月, 安能得水漿, 此卽坎離互用之旨也)

"고왈(故曰)"은 "그러므로 (참동계에서는) ～라고 하였다"라는 뜻입니다. 『참동계』에서 "방제비성월(方諸非星月), 안능득수장(安能得水漿)" 즉 별과 달이 아니면 어떻게 방제로 수장을 얻을 수 있는가라고 말했다는 것입니다. 방제는 하늘의 별도 아니고 달도 아니고 동물이 변화해서 된 것인데, 달빛이 비치면 물이 생기는 것은 일종의 물리 작용이라는 것입니다. 그래서 "차즉감리호용지지야(此卽坎離互用之旨也)" 즉 이것이 감괘와 리괘가 서로 작용하는 뜻이라고 했습니다.

"하늘의 태양과 달은 지구의 화와 수와 거리가 몇 만 리가 되는지도 알지 못할 만큼 멀다. 그러나 마치 자석이 서로 끌어당기듯이 서로 통하니 같은 종류는 서로 가까이 하는 원리이다. 그러므로 두 개의 기가 자연히 감응하여 서로 통하는 것이다."

(天上之日月, 與世間之水火, 相去不知幾萬里, 可謂元且遠矣, 然而隔閡潛通, 如磁吸鐵, 正以同類易親, 故二炁自爲感化, 而相通也)

"천상지일월(天上之日月), 여세간지수화(與世間之水火), 상거부지기만리(相去不知幾萬里), 가위원차원의(可謂元且遠矣)", 실제로 천체에서 지구 및 태양과 달의 거리는 매우 멀다는 말입니다. "연이격애잠통(然而隔閡潛通), 여자흡철(如磁吸鐵), 정이동류이친(正以同類易親), 고이기자위감화(故二炁自爲感化), 이상통야(而相通也)", 태양과 지구가 비록 멀리 떨어져 있지만 지구에서 태양 에너지를 흡수할 수 있다는 것입니다. 마치 자석이 서로 끌어당기듯 말이지요. 서로 같은 종류라서 그럴 수 있는 것인데, 그것을 여기에서는 "동류(同類)"라고 표현했습니다. "이친(易親)"은 쉽게 친해진다는 것입니다. 그래서 음기와 양기는 서로 잡아당기고 감응하며 변화를 추동할 수 있습니다. 여러분이 이런 물질의 원리를 이해한다면 생명의 원리도

같이 이해할 수 있습니다.

생물과 무생물 모두 감응한다

"'멀리서는 만물에서 취하니' 무정물도 이처럼 감응할 수 있는데 하물며 '가까이는 몸에서 취한' 인간의 진수와 진화는 방촌 사이에 존재하고 지극히 허령하니 부르기만 하면 즉시 감응한다. 그러니 양현의 진기가 감응하지 않을 리가 있겠는가."

(遠取諸物, 無情者, 尚且相感如此, 矧近取諸身, 有情之眞水眞火, 切在方寸之間, 至虛至靈, 一呼卽應, 兩弦眞炁, 有不相感化者乎)

"원취저물(遠取諸物), 무정자(無情者), 상차상감여차(尚且相感如此)", '멀리서는 만물에서 취하니' 무정물도 감응할 수 있다는 말에서 무정물(無情物)이란 사유할 수 있는 기능이 없는 사물로서 광물이나 식물을 가리킵니다. 무정물에 적용되는 원리는 물리 작용이지 심리 작용이 아닙니다. 심리 작용은 인간의 감정과 사유에서 오는 것이지요. 그런데 무정물도 서로 감응하고 교감하는 작용이 있는데 "신근취저신(矧近取諸身), 유정지진수진화(有情之眞水眞火), 절재방촌지간(切在方寸之間)" 즉 하물며 '가까이는 몸에서 취한' 인간의 진수와 진화는 방촌 안에 있습니다. 유정물(有情物) 특히 인간은 더 말할 것도 없이 감응하고 교감하는 작용이 있다는 말입니다.

앞에서 여러 가지 이론을 말했는데 그 비결을 한마디로 말한다면 여러분이 우주의 생명 원리를 깨달아서 자기 몸에 직접 적용하기만 하면 된다는 것입니다. 정좌 공부를 잘 하면 정신이 매우 맑고 편안한데, 이것은 정좌를 하는 중에 자신도 모르는 사이에 우주 에너지를 흡수한 것입니다. 그러므로 정좌를 하면 할수록 정신이 더욱 청정해집니다.

　여러분은 왜 잠을 자고 나면 정신이 상쾌해지는지 알고 있나요? 마음속에 어떤 생각이 가로막지 않으면 우리 정신은 우주 에너지와 서로 통하고 감응하기 때문입니다. 여러분이 이런 원리를 알고 수도 공부의 방법을 더 잘 알게 된다면 노인이라고 할지라도 다시 젊음을 회복하고 어쩌면 장생불로도 가능할 수 있습니다. 이것은 결코 거짓말이 아닙니다. 그런데 출세도 하고 돈도 많이 벌고 부귀공명을 한 몸에 누리고 싶어 하면서 수도 공부도 성공하려고 한다면 그것은 불가능합니다. 수도 공부는 그것에만 몰입하고 집중해야 한다는 것을 반드시 알아야 합니다. 모든 인연을 다 내려 놓고 해야 하는 것이 수도 공부입니다. 게다가 여러 가지 수도 공부의 이론, 방법, 학문, 조건 등도 명확히 이해하고 알아야 합니다.

　그래서 주운양 조사는 이 몸과 우주의 관계는 매우 미묘하기 때문에 우리 생명이 아직 숨 쉴 수만 있다면 자연히 진수(眞水)와 진화(眞火)를 회복할 수 있다고 했습니다. 이 진수와 진화는 "방촌 사이에 존재합니다[切在方寸之間]." 즉 마음속에 있다는 것이지요. "지허지령(至虛至靈), 일호즉응(一呼卽應)" 즉 지극히 허령(虛靈)하니 부르기만 하면 즉시 감응합니다. 여기에서 "일호(一呼)"는 부른다는 뜻입니다. 즉 부르기만 하면 즉시 감응이 이루어진다는 말이지요.

　다시 한 번 말한다면 여러분이 마음먹고, 각오를 하고 수도 공부를 하기만 하면 감응할 수 있습니다. 다만 한 가지 조건은 마음이 올바른 상태를 유지해야 하고 올바른 방법으로 수도 공부를 해야 한다는 것입니다. 그렇게 한다면 "양현지기(兩弦眞炁), 유불상감화자호(有不相感化者乎)" 즉 양현의 진기가 감응하지 않을 리가 있겠는가라고 했습니다. 마음이 올바르게 정립되면 이에 따라 우주의 진기(眞炁) 즉 음양의 기 역시 마음과 하나가 될 수 있다는 뜻입니다.

일광과 월정을 몸 안에서 결합하다

"그래서 리괘 중의 진수가 가서 무로 흐르고 감괘 중의 진화가 와서 기에 나아간다. 법상을 빌려 태음의 정을 채집한다."

(所以離中眞水, 往而流戊. 坎中眞火, 來而就己, 假法象, 而採太陰之精)

"소이리중진수(所以離中眞水), 왕이류무(往而流戊). 감중진화(坎中眞火), 내이취기(來而就己)", 심장은 리괘로 상징하고 화를 나타냅니다. 화는 양을 상징하는데 리괘의 형상은 양 속에 지음(至陰)의 수액이 내재합니다. 옛사람들은 그것을 심액(心液)이라고 불렀는데 바로 진수(眞水)입니다. 그것이 토(土)인 중궁으로 흘러들어 갑니다. "감중진화(坎中眞火)", 여러분이 정좌하고 있을 때 단전에서 따뜻한 기운이 발생해서 위로 올라가는 경우가 있는데 이것을 감수(坎水) 중의 화(火)라고 합니다. 하부에서 위로 올라간 에너지는 다시 내려와서 기(己)로 들어간다고 하는데, 무(戊)와 기(己)는 모두 토 즉 중궁을 상징하지요. 여기에서 수와 화가 결합하게 됩니다.

이어서 "가법상(假法象), 이채태음지정(而採太陰之精)" 즉 법상을 빌려 태음의 정을 채집한다고 설명했는데, "가법상"의 가(假)는 빌린다(假借)는 뜻입니다. 우주의 태양과 달의 작용과 인체의 단전(丹田)의 작용이 이 말에 나타나 있습니다. 그러나 이것이 수규(守竅)를 하라는 것은 아닙니다. 수규를 하지 않으면 안 된다고 한다면 그나마 중궁을 지키는 것이 가장 좋겠지요. 그러니 함부로 해서는 안 됩니다. 지금 수도 공부에 대해서 잘못 전해진 것이 많아서 밀종을 수행하든 도가를 닦든 또는 수기(修氣)를 하든 수맥(修脈)을 하든 헛되게 호흡만 하고 있습니다. 그래서 인체 내에서 수와 화를 결합하는 방법을 알고 있더라도 성공하지 못합니다. 그러니 반드시 우주와 인체가 상호 배합되는 원리를 알아야 비로소 수기(修氣), 수맥

(修脈)에 성공할 수 있습니다.

"정기를 세워 태양의 기를 모으니 같은 종류끼리는 자연히 서로 따라서 은악을 결성한다. 진음과 진양이 서로 상대를 내장하는 것이 곧 내 몸의 태양과 달이 되기 때문이다. 일광과 월정이 서로에게 번갈아 작용하는 것이 바로 내 몸의 수와 화이다."

(立鼎器, 以聚太陽之炁, 自然同類相從, 結成鄞鄂, 蓋眞陰眞陽, 互藏其宅, 便是吾身之日月, 日光月精, 相胥爲用, 便是吾身之水火)

"입정기(立鼎器), 이취태양지기(以聚太陽之炁), 자연동류상종(自然同類相從), 결성은악(結成鄞鄂)", 태양의 기(炁)를 모아 몸에서 결합하는 것은 굳건한 성곽을 축성하는 것과 같습니다. "은악(鄞鄂)"은 성을 쌓듯이 구역이나 범위를 설정한다는 뜻이지요. 왜냐하면 "개진음진양(蓋眞陰眞陽), 호장기택(互藏其宅), 변시오신지일월(便是吾身之日月)" 즉 진음과 진양이 우리 몸에 도달하면 바로 나 자신의 태양과 달이 됩니다. 이렇게 하면 우리의 정신은 닦을수록 좋아지게 되는 것이지요.

여기에서 좋아진다는 것은 무형으로 좋아진다는 것이지 유형으로 그렇다는 뜻이 아닙니다. 왜냐하면 여러분이 천지의 진음과 진양의 감응을 받았기 때문입니다. 그래서 주운양 조사는 "일광월정(日光月精), 상서위용(相胥爲用), 변시오신지수화(便是吾身之水火)"라고 했습니다. 일광과 월정이 서로에게 번갈아 작용하는 것이 바로 내 몸의 수와 화라는 뜻입니다. 이것을 도가에서는 채약(採藥)이라고 합니다. 우주의 태양과 달과 별의 삼광(三光)의 약을 채취하는데 인체의 삼광은 눈, 귀, 마음입니다. 모두 대단히 중요하지요. 눈, 귀, 마음이 말하자면 정(精) 기(氣) 신(神)입니다.

그러므로 채약(採藥)을 한다는 것은 바로 우주의 작용을 우리 신체에 도달하게 해서 자신의 생명으로 전환하는 것입니다. 이것이 바로 진정한 의미의 채보(採補)이지요. 채보는 남녀가 성적으로 채음보양하는 것이 아닙니다. 수도 공부가 남자 몸의 것을 여자 몸으로 옮기거나 여자 몸의 것을 남자 몸으로 옮기는 것이라고 한다면 그런 폐물 같은 것을 옮겨서 무엇에 쓴다는 말입니까? 남의 것을 빼앗아 나를 이롭게 해서 신선이 될 수 있다면 수도 공부를 할 필요도 없겠지요.

도가나 불가는 절대 남의 것을 덜어서 나를 이롭게 하는 법이 없습니다. 오직 자기 것을 남에게 보시할 뿐입니다. 그래서 천지의 정화를 채집해서 자신의 몸에서 작용하도록 수련하는 것입니다. 천지의 것은 본래 인간에게 베풀어 주는 것이기 때문입니다. 우주가 우리에게 주는 것을 활용할 줄 모르는 것은 어리석은 일입니다. 우주의 정화를 빌려서 쓸 줄 아는 것이야말로 진정한 채약이자 채보이지요.

"그 사이에서 채취하고 감응하여 부르는 것은 온전히 나의 중황 진의에 달려 있다. 즉 내 몸의 양수와 방제의 오묘한 작용인 것이다. 그러므로 (참동계에서) '음과 양을 태양과 달에 배합하니 수와 화가 그 징표이다'고 하였다."

(其間採取感召, 全仗中黃眞意, 卽吾身陽燧方諸之妙用也. 故曰, 陰陽配日月, 水火爲效徵)

"기간채취감소(其間採取感召), 전장중황진의(全仗中黃眞意), 즉오신양수방제지묘용야(卽吾身陽燧方諸之妙用也)", 여기에서 "중황진의(中黃眞意)"라고 한 것이 정념(正念)입니다. 바로 불가에서 말하는 정사유(正思惟)이지요. 생각을 하나로 바르게 하는 것을 선종에서는 무념(無念)이라고 합니다. 잡념 망상이 없고 일념이 청정한 것이 바로 정념입니다.

정념이 이루어지면 우주의 작용은 자연히 여러분에게 감응되기 마련입니다. 여러분이 의도적으로 채집하지 않아도 우주의 작용이 저절로 도래하는 것입니다. 이것을 "내 몸의 양수와 방제의 오묘한 작용"이라고 합니다. 그러니 도가의 수도 공부는 마음을 청허(淸虛)하게 해야 합니다. 따로 무슨 비법을 찾아서 수규니 어떤 공부니 할 것이 없습니다. 이것이야말로 무상(無上)의 단법입니다. 불가로 말하면 공(空)의 경지에 들어가는 것이지요. 여러분이 정좌를 해서 잡념 망상을 참으로 청정하게 한다면 십오 분쯤이면 효과가 있습니다. 두 시간 정도 있으면 당연히 편안해지지요. 우주의 기(炁) 즉 음양의 기가 여러분에게 감응하기 때문입니다.

주운양 조사는 이것을 "고왈(故曰), 음양배일월(陰陽配日月), 수화위효징(水火爲效徵)"이라고 했습니다. 그러므로 음양이 태양과 달에 배합하고 수화가 그 효험과 증거가 된다는 뜻이지요. 여러분이 마음을 고요하게만 한다면 곧 효과가 나타납니다. 이것은 결코 고요함(靜)의 기능이나 효과가 아닙니다. 일반적인 책에서는 이것을 고요함 자체의 기능이라고 하여, 정좌를 해서 생각을 없애고 고요해지면 이런 효과가 나타난다고 하지만 그렇지 않습니다. 도가에서는 이렇게 말하지 않지요. 정통 도가에서는 이것을 우주 물리의 기능이라고 합니다. 여러분이 고요해지면 우주 물리의 기(炁)가 감응해서 여러분의 몸과 교류하여 응결하게 된다는 것입니다.

보통은 뇌가 생각으로 가득 차 있어서 공의 경지에 들어가지 못하고, 우주의 기의 작용이 도래했어도 여러분이 그냥 헛되이 소모해 버리거나 소통을 막아 버립니다. 따라서 정좌의 기능은 고요함 자체에 있는 것이 아니라 천지 우주의 음양의 기와 감응하여 상호 교류하는 데 있습니다. 그래서 불가의 정토종에서는 '감응도교(感應道交)'라고 말합니다. 중생의 기도와 아미타불의 감응이 서로 교류한다는 뜻입니다.

제79강

제22 關鍵三寶章관건삼보장

耳目口三寶이목구삼보, 閉塞勿發通폐색물발통. 眞人潛深淵진인잠심연, 浮游守規中부유수규중.

旋曲以視聽선곡이시청, 開闔皆合同개합개합동. 爲己之樞轄위기지추할, 動靜不竭窮동정불갈궁. 離炁納榮衛리기납영위, 坎乃不用聰감내불용총. 兌合不以談태합불이담, 希言順鴻濛희언순홍몽.

三者旣關鍵삼자기관건, 緩體處空房완체처공방. 委志歸虛無위지귀허무, 無念以爲常무념이위상. 證難以推移증난이추이, 心專不縱橫심전불종횡. 寢寐神相抱침매신상포, 覺悟候存亡각오후존망.

顔色浸以潤안색침이윤, 骨節益堅强골절익견강. 辟卻衆陰邪벽각중음사, 然後立正陽연후립정양. 修之不輟休수지불철휴, 庶炁雲雨行서기운우행. 淫淫若春澤음음약춘택, 液液象解冰액액상해빙. 從頭流達足종두류달족, 究竟復上升구경부상승. 往來洞無極왕래동무극, 怫怫被谷中불불피곡중.

反者道之驗반자도지험, 弱者德之柄약자덕지병. 耘鋤宿汚穢운서숙오예, 細

微得調暢세미득조창. 濁者清之路탁자청지로, 昏久則昭明혼구즉소명.

이목구 삼보를 막아서 밖으로 통하지 않게 하라. 진인은 깊은 연못에 잠겨 자연스럽게 규중을 지킨다.

되돌려서 보고 들으니 감각을 여나 닫으나 마찬가지이다. 내가 지도리와 빗장으로 중심을 잡으니 동정 운동이 끊임이 없다. 리괘의 기는 영기와 위기를 수납하고 감괘는 총명을 쓰지 않으며 태괘는 합쳐져 말하지 않으니, 마치 태초의 홍몽과 같다.

세 가지가 이미 닫혔다면 몸을 부드럽게 하고 텅 빈 방에 거처하여 뜻을 맡겨 허무로 돌리고 항상 무념의 경지에 있어야 한다. 마음이 변화하여 움직이기 때문에 증험하기 어려우니, 마음이 전일하여 이리저리 움직이지 않게 하고 잠잘 때는 그 원신을 서로 품고 깨어 있을 때는 그 존망을 살핀다.

얼굴빛은 윤택해지고 골절은 더욱 견고하고 강해진다. 모든 음사를 물리친 후에 정양이 수립된다. 쉬지 않고 수련을 하면 기가 구름이 모이고 비가 오듯 한다. 봄 연못처럼 윤택하고 얼음 풀리듯 녹는다. 머리부터 발끝까지 흐르고 마침내 다시 상승한다. 끝없이 왕래하여 통하니 분분히 일어나 골짜기 속에 퍼져 있다. 돌아가는 것은 도의 증험이요, 약한 것은 덕의 자루이다. 오래 묵은 더러운 것을 씻어 내니 (원기가) 미세한 곳까지 이르러 조화롭고 번창하게 된다. 탁한 것은 맑아지는 길이요 혼침이 오래되면 마침내 밝아진다.

내삼보와 외삼보

이 장은 전문적인 내용으로서 매우 중요합니다. 시간을 아끼기 위해 여러분이 먼저 읽어 보기 바랍니다. "관건삼보(關鍵三寶)"란 수도의 기본 방법이며 공부의 원리입니다. 노자도 자신에게 삼보가 있다고 하여 "왈자(曰慈), 왈검(曰儉), 왈불감위천하선(曰不敢爲天下先)"이라고 했지요. '자애로움'과 '검소함'와 '감히 세상에 앞서지 않는 것'이 노자의 세 가지 보물이라는 것입니다. 이것은 정치 원리를 말하는 것처럼 보이나 실은 수도 공부와 관련이 있습니다.

'자(慈)'는 인자함을 기른다는 뜻으로 자비심이 있어야 수도 공부를 할 수 있습니다. '검(儉)'은 낭비하지 않는 것입니다. 특히 정(精)과 신(神)을 함부로 소모하고 낭비하지 않는다는 뜻입니다. '불감위천하선(不敢爲天下先)'이란 인위적으로 조작하지 않는다는 것입니다. 도가의 삼보는 노자의 삼보와는 다릅니다. 불교도 중국에 들어와서 이 명칭을 빌려 불법승(佛法僧)을 삼보라고 했습니다만 이 말은 본래 도가의 용어입니다. 먼저 제22 관건삼보장에 대한 주운양 조사의 설명을 보겠습니다.

"이 장은 관건이 되는 삼보가 안으로는 진실하고 밖으로는 감응하여 양성의 긴요한 공부라는 것을 말한다."

(此章, 言關鍵三寶, 內眞外應, 乃養性之要功也)[144]

여기서는 비록 양성(養性)을 말했지만 사실은 성명쌍수에 주의해야 합니다. 양성을 잘 알면 명공(命功)이 그 속에 들어 있기 때문이지요.

우선 『참동계』 제22장 원문을 몇 구절 보겠습니다.

이목구 삼보를 막아서 밖으로 통하지 않게 하라.

耳目口三寶, 閉塞勿發通.

---

144 『참동계천유』. 233면.

여기에서 "이목구(耳目口)"는 귀, 눈, 입으로 외삼보(外三寶)입니다. "폐색물발통(閉塞勿發通)", 막아서 통하지 않게 하라는 말인데 수도 공부를 하는 사람은 첫째 말을 해서는 안 됩니다. 입을 열면 신기(神氣)가 흩어지고 원기(元氣)를 상하기 때문이지요. 그리고 눈을 감고 귀는 내면으로 수렴하여 마음이 망동(妄動)하지 않게 해야 합니다. 감각으로 외부와 통하는 일을 삼가야 한다는 뜻입니다. 입은 물론 다물고 혀끝은 상악(上顎)[145]에 붙여야 합니다. 여기에 참석한 분들은 다 아는 이야기이지요.

진인은 깊은 연못에 잠겨 자연스럽게 규중을 지킨다.

眞人潛深淵, 浮游守規中.

여기에서 "진인(眞人)"은 자기 자신을 가리킵니다. 이 인(人)은 우리의 이 신체를 가리키는 것이 아니라 우리 본성의 '진실한 어떤 것'을 말합니다. 정기신(精氣神)은 삼보 중 하나로 도움이 되는 약일 뿐입니다. 이 정기신으로 자신의 진인(眞人), 즉 진정한 자기를 단련하는 것이 정좌 수도의 첫걸음이라는 말입니다. 진인은 생각[念頭]도 아니고 망념(妄念)도 아니고 망상(妄想)도 아닙니다. 심연 속에 잠복해 있는 진정한 자기 자신입니다.

보통 사람들은 신체에서 배꼽 부위를 심연(深淵)이라고 하는데 사실 배꼽은 깊지 않고 매우 얇습니다. 심연은 신체 내부에 있는 것이 아니지요. "부유(浮游)"는 자유롭게 노니는 모습을 말합니다. "규중(規中)"이란 도가에서는 두 개의 원을 가리키는데 중궁에 있는 것은 아닙니다. 밀종에서는 '보개(寶蓋)'[146]라고 하는데 이것 역시 이중 구조입니다. 도가에서는 보개

---

145 여기에서 상악(上顎)은 혀끝을 들면 자연스럽게 만나는 윗니와 입천장이 만나는 부위를 말한다. 정좌 공부를 할 때는 물론 기공 공부를 할 때도 역시 입을 다물고 상악에 혀끝을 붙이면 침이 자연스럽게 목으로 흘러가서 구갈(口渴)을 느끼지 않게 하고 기의 운행에도 도움을 준다.

를 표주박으로 상징하는데, 표주박은 인체와 유사한 모양이지요. 표주박의 머리는 마치 사람의 머리와 같습니다. 위아래가 둥그런 모양이고 중간은 허리처럼 잘록합니다. 이 허리 부분을 유형의 "규중(規中)"이라고 합니다. 무형의 규중은 정해진 위치가 없습니다.

다시 주운양 조사의 주해를 보겠습니다.

"이 절은 관건 삼보의 요긴한 도를 통틀어 말하였다. 수도하는 사람에게는 내삼보와 외삼보가 있으니 원정, 원기, 원신은 내삼보이다."

(此節, 統言關鍵三寶之要道也. 修道之士, 有內三寶, 有外三寶. 元精元氣元神內三寶也)

"차절(此節), 통언관건삼보지요도야(統言關鍵三寶之要道也). 수도지사(修道之士), 유내삼보(有內三寶), 유외삼보(有外三寶). 원정원기원신내삼보야(元精元氣元神內三寶也)"에서 내삼보란 자신이 고유하게 가지고 있는 것이지 밖으로부터 호흡을 통해 들어오는 것이 아닙니다. 기공에서 단련하는 것은 진실한 기(炁)가 아니라, 외부에서 호흡으로 들어오는 기로서 생멸이 있는 것입니다.

생명을 유지하는 '한 호흡〔一口氣〕'이 들어오지 않는다는 말은 대기 중의 공기가 호흡을 통해 들어오지 않는다는 뜻이 아니라 몸속에 내재하는 기가 없다는 뜻입니다. 다른 말로 하면 자신에게 에너지원이 없어서 생명도 더 이상 유지할 수 없다는 것입니다. 여러분이 원정, 원기, 원신의 원기를 우리가 숨 쉬는 공기라고 오인할까 봐 주운양 조사는 기(氣) 앞에 원(元) 자를 붙인 것입니다. 그리고 원정, 원기, 원신을 내삼보라고 했습니다.

---

146 보개(寶蓋)는 불교 의식에 쓰이는 우산 같은 덮개를 말한다.

삼보를 누설하지 않고 원신을 보존하다

"귀, 눈, 입은 외삼보이다. 내삼보를 진실로 얻고자 한다면 전적으로 외삼보
를 누설하지 않는 것에 달려 있다. 음부경에서 말한 '구규의 삿됨이 삼요에
존재한다'는 말이 이것이다."

(耳目口外三寶也, 欲得內三寶還眞, 全在外三寶不漏, 陰符經所謂, 九竅之
邪, 在乎三要是也)

"이목구외삼보야(耳目口外三寶也)", 외삼보는 귀 눈 입이고 내삼보는 정
기신입니다. "욕득내삼보환진(欲得內三寶還眞), 전재외삼보불루(全在外三
寶不漏)", 정기신이 각각 본래 자리에 돌아가고 원래의 경계에 이르는 수
도 공부는 외삼보를 밖으로 새어 나가지 않게 하는 것에 달려 있습니다.
이 때문에 "음부경소위(陰符經所謂), 구규지사(九竅之邪), 재호삼요시야(在
乎三要是也)"라고 하여 『음부경』에서 말한 구규의 삿됨이 삼요(三要)에 존
재한다는 말이 이것이라고 했습니다.

『음부경』에는 두 종류가 있는데, 하나는 도가에서 전해 오는 것으로 『황
제내경』입니다. 이른바 황제로부터 내려온 것이지요. 또 하나는 강태공(姜
太公)이 전한 것으로서 병법(兵法)에 관한 내용인데, 이것은 수도 공부와
관련 있습니다. 강태공이 전했다는 『음부경』에서는 구규(九竅)에 대해 말
하는데, 구규란 우리 신체의 아홉 개 구멍입니다. 머리에 일곱 개가 있고
몸통에 두 개가 있지요. "구규지사(九竅之邪)"에서 사(邪)란 원정, 원기가
아니라 가짜를 가리킵니다. "재호삼요(在乎三要)"란 원정, 원기, 원신은 반
드시 귀 눈 입을 폐관해야 닦을 수 있다는 뜻으로, 수도 공부의 초보 단계
를 말합니다. 주운양 조사의 설명이 이어집니다.

> "수도 공부를 할 때는 반드시 사유와 감각 작용을 버리고 입을 삼가 닫아서
> 진원이 밖으로 누설되지 않게 한다."
>
> (下手之初, 必須屛聰黜明, 謹閉兌口, 眞元方不外漏)

"하수지초(下手之初), 필수병총출명(必須屛聰黜明)", 그러므로 수도 공부
에서 보통 정좌를 할 때는 눈을 감기는 하는데 완전히 감지는 않습니다.
다만 저는 여러분에게 완전히 감으라고 하지요. 현대인은 눈을 너무 많이
쓰기 때문에 완전히 감는 것이 양신(養神)의 한 방법이 되기 때문입니다.
"병총출명(屛聰黜明)"은 말 그대로 우리의 지각, 사유, 감각 작용을 모두
버리는 것입니다. 삼가 입을 닫는다는 뜻의 "근폐태구(謹閉兌口)"에서 태
(兌)는 『역경』의 괘명입니다. 태괘는 입을 상징하기 때문에 "태구(兌口)"
라고 했지요. 사실 이런 것은 여러분도 다 아는 것이니 말할 필요도 없습
니다. 이렇게 귀, 눈, 입 삼보를 폐관해야 "진원방불외루(眞元方不外漏)" 비
로소 진정한 원신이 밖으로 누설되지 않습니다.

> "그러므로 (참동계에서) '이목구 삼보를 막아서 밖으로 통하지 않게 하라'고 하
> 였다. 규에서 외부로 누설되지 않아야 원신이 내부에 보존된다."
>
> (故曰, 耳目口三寶, 閉塞勿發通. 外竅不漏, 元神內存)

여기에서 말하는 이론과 방법은 보통 도가에서 하는 수규(守竅)가 아닙
니다. 오늘 여기에 참석한 분들 중에는 과거에 공부한 수규에 습관이 된
분들이 있습니다. 보통 때에도 습관적으로 상규(上竅)에 정신을 집중하는
데 사실 이런 습관은 문제가 심각합니다. 머리가 무겁고 답답하고 기운이
아래로 내려오지 않게 됩니다. 일반적인 도가 수련에서는 여러분에게 수

규를 시키는 경우가 많은데, 사실 수규는 진정한 수도 공부라고 할 수 없습니다. 여러분이 신체의 한 부위에 오랫동안 정신을 집중하면 그곳에 신경이 반응하여 어떤 감각을 느끼고 기혈도 집중됩니다. 이런 것은 특별히 공부라고 할 수 없는 일반적 현상에 불과하지요.

정통 도가에서는 여러분에게 수규를 하라고 권하지 않습니다. 단지 "외규불루(外竅不漏), 원신내존(元神內存)"하라고 말합니다. 규에서 외부로 누설되지 않아야 원신이 내부에 보존된다는 것입니다. 외부에 대한 지각과 감각, 사유를 닫으면 우리 내면에 존재하는 영지(靈知)의 본성이 잠자지도 않고 혼란하지도 않게 됩니다. 유가에서는 이것을 한 점의 영명(靈明)이 자재하다고 합니다. 송명 시대의 이학자(理學者)들은 '소소영령(昭昭靈靈)'이라는 네 글자로 그 뜻을 나타냈습니다. 우리의 내면은 영묘해서 매우 밝게 빛나고 분명히 알고 있다는 뜻입니다. 그러므로 전후가 만나고 안팎이 자연히 하나로 융합하면 오랫동안 정정(靜定)의 경지에 머물 수 있습니다. 여러분이 정정(靜定)의 경지에 들어가지 못하고 오래 머물지 못하는 것은 눈과 귀가 항상 외부를 향해 열려 있기 때문입니다. 습관적으로 외부의 대상을 감각하고 지각하는 데 익숙해져 있지요. 그래서 불가에서는 무루(無漏)를 말합니다. 육근(六根)의 감각과 사유 기관들이 외부로 흐르지 않고 내부로 수렴되어 근원으로 돌아가는 것입니다.

원기는 자신에게 있는 본래 생명으로부터 온다

"전후가 회합하면 그 속에 무위진인이 있는데 깊은 연못 속에 숨어 있다. 깊은 연못은 북극의 큰 연못으로서 천심이 거처하는 원관 일규이다."

(前後會合, 中間有一無位眞人, 潛藏深淵之中, 深淵乃北極太淵, 天心之所

居, 卽元關一竅也)

"전후회합(前後會合), 중간유일무위진인(中間有一無位眞人)", 이 중간에는 "무위진인"이 있는데 이 명칭은 당나라 때 선종의 임제(臨濟) 조사가 말한 것입니다. 무위(無位)의 진아(眞我)로서 정해진 위치가 없으니 상규니 중궁이니 단전이니 하는 일정한 위치에 존재하지 않습니다. 물론 이 세 곳은 모두 연관이 있습니다. 그러므로 임제 조사가 말한 무위진인은 진아(眞我) 즉 바로 참된 자아입니다. 우리의 이 '소소영령'도 밝게 빛나는 영묘한 지각의 주체로 진아입니다. 이 진아는 우리의 내부 깊숙이 감추어져 있습니다. 여기에서 내부라고 하는 것은 물론 신체의 내부는 아닙니다. "잠장심연지중(潛藏深淵之中)", 깊은 연못 속에 숨어 있다는 뜻으로 여기에서 "심연"은 구체적인 장소를 가리키는 것이 아니라 일종의 상징입니다. 밀종이나 도가에서는 인체의 하부를 해저라고 표현하는데, 이렇게 해저라고 하면 마치 고정된 장소나 위치가 있는 것처럼 생각하고 뭔가 유형의 것으로 느낍니다. 여기에서 말하는 "심연"은 신체의 부위를 가리키는 것이 아닙니다. 고정된 위치도 없고 추측할 수도 없는, 그래서 깊은 어떤 곳이라고 상징적으로 표현할 뿐이지요.

그래서 주운양 조사도 "심연내북극태연(深淵乃北極太淵), 천심지소거(天心之所居), 즉원관일규야(卽元關一竅也)"라고 했습니다. 깊은 연못은 북극의 큰 연못으로 천심이 거처하는 원관 일규라는 뜻입니다. 옛사람은 "북극태연(北極太淵)"으로 측량할 수 없이 깊은 곳을 형용했습니다. 도장(道藏)에 들어 있는 『오악진형도(五嶽眞形圖)』라는 책은 모두 흑점과 백점과 텅 빈 공간으로 이루어져 있는데, 이것은 지구 하부에 모두 연결된 통로가 있음을 나타냅니다. 이것이 사실인지 상상인지는 알 수 없지만, 여기에서 말하는 북극이니 큰 연못이니 하는 것도 역시 상징적 표현일 뿐 실제로 존재하는 것은 아닙니다. "천심이 거처하는 곳[天心之所居]"이라는 말에서 "천심(天心)"은 도가 용어로 천지의 중심점이라는 뜻입니다만 사실 우주에는 중심점이라고 할 만한 곳이 존재하지 않습니다. 단지 중심점이라는 개념을 가설해서 "원관일규(元關一竅)"라고 한 것이지요. 이것이 바로 정통 도가적 표현입니다. 정통 도가에서는 절대 어느 한 지점을 정해서 원관(元關)이라고 하지 않습니다. 그래서 어느 곳이라고 말하거나 또는 단전에 있다고 말하지 않고 단지 "원관일규"라고만 하지요.

일반적으로 여러분에게 알려진 것은 이 규(竅)를 지키라거나 혹은 저 규를 지키라고 하는 수규(守竅)를 "원관일규"라고 합니다. 그러나 그런 식으로 수규 하는 것은 사람을 속이고 혼란스럽게 할 뿐입니다. 정통 도가에서 말하는 "원관일규"는 신체의 어느 일정한 부위가 아닙니다. 외부 사물에 대한 사유나 감정을 없애고 내면에 정신을 집중하는 것으로서, 이것이 바로 무위진인의 도(道)입니다. 그래서 주운양 조사도 "원관일규"에 대해 다음과 같이 설명합니다.

"원관은 천지 사이에 있는데 상하 사방의 정중앙으로 허현한 한 개 혈이다."
(元關在天地之間, 上下四方之正中, 虛懸一穴)

"원관재천지지간(元關在天地之間), 상하사방지정중(上下四方之正中), 허현일혈(虛懸一穴)", 여기에서 "허현일혈"이라는 마지막 네 글자에 주의하십시오. 이 말은 "원관일규"는 정해진 위치가 없는데, 어느 한 부위를 정해서 여기라고 하면 그곳이 바로 "원관일규"가 됩니다. 여러분이 위장이 안 좋다면 정좌할 때 생리적 본능에 따라 자연스럽게 위장 부위에 수규를 하게 되는 것입니다. 일부러 주의력을 집중하지 않아도 본능적으로 이미 위장 부위에 집중하여 자신도 모르는 사이에 치료하게 된다는 말이지요. 그

래서 좀 더 주의력을 집중하게 되는 것입니다. 이와 같이 "허현일혈(虛懸一穴)"은 고정된 위치 없이, 경우에 따라서 어느 한 부위에 주의력을 집중하는 것을 말합니다. 다음에 주운양 조사는 자신의 설명에 장자의 말을 인용합니다.

"그 크기는 밖이 없고 그 작기는 안이 없는 그것을 규중이라고 한다. 그 중간에 주재자가 있으니 그것을 진인이라고 한다."

(其大無外, 其小無內, 謂之規中. 中有主宰, 謂之眞人)

"기대무외(其大無外), 기소무내(其小無內), 위지규중(謂之規中). 중유주재(中有主宰), 위지진인(謂之眞人)", 규중(規中)에는 대소와 내외가 없습니다. 그러니 그 중간이라는 것도 인간의 가정일 뿐입니다. 따라서 그것을 규중이라고 부르는 것도 실은 관념적인 것에 불과할 뿐 생리적으로 실재하는 형상의 명칭이 아닙니다. 소위 규중이란 그 중간에 자연의 주재자가 있다는 것을 나타내는 개념으로서, 중간이란 주재자를 표현하는 것일 뿐, 어떤 독립된 하나의 존재가 실재하는 것은 아니지요. 단지 이것을 진인(眞人)이니 우리 생명의 진아(眞我)라고 상징할 뿐입니다. 육체는 진아가 아닙니다. 비록 장수해서 수백 년을 산다고 해도 하루아침에 소멸할 수 있는 것이 육체입니다. 육체는 단지 진아, 진인이 거주하는 방 같은 것입니다. 우리의 진정한 정신 생명은 이 육체라는 방을 빌려서 거주합니다. 이것을 진인이라고 하는데, 우리가 닦는 것도 바로 진인을 회복하도록 닦는 것입니다. 주운양 조사는 이것을 다음과 같이 설명합니다.

"지켜서 잃지 않는 그것을 포일이라고 한다."

(守而勿失, 謂之抱一)

"수이물실(守而勿失)", 이른바 수규(守竅)는 외부로 향하는 감각과 사유 작용을 닫고 정신을 하나에 집중하는 것을 말합니다. 이것을 "위지포일(謂之抱一)"이라고 합니다. "포일(抱一)"은 어떤 한 점에 집중하는 것이지만 결코 의도적으로 주의력을 모으는 것은 아닙니다.

원신, 원기, 원정을 단련하는 각종 방법을 모아서 통계를 낸다면 매우 많을 것입니다. 제가 알기로는 기공 수련법만 해도 이백 종류가 넘지요. 인도의 요가와 중국의 기공을 포괄하면 정말 다양합니다. 사람들은 참으로 놀랍고 신기합니다. 모두 두 개의 콧구멍과 한 개의 입을 가지고 똑같이 호흡하는데 이렇게 많은 종류의 방법을 만들었다니 말입니다. 더욱이 방법마다 모두 각각의 효과가 있습니다.

그 방법들이 큰 효과가 있을까요? 반드시 있다고는 할 수 없습니다. 한 가지 방법으로 끝까지 해 나가서 변통할 줄 모르면 문제가 됩니다. 진정한 원기는 이런 방법에 의지해서 얻어지는 것이 아닙니다. 원기는 자신의 내재적 본래 생명으로부터 옵니다. 우리의 신체는 소천지로서 우주의 법칙을 공유합니다. 그러므로 우리 생명의 본질적인 진원(眞元)을 발동하게 하는 것이 최고의 단약입니다. 여기에서는 이런 원리와 방법을 남김없이 분명히 밝혔습니다. 한 점의 비밀도 남아 있지 않습니다.

수도의 비결

"그 오묘한 비결은 완전히 부지런하지도 않고 태만하지도 않고, 조장하지도 않고 잊지도 않는 자연스러운 상에 있다."

(然其妙訣, 全在不勤不怠, 勿助勿忘, 有浮游之象)

"연기묘결(然其妙訣)"에서 결(訣)은 구결(口訣)인데 도가에서는 결(訣)이라고 부릅니다. 불가에서는 밀법(密法)이라고 하는데 비밀의 법문이라는 뜻이지요. 외도(外道)에서는 방문팔백(旁門八百), 좌도삼천(左道三千)이라고 해서 수많은 방법이 있습니다. 그러나 모두 편향되어 있고 모두 구결로 전수해야 하는 것입니다. 스승이 직접 구두로 전수하여 다른 사람이 모르게 하는 것이지요. 스승이 제자의 귀에 직접 말로 전수합니다. 그만큼 신비하니 제자가 다른 사람에게는 전하지 않겠다고 맹세하게 하고 비로소 전수하는 것이지요.

지금 여러분은 다른 데서 비밀을 구할 필요가 없습니다. 이 『참동계』라는 책이 여러분에게 모든 비밀을 알려 주기 때문입니다. 바로 "전재불근불태(全在不勤不怠), 물조물망(勿助勿忘), 유부유지상(有浮游之象)"이라고 한 내용입니다. 수도 공부의 비결은 완전히 부지런하지도 않고 태만하지도 않고, 조장하지도 않고 잊지도 않는 자연스러운 상에 있다는 것입니다. "물조물망(勿助勿忘)"은 맹자의 말이고, "불근불태(不勤不怠)"는 도가의 것입니다. 만약 불가에서 말한다면 "부증불감(不增不減)"이 되겠지요. 이렇게 유불도 삼가의 원리는 하나입니다.

맹자가 수양과 양생에서 가장 강조한 것은, 일반적인 수도 공부는 모두 알묘조장(揠苗助長) 즉 "벼를 손으로 뽑아서 조장하는" 것처럼 빠른 효과만 추구하다가 결국 망치게 된다는 것입니다. 그래서 "완전히 부지런하지도 않고 태만하지도 않아야" 한다는 중도적 방법을 제시했지요. 밥을 먹지 않는다거나 잠을 자지 않는 것을 수도 공부라고 한다면 스스로 번뇌만 만드는 것입니다. 따라서 "조장하지도 않고 잊지도 않는" 자연스러운 중도적 공부가 중요하다고 맹자는 강조했습니다. 이렇게 자연스럽게 공부하는 것을 장자는 '소요(逍遙)'라고 했고, 불학에서는 '자재(自在)'라고 했습니다.

지금 종교를 믿는 사람들을 보면 온통 종교적인 얼굴을 하고 있습니다.

수도 공부를 하는 체 가장하는 사람도 이렇게 꾸미는 모습이 참으로 가증스럽습니다. 자재롭지도 않고 소요하지도 않지요. 공부의 중점은 여러분이 "소요 자재하는 자연스러움"에 있습니다. 옛사람들은 이렇게 말했지요. "신선이 되는 것은 특별한 비법이 없다. 오직 기쁜 마음을 갖고 근심 걱정하지 않는 것이다〔神仙無別法, 只生歡喜不生愁〕."

매일 즐거운 마음으로 웃으며 사는 것이야말로 불로장생의 요점입니다. 하루에 여러 번 즐겁게 웃는 것이 비타민이나 보약을 먹는 것보다 훨씬 좋습니다. 한 번 웃으면 뇌신경이 그만큼 스트레스를 덜 받게 됩니다. 거리를 걷는 사람들의 모습을 한번 주의 깊게 살펴보세요. 모두 은행에서 빚 독촉을 받는 사람처럼 얼굴에 수심이 가득합니다. 하루 종일 번뇌에 시달리지요. 얼굴의 세포가 모두 긴장되고 일그러져 있습니다. 이런 모습을 하고도 수도 공부를 하면 성공할 수 있을까요? 천만에요. 저는 절대 믿지 않습니다.

『참동계』원문에서는 "진인은 깊은 연못에 잠겨 자연스럽게 규중을 지킨다〔眞人潛深淵, 浮游守規中〕"고 했습니다. 이 말이야말로 공부의 방법과 경계를 있는 그대로 여러분에게 알려 준 것입니다. 그래서 주운양 조사는 다음과 같이 설명했습니다.

"이 네 구절[147]은 양성의 요점이며 이 장[148]의 강령이다."

(此四句, 乃養性之要功, 一章之綱領也)

참으로 양성(養性)할 수 있다면 명공(命功)은 그 속에 이미 들어 있습니다. 여러분이 진정으로 명심견성할 수 있다면 기맥(氣脈) 수련은 할 필요도 없습니다. 자연히 통하게 되기 때문입니다. 바꿔 말하면 기맥을 통하지 못하면 명심견성의 깨달음도 이루지 못합니다. 거듭 강조하지만 명심견성을 했다는 것은 그 전에 이미 기맥이 통했다는 뜻입니다. 그러므로 양성

(養性) 공부 속에 명공(命功)이 이미 들어 있다고 하는 것이지요. 지금 여러분에게 모든 비밀을 다 알려 주었습니다. 이것이 바로 정통 도가의 공부 방법입니다.

이어지는 『참동계』 원문은 바로 앞에서 말한 정통 도가의 공부 방법에 관한 내용입니다.

되돌려서 보고 들으니 감각을 여나 닫으나 마찬가지이다. 내가 지도리와 빗장으로 중심을 잡으니 동정 운동이 끊임이 없다. 리괘의 기는 영기와 위기를 수납하고 감괘는 총명을 쓰지 않으며 태괘는 합쳐져 말하지 않으니, 마치 태초의 홍몽과 같다.

旋曲以視聽, 開闔皆合同. 爲己之樞轄, 動靜不竭窮. 離旡納榮衛, 坎乃不用聰. 兌合不以談, 希言順鴻濛.

이 원문은 따로 설명하지 않겠습니다. 다음에 나오는 주운양 조사의 설명에 포함되어 있습니다.

수시반청이 공부법이다

"이 절은 삼보의 관건 공부에 대해서 상세히 말하였다. 감괘는 수에 속하여 원문이 되고, 리괘는 화에 속하여 빈호가 된다. 태괘는 입이 되어 안으로 마음에 감응한다."

---

147 여기에서 "이 네 구절"이란 『참동계』 제22장 첫머리인 "耳目口三寶, 閉塞勿發通. 眞人潛深淵, 浮游守規中"을 가리킨다.

148 "이 장"은 『참동계』 제22 관건삼보장을 말한다.

(此節, 詳言三寶關鍵工夫, 坎屬水是爲元門, 離屬火是爲牝戶, 兌爲口內應方寸)

"차절(此節), 상언삼보관건공부(詳言三寶關鍵工夫), 감속수시위원문(坎屬水是爲元門)", 이 말은 세 개의 문을 닫는 것이 정좌 수도의 원리라는 것입니다. 감괘는 신체에서 귀를 나타내며 수(水)에 속하고 원문(元門)이 됩니다. 이 귀라는 현관(玄關)의 문호는 매우 중요합니다. 귀는 기해혈과 통하기 때문에 노인이 되면 귀가 어두워집니다. 신장의 기(氣)가 쇠약해져서 기가 근원으로 돌아가지 못하기 때문에 귀가 어두워지는 것이지요. 눈 역시 기해혈과 연관되어 있습니다. 노인들이 눈이 어두워지는 것은 신장과 간장 모두에 관련이 있습니다. 신체 내부의 노화 현상의 근원이지요. 근시도 마찬가지입니다. 간장과 신장이 안 좋은 데다가 몸 내부의 기능이 원활하지 못할 때 외부로 표출되는 현상입니다. 이른바 "원문(元門)"이라는 것은 감괘로 상징되는 수(水)의 기능으로서 인체의 호르몬 기능을 포괄하는 개념입니다. 본래 원문은 감괘로서 음(陰)에 속하지만 구체적으로 말하면 음 속의 양이지요.

"리속화시위빈호(離屬火是爲牝戶)", 리괘는 화(火)의 기호로 심장을 나타내는데 완전히 심장만 말하는 것이 아니라 우리의 사유 작용도 대표합니다. 리괘는 "빈호(牝戶)"에 속하는데, 빈(牝)이란 음 또는 암컷으로서 구체적으로는 양 속의 음에 해당합니다. 이 음양 이론은 모두 혼란스럽다고 하는데, 이 이론은 하나의 원칙이 있습니다. 천지 만물의 어떤 것도 모두 정과 반의 양면이 있다는 것입니다. 정이 있으면 반의 작용이 있고, 반의 작용이 있으면 정의 작용이 있습니다. 그래서 양 속에는 반드시 음이 들어 있고, 음 속에는 반드시 양이 들어 있는 법입니다. "태위구내응방촌(兌爲口內應方寸)", 태괘(兌卦)는 입을 상징하는데 "내응방촌" 즉 안으로 방촌에 감응한다는 말은 입이 사유 작용을 하는 마음을 상징한다는 뜻입니다. "방촌(方寸)"이란 마음을 의미하지요.

"수도 공부하는 자가 방에 들어갈 때는 마땅히 밖으로 향한 보고 듣는 감각을 거두어서 거꾸로 내면으로 향하게 한다."

(學人入室之時, 當收視返聽, 轉順爲逆)

여러분, 주의해야 합니다. "학인입실지시(學人入室之時)"에서 "입실(入室)"은 무엇을 의미할까요? 옛사람들은 수도 공부를 하기 전에 준비를 철저히 했습니다. 먼저 모든 인연을 내려놓습니다. 가족, 자녀, 사업 등 모든 것을 내려놓고 아무도 모르게 홀로 고요한 곳을 찾아 수도 공부를 시작했지요. 이것을 입실이라고 합니다. 자신의 방문을 걸어 잠그고 남들에게 '나는 입실해서 수도 공부를 시작하니 연락하지 말라'고 알리는 것은 겉으로만 그럴듯하게 포장하는 허세에 불과합니다.

진정한 입실은 반드시 문을 닫고 폐관(閉關)해야만 하는 것은 아닙니다. 세상이 아무리 시끄럽다고 해도 자신의 육근을 스스로 닫는 것이야말로 진정한 입실이요 폐관이라고 할 수 있습니다. 입실할 때의 진정한 구결은 오직 "수시반청(收視返聽)"하는 것입니다. 외부로 향한 감각을 반대로 돌려 내면을 응시하는 것뿐이지요. 수도자가 신광(神光)을 돌이켜서 내면을 응시한다는 것은 두 눈을 부릅뜨는 것이 아니라 보지 않는 것입니다. 단지 눈을 감는 것이지요. 그래서 도가에서는 창문에 발을 드리우는 것에 비유해서 '수렴(垂簾)'이라고 합니다. 눈을 감고 눈앞의 대상으로 향하던 시각과 의식을 거두어들이는 것입니다. 이렇게 아무 대상도 지향하지 않으면서 단지 의식 자체만 홀로 빛나는 상태를 "수시반청"이라고 할 수 있습니다.

우리의 의식은 어려서부터 이런 습관이 들어 있습니다. 듣기 좋은 소리나 음악이 들리면 바로 그 소리가 어디서 들려오나 어떤 소리인가 생각하는 것입니다. 우리가 감각적으로 어떤 것을 느끼면 우리의 의식은 바로 그것을 따라 어떤 생각이나 사유를 전개하게 되지요. 그런데 수도 공부의 "입실"이란 마치 우리가 텔레비전을 끄듯이 의식의 지향성을 거두어들이는 것을 말합니다. 또 주운양 조사가 말한 "수시반청(收視返聽), 전순위역(轉順爲逆)"이 의미하는 것이기도 합니다. "전순위역"의 순(順)은 우리의 감각과 의식이 대상을 지향하는 습관을 가리킵니다. 의식이 대상을 지향하는 것은 습관화된 것인데, "순(順)"은 그 습관을 따른다는 뜻이고 반대로 "역(逆)"은 그런 습관으로부터 벗어난다는 뜻입니다.

"그 문이 한번 열리고 닫히는 것이 모두 원빈의 내규와 상응한다. 그러므로 (참동계에서) '되돌려서 보고 들으니 감각을 여나 닫으나 마찬가지이다'라고 하였다."
(其門戶之一開一闔, 皆與元牝內竅相應. 故曰, 旋曲以視聽, 開闔皆合同)

"기문호지일개일합(其門戶之一開一闔), 개여원빈내규상응(皆與元牝內竅相應). 고왈(故曰), 선곡이시청(旋曲以視聽), 개합개합동(開闔皆合同)", 보통 우리의 시각이나 청각 등 감각 기관은 사용하면 할수록 그 기능이 더 좋아진다고 생각하지만 뭐든지 지나치면 도리어 해로운 법입니다. 그래서 저는 우리 시대를 안경 시대라고 부릅니다. 어린 학생들조차 모두 안경을 쓰고 있으니 말입니다. 이런 현실이 참 마음이 아픕니다. 저는 어려서부터 독서를 했는데 요즘 학생들 독서량과는 비교도 안 될 정도로 많이 읽었습니다만 지금도 노안이 오지 않았습니다. 예전과 비교하면 약간은 차이가 있지만 근시도 아니고 아마 조명의 차이에서 오는 것 같습니다. 여러분은 책을 본다고는 하지만 제대로 볼 줄 모릅니다. 약산 선사가 말한 것처럼 소가 죽이라도 뚫을 듯이[149] 눈을 크게 뜨고 보지만 제대로 기억도 못하지요.

감각이 외부로 흩어지지 않게 하라

저는 어려서부터 독서를 했는데, 책이 와서 나를 보게 했지 제가 가서 책을 보지는 않았습니다. 책을 흡수하듯이 읽으면 기억하기도 쉽습니다. 그래서 책의 글귀가 생각나지 않을 때는 그 책 전체를 영상처럼 떠올립니다. 그렇게 하면 그 구절이 몇 페이지 몇 번째 줄에 나와 있는지 보입니다. 텔레비전을 볼 때도 마찬가지로 영상이 나에게 오도록 합니다. 여러분은 직접 가서 책을 보거나 텔레비전을 보기 때문에 결국 노안이 되고 말지요.

여러분은 영화를 보면서 재미있으면 웃고 슬프면 눈물을 흘리지요. 저는 그러지 않습니다. 영화를 보면서 그렇게 연기하듯이 하니 생명이 소모되는 것입니다. 그래서 『참동계』에서는 "선곡이시청(旋曲以視聽)"이라고 했습니다. "선곡(旋曲)"은 회전한다는 뜻입니다. 밖으로 향하는 감각과 인식을 자기 자신에게 되돌려서 정신을 외부로 흩어지지 않게 하는 것입니다. 이 비결을 여러분은 시시때때로 연습해야 합니다. 물건을 볼 때 눈을 크게 뜨고 집중해서 보지 마세요. 여러분을 대상에 빼앗기지 말고 대상이 여러분에게 와서 보이도록 하는 것입니다.

"감각을 여나 닫으나 마찬가지(開闔皆合同)"라는 것은 수도 공부를 말합

---

149 751-834. 약산(藥山) 유엄(惟儼) 선사는 당대(唐代)의 선승이다. 속성은 한(韓)이고, 산서(山西) 강주(絳州) 사람이다. 석두(石頭) 희천(希遷) 선사를 호남의 약산에서 십삼 년간 시봉했다가 마조(馬祖) 도일(道一) 선사를 만나 언하에 대오하고 삼 년 간 시봉한 후 희천에게 돌아와 법을 이었다. 『경덕전등록(景德傳燈錄)』에 의하면 약산 선사는 평생 불경을 읽지 않고 오직 자성을 깨우치는 것으로 종풍을 삼았다고 한다. 하루는 약산 선사가 참선을 하고 있으니 제자가 물었다. "그렇게 앉아서 무엇을 생각하십니까?" 선사가 답하기를, "생각 없는 것을 생각한다." 다시 묻기를, "생각할 수 없는 것을 어떻게 생각합니까?" 선사가 답하기를, "비사량(非思量)이니라" 하였다. 약산 선사는 제자들이 불경 보는 것을 허락하지 않았지만 자신은 가끔 불경을 읽었다. 하루는 제자가 묻기를, "저희들에게는 불경을 보지 못하게 하시고 스님은 왜 보십니까?" 선사가 답하였다. "나는 불경으로 단지 눈을 가릴 뿐이다." 제자가 말했다. "저도 그렇게 하면 안 될까요?" 선사가 답하였다. "너 같으면 소가죽이라도 뚫어 볼 것이다."

니다. 평상시에 자신을 훈련하여 눈으로 사물을 보거나 귀로 소리를 들으면서 감각과 의식을 열고 닫을 때 매 순간 맹자가 말했듯이 "잊지도 말고 조장하지도 말아야(勿助勿忘)" 하며 "자연스럽게 규중을 지켜야(浮游守規中)" 합니다.

"감괘 중에는 무를 받아들이고 리괘 중에는 기를 받아들이니 무토는 양에 속하여 움직임을 주도하고 기토는 음에 속하여 고요함을 주도한다. 그러나 리괘 중의 음효는 몸은 비록 고요하지만 실제로는 쉽게 움직이니 발걸음을 종종거리며 왔다 갔다 하는 것을 금지할 수 없으나 오직 감괘 중의 진양이 나와서 생각을 억누르는 것에 의지한다."

(坎中納戊, 離中納己, 戊土屬陽主動, 己土屬陰主靜, 然離中一陰, 體雖靜而實則易動, 憧憧往來, 不可禁止, 惟賴坎中眞陽, 出而鈐制之)

"감중납무(坎中納戊)"와 "리중납기(離中納己)"에 대해서는 말을 많이 하지 않겠습니다. 여러분이 오행과 팔괘에 대해 익숙하지 않기 때문입니다. 무(戊)와 기(己)는 모두 토(土)에 속합니다. 인체에 배합하면 위장이 있는 부위이지요. 추상적으로 보면 대체로 인체의 중간에 해당하는 곳이라고 할 수 있습니다. 그런데 "무토속양주동(戊土屬陽主動)" "기토속음주정(己土屬陰主靜)"이라고 했습니다. 무토(戊土)는 양토로서 움직임을 주도하고 기토(己土)는 음토로서 고요함을 주도한다는 것입니다. 무토는 우리의 의(意) 즉 생각과 의식을 상징합니다. 그렇다면 기토는 무엇일까요? 우리의 의식이나 생각을 활용하지 않는 휴식 상태를 바로 기토라고 합니다.

"연리중일음(然離中一陰), 체수정이실즉이동(體雖靜而實則易動)", 리괘 중의 음은 바로 양 가운데에 내재한 음입니다. 우리의 생각은 본래 고요해야 하는데 언제 어디서나 늘 생각하는 데 익숙해서 고요하지 않습니다. 그러므로 우리의 생각을 내면으로부터 멈추고 내려놓는 것을 고요함이라고 합니다. 『역경』에서는 우리의 생각이 늘 움직이는 것을 "동동왕래(憧憧往來)"라고 표현했습니다. 생각이 마음속에서 마구 돌아다닌다는 뜻입니다. 이렇게 움직이는 데 익숙해져 있기 때문에 생각을 쉴 수가 없지요. 그래서 "불가금지(不可禁止)"라고 했습니다. 여러분 모두 불교를 배우고 참선을 해서 자기의 생각을 쉬려고 하지만 도대체 쉴 수가 없습니다. 생각이 떠오르는 것을 억지로 눌러서 가라앉히려고 한다면 그것은 또 하나의 큰 생각이 움직이는 것이 아니겠습니까? 생각을 멈추려고 생각하는 것 또한 생각이기 때문입니다.

도가에서는 여러분에게 말합니다. 어떻게 해야 생각이 진정으로 고요할 수 있을까요? "유뢰감중진양(惟賴坎中眞陽), 출이검제지(出而鈐制之)"라고 하여 오직 감괘 중의 진양이 나와서 생각을 진정하는 데 의지한다는 뜻입니다. 감괘는 북방의 수(水)를 상징하는데 수에 내재한 정(精)은 원양(元陽)으로서, 밀종에서는 원양이 출현하는 것을 기맥이 통한다고 하고, 도가에서는 진양이 발동한다고 합니다. 우리 생명에는 본래 진양(眞陽)의 힘이 존재해서 상승하고 하강하는 작용을 합니다. 이 진양의 힘이 도래하면 생각이 움직이지 않고 고요하게 집중됩니다. 그래서 성(性)과 명(命)을 쌍수(雙修)하면 반드시 원양이 "나와서 생각을 억누르는[出而鈐制]" 것에 의지한다는 것입니다. 도가 경전에서는 진양을 납으로 상징합니다. 쉴 새 없이 움직이는 생각은 수은으로 상징하지요. 수은은 하나로 뭉쳐지지 않고 흩어지는 성질이 있기 때문입니다. 그런데 수은이 납을 만나면 납에게 억제되어 흩어지는 성질이 사라집니다. 우리의 생각도 본래의 진양이 발동해야 비로소 참으로 고요하고 안정된 경지에 도달할 수 있습니다.

제80강

삼보의 관이 닫힌 후

앞 강의에 이어서 제22 관건삼보장에 대한 주해로 시작하겠습니다.[150]

"문에 추(지도리)가 있고 차에 할[151]이 있는 것처럼 한 번 열리면 한 번 닫혀서 움직임과 멈춤에 각각 때가 있으나 본래 그침이 없다. 그러므로 (참동계에서) '내가 지도리와 빗장으로 중심을 잡으니 동정 운동이 끊임이 없다'고 하였다. 원규 중의 선천조기는 본래 갈라지지 않는 홍몽이지만 애석하게도 앞에는 리괘를 발생해서 밝음을 잃고, 뒤에는 감괘를 발생해서 그 총명함을 누설하였으며, 중간에는 태괘를 발생하여 그 문을 열었다. 이 세 가지가 모두 흩어져서 거두어지지 않았다."

(若門之有樞, 車之有轄, 庶乎一開一闔, 動靜各有其時, 而元不致耗竭矣. 故

---

150 『참동계천유』. 236면.

151 할(轄)은 수레의 굴대머리에서 내리질러 바퀴가 벗어나지 않도록 끼우는 쇠로 비녀장이라고도 한다.

日, 爲己之樞轄, 動靜不竭窮, 元竅中先天祖炁, 本來鴻濛未剖, 惜乎, 前發乎
離, 以泄其明, 後發乎坎, 以泄其聰, 中發乎兌, 以開其門, 三者俱散而不收)

"약문지유추(若門之有樞), 차지유할(車之有轄), 서호일개일합(庶乎—開一
闔), 동정각유기시(動靜各有其時), 이원불치모갈의(而元不致耗竭矣). 고왈
(故曰), 위기지추할(爲己之樞轄), 동정불갈궁(動靜不竭窮)." 한 번 열리면
한 번 닫힌다는 "일개일합(一開一闔)"의 의미는 이미 여러분이 잘 알고 있
을 것입니다. "원규중선천조기(元竅中先天祖炁)"에서 "원규"란 원래 도가
에서 말하는 수규(守竅)입니다. 다만 유형의 규(竅)를 지키는 것을 의미하
지는 않습니다. 여러분이 반드시 유형의 규로 해석하고 싶다면 가장 좋은
것은 중궁(中宮)입니다. "선천조기" 역시 도가의 명칭인데, 이것은 후천의
인위적인 호흡 수련을 통해 발생하는 것이 아닙니다. "조기(祖炁)"란 우리
가 본래 지니고 있는 기(炁)라는 뜻이기 때문이지요. 즉 후천기(後天氣)가
아니라 선천기(先天炁)라는 말입니다. 우리가 본래 지니고 태어난 선천기
인 "조기"는 후천기와 분리되어 있지 않습니다만, 예를 들어 기가 눈에 이
르러서 시각으로 작용할 때는 안신(眼神)을 잃게 됩니다. 그것을 주운양
조사는 본래는 갈라지지 않은 홍몽이지만 애석하게도 앞에 리괘를 발생해
서 밝음을 잃었다는 뜻에서 "본래홍몽미부(本來鴻濛未剖), 석호(惜乎), 전
발호리(前發乎離), 이설기명(以泄其明)"이라고 설명했습니다. 이어서 뒤에
는 감괘를 발생해서 그 총명함을 누설하였다는 뜻에서 "후발호감(後發乎
坎), 이설기총(以泄其聰)"이라고 했습니다. 귀가 소리를 듣는 기능을 갖게
됨으로써 선천기의 본래 작용을 잃게 되었다는 말이지요. 마지막으로 중
간에는 태괘를 발생하여 그 문을 열었다는 뜻에서 "중발호태(中發乎兌),
이개기문(以開其門)"이라고 했습니다. 즉 입으로 말을 하게 됨으로써 선천
기의 문이 열려 누설되었다는 것이지요. 후천기의 보고 듣고 말하는 작용

이 생겨남으로써 선천의 조기는 모두 그 작용을 잃게 되었습니다. 이것을 이 세 가지가 모두 흩어져서 거두어지지 않았다고 하여 "삼자구산이불수(三者俱散而不收)"라고 설명했습니다. 눈, 귀, 입 세 가지가 모두 선천의 생명과 정신을 소모하게 했다는 말입니다.

"선천의 기를 보존한 것이 얼마이겠는가. 반드시 묵묵히 감각 작용을 막아 빈번히 거꾸로 들으면 감리의 기가 누설되지 않는다. 그러므로 (참동계에서) '리괘의 기는 영기와 위기를 수납하고 감괘는 총명을 쓰지 않는다'고 하였다. 주머니를 묶고 내면을 지키며 혼돈을 지켜 말을 잊으면 태구가 누설되지 않는다."

(先天之炁, 所存者幾何哉, 必也默默垂簾, 頻頻逆聽, 則坎離之炁不泄矣, 故曰, 離炁納榮衛, 坎乃不用聰, 括囊內守, 混沌忘言, 則兌口之不泄矣)

주운양 조사는 "선천지기(先天之炁), 소존자기하재(所存者幾何哉)"라고 하여 선천의 기를 보존한 것이 얼마이겠는가 하고 탄식했습니다. 선천원기(先天元炁)는 우리 생명의 에너지원인데 날마다 소모하고 있으니 얼마나 더 남았을까 하는 탄식입니다. 다 써 버리면 하나도 남지 않게 됩니다. 그러므로 주운양 조사는 "필야묵묵수렴(必也默默垂簾)"이라고 했습니다. 반드시 아무 말 없이 감각 작용을 막아야 한다는 말입니다. 수도 공부에서 맨 첫걸음은 정좌를 해서 눈을 감아야 합니다. 외부로 향한 감각기관의 작용을 내부로 돌려야 하는 것입니다. 그것을 "빈빈역청(頻頻逆聽), 즉감리지기불설의(則坎離之炁不泄矣)"라고 하여 빈번히 거꾸로 들으면 감리의 기가 누설되지 않는다고 했습니다. 말 그대로 항상 외부의 소리에 기울이던 청각을 거꾸로 돌려 내면의 소리를 들으면 자연히 원기(元炁)가 누설되지 않게 됩니다.

"고왈(故曰), 리기납영위(離炁納榮衛), 감내불용총(坎乃不用聰)", 주운양 조사는 이에 대해 『참동계』에서 그러므로 '리괘의 기는 영위를 받아들이고 감괘는 총명을 쓰지 않는다'고 했다고 설명했습니다. "영위(榮衛=營衛)"는 중의학의 용어로 기(氣)와 혈(血)을 가리킵니다. 오늘날의 영양(營養 nutrition)과는 다른 개념이지요. "괄낭내수(括囊內守), 혼돈망언(混沌忘言), 즉태구지불설의(則兌口之不泄矣)"에서 "괄낭(括囊)"은 『역경』 곤괘에 나오는 말입니다. 주머니(囊)는 인체에서 입을 상징하므로 입을 다물고 말을 하지 않는다는 뜻이지요. 초보적이고 기본적인 수도 공부는 역시 정좌를 통해 혼돈의 경계로 돌아가는 것임을 말합니다.

"그러므로 (참동계에서) '태괘는 합쳐져 말하지 않으니 마치 태초의 홍몽과 같다'고 하였다. 이것이 역시 (참동계에서) '이목구 삼보를 막아서 밖으로 통하지 않게 하라'고 말한 뜻이다."

(故曰, 兌合不以談, 希言順鴻濛, 卽所謂耳目口三寶, 閉塞勿發通者也)

"태합불이담(兌合不以談)", 입을 다물고 말을 하지 않는 것입니다. "희언순홍몽(希言順鴻濛), 즉소위이목구삼보(卽所謂耳目口三寶), 폐색물발통자야(閉塞勿發通者也)"에서 "홍몽(鴻濛)"은 아직 음양이 분리되지 않은 우주천지의 경계를 말합니다. 이 경계에서는 "이목구(耳目口)" 삼보를 닫고 외부와 통하지 않고 내면을 지켜야 한다는 뜻입니다. 이어지는 주운양 조사의 설명은 더 주의를 기울여야 합니다.

"이 가운데 비밀은 오직 구 자에 있다. 이 구 자는 원관 일규로서 건곤을 토해낸다. 천기는 다 누설할 수 없기 때문에 짐짓 태괘의 상을 취하였으나, 이것은 세상 사람들이 음식을 먹는 입이 아니다. 반드시 진정한 스승을 찾아서 지도를 받아야 비로소 그 오묘한 뜻을 알 것이다."

(此中秘密全在口字, 此口是元關一竅, 呑吐乾坤. 因天機不可盡泄, 姑取兌
象, 非世人飮食之口也, 必須眞師指示, 方知其妙)

"차중비밀전재구자(此中秘密全在口字)"란 수도 공부의 비밀이 바로 구
(口) 자에 있으며 이 구(口)는 매우 까다롭고 어렵다는 뜻입니다. 왜냐하
면 "차구시원관일규(此口是元關一竅), 탄토건곤(呑吐乾坤). 인천기불가진
설(因天機不可盡泄), 고취태상(姑取兌象), 비세인음식지구야(非世人飮食之
口也), 필수진사지시(必須眞師指示), 방지기묘(方知其妙)"이기 때문입니다.
즉 천기를 다 누설할 수는 없기 때문에『역경』태괘(兌卦)의 상(象)을 빌려
상징하기는 하지만, 구(口) 자의 뜻은 결코 음식을 먹는 입이 아니라는 것
입니다. 수도 공부의 관건이 되는 비밀이 이 구(口) 자에 감추어져 있기 때
문에 진정한 스승을 만나지 못하면 알 수 없습니다. 거듭 말하지만 주운양
조사는 천기는 함부로 누설해서는 안 된다고 경고합니다. 저 역시 함부로
말하다가 어떤 봉변을 당할지 두렵습니다. 여러분도 기억하지요? 제가 과
거에 이 구(口)라는 글자는 상구(上口)를 가리킨다고 여러 차례 말했습니
다. 기억을 잘 떠올려 보면 알 수 있을 것입니다.

여기에서 다시『참동계』원문으로 돌아갑니다.

세 가지가 이미 닫혔다면 몸을 부드럽게 하고 텅 빈 방에 거처하여 뜻을 맡겨
허무로 돌리고 항상 무념의 경지에 있어야 한다. 마음이 변화하여 움직이기 때
문에 증험하기 어려우니, 마음이 전일하여 이리저리 움직이지 않게 하고 잠잘
때는 그 원신을 서로 품고 깨어 있을 때는 그 존망을 살핀다.

三者旣關鍵, 緩體處空房. 委志歸虛無, 無念以爲常. 證難以推移, 心專不縱
橫. 寢寐神相抱, 覺悟候存亡.[152]

"삼자기관건(三者旣關鍵)"에서 "관건(關鍵)"이란 자물쇠를 잠근다는 뜻으로서, 이목구 삼보가 굳게 닫혀 누설되지 않게 된다면 하는 말입니다. "완체처공방(緩體處空房)" 즉 수도 공부를 하는 사람은 절대 긴장하지 말고 정좌할 때는 일체를 내려놓고 고요한 장소를 택해 공(空)의 경계로 돌아가야 합니다. "위지귀허무(委志歸虛無), 무념이위상(無念以爲常)", 뜻을 허무로 돌려 늘 무념의 경계에 머무릅니다. 선종에서 말하는 무념은 『참동계』가 먼저 제기한 것으로, 당시는 아직 불교가 중국에 들어오지 않았을 때입니다. 선종의 육조인 혜능에 이르러 비로소 "무념으로 종지를 삼는다〔無念爲宗〕"고 하였는데, 무념은 사실 『참동계』의 용어였던 것입니다. 여기에서 말하는 "무념이위상"은 말 그대로 우리의 정신이 늘 무념의 상태를 유지해야 한다는 것입니다.

"증난이추이(證難以推移), 심전불종횡(心專不縱橫)", 마음이 변화하여 움직이기 때문에 증험하기 어려우니 마음을 몰입하여 이리저리 움직이지 않게 해야 한다는 것입니다. 수도 공부에서 가장 중요한 것은 이론이 아니라 직접 체득하는 것입니다. 첫째는 무념의 경지에 이를 수 있어야 합니다. 이 무념의 경지는 우리를 양성(養性)으로 이끌어 주기 때문입니다. 먼저 몸의 긴장을 모두 풀어야 합니다. 몸의 긴장을 풀어서 머리로부터 긴장을 풀게 해야 합니다. 정좌할 때나 평소에나 모두 긴장을 풀고 몸과 마음이 부드럽게 이완되어야 하지요.

특히 현대인들은 눈이나 귀, 머리 모두 긴장이 지나칩니다. 육근이 모두 팽팽하게 긴장하는 삶을 살고 있지요. 그러므로 "몸을 부드럽게 하고 텅 빈 방에 거처하여 마음이 전일하여 이리저리 움직이지 않게〔緩體處空房, 心專不縱橫〕" 해야 합니다. 하나에 몰입하며 집중하고 지극히 고요하게 되면

---

152 『참동계천유』. 237면.

무념의 경지에 도달할 수 있습니다.

진인의 자연스러움

"침매신상포(寢寐神相抱), 각오후존망(覺悟候存亡)", 잠잘 때는 원신을
서로 품고, 깨어 있을 때는 그 존망을 살핍니다. 이 구절은 잠이 들었을 때
와 깨어 있을 때의 경지를 말합니다. 이 두 가지 경지는 매우 중요합니다.
잠을 잘 때 몸은 잠들었지만 내면의 원신은 아직 소소영령(昭昭靈靈) 해서
혼미하지 않다는 뜻입니다. 이 비결을 지켜감으로써 대낮에 깨어 있을 때
도 정신을 밖으로 누설하지 않게 하고 내면으로 수렴하여 원기(元炁) 원정
(元精)이 생장하는 것을 하나하나 분명히 느낄 수 있어야 한다는 것이지
요. 정좌를 오래 하면 내심(內心)의 감각 기능이 갈수록 영명해진다는 것
을 말합니다.

이제 앞의 『참동계』 원문에 대한 주운양 조사의 설명을 보기로 하지요.

"이 절은 깊이 잠겨 중을 지키는 공부에 대해 상세히 말한다. 이목구 삼자가
이미 빈틈없이 잠겨서 조금도 밖으로 누설되지 않는다면 나의 진인이 자연히
흔들리지 않아 깊은 연못 속에서 자재롭게 노닐게 될 것이다. 이 속은 텅 비어
서 따로 아무것도 없고 마치 빈 방과 같다. 그러므로 (참동계에서) '세 가지가
이미 닫혔다면 몸을 부드럽게 하고 텅 빈 방에 거처한다'고 하였다. 선천일기
는 원래 깊은 허무 속에서 도래한다."

(此節, 詳言潛淵守中工夫. 耳目口三者, 旣已關鍵嚴密, 一毫不泄, 則我之眞
人自然不擾不雜, 優游于深淵之中, 此中空空洞洞, 別無一物, 有若空房然,
故曰, 三者旣關鍵, 緩體處空房, 先天一炁, 原從虛無中來)

"차절(此節), 상언잠연수중공부(詳言潛淵守中工夫), 이목구삼자(耳目口三者), 기이관건엄밀(旣已關鍵嚴密), 일호불설(一毫不泄)"이란 깊이 잠겨서 중(中)을 지키는 공부에 대해서 상세히 말하는 것인데, 그 방법은 귀 눈 입 삼보를 굳게 닫아서 조금도 밖으로 누설하지 않게 해야 한다는 것입니다. 그렇게 되면 "즉아지진인자연불요부잡(則我之眞人自然不擾不雜), 우유우심연지중(優游于深淵之中)" 곧 나의 진인(眞人)이 자연히 흔들리지 않게 되어 깊은 연못 속에서 노닐게 된다는 말입니다. 우리 자신이 본래 지니고 있는 생명이 자연히 저 텅 빈 경계에서 자재롭게 노닐게 된다는 것이지요. "차중공공동동(此中空空洞洞), 별무일물(別無一物), 유약공방연(有若空房然)"이란 이 속에는 아무것도 없이 텅 빈 방과 같다는 뜻으로, 선종의 육조 혜능이 "본래 한 물건도 없으니 어느 곳에 먼지가 있겠는가[本來無一物, 何處惹塵埃]"라고 말한 것과 같은 경지라고 할 수 있습니다.

"고왈(故曰), 삼자기관건(三者旣關鍵), 완체처공방(緩體處空房)"이란 그러므로 『참동계』에서도 "귀 눈 입 세가지가 이미 닫혔다면 몸을 부드럽게 하여 텅 빈 방에 거처한다"고 말했다는 것입니다. 여기에서 "공방(空房)"이란 추상적 개념으로서 실제로 텅 빈 방에 들어가 문을 걸어 잠그라는 뜻이 아닙니다. 바로 우리 마음속 깊이 영원히 공령(空靈)한 경지를 가리킵니다. 무념(無念)을 유지하여 고요함이 극에 도달하기까지는 당연히 시간이 필요합니다. 사흘, 이레 혹은 백일이 걸릴 수도 있지요. 이렇게 오랜 시간 동안 고요함을 지키면 "선천일기(先天一炁), 원종허무중래(原從虛無中來)"가 이루어집니다. 선천일기가 깊은 허무 속에서 도래하게 된다는 것이지요. 공의 경지가 극에 이르러 마침내 기맥이 모두 통하게 됩니다.

그러므로 밀종과 도가에서 기맥을 수련할 때 지나치게 의념(意念)을 써서 의도적으로 수련하는 것은 좋지 않습니다. 여러분이 정좌를 하면시 혹은 기공 수련을 하면서 느끼는 감각과 반응은 참된 것이 아닙니다. 일반적으로 일어나는 생리상의 정기(精氣) 반응일 뿐입니다. 진정한 원기(元炁)가 저 깊은 생명의 연못 속에서 도래한다면 그 찰나 사이에 기맥이 동시에 모두 통하는데 그것이 진짜 통하는 것입니다. 이 진기(眞炁)는 어디에서 오는 것일까요? 허무(虛無) 속에서 옵니다. 여러분의 마음, 생각 작용이 진실로 공의 경지에 이르면 감각과 지각 작용도 점차 공의 극점에 이르러 소위 진공묘유(眞空妙有)가 일어납니다. 즉 진기(眞炁)가 허무 속에서 발생하지요.

"반드시 심지를 텅 비게 하여 육근이 대정하기에 이르러 일념도 일어나지 않아야 바야흐로 상응할 수 있다."

(必委致其志, 虛以待之, 至于六根大定, 一念不生, 方得相應)

그러므로 수도하는 사람들은 "필위치기지(必委致其志), 허이대지(虛以待之)" 즉 반드시 심지를 텅 비게 해야 합니다. 불학에서 말하는 공(空)인데, 공에 도달하려면 어느 정도의 경계를 이루어야 할까요? "지우육근대정(至于六根大定), 일념불생(一念不生), 방득상응(方得相應)", 즉 육근이 크게 안정되기에 이르러 일념도 생기지 않아야 바야흐로 상응할 수 있습니다. "육근(六根)"이란 안이비설신의(眼耳鼻舌身意)라는 감각 기관과 사유 작용을 통틀어 말하고, "대정(大定)"이란 감각과 사유가 일체 움직이지 않는 경지입니다. 이런 경지에 도달해야 비로소 고요함, 즉 공의 경계에 도달했다고 할 수 있습니다.

여러분이 정좌할 때 몸에서 어떤 감각을 느낀다면 아직 육근이 대정한 경계에는 이르지 못한 것입니다. 당연히 의식도 아직 활동하는 상태이지요. 육근 중에는 신근(身根)이 포함되어 있습니다. 그러니 여러분이 몸에서 무언가를 느낀다면 아직 신근이 대정한 경지에는 이르지 못한 것입니다. 하물며 한 생각도 일어나지 않는 일념불생(一念不生)의 경계는 더욱 아닙니다.

다시 무념을 말하다

이어지는 주운양 조사의 주해입니다.

"그러나 이른바 무념이란 단지 상응하되 항상 고요하며 법규를 벗어나지 않
는 것으로 목석처럼 아무 지각도 없는 상태가 아니다."

(然所謂無念, 只是常應常靜, 不出規中, 非同木石之蠢然也)

"연소위무념(然所謂無念), 지시상응상정(只是常應常靜), 불출규중(不出規
中), 비동목석지준연야(非同木石之蠢然也)"는 참된 의미의 무념(無念)의 경
지로서 앞에서 여순양 진인의 〈백자명〉을 통해 여러분에게 말한 적이 있습
니다. 즉 "진상심으로 사물에 응해야 하고, 사물에 응하고도 미혹됨이 없
어야 한다〔眞常須應物, 應物要不迷〕"는 내용입니다. 무념이란 아무것도 지
각하지 못하는 상태가 아닙니다. 아무것도 모르면 대혼침(大昏沈)이지 무
념이라고 하지 않습니다. 진정한 무념은 진상심으로 사물에 응하며, 사물
에 응하면서 미혹됨이 없이 일상생활을 하는 것입니다. 그래서 선종에서
는 그 경지를 "마음에 일이 없고, 일에 마음이 없다"는 뜻으로 "어심무사
(於心無事), 어사무심(於事無心)"이라고 합니다. 수양 공부가 마음에 일이
없는 경지에 도달한다는 것은 일은 하되 마음이 전혀 움직이지 않는다는
것입니다. 그렇게 되면 "일에 마음이 없을〔於事無心〕" 수 있습니다. 이것이
야말로 진정한 무념입니다. "불출규중(不出規中)"이란 이렇게 원명(圓明)
하고 청정(淸淨)한 경지에서 벗어나지 않는다는 뜻입니다.

그래서 주운양 조사 역시 "목석처럼 아무 지각이 없는 상태가 아니다[非同木石之蠢然也]"라고 설명한 것입니다. 만약 목석처럼 되는 것을 무념이라고 한다면 불경에서는 그런 공부는 절대 하지 말라고 했습니다. 그런 공부를 한 사람은 내세에 반드시 축생으로 태어나는 과보를 받을 것이라고 경고했지요. 그래서 주운양 조사는 다음과 같이 설명합니다.

"무념의 염이야말로 정념이 되니, 정념이 수시로 현전해야 비로소 선천일기가 도래하여 단약을 얻을 때가 있다."

(無念之念, 是爲正念. 正念時時現前, 方可致先天一炁, 而有得藥之時)

"무념지념(無念之念), 시위정념(是爲正念). 정념시시현전(正念時時現前), 방가치선천일기(方可致先天一炁), 이유득약지시(而有得藥之時)"를 보겠습니다. 늙지 않고 오래 살며[長生不老], 질병을 물리치고 수명을 연장할 수 있는[祛病延年] 단약은 고요한 상태가 오래 지속됨에 따라 오는 것입니다. 그래서 노자도 『도덕경』에서 말했지요. "텅 빔의 극점에 이르고 고요함을 독실하게 지켜라. 만물은 모두 움직이지만 나는 만물이 고요함으로 돌아감을 본다. 만물은 번성하지만 결국 그 뿌리로 돌아간다. 뿌리로 돌아가는 것을 고요함이라 하고 이것을 명으로 돌아간다고 말한다[致虛極, 守靜篤. 萬物竝作, 吾以觀其復, 夫物芸芸, 各歸其根, 歸根曰靜, 是謂復命]."(16장)

노자가 말한 이 경계에 이르러야 비로소 선천일기가 도래하고, 그 순간에 온몸의 기맥도 통하게 됩니다. 밀종을 공부하는 사람들은 이런 원리에 대해 잘 모릅니다. 필사적으로 후천의 기맥을 수련해 봐야 한나절 잘못 하면 실패하고 맙니다. 무념의 원리에 어긋나기 때문입니다. 그러므로 진정으로 무념에 이르고 공에 도달해야 기맥도 일시에 통할 수 있습니다. 선종에서 말하는 돈오(頓悟)가 바로 이것입니다. 단박에 모든 것이 열리고 통한다는 것입니다.

"그러므로 (참동계에서) '뜻을 맡겨 허무로 돌리고 항상 무념의 경지에 있어야 한다'고 하였다. 이런 일은 사람마다 갖추고 있으니 본래 취하여 증험하기 어려운 일이 아니다. 막대기를 세우면 그림자가 생기는 것과 같다."

(故曰, 委志歸虛無, 無念以爲常, 此事人人具足, 本不難取證, 有如立竿見影)

정통 도가의 공부는 "고왈(故曰), 위지귀허무(委志歸虛無), 무념이위상(無念以爲常)"입니다. 뜻을 맡겨 허무로 돌리고 늘 무념의 경계에 머무는 것입니다. 이렇게 성명쌍수 즉 성과 명을 함께 닦으면 모든 사람이 다 신선이 되고 부처가 되고 상제가 될 수 있습니다. "차사인인구족(此事人人具足), 본불난취증(本不難取證), 유여립간견영(有如立竿見影)"이란, 이런 일은 진정으로 원리에 맞고 방법이 옳다면 누구나 다 이룰 수 있다는 뜻입니다. 마치 태양 아래 막대기를 세우면 그림자가 생기듯이 곧바로 공부의 효험이 나타난다는 것입니다. 그런데 왜 사람들은 수도 공부에 쉽게 성공하지 못할까요? 주운양 조사는 이렇게 말합니다.

"세상 사람들이 증험을 얻기 어려운 것은 바로 심지가 전일하지 못하여 시시각각 변화하고 종횡으로 백출하여 마침내 멀리 바라보다가 돌아올 뿐이다."

(世人取證之難, 正以心志不專, 時刻推移, 縱橫百出, 遂望洋而返耳)

"세인취증지난(世人取證之難), 정이심지부전(正以心志不專), 시각추이(時刻推移), 종횡백출(縱橫百出), 수망양이반이(遂望洋而返耳)." 수도 공부를 하는 사람들이 일반적으로 겪는 첫 번째 어려움은 온 마음을 몰입하여 전념하지 못하고, 공부의 원리를 이해하지 못하는 것입니다. 어떤 사람은 이

틀 하고 한나절이나 폐관하고 정좌를 해도 그림자도 보지 못하고 뛰쳐나오고 맙니다. 심지가 전일하지 못하고 동쪽으로 갔다가 서쪽으로 갔다가 수시로 움직이기 때문입니다. 도가를 공부하다가 밀종에도 기웃거리고 정토 수련에도 생각이 있습니다. 이것저것 다 해 보려는 것도 문제입니다. 이렇게 방황하다가 결국은 아무것도 성취하지 못하고 스스로 포기하게 되지요.

전일함은 어떤 상황인가

이어지는 주운양 조사의 설명입니다.

"만약 입실했을 때 심지가 전일하여 움직이지 않고 이리저리 방황하는 병이 아주 없다면 마음을 쉴 수 있으니 증험하기 어려울 것이 있겠는가. 그러므로 (참동계에서) '마음이 변화하여 움직이기 때문에 증험하기 어려우니 마음이 전일하여 이리저리 움직이지 않아야 한다'고 하였다."

(倘入室之時, 心志專一, 推移不動, 絶無縱橫之病, 則可以得之于一息矣, 有何難證之道乎. 故曰, 證難以推移, 心專不縱橫)

"당입실지시(倘入室之時), 심지전일(心志專一), 추이부동(推移不動), 절무종횡지병(絶無縱橫之病), 즉가이득지우일식의(則可以得之于一息矣), 유하난증지도호(有何難證之道乎). 고왈(故曰), 증난이추이(證難以推移), 심전부종횡(心專不縱橫)." 누구라도 일체를 내려놓고 전념해서 닦으면 단박에 도달할 수 있습니다. 도는 결코 이루기 어렵지 않습니다. 매우 쉽습니다. 제가 어릴 때 붓글씨를 배웠는데 지금도 당시에 선생님이 써 준 시 한 수를 기억하고 있습니다.

삼십삼천으로 하늘은 겹쳐 있고	三十三天天重天
흰 구름 속에서 신선이 나오네	白雲裏面出神仙
신선은 본래 범인이 되는 것	神仙本是凡人做
다만 사람의 마음 굳지 않을까 두렵네	只怕凡人心不堅

이 시 한 수는 통속적인 시로서 백화문(白話文)이고 근대의 도가인(道家人)이 지은 것입니다. 일설에 따르면 이 시를 지은 사람은 청나라 때 대만으로 건너왔다고 합니다. 그는 이 시를 의란산(宜蘭山)[153] 위 거대한 암석에서 지었다고 하지요. 제가 몇 십 년 전에 본 신문 기사에 따르면 어떤 사람이 의란산 위에 이런 시가 바위에 새겨져 있는 것을 보았다고 합니다. 이 시의 내용에 의하면 수도 공부와 도를 성취하는 것은 결코 어려운 일이 아닙니다. 다만 우리의 마음이 전일하게 몰입되는지에 달린 문제일 뿐이지요. 주운양 조사는 이것을 다음과 같이 설명합니다.

"이 마음이 이미 움직이지 않고 십이시진 행주좌와에 규중을 벗어나지 않는다면 잠잘 때에도 한 점 원신이 자연히 원기와 서로 둘러싸여 마치 화로 속의 불씨와 같다."
(此心旣不動移, 十二時中, 行住坐臥, 不離規中, 卽到寢寐之時, 向晦晏息, 一點元神, 自然與元炁相抱, 如爐中種火相似)

"차심기부동이(此心旣不動移), 십이시중(十二時中), 행주좌와(行住坐臥), 불리규중(不離規中), 즉도침매지시(卽到寢寐之時), 향회안식(向晦晏息), 일점원신(一點元神), 자연여원기상포(自然與元炁相抱), 여로중종화상사(如爐

中種火相似)." 하루 이십사 시간 동안 한 생각도 일어나지 않는 일념불생의 경계에 있다면 잠을 잘 때에도 소소영령(昭昭靈靈)한 한 점 원신(元神)이 원기(元炁) 속에 싸여 있게 됩니다. 우리의 본래 생명과 하나가 되어 원신은 무념 중에도 깨어 있다는 것입니다. 도가에서는 이것을 화로 속에서 금단을 단련하는 것으로 상징합니다. 화로 속에는 영원히 꺼지지 않는 불씨가 존재합니다. 밀종에서 졸화(拙火)를 수련하라고 하는 것이 바로 이런 원리이지요. 여러분은 단전이 뜨거운 느낌을 졸화가 발생하는 것이라고 하는데, 그것은 아닙니다. 졸화는 기(氣)가 아니라 의화(意火) 즉 심의(心意)의 불입니다. 그래서 주운양 조사는 말합니다.

"오직 혼침에 빠질까 두려울 뿐이니 반드시 항상 깨어 있어야 한다. 깊은 마음으로 내면을 비추어 규중의 소식을 관찰하여 진종의 존망을 살펴야 한다."
(猶恐或致昏沈, 必須常覺常悟, 冥心內炤, 察規中之消息, 候眞種之存亡)

"유공혹치혼침(猶恐或致昏沈), 필수상각상오(必須常覺常悟)", 오직 혼침에 빠질까 두려울 뿐이니 반드시 항상 깨어 있어야 한다는 뜻으로, 영원히 그것을 돌봐야 한다는 말입니다. 깊은 마음으로 내면을 비춘다는 "명심내소(冥心內炤)"는 『반야심경』에서 "조견오온개공"이라고 할 때의 조(照)와 같습니다. "찰규중지소식(察規中之消息), 후진종지존망(候眞種之存亡)", 규중의 소식을 관찰하여 진종의 존망을 살펴야 한다는 말로, 한 점의 진종자(眞種子)가 존재하는지 알아야 한다는 뜻입니다.

그러므로 여러분이 정좌할 때 내면에 영명하여 어둡지 않은 그 무엇이 존재하지 않는다면 그것은 장자양 진인이 『오진편』에서, "배 속에 진종자가 없다면 그것은 마치 화로에 빈 그릇을 놓고 끓이는 것과 같다(腹內若無眞種子, 猶如爐火煮空鐺)"고 말한 것과 같습니다. 그러므로 도가는 텅 빈 마음〔空心〕으로 정좌하는 것을 반대합니다. 이렇게는 수십 년을 정좌해야 아무 소용이 없습니다. 주운양 조사는 다음과 같이 말합니다.

"그러므로 (참동계에서) '잠잘 때는 원신을 서로 품고 깨어 있을 때는 그 존망을 살핀다'고 하였다. 이렇게 마음을 쓰면 금단이 결성되지 않을 것과 진인이 나타나지 않을 것을 왜 걱정하겠는가."

(故曰, 寢寐神相抱, 覺悟候存亡, 如此用心, 何慮金丹不結, 眞人不現)

"고왈(故曰), 침매신상포(寢寐神相抱), 각오후존망(覺悟候存亡), 여차용심(如此用心), 하려금단불결(何慮金丹不結), 진인불현(眞人不現)." 이런 방법이 옳은 것입니다. 장생불로의 도는 누구나 성취할 수 있습니다. 여기에 그 원리가 분명히 드러나 있습니다.

원기가 온몸을 오르내리며 변화시키다

다시 『참동계』 원문으로 돌아갑니다.

얼굴빛은 윤택해지고 골절은 더욱 견고하고 강해진다.
顔色浸以潤, 骨節益堅强.[154]

"안색침이윤(顔色浸以潤), 골절익견강(骨節益堅强)", 여러분이 공부를 올바르게 하고 있다면 반로환동하게 됩니다. 피부가 윤택해지고 근골이 점

---

154 『참동계천유』. 239면.

점 건강하면서도 어린아이처럼 유연하게 변합니다. 이때 정좌를 하면 신체 내부에서 '사각사각' 하는 카드 긁는 소리를 들을 수 있고, 뼈도 점점 연해지는 등 신체 안팎이 모두 변하게 됩니다. 노인들은 몸에 교질(膠質)이 감소하고 석회질이 점점 증가해서 몸이 굳어 갑니다. 수도 공부를 해서 원정과 원기를 닦는다면 골절에 교질이 증가하여 점점 유연하게 되는 등 매우 효험이 좋지요. 어떤 사람은 발톱이나 손톱이 부스러지듯 거칠어지는데, 참으로 공부를 잘하면 그런 손톱 발톱이 한 층씩 벗어져서 마침내 깨끗하고 윤기 나게 변하는 것을 볼 수 있습니다. 우리 몸에 본래 존재하는 원기는 이렇게 대단합니다. 그래서 갈수록 몸이 건강해집니다.

모든 음사를 물리친 후에 정양이 수립된다.

辟却衆陰邪, 然後立正陽.

"벽각중음사(辟却衆陰邪), 연후립정양(然後立正陽)", 우리 몸에 음기(陰氣)로 인한 질병 증상이 모두 사라지고 노화 현상도 줄어들게 됩니다.

쉬지 않고 수련을 하면 기가 구름이 모이고 비가 오듯 한다.

修之不輟休, 庶氖雲雨行.

"수지불철휴(修之不輟休), 서기운우행(庶氖雲雨行)"은 수련의 경지를 나타낸 것입니다. 앞에서 말한 것처럼 반로환동 현상이 일어난 후 더욱 공부해 나가면 근시는 당연히 없어지고 안경도 쓰지 않아도 되며 노안 역시 사라집니다. 이렇게 된 후에 다시 새로운 단계로 들어가는데, 그것은 몸이 기체(氣體)로 변하는 경지를 말합니다. 밀종에서는 이것을 몸이 유리공처럼 변하게 된다고 합니다. 마치 동방의 부처님인 약사유리광여래(藥師琉璃

光如來)처럼 되어서 신체가 곧 기(氣)로 변화하여 수정체처럼 되는 것입니다. 여기에서 수정체처럼 된다는 것은 일종의 비유로서 몸이 안팎으로 투명하게 변한다는 뜻입니다.

봄 연못처럼 윤택하고 얼음 풀리듯 녹는다.

汪汪若春澤, 液液象解冰.

"음음약춘택(汪汪若春澤)", 입안의 침이나 호르몬의 분비가 마치 봄에 물이 오르듯이 끊임없이 솟아납니다. "액액상해빙(液液象解冰)", 이 몸이 밤낮을 가리지 않고 매우 편안하고 기운이 샘솟는 듯합니다. 봄에 따뜻한 햇살이 비치면 얼음이 녹듯이 액체로 변하는 것입니다.

머리부터 발끝까지 흐르고 마침내 다시 상승한다.

從頭流達足, 究竟復上升.

몸에는 정기가 점점 왕성해져서 "종두류달족(從頭流達足), 구경부상승(究竟復上升)" 즉 머리부터 발끝까지 흐르고 마침내 다시 상승하니, 이것이야말로 진정한 관정(灌頂)이라고 할 수 있습니다. 밀종에서 라마가 여러분의 이마를 만지면서 머리에 물을 한 방울씩 흘리는 관정의 의례와는 질적으로 다릅니다. 천주교의 세례, 불교의 관정은 모두 근원이 같습니다. 세계 종교의 오 대 교주는 모두 동양인으로서 서양으로 가서 변화된 명칭이 세례입니다. 그러나 참으로 몸에서 이런 변화가 일어나야 진정한 관정이라고 할 수 있습니다. 이렇게 발끝에서 머리로 올라갔다가 다시 온몸을 돌게 되는 것을 구진환단(九轉還丹)이라고 합니다. 환단을 아홉 차례 한다는 뜻이니 진정으로 기맥이 통하는 것입니다.

끝없이 왕래하여 통하니 분분히 일어나 골짜기 속에 퍼져 있다.

往來洞無極, 怫怫被谷中.

"왕래동무극(往來洞無極)", 구전환단이라고 하는 것처럼 여러 번 왕래한 다는 말입니다. 이때 수도 공부에 실패한다면 그 결과는 참담합니다. 여러 가지 병이 다시 생기고 앞으로 새로운 기회를 만날 수 있을지도 알 수 없 습니다. 이렇게 한 번 실패한 공부를 다시 하게 되는 것을 "정로를 다시 안 치하여 건곤을 새로 조성한다〔重安爐鼎, 再造乾坤〕"고 합니다. 여러분은 자 신의 공부가 이미 이런 경지에 도달했다고 함부로 생각하지 마세요. 이 단 계에서 패도(敗道)하기가 가장 쉽습니다.

도가에서 패도라고 하는 것은 수도 공부에 실패했다는 말입니다. 어떤 때 이렇게 되는 것일까요? 사람마다 경우가 다릅니다. 불가로 말하면 사 람마다 업력이 다르고 근기가 차이 나서 변화의 양상이 같을 수 없습니다. 그러나 공부에 성공한 후 나타나는 결과는 같습니다. 그러니 이런 원리를 분명히 알아서 실천해야 합니다.

공부가 잘 되면 원기가 온 몸을 오르고 내리기를 반복합니다. 소위 일음 일양(一陰一陽)의 변화이지요. "불불피곡중(怫怫被谷中)"에서 "불불(怫怫)" 은 마음이 비공비유(非空非有)의 경계에서 매우 가벼운 것을 형용합니다. 비공비유를 노자는 황혜홀혜(恍兮惚兮)라고 형용했습니다. 요즘 사람들은 황홀(恍惚)이라는 말을 들으면 머리가 혼미하고 혈압이 오르내려서 아무런 생각도 없는 상태를 떠올립니다. 그러나 노자가 말하는 황홀은 그런 뜻이 아닙니다. 불가에서 말하는 공도 아니고 유도 아닌 중도의 경지로서 비공비 유는 마음이 자연스럽고 자유롭게 소요하는 높은 경지를 말합니다. "분분 히 일어나 골짜기 속에 퍼져 있다〔怫怫被谷中〕"는 말은 마치 밖에서 보기에

운무 같은 기체(氣體)가 보호하는 것처럼, 그 속이 아무것도 보이지 않는 텅 빈 골짜기 안에 영원히 머무는 것 같은 상태를 말합니다.

참으로 결단하다

따라서 『참동계』에서 이 절은 매우 중요한 내용을 담고 있습니다. 주운양 조사의 설명을 보면서 다시 해석해 보겠습니다.

"이 절은 금단 결성의 증험을 말한다."

(此節, 言結丹之證驗也)

"차절(此節), 언결단지증험야(言結丹之證驗也)", 이 절은 진정한 결단을 말한다는 뜻입니다. 밀종에서 졸화(拙火)를 성취한다고 하는 것으로, 진정으로 단을 결성하는 경지의 체험에 대해 말하고 있습니다. 진정한 금단을 결성하는 단계에 도달했다면 그 현상은 누구나 일정합니다. 각자의 학파나 종파에 따라 어떤 다른 방법을 썼든 이 최종 단계는 이미 정해진 것으로서 다른 길이 없습니다. 다른 길이 있다면 그것은 진실한 길이 아닙니다.

"무릇 인간의 형체와 정신은 서로 분리될 수 없다. 일단 진종을 얻으면 표리가 모두 응한다."

(凡人之形神, 本不相離, 眞種一得, 表裏俱應)

"범인지형신(凡人之形神), 본불상리(本不相離)", 신(神)과 형(形) 달리 말하면 인간의 육체와 정신은 본래 분리될 수 있는 것이 아닙니다. "진종일

득(眞種一得)", 여기에서 "진종(眞種)"이란 한 생각도 일어나지 않는 무념의 경지에 존재하는 진정한 본체를 가리킵니다. 이것은 마치 불씨와 같습니다. 일단 이런 불씨를 얻으면 "표리구응(表裏俱應)" 즉 안팎이 모두 응하게 됩니다. 신체 내부와 외면이 한꺼번에 활기를 얻는 것이지요. 그 이후의 경지에 대해 주운양 조사는 다음과 같이 설명합니다.

"자연히 얼굴빛이 윤택해지고 골절도 굳세지며 후천의 음사한 것을 모두 물리쳐서 선천의 정양을 수립한다. 일신의 내외가 음사가 아님이 없다."

(自然顏色潤澤, 骨節堅強, 辟除後天陰邪之物, 建立先天正陽之. 蓋一身內外, 莫非陰邪)

"자연안색윤택(自然顏色潤澤), 골절견강(骨節堅強), 벽제후천음사지물(辟除後天陰邪之物), 건립선천정양지(建立先天正陽之). 개일신내외(蓋一身內外), 막비음사(莫非陰邪)." 불학에는 오음(五陰)이라는 말이 있습니다. 오온(五蘊)이라고도 하지요. 인간의 생명은 오온으로 이루어져 있습니다. 그래서 자신의 본래 청명한 진아(眞我), 진여(眞如)는 사라지고 몸의 안팎이 모두 음사(陰邪)가 되는 것입니다.

"선천의 양기가 일단 이르면 음사는 자연히 사라진다. 다시 공부를 끊임없이 행한다면 그 효험이 신과 같으리라."

(先天陽炁一到, 陰邪自然存留不住, 更能行之不輟, 其效如神)

"선천양기일도(先天陽炁一到), 음사자연존류부주(陰邪自然存留不住)", 우리의 본래 생명으로부터 발동된 일양(一陽)이 활자시(活子時)에 도래한 것을 능히 붙잡아 보유할 수 있으면, 그것이 바로 한 생각도 나지 않는 진양

(眞陽)의 경계로서 음사는 자연히 없어지게 됩니다. "갱능행지불철(更能行之不輟), 기효여신(其效如神)", 한편 수행 공부를 계속해 나간다면 생리적 변화가 매우 빨리 이루어진다는 말입니다. 아래는 그 변화에 대한 설명입니다.

"온몸의 아홉 개 구멍과 여덟 개 맥, 삼백육십 개 골절과 팔만사천 개의 모공에 모두 태화의 원기가 흐른다."

(周身九竅八脈, 三百六十骨節, 八萬四千毛孔, 總是太和元炁流轉)

"주신구규팔맥(周身九竅八脈), 삼백육십골절(三百六十骨節), 팔만사천모공(八萬四千毛孔), 총시태화원기류전(總是太和元炁流轉)", 온몸의 아홉 개 구멍과 여덟 개의 경맥과 삼백육십 개의 골절과 팔만사천 개의 모공 전체에 태화(太和)의 원기가 흐르게 되는데, 이렇게 태화의 원기가 흐르는 몸의 경지는 바로 밀종에서 말하는 낙명무념(樂明無念)입니다. 즉 온몸으로 쾌락과 밝음의 느낌을 느끼면서도 한 생각도 일어나지 않는 무념의 진정한 경지가 도래한 것과 같습니다.

"오직 구름이 일어나듯 비가 내리듯 윤택하듯 얼음이 녹듯이 정수리로부터 내려와서 발밑에 이르며 다시 용천혈 밑으로부터 솟아올라 머리에 도달하기를 처음부터 끝까지 막힘없는 텅 빈 공간을 오르내리듯 한다."

(但見如雲之行, 如雨之施, 如澤之潤, 如冰之解, 從崑崙頂上, 降而到足, 復從湧泉穴底, 升而到頭, 徹頭徹底, 往來於空洞無涯之中, 不相隔礙)

"단견여운지행(但見如雲之行), 여우지시(如雨之施), 여택지윤(如澤之潤), 여빙지해(如冰之解)", 마치 구름이나 비 같은 자연 현상처럼 느껴집니다. "종곤륜정상(從崑崙頂上), 강이도족(降而到足), 부종용천혈저(復從湧泉穴

底), 승이도두(升而到頭)", 정수리로부터 시작해 아래로 내려와서 발에 닿기 시작하더니 다시 발바닥에서 솟구쳐 머리 위로 올라옵니다. "철두철저(徹頭徹底), 왕래어공동무애지중(往來於空洞無涯之中), 불상격애(不相隔礙)", 낙명무념의 경지에 도달하면 머리 정수리부터 발바닥 용천혈까지 진기(眞炁)가 도달하고 다시 발바닥부터 정수리까지 상승해서 끊임없이 유전합니다. 계속해서 주운양 조사의 설명을 보겠습니다.

"천지 사이에 산과 내, 흙과 암석 등은 모두 서로 막혀서 통할 수 없는데, 오직 골짜기와 동천(굴)들만 구멍과 구멍으로 서로 통한다. 인간의 몸도 이와 같아서 피부와 근육, 골절들은 모두 서로 막혀서 통할 수 없는데 오직 원규의 텅 빈 골짜기만이 맥락과 맥락이 서로 통하는 것이 천지조화의 동천과 같다. 우리의 원기가 끝없이 왕래할 수 있는 것은 바로 몸속에서 텅 빈 골짜기나 공간 속을 왕래하기 때문이다. 그러므로 (참동계에서) '끝없이 왕래하여 통하니 분분히 일어나 골짜기 속에 퍼져 있다'고 하였다."

(蓋天地間, 山川土石, 俱窒塞而不通, 惟有洞天虛谷, 竅竅相通, 人身亦然, 肌肉骨節, 俱窒礙而不通. 惟有元竅虛谷, 脈脈相通, 與造化之洞天相似, 元炁往來, 洞然無極, 正往來於虛谷之中也. 故曰, 往來洞無極, 怫怫被谷中)[155]

"개천지간(蓋天地間), 산천토석(山川土石), 구질색이불통(俱窒塞而不通)", 우주에 존재하는 산, 내, 암석 등은 각각 서로 자신의 위치를 지켜 소통하지 못합니다. "유유동천허곡(惟有洞天虛谷), 규규상통(竅竅相通)", 그러나 허공은 둥글고 서로 통합니다. 그래서 원기가 왕래하는 경지를 허공에 비유하는 것입니다. "인신역연(人身亦然), 기육골절(肌肉骨節), 구질애

---

155 『참동계천유』. 240, 241면.

이불통(俱窒礙而不通)", 사람의 몸도 우주와 같습니다. 그래서 수련 공부를 하지 못한 사람은 이와 같아서 피부, 근육, 골절이 서로 막혀서 통하지 못하는 것입니다. "유유원규허곡(惟有元竅虛谷), 맥맥상통(脈脈相通), 여조화지동천상사(與造化之洞天相似)", 오직 원규(元竅)의 텅 빈 골짜기 속에서만 맥맥이 통할 뿐입니다.

"원기왕래(元炁往來), 동연무극(洞然無極), 정왕래어허곡지중야(正往來於虛谷之中也). 고왈(故曰), 왕래동무극(往來洞無極), 불불피곡중(怫怫被谷中)." 여기에 있는 내용이 가장 중요합니다. 실제 결단(結丹)의 현상에 대해 말하고 있기 때문입니다. 어떤 사람은 자기가 이런 경지에 도달한 적이 있는데 애석하게도 그 후에 없어져 버렸다고 합니다. 순전히 허풍이지요. 정말로 이 경지에 도달한 적이 있을까요? 참으로 도달했다면 결코 후퇴할 수 없습니다. 언제 어디서나 이 경지 속에 존재합니다. 만약 소가 뒷걸음질 하다가 쥐를 잡는 격으로 우연히 이런 경지를 만난 후에 사라져 버렸다고 한다면 그것은 진짜가 아니라 환상에 불과합니다. 그러나 실제로 이 경지에 도달하는 것은 환상이 아니라 몸과 마음이 참으로 그렇게 되는 것입니다. 그러므로 주운양 조사는 다음과 같이 말합니다.

"이것은 상편에서 '황중에서 점차 통리하면 윤택함이 피부에 드러난다'는 문장과 같이 금단의 자연스러운 증험을 말한 것이다."
(此與上篇黃中漸通理, 潤澤達肌膚相似, 俱金丹自然之驗)

다시 말하면 우리가 지금 보고 있는 이 부분[156]과 『참동계』 상편 제6의

---

156 『참동계천유』. 239, 240면의 『참동계』 원문.
157 『참동계천유』. 78면.

연기립기장(鍊己立基章)에 보이는 "황중점통리(黃中漸通理), 윤택달기부 (潤澤達肌膚)"[157]는 모두 "구금단자연지험(俱金丹自然之驗)" 즉 금단의 자연스러운 증험을 말한다는 뜻입니다.

환골탈태하다

이제 『참동계』 제22장 마지막 단락으로 돌아가겠습니다.

돌아가는 것은 도의 증험이요, 약한 것은 덕의 자루이다. 오래 묵은 더러운 것을 씻어 내니 (원기가) 미세한 곳까지 이르러 조화롭고 번창하게 된다. 탁한 것은 맑아지는 길이요 혼침이 오래되면 마침내 밝아진다.

反者道之驗, 弱者德之柄. 耘鋤宿汚穢, 細微得調暢. 濁者清之路, 昏久則昭明.[158]

"반자도지험(反者道之驗), 약자덕지병(弱者德之柄)", 어떤 때는 여러분에게 본래 아무런 병이 없었는데 수도 공부를 시작하면서 여러 가지 질병에 시달리는 경우도 있습니다. 그래서 수도 공부를 몹시 두려워하게 되고 중단하는 일이 생깁니다. 사실 이런 현상은 수도 공부의 원리를 몰라서 생기는 일입니다. 이른바 "돌아가는 것은 도의 증험[反者道之驗]"이라는 구절이 그것을 말해 줍니다. 반응이 특별히 영민해지기 때문에, 예를 들어 지진 같은 것이 아직 오기도 전에 몸이 미리 반응하게 되는 것입니다. 또는 태풍이 오기도 전에 이미 어떤 감각이 반응하는 것이지요. 이것이 바로 "약(弱)"의 경

---

158 『참동계천유』. 241면의 『참동계』 원문.

계입니다. 그래서 『참동계』는 "돌아가는 것은 도의 증험이요, 약한 것은 덕의 자루"라고 말한 것입니다. 이 경계에 도달하면 우주와 덕을 합일하게 되고, 태양이나 달과 그 지혜를 같이하게 되고, 귀신과 길흉을 같이하여 천인합일의 경지에 도달하니 반응이 특별히 빠르게 됩니다.

"운서숙오예(耘鋤宿汚穢), 세미득조창(細微得調暢)", 오래 묵은 더러운 것을 씻어내니 원기가 미세한 곳까지 이르러 조화롭고 번창한다는 뜻으로, 몸 안의 더러운 찌꺼기를 모두 깨끗이 씻어내고 새로운 생명으로 몸을 바꾸는 것입니다. 도가에서는 이것을 환골탈태(換骨奪胎)라고 하지요.

"탁자청지로(濁者清之路), 혼구즉소명(昏久則昭明)", 탁한 것은 맑아지는 길이요, 혼침이 오래되면 밝아진다는 말로, 수도 공부의 중점이 바로 여기에 있습니다. 처음 정좌 공부를 할 때는 정신이 맑기는커녕 마치 잠자는 것 같은 혼미한 상태가 됩니다. 그래서 내가 지금 혼침 상태에 있구나 하고 생각하면 두려운 마음이 들지요. 참으로 대도를 닦으면 여러분은 늘 혼침 상태인 것처럼 느껴집니다. 그래서 수도 공부를 하는 사람들 중에는 점점 자고 싶어지는 경우가 많습니다. 저는 이런 상태가 되는 것이 도리어 기회라고 말합니다. 이럴 때 한 일주일 동안 푹 자겠다고 생각하고 침대로 가세요. 이틀만 자면 더 이상 누워 있지 못합니다. 여러분이 참으로 같은 자세로 일주일 동안 잠을 잘 능력이 있다면 곧바로 수도 공부에 성공할 수 있습니다. 그러나 여러분은 그렇게 할 수 없습니다. 불가능한 일입니다. 큰 혼침 상태가 도래하면 그냥 혼침 상태로 두세요. 혼침이 극에 도달하면 마침내 청정한 경지가 열려 더 이상 혼침이 오지 않습니다. 그래서 "탁한 것은 맑아지는 길(濁者清之路)"이라고 한 것이지요.

어떻게 해야 그렇게 될 수 있을까요? "혼침이 오래되면 밝아지는(昏久則昭明)" 것입니다. 음이 극하면 양이 생기는 것과 같은 원리이지요. 그러니 혼침을 두려워하지 마세요. 혼침이 오면 그냥 혼침하게 내버려 둔다는 생각으로 있어야 합니다. 여러분이 결가부좌를 하고 일주일 동안 정좌를 계속할 수 있다면 제가 여러분을 의부(義父)라고 부르겠습니다. 아니, 그것으로는 부족하니 할아버지라고 부르거나 부처님, 스승님이라고 부르지요. 여러분에게는 절대 그럴 만한 능력이 없습니다. 능력이 있어서 참으로 그런 경지에 도달한다면 그것이 바로 "혼침이 오래되면 밝아지는" 것입니다. 혼침을 단번에 돌려 버리면 바로 깨달음이라는 뜻입니다. 그래서 이 『참동계』라는 책은 모든 것을 분명히 여러분에게 알려 주고 있습니다. 그것을 실현하는 것만 여러분 자신에게 달려 있습니다.

이제 위에서 본 『참동계』 원문에 대한 주운양 조사의 설명을 보겠습니다.

"이것은 금단이 초월하는 항상 된 경지에 대한 결론이다. 반이란 무엇인가. 상도는 순을 쓰고 단도는 역을 쓴다. 거꾸로 하여 원빈을 드러내고 하나를 굳게 지켜 떠나지 않게 하면 곧 뿌리로 돌아가 명을 회복하니, 어찌 돌아가는 것이 도의 증험이 아니냐."

(此結言, 金丹之超出常情也, 何謂反, 常道用順, 丹道用逆, 顚倒元牝, 抱一無離, 方得歸根復命, 豈非反者道之驗乎)

"차결언(此結言), 금단지초출상정야(金丹之超出常情也)", 수도 공부의 길은 여러분이 평소에 상상했던 것과는 완전히 다른 상반된 길입니다. 그래서 주운양 조사는 『참동계』에서 말한 "반자도지험(反者道之驗), 약자덕지병(弱者德之柄)"이라는 말에 대해 "하위반(何謂反), 상도용순(常道用順)"이라고 했습니다. 즉 반(反)이란 무엇인가, 상도(常道)는 순을 쓴다고 설명했습니다. 평범한 사람들의 세속적 인생이 걸어가는 길을 순(順)이라고 표현한 것이지요. 주운양 조사는 이어서 "단도용역(丹道用逆)"이라고 했습니다. 즉 단도(丹道)는 역을 쓴다는 말로, 수도 공부에 의한 단도(丹道)의 길은 세속의 길과 완전히 상반된다는 뜻입니다.

그래서 "전도원빈(顚倒元牝), 포일무리(抱一無離), 방득귀근복명(方得歸根復命), 기비반자도지험호(豈非反者道之驗乎)"라고 설명했습니다. 거꾸로 하여 원빈을 드러내고 하나를 굳게 지켜 떠나지 않게 하면 곧 뿌리로 돌아가 명을 회복하니 어찌 '돌아가는 것이 도의 증험'이 아니겠는가 하는 뜻입니다. 노자가 말한 "돌아가는 것은 도의 움직임이다〔反者道之動也〕"에서 글자 한 자를 바꾸어서 쓴 것입니다. 수도 공부를 할수록 몸이 약해지는 것처럼 느끼는 사람도 이 원리만 잘 알면 확실히 효과를 볼 수 있습니다. 주운양 조사의 설명이 이어집니다.

"약함이란 무엇인가. 굳고 강한 것은 사망에 가깝고 부드럽고 약한 것은 생명에 가깝다. (노자에서는) '기를 집중하여 부드럽게 하기를 갓난아이처럼 할 수 있는가'라고 하였으니, 자연히 그 자루는 내 손에 있는 것이다. 어찌 약한 것이 덕의 자루가 아니겠는가. 또 음습하고 사악한 것을 물리치면 몸속의 묵은 더러운 것들이 모두 치워져 사라진다. 정양이 수립되면 원기가 들어오니 미세한 것들도 모두 조화롭고 번창하여 하나가 된다."

(何謂弱. 堅强者死之徒, 柔弱者生之徒, 專氣致柔, 能如嬰兒, 自然把柄在手, 豈非弱者德之柄乎. 且辟卻陰邪, 則身中一切宿穢, 悉耘鋤而去盡矣. 正陽旣立, 則元透入, 細微悉調暢而無間矣)

"하위약(何謂弱), 견강자사지도(堅强者死之徒), 유약자생지도(柔弱者生之徒)", 노자의 원리는 견고하고 강한 것은 죽음에 가깝고 부드럽고 약한 것은 생명에 가깝다는 것입니다. 제게 오랜 친구가 있는데 그는 자기 몸이 너무 약하니 곧 죽을 것 같다고 벌써부터 걱정이 태산이었습니다. 그래서 제가 노자의 원리를 말해 주었습니다. "자네는 절대 일찍 죽지 않을 테니

안심하게. 노자는 몸이 너무 강한 것에는 관심도 없었다네. 몸이 강건한 사람이 도리어 일찍 죽는다고 말일세." 공부의 도리나 인생의 도리도 모두 이와 같습니다. 그래서 노자는 "전기치유(專炁致柔), 능여영아(能如嬰兒)"라고 했습니다. 기를 집중하여 부드럽게 하기를 갓난아이처럼 할 수 있느냐는 말입니다. 이렇게 갓난아이처럼 원기에 이르도록 길러서 모든 것이 유연해지고 모든 것이 약해지고 희망이 온다면 머지않아 수도 공부를 이룰 수 있습니다.

"자연파병재수(自然把柄在手), 기비약자덕지병호(豈非弱者德之柄乎)", 중국 무술을 제대로 연마한 사람이라면 중년 이후로는 소림권이고 무슨 권이고 모두 그만두고 기공 수련의 길로 접어듭니다. 이렇게 수련한 선배 고수들은 여러분이 설혹 그를 집적거리고 심지어 공격을 해도 전혀 대응하지 않습니다. 그가 한 번 손을 대면 아무도 감당할 수 없기 때문입니다.

우리가 젊어서 권법을 배울 때는 첫째는 거지를 때리지 않고, 둘째는 스님을 때리지 않고, 셋째는 병자를 때리지 않고, 넷째는 노파를 때리지 말아야 했습니다. 이는 경로사상 때문이지요. 그런데 때로 무공이 높은 할머니도 있었습니다. 예전에는 전족을 했는데 그 작은 발로 한 번 걸어차면 생명이 위험했습니다. 그래서 주운양 조사도 "자연히 그 자루는 내 손에 있는 것이다. 어찌 약한 것이 덕의 자루가 아니겠는가[自然把柄在手, 豈非弱者德之柄乎]"라고 설명한 것입니다.

"차벽각음사(且辟卻陰邪), 즉신중일체숙예(則身中一切宿穢), 실운서이거진의(悉耘鋤而去盡矣). 정양기립(正陽旣立), 즉원투입(則元透入), 세미실조창이무간의(細微悉調暢而無間矣)", 이렇게 온몸이 약하고 부드러운 경지에 이르면 몸에 오래 쌓인 더러운 찌꺼기가 모두 청소가 되어 없어지면서 원기(元炁)가 발동합니다. 장자가 말한 "천지의 정신과 서로 왕래하는[與天地精神相往來]" 경지에 도달하는 것이지요. 불가로 말하면 시방의 모든 부처님이 오셔서 관정(灌頂)을 하는 경지요, 도가 공부에서는 결단(結丹)의 경지입니다. 그래서 주운양 조사는 이 경지를 "음습하고 사악한 것을 물리치면 몸속의 묵은 더러운 것들이 모두 치워져 사라진다. 정양이 수립되면 원기가 들어오니 미세한 것들도 모두 조화롭고 번창하여 하나가 된다"고 설명했습니다. 이 경지에 이른 이후의 발전 과정은 어떤 도가 서적에서도 말하지 않았습니다.

금단을 이루어야 참으로 신통이 가능하다

주운양 조사는 이어서 다음과 같이 설명합니다.

"금단이 처음 결성되면 기맥은 정지한다. 다시 혼돈으로 돌아가고 거듭 포태로 들어간 것처럼 된다. 혼침한 것 같으면서 탁하니 이때가 내 몸이 크게 죽을 때이다."

(至於金丹始結, 炁脈住停, 復返混沌, 重入胞胎, 似乎昏而且濁, 此吾身大死之時也)

"지어금단시결(至於金丹始結), 기맥주정(炁脈住停)", 기맥이 모두 정지하는 것 같은 경지에 도달할 때가 되면 자연히 결단(結丹)이 이루어집니다. 이때는 호흡이 정지하는데, 심장은 완전히 정지하지는 않습니다. 보통 때의 심장 박동보다는 매우 느린 상태가 되지요. "부반혼돈(復返混沌), 중입포태(重入胞胎)", 다시 혼돈으로 돌아가고 거듭 포태로 들어간 것처럼 된다는 말로, 우리가 앞에서 말했던 투태(投胎)와 같은 상황입니다. 이 경지에 도달하면 "사호혼이차탁(似乎昏而且濁)" 즉 혼침한 것 같으면서 흐릿하

니, 이때는 외부에 대한 지각이나 감각이 전혀 없어서 아무것도 모르는 상태가 됩니다.

그러므로 진정으로 입정(入定)의 경지에 도달한 사람은 어떤 감각도 지각도 없습니다. 아마 여러분이 이런 사람을 본다면 아무것도 듣지 못하고 알지도 못한다고 비웃을 것입니다. 심지어 우레가 울거나 원자탄이 터져도 전혀 반응이 없을 것입니다. 겉으로 보기에는 정말 대혼침(大昏沈)인 것 같습니다. 그래서 주운양 조사도 "차오신대사지시야(此吾身大死之時也)" 즉 이때가 내 몸이 크게 죽을 때라고 표현했습니다. 선종의 조사 스님들이 크게 죽어야 비로소 크게 살 수 있다고 한 것이 바로 이런 원리입니다. 주운양 조사 역시 다음과 같이 설명합니다.

"오래되어 끊어진 후에 다시 생명을 얻으니 이때 본래면목을 직접 증득할 것이다. 자연히 순수하고 맑은 경계가 극점에 이르니 지혜로운 본성이 원만하게 통한다. 대지 건곤이 모두 수정 궁궐로 변화하게 된다."

(久之, 絶後再甦, 親證本來面目, 自然純淸絶點, 慧性圓通, 大地乾坤, 俱作水晶宮闕矣)

"구지(久之), 절후재소(絶後再甦), 친증본래면목(親證本來面目)", 입정의 경지에 오래 머물러야 합니다. 얼마나 오랜 시간이 지나야 할지는 사람마다 다르기 때문에 알 수 없습니다. 그래서 앞에서 말한 것처럼 선종의 조사들도 한 번 크게 죽지 않으면 크게 살 수 없다고 한 것입니다. 도가에서는 선종의 조사들이 말한 경지를 구체적으로 여러분에게 알려 주고 있는 것이지요.

"자연순청절점(自然純淸絶點), 혜성원통(慧性圓通)", 자연히 순수하고 맑은 경계가 극점에 이르니 지혜로운 본성이 원만하게 통한다는 주운양 조사의 설명은 바로 선종의 명심견성의 경지와 같습니다. 그는 계속해서 이 경지에 이르면 "대지건곤(大地乾坤), 구작수정궁궐의(俱作水晶宮闕矣)" 즉 건곤이 모두 수정 궁궐로 변화하게 된다고 설명했습니다. 안팎이 모두 투명하기 때문에 불경에서도 시방세계가 손바닥 안에 있는 암마라과(庵摩羅果)와 같이, 수심(手心)에 놓여 있는 올리브 열매같이 분명하게 보인다고 했습니다. 이것이 바로 진정한 신통(神通)입니다. 다른 것은 없습니다. 만약 있다면 그것은 신경병 증세입니다. 그래서 주운양 조사는 다음과 같이 말합니다.

"그러므로 (참동계에서) '탁한 것은 맑아지는 길이요, 혼침이 오래되면 밝아진다'고 하였다."

(故曰, 濁者淸之路, 昏久則昭明)

"고왈(故曰), 탁자청지로(濁者淸之路), 혼구즉소명(昏久則昭明)"이라는 이치입니다. 주운양 조사가 설명한 원리가 여기에 있습니다. 또 주운양 조사의 다음과 같은 설명을 우리는 주의 깊게 들어야 합니다.

"앞 단락에서는 형체의 오묘함을 말하였고, 이 단락에서는 정신의 오묘함을 말하였다. 형체와 정신이 함께 오묘해야 바야흐로 도와 진실로 합해진다."

(前段言形之妙, 此段言神之妙, 形神俱妙, 方能與道合眞)

"전단언형지묘(前段言形之妙), 차단언신지묘(此段言神之妙), 형신구묘(形神俱妙), 방능여도합진(方能與道合眞)", 이것이 바로 신선의 경계요 부처의 경계입니다.

찾아보기

- 찾아보기는 다음 기준을 따랐다.
1 수도의 이론과 실제에서 핵심적으로 쓰이는 개념
2 선정된 개념의 정의나 쓰임새가 해당 페이지에서 분명하게 드러날 경우
3 서명과 인명은 불가와 도가의 전통에 비추어서 선택

800